Günter Maisch / Fritz-H. Wisch

# Gebärden-Lexikon

# 1

# Grundgebärden

hk

**Bibliografische Information Der Deutschen Bibliothek**

Die Deutsche Bibliothek verzeichnet diese Publikation in der Deutschen Nationalbibliografie; detaillierte bibliografische Daten sind im Internet über http://dnb.ddb.de abrufbar.

**Wir danken dem Bundesministerium für Gesundheit und der Deutschen Behindertenhilfe - Aktion Mensch e. V., die durch ihre finanzielle Unterstützung die Neuauflage dieses Gebärden-Lexikons ermöglicht haben.**

Herausgeber:
Deutsche Gesellschaft der Hörgeschädigten
– Selbsthilfe und Fachverbände e.V.

© Verlag hörgeschädigte kinder gGmbH
Bernadottestr. 126
D-22605 Hamburg
Telefon    (0 40) 8 80 70 31
Telefax    (0 40) 8 80 67 93
E-Mail     verlaghk@t-online.de
www.verlag-hk.de

Alle Rechte, einschließlich der auszugsweisen mechanischen Vervielfältigung, vorbehalten.

Fotografien: **Fritz-H. Wisch**
Einzeichnungen: **Doris Bull-Keuchel, Heike Specht, Andreas Bölke, Jürgen Keuchel, Heiko Zienert**

Zum Fotografieren stellten sich zur Verfügung:
Birte Aßmann, Holger Aßmann, Renate Beduhn, Oliver Böse, Simone Flessa,
Eva von Frankenberg, Monika Habermann, Ute Heine, Petra Heins, Andreas Ingelmann,
Jutta Junge, Michael Maisch, Stefan Maisch, Karin Perwo-Aßmann, Michael Räthel,
Alexander Rebers, Victoria Reichert-Horstmeier, Andrea Schaffers, Henning Wisch,
Karen Wünsche, Gabriele Zimmermann

Gesamtherstellung:
Ostfriesische Beschäftigungs- und Wohnstätten GmbH, 26725 Emden, Föhrstraße 4,
Telefon (0 49 21) 94 88-660, Telefax (0 49 21) 94 88-666

**Hamburg 2006**
**9. Auflage**
**ISBN 978-3-924055-06-6**

# Inhaltsverzeichnis

**Vorwort des Herausgebers** ............................................... 5

**Vorwort zur überarbeiteten 9. Auflage** ................................. 5

**Dr. Herbert Feuchte, der Initiator des Gebärdenlexikons** ............... 7

| | | |
|---|---|---|
| 1. | MitarbeiterInnen | 9 |
| 2. | Einleitung | 12 |
| 3. | Einführung in die Gebärdendarstellung | 13 |
| 3.1. | Erklärungen zu den Handformen | 13 |
| 3.1.1. | Das deutsche Fingeralphabet | 13 |
| 3.1.2. | Andere Handformen | 18 |
| 3.2. | Hinweise zu den Einzeichnungen | 20 |
| 3.3. | Abkürzungen | 21 |
| 4. | Grundgebärden | 22 |
| 5. | Alphabetisches Wörterverzeichnis | 314 |
| 6. | Literaturverzeichnis | 347 |

## Vorwort des Herausgebers

In den letzten Jahren wurde unter dem Leitthema "Anerkennung der Deutschen Gebärdensprache" viel erreicht.
2001 ist das Sozialgesetzbuch IX in Kraft getreten, in dem Ansprüche auf Einsatz und Finanzierung von Gebärdensprachdolmetscherinnen und -dolmetschern (GSD) gegenüber Rehabilitationsträgern geregelt werden. Dies gilt insbesondere auch für GSD im beruflichen Bereich. Denn gehörlose Menschen können nun selbstbestimmt gegenüber den Integrationsämtern Anträge auf regelmäßigen Einsatz von GSD stellen und GSD in eigener Regie planen. Eine ausdrückliche Anerkennung der Deutschen Gebärdensprache geschah im Folgejahr 2002 durch das Bundesgesetz zur Gleichstellung behinderter Menschen.
Viele Bundesländer sind diesem Beispiel gefolgt und haben die Finanzierung von GSD durch öffentliche Träger im Zuständigkeitsbereich der Länder geregelt.

Unsere Verbände der Hörgeschädigtenarbeit sind nun auf dem Weg, diese Neuerungen in Zusammenarbeit mit vielen unterschiedlichen Kostenträgern durch entsprechende Regelungen oder Vereinbarungen umzusetzen. Es ist ein mühsamer Weg, denn immer wieder muss gerade auch vor dem Hintergrund knapper Mittel Überzeugungsarbeit geleistet werden.

Zur Zeit befassen sich unsere Verbände damit, gehörlosen Menschen mittels GSD die Wege zum Telefonieren zu eröffnen. Ein gemeinsames Projekt der Deutschen Gesellschaft zur Förderung der Hörgeschädigten - Selbsthilfe und Fachverbände mit der Deutschen Telekom AG unter der Bezeichnung TeSS (Telekommunikation Script and Sign) ist gestartet worden. Das Ziel ist es, gehörlosen aber auch ertaubten Menschen das Telefonieren mittels Bildtelefonie oder PC mit Webcam durch Vermittlung von GSD zu ermöglichen. Gleichzeitig wird auch eine Vermittlung mittels Schriftsprache umgesetzt.

Alle beschriebenen Maßnahmen zeigen auf, dass "Anerkennung der Gebärdensprache" deutlich mehr geworden ist als eine Floskel. Gleichzeitig steigt die Nachfrage nach Kursen zum Erlernen der Gebärdensprache sowie nach Möglichkeiten, sich Gebärden selbstständig erarbeiten zu können. Deshalb bin ich froh darüber, dass wir Ihnen nun die 9. Auflage des Bandes 1 Gebärden-Lexikon zur Verfügung stellen können.

Deutsche Gesellschaft
der Hörgeschädigten - Selbsthilfe und Fachverbände e.V.

Dr. Ulrich Hase
Vorsitzender

## Vorwort zur überarbeiteten 9. Auflage

Das vorliegende Werk ist eine **gründliche Überarbeitung und auch Erweiterung der 6. Auflage (1996) von Band 1** des Gebärdenlexikons – **Grundgebärden** –, die dann als 7. und 8. Auflage unverändert erschienen ist.

Im Jahr 2000 habe ich Band 2 des Gebärdenlexikons – Mensch – überarbeitet und wesentlich erweitert, im Jahr 2001 Band 3 – Natur – ebenfalls.

Bedingt durch diesen vermehrten Wissensstand war es für mich nur folgerichtig, auch Band 1 zu verändern. **Begriffe**, die von **einer Gebärde** repräsentiert werden, habe ich **ergänzt und zusammengefasst**. (Das im Sprachgebrauch häufig benutzte oder wichtig erscheinende Wort einer Wortgruppe steht dabei am Anfang, vgl. ganz 1.0529.) Dadurch enthält Band 1 jetzt über 6.000 Begriffe. Ihre Schreibweise folgt der aktualisierten neuen deutschen Rechtschreibung (August 2006).

Auf verschiedene Möglichkeiten zur Ausführung einer Gebärde verweise ich mit einem fett gedruckten **oder** (vgl. z.B. 1.0025/1.0027/1.0035). Auf noch vorhandene identische Gebärden(fotos) verweise ich mit einem fett gedruckten **wie** in der Erklärung (vgl. z.B. 1.0179/1.0194/1.0430). Insgesamt habe ich die Hinweise auf Gebärden bzw. Begriffe im Textteil wesentlich erweitert (siehe jeweils **vgl. ...**). Bei **Verweisen** auf Begriffe in den **Bänden 2, 3 oder 4** sind deren Nummern ebenfalls **fett** gedruckt (bei Band 2 beziehen sich diese Nummern auf die Neuauflage Dez. 2000, bei Band 3 auf die Neuauflage Dez. 2001).

Den Bildteil habe ich durch so genannte **Hinweise** ergänzt. Hier werden Begriffe durch einzelne oder zusammengesetzte Gebärden dargestellt, die in der Regel in diesem Band zu finden sind. So konnte auf zahlreiche Fotos verzichtet und die Seitenzahl begrenzt werden. Die in den Hinweisen vorgestellten Beispiele für zusammengesetzte Gebärden lassen sich nach folgendem Muster beliebig ergänzen:

| | |
|---|---|
| Buntstift | = bunt 1.0239 + Stift (2) 1.1331 |
| Campingplatz (1)(2)(3) | = Camping 1.0246 + Platz (1)(2)(3) 1.1149/1.1106/1.0875 |
| Grundschule (N)(S) | = Grund 1.0205 + Schule (N)(S) 1.1339/40 |
| Normalbenzin | = normal 1.1076 + Benzin 1.0154 |

Die in diesem Werk zusammengetragenen Gebärden wurden – unter Berücksichtigung der Arbeit an den Bänden 1 bis 4 – zwischen 1983 und 1993 auf 42 Wochenendtagungen festgelegt, an denen jeweils etwa 25 Personen teilnahmen.

Auf jeder Tagung wurden in zwei Gruppen die Gebärden für etwa 250 von den Autoren ausgesuchten Begriffen beschlossen. Jeder einzelne Teilnehmer stellte zunächst die von ihm ermittelten Gebärden für ein Wort vor. Er hatte diese in Zusammenarbeit mit Gehörlosen in seiner Region gesammelt. Glichen sich die Gebärden aus verschiedenen Gegenden oder unterschieden sie sich in der Ausführung nur gering, legte die Gruppe *eine Gebärde für ein Wort* fest. Zeigten sich jedoch deutlich regionale Unterschiede, wurden *zwei, drei oder sogar vier Gebärden für einen Begriff* aufgenommen. Die Festlegung mehrerer Gebärden für ein Wort berücksichtigt somit die Dialekte des deutschen Gebärdensprachraumes. Wie es in der deutschen Sprache regional voneinander abweichende Wörter gibt – z.B. *Brötchen / Schrippe / Semmel* –, so gebrauchen auch Gehörlose regional unterschiedliche Gebärden.

In diesem Lexikon werden in Deutschland weit verbreitete Gebärden abgebildet. Das bedeutet jedoch nicht, dass andere Gebärden der Gehörlosengemeinschaft falsch sind. Sie sollen und können nicht durch ausgewählte Gebärden verdrängt werden. Gebärden sind wie die gesprochene Sprache etwas Lebendiges.

Insgesamt haben 60 Personen bei der Festlegung der Gebärden für die Bände 1 bis 4 mitgewirkt. Von Anfang an dabei waren **Käthe und Jean-Pierre George, Gertrud Mally, Alexander von Meyenn, Rudolf Preis und Manfred Wloka. Gottfried Weileder** arbeitete sogar schon am ersten deutschen Gebärdenbuch **Starcke/Maisch: Die Gebärden der Gehörlosen** (*ein Hand-, Lehr- und Übungsbuch*) mit!

Allen MitarbeiterInnen möchten wir ausdrücklich danken.

Meine Ehefrau, Birgit Maisch, hat die Arbeit an diesem Band 1 wiederum mit großem Verständnis und viel Geduld unterstützt. Herzlichen Dank!

Hamburg, Dezember 2006                     Günter Maisch

# Dr. Herbert Feuchte †, der Initiator des Gebärdenlexikons

geb. 26.11.1914     gest. 22.01.1996

Dr. Herbert Feuchte, als Ehrenvorsitzender und Sonderbeauftragter der *Deutschen Gesellschaft zur Förderung der Gehörlosen und Schwerhörigen* verantwortlich für die Herausgabe des Gebärdenlexikons, ist aus einem aktiven und wirkungsvollen Schaffen im Alter von 81 Jahren verstorben. Er war eine herausragende Persönlichkeit, die auf Landes- und Bundesebene wie auch im europäischen Ausland als Förderer des Gehörlosenwesens Maßstäbe setzte. Seit mehr als 40 Jahren engagierte er sich ehrenamtlich für Hörgeschädigte und schuf in dieser Zeit ein bewundernswertes Lebenswerk. Auf seine Initiative gehen u.a. zurück:

- die Gründung der Gesellschaft zur Förderung der Gehörlosen in Groß-Hamburg
- die Gründung der Arbeitsgemeinschaft der Elternvertreter deutscher Taubstummenanstalten und Gehörlosenschulen
- der Aufbau des ersten Kultur- und Freizeitzentrums für Hörgeschädigte in der Bundesrepublik (in Hamburg)
- die Gründung der Deutschen Gesellschaft zur Förderung der Gehörlosen und Schwerhörigen
- der erste Realschulzweig für Gehörlose in Deutschland
- Einrichtungen für mehrfachbehinderte Hörgeschädigte, für mehrfachbehinderte Taubblinde, für psychisch erkrankte sowie für alte hörgeschädigte Menschen
- das erste Berufsbildungswerk für Hörgeschädigte in Nürnberg
- die Verbreitung des Deutschen Schreibtelefons
- die erste Gebärdensprachdolmetscherausbildung in der Bundesrepublik.

Darüber hinaus hat sich Dr. Feuchte als Initiator um die Herausgabe des »Blauen Buches« besondere Verdienste erworben. Er hatte in seinem Bestreben zur Förderung der Gehörlosen schon Anfang der 70er Jahre Überlegungen dahingehend angestellt, dass der Einsatz von Gebärden – sowohl im Elternhaus als auch in der Schule – nicht nur den Wissensstand und damit auch die Berufsmöglichkeiten Gehörloser erweitern und verbessern würden, sondern auch die Kommunikationsbarrieren zwischen hörenden und hörgeschädigten Menschen überwinden könnten. Deshalb nahm er 1972 Kontakt mit dem Leiter der Hamburger Gehörlosenschule und Gebärdenfachmann, Hellmuth Starcke, auf. Daraus ergab sich dann 1974 der Auftrag für Herrn Starcke, zusammen mit dem Hamburger Gehörlosenlehrer Günter Maisch den Band »Die Gebärden der Gehörlosen« (das erste »Blaue Buch«) zu erstellen. In Verhandlungen mit dem *Bundesministerium für Jugend, Familie und Gesundheit* erreichte Dr. Feuchte eine finanzielle Unterstützung dieses Werkes, das dann 1977 herausgegeben wurde. So hat er dazu beigetragen, daß Lautsprachbegleitende Gebärden in Gehörlosenschulen eingeführt und vielerorts in der Bundesrepublik Gebärdenkurse angeboten wurden.

Der Erfolg des Buches und das dadurch geweckte Interesse veranlassten Dr. Feuchte dazu, eine Erweiterung zu planen. Deshalb engagierte er sich dafür, Gebärden der deutschen Gehörlosen umfassender darzustellen. In diesem Zusammenhang bekamen wir Anfang der 80er Jahre den Auftrag von ihm, ein »Gebärdenlexikon« zu erstellen. Hierin wurden von gehörlosen Mitarbeitern aus der Bundesrepublik (nach der Wiedervereinigung auch aus Ostdeutschland) Gebärden festgelegt. Da der *Verlag hörgeschädigte kinder gGmbH,* dessen Geschäftsführer Dr. Feuchte war, die enormen Entwicklungskosten allein nicht tragen konnte, bemühte er sich intensiv um eine Finanzierung der Bände, die bis heute herausgegeben wurden. Wiederum unterstützte das *Bundesministerium für Familie, Senioren, Frauen und Jugend* das Vorhaben, aber auch das *Bundesministerium für Gesundheit,* die *Stiftung Taubstummenanstalt* in Hamburg, die *Familie Madjera Stiftung,* die *Aktion Sorgenkind,* die *Justizbehörde der Freien und Hansestadt Hamburg* und die *Hamburger Sparkasse* halfen finanziell.

Bis heute sind 4 Bände dieses Gebärdenlexikons erschienen, und im November 1995 fand ein erstes Gespräch über die Planung für Band 5 statt. Dr. Feuchte wollte im Frühjahr 1996 Verhandlungen in Bonn wegen der Finanzierung dieses Bandes führen.

Bevor die 6. Auflage von Band 1 des Gebärdenlexikons »Grundgebärden« in Druck gehen sollte, fanden Ende 1994 ebenfalls Gespräche zwischen Dr. Feuchte und uns statt, deren Ergebnis die vorliegende Neubearbeitung und Erweiterung der Grundgebärden ist.

Wir danken Dr. Feuchte für seinen unermüdlichen Einsatz und werden versuchen, **sein Werk** in seinem Sinne fortzuführen.

Hamburg, im Februar 1996

Günter Maisch    Fritz-H. Wisch

# 1. MitarbeiterInnen

Die Zusammensetzung des Teams hat sich bei der Arbeit an den Bänden 1 bis 4 stark verändert: Während sich die MitarbeiterInnengruppe auf der ersten Arbeitstagung für Band 1 im September 1983 in Hamburg nur zur Hälfte aus gehörlosen ExpertInnen zusammensetzte, waren auf den Tagungen für Band 4 sechsunddreißig der vierzig MitarbeiterInnen gehörlos, zwei hörende haben gehörlose Eltern. Diese eindeutige Verschiebung zugunsten der Gehörlosen spiegelt den Trend wieder, der sich im Laufe der Arbeit abzeichnete. Die Gehörlosen haben ihre Sache, d.h. in diesem Fall ihre Sprache, in die Hand genommen. Die hörenden MitarbeiterInnen waren eher BeraterInnen im Hinblick auf die deutsche Sprache. Die Autoren gaben Wortlisten in das MitarbeiterInnenteam ein. Die GebärdenexpertInnen wurden von den gehörlosen MitstreiterInnen der ersten Stunde benannt. Für die Berufung in die Gebärden-Lexikongruppe wurden folgende Auswahlkriterien zugrunde gelegt:

1. Gute Kenntnis der Deutschen Gebärdensprache (DGS)
2. Gute Gebärdendialektkenntnis
3. Gute Kenntnis der deutschen Sprache
4. Ausgewogene Repräsentanz der deutschen Gebärdensprachräume (Norden, Berlin, Süden, Westen, seit 1990 auch Osten)

**Alle MitarbeiterInnen waren ehrenamtlich tätig.** In ihrer Region sammelten sie die Gebärden und stellten sie dann an den Wochenendtagungen vor. Um die den Gehörlosen bekannten und gebräuchlichen Gebärden zu erfassen, festzuhalten und mit diesem Buch interessierten Menschen zugänglich zu machen, investierten sie ihre Zeit und Kraft. Dafür danken wir ihnen. Im Folgenden stellen wir die MitarbeiterInnen vor, die häufig an Tagungen für Band 1, 2, 3 bzw. 4 mitgewirkt haben:

| | | |
|---|---|---|
| Christian Aengenheister | Kall | gehörlos |
| Rudolf Bauschen | Münster | hörend |
| Christel Bendig | Berlin | gehörlos |
| Barbara Brummer | München | gehörlos |
| Doris Bull-Keuchel | Bargteheide | gehörlos |
| Fritz Eggert | Braunschweig | gehörlos |
| Wolfgang Ernst | Köln | hörend |
| Simone Flessa | Hamburg | hörend |
| Jean-Pierre George | Bremen | gehörlos |
| Käthe George | Bremen | gehörlos |
| Ruedi Graf | Zürich | gehörlos |
| Stefanie Grotthaus | Wuppertal | gehörlos |
| Johann Gschwendtner | Parsdorf | gehörlos |
| Gert Hommel | Essen | gehörlos |
| Volkmar Jaeger | Leipzig | gehörlos |
| Friedrich-W. Jürgens | Hildesheim | hörend |
| Heike Limburg | Merkers | gehörlos |
| Katharina Linne | Potsdam | gehörlos |
| Volker Maaßen | Köln | gehörlos |
| Gertrud Mally | Unterhaching | gehörlos |
| Alexander von Meyenn | Hamburg | gehörlos |
| Wolfgang Müller | Neusaß | gehörlos |
| Walter Nabrotzky | Essen | hörend |
| Torsten Niklas | Berlin | gehörlos |
| Rudolf Preis | Günzburg | gehörlos |
| Klaus-Günter Pufahl | Leverkusen | gehörlos |
| Gunther Puttrich-Reignard | Berlin | gehörlos |
| Michaela Ramacher | Bochum | gehörlos |
| Georg Rammel | Augsburg | hörend |
| Godehard Ricke | Karlsruhe | gehörlos |
| Fritz Salomon | Bochum | gehörlos |
| Andrea Schaffers | Hamburg | hörend |
| Arvid Schwarz | Stade | gehörlos |
| Marita Senz | Neustrelitz | gehörlos |
| Horst Sieprath | Aachen | gehörlos |
| Jürgen Stachlewitz | München | gehörlos |
| Heidi Stähelin | Zürich | gehörlos |
| Gertrud Stock | Köln | gehörlos |
| Susanna Tellschaft | Hamburg | gehörlos |
| Olaf Tischmann | Hamburg | gehörlos |
| Uwe Trogant | Herten | gehörlos |
| Ivo Weber | Hamburg | gehörlos |
| Johanna Weber | München | gehörlos |
| Gottfried Weileder | Prackenbach | gehörlos |
| Elke Weitkamp † | Münster | gehörlos |
| Manfred Wloka | Berlin | hörend |
| Thomas Zander | Berlin | gehörlos |
| Hans Zapf | Amberg | gehörlos |
| Heiko Zienert | Seevetal | gehörlos |

Letzte Arbeitstagung in Hamburg, Februar 1993

## 2. Einleitung

Diese Gebärdensammlung richtet sich vor allem an Hörende, die mit Gehörlosen zusammenleben bzw. -arbeiten: Familienmitglieder, ErzieherInnen, LehrerInnen, SeelsorgerInnen, SozialarbeiterInnen und BerufskollegInnen.

Die Umgangssprache für Hörende in Deutschland ist die **deutsche Sprache.** Gehörlose untereinander verwenden meist die **Deutsche Gebärdensprache.** Sie ist eine selbständige Sprache und hat – verglichen mit der deutschen Sprache – andere Regeln und Gesetzmäßigkeiten. Aus diesem Grund fällt hörenden Erwachsenen das Verstehen und Erlernen der Deutschen Gebärdensprache schwer.

Dagegen fällt es Hörenden leichter, sich in ihrer Sprache mit Gehörlosen zu unterhalten und parallel zum gesprochenen Wort eine Gebärde auszuführen. Diese Art des Gebärdens nennen wir **lautsprachbegleitendes Gebärden** oder **gebärdetes Deutsch.** Lautsprachbegleitende Gebärden dürfen daher nicht mit der Gebärdensprache verwechselt werden, sie sind lediglich ein lautsprachunterstützendes System. Da das gesprochene Wort von einer Gebärde begleitet wird, ist jede Gebärde eine zusätzliche Kommunikationshilfe!

Lautsprachbegleitende Gebärden können erfahrungsgemäß am besten in einem Gebärdenkurs erlernt werden. Gehörlosenschulen, -vereine, -zentren, Volkshochschulen, Universitäten und ähnliche Einrichtungen bieten Gebärdenkurse an. Dieses Buch ist *dann* in erster Linie zum Nachschlagen oder Wiederholen von Einzelgebärden gedacht. Wenn jedoch keine Möglichkeit zum Besuch eines Gebärdenkurses besteht, kann das Buch auch die Grundlage zum Erlernen der lautsprachbegleitenden Gebärden bilden.

Im Folgenden erläutern wir, was im Einzelnen bei der Ausführung der dargestellten Gebärden zu beachten ist, um ein Nachahmen zu erleichtern. Grundsätzlich gilt jedoch: Flüssiges Gebärden wird nur durch regelmäßigen Gebärdengebrauch erreicht, am besten im Kontakt mit Gehörlosen!

## 3. Einführung in die Gebärdendarstellung

Alle Gebärdenfotos sind mit Einzeichnungen und Kurzbeschreibungen versehen.

Die Einzeichnungen verdeutlichen die **Ausführungsstelle** und den **Bewegungsablauf** der jeweiligen Gebärde. Zusätzliche Informationen bieten die kurzen Erläuterungen zur Darstellung. Wo es möglich ist, werden Hinweise gegeben auf Bedeutungszusammenhänge zwischen Wort und Gebärde.

Bei den Fotos legten wir großen Wert auf einen der Gebärde inhaltlich gemäßen Gesichtsausdruck. Grundsätzlich ist beim Gebärden die begleitende **Mimik** ein wichtiges Aussagemittel!

In der Regel wurde die Anfangsstellung der Gebärde mit dem entsprechenden **Mundbild** fotografiert. Manchmal ist jedoch die Endstellung, selten die Zwischenstellung abgebildet. Außerdem zeigen die Fotos, ob es sich um **Einhand- oder Zweihandgebärden** handelt. Ferner geben sie Auskunft über die **Handform** und die **Handstellung.**

Unsere Fotos zeigen nur Rechtshänder. Deshalb ist bei Einhandgebärden die rechte Hand aktiv; bei Zweihandgebärden ist sie oft dominant. Will ein Linkshänder die Gebärden darstellen, muss er also eine entsprechende Umkehrung vornehmen.

## 3.1. Erklärungen zu den Handformen

Auf den Gebärdenfotos kehren bestimmte Handformen oder -stellungen immer wieder. Bei Gebärden mit derselben Handform werden durch unterschiedliche Ausführungen (z. B. schnelle oder langsame, einmalige oder wiederholte Bewegung, Ausführung in Kopf- oder Bauchhöhe) unterschiedliche Bedeutungen dargestellt. Betrachten wir unter diesen Gesichtspunkten z. B. die Gebärden für »Cola« (1.1590) und »Alkohol« (1.0027), so unterscheiden sich die Handformen nicht. Allein die einmalige bzw. wiederholte Ausführung derselben Bewegung gibt Auskunft über den Bedeutungsgehalt der jeweiligen Gebärde.

Außerdem gibt es Gebärden, die nicht nur dieselbe Handform« sondern auch dieselbe Ausführungsstelle und denselben Bewegungsablauf haben, die also völlig identisch sind. Ihr Bedeutungsgehalt wird nur durch das entsprechende **Mundbild** vermittelt. (Vgl. die Gebärden für »Ausschuss«, »Bezirk«, »Gruppe«, »Kanzlei«, »Raum <2>«, »Sekte«, »Stube <2>«, »Studio <2>«, »Team«, »Verein <1>«, »Zimmer <2>«, [1.1889] sowie »Staat <1>« [1.1449"].

Im Folgenden geben wir Hinweise auf die Handformen im Einzelnen. Die überwiegende Mehrzahl der Gebärdenzeichen baut sich nämlich aus ihnen auf. Es werden sowohl die Handformen des Fingeralphabets als auch weitere Handformen vorgestellt. Eine Differenzierung ist aus zwei Gründen nötig. Zum einen können die auf den Gebärdenfotos abgebildeten Handformen exakt beschrieben werden. Zum anderen ist die Kenntnis dieser Handformen für ein Nachvollziehen der Gebärden unerlässlich.

### 3.1.1. Das deutsche Fingeralphabet

Alle Buchstaben der deutschen Schriftsprache können mit Hilfe des Fingeralphabets wiedergegeben werden. Für jeden Buchstaben gibt es ein entsprechendes Zeichen, wie die folgenden Abbildungen zeigen. So können Wörter mit den Fingern buchstabiert (in die Luft geschrieben) werden. Das Fingeralphabet ist deshalb auch eine Kommunikationshilfe für Hörende und Gehörlose.

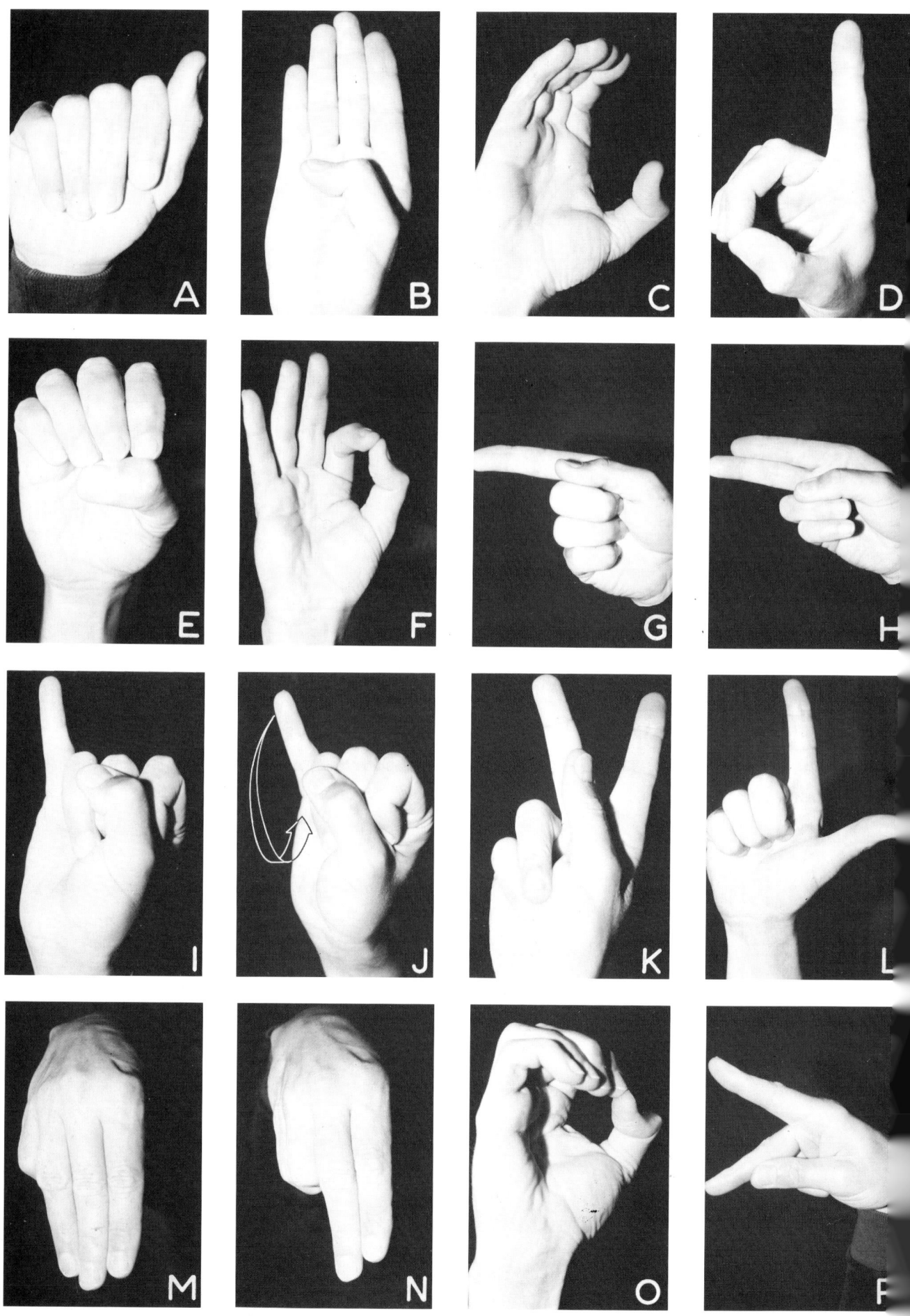

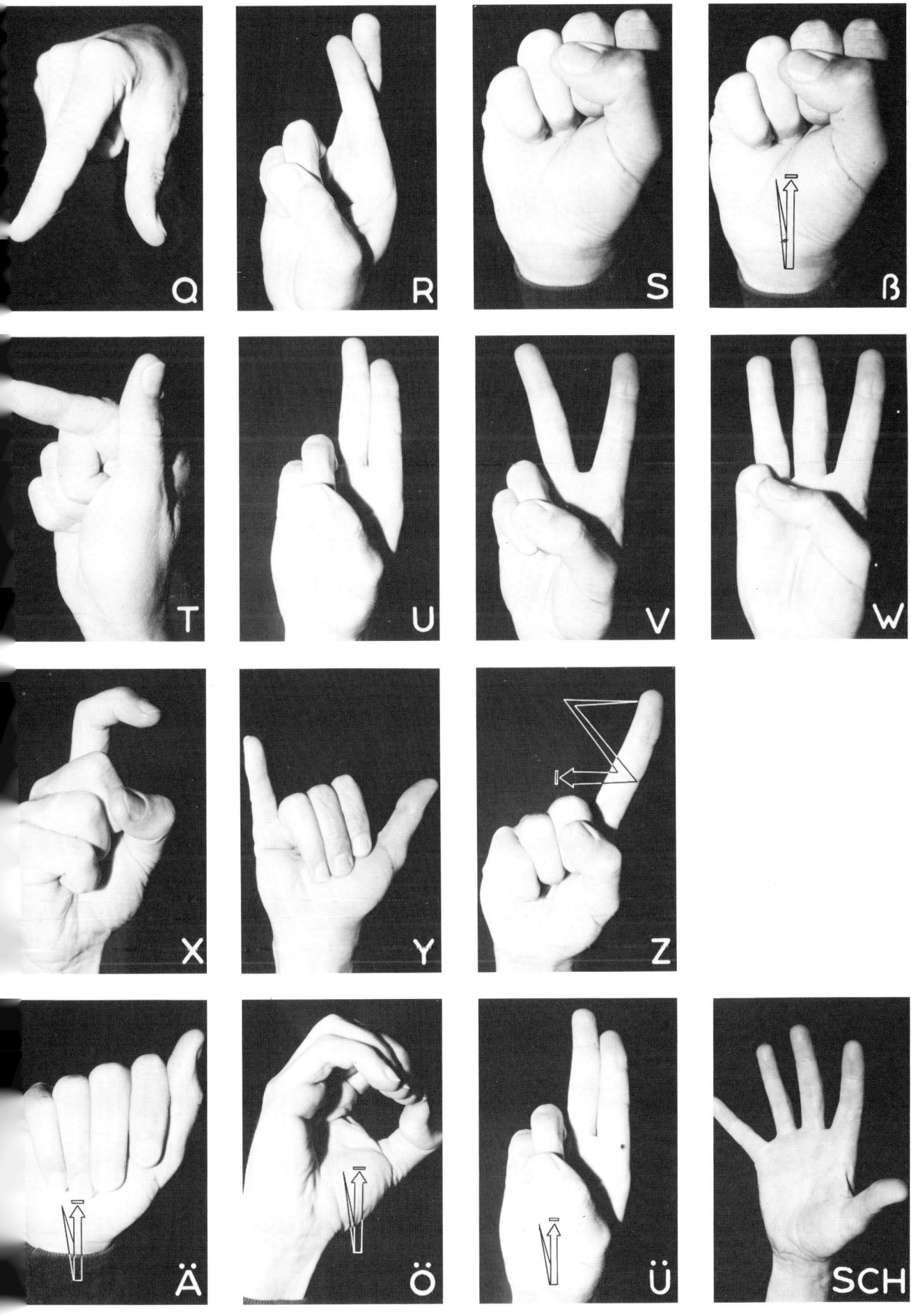

Die Handzeichen des Fingeralphabets für die Buchstaben **G**, **H** und **T** können entweder nach rechts oder nach links gefingert werden:

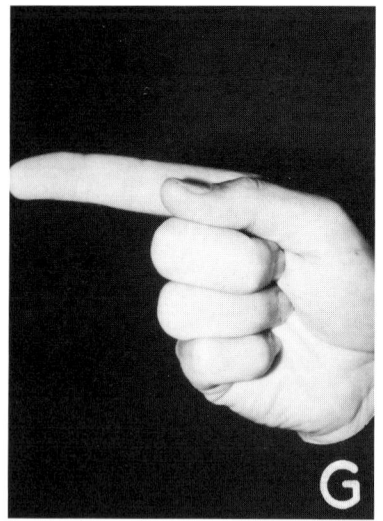
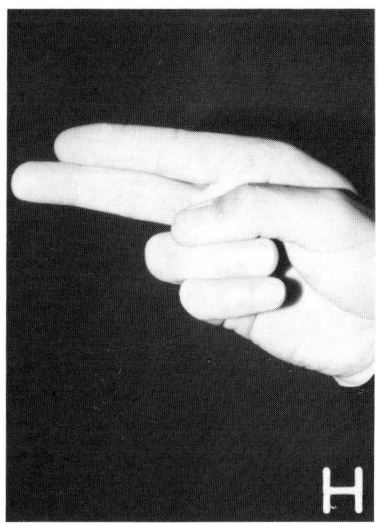
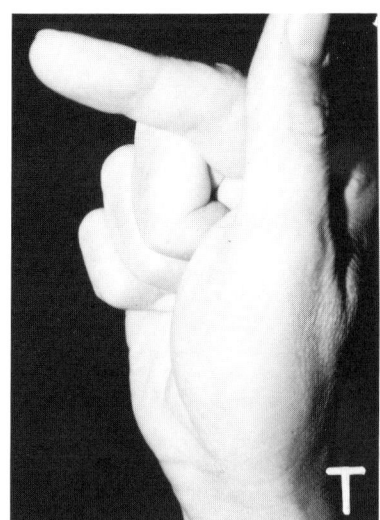
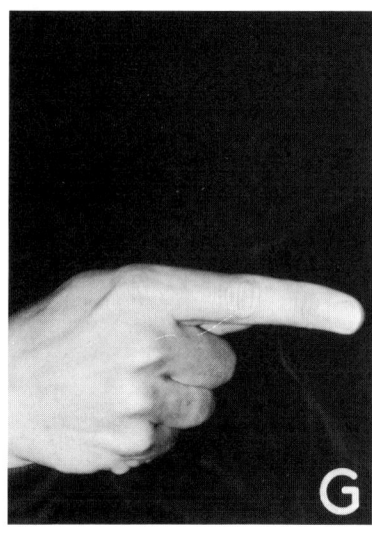
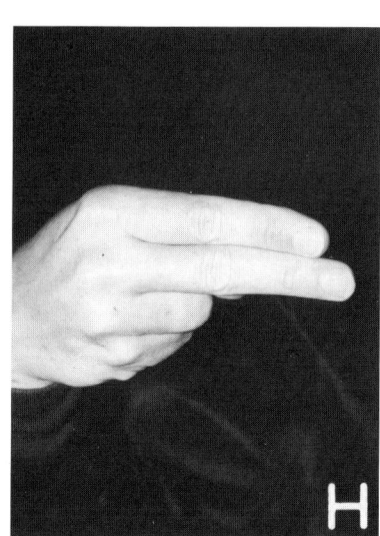
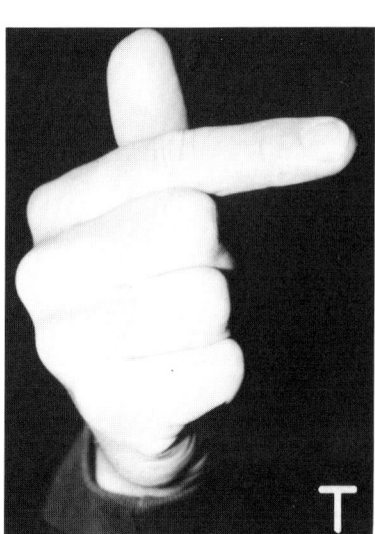

Das Fingern von **Doppelbuchstaben** kann auf drei unterschiedliche Arten erfolgen:

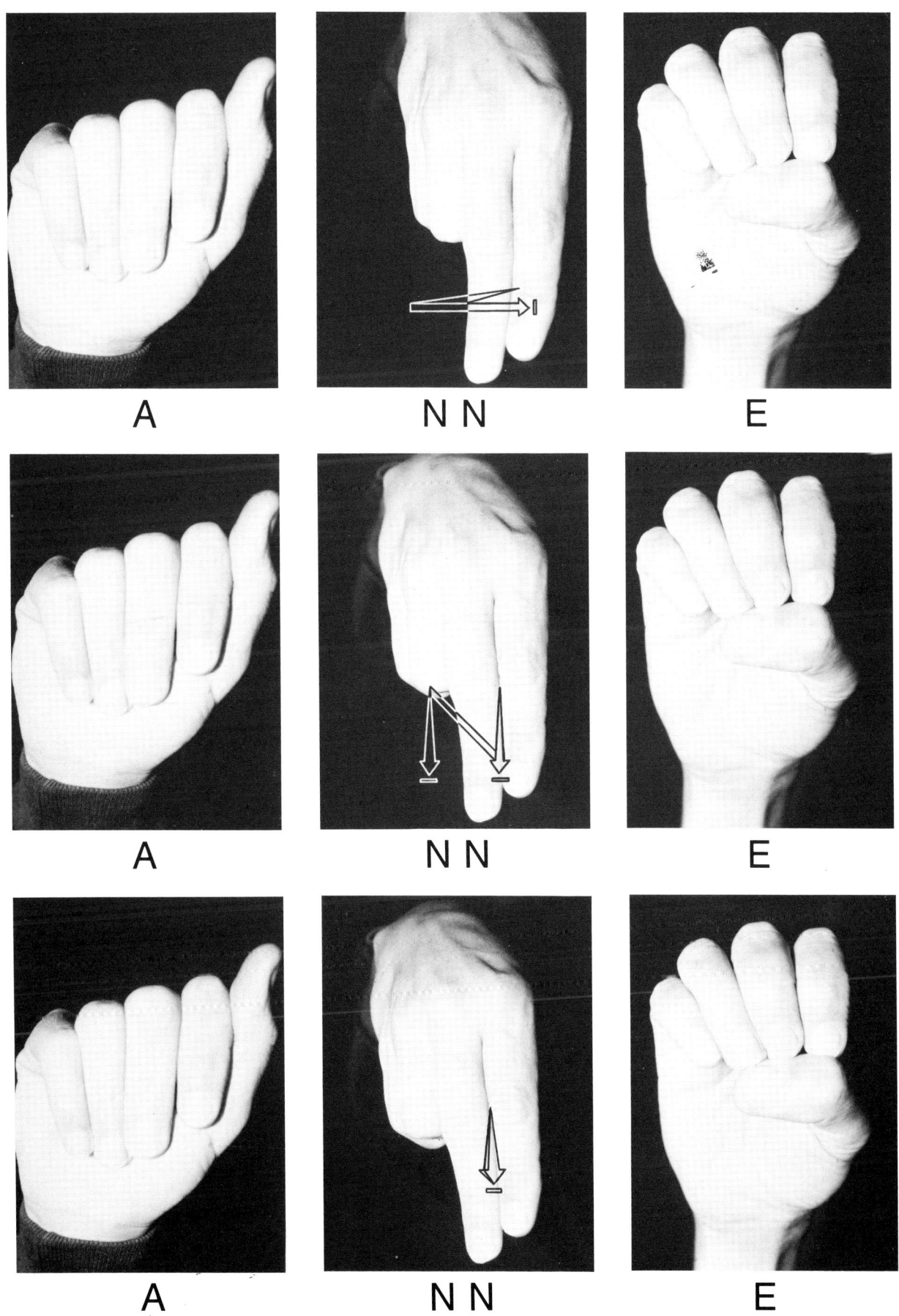

## 3.1.2. Andere Handformen

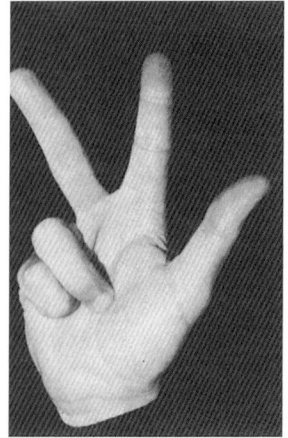
**3-Hand**

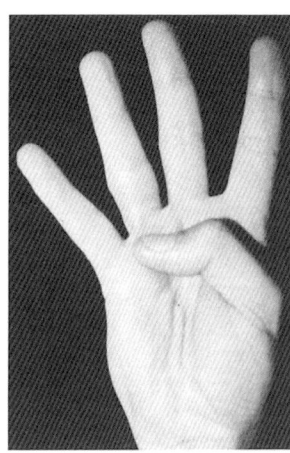
**4-Hand**

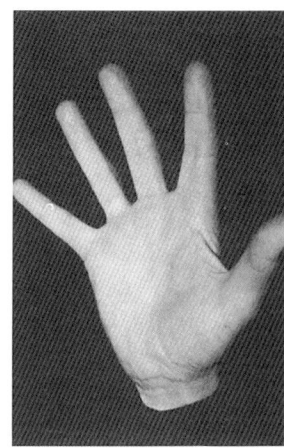
**5-Hand**

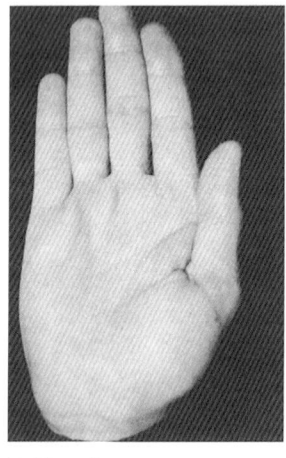
**B-Hand**
*FA »B«, aber D an Z angelegt*

Da allein die Handformen des Fingeralphabets nicht zum Unterscheiden und Beschreiben der dargestellten Gebärden ausreichen, mussten wir sie um weitere, in der Gebärdensprache gebräuchliche Handformen ergänzen.

*Ein Stern vor einem Buchstaben bedeutet: Handform wie abgebildet, der **Daumen** ist **abgespreizt**.*

*Ein Buchstabe oder eine Zahl zwischen **zwei Sternen** bedeuten: Handform wie abgebildet, **Finger** sind **gekrümmt**.*

*Eine **eckige Klammer** vor einem Buchstaben oder einer Zahl bedeutet: Handform wie abgebildet, **Finger** sind **abgeknickt**.*

***Eckige Klammer und Stern** vor einem Buchstaben bedeuten: Handform wie abgebildet, der **Daumen** ist **abgespreizt** und die anderen **Finger** sind **abgeknickt**.*

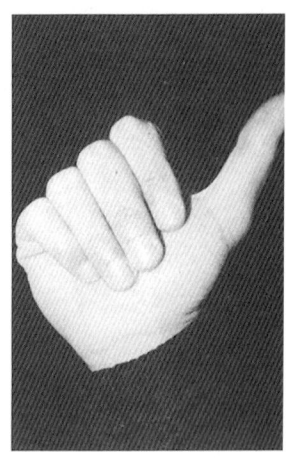
**\*A-Hand**
*FA »A«, aber D abgespreizt*

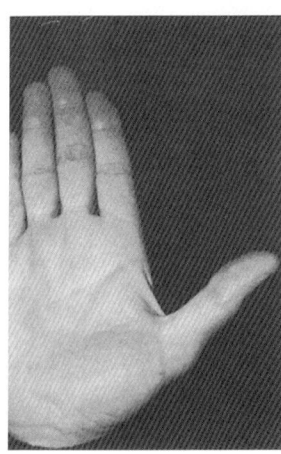
**\*B-Hand**
*FA »B«, aber D abgespreizt*

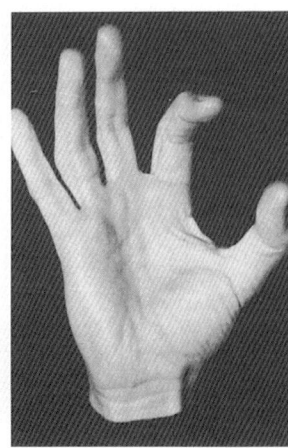
**\*F-Hand**
*FA »F«, aber D abgespreizt*

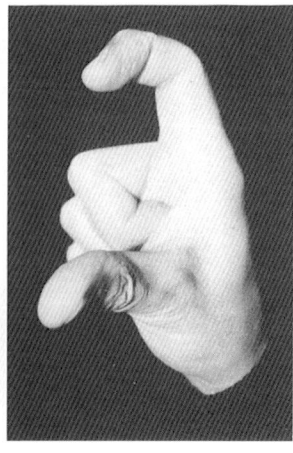
**\*X-Hand**
*FA »X«, aber D abgespreizt*

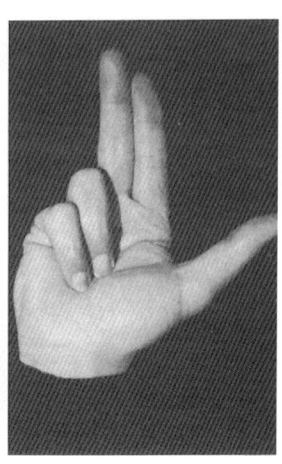
**\*U-Hand**
*FA »U«, aber D abgespreizt*

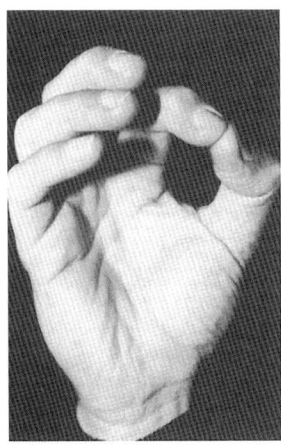
**\*F\*-Hand**
FA »F«, aber M, R
und K gekrümmt

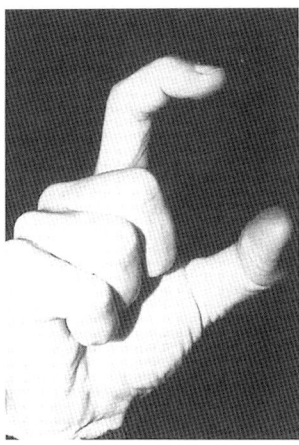
**\*L\*-Hand**
FA »L«, aber Z
gekrümmt

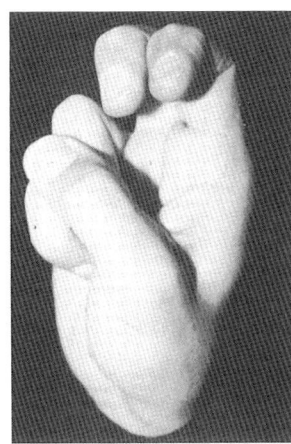
**\*U\*-Hand**
FA »U«, aber Z und M
gekrümmt

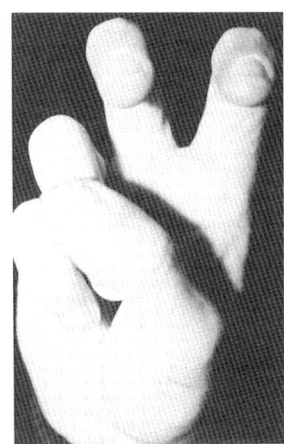
**\*V\*-Hand**
FA »V«, aber Z und M
gekrümmt

**\*3\*-Hand**
3-H, aber D, Z und
M gekrümmt

**\*4\*-Hand**
4-H, aber D, Z, R
und K gekrümmt

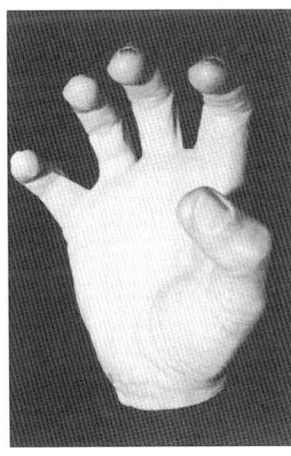
**\*5\*-Hand**
5-H, aber Fi gekrümmt
(Krallhand)

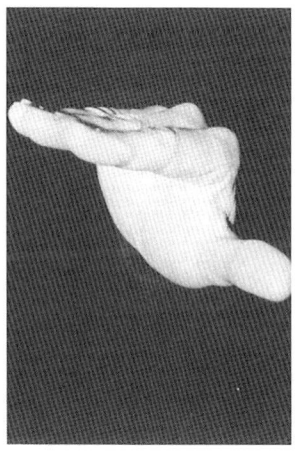
**<\*B-Hand**
FA »B«, aber Z, M, R
und K abgeknickt;
D abgespreizt

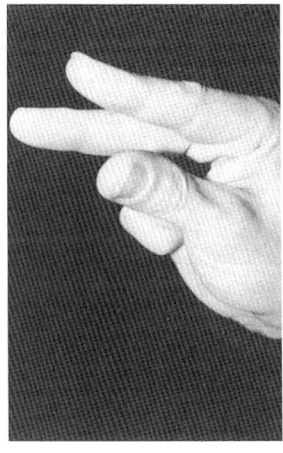
**<3-Hand**
3-H, aber Z und M
(abgeknickt)
nähern sich D

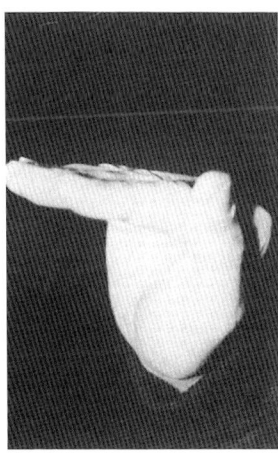
**<B-Hand**
B-H, aber Z, M, R
und K abgeknickt

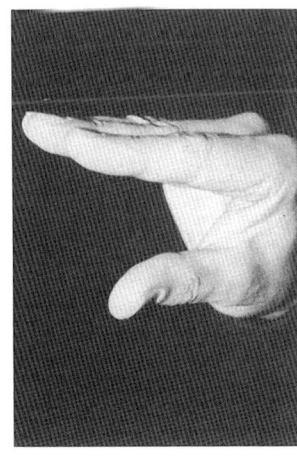
**<C-Hand**
FA »C«, aber Z, M, R
und K (abgeknickt) sind
wie D gestreckt

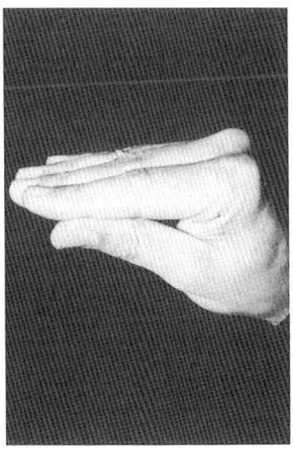
**<O-Hand**
FA »O«, aber Z, M, R
und K (abgeknickt) sind
wie D gestreckt;
Z und D haben Kontakt

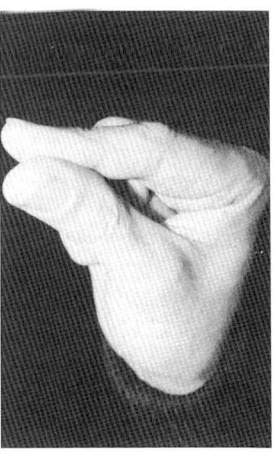
**<Q-Hand**
FA »Q«, aber Z
(abgeknickt)
hat mit D Kontakt

## 3.2. Hinweise zu den Einzeichnungen

Um den Bewegungsablauf der Gebärden zu verdeutlichen, wurden folgende Einzeichnungen vorgenommen:

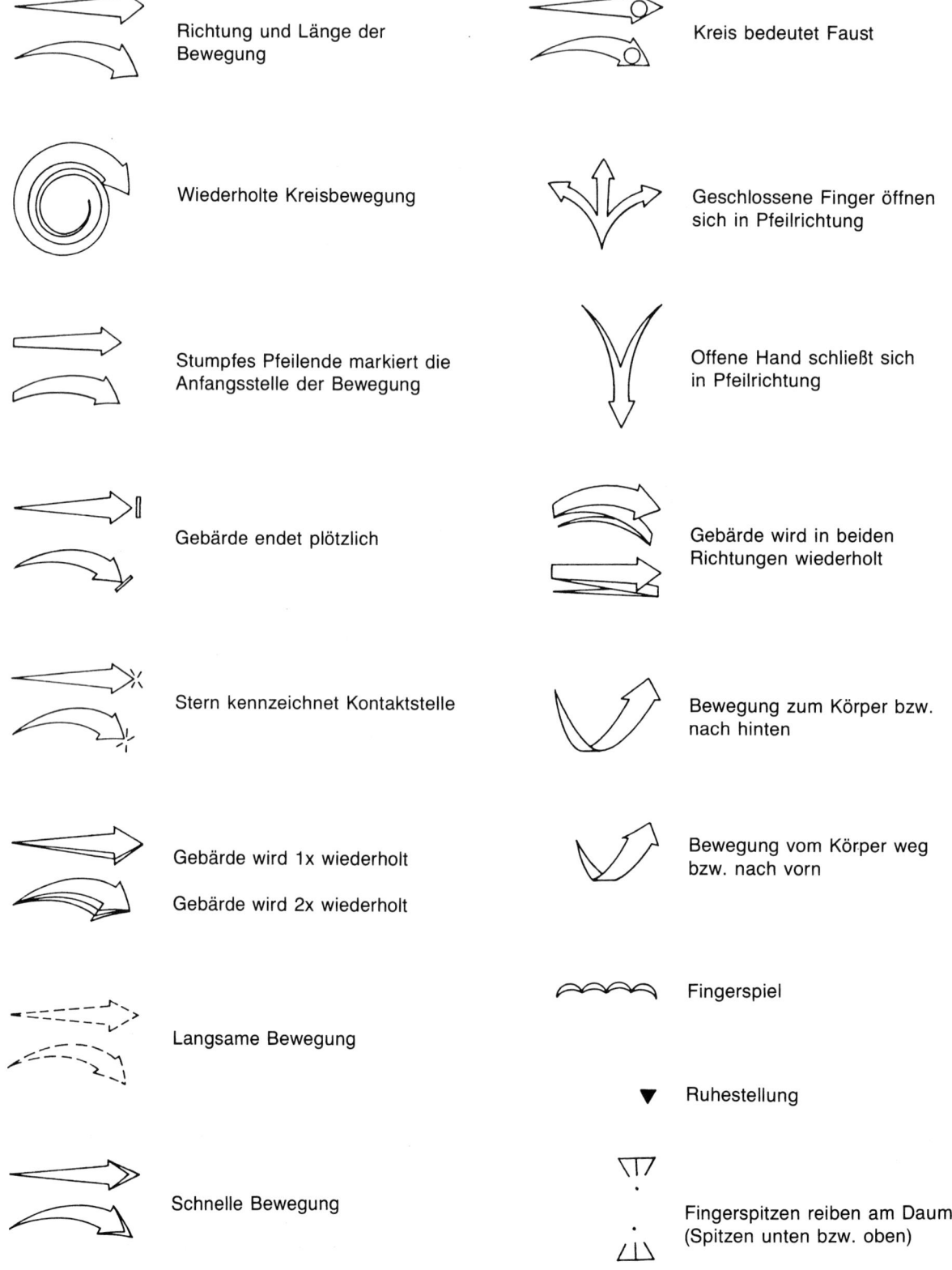

## 3.3. Abkürzungen

Bei den Kurzbeschreibungen zu den Gebärdenfotos benutzen wir folgende Abkürzungen:

| | | |
|---|---|---|
| (1)(2) | Zwei verschiedene Gebärden für einen Begriff | |
| (N) | im Norden – | |
| (O) | im Osten – | Deutschlands gebräuchliche Gebärde |
| (S) | im Süden – | |
| (W) | im Westen – | |

| | |
|---|---|
| m | Maskulinum, männlich |
| f | Femininum, weiblich |
| n | Neutrum, sächlich |
| pl | Plural, Mehrzahl |

(...)...     Das in Klammern geschriebene Wort wird auch gebärdet: vgl. (Abend)brot 1.0003

\*     **männliche Person:** Die Gebärde für **Person (vgl. 1.1126)** wird zusätzlich gebärdet,
z. B.: »Arbeiter« = »arbeiten« + »Person« (vgl. 1.0066)

\*\*     **weibliche Person:** Die Gebärde für **Frau (1.0474)**
oder für **...in (N)(O)(S)(W) (1.07117/18/19/20)** wird zusätzlich gebärdet,
z. B.: »Arbeiterin« = »arbeiten« + »Frau« (vgl. 1.0066) **oder** »arbeiten« + »...in«

**(lokal)**     Die Gebärde wird an **unterschiedlichen Stellen** ausgeführt.
(Vgl. »[sich] waschen«: »Bauch waschen« (1.1752), »Gesicht waschen« (1.1753),
»Haare waschen« (1.1754), »Hände waschen« (1.1755)

**(situativ)**     Die Gebärde wird situationsbedingt **unterschiedlich** ausgeführt.
vgl. »ziehen«: (1.1883/84)

1.2.     **Eine Gebärde** wird mit **zwei Fotos** gezeigt. Zuerst linkes, dann rechtes Foto »lesen«:
z.B. »aufräumen« (1.0085)

1.     **Aus zwei Einzelgebärden zusammengesetzte Gebärde;**
2.     zuerst linkes, dann rechtes Foto »nachgebärden«: z.B. »abwischen« (1.0012)

| | | | | | | |
|---|---|---|---|---|---|---|
| H | Hand | D | Daumen | r | rechts |
| He | Hände/n | Z | Zeigefinger | l | links |
| Hk | Handkante/n | M | Mittelfinger | v | vorn |
| Hr | Handrücken | R | Ringfinger | h | hinten |
| Ht | Handteller | K | Kleiner Finger | o | oben |
| F | Faust | Fi | Finger/n | u | unten |
| Fe | Fäuste/n | | | | |

| | |
|---|---|
| FA | **Fingeralphabet (siehe S. 14/15)** |
| FA »C« | Hand zeigt »C«-Stellung des Fingeralphabets **(siehe S. 14)** |
| A-H | Hand zeigt »A«-Stellung des Fingeralphabets **(siehe S. 14)** |

| | |
|---|---|
| \*AH | A-Hand, Daumen abgespreizt **(siehe Andere Handformen S. 18)** |
| B-H | Hand wie »B«-Stellung des Fingeralphabets« aber Daumen ist an Zeigefinger angelegt **(siehe Andere Handform S. 18)** |
| \*B-H | B-Hand« Daumen abgespreizt **(siehe Andere Handformen S. 18)** |
| <B-H | B-Hand« Finger abgeknickt **(siehe Andere Handformen S. 18)** |
| <\*B-H | B-Hand« Daumen abgespreizt und Finger abgeknickt **(siehe Andere Handformen S. 19)** |
| <\*B-H | U-Hand« Finger gekrümmt **(siehe Andere Handformen S. 19)** |

| | |
|---|---|
| **Fettdruck** | Fettgedruckte Wörter werden zu den Gebärden gesprochen |
| *Kursivdruck* | Kursivgedruckt sind die Erklärungen zur Ausführung und Herkunft der Gebärden |
| 2. .... | Gebärdenlexikon Band **2** |
| 3. .... | Gebärdenlexikon Band **3** |
| 4. .... | Gebärdenlexikon Band **4** |

# 4. Grundgebärden

**1.0001 ab... (los...), los... (ab...)**
< *B-H (Hr o, Hk außen) nach v zur *B-H strecken

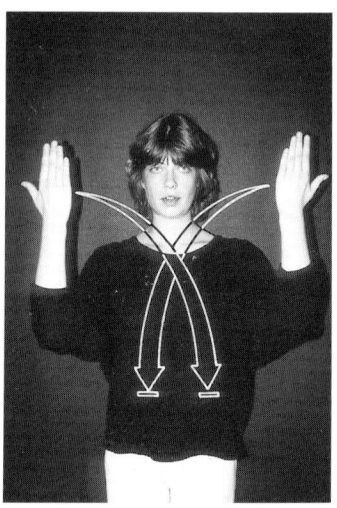

**1.0002 Abend m, abends**
*B-He (Hr v, Hk innen) im Viertelkreis nach u (Hk u): »Untergehen der Sonne« (vgl. Morgen <1> 1.1011)

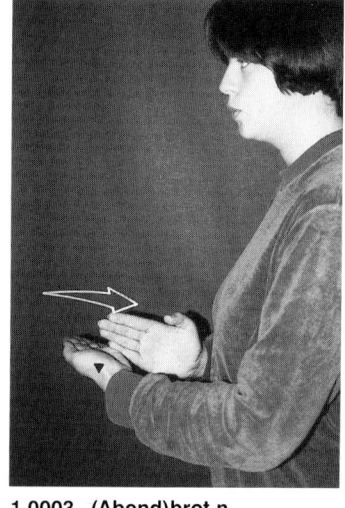

**1.0003 (Abend)brot n**
1. »Abend« (1.0002)
2. »Brot«: Hk der r B-H (Hr außen, Hk u) »schneidet« auf Ht der l *B-H (Ht o, Hk h) »Brotscheibe ab«

**ABC** n = FA »A«»B«»C«
Abendessen n
  = Abend 1.0002
  + Essen 1.0389
Abendmahl n
  = Abend 1.0002
  + Mahl 1.0389
abfragen
  = fragen 1.0473,
    aber 3x!
anfragen,
Anfrage f
  = an 1.0042
  + fragen, Frage 1.0473
abschreiben (Text),
Abschrift f (Text)
  = nehmen 1.1052
  + schreiben (2) 1.1332

**1.0004 Hinweis**

**1.0005 aber**
Z neben Kopf: »mahnender Zeigefinger«

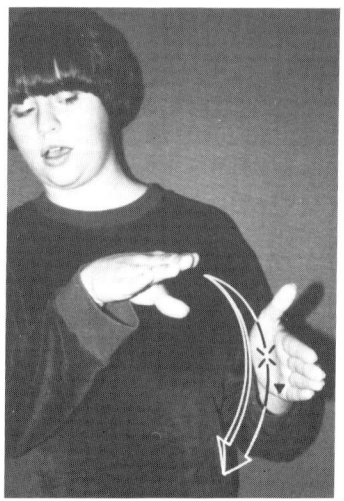

**1.0006 Abfall m, Plunder m (1), Schund m, primitiv (2)**
Z der r B-H (Hr o, Hk außen) streift 2x an Ht der l *B-H (Hr außen, Hk u) nach u (vgl. Plunder <2> **4.1092**, primitiv <1> **4.1409**)

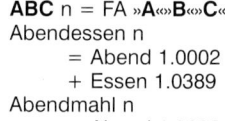

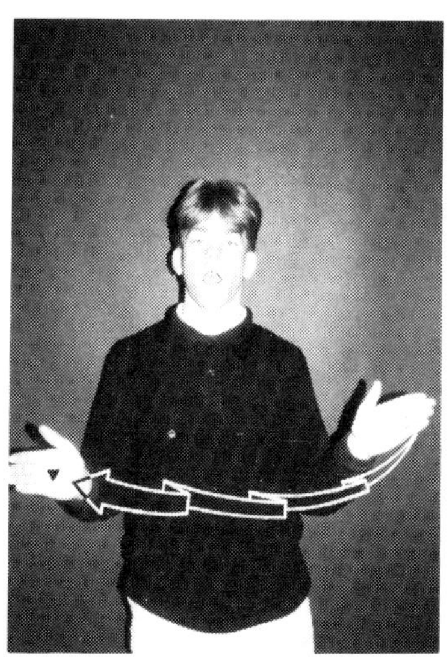

**1.0007 abräumen (Tisch)**
r *B-H (Hr außen, Hk u) mit Unterbrechungen nach innen zur l *B-H (Hr außen, Hk u), deutet »Abräumen« an

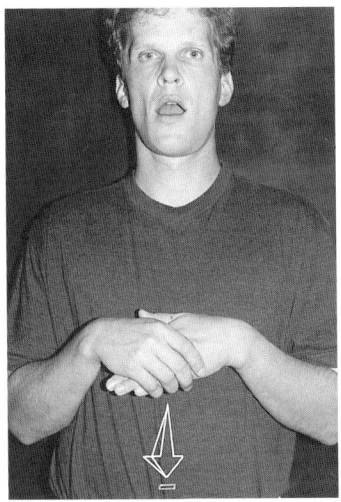

**1.0008 Abschied m,
verabschieden (sich),
Verabschiedung f,
Hände schütteln**
»Hände umfassen sich und
schütteln wie beim Abschied«

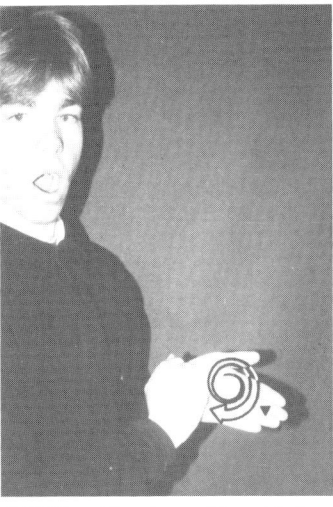

**1.0009 abtrocknen (Geschirr)**
r A-H (Hr o, Hk außen) kreist auf Ht
der l *B-H, deutet »Abtrocknen« an
(vgl. 1.0010)

**1.0010 abtrocknen (Körper)
(lokal)**
F (Hr v) kreist an Brust: »Brust
abtrocknen«
(vgl. 1.0009)

**1.0011 abwaschen (Geschirr),
spülen (mit der Hand)**
l A-H (Hr o, Hk außen) »hält Teller«,
r A-H (Hr v, Hk u) »wäscht ab«

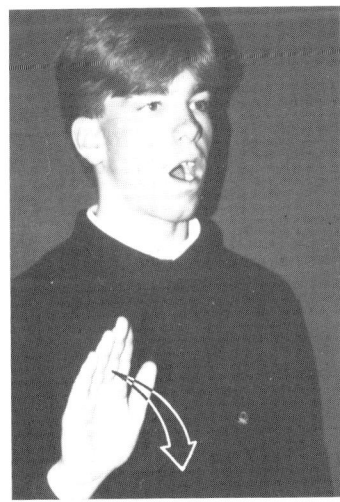

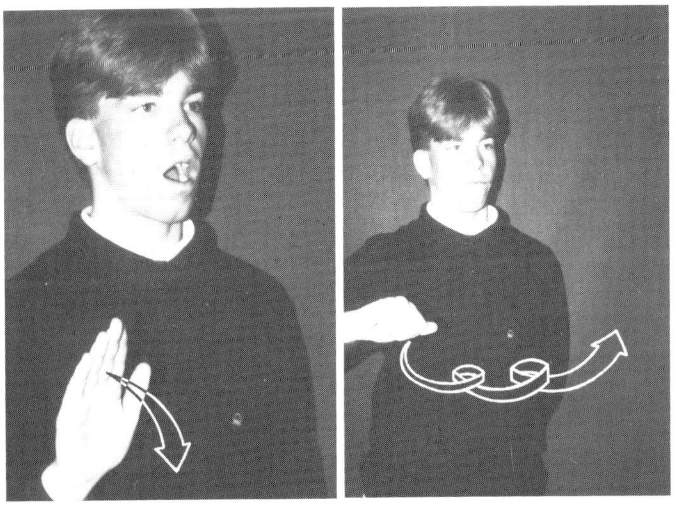

**1.0012 abwischen (lokal)**
1. »ab...«: *B-H (Ht v, Hk außen) im Bogen kurz nach u (Hr o)
2. »wischen«: A-H (Hr o) »wischt in Kreisen nach l«
(vgl. wischen 1.1817)

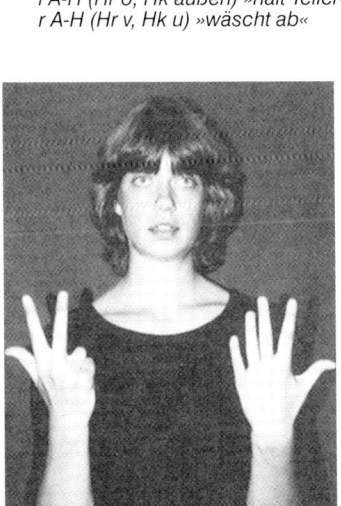

**1.0013 acht, 8**
l 5-H (Hr v, Hk innen) und r 3-H
(Hr v, Hk innen): »8 Finger«

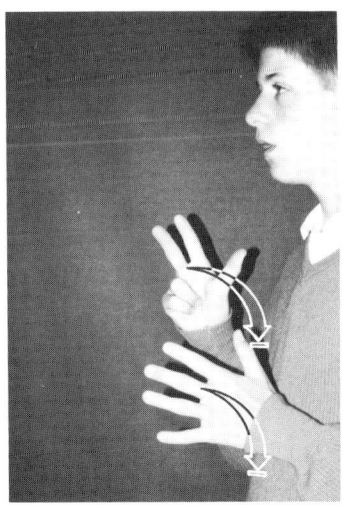

**1.0014 Achtel n**
l 5-H (Hr außen, Hk u) und r 3-H
(Hr außen, Hk u) drehen im H-gelenk
vor Brust nach h (Hk v)

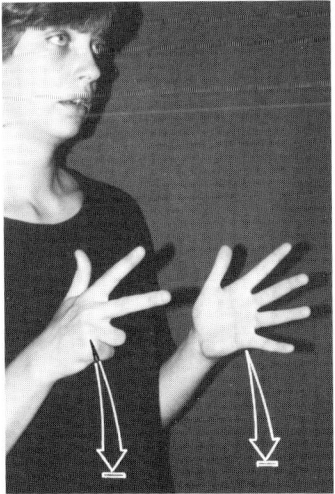

**1.0015 achthundert, 800**
l 5-H (Hr außen, Hk v) und r 3-H
(Hr außen, Hk v) im Bogen nach u
(Hk u)

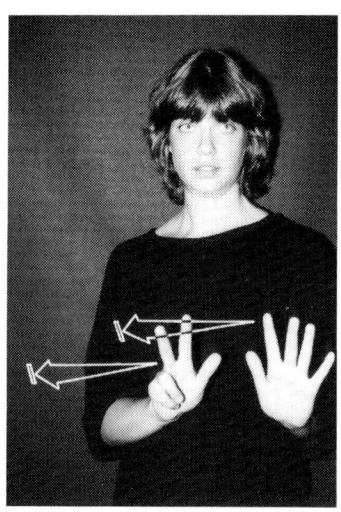

**1.0016 achttausend, *8000*, acht Wochen**

l 5-H (Ht v, Hk außen) und r 3-H (Ht v, Hk außen) vor Brust nach r

**1.0017 achtundachtzig, *88*, achtundachzig(ste), *88(.)***

1. »achtundachtzig«: l 5-H (Hr v, Hk u) und r 3-H
   (Hr v, Hk u) von l Schulter nach r
2. »...ste« (1.0702, r. Foto)

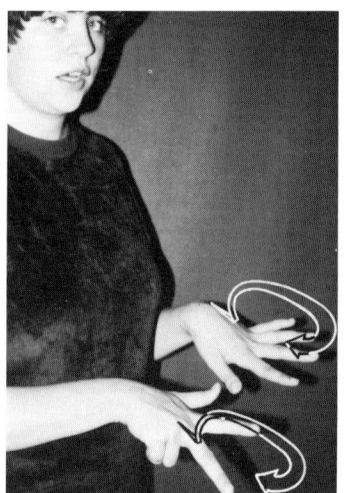

**1.0018 achtzehn, *18*, (N) achtzehn(te), *18(.)***

1. »achtzehn« (N): l 5-H (Hr o, Hk außen) und r 3-H
   (Hr o, Hk außen) kreisen nach v u (vgl. 1.0019)
2. »...te« (1.0357, r. Foto)

**1.0019 achtzehn, *18*, (S) achtzehn(te), *18(.)***

1. »achtzehn« (S): l 5-H (Hr v, Hk u) und r 3-H (Hr v, Hk u)
   drehen im H-gelenk nach v (Hr o, Hk außen) (vgl. 1.0018)
2. »...te« (1.0357, r. Foto)

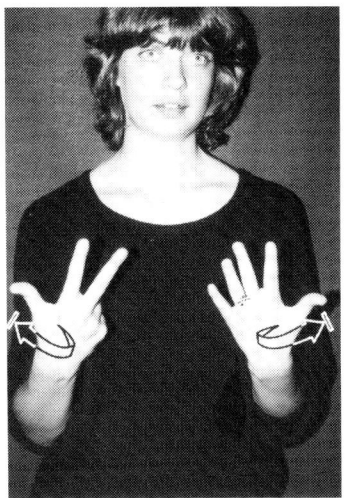

**1.0020 achtzig, *80*, (N)**
**achtzig(ste), *80(.)***
1. »achtzig« (N): l 5-H (Hr v, Hk innen) und r 3-H (Hr v, Hk innen)
   drehen im H-gelenk nach außen (Hr h, Hk außen) (vgl. 1.0021)
2. »...ste« (1.0702, r. Foto)

**1.0021 achtzig, *80*, (S)**
**achtzig(ste), *80(.)***
1. »achtzig« (S): l 5-H (Hr v, Hk innen)
   und r 3-H (Hr v, Hk innen)
   2x krümmen (vgl. 1.0020)
2. »...ste« (1.0702, r. Foto)

**1.0022 Advent m (1),**
**adventlich (1)**
Z (Hr v, Hk innen) deutet
nacheinander »die 4 Kerzen des
Adventskranzes« an
(vgl. Advent <2> 1.0059)

```
Adventskranz m (1)(?)
  = Advent (1)(2) 1.0022/1.0059
  + Kranz 1.0846
Agentur f
  = Handel (2) 1.0633
  + Firma 1.0449
altmodisch (1)(2)
  = alt (1)(2) 1.0036/37
  + modern 1.0996
Amen! (1)(kath.)(2)(ev.)
  = beten (1)(2) 1.0169/70
  + Kopf senken
Anführer m
  = Chef 1.0247
  + führen 1.0504
Ansprache f
  = an 1.0042
  + Sprache 1.1439
```

**1.0023 Hinweis**

**1.0024 Ärger m, ärgerlich, ärgern (sich),**
**Verdruss m (1),**
**verdrießen (1), wild (S)**
Fi-spitzen der *5*-He (Hr v, Hk u) 2x vom Bauch mit H-gelenkdrehung
nach o: »Ärger steigt auf«
(vgl. Verdruss <2> 1.0207, wild <N> 1.1808)

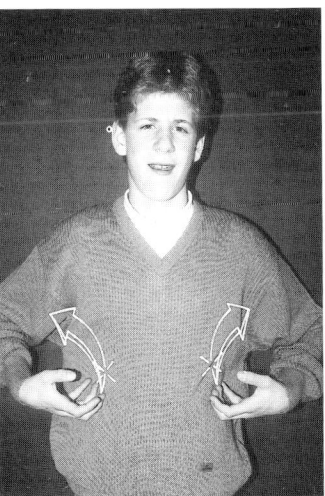

**1.0025 Affe m**
Fi-spitzen der *5*-He oder 5-H
(Hr u, Hk h) »kratzen 2x Körper«

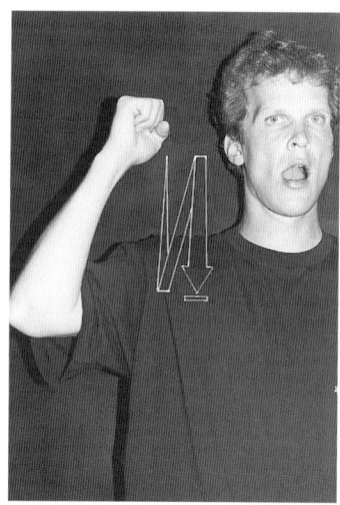

**1.0026 Afrika (2), afrikanisch (2), Afrikaner* m (2), -in** f (2)**
F (Hr außen, Hk v) »hält Speer und bewegt ihn wie beim Tanz auf und ab«
(vgl. Afrika <1> 1.1351)

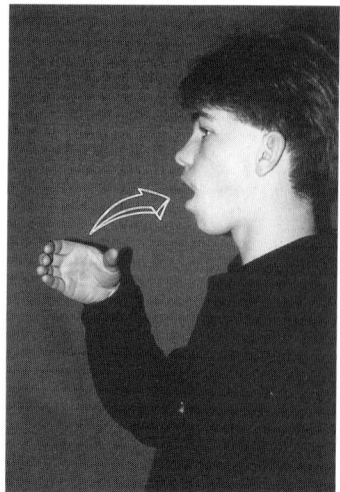

**1.0027 Alkohol m, alkoholisch**
C-H (Hr außen) »führt Glas 2x **oder** 3x zum Mund«
(vgl. trinken 1.1590)

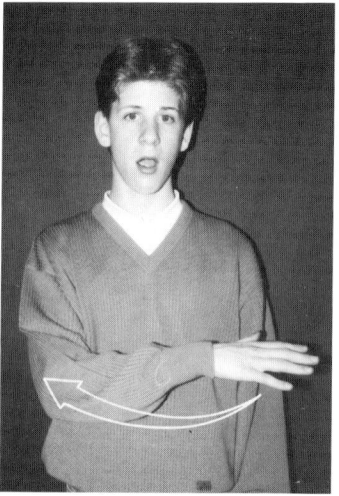

**1.0028 alle (sämtliche), all..., aller...**
5-H (Hr o, Hk außen) im Bogen über »alle«
(vgl. 1.0029, alles 1.0529)

**1.0029 alle (zu Ende), leer (2), Leere f (2), vergriffen (verkauft)**
1.2. *B-He mit Ht-Kontakt aneinander vorbei zur anderen Seite
(vgl. 1.0028, leer <1> 1.0890)

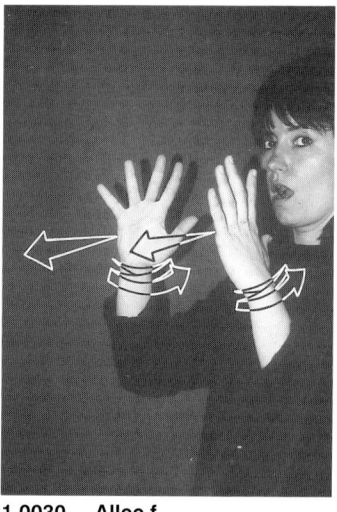

**1.0030 Allee f**
5-He (Hk v) drehen im H-gelenk hin und her bei gleichzeitiger Bewegung nach v: »Bäume in einer Allee«
(vgl. Chaussee, Straße 1.1487)

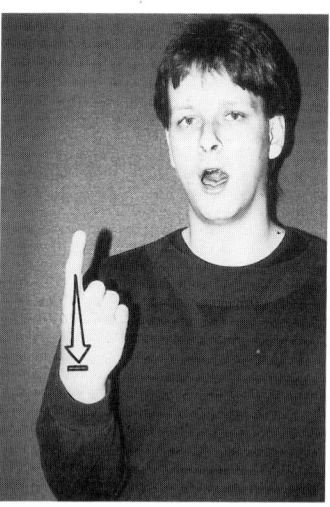

**1.0031 allein (N)**
Z (Hr v, Hk innen) vor Schulter kurz nach u: »einer ist allein«
(vgl. 1.0032, einsam 1.0343)

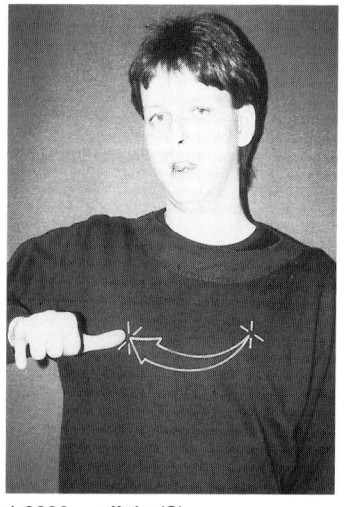

**1.0032 allein (S)**
D-spitze der Y-H (Hr o, Hk v) im Bogen an der Brust von l nach r
(vgl. 1.0031)

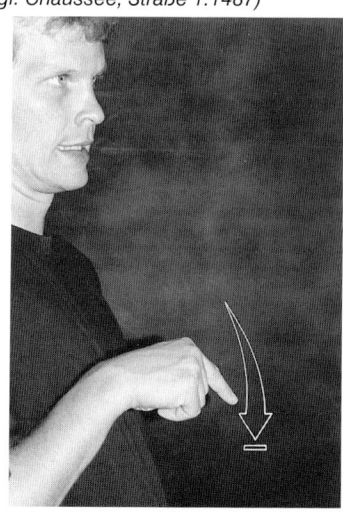

**1.0033 als (komparativ)**
Z (Hr o, Hk außen) kippt vor Schulter im H-gelenk nach u (Hr v)
(vgl. 1.0034)

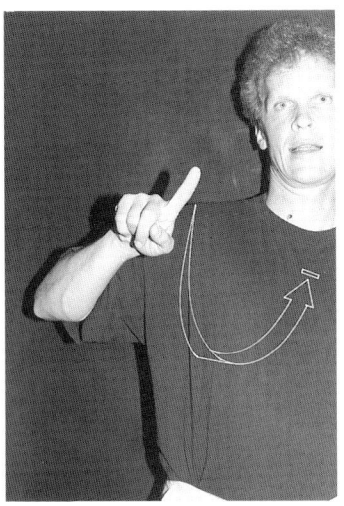

**1.0034 als (Konj.), auch, damit, dass, dennoch, doch, ob, obwohl, weil**
Z (Hr o, Hk außen) mit H-gelenk-drehung nach u (Hr u, Hk innen) deutet »Komma vor Nebensatz« an
(vgl. 1.0033)

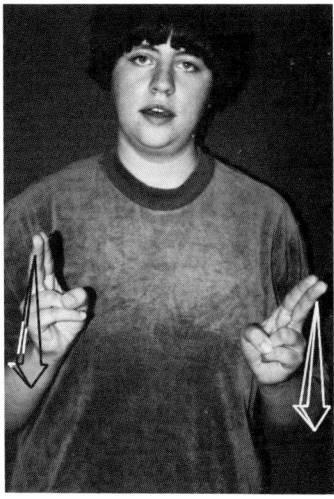

**1.0035 All(tag) m**
1. U-He **oder** V-He (Hr außen, Hk u) 2x gleichzeitig kurz nach u
2. »Tag (N)(S)« (1.1513/14)
(vgl. alle Tage 1.1515)

**1.0036 alt (1), Alter n (1), Altertum n (1), altertümlich (1), Antike f (1), antik (1), Senior\* m (1), -in\*\* f (1)**
D und Z **oder** Z und M (Hr außen, Hk v) kneifen in Wange: »Altersfalten« (vgl. 1.0037)

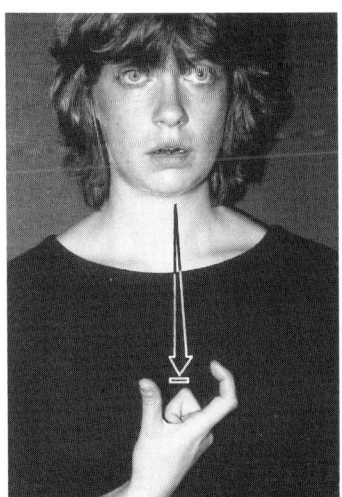

**1.0037 alt (2), Alter n (2), Altertum n (2), altertümlich (2), Antike f (2), antik (2), Senior\* m (2), -in\*\* f (2)**
\*X-H (Hr u, Hk h) vom Kinn nach u deutet »langen Bart« an
(vgl. 1.0036, Bart 1.0125)

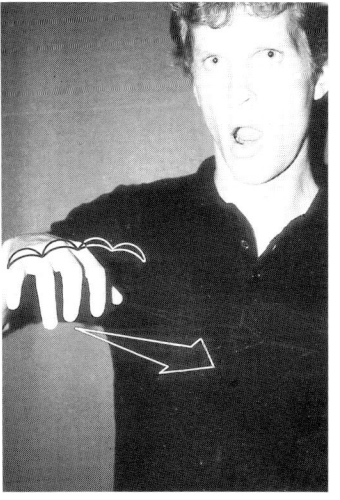

**1.0038 Ameise f**
\*5\*-H (Hr o, Hk v) »krabbelt« mit Fi-spiel nach l
(vgl. Ameisen pl 1.0039)

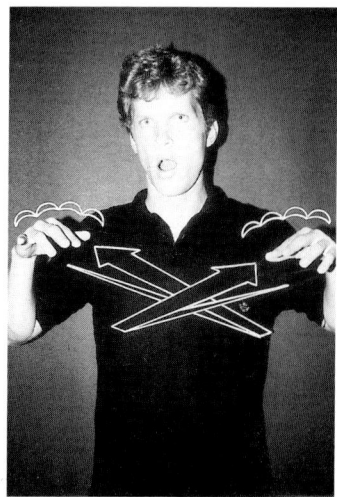

**1.0039 Ameisen pl**
*5*-He (Hr o) mit Fi-spiel »über Kreuz« 2x nach außen und zurück deuten »Wimmeln der Ameisen« an (vgl. Ameise 1.0038)

**1.0040 Amerika, USA f, amerikanisch, Amerikaner* m, -in** f**
Fi der 5-He (Hr v/außen, Hk u) greifen ineinander und kreisen vor Brust
(Fi = »Eckbalken der Blockhütte«, Kreis = »Land«)

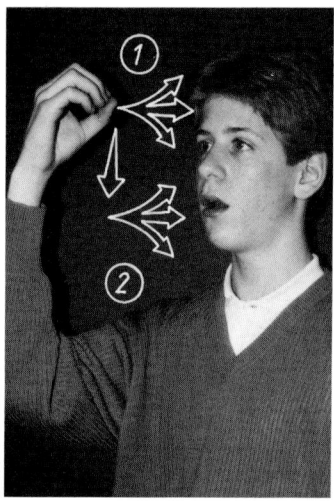

**1.0041 Ampel f**
O-H (Hr v, Hk innen) öffnet 2x untereinander zur 5-H: »Ampelsignal«

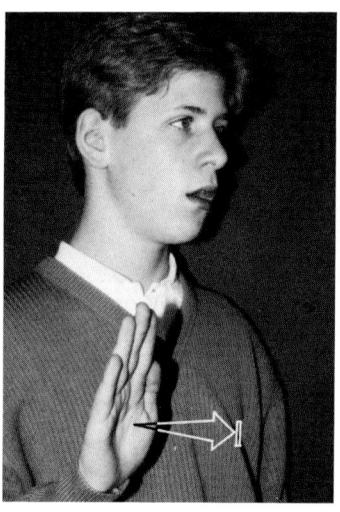

**1.0042 an, am (örtlich, zeitlich)**
B-H (Ht v, Hk außen) kurz nach v

**1.0043 an... (Licht)**
<O-H öffnet sich zur 5-H: »Licht an« (vgl. 1.0044, aus... <Licht> 1.0095)

**1.0044 an... (Schalter)(1), aus...(Schalter)(1), Automat m (2)**
D der *A-H (Hr außen, Hk u) nach v, »schaltet an/aus« (vgl. 1.0043, an..., aus... <Schalter><2> 1.1258, Automat <1><3><4> **4.0235**/1.0953/54)

**1.0045 Hinweis**

Andacht f (1)
= beten (1) 1.0169
+ denken 1.0271
(vgl. Andacht <2> 1.0046)
ausbilden,
Ausbildung f
= Unterricht 1.1649
+ Bildung 1.0180
Ausbilder m
= Unterricht 1.1649
+ Person (1) 1.1126
Ausbilderin f
= Unterricht 1.1649
+ Frau (1) 1.0474
auswendig
= nehmen 1.1052
+ merken 1.0972

**1.0046 Andacht f (2),
andächtig**
1. »an«: B-H (Ht v) kurz nach v
2. »glauben, wissen, meinen«: Z (Ht v) von Schläfe nach r
(vgl. Andacht <1> 1.0045)

 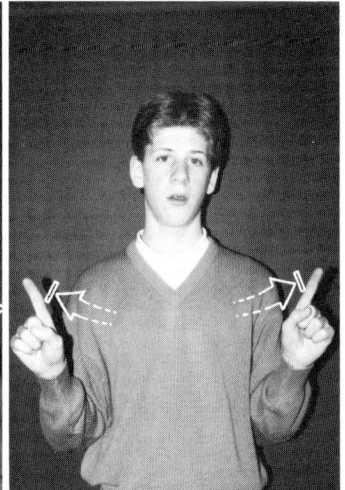

**1.0047 anders, andere,
fremd, Abart f,
krass, rümpfen (Nase)**
1.2. gekreuzte Z-spitzen (Hr v, Hk u) mit H-gelenkdrehung
auseinander (Hr o, Hk außen)
(vgl. andere pl 1.1676, sondern 1.1415)

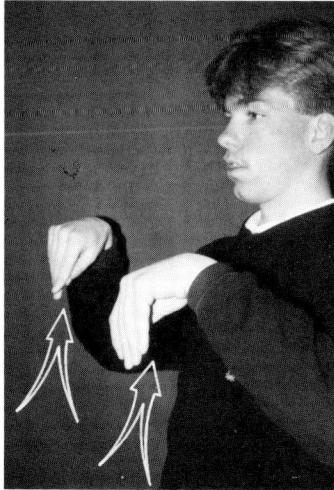 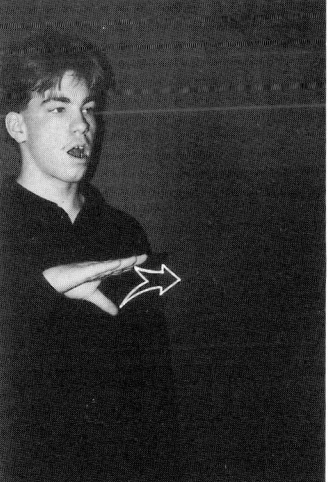

**1.0048 Anfang m, anfangen,
Anfänger\* m, -in\*\* f,
Beginn m, beginnen**
5-He (Hr v, Hk außen) schließen vor
Brust nach o zu <O-He (Hr o)

**1.0049 anfassen**
\*B-H (Hr o, Hk außen) kurz nach v
zur <O-H schließen: »etwas
anfassen«

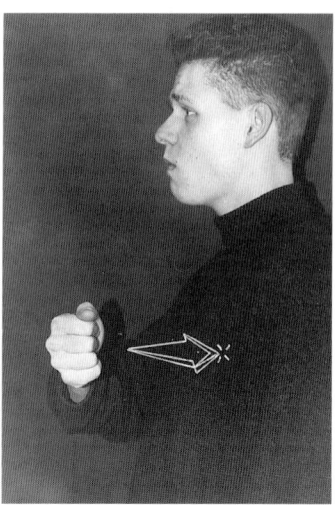

**1.0050 Angst f, ängstlich, bang(e), Bangen n, bangen, Buße f, büßen, klopfen (Herz), schlagen (Herz), Schlag m (Herz)**
*A-H (Hr v, Hk u) schlägt 2x an Brust: »Herzklopfen«*
*(vgl. ängstigen <sich> 1.0522, Mut 1.1028, böse <1> 1.0206)*

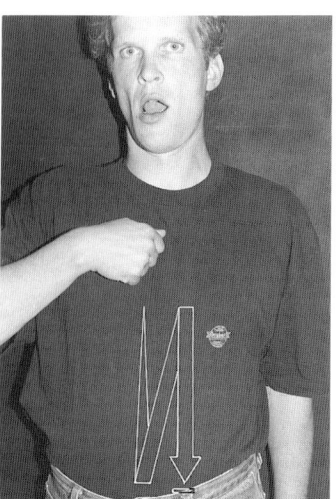

**1.0051 Anorak m**
*A-H (Hr v, Hk u) an Brustmitte 2x nach u: »Reißverschluss des Anoraks öffnen«*

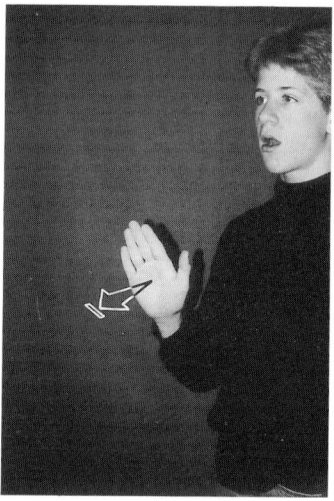

**1.0052 anschauen, ansehen, betrachten, Ansicht f (Anblick), Betrachtung f**
*1. »an«: *B-H (Ht v, Hk außen) kurz nach v*
*2. »sehen, schauen«: V-H (Hr v, Hk innen) von Augen nach v*

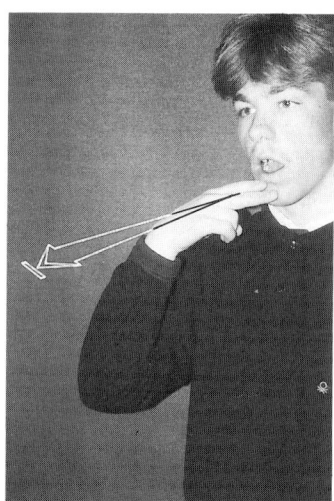

**1.0053 antworten (1), Antwort f (1), beantworten (1), Beantwortung f (1), erwidern (1), Erwiderung f (1)**
*U-H (Hr v, Hk u) mit H-gelenkdrehung schnell vom Mund nach v (Hr o, Hk außen): »Antwort geben«*
*(siehe Hinweis 1.0054)*

---

Die Gebärde für **antworten** ist **richtungsgebunden:**
(ich) antworte (dir) = 1.0053
(du) antwortest (mir) = 1.0055

**1.0054 Hinweis**

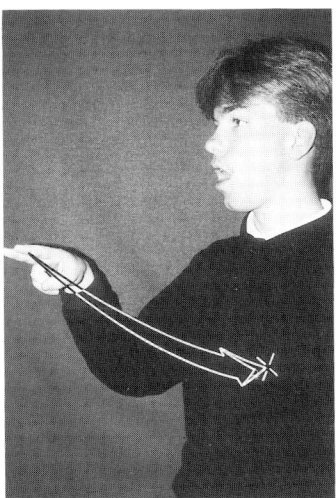

**1.0055 antworten (2), Antwort f (2),
beantworten (2), Beantwortung f (2),
erwidern (2), Erwiderung f (2)**
U-H (Hr o, Hk außen) mit H-gelenkdrehung schnell an Brust
(Hr v, Hk u): »Antwort bekommen«
(siehe Hinweis 1.0054)

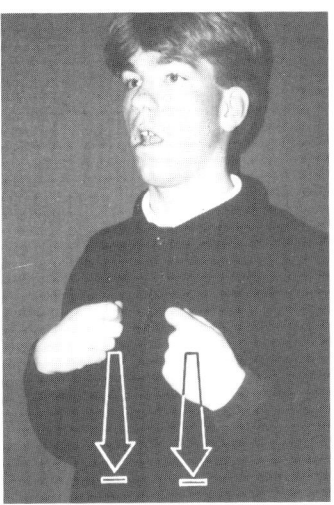

**1.0056 anziehen (Pullover)**
A-He (Hr v, Hk u) »ziehen Pullover
über Schultern nach u«
(vgl. anziehen
<Hose/Jacke/Schuhe/Socken>
1.0695/1.0727/1.1338/1.1410)

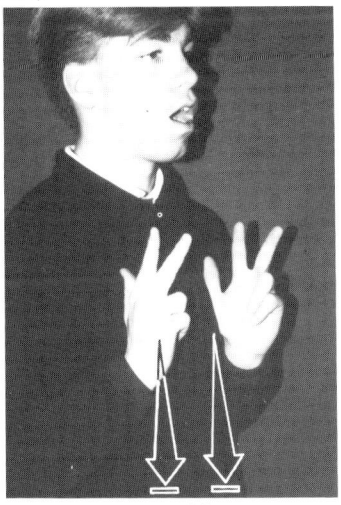

**1.0057 Anzug m (1)**
D der 3-He (Hr außen, Hk u)
an Brust nach u
(vgl. 1.0058, Herr 1.0661)

**1.0058 Anzug m (2),
Kostüm n (Frau),
Zivil n, Zivil..., zivil**
D der *X-He (Hr außen, Hk u)
an Brust nach u
(vgl. 1.0057)

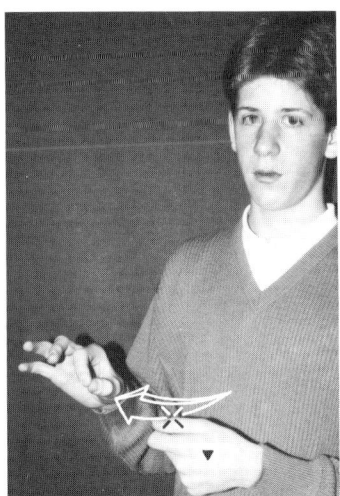

**1.0059 anzünden, Streichholz n, Zündholz n, zünden, Zündung f,
Entzündung f, entzündet, entzünden <sich>,
Advent m (2), adventlich (2)**
DZ der r F- H (Hr außen, Hk u) 1x **oder** 2x mit H-gelenkdrehung über
D-nagel der l F-H **oder** A-H (Hr außen, Hk u) nach r (Hr o, Hk außen):
»Streichholz anzünden«
(vgl. Advent <1> 1.0022)

**1.0060 Apfel m**
*5*-H (Hr v, Hk u) macht 1x **oder**
2x Vierteldrehung vom Kinn nach v
(Hr u, Hk h): »vom Apfel abbeißen«

**1.0061 Apfelsine f,
Orange f**
l*5*-H »hält Apfelsine«, D und Z der
r A-H »lösen 2 Streifen der Schale«
(vgl. orange <Farbe> 1.1103)

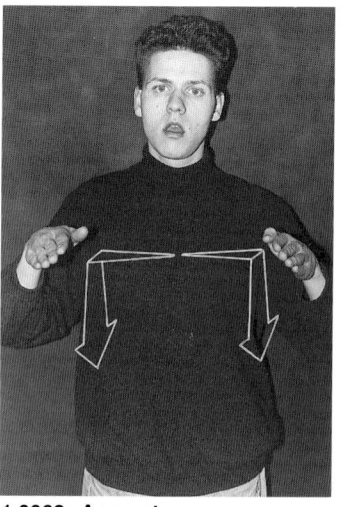

**1.0062 Apparat m,
Gerät n,
Anlage f (Gerät)**
B-He (Hr o, Hk außen) deuten mit
H-gelenkdrehung »Form des
Apparates« an (Hr außen, Hk u)

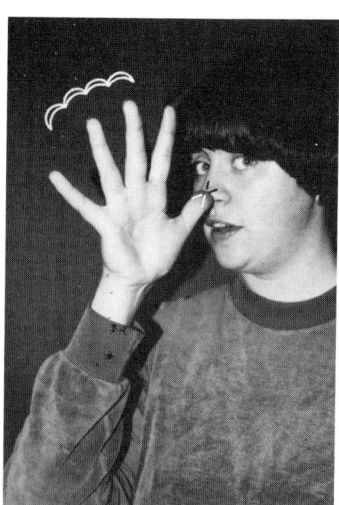

**1.0063 April m (1)(N)**
D der 5-H (Hr außen, Hk v) an
Nasenspitze, ZMRK Fi-spiel:
»April, April!«
(vgl. 1.0064/65)

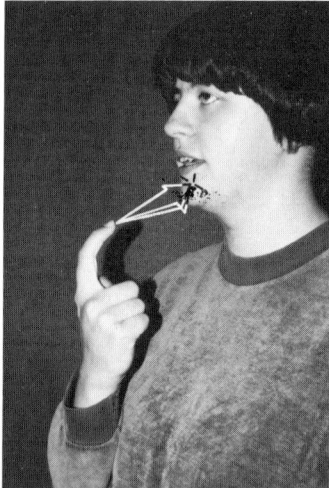

**1.0064 April m (2)(S)**
Z-spitze der X-H (Hr v, Hk innen)
tippt 2x an Kinn
(vgl. 1.0063/65)

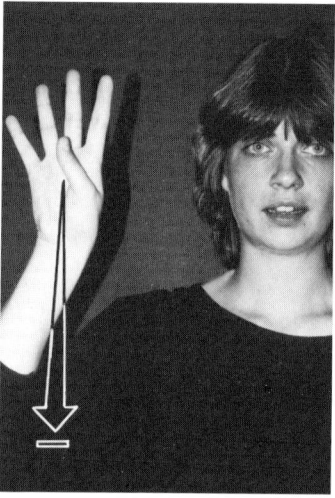

**1.0065 April m (3)**
4-H (Ht v, Hk außen) nach u:
»4. Monat«
(internationale Gebärde)
(vgl. 1.0063/64)

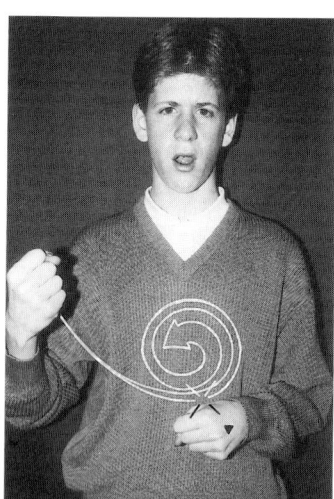

**1.0066 arbeiten, machen, tun, Arbeit f, Arbeiter* m, -in** f, herstellen (2),
Herstellung f (2), Tat f (N), tätig (2), Tätigkeit f (2),
verfahren (handeln), Verfahren n (handeln), verüben**
Hk der r F schlägt 1x **oder** 2x kreisförmig auf DZ der l F
(vgl. herstellen <1> **4.1414**, Tat <Berlin><S> 1.1529/30, tun <zu tun haben>
1.1599, tätig <1> 1.1611)

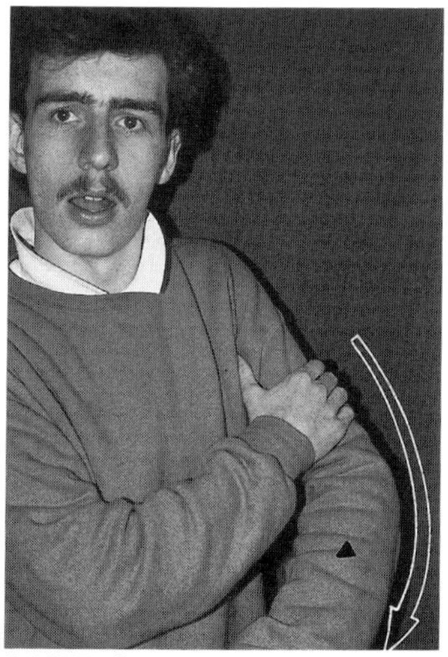

**1.0067 Arm m,
Arme pl**
**Arm:** *B-H (Hr o, Hk v) fährt über
Arm nach u
**Arme:** *B-He (Hr o, Hk v) fahren
im Wechsel über Arme
nach u

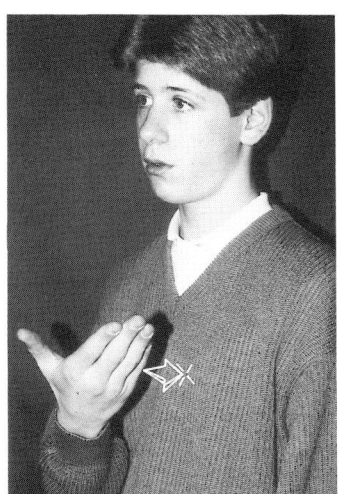

**1.0068 arm (Mitleid haben)**
Hk der *B-H (Ht o, Hk h) 2x gegen
Brust: »Armer« Junge!
(vgl. 1.0069)

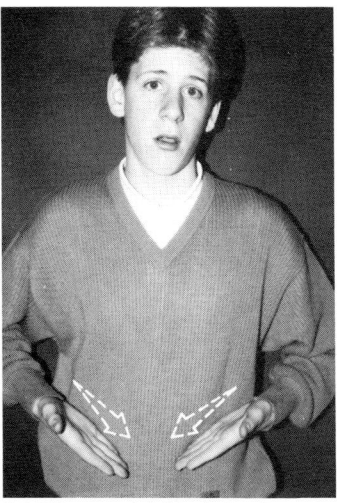

**1.0069 arm (nichts haben),
Armut f**
Hk der *B-He (Ht o, Hk h) langsam
an Bauch nach u innen: »leerer
Magen«
(vgl. 1.0068, hungrig 1.0704)

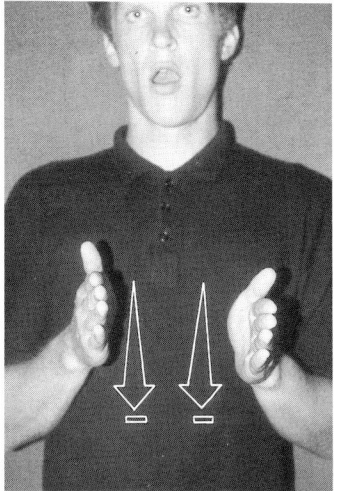

**1.0070 Art f, Sorte f,
Wesen n (2)
Abteil n, abteilen**
B-He **oder** *B-He (Hr außen, Hk u)
kurz nach u
(vgl. Wesen <1> 1.1126)

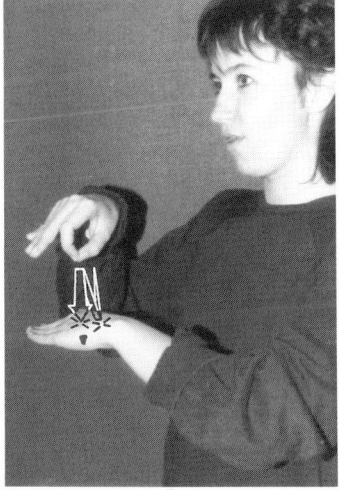

**1.0071 Arzt m, Ärztin ** f,
ärztlich, Doktor m, -in ** f,
Medizin f (Fach)**
r F-H (Hr o) tippt 2x auf Hr der l B-H:
»abhorchen«
(vgl. Medizin <Arznei> **2.0871**)

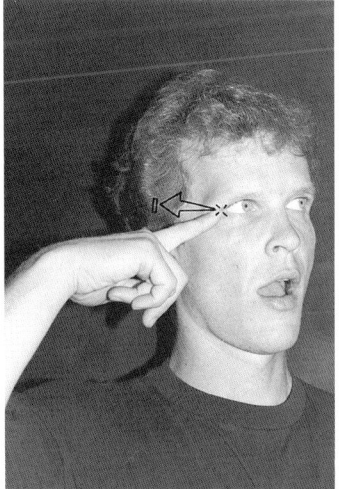

**1.0072 Asien, Asiate* m, Asiatin** f, asiatisch,
China, Chinese* m, Chinesin** f, chinesisch**
Z-spitze (Hr v, Hk u) vom Augenwinkel kurz nach r:
»Augenform der Asiaten«

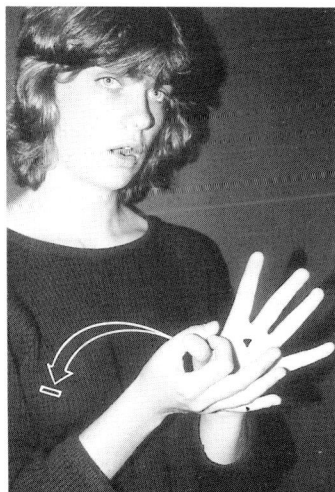

**1.0073 Ast m, Äste pl**
DZ der r F-H (Hr v, Hk innen) vom
D-gelenk **bzw**. von D und Z der
l 5-H im Bogen/in Bögen nach r
deuten »Ast« oder »Äste« an
(vgl. Zweig, Zweige 1.1918)

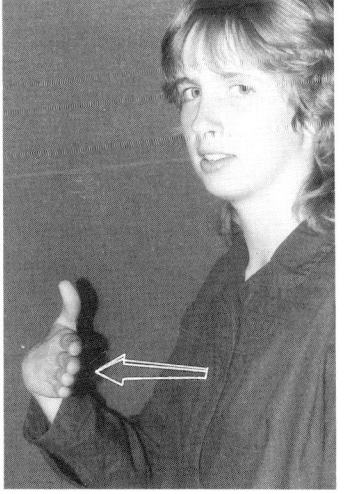

**1.0074 atmen,
Atmung f**
*B-H (Hr v, Hk u) 2x von Brust nach v:
»Ausdehnung des Brustkorbs
beim Atmen«

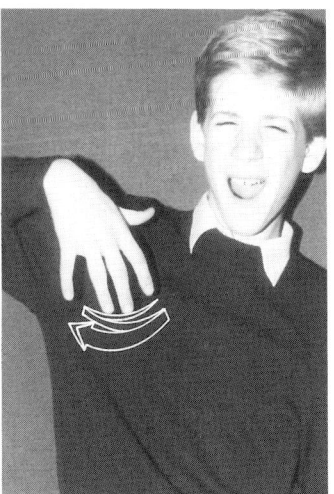

**1.0075 »au«!**
5-H (Hr v, Hk außen) dreht schnell
im H-gelenk hin und her

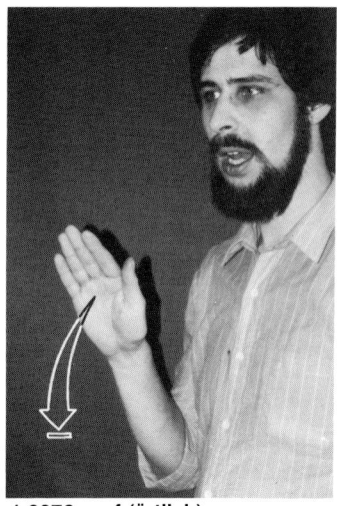

**1.0076 auf (örtlich)**
B-H (Hr o, Hk außen) kurz nach u:
»auf etwas legen«
(vgl. 1.0077)

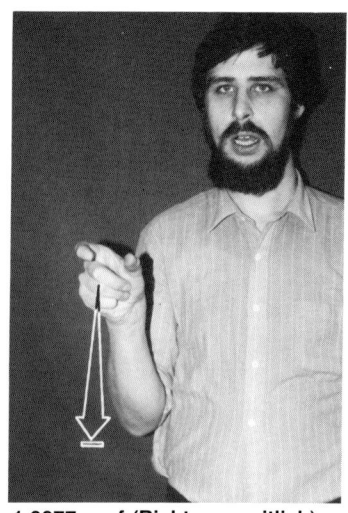

**1.0077 auf (Richtung, zeitlich)**
*X-H (Ht v, Hk u) im Bogen kurz
nach u: »auf etwas deuten«
(vgl. 1.0076)

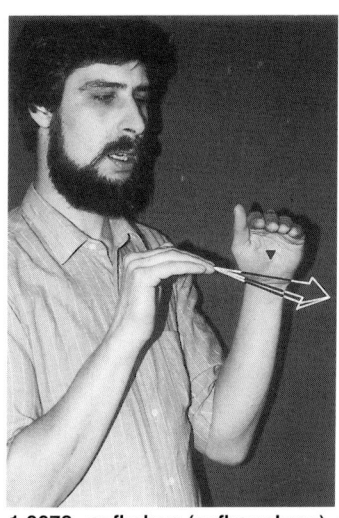

**1.0078 aufheben (aufbewahren), aufbewahren, Aufbewahrung f,
aufladen (Akku), speichern, Speicher m (Computer),
Speicherung f, verwahren (etwas), Verwahrung f**
r <B-H (Ht v, Hk außen) 2x unter l <B-H (Hr außen, Hk v) nach v:
»etwas speichern, aufbewahren«
(vgl. 1.0079)

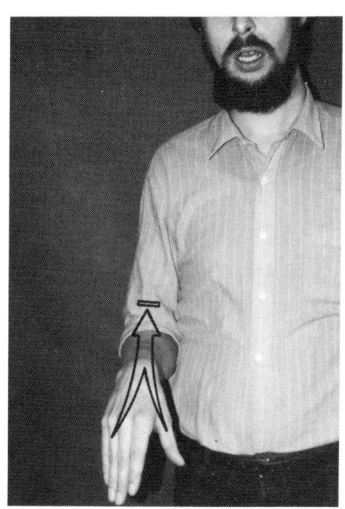

**1.0079 aufheben (vom Boden),
aufnehmen (vom Boden)**
*B-H (Hr v, Hk außen) schließt
nach o zur <O-H (Hr o): »etwas
aufheben«
(vgl. 1.0078)

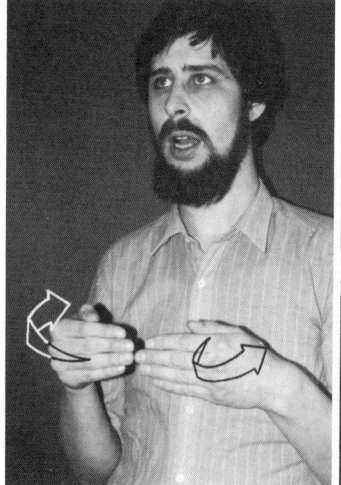  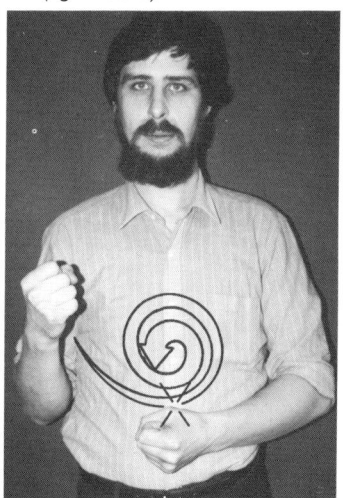

**1.0080 aufmachen (Tür, Fenster)(situativ)**
1.2. »auf...«: B-He (Hr v, Hk u) drehen im H-gelenk nach außen (Ht v)
3. »machen«: Hk der r F schlägt 2x kreisförmig auf DZ der l F
(vgl. 1.0081/82, öffnen <1><allg.> 1.1092, öffnen <4><Schranke> 1.1328)

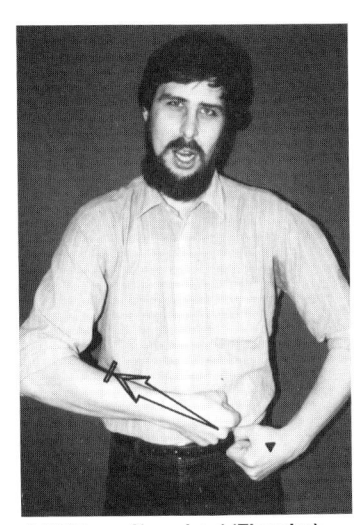

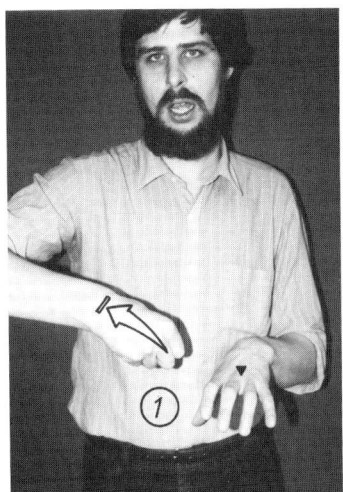

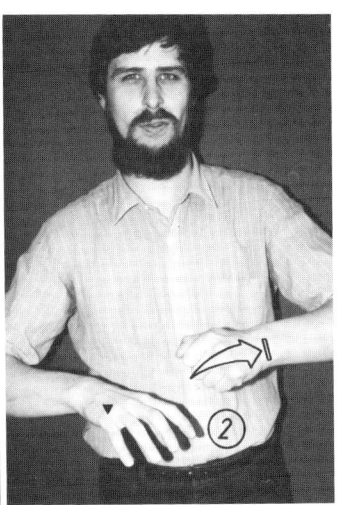

**1.0081 auf(machen)(Flasche),
öffnen (2) (Flasche)**
1. l F »hält Flaschenhals«, r F
»zieht Korkenzieher schnell
nach o«
2. »machen« (1.0080, r. Foto)
(vgl. 1.0080/82, öffnen
<1><allg.> 1.1092, öffnen
<4><Schranke> 1.1328)

**1.0082 auf(machen)(Paket), öffnen (3) (Paket)**
1. r F »zieht Band nach o«, l 5-H »hält Paket«
2. l F »zieht Band nach o«, r 5-H »hält Paket«
3. »machen« (1.0080, r. Foto)
(vgl. 1.0080/81, öffnen <1><allg.> 1.1092, öffnen
<4><Schranke> 1.1328)

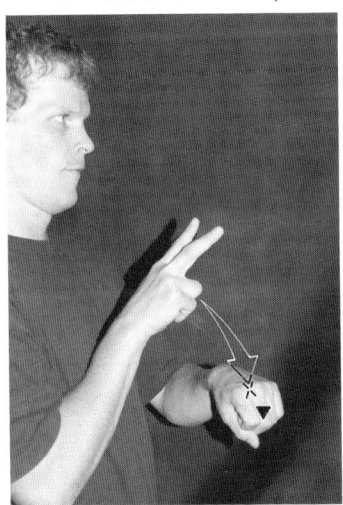

**1.0083 aufpassen (auf Kinder), achten (auf), Aufsicht f, beaufsichtigen,
Beaufsichtigung f, bewachen, Bewachung f, Posten m (Wache),
Wache f, wachen (aufpassen), Wächter\* m, -in\*\* f,
Wärter\* m, -in\*\* f, ...wart m, Wachposten m, Wachtposten m**
H-ballen der r V-H (Hr o, Hk außen) auf Hr der l F (Hr o, Hk v)
**oder** auf DZ der l F (Hr v, Hk u)(vgl. 1.0084)

**1.0084 aufpassen (Unterricht, Verkehr),
Achtung f, aufmerksam (2), Aufmerksamkeit f (2),
vorsehen (sich), Vorsicht f, vorsichtig**
1.2 V-H **oder** V-He (Hr v, Hk innen) von Auge(n) mit H-gelenkdrehung
nach außen (Ht v, Hk außen)
(vgl. 1.0083, aufmerksam <1> 1.1732)

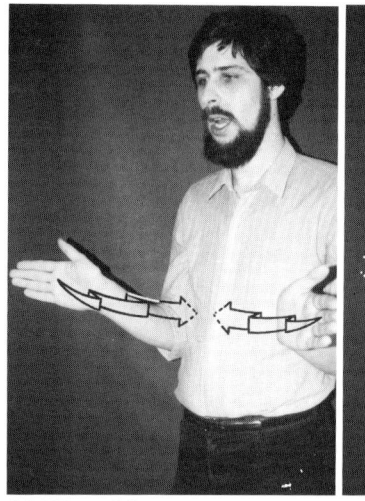

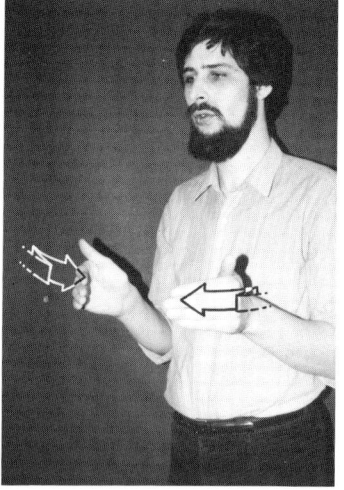

**1.0085 aufräumen**
1.2. *B-He (Ht v, Hk u) im Wechsel mit <*B-He nach innen (Hr v):
»etwas zusammenschieben«

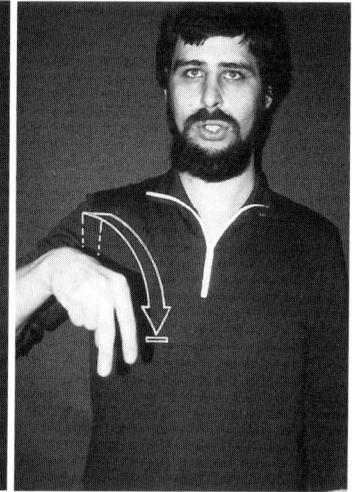

**1.0086 aufstehen**
1. »auf...«: *B-H (Ht o, Hk innen) nach o
2. »stehen«: V-H (Hr v, Hk außen) kurz nach u

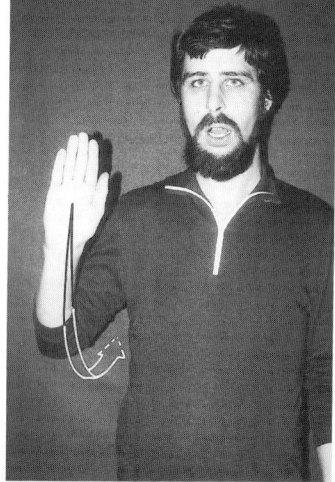

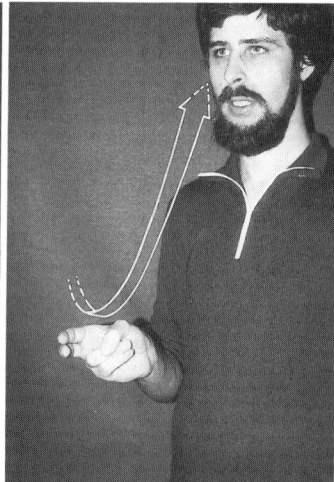

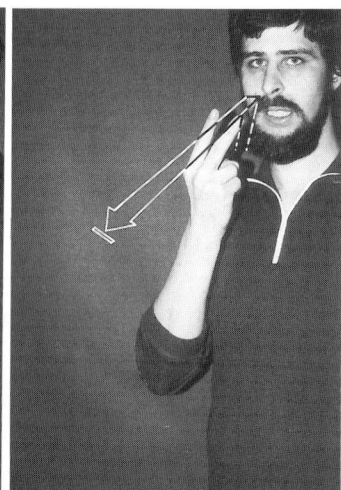

**1.0087 Auf Wiedersehen!**
1. »auf«: B-H (Ht v, Hk außen) kippt nach u (Ht u)
2. »wieder«: *U*-H (Hr außen) dreht zum Auge (Hr v)
3. »sehen«: V-H (Hr v, Hk innen) von Augen nach v

**1.0088 Auge n,
Augen pl**
*Auge: Z zeigt auf ein »Auge«
Augen: Z zeigt auf beide »Augen«*

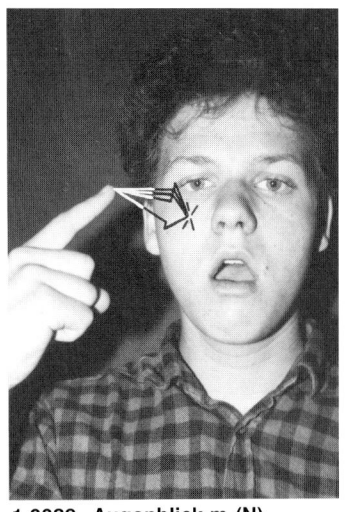

**1.0089 Augenblick m (N),
augenblicklich (N)**
*Z (Hr v, Hk v) tippt 3x an Jochbein
(vgl. 1.0090)*

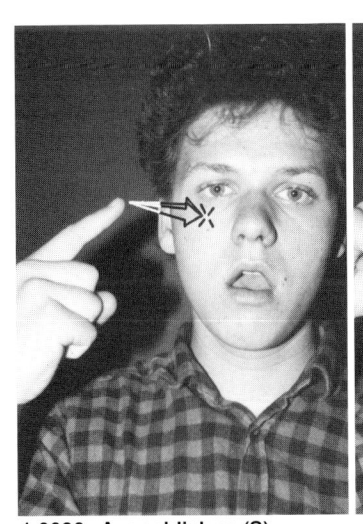

**1.0090 Augenblick m (S),
augenblicklich (S)**
*1. Z (Hr v, Hk v) tippt 2x an Jochbein
2. <Q-H (Hr außen, Hk v) öffnet sich neben Auge zur L-H
(vgl. 1.0089)*

**1.0091 August m (1)(N) (2)(S)**
*A-H (Ht v, Hk außen) kreist vor
Schulter (August)
(vgl. 1.0092)*

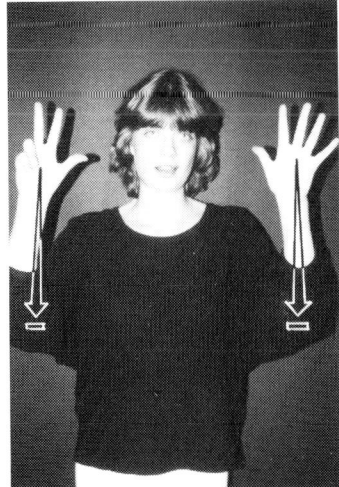

**1.0092 August m (3)**
*8-He (Ht v, Hk außen) nach u:
»8. Monat«
(internationale Gebärde)
(vgl. 1.0091)*

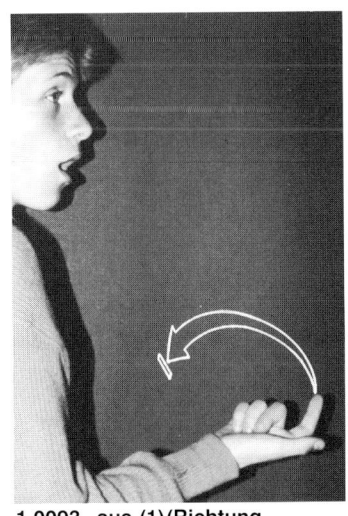

**1.0093 aus (1)(Richtung,
Beschaffenheit),
heraus (1)**
*Z (Hr u, Hk innen) im Bogen zur
Brust (Hr v)
(vgl. 1.0094)*

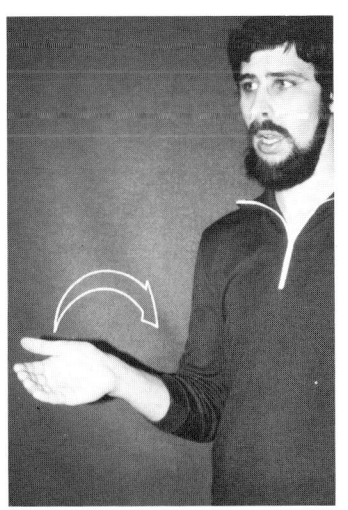

**1.0094 aus (2)(Richtung,
Beschaffenheit),
heraus (2)**
*\*B-H (Hr u, Hk innen) im Bogen
nach h zur <\*B-H krümmen (Hr v)
(vgl. 1.0093)*

**1.0095 aus... (Licht)**
<5-H (Ht v, Hk außen) schließt zur
<O-H: »Licht aus«
(vgl. an... <Licht> 1.0043)

**1.0096 Ausflug m**
D der *A-He (Hr außen, Hk u)
»halten Träger des Rucksacks«,
Schultern »wandern« im Wechsel
nach v
(vgl. Rucksack 1.1219, wandern 1.1741)

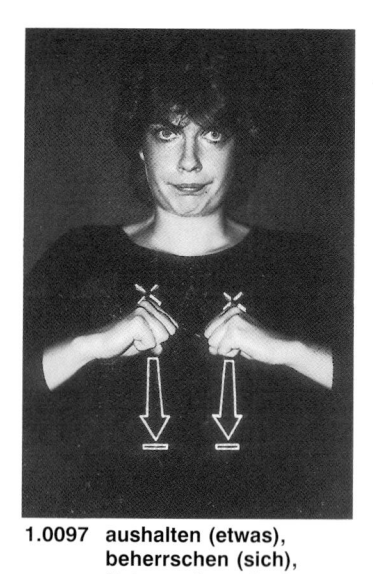

**1.0097 aushalten (etwas),
beherrschen (sich),
Beherrschung f,
verschmerzen**
F oder Fe (Hr o, Hk v) an Brust
nach u: »Gefühle unterdrücken«

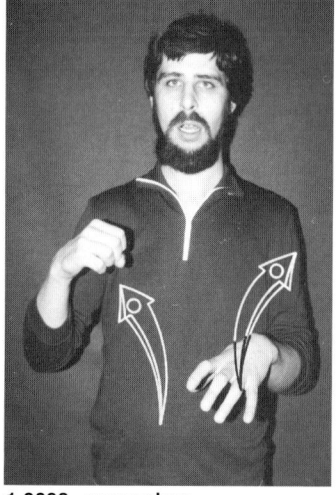

**1.0098 auspacken**
5-He (Hr o, Hk außen) 2x im
Wechsel nach o zu Fe schließen:
»herausnehmen und festhalten«
(vgl. einpacken 1.0342)

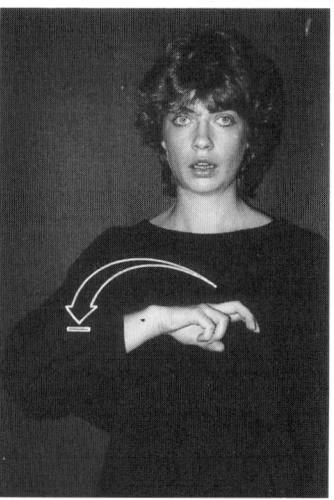

**1.0099 aussteigen, Ausstieg m,
Ausgang m (2), Eingang m (2)**
*U*-H (Hr o, Hk v) im Bogen nach
außen u (Hk außen)
(vgl. einsteigen, ... 1.0345, umsteigen
1.1624)

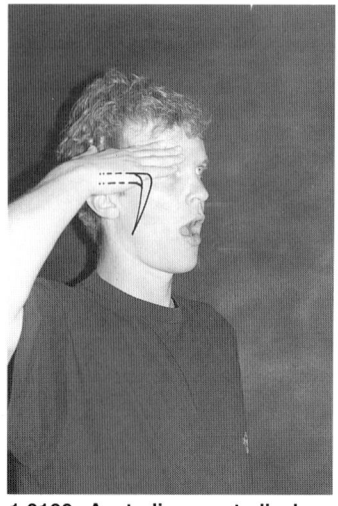

**1.0100 Australien, australisch,
Australier* m, -in** f**
1.2. Fi-spitzen der *B-H (Hr v, Hk u, Fi-spitzen an r Stirnseite)
beschreiben mit H-gelenkdrehung einen Kreis (Ht v, Hk o,
Fi-rücken an r Stirnseite): »Cowboyhut«

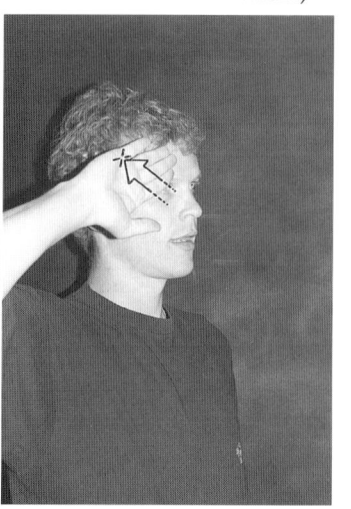

**1.0101 Ausweis m,
Pass m**
r *X-H (Hr außen, Hk u) vor Ht der
l *B-H (Hr außen, Hk u) nach u
deutet »Ausweisform« an
(vgl. ausweisen <sich> **2.1047**)

38

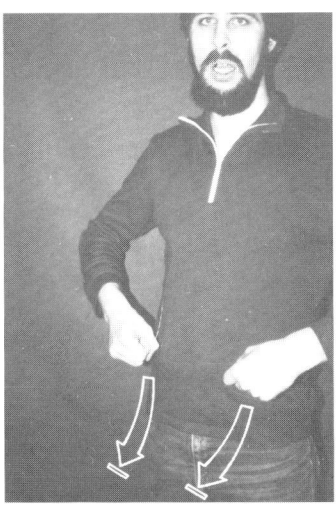

**1.0102 ausziehen (Hose)**
A-He **oder** Fe (Hr v, Hk außen)
»ziehen mit H-gelenkdrehung
Hose aus« (Hr o)
(vgl. 1.0103/04, anziehen <Hose>
1.0695)

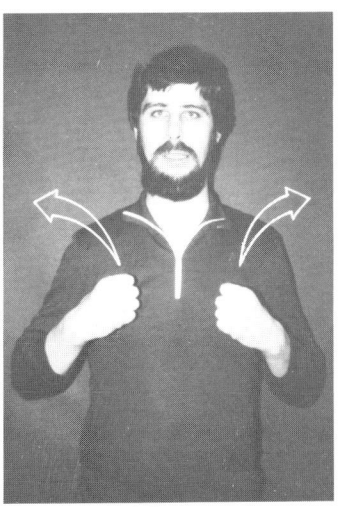

**1.0103 ausziehen
(Jacke, Kittel, Mantel)**
A-He **oder** Fe (Hr v, Hk u) »ziehen
Jacke, ... aus« (Hr außen)
(vgl. 1.0102/04, anziehen <Jacke,
...> 1.0727)

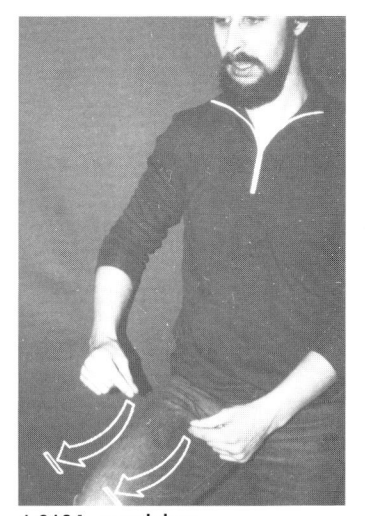

**1.0104 ausziehen
(Socken, Strümpfe)**
DZ der F-He (Hr v, Hk u) »ziehen mit
H-gelenkdrehung Socken/Strümpfe
aus« (Hr o, Hk außen)
(vgl. 1.0102/03, anziehen <Socken, ...> 1.1410)

**1.0105 Auto n, Fahrzeug n, lenken (allg.), Lenkung f, Lenker m,
Lenker\* m, -in\*\* f, Chauffeur\* m, Schofför m, Fahrer\* m, -in\*\* f,
Steuer n (Lenkung), steuern (allg.), Steuerung f, Steuerrad n**
A-He **oder** Fe »lenken Auto«
(vgl. fahren, chauffieren <Auto> 1.0399, Lastwagen 1.0885, Traktor 1.1581)

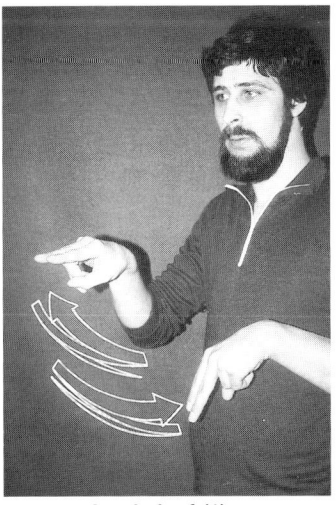

**1.0106 Autobahn f (1)**
U-He (Hr o) im Wechsel vor und
zurück: »Vierspuriger Verkehr«
(vgl. 1.0107)

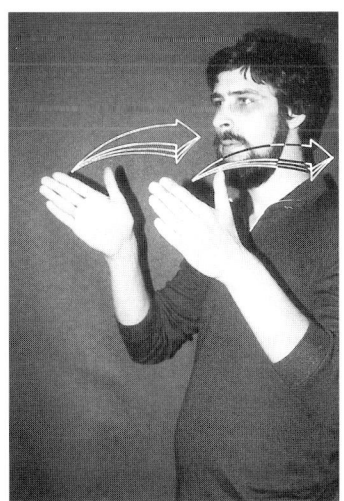

**1.0107 Autobahn f (2)**
B-He (Hr außen) 3x über Schultern
nach h: »Autos sausen vorbei«
(vgl. 1.0106)

**1.0108 Baby n,
Puppe f,
Puppe f (Tier)**
»Baby/Puppe in den Armen wiegen«

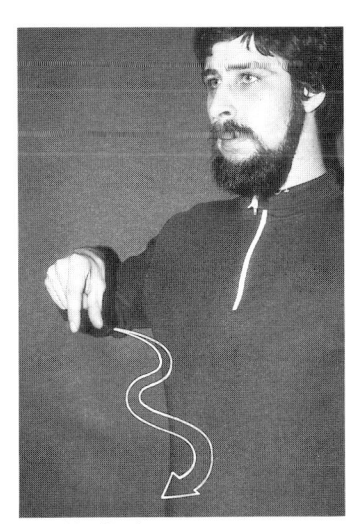

**1.0109 Bach m**
Q-H (Hr o) »schlängelt sich wie ein
Bach« von r nach l
(vgl. Fluss 1.0466)

**1.0110 backen, Bäcker\* m, -in\*\* f,
Konditor\* m (2), -in\*\* f (2),
Teig m (2), kneten (Teig)**
5-He (Hr o, Hk außen) 2x mit H-gelenkdrehung zu
Fe schließen (Hr außen, Hk u): »Teig kneten«
(vgl. Teig <1> 1.1542, Konditor <1> **4.1060**)

**1.0111 Badeanzug m**
1. »baden«: A-He **oder** Fe (Hr v, Hk u) 2x im Wechsel an Brust
   auf und ab
2. B-He (Hr v, Hk u) an Brust nach o: »Badeanzug hochstreifen«

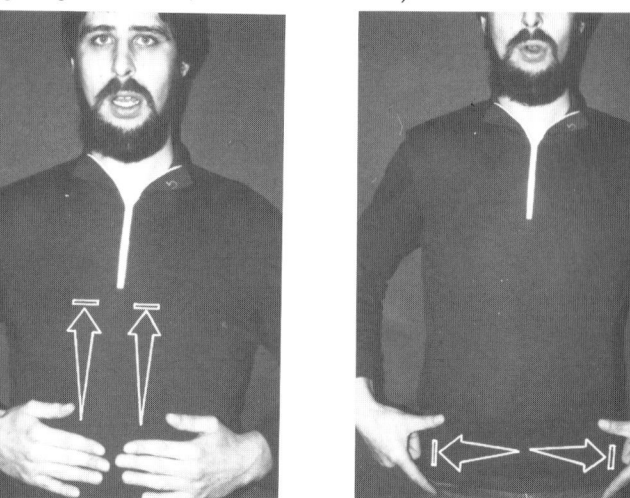

**1.0112 (Bade)hose f**
1. »baden« (1.0113)
2. L-He (Hr v, Hk außen) vor Bauch
   auseinander, deuten
   »Badehose« an

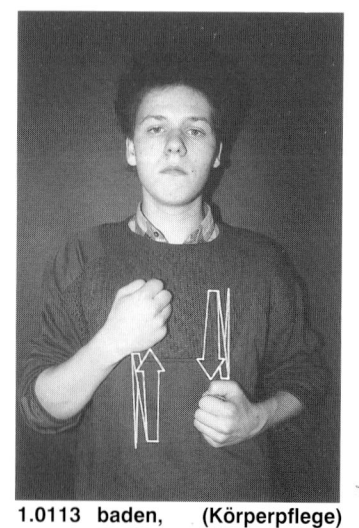

**1.0113 baden, (Körperpflege)
Bad n**
A-He **oder** Fe (Hr v, Hk u) 2x im
Wechsel an Brust auf und ab
(vgl. baden <schwimmen>
1.1359)

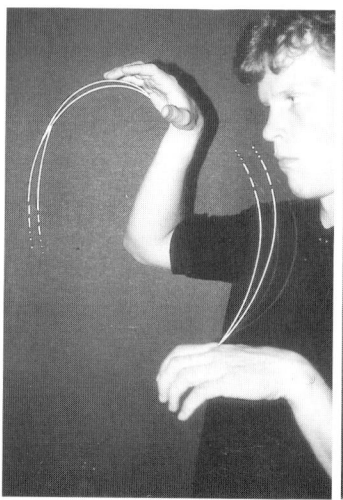

**1.0114 Bär m**
1.2. \*5\*-He im Wechsel nach u: »Tatzen aufsetzen«

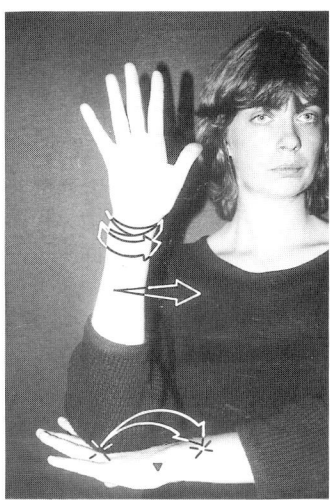

**1.0115 Bäume pl**
wie »Baum« (1.0131), aber Ellbogen
im Bogen vom Hr zum Unterarm:
»2 Bäume«
(vgl. Baum 1.0131, Wald 1.1739)

**1.0116 Bagger m**
<B-H (Hr h, Hk außen) 2x im Bogen
nach u (Hr v): »Schaufelbewegungen
des Baggers«

**1.0117 Bahn f (Verkehr),
Eisenbahn f, Zug m (Bahn),
Lok f, Lokomotive f**
B-H (Hr außen, Hk u) »kreist wie Rad
einer Lokomotive«
(vgl. verreisen <1> 1.1673)

**1.0118 (Bahn)hof m**
1. »Bahn« (1.0117)
2. »...hof«: *5*-H (Hr o, Hk außen)
schließt nach u zur F

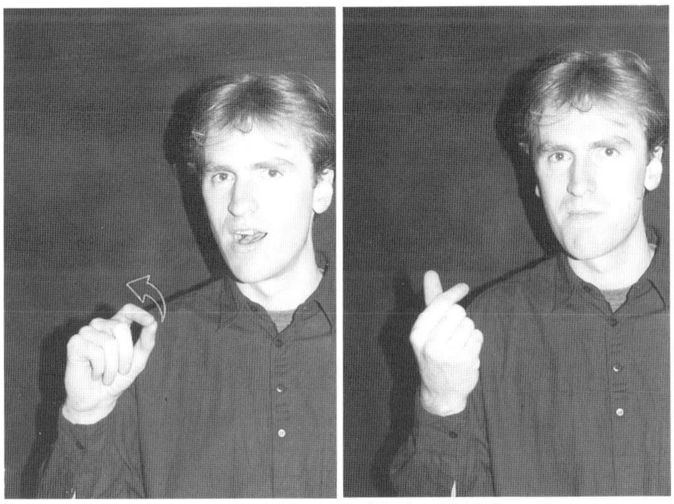

**1.0119 bald (1), beinahe (1), etwas (1), fast (1), kaum,
rar, Rarität f, selten, Seltenheit f**
1.2. D der Q-H reibt mit H-gelenkdrehung an Z
(vgl. 1.0120, etwas <2><3> 1.0391/1.0810, beinahe <2>,
fast <2> 1.0412)

**1.0120 bald (2),
in Kürze**
Z (Hr v, Hk außen) dreht im H-gelenk
hin und her
(vgl. 1.0119)

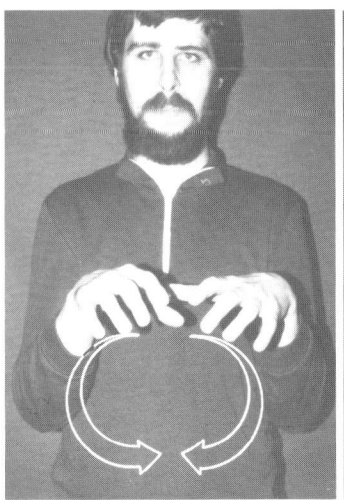

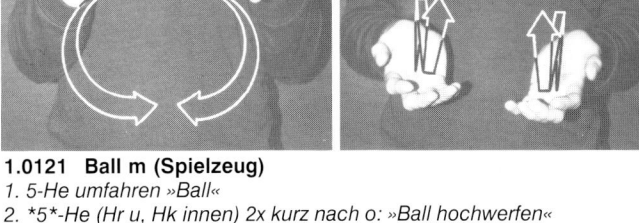

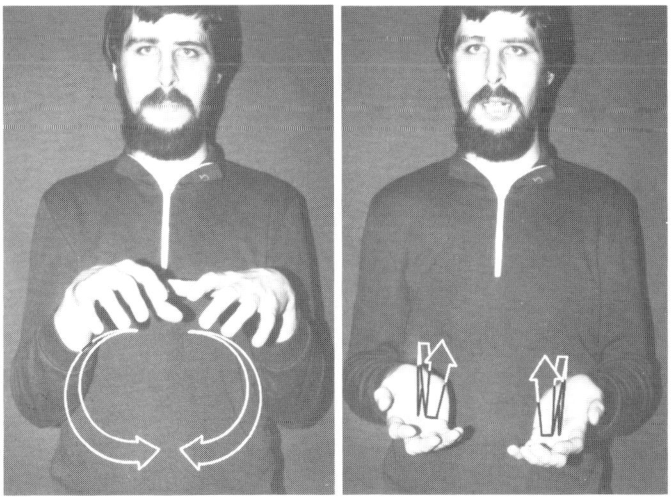

**1.0121 Ball m (Spielzeug)**
1. 5-He umfahren »Ball«
2. *5*-He (Hr u, Hk innen) 2x kurz nach o: »Ball hochwerfen«

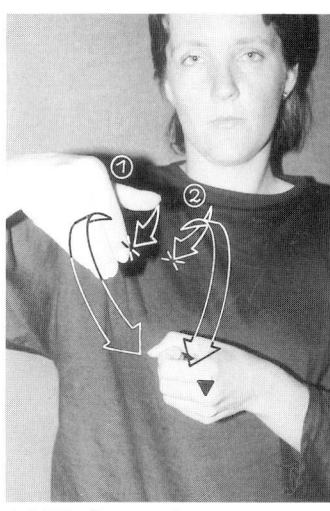

**1.0122 Banane f**
l F (Hr v) »hält Banane«, r *C-H mit
H-gelenkdrehung 2x nach v zur A-H
schließen: »2x Schale abziehen«

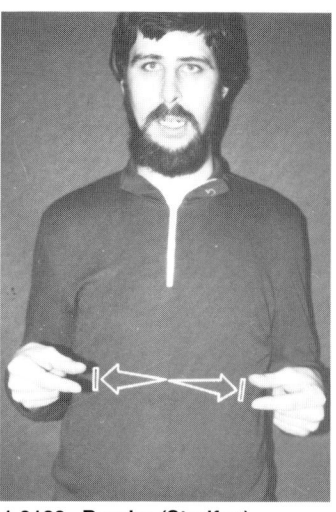

**1.0123 Band n (Streifen)**
Q-He oder A-He (Hr außen, Hk u)
auseinander, deuten »Band« an

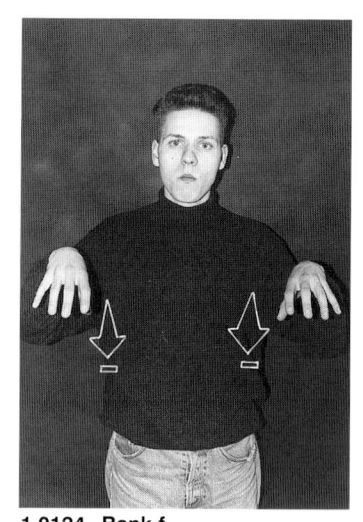

**1.0124 Bank f
(Kreditinstitut)**
*5*-He (Hr o, Hk außen) 1x kurz
nach u deuten »Geldsäcke« an

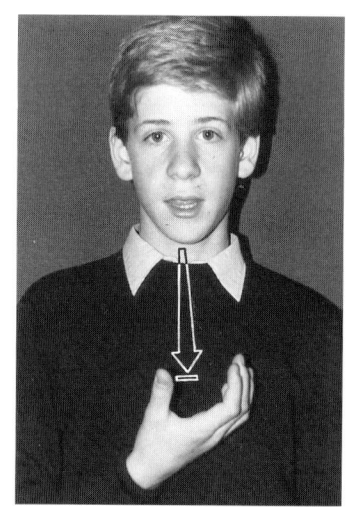

**1.0125 Bart m, bärtig (lokal)**
C-H (Hr u, Hk h) vom Kinn nach u:
»Länge des Bartes«
(vgl. alt <2> 1.0037)

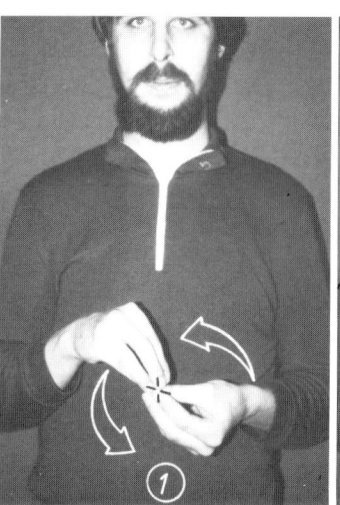

**1.0126 basteln, Bastelei f, Bastler* m, -in** f, konstruieren <1>,
Konstruktion f (1), Konstrukteur* m (1), -in** f (1),
Monteur* m, -in** f, montieren, Montage f (Zusammenbau),
tüfteln, Tüftelei f, Tüftler* m, -in** f, wursteln, Wurstelei f**
1. Fi-spitzen der <O-He zusammenführen (r H o)
2. Fi-spitzen der <O-He zusammenführen (l H o)
(vgl. konstruieren <2> 1.1153, <auf> Montage
1.1203, kombinieren <denken><2> **4.1049**)

**1.0127 Bau m (N), bauen (N), Aufbauten pl,
Aufbau m, aufbauen,
Struktur f, strukturieren**
r <B-H (unter l <B-H) Halbkreis nach r über l <B-H, dann l <B-H
Halbkreis nach l über r <B-H: »Stein auf Stein mauern«
(vgl. 1.0128)

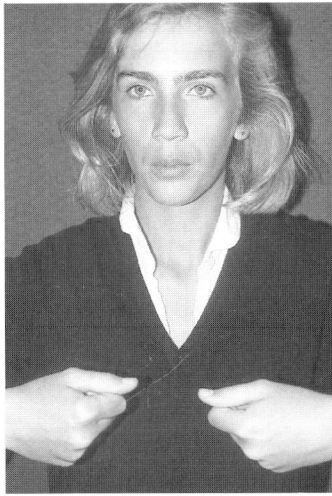

**1.0128 Bau m (S), bauen (S), Akkord m (S)**
1.2. A-He (Hr v) drehen aus dem H-gelenk im Halbkreis nach o (Ht v): »Putz anwerfen«
(vgl. 1.0127, Akkord <N> **2.1773**)

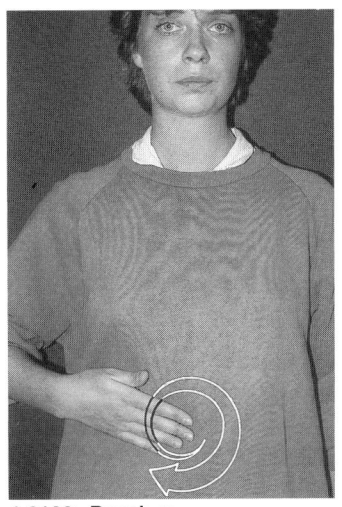

**1.0129 Bauch m**
*B-H **oder** 5-H (Hr v, Hk u) kreist auf Bauch
(vgl. Magen 1.0934)

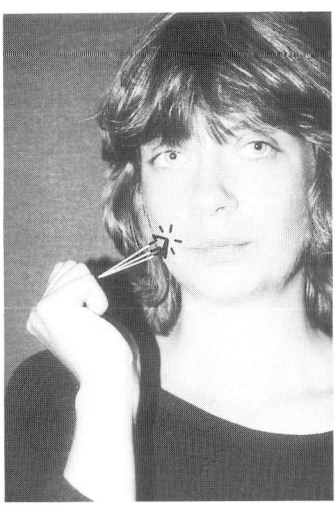

**1.0130 Bauer m, Bäuerin** f**
Angelegte Fi der A-H (Hr außen, Hk v) tippen 2x an Wange: »rote Wangen«
(**wie** Mama 1.0942)

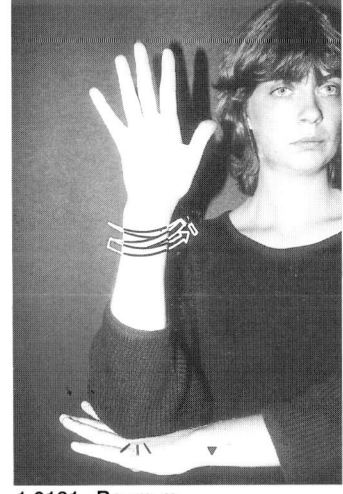

**1.0131 Baum m**
r Unterarm »steht wie ein Baumstamm« auf Hr der l B-H (= »Erdboden«), r 5-H (= »Wipfel«) dreht im H-gelenk hin und her (vgl. Bäume 1.0115, Strauch 1.1489, Tannenbaum 1.1523)

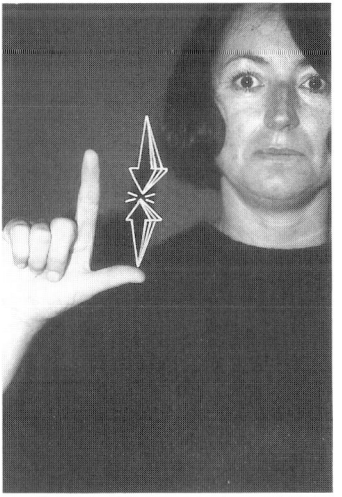

**1.0132 Bedeutung f, bedeuten**
L-H (Ht v, Hk außen) schließt 2x **oder** 3x zur <Q-H

**1.0133 Beere f, Traube f (Beere), Weintraube f (Beere), Beeren pl**
Q-H deutet **1x** »Größe der **Beere**« bzw. **2x** nebeneinander »**Beeren**« an (vgl. Weintraube <ganze Frucht> 1.1775)

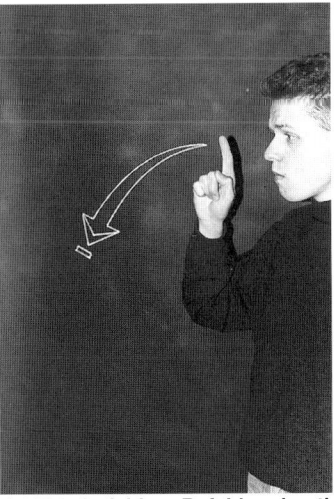

**1.0134 befehlen, Befehl m, bestimmen (Befehl), sofort, anordnen, Anordnung f, Bestimmung f (Schicksal), Diktat n (Befehl), diktieren (Befehl), gebieten, Kommando n, kommandieren, Kommandant* m, -in** f, obligatorisch, strikt, urteilen, Urteil n, verfügen, Verfügung f (anordnen), Weisung f**
Z (Hr außen, Hk v) im Bogen schnell nach u (Hk u)
(vgl. müssen 1.1027)

**1.0135 behalten (im Gedächtnis)**
Knöchel der A-H (Hr außen, Hk v) an Schläfe: »etwas im Kopf be-halten« (vgl. behalten <Besitz><1><2> 1.0553/54, lernen 1.0898, merken 1.0972)

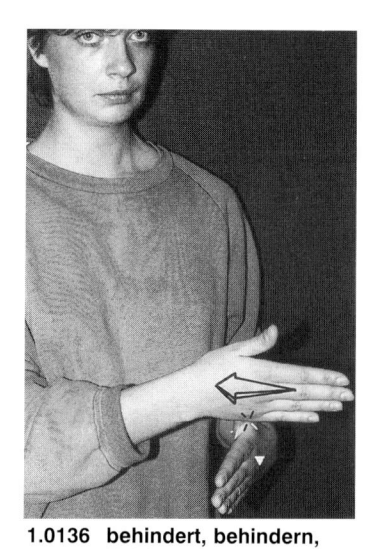

**1.0136 behindert, behindern, Behinderung f, Behinderte\* m \*\* f**
Hk der r \*B-H (Hr außen, Hk u) 2x über Z der l \*B-H (Hr v, Hk u) nach h (vgl. stören 1.1480)

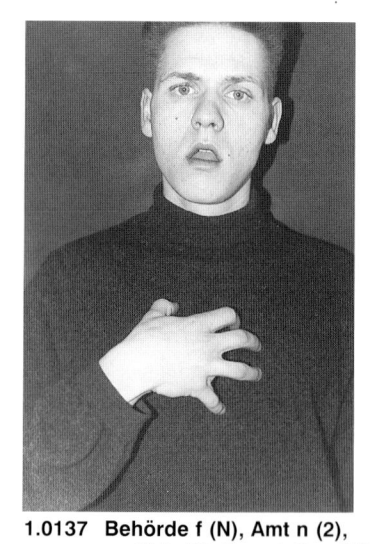

**1.0137 Behörde f (N), Amt n (2), amtlich (2), Beamte\* m (W), Beamtin\*\* f (W)**
Fi-spitzen der \*5\*-H (Hr v, Hk u) tippen 1x **oder** 2x gegen Brustmitte (vgl. 1.0138)

**1.0138 Behörde f (S,W), Amt n (1), amtlich (1), Beamte\* m (N,O,S), Beamtin\*\* f (N,O,S)**
1. »schreiben« (2): Fi-spitzen der r <O-H (Hr o, Hk außen) »schreiben« 2x über Ht der l \*B-H (Ht o, Hk h) nach r
2. »Stempel, stempeln«: Hk der r F (Hr v) »stempelt« Ht der l \*B-H (Ht o)
(vgl. 1.0137)

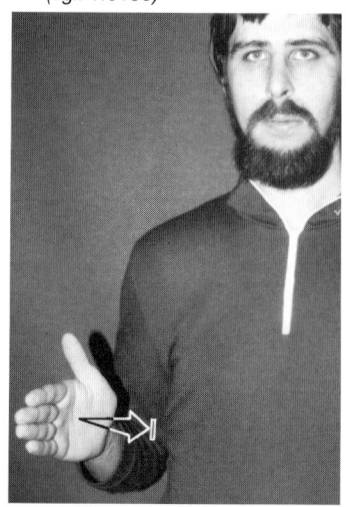

**1.0139 bei (lokal)**
\*B-H (Hr außen, Hk u) kurz nach innen

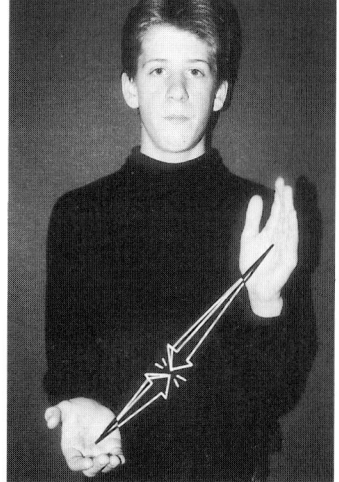

**1.0140 Beifall m (1), applaudieren (1), Applaus m (1), bravo! (1), klatschen (Beifall) (1)**
2x »klatschen« *(Beifall der Hörenden)*
(vgl. 1.0141)

**1.0141 Beifall m (2), applaudieren (2), Applaus m (2), bravo! (2), klatschen (Beifall) (2)**
5-He (Ht v, Hk außen) drehen 3x im H-gelenk hin und her *(Beifall der Gehörlosen)*
(vgl. 1.0140)

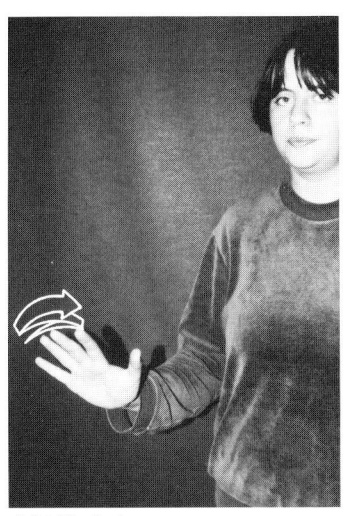

**1.0142 beige**
*5-H (Hr o, Hk außen) hin und her*

**1.0143 Bein n (eigenes)
Beine pl (eigene)**
**Bein:** B-H schlägt von v gegen Schenkel
**Beine:** B-He schlagen von v gegen beide Schenkel (vgl. 1.0144)

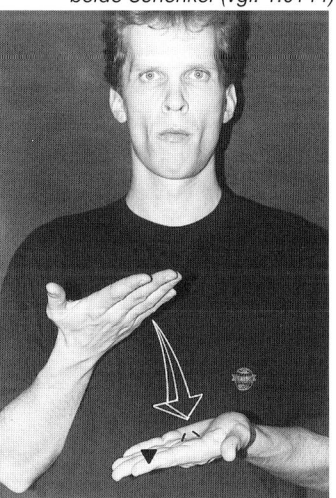

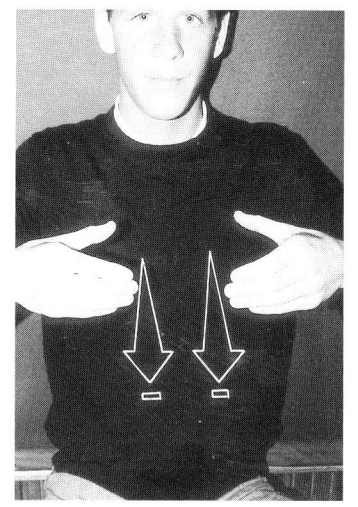

**1.0144 Bein n (fremdes),
Beine pl (fremde)**
**Bein:** C-H (Ht v) nach u deutet »Bein« an
**Beine:** C-He (Ht v) gleichzeitig nach u deuten »Beine« an
(vgl. 1.0143)

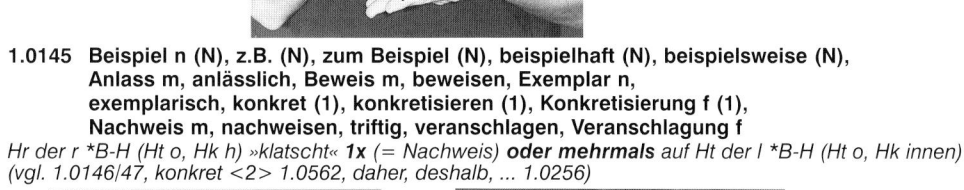

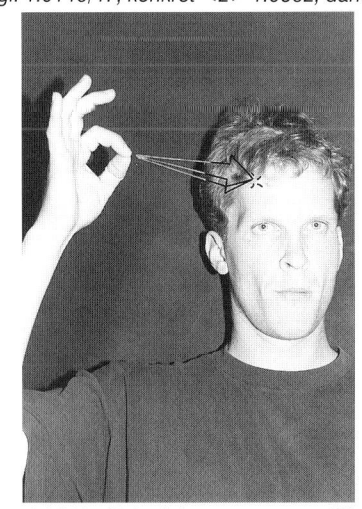

**1.0145 Beispiel n (N), z.B. (N), zum Beispiel (N), beispielhaft (N), beispielsweise (N),
Anlass m, anlässlich, Beweis m, beweisen, Exemplar n,
exemplarisch, konkret (1), konkretisieren (1), Konkretisierung f (1),
Nachweis m, nachweisen, triftig, veranschlagen, Veranschlagung f**
*Hr der r \*B-H (Ht o, Hk h) »klatscht« **1x** (= Nachweis) **oder mehrmals** auf Ht der l \*B-H (Ht o, Hk innen)
(vgl. 1.0146/47, konkret <2> 1.0562, daher, deshalb, ... 1.0256)*

**1.0146 Beispiel n,               (S)
z.B., zum Beispiel,
beispielhaft,
beispielsweise**
*DZ-spitzen der F-H (Hr außen, Hk v) tippen 2x an Schläfe
(vgl. 1.0145/47)*

**1.0147 Beispiel n,               (W)
z.B., zum Beispiel,
beispielhaft,
beispielsweise**
*Hr der r \*B-H (Ht o, Hk h) kreist auf Ht der l \*B-H (Ht o, Hk innen)
(vgl. 1.0145/46)*

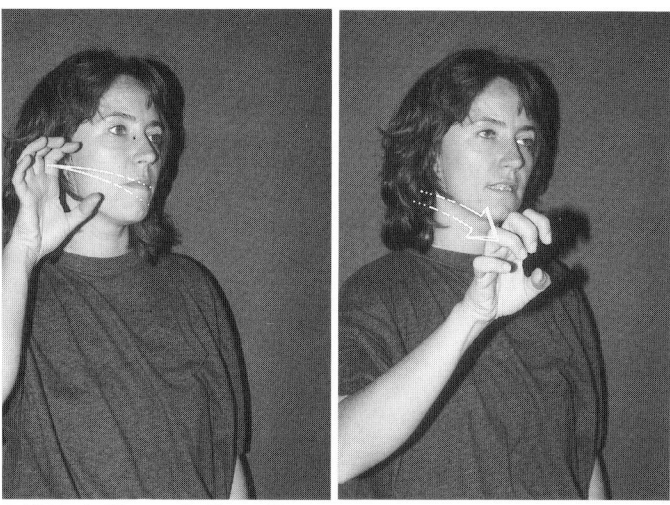

**1.0148 beißen, zubeißen, Biss m**
1.2. *5*-H (Ht v, Hk außen) schnell nach v zur Krallhand (nicht Faust!) verkleinern, »Beißen« nachahmen

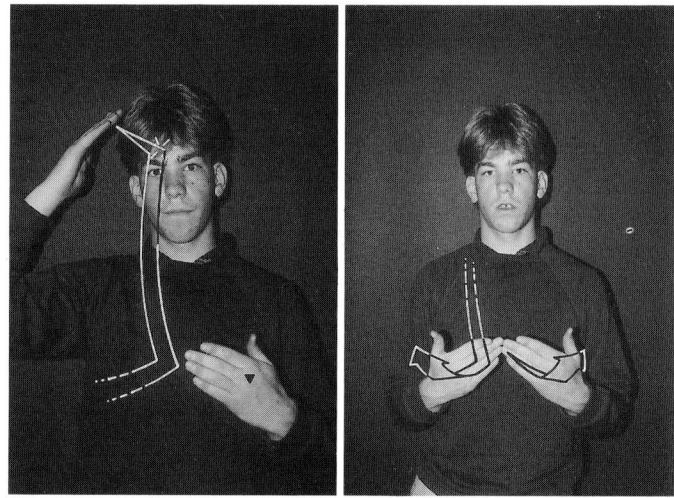

**1.0149 bekannt (berühmt), Bekanntheit f**
1. r *B-H (Hr außen, Hk v) von Stirn nach u zur l *B-H (Hr v, Hk u)
2. *B-He mit H-gelenkdrehung nach v außen (Ht v, Hk außen)
(vgl. 1.0150, berühmt <1> 1.0158)

**1.0150 bekannt (kennen), bekanntlich, Bekannte* m ** f, Kunde m (Person)(N), Kundin** f (N)**
Fi-spitzen der *B-H (Hr außen, Hk v) tippen 2x an r Stirnseite
(vgl. 1.0149, kennen 1.0786, Kunde <Person><S><W> 1.0824/1.1126)

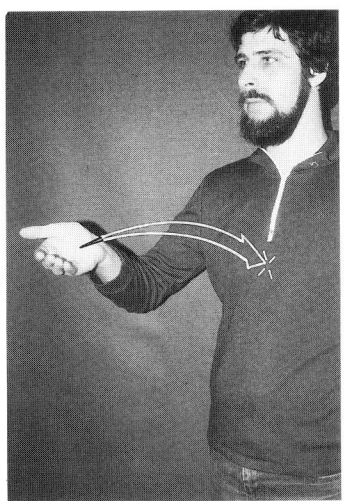

**1.0151 bekommen (1), erhalten (bekommen)(1), empfangen (erhalten)(1), kriegen (1), Erhalt m (Empfang)(1), Empfang m (Erhalt)(1), Empfänger* m (1), -in** f (1)**
<*B-H **oder** <*B-He (Ht o, Hk h) nach h an Brust: »Ich bekomme, ... etwas«
(*richtungsgebunden*, vgl. antworten 1.0054)
(vgl. 1.0152/53)

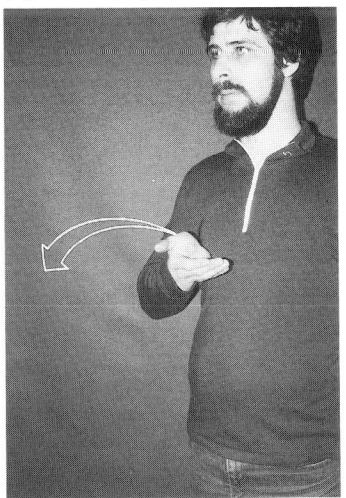

**1.0152 bekommen (2), erhalten (bekommen)(2), empfangen (erhalten)(2), kriegen (2), Erhalt m (Empfang)(2), Empfang m (Erhalt)(2), Empfänger* m (2), -in** f (2)**
<*B-H **oder** <*B-He (Ht o, Hk h) von Brust nach v: »Du bekommst, ... etwas«
(*richtungsgebunden*, vgl. antworten 1.0054)
(vgl. 1.0151/53)

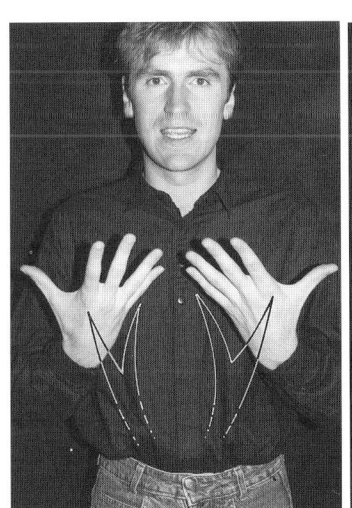

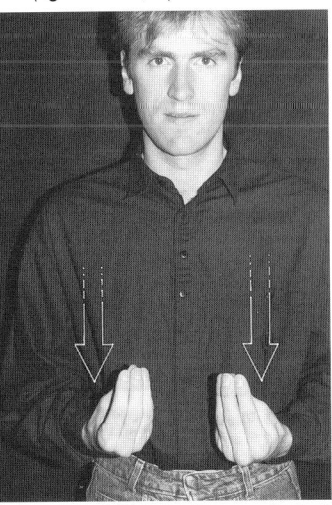

**1.0153 bekommen (3), erhalten (bekommen)(3), empfangen (erhalten)(3), kriegen (3), Erhalt m (Empfang)(3), Empfang m (Erhalt)(3), Empfänger* m (3), -in** f (3)**
1.2. 5-He (Ht o, Hk innen) vor Brust nach u zu <O-He schließen:
»nehmen und festhalten«
(vgl. 1.0151/52)

**1.0154 Benzin n, Benzin..., Diesel n, Diesel..., Sprit m (Treibstoff)**
D der *A-H (Ht v, Hk o) 1x **oder** 2x schräg nach u: »Benzin, Dieselöl einfüllen«
(vgl. Öl 1.1089, tanken 1.1520)

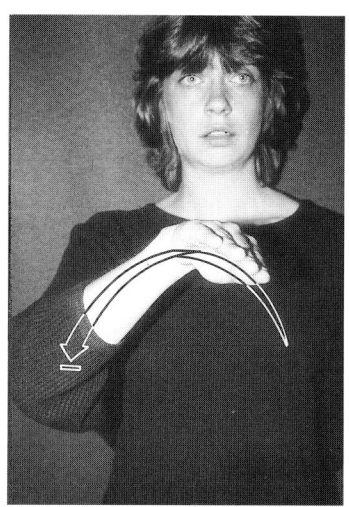

**1.0155 Berg m, Berge pl,
Halde f, Halden pl**
B-H (Hk o) ahmt »*eine oder
mehrere* Bergformen, Halden«
nach (Hk u)
(vgl. Gebirge, Alpen 1.0539)

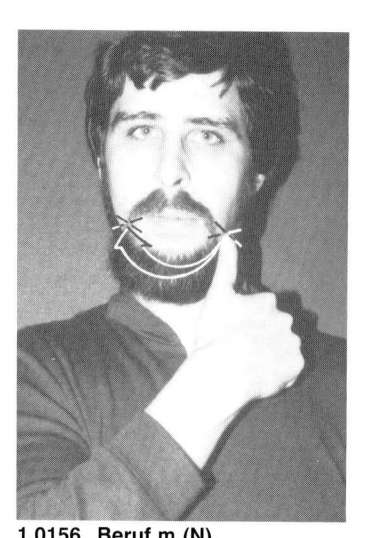

**1.0156 Beruf m (N),
beruflich (N),
Profession f (N)**
D-nagel der *A-H (Hr v, Hk u) tippt
an l und r Kinnseite
(vgl. 1.0157)

**1.0157 Beruf m (S),
beruflich (S),
Profession f (S)**
*A-H (Hr v, Hk u) kreist vor r Schulter
(vgl. 1.0156)

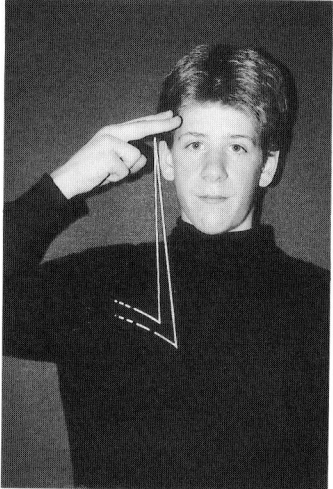

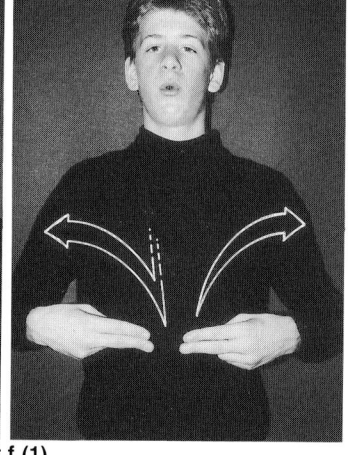

**1.0158 berühmt (1), Berühmtheit f (1)**
1. U-H (Hr v, Hk u) von Schläfe nach u
2. U-He (Hr v, Hk u) im Bogen nach o außen (Hk innen)
(vgl. 1.0159, bekannt <berühmt> 1.0149)

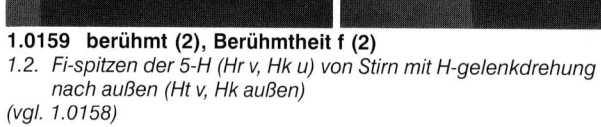

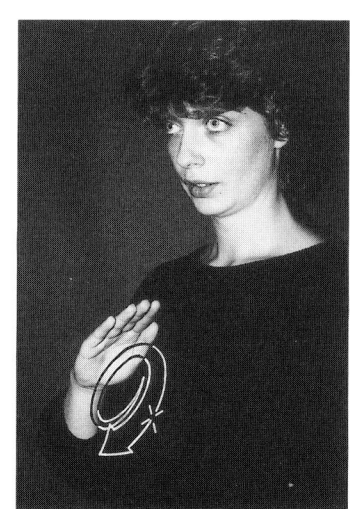

**1.0159 berühmt (2), Berühmtheit f (2)**
1.2. Fi-spitzen der 5-H (Hr v, Hk u) von Stirn mit H-gelenkdrehung
nach außen (Ht v, Hk außen)
(vgl. 1.0158)

**1.0160 bescheiden (1),
Bescheidenheit f (1)**
B-H (Hr o, Hk v) kreist 2x gegen
Uhrzeigersinn vor Brust (D hat
Brustkontakt, Hr bleibt o)
(vgl. bescheiden <2> 1.0543)

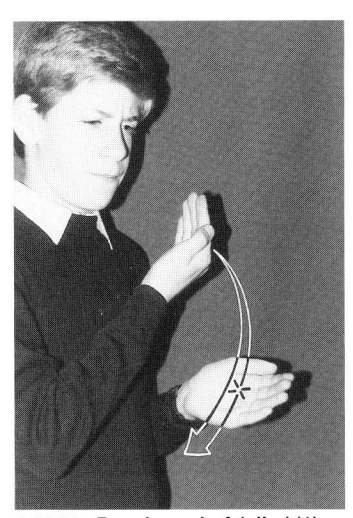

**1.0161 Beschwerde f (allg.)(1),
beschweren (sich)(1)**
*Fi-rücken der r B-H schlagen über
Ht der l B-H nach u
(vgl. 1.0162)*

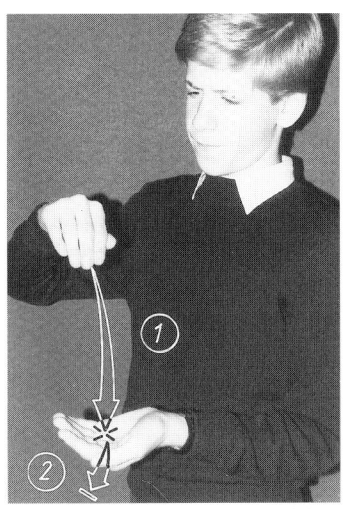

**1.0162 Beschwerde f (allg.)(2),
beschweren (sich)(2)**
1. *Fi-spitzen der r<B-H (Hr o, Hk v) in Ht der l <B-H
(Ht o, Hk innen)*
2. *beide He zusammen kurz nach u: »r H beschwert l H«
(vgl. 1.0161)*

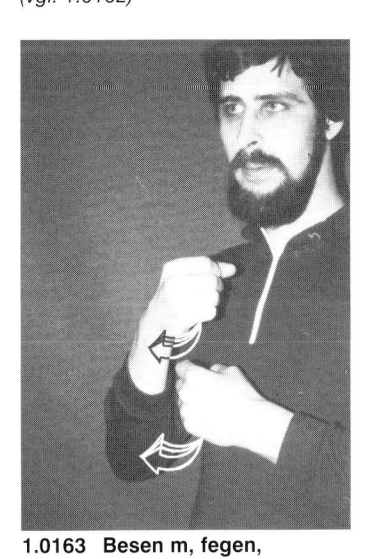

**1.0163 Besen m, fegen,
kehren**
*Fe (Hr v, Hk u) »halten Besenstiel
und fegen mit H-gelenkdrehung 3x
nach v«*

**1.0164 besser (immer besser), Besserung f,
bessern (sich), verbessern (2),
Verbesserung f (2), verschöne(r)n, Verschönerung f**
*F-He (Ht v, Hk außen) gleichzeitig in Bögen nach außen o, deuten
»besser, schöner werden« an
(vgl. verbessern <1> 1.0839, besser <Steigerung> 1.0618)*

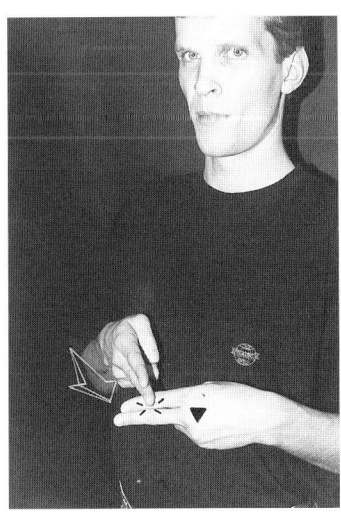

**1.0165 Besteck n**
*M der r U-H (Hk u) 2x über Z der
l U-H (Hk u) nach v
(vgl. Messer 1.0974)*

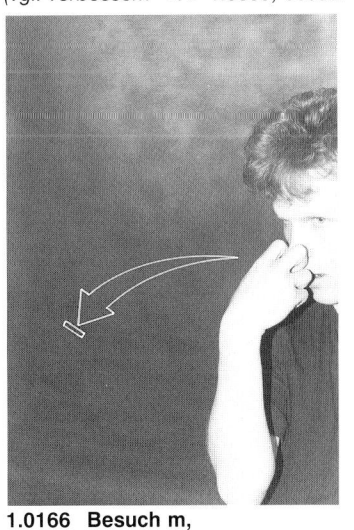

**1.0166 Besuch m,
gastieren**
*\*V\*-H (Hr v, Hk innen) von der Nase
im Bogen nach v: »Nase irgendwo
reinstecken«
(vgl. besuchen <1><2> 1.0167/68)*

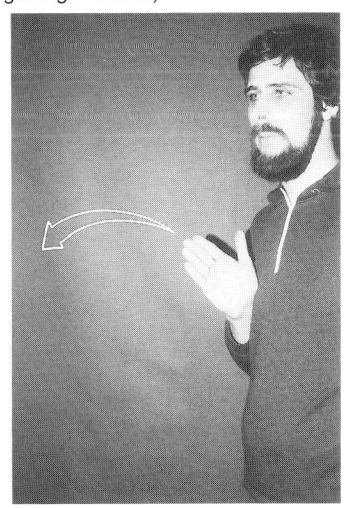

**1.0167 besuchen (1),
Besucher\* m (1), -in\*\* f (1)**
*\*B-H (Hr außen, Hk u) im Bogen von
Brust nach v (**richtungsgebunden**,
vgl. antworten 1.0054)
(vgl. 1.0168, Besuch 1.0166)*

49

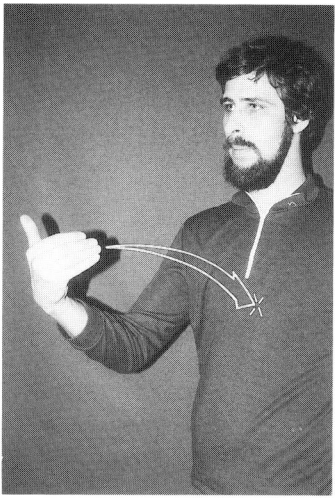

**1.0168 besuchen (2),**
**Besucher\* m (2), -in\*\* f (2)**
<*B-H (Hr v, Hk u) im Bogen nach h zur Brust (**richtungsgebunden**, vgl. antworten 1.0054)
(vgl. 1.0167, Besuch 1.0166)

**1.0169 beten (1), Gebet n (1), fromm, Frömmigkeit f, katholisch (2),**
**Katholik\* m (2), -in\*\* f (2),**
**Kloster m (N)(W), Papst m (2), religiös**
»Hände aneinanderlegen«
(vgl. 1.0170, Religion 1.0248, katholisch <1> 1.0778, Papst <1> 1.1116, Kloster <S> **4.1008**)

**1.0170 beten (2), Gebet n (2),**
**evangelisch,**
**protestantisch,**
**Protestant\* m, -in\*\* f**
»Hände falten«
(vgl. 1.0169)

**1.0171 Betrieb m (allg.),**
**betreiben, Vertrieb m,**
**vertreiben (verkaufen)**
A-H **oder** A-He kreisen 2x entgegengesetzt vor Brust

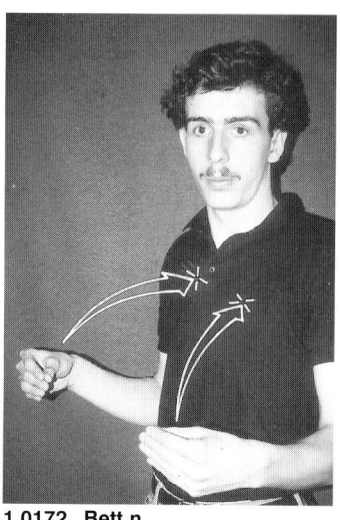

**1.0172 Bett n**
<O-He (Hr v, Hk u) im Bogen an Brust (Hr o, Hk v), »ziehen am Federbett bzw. ahmen Form nach«
(vgl. Decke <Bett> 1.0263)

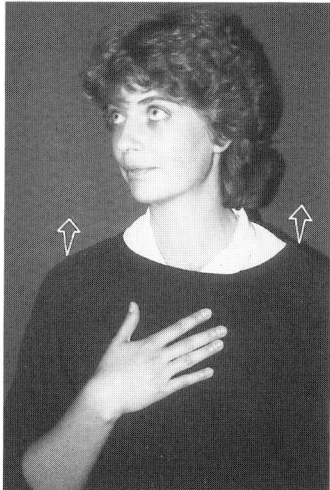

**1.0173 bewundern (jmdn.),**
**Bewunderung f (1)**
5-H (Hr v, Hk u) liegt auf Brust, Oberkörper reckt sich zur »bewunderten Person«
(vgl. bewundern <etwas>, Bewunderung <2> 1.1841)

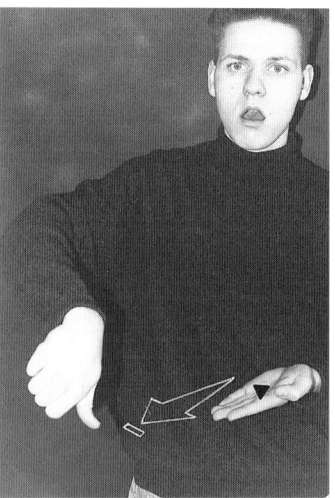

**1.0174 bezahlen, Bezahlung f, Auszahlung f, auszahlen,**
**abstottern, abzahlen, Abzahlung f, bar, Barzahlung f,**
**Beitrag m (Geld)(2), beitragen (Geld)(2), Honorar n,**
**honorieren, Moneten pl, Profi m (Geld), vergüten (2),**
**Vergütung f (2), zahlbar, Zahlung f**
D der r *A-H (Hr o, Hk außen) »zahlt« 1x **oder** mehrmals über Ht der l *B-H (Ht o, Hk h) nach r
(vgl. zahlen 1.1858, einzahlen, Vergütung <1> 1.0444, Beitrag <Geld><1> 1.1580)

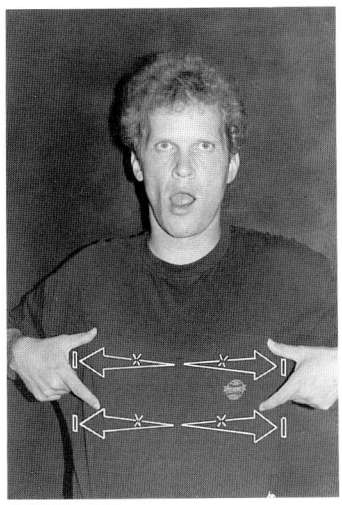

**1.0175 BH m,
Büstenhalter m**
*DZ-spitzen der \*X-He (Hr v,
Hk außen) von Brustmitte
auseinander, deuten »Büstenhalter«
an (vgl. Bikini 1.0178)*

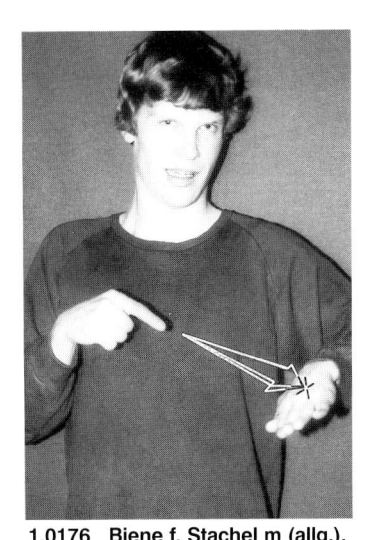

**1.0176 Biene f, Stachel m (allg.),
stachelig, stechen (Insekt),
Stich m (Insekt)**
*r Z »sticht« 1x oder 2x auf Hr der
l B-H (vgl. Wespe 1.1794, stechen
<allg.>, Stich <allg.> 1.1463)*

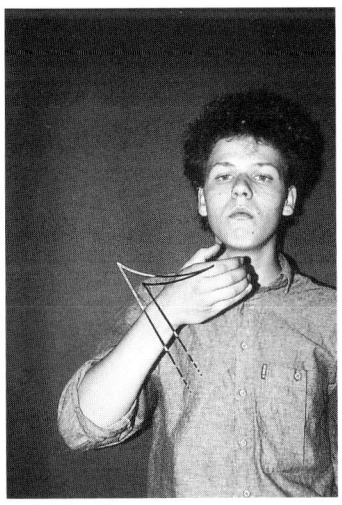

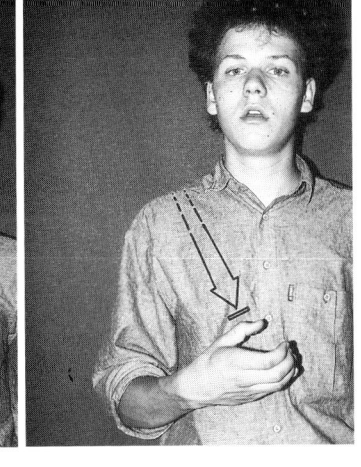

**1.0177 Bier n**
*1.2. C-H (Hr v, Hk u) zuerst vom Mund nach r, dann nach innen u:
»Bierglas schwungvoll abstellen«*

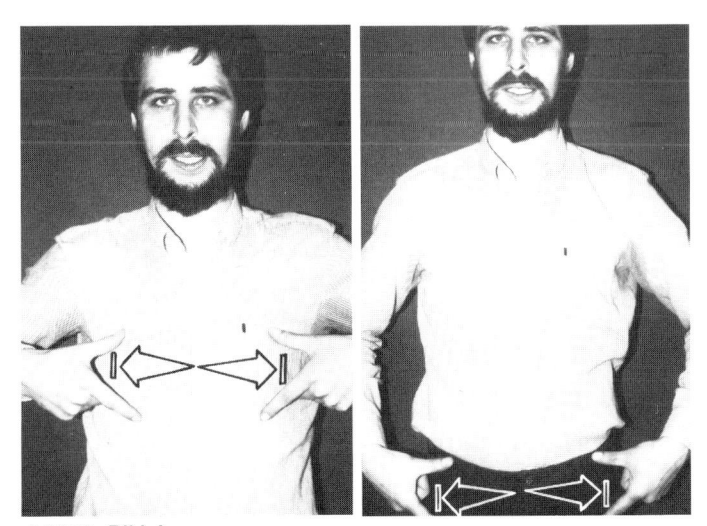

**1.0178 Bikini m**
*1.2. L-He (Hr v, Hk außen) deuten »beide Teile des Bikinis« an
(vgl. BH 1.0175)*

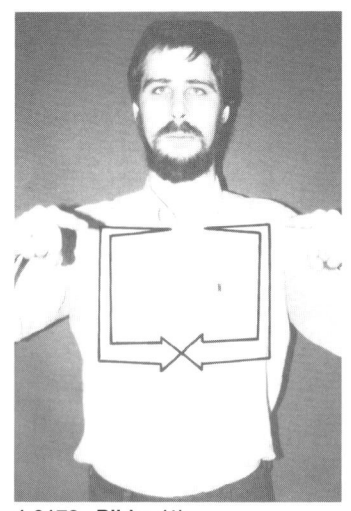

**1.0179 Bild n (1),
Schild n (Tafel)(1)**
Z (Ht v, Hk außen) deuten »Form
des Bildes« an (**wie** Fenster 1.0430,
Blatt <Papier> 1.0194, vgl. 1.0180,
Schild <Tafel><2> 1.0222)

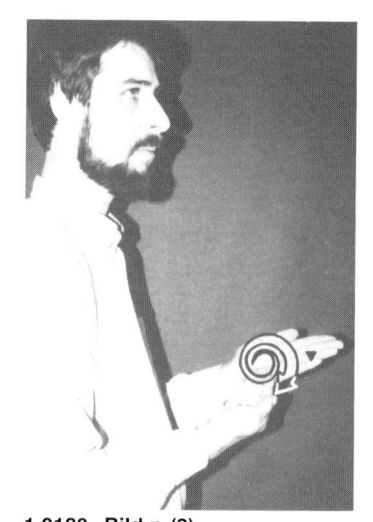

**1.0180 Bild n (2),
Muster n (1),
bilden, Bildung f**
Fi-rücken der r B-H (Ht o) kreisen
auf Ht der l B-H
(vgl. 1.0179, Muster <2> **4.1281**)

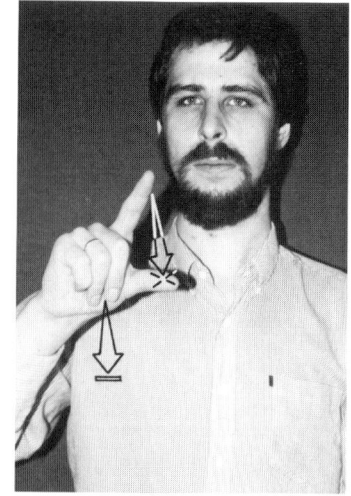

**1.0181 billig (1)**
L-H (Hr außen, Hk v) schließt zur
<Q-H bei gleichzeitiger Bewegung
der Hand nach u: »wenig Geld«
(vgl. 1.0182, wenig <1> 1.0810)

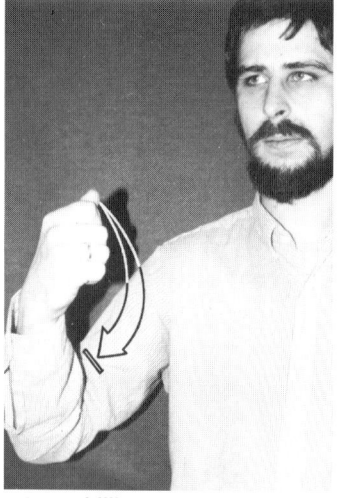

**1.0182 billig (2)**
A-H (Hr v, Hk u) dreht im H-gelenk
nach u (Hk außen)
(vgl. 1.0181, teuer 1.1551)

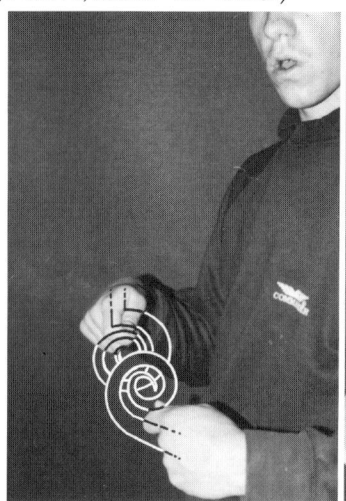

**1.0183 binden, Knoten m, knüpfen (Knoten), verknoten,
verschnüren, Verschnürung f**
1.2. A-He **oder** F-He ahmen »Knoten binden, Knüpfen« nach
(vgl. verknüpfen <1><2> **4.2019/4.0384**)

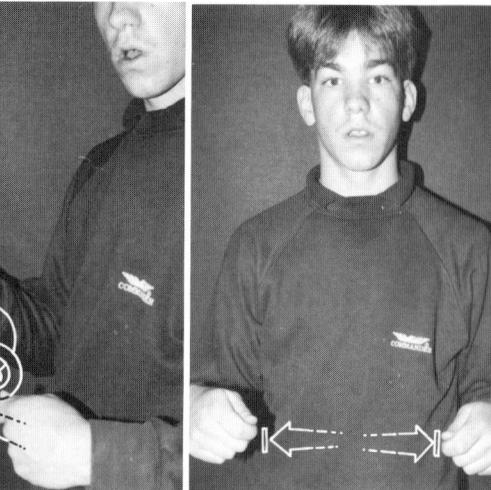

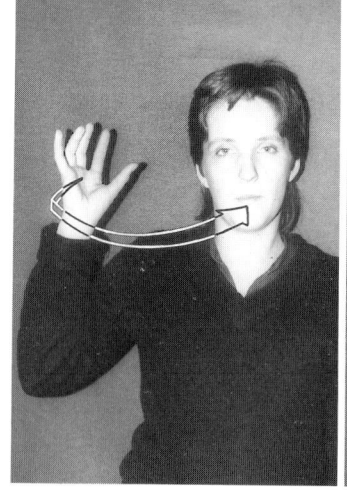

**1.0184 Birne f (Frucht)**
1. 2. *5*-H (Ht v, Hk außen) mit H-gelenkdrehung zum Mund zur <O-H
schließen (Hr v, Hk innen): »Birne zum Mund führen«
(vgl. 1.0185)

**1.0185 Birne f (Glühbirne),
Glühbirne f,
Glühlampe f**
*5*-H »dreht Birne ein«
(vgl. 1.0184)

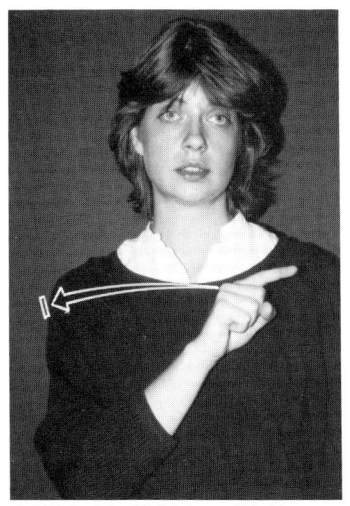

**1.0186 bis (örtlich, zeitlich), seit**
Z (Hr o, Hk außen) vor Brust nach r

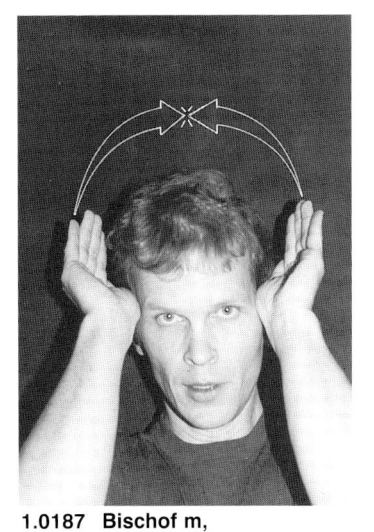

**1.0187 Bischof m, Bischöfin\*\* f**
<\*B-He (Hr außen, Hk v) fahren »Mitra« nach (Hr o)
(vgl. Kardinal **4.0943**)

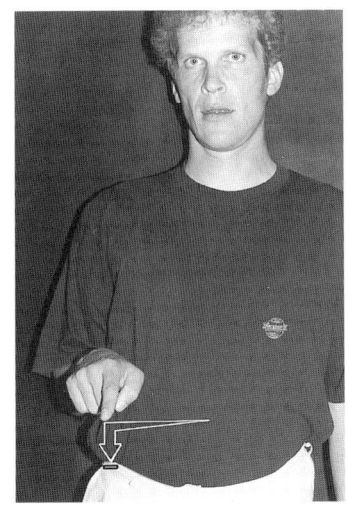

**1.0188 bisher (1), seitdem**
Z (Hr o, Hk außen) zuerst nach r, dann kurz nach u
(vgl. bisher <2> 1.1725)

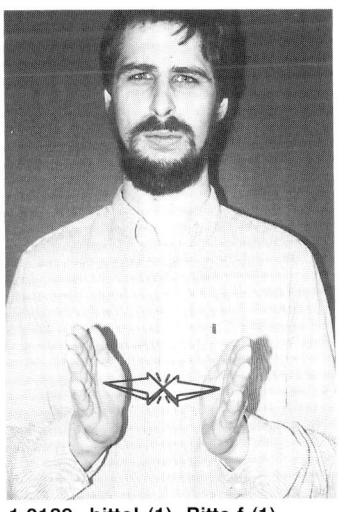

**1.0189 bitte! (1), Bitte f (1)**
B-He (Hr außen, Hk u) 2x zusammen: »bitte, bitte!«
(vgl. bitten 1.0190, bitte! <2> 1.1056, bitte schön 1.0379)

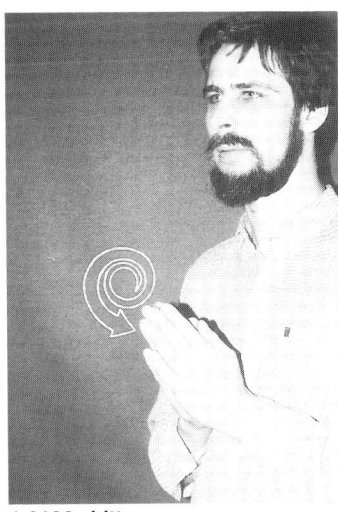

**1.0190 bitten**
aneinandergelegte B-He (Hr außen, Hk u) kreisen nach v: »Bitthände«
(vgl. bitte <1><2> 1.0189/1.1056)

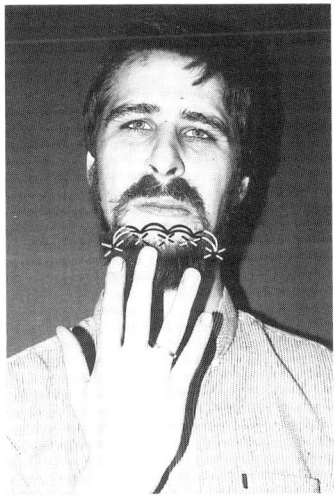

**1.0191 bitter**
Fi-spitzen der 5-H (Hr v, Hk innen) mit Fi-spiel am Kinn

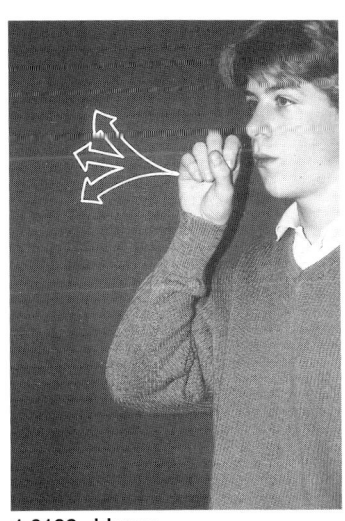

**1.0192 blasen, pusten**
F (Ht v, Hk außen) öffnet sich vom Mund nach v zur 5-H (Ht bleibt v): »Luftstrom«

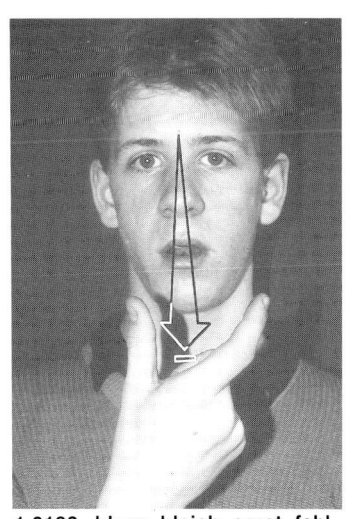

**1.0193 blass, bleich, ernst, fahl, Blässe f, Ernst m, Rasse f**
\*X-H (Hr v, Hk u) über Gesicht nach u deutet »Blässe, Rasse« an

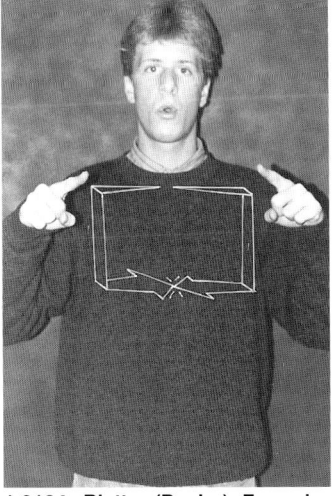

**1.0194 Blatt n (Papier), Formular n, Bogen m (Papier), Karte f (Landkarte)**
Z (Ht v, Hk außen) ahmen »Form eines Papierbogens, Formulars« nach
(**wie** Bild <1> 1.0179, Fenster 1.0430, vgl. 1.0195, Karte <Postkarte> 1.0222, Seite <Blatt> 1.1380)

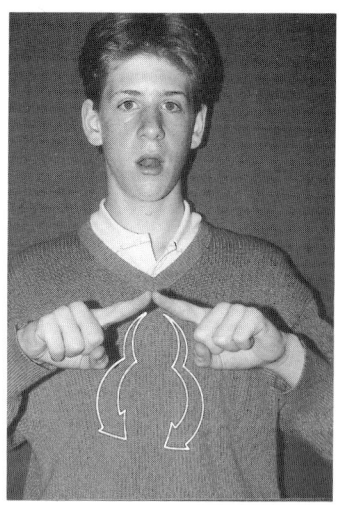

**1.0195 Blatt** n (Pflanze),
**Laub** n,
**Bögen** pl (Blatt)
Z ahmen »Blattform, Bögen« nach
(vgl. 1.0194)

**1.0196 blau**
U-H (Ht v, Hk außen) in
»Schlangenlinien« nach u

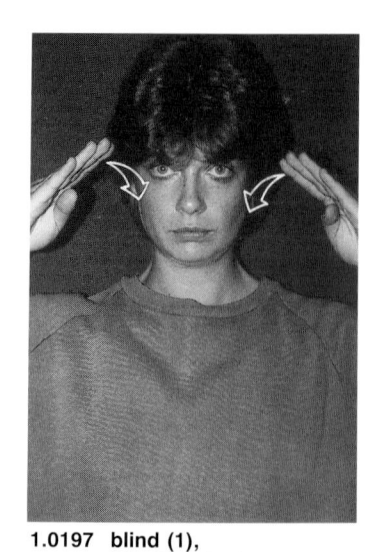

**1.0197 blind** (1),
**Blindheit** f (1),
**Blinde\*** m \*\* f (1)
B-He (Hr o, Hk v) neben Augen zu
<B-He senken: »geschlossene Augen«
(vgl. 1.0198)

**1.0198 blind** (2),
**Blindheit** f (2),
**Blinde\*** m \*\* f (2)
U-H (Hr v, Hk u) vom Auge kurz
nach r: »verdeckte Sicht«
(vgl. 1.0197)

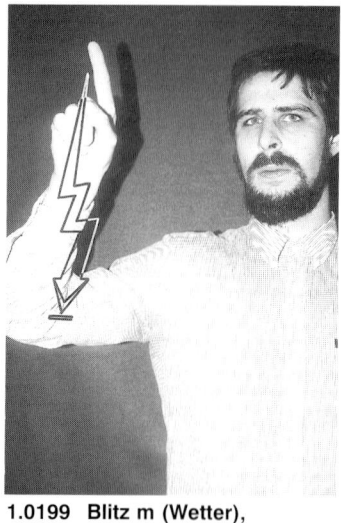

**1.0199 Blitz** m (Wetter),
**blitzen** (Wetter)
Z (Ht v, Hk außen) ahmt schnell
»Blitz« nach (**wie** Donnerstag
<1><N> 1.0290, vgl. 1.0200,
Gewitter 1.0581, Donner 1.0289)

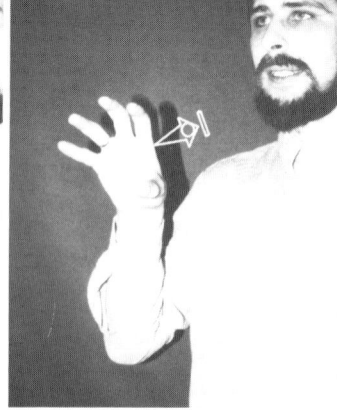

**1.0200 Blitz** m (Foto, Radar), **blitzen** (Foto, Radar),
**Radar** m, n (Polizei)
1.2. F **oder** O-H (Ht v, Hk außen) schnell nach v zur 5-H öffnen und
zurück wieder schließen: »Aufblitzen andeuten«
(vgl. 1.0199)

**1.0201 blühen, Blüte** f, **Blüten** pl,
**öffnen** (sich)(Blüte)
O-H (Hr u) öffnet sich langsam 1x
**oder** 2x zur 5-H, deutet »Blüte/n« an
(vgl. Blume <1> 1.0202, Pflanze,
Blume <2> 1.1137)

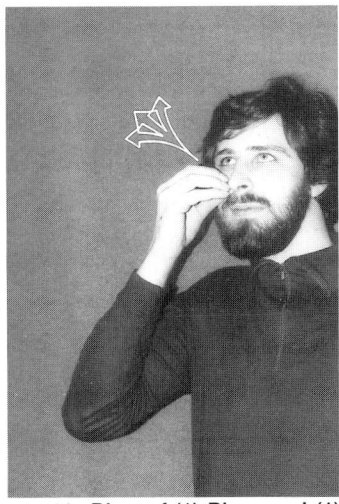

**1.0202 Blume f (1),Blumen pl (1)**
*O-H (Hr v, Hk innen) öffnet sich 1x
oder 2x von Nase schräg nach o zur
5-H: »Blumenduft und Öffnen der Blüte«
(vgl. blühen 1.0201, Blume/n <2>
1.1137)*

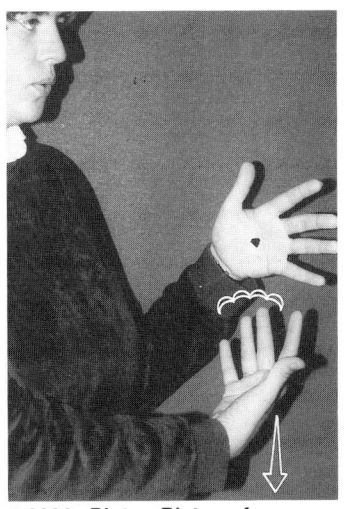

**1.0203 Blut n, Blutung f,
bluten, blutig**
*r 5-H (Ht o) mit Fi-spiel von l 5-H
(Hk u) 1x oder 2x nach u: »Blut
fließt«*

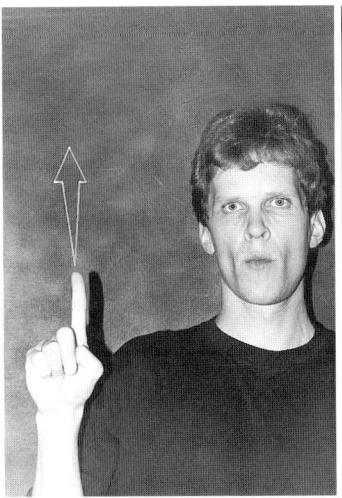

**1.0204 Boden m (Dachboden),
Bühne f (Dachboden)**
*1. Z nach o, Blick nach o
2. \*B-He (Hr o, Hk außen) in Kopfhöhe auseinander
(vgl. 1.0205)*

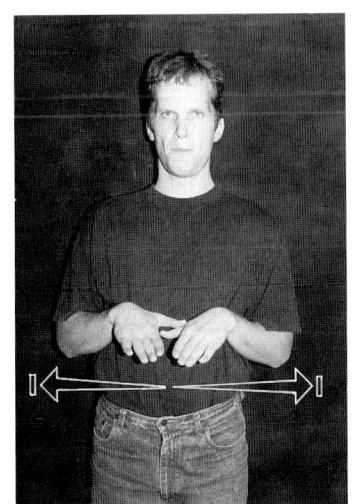

**1.0205 Boden m (Erdboden, Fußboden),
Grund m (Boden), Auslegeware f,
Basis f, basieren, Grundlage f, grundlegend,
Prinzip n, prinzipiell**
*B-He (Hr o, Hk außen) auseinander: »Bodenfläche«
(wie Erde <2> 1.0374, vgl. 1.0204)*

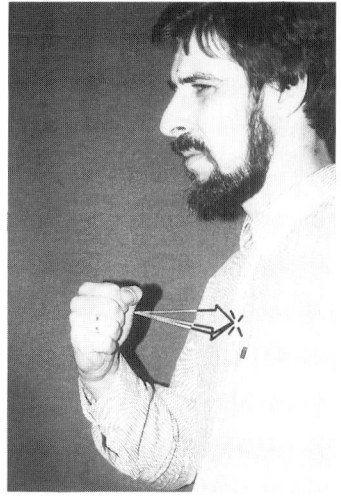

**1.0206 böse (1)**
F (Hr v, Hk u) 2x an Brust
(vgl. 1.0207, mutig 1.1028,
ängstlich 1.0050)

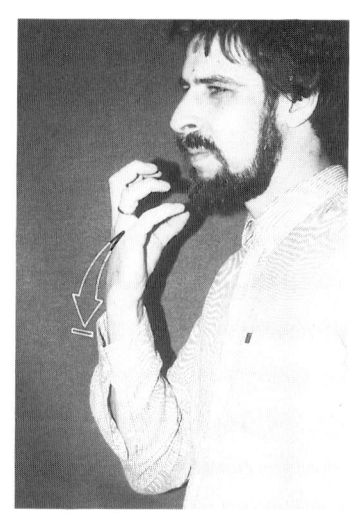

**1.0207 böse (2), mürrisch, verstimmt (Gefühl), verdrießen (2), Verdruss m (2)**
*5*-H (Hr v, Hk innen) vom Kinn im Bogen nach u (Hr u)
(vgl. 1.0206, Verdruss <1> 1.0024)

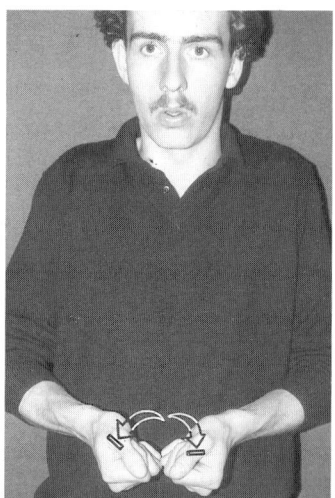

**1.0208 Bohne f (dick)**
1. Fe »brechen Schote auf«
2. Q-H »hält Bohne«
(vgl. 1.0209)

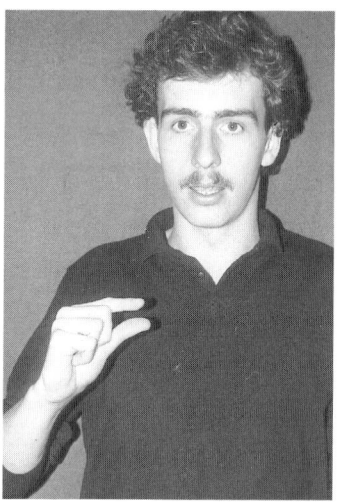

**1.0209 Bohne f (grün)**
Q-He (Hr außen, Hk v) auseinander
deuten Form an
(vgl. 1.0208)

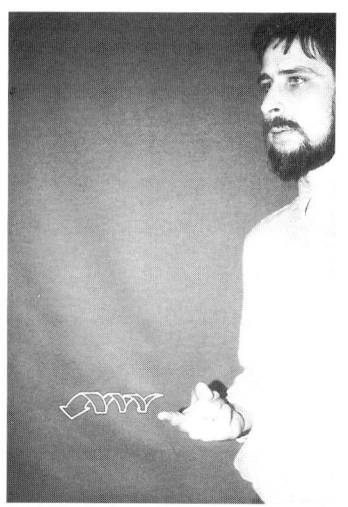

**1.0210 bohren (situativ)**
Z (Ht o) »bohrt« spiralförmig nach v

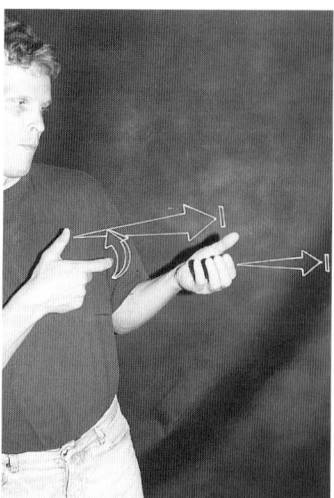

**1.0211 Bohrmaschine f**
l *C-H (Ht o, Hk h) »hält
Bohrmaschine«, r L-H (Hr außen,
Hk u) verkleinert sich zur *X-H,
beide He »führen Bohrmaschine
gleichzeitig nach v«

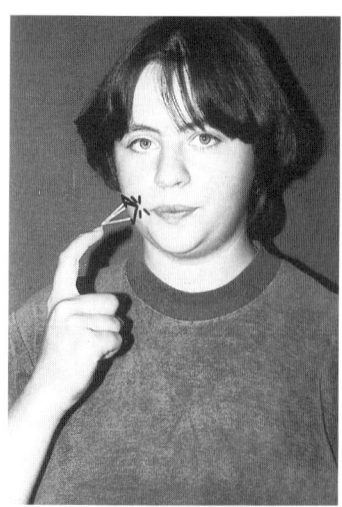

**1.0212 Bonbon m, n**
Z (Hr außen, Hk v) tippt 2x gegen
»dicke« Wange: »Bonbon im Mund«
(vgl. Drops **2.0468 a**)

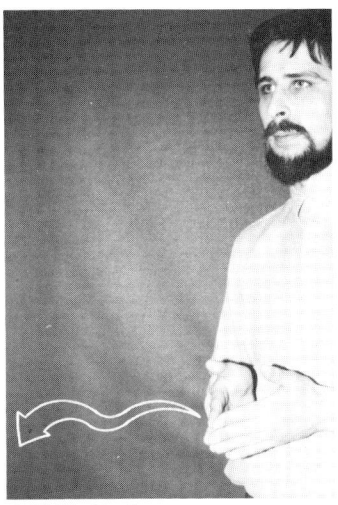

**1.0213 Boot n**
*B-He (Fi-spitzen aneinander, Hk u) in Wellenlinien nach v: »Boot tanzt auf den Wellen«
(vgl. Schiff 1.1279)*

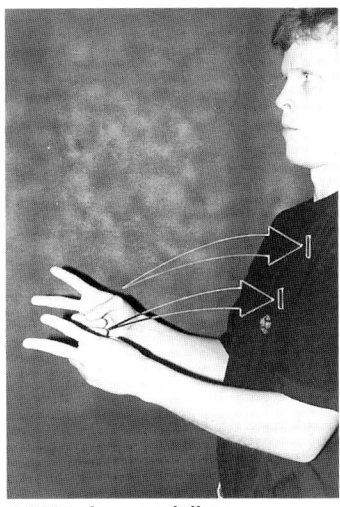

**1.0214 borgen, leihen, Darlehen n, Kredit m**
*V-He oder L-He (Hr außen, Hk u) im Bogen nach h (**richtungsgebunden**, vgl. antworten 1.0054)*

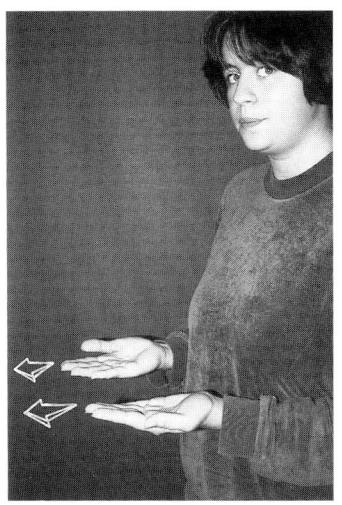

**1.0215 Braten m, braten, rösten, schmoren**
*B-He (Ht o, Hk innen) 2x kurz nach v: »in Ofen schieben«*

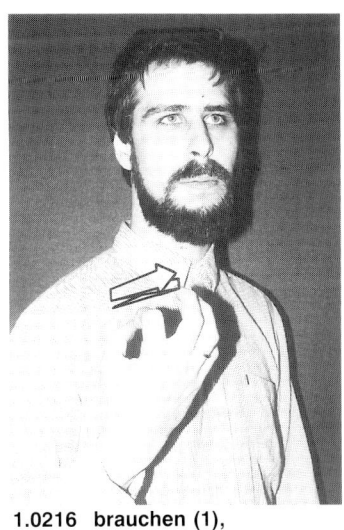

**1.0216 brauchen (1), benötigen (1), verwenden (N), Verwendung f (N)**
*F-H (Hr v, Hk innen) vor Brust hin und her (vgl. 1.0217, gefährlich 1.0545)*

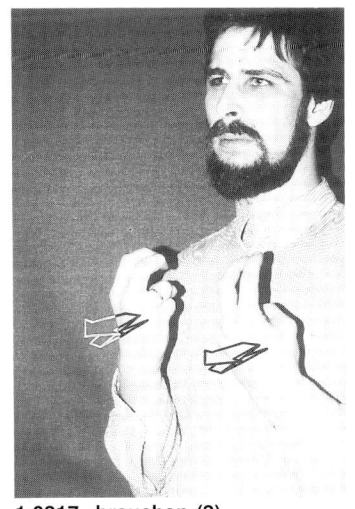

**1.0217 brauchen (2), benötigen (2)**
*\*V\*-He (Hr v, Hk innen) vor Brust 2x kurz nach v
(vgl. 1.0216)*

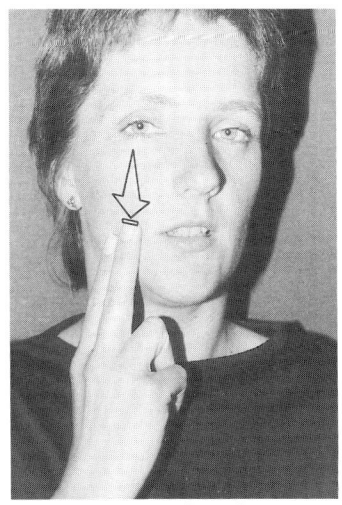

**1.0218 braun, Bräune f**
*U-H (Hr außen, Hk v) an Wange nach u deutet »Gesichtsbräune« an*

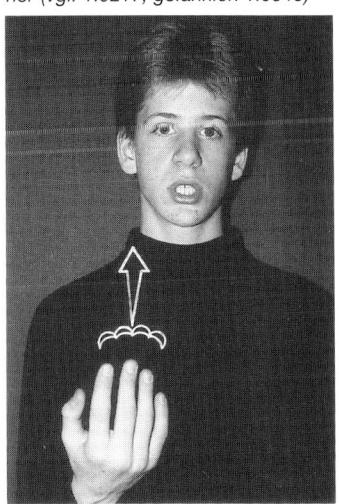

**1.0219 Brause f, Limonade f, Selters n, Sprudel m**
*5-H (Ht o) mit Fi-spiel nach o: »Kohlensäure perlt«*

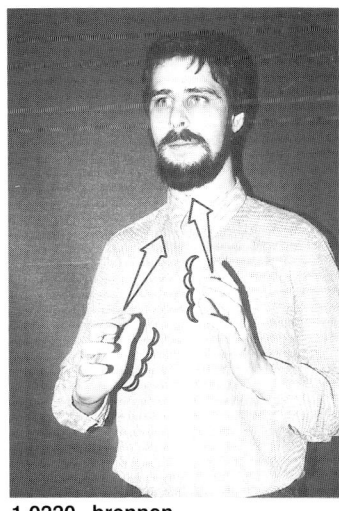

**1.0220 brennen**
*5-He (Hr außen, Hk v) mit Fi-spiel nach o: »Lodern der Flammen«
(vgl. Feuer 1.0439)*

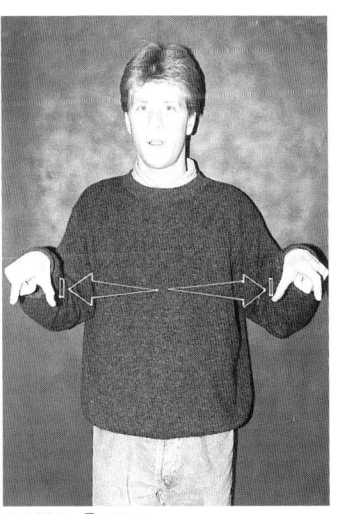

**1.0221 Brett n, Schwelle f, Diele f (Brett)**
*\*X-He (Hr o, Hk außen **oder** Hr u, Hk innen) auseinander: »Form des Brett<e>s, der Diele«*

57

**1.0222 Brief m, Karte f (Postkarte), Schild n (Tafel)(2)**
L-He (Ht v, Hk außen) auseinander, dann zu <Q-He schließen: »Form des Briefes, der Karte« (vgl. Schild <Tafel><1> 1.0179, Karte <Landkarte> 1.0194)

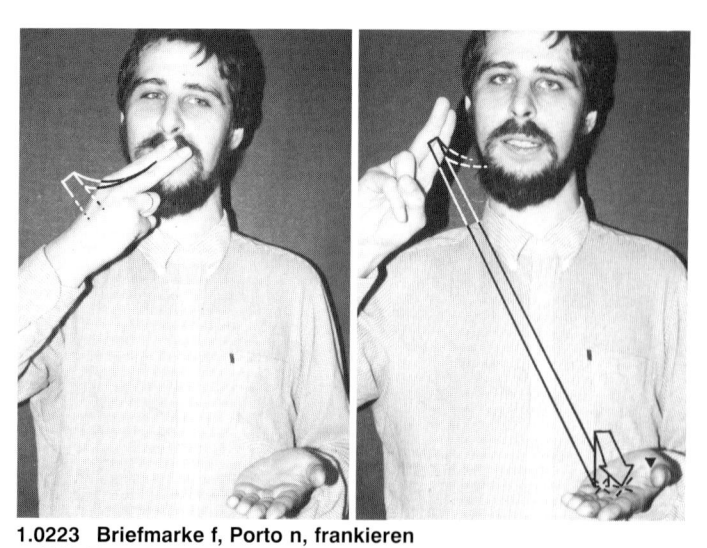

**1.0223 Briefmarke f, Porto n, frankieren**
1. U-H (Hr v, Hk u) vom Mund mit H-gelenkdrehung nach v (Ht v, Hk außen)
2. r U-H 2x auf Ht der l *B-H (Ht o): »Briefmarke anfeuchten und aufkleben«
(vgl. kleben 1.0807)

**1.0224 Brille f**
Z fahren 1. »Gläser« und
2. »Bügel« nach

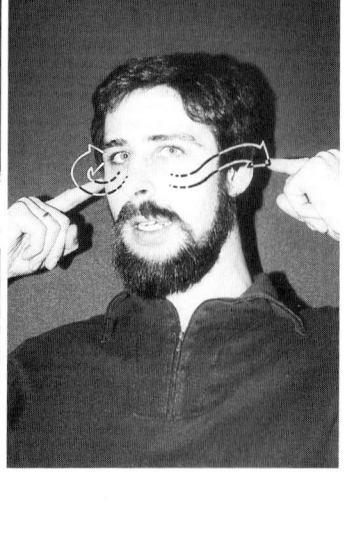

**1.0225 bringen (situativ), liefern, Lieferung f, Lieferant* m, -in** f, abliefern, Ablieferung f, anfahren (liefern), Anfuhr f (Lieferung), Fabrikation f, fabrizieren, laden (beladen), beladen, verladen, Verladung f, befördern (transportieren), Beförderung f (Transport), Transport m, transportieren, verbringen (allg.)**
*B-He (Ht o) parallel vor Bauch 1x **oder** mehrmals nach r deuten »Bringen, Lieferung, Transport« an (**richtungsgebunden**, vgl. antworten 1.0054)

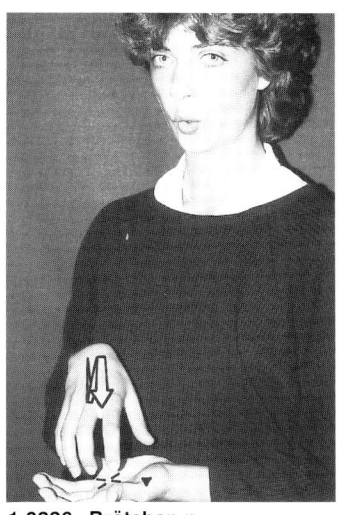

**1.0226 Brötchen n**
*Fi-spitzen der r *5*-H (Hr o, Hk außen) tippen 2x auf Ht der l *B-H: »Brötchenform«*

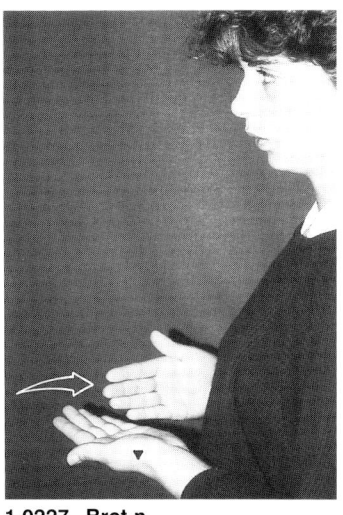

**1.0227 Brot n**
*Hk der r B-H oder *B-H »schneidet« auf Ht der l *B-H oder *B-H nach h »Brotscheibe ab«*

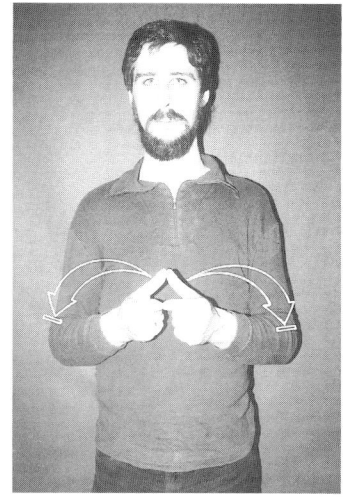

**1.0228 Brücke f (1)**
*\*X-He (Hr außen, Hk u) im Bogen auseinander: »Brückenbogen«
(vgl. 1.0229)*

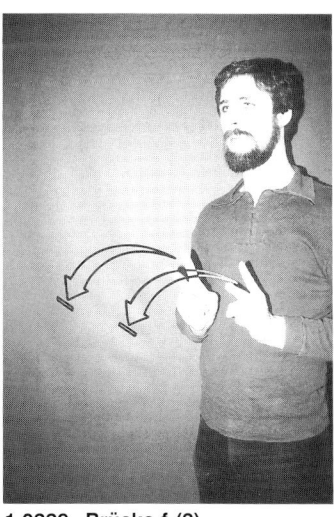

**1.0229 Brücke f (2)**
*V-He (Hr außen, Hk u) im Bogen nach v: »Brückenbogen«
(vgl. 1.0228)*

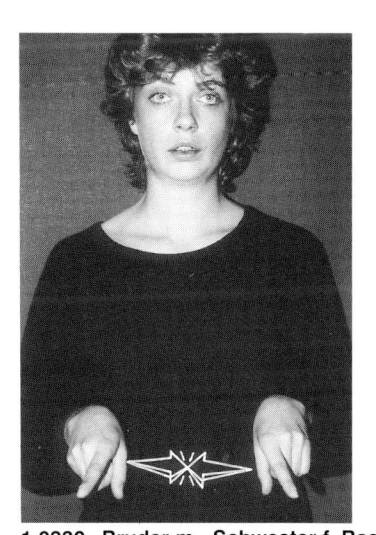

**1.0230 Bruder m , Schwester f, Base f (2), Cousin m (2), Cousine f (2), Kusine f (2), Neffe m (2), Nichte f (2), Onkel m (2), Tante f (2), Vetter m (2)**
*Z (Hr o, Hk außen) 2x zusammen
(**wie** gleich, dasselbe 1.0589, vgl. Onkel <1><3> 1.1100/01, Tante <1><3> 1.1524/1.1101, Base <1>, Cousin <1>, Cousine <1>, Kusine <1>, Neffe <1>, Nichte <1>, Vetter <1> 1.1101, Verwandtschaft <2>, Geschwister 1.1685)*

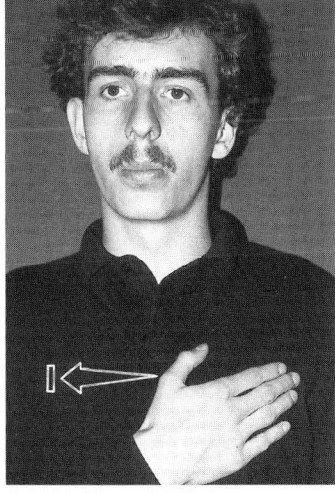

**1.0231 Brust f (allg.)**
*\*B-H (Hr v, Hk u) an Brust von l nach r
(vgl. 1.0232)*

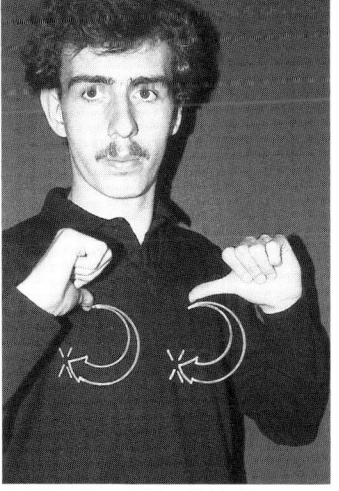

**1.0232 Brust f (weibl.), Busen m**
*D der *A-He (Hr o, Hk v) deuten »Form der weiblichen Brust« an
(vgl. 1.0231, Frau <2> 1.0475)*

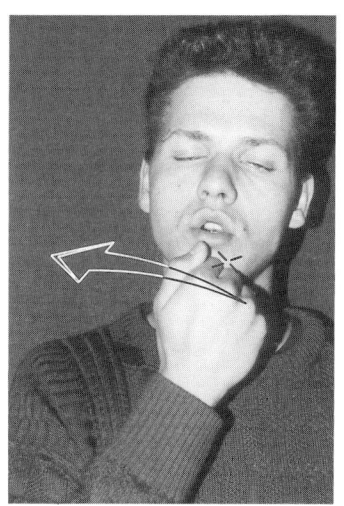

**1.0233 brutal, Brutalität f, boshaft (2), Boshaftigkeit f (2), derb, Derbheit f, grob, Grobheit f, schroff (Verhalten), Schroffheit f (Verhalten)**
Knöchel der A-H (Hr v, Hk innen) über Kinn nach r
(vgl. boshaft <1> **2.1427**)

**1.0234 Bub m, kümmern (sich um)**
B-H (Hr o) »streicht 2x über den Kopf« (Hr außen)
(vgl. Knirps <Junge> **2.1090 a**)

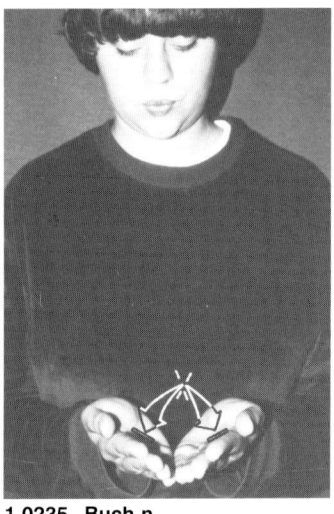

**1.0235 Buch n**
aneinanderliegende B-He oder
*B-He (Hr außen, Hk u) »wie ein Buch aufklappen« (Hr u, Hk innen)
(vgl. Heft, Bibel 1.0645)

**1.0236 Buchstabe m, Buchstaben pl**
**Buchstabe**: Q-H (Hk v) neben Mund 1x kurz nach v
**Buchstaben:** Q-H (Hk v) neben Mund mit Unterbrechungen nach r

**1.0237 bügeln, Bügeleisen n**
F (Hr o, Hk außen) »hält Bügeleisen und bügelt«

**1.0238 Bühne f (Theater), Tribüne f (Rednerbühne)**
B-He (Hr o, Hk außen) in Kopfhöhe auseinander deuten »erhöhte Theaterbühne, Tribüne« an
(vgl. Tribüne <Stadion> **4.1875**)

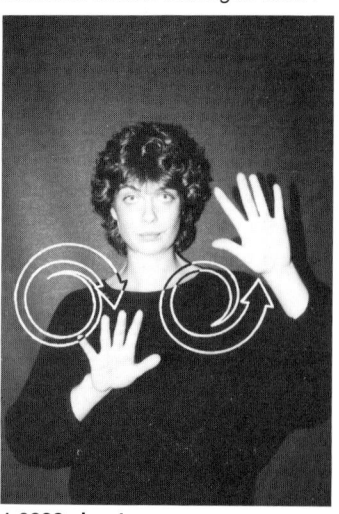

**1.0239 bunt**
5-He (Ht v, Hk außen) kreisen versetzt gegeneinander nach innen: »bunt durcheinander«

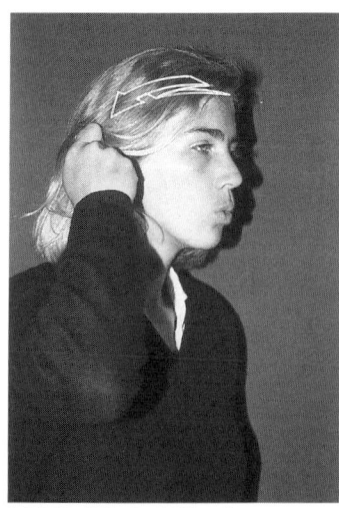

**1.0240 Bürste f (Haar), bürsten (Haare)**
A-H »bürstet« 2x nach h
(vgl. 1.0241, kämmen 1.0766)

**1.0241 Bürste f (Hand), bürsten (Hände)**
r A-H (Hr o) »bürstet« 2x l A-H (Ht o)
(vgl. 1.0240, waschen <allg.>
1.1751)

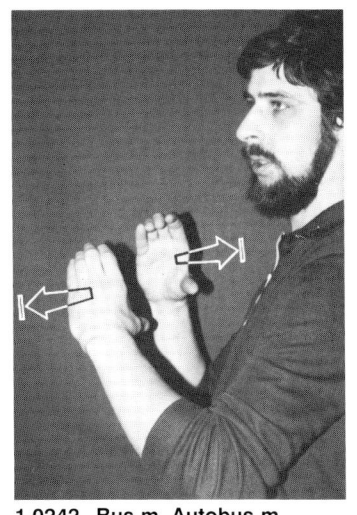

**1.0242 Bus m, Autobus m, Omnibus m**
hintereinanderliegende C-He
(Hr außen, Hk v) nach v/h
auseinander: »Form des Busses«

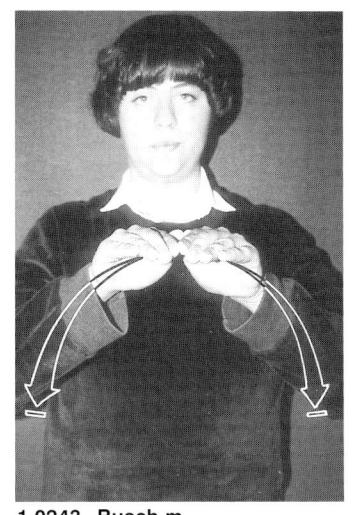

**1.0243 Busch m, Büsche pl**
B-He (Hr o, Hk außen) umfahren
einen **oder** mehrere »Büsche«
(Hr außen, Hk u)

Badekappe f (1)(2),
Bademütze f (1)(2)
 = baden (1)(2) 1.0113/1.1359
 + Kappe, Mütze 1.1031
Berufsschule f (N)(S)
 = Beruf (N)(S) 1.0156/57
 + Schule (N)(S) 1.1339/40
Biografie f, biografisch,
Biographie f, biographisch
 = Person (1) 1.1126
 + schreiben (2) 1.1332
**B**ronze f = FA »**B**«
 + Metall 1.0353
Buntstift m = bunt 1.0239
 + Stift (2) 1.1331
Buß- und Bettag m (1)(2)
 = Buße 1.0050
 + beten (1)(2) 1.0169/70
 + Tag (1)(2) 1.1513/14

**1.0244 Hinweis**

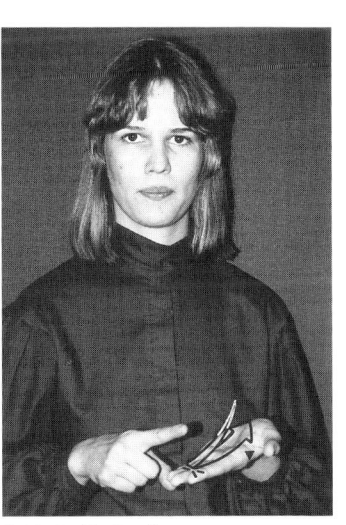

**1.0245 Butter f**
Z streicht über Ht hin (Hr o) und
nach H-gelenkdrehung zurück
(Hr u): »Butter verstreichen«
(vgl. Margarine 1.0948, Schmalz,
schmieren <Brot> 1.1311)

**1.0246 Camping n, campen, Zelt n, zelten**
B-He (Hr außen, Hk u) ahmen
»Zeltform« nach

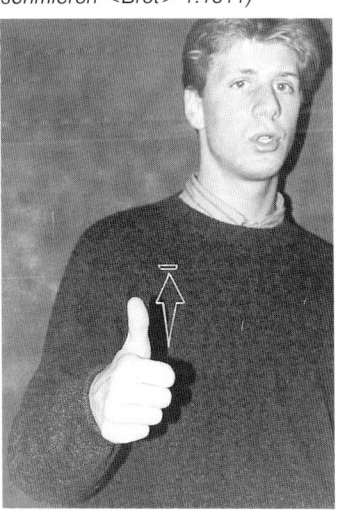

**1.0247 Chef m, -in\*\* f, Direktor m, -in\*\* f, erst (1), Inspektor m, -in\*\* f, Inspekteur m, Kanzler m, -in\*\* f, Ober... (2), optimistisch, Optimismus m, Optimist\* m, -in\*\* f, Rektor m, -in\*\* f, Vorgesetzte m \*\* f, Vorstand m (1), vorstehen (1), zuversichtlich, Zuversicht f**
D der \*A-H (Hk u) kurz nach o
(vgl. erst <2> 1.0642, Ober... <1> **4.0792**, Vorstand <2><3> 1.1464/1.1727)

Campingplatz m, Zeltplatz m
  = Camping, Zelt 1.0246
  + Platz (3) 1.0875

**C**elsius = FA »**C**«

**C**ent m (Währung)(1)
  = FA »**C**«
(vgl. Cent <2> 1.1133)

Christkind n, Jesuskind n
  = Christus, Jesus 1.0248
  + Baby 1.0108

**C**omputer m (1)
  = FA »**C**«
  + Maschine (1)
(vgl. Computer <2> 1.0250)

**CD** f, **C**ompact **D**isc f
  = FA »**C**« »**D**«

**DVD** f, **D**igit **V**ersatile **D**isc f
  = FA »**D**« »**V**« »**D**«

**1.0248 Christus m, Jesus m, christlich, Christ\* m, -in\*\* f, Religion f**
*1. geknickter r M (Hr außen, Hk v) stößt mit Nagel gegen l Ht
   (Hr außen, Hk v)
2. geknickter l M (Hr außen, Hk v) stößt mit Nagel gegen r Ht
   (Hr außen, Hk v): »Wundmale«
(vgl. religiös 1.0169)*

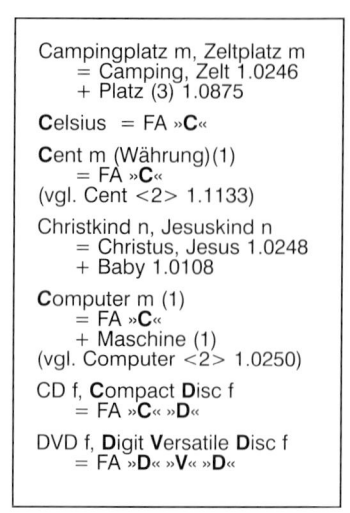

**1.0249 Hinweis**

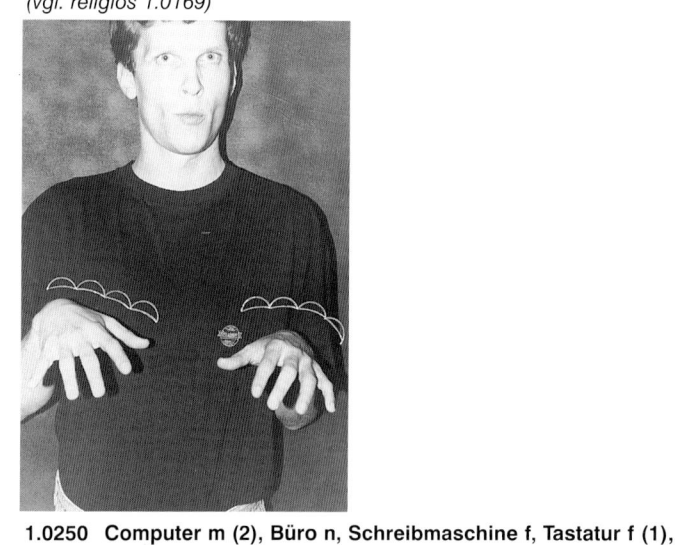

**1.0250 Computer m (2), Büro n, Schreibmaschine f, Tastatur f (1), Sekretär\* m (Person), Sekretärin\*\* f**
*Fi-spiel der 5-He (Hr o, Hk außen) auf der Stelle: »Schreibmaschine schreiben«
(vgl. Computer <1> 1.0249, Sekretär <Möbel> 1.1354, Tastatur <2> 4.1806)*

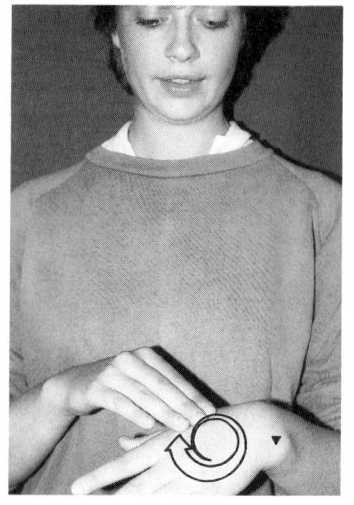

**1.0251 Creme f (Salbe),    (situativ) Salbe f, eincremen, einreiben, verreiben**
*Fi »cremen Handrücken ein«*

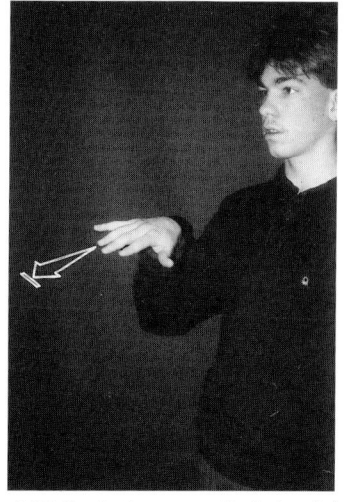

**1.0252 da (anwesend), Ankunft f, ankommen, anwesend, Anwesenheit f, vorhanden, Vorhandensein n**
*5-H (Hr o, Hk außen) kurz nach v: »Alle sind da«
(vgl. 1.0253)*

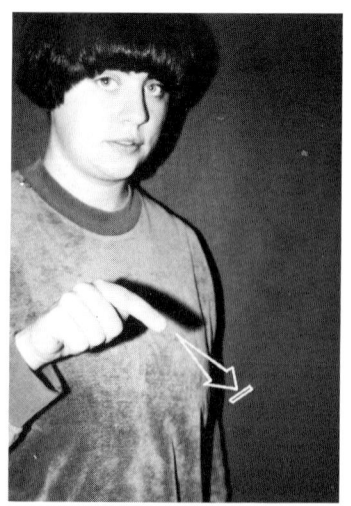

**1.0253 da, dort, hin, (hinweisend) zeigen (auf), deuten (auf)**
*Z (Hr o, Hk außen) weist auf etwas hin: »da ist ...«
(vgl. 1.0252, zeigen <etwas> 1.1870)*

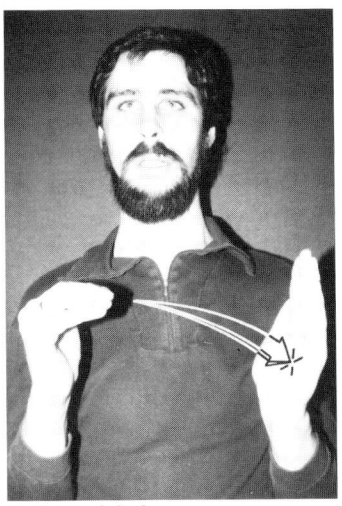

**1.0254 dabei**
*Fi-spitzen der r <O-H (Hr außen, Hk v) tippen 2x gegen Ht der l B-H (Hr außen, Hk v)*
*(vgl. dazu 1.0262)*

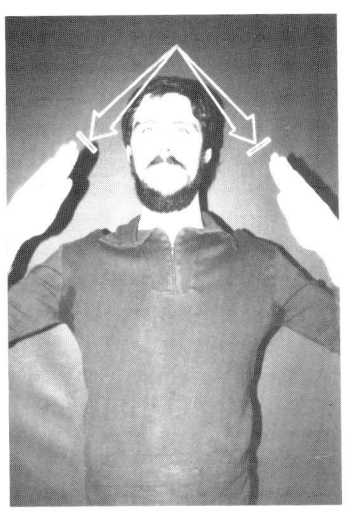

**1.0255 Dach n**
*B-He (Hr außen, Hk v) ahmen in Kopfhöhe »Dachform« nach*
*(vgl. Haus 1.0643)*

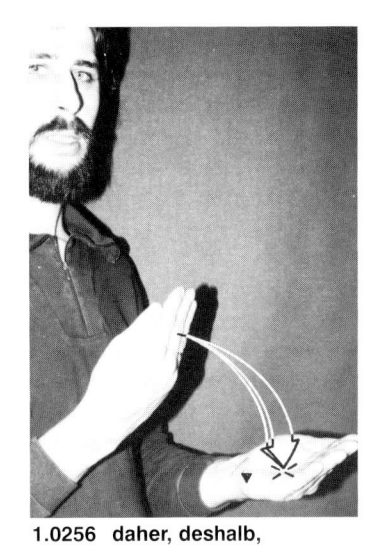

**1.0256 daher, deshalb, darum, deswegen, wegen**
*Fi-rücken der r \*B-H klatschen 2x in Ht der l \*B-H*
*(vgl. Nachweis, Beweis 1.0145)*

**1.0257 danken, Dank m, dankbar, danke!, danke schön, danke sehr, Dankbarkeit f, Dankeschön n, bedanken (sich)(1), Gruß m, grüßen**
*B-H (Hr v, Hk innen) 2x kurz nach v*
*(vgl. bedanken <sich><2> 1.0486)*

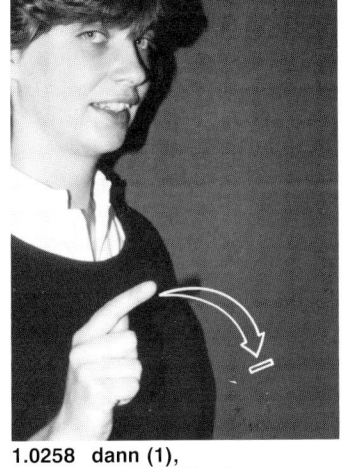

**1.0258 dann (1), im, in (zeitlich)**
*Z (Ht v, Hk außen) im Bogen nach v (Hr o)*
*(vgl. 1.0259, im, in <örtlich> 1.0721)*

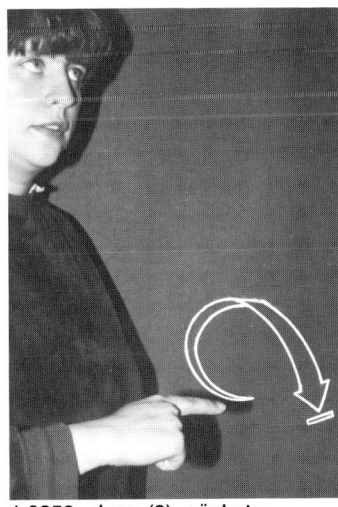

**1.0259 dann (2), nächste**
*Z (Hr o, Hk v) mit H-gelenkdrehung im Bogen nach v (Ht o, Hk innen)*
*(vgl. 1.0258, demnächst 1.0269)*

**1.0260 das (Artikel)**
*FA »S« (Abkürzung für das)*
*(vgl. dem 1.0268, den 1.0270, der 1.0273, die 1.0282/83, wessen? 1.1795)*

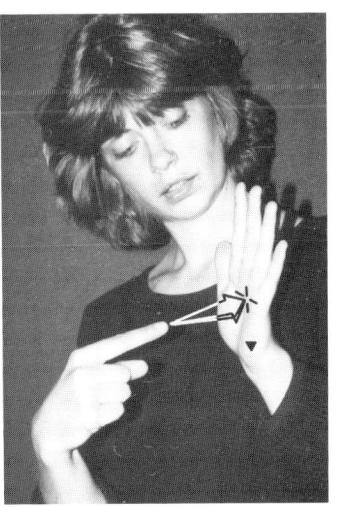

**1.0261 Datum n**
*r Z tippt 2x gegen l Ht: Ht ist der »Kalender«, Z zeigt auf das »Datum«*

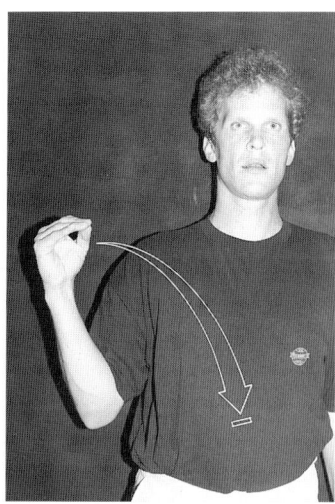

**1.0262 dazu, hinzu..., Beitrag m (Anteil, Aufsatz), beitragen (Anteil, Aufsatz), vormerken (schriftlich), Vormerkung f (schriftlich), zufügen, Zusatz m, zusätzlich**
<O-H (Hr außen, Hk v) im Bogen nach innen u (Hr o) »gibt etwas dazu«
(vgl. dabei 1.0254, vormerken <im Kopf> 1.0972)

**1.0263 Decke f (Bett), Bettdecke f**
B-He (Hr o, Hk v) nach h zur Brust, deuten »Lage der Decke« an
(vgl. 1.0264/65, Bett 1.0172)

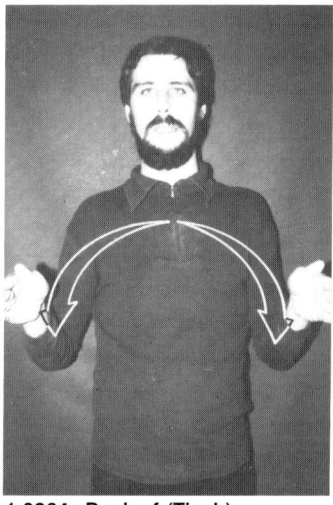

**1.0264 Decke f (Tisch), Tischdecke f**
B-He (Hr o, Hk außen) im Bogen nach außen u (Hr außen, Hk u) deuten »Tischdecke« an
(vgl. 1.0263/65)

**1.0265 Decke f (Zimmer)**
<B-H (Hr außen, Hk v) über Kopf nach v: »Zimmerdecke«
(vgl. 1.0263/64)

**1.0266 decken (Tisch)**
B-He (Hr o, Hk außen) in Bögen nach außen: »Gegenstände auf den Tisch«

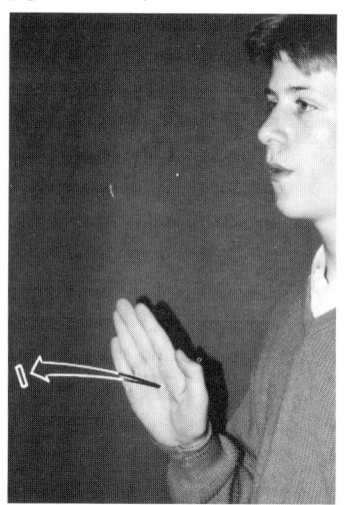

**1.0267 dein, Dein, ihr, Ihr (höfliche Anrede)**
B-H (Ht v, Hk außen) kurz nach v: »dein, Ihr Besitz«
(vgl. sein, ihr <Besitz> 1.1378, gehören <dir> 1.0553)

**1.0268 dem (Artikel)**
FA »M« (Abkürzung für dem)
(vgl. 1.0270/73, das 1.0260, die 1.0282/83, wem? 1.1782)

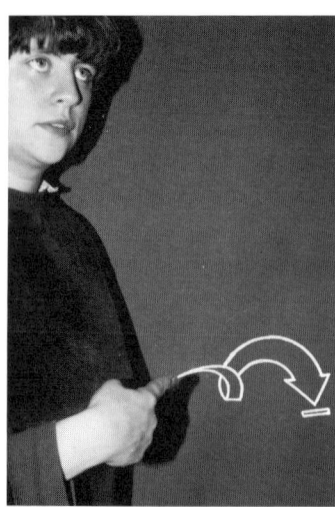

**1.0269 demnächst, nächstens**
Z (Hr v, Hk u) in 2 Bögen mit H-gelenkdrehung nach v
(vgl. nächste 1.0259)

**1.0270 den (Artikel)**
FA »**N**« (Abkürzung für de**n**)
(vgl. 1.0268/73, das 1.0260, die
1.0282/83, wen? 1.1783)

**1.0271 denken, Gedanke m,
Verstand m**
Z (Hr außen, Hk v) an Schläfe
(vgl. glauben, ... 1.0588, verstehen
1.1680)

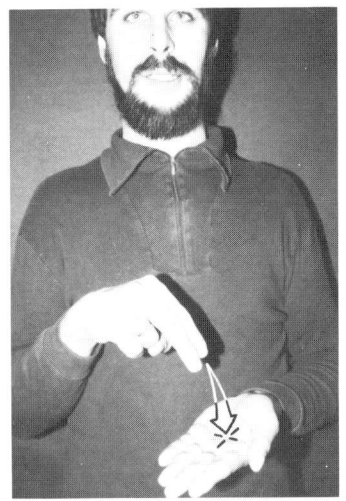

**1.0272 denn**
Fi-spitzen der r U-H bzw. **N**-H in Ht
der l *B-H

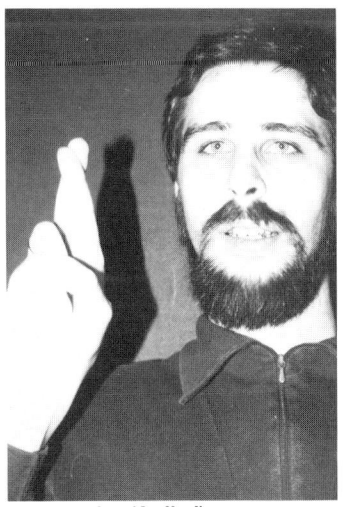

**1.0273 der (Artikel)**
FA »**R**« (Abkürzung für de**r**)
(vgl. 1.0268/70, das 1.0260, die
1.0282/83, wer? 1.1786)

**1.0274 deutlich, pünktlich,
Deutlichkeit f,
Pünktlichkeit f**
F-He (Ht v, Hk außen) 1x **oder** 2x
»deutlich« nach v u
(vgl. exakt <1>, genau 1.0562)

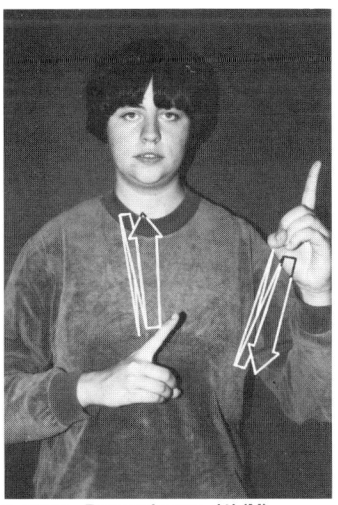

**1.0275 Dezember m (1)(N)**
Z im Wechsel vor Brust auf und ab:
»Sprühen der Wunderkerze«
(vgl. 1.0276/77, Silvester 1.1403)

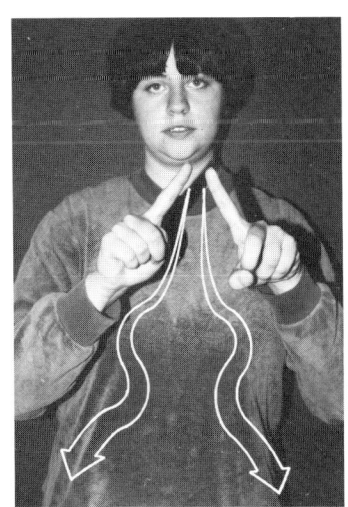

**1.0276 Dezember m (2)(S)**
Z ahmen »Form des Tannenbaums«
nach
(vgl. 1.0275/77, Weihnachten
<1><2> 1.1770/1.1522)

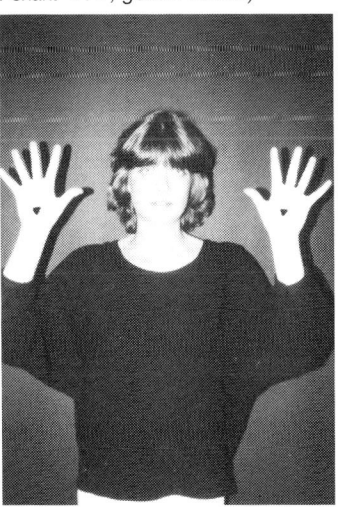

**1.0277 Dezember m (3)**
1. beide 5-He (Ht v, Hk außen) zeigen »**10**«
2. r V-H bzw. **2-H** (Ht v, Hk außen) nach u:
»**12**. Monat« (internationale Gebärde)
(vgl. 1.0275/76)

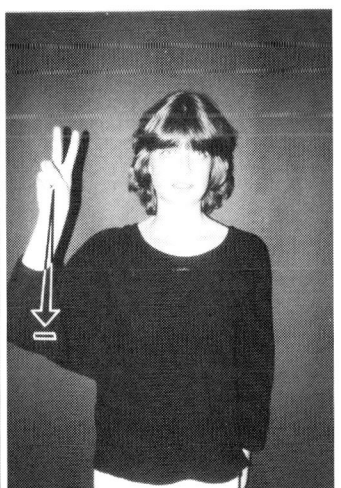

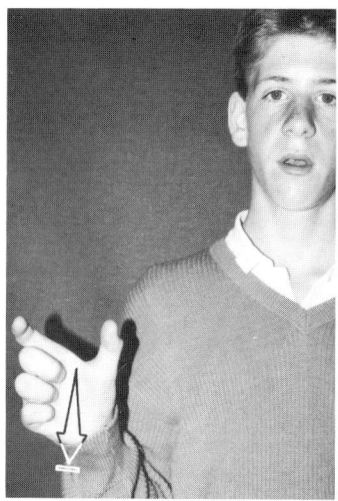

**1.0278 Dezimeter m, dm**
*X-H (Ht v, Hk u) kurz nach u:
»Dezimeterabstand« zwischen
D und Z
(vgl. Zentimeter, cm 1.1876)

**1.0279 dick (Baum)**
*5*-He (Hr außen, Hk u) kurz nach u
deuten »dicken Baumstamm« an
(vgl. 1.0280/81)

**1.0280 dick (Buch)**
*X-H (Hr außen, Hk v) kurz nach v
deutet »dickes Buch« an
(vgl. 1.0279/81)

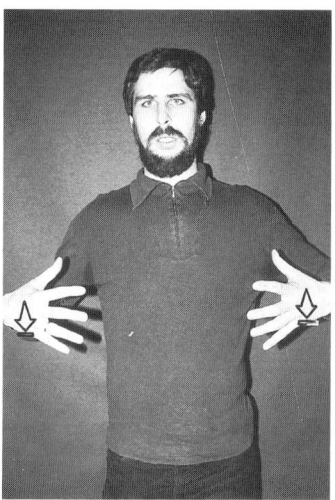

**1.0281 dick (Person)**
5-He (Hr außen, Hk u) kurz nach u:
»massiger Körper«
(vgl. 1.0279/80)

**1.0282 die (Artikel)**
FA »I« (Abkürzung für die)
(vgl. 1.0283, das 1.0260, dem
1.0268, den 1.0270, der 1.0273)

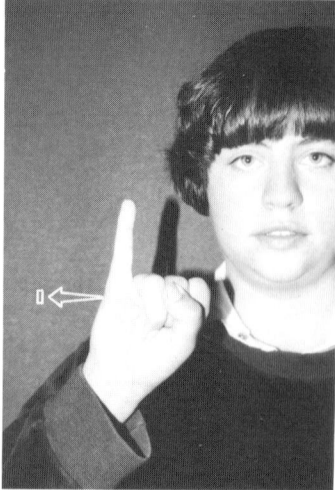

**1.0283 die pl (Artikel)**
FA »I« nach r (Abkürzung für die pl)
(vgl. 1.0282)

**1.0284 Dienstag m (1)(N)**
F-H (Hr außen, Hk v) kreist vor
Schulter
(vgl. 1.0285/86)

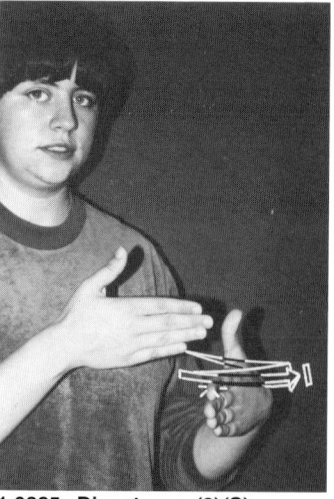

**1.0285 Dienstag m (2)(S)**
Hk der r *B-H (Hr außen, Hk u) 2x
über Z der l *B-H (Hr v, Hk u) nach v
(vgl. 1.0284/86)

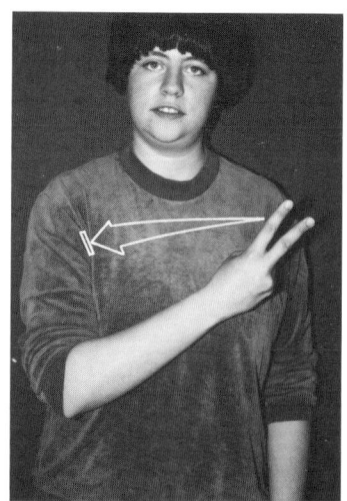

**1.0286 Dienstag m (3)**
V-H bzw. **2-H** (Hr v, Hk u) vor Brust
nach r (Hk innen): »**2**. Wochentag«
(vgl. 1.0284/85)

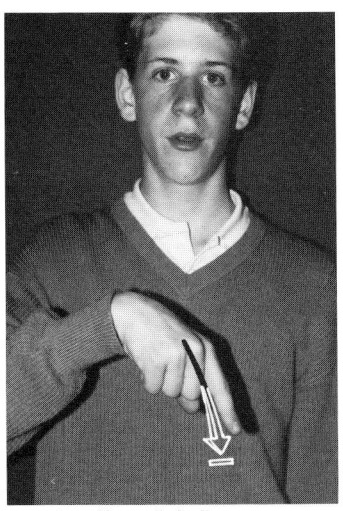

**1.0287 diese (lokal)**
Z (Hr v, Hk außen) 2x kurz nach u:
»diese ...«

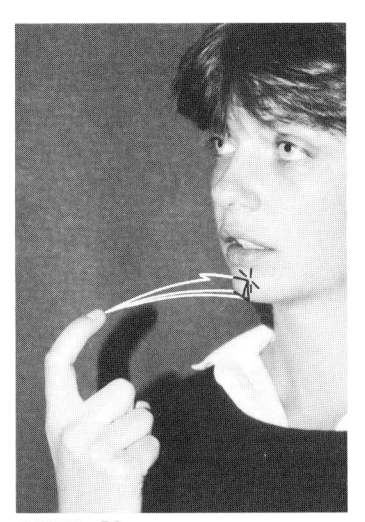

**1.0288 Ding n,
Finnland, Finne\* m,
Finnin\*\* f, finnisch**
Z-spitze der X-H (Hr v, Hk innen) 1x
**oder** 2x an Kinn

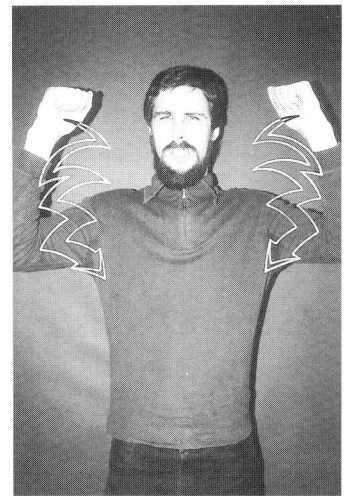

**1.0289 Donner m, donnern**
A-He (Ht v, Hk außen) »donnern in
schnellem Zickzack« nach u
(vgl. Blitz 1.0199, Gewitter 1.0581)

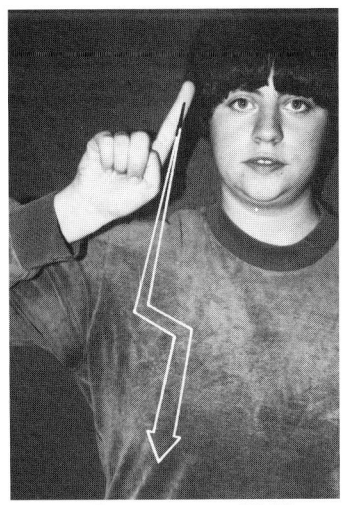

**1.0290 Donnerstag m (1)(N)**
Z (Ht v, Hk außen) im Zickzack
nach u
(**wie** Blitz <Wetter> 1.0199,
vgl. 1.0291/92)

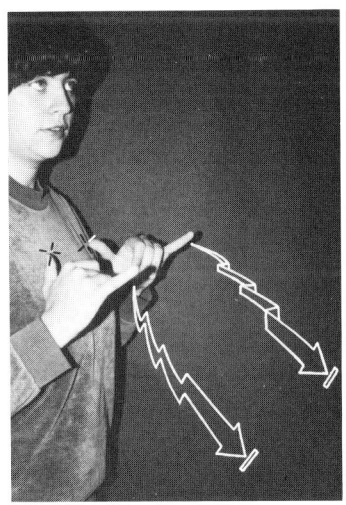

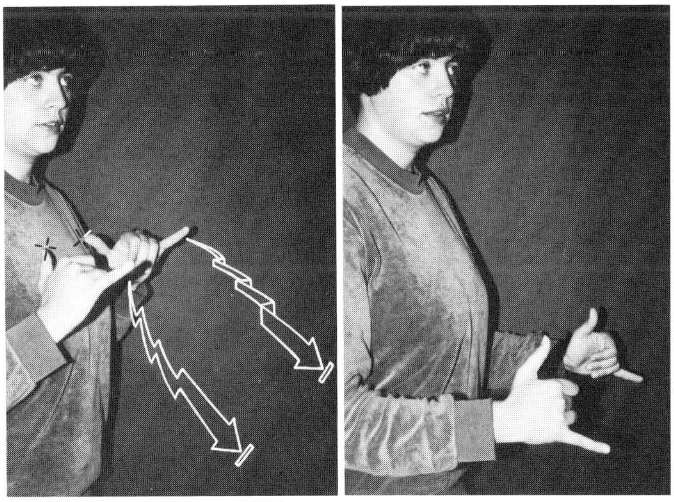

**1.0291 Donnerstag m (2)(S)**
1.2. Y-He (Hr außen, Hk u, D an Brust) mit schnellen
H-gelenkdrehungen nach v u
(vgl. 1.0290/92)

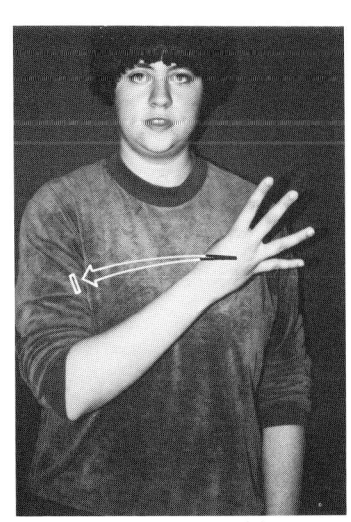

**1.0292 Donnerstag m (3)**
4-H (Hr v, Hk u) vor Brust nach r
(Hk innen): »4. Wochentag«
(vgl. 1.0290/91)

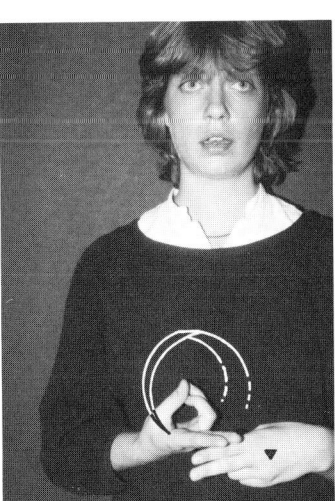

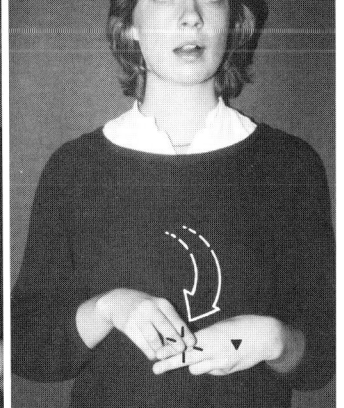

**1.0293 doppelt, Doppel n, doppel..., Doppel...,
auf einmal (1), duplizieren,
Duplikat n, verdoppeln, Verdopp(e)lung f**
1.2. r U-H (Ht o, Hk innen) beschreibt von l U-H (Hr o, Hk v) Kreis mit
H-gelenkdrehung (Hr o, Hk außen): »r U-H liegt 2x, doppelt auf l U-H«
(vgl. auf einmal <2> 1.0642)

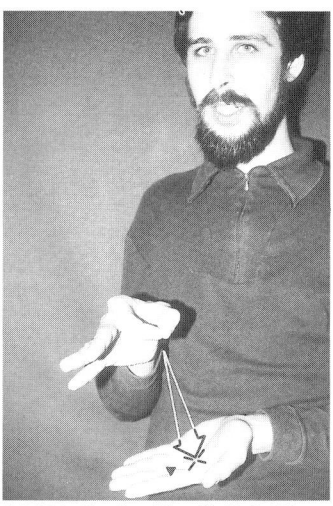

**1.0294 Dorf n (1), dörflich (1)**
D und Z der r F-H (Hr außen, Hk u)
auf Ht der l *B-H: »kleiner Kreis auf
dem Land«
(vgl. 1.0295)

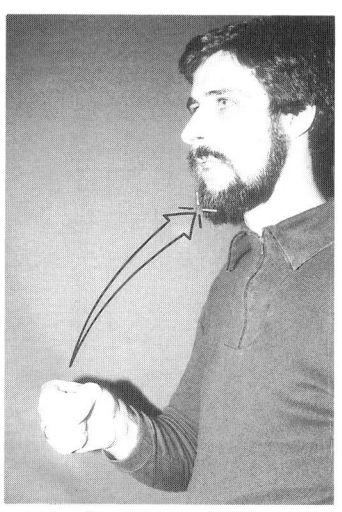

**1.0295 Dorf n (2), dörflich (2)**
F (Hr außen, Hk u) ans Kinn
(vgl. 1.0294)

**1.0296 Dose f (1), Konserve f (1), Büchse f (Dose)(1)**
Q-He (Hr außen, Hk h) im Halbkreis
zur Brust deuten »Dosenform« an
(vgl. 1.0297)

**1.0297 Dose f (2), Konserve f (2), Büchse f (Dose)(2)**
r *5*-H (Hr o, Hk außen) von l *5*-H
(Hr u, Hk h) nach o: »Dosenform«
(vgl. 1.0296)

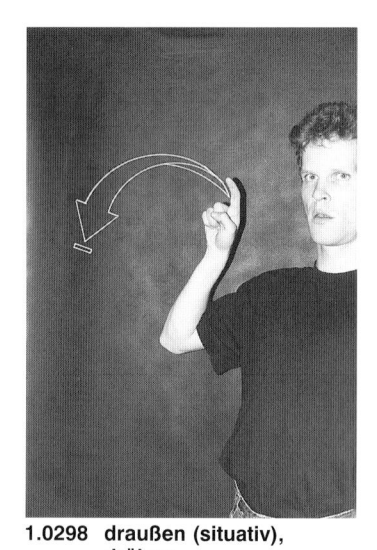

**1.0298 draußen (situativ), drüben, hinaus (1)(situativ)**
Z oder <B-H (Ht v, Hk außen) 1x
oder 2x im Bogen nach »draußen,
drüben« (vgl. hinaus <2> 1.0671)

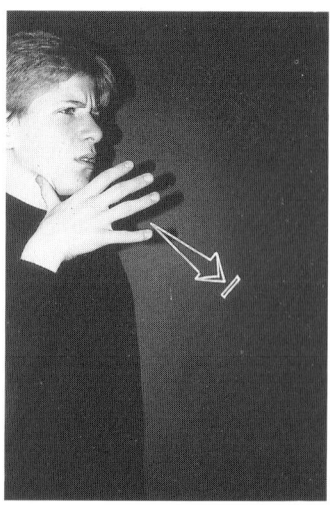

**1.0299 dreckig, Dreck m**
D der 5-H (Hr außen, Hk u) mit
H-gelenkdrehung vom Kinn schnell
nach u (Hr o, Hk außen)

**1.0300 drehen (sich), Drehung f, umdrehen (sich), drehen (Wind)**
V-H (Ht v, Hk außen) dreht im
H-gelenk nach innen (Hr v, Hk innen)
(vgl. 1.0301)

**1.0301 drehen (situativ)(1), Umdrehung f (situativ)(1)**
Z (Hr v, Hk u) »dreht« vor Brust
(vgl. 1.0300, drehen <2> 1.1213)

**1.0302 drei, 3, Trio n**
3-H (Hr v, Hk innen): »3 Finger«

**1.0303 dreihundert, 300**
3-H (Hr außen, Hk v) im Bogen
nach u (Hk u)

**1.0304 Dreirad n**
1. »drei«: 3-H (Hr v)
2. Fe **oder** *3*-He (Hr o, Hk außen) »ahmen schnelle
   Tretbewegungen nach«

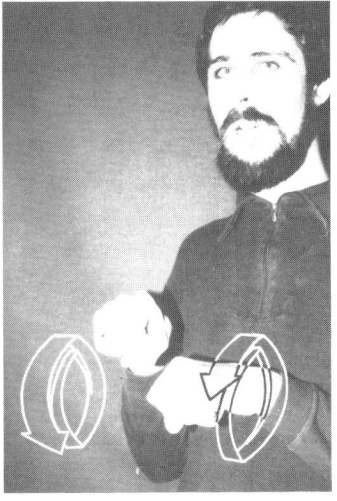

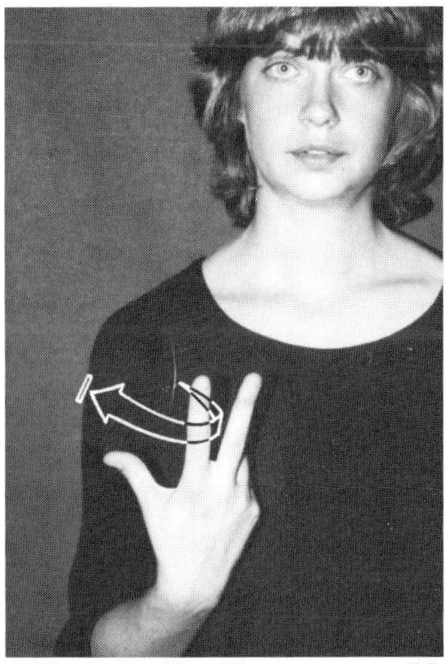

**1.0305 dreißig, 30,                          (N)
dreißig(ste), 30(.)**
1. »dreißig« (N): 3-H (Hr v, Hk innen) dreht im
   H-gelenk nach außen (Hr h, Hk außen
   (vgl. 1.0306, dritte 1.0313)
2. »...ste« (1.0702, r. Foto)

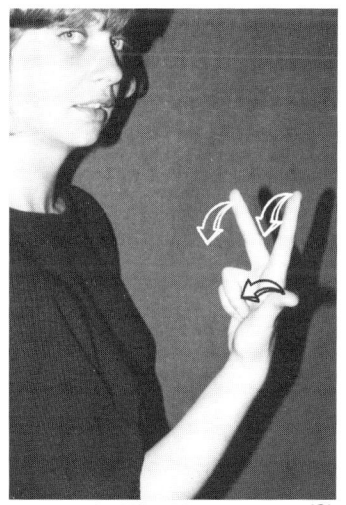

**1.0306 dreißig, 30,                          (S)
dreißig(ste), 30(.)**
1. »dreißig« (S): 3-H (Hr v, Hk innen)
   2x zur *3*-H krümmen
   (vgl. 1.0305)
2. »...ste« (1.0702, r. Foto)

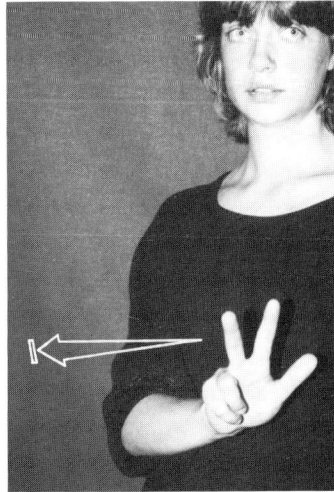

**1.0307 dreitausend, 3 000,
drei Wochen**
3-H (Ht v, Hk außen) vor Brust
nach r

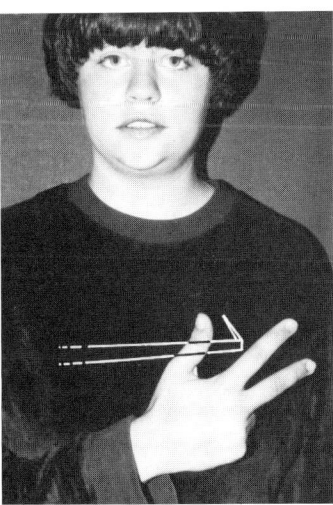

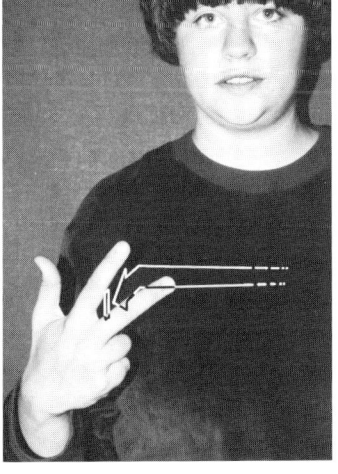

**1.0308 dreiunddreißig, 33,
dreiunddreißig(ste), 33(.)**
1.2. »dreiunddreißig«: 3-H (Hr v, Hk u) von l Schulter nach r
3. »...ste« (1.0702, r. Foto)

69

**1.0309 dreiundzwanzig, 23,** (N)
**dreiundzwanzig(ste), 23(.)**
1. »drei«: 3-H (Hr v, Hk innen)
2. »zwanzig« (N): V-H bzw. 2-H (Hr v, Hk innen) dreht im H-gelenk
   nach außen (Hr h, Hk außen)(vgl. 1.0310)
3. »...ste« (1.0702, r. Foto)

**1.0310 dreiundzwanzig, 23,** (S)
**dreiundzwanzig(ste), 23(.),**
1. »drei«: 3-H (Hr v, Hk innen)
2. »zwanzig« (S): V-H bzw. 2-H (Hr v, Hk innen) 2x zur *V*-H krümmen
   (vgl. 1.0309)
3. »...ste« (1.0702, r. Foto)

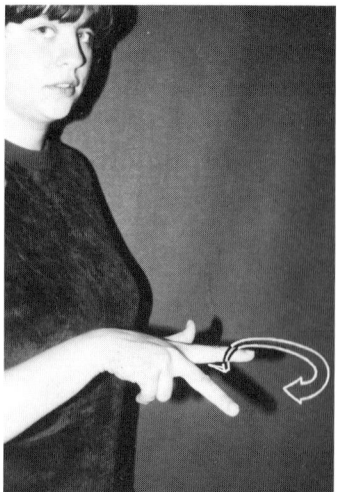

**1.0311 dreizehn, 13,** (N)
**dreizehn(te), 13(.)**
1. »dreizehn« (N): 3-H (Hr o, Hk außen)
   kreist nach v u
   (vgl. 1.0312)
2. »...te« (1.0357, r. Foto)

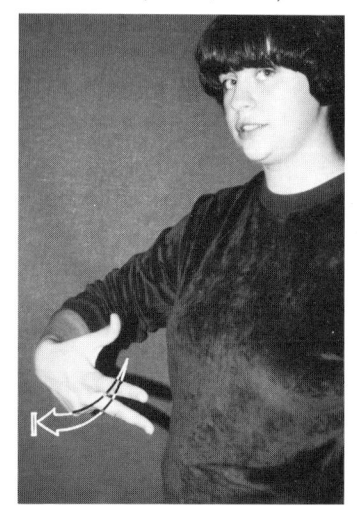

**1.0312 dreizehn, 13,** (S)
**dreizehn(te), 13(.)**
1. »dreizehn« (S): 3-H (Hr v, Hk u)
   dreht im H-gelenk nach v
   (Hr o, Hk außen)(vgl. 1.0311)
2. »...te« (1.0357, r. Foto)

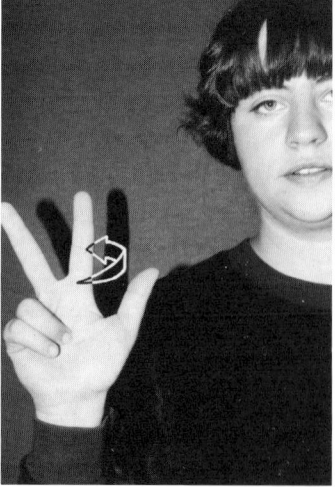

**1.0313 dritte, 3.**
3-H (Ht v, Hk außen) dreht im
H-gelenk nach innen (Hr v, Hk innen)
(vgl. dreißig <N> 1.0305)

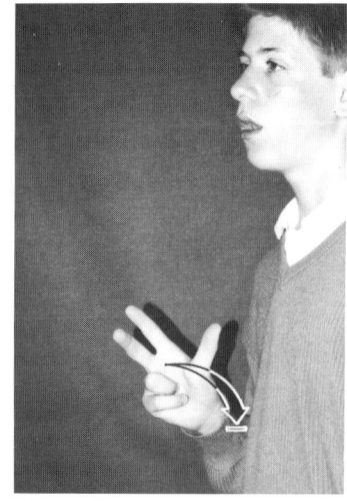

**1.0314 Drittel n**
3-H (Hr außen, Hk u) dreht im
H-gelenk vor Brust nach h (Hk v)

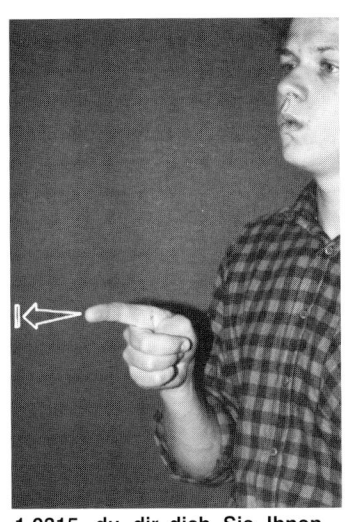

**1.0315 du, dir, dich, Sie, Ihnen (höfliche Anrede), bist**
Z zeigt auf die betreffende Person: »du, Sie«
(vgl. dein 1.0267)

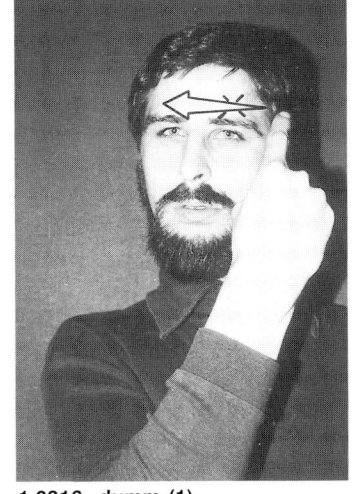

**1.0316 dumm (1), Dummheit f (1)**
Z-spitze (Hr o, Hk v) fährt über Stirn nach r
(vgl. 1.0317)

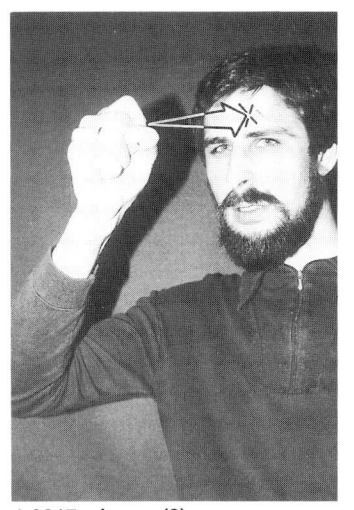

**1.0317 dumm (2), Dummheit f (2)**
DZ der F **oder** F-H (Hr außen, Hk v) gegen Stirn: »wegen der Dummheit an den Kopf schlagen«
(vgl. 1.0316)

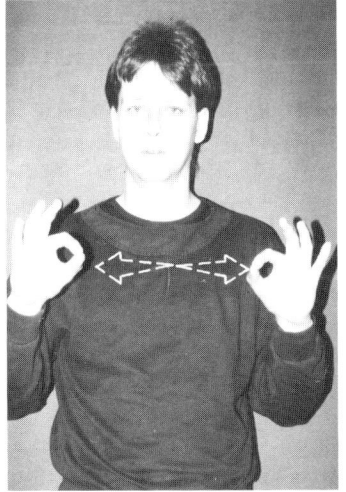

**1.0318 dünn (Papier)**
F-He (Ht v, Hk außen) langsam auseinander: »dünnes Papier nachfahren«
(vgl. 1.0319)

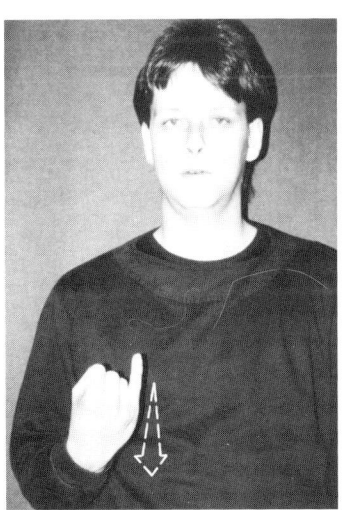

**1.0319 dünn (Person)**
I-H (Hr v, Hk innen) langsam nach u: »so dünn wie ein Finger«
(vgl. 1.0318, Kind <1> 1.0794)

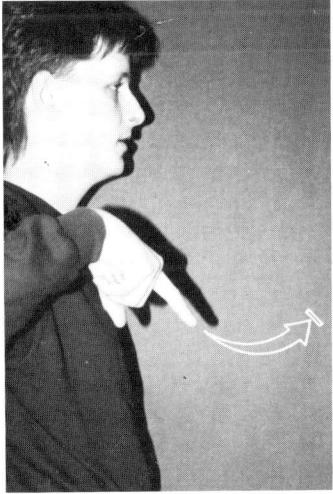

**1.0320 durch (Grund)**
Z (Hr v, Hk außen) im Bogen nach v (Hr o)
(vgl. 1.0321/22)

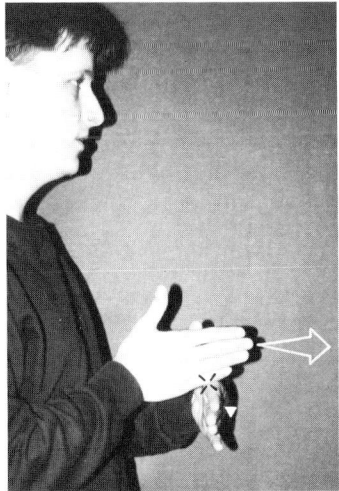

**1.0321 durch (hindurch)**
Hk der r *B-H (Hr außen, Hk u) über Z der l *B-H (Hr v, Hk u) nach v: »durch eine Öffnung«
(vgl. 1.0320/22)

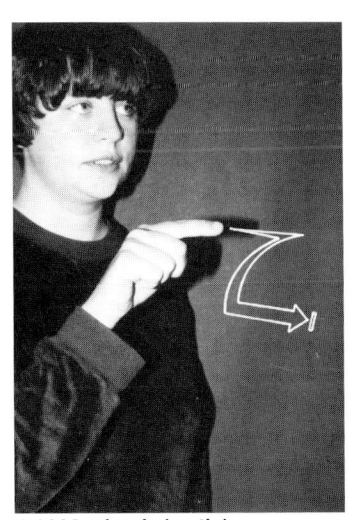

**1.0322 durch (math.), geteilt durch, teilen (math.), dividieren, Division f (math.)**
Z (Ht v, Hk außen) »setzt 2 Punkte«
(vgl. 1.0320/21)

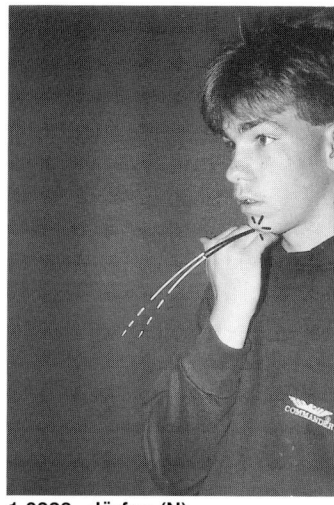

**1.0323 dürfen (N)**
1.2. <*B-H (Hr v, Hk innen) 2x vom Kinn nach v u zur *B-H (Ht o) strecken
**Einzahl** = Gebärde **1**x ausführen
**Mehrzahl und Grundform** = Gebärde **2**x ausführen
(vgl. 1.0324/25)

**1.0324 dürfen (S)**
Y-H (Hr v, Hk u) 2x mit H-gelenkdrehung nach außen (Hr o, Hk außen)
**Einzahl** = Gebärde **1**x ausführen
**Mehrzahl und Grundform** = Gebärde **2**x ausführen (vgl. 1.0323/25)

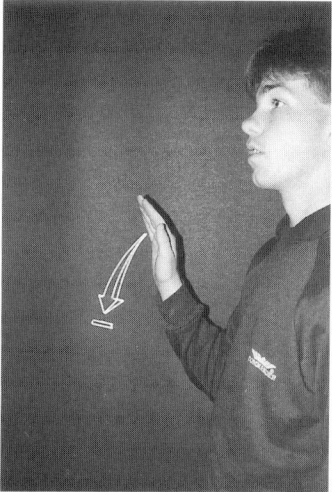

**1.0325 dürfen (W)**
B-H (Ht v, Hk außen) 2x kurz nach u
**Einzahl** = Gebärde **1**x ausführen
**Mehrzahl und Grundform** = Gebärde **2**x ausführen
(vgl. 1.0323/24)

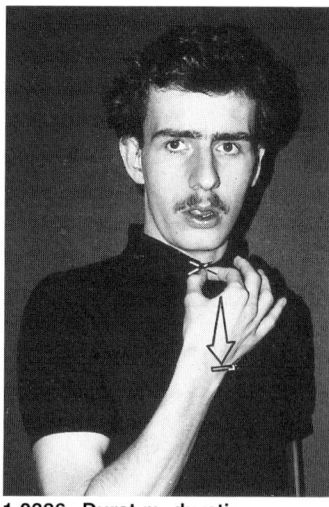

**1.0326 Durst m, durstig**
DZ der F-H (Hr v, Hk u) von Kehle 1x **oder** 2x kurz nach u: »trockene Kehle«
(vgl. Not <1> 1.1077)

**1.0327 duschen, Dusche f, Brause f (Dusche)**
O-H (Hr o, Hk v) öffnet sich über Kopf 1x **oder** 2x nach u zur 5-H: »Brausestrahl«

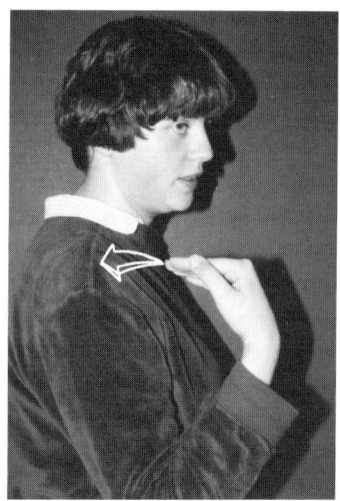

**1.0328 eben (soeben), soeben**
<B-H (Hr v, Hk innen) 2x kurz zur Schulter
(vgl. vorher 1.1712, vorhin 1.1722)

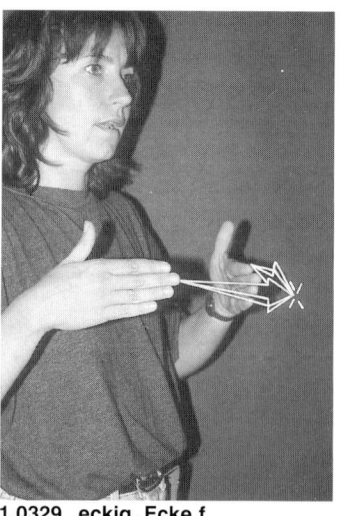

**1.0329 eckig, Ecke f**
Fi-spitzen der B-He (Hr außen, Hk u) stoßen 2x zusammen, »bilden Ecke«

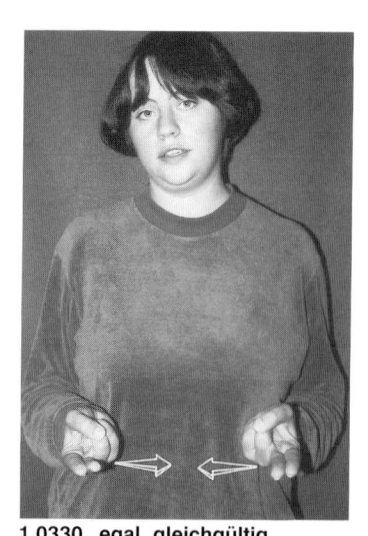

**1.0330 egal, gleichgültig, Gleichgültigkeit f, skrupellos**
U-He (Ht o, Hk innen) 2x gleichzeitig nach innen
(vgl. Skrupel 1.1354)

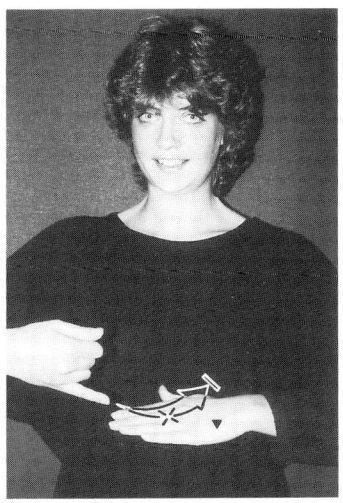

**1.0331 Ehe f, ehelich, verheiratet**
r K (Hr v, Hk u) fährt über R der
l *B-H (Hr o, Hk v): »Ehering«
(vgl. verloben <sich> 1.1672,
heiraten 1.0647)

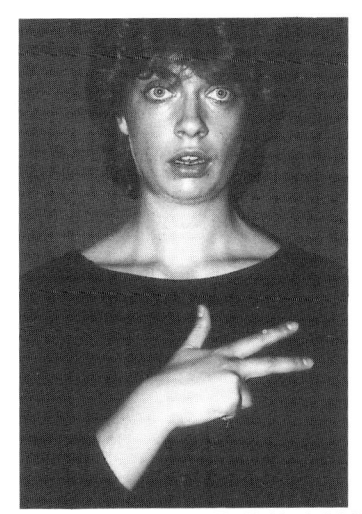

**1.0332 ehrlich (1), Ehrlichkeit f (1), aufrichtig, Aufrichtigkeit f, redlich (1), Redlichkeit f (1), treu (N,O,S), Treue f (N,O,S), wahr, Wahrheit f**
3-H (Hr v, Hk u) zum »Schwur ans Herz«
(vgl. 1.0333, wirklich, real <1>, ... 1.1816, treu <W>
**2.1402/4.1873**)

**1.0333 ehrlich (2), Ehrlichkeit f (2), redlich (2), Redlichkeit f (2)**
F-He (Hr außen, Hk v) im Bogen
nach außen (Ht v, Hk außen)
(vgl. 1.0332)

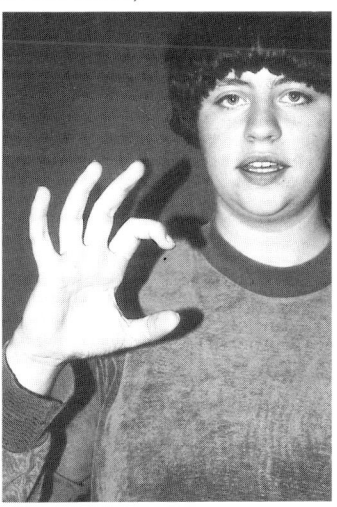

**1.0334 Ei n (situativ)**
*F-H oder F-H (Hr außen, Hk v)
deutet »Eiform« an

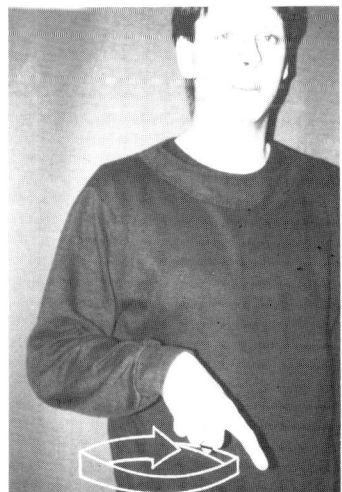

**1.0335 Eimer m**
1. Z (Hr v, Hk außen) deutet »Öffnung des Eimers« an
2. F oder A-H (Hr v, Hk außen) 2x kurz nach o: »Eimer tragen«

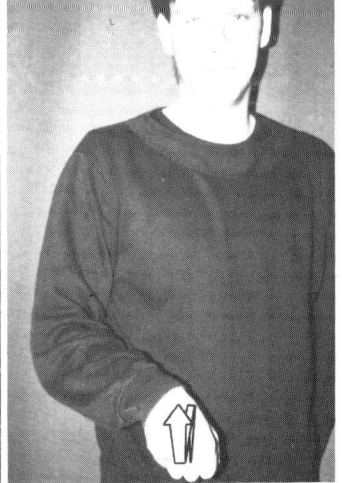

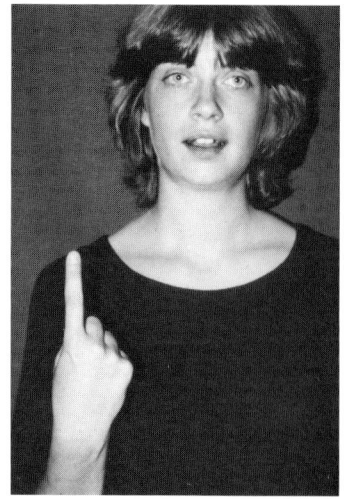

**1.0336 ein (1), eins (1), 1, (1)
Singular m**
Z (Hr v, Hk innen): »1 Finger«
(vgl. 1.0337)

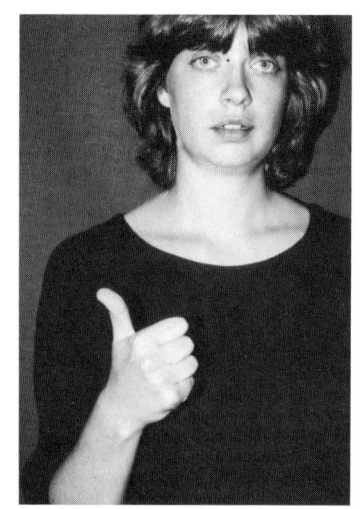

**1.0337 ein (2), eins (2), 1 (2)**
*A-H (Hr v, Hk u): »1 Finger«
(vgl. 1.0336)

**1.0338 einfach (Aufgabe) (1), schlicht,
Schlichtheit f**
Ht der r *B-H (Hr o, Hk v) langsam über Ht der l *B-H
(Ht o, Hk innen) nach v
(vgl. einfach <2> 1.0896, sauber 1.1250)

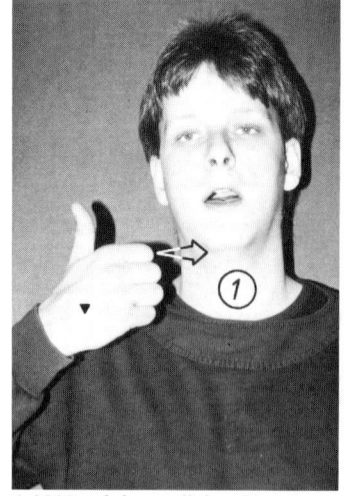

**1.0339 einige, etliche, Plural m**
1.2. D, Z, M, R und K strecken sich nacheinander zur 5-H (Hr v, Hk u):
»einige Finger«

**1.0340** einladen (empfangen), Einladung f, empfangen (einladen), Empfang m (Einladung), Gast m, gastlich, laden (vorladen), Ladung f (Vorladung), vorladen, Vorladung f, willkommen, Willkommen n
*B-He (Ht o, Hk innen) parallel von r nach l u deuten »Hereinbitten« an

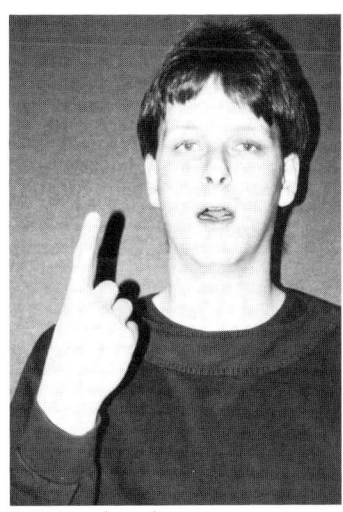

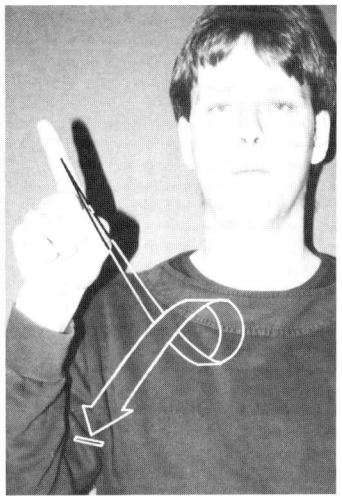

**1.0341** einmal
1. Z (Hr v, Hk innen): »ein«
2. Z (Hk außen) deutet »X« an: »Malzeichen«
(vgl. mal <math.> 1.0939)

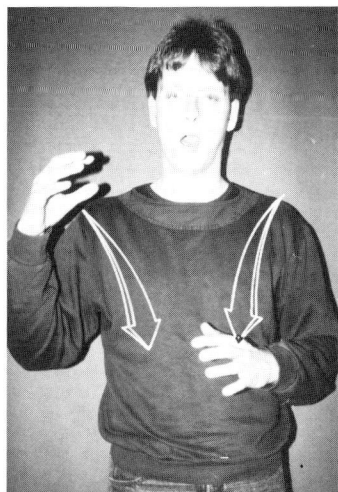

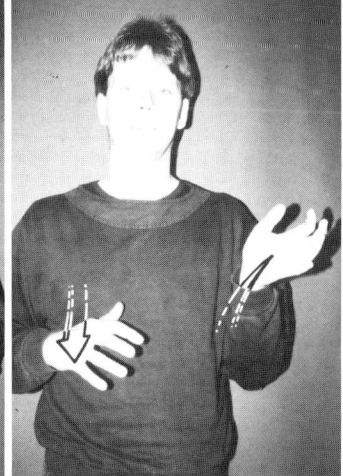

**1.0342** einpacken
1.2. 5-He (Hr außen) 2x im Wechsel von Schulter nach u innen (Hr o): »etwas einpacken«
(vgl. auspacken 1.0098)

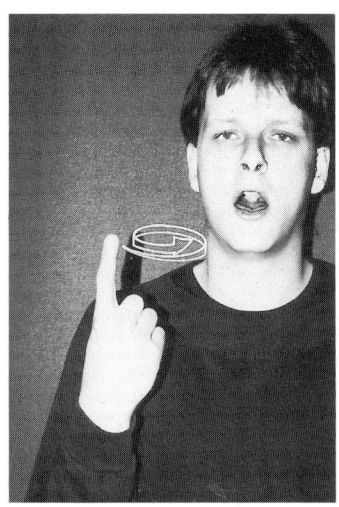

**1.0343 einsam, Einsamkeit f, mono (einzeln), Single m, Solist* m, -in** f, Solo n, solo, verwaist**
Z (Hr v, Hk innen) kreist »einsam« vor Schulter
(vgl. allein <N> 1.0031)

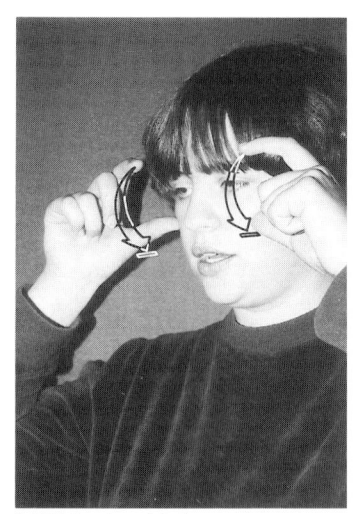

**1.0344 einschlafen**
*X-He (D an Wangen, Hr außen, Hk v) drehen im H-gelenk nach u (Hk u): »Augen fallen zu«

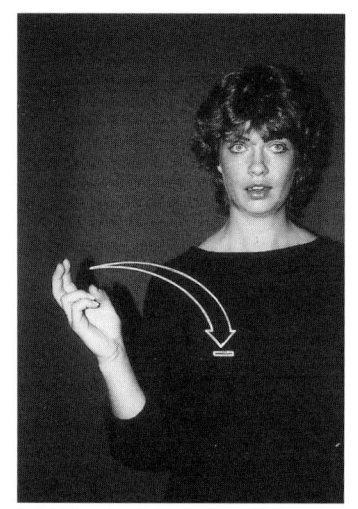

**1.0345 einsteigen, Einstieg m, zusteigen, mitfahren (Auto), Eingang m (1), Ausgang m (1)**
*U*-H (Hr außen, Hk v) im Bogen nach innen u (Hr o) (vgl. aussteigen, ... 1.0099, umsteigen 1.1624)

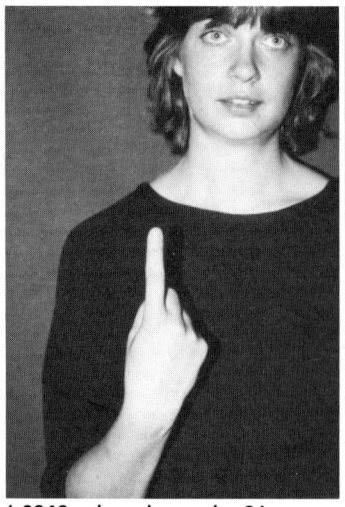

**1.0346 einundzwanzig, 21, einundzwanzig(ste), 21(.)** (N)
1. »ein«: r Z (Hr v, Hk innen)
2. »zwanzig« (N): V-H bzw. 2-H (Hr v, Hk innen) dreht im H-gelenk nach außen (Hr h, Hk außen)(vgl. 1.0347)
3. »...ste« (1.0702, r. Foto)

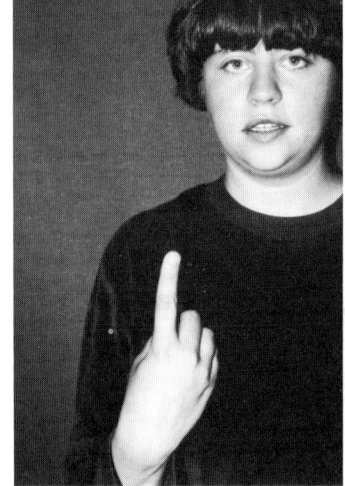

**1.0347 einundzwanzig, 21, einundzwanzig(ste), 21(.)** (S)
1. »ein«: r Z (Hr v, Hk innen)
2. »zwanzig« (S): V-H bzw. 2-H (Hr v, Hk innen) 2x zur *V*-H krümmen
(vgl. 1.0346)
3. »...ste« (1.0702, r. Foto)

**1.0348 Hinweis**

> Eigenart f
>   = eigen 1.1384
>   + Art 1.0070
> Eigentum n (1)
>   = eigen 1.1384
>   + dein 1.0267
> Eigentum n (2)
>   = eigen 1.1384
>   + mein 1.0965
> Einwohner pl (2)
>   = wohnen 1.1826
>   + Personen 1.0971
> (vgl. Einwohner pl <1> 1.0971)
> Einzahl f (1)(2)
>   = ein (1)(2) 1.0336/37
>   + Zahl (1)(2) 1.0855/56
> Mehrzahl f
>   = mehr 1.0964
>   + Zahl (1)(2) 1.0855/56

**1.0349 einzelne pl (2)**
Z **oder** D der *A-H (Hr v, Hk innen) mehrmals nebeneinander nach v
(vgl. einzelne <1> 1.0971)

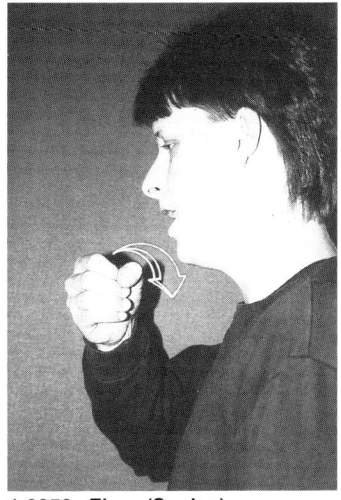

**1.0350 Eis n (Speise)**
O-H (Hr v, Hk u) 2x zum Mund drehen (Hr o, Hk v): »Eistüte halten und lecken«
(vgl. 1.0351/52)

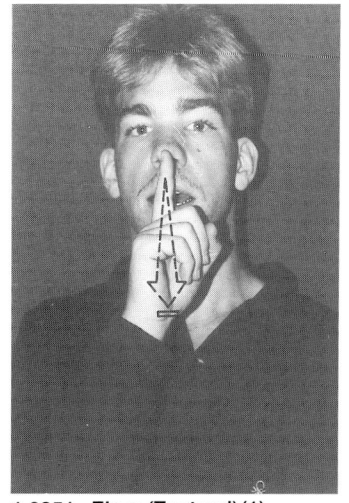

**1.0351 Eis n (Zustand)(1), eisig (1)**
Z (Hr außen, Hk v) fährt von Nase langsam über Mund zum Kinn: »Eiszapfen an der Nase«
(vgl. 1.0350/52)

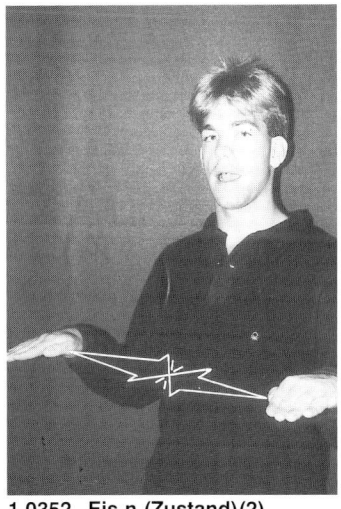

**1.0352 Eis n (Zustand)(2), eisig (2)**
B-He (Hr o, Hk außen) zusammen: »Eisdecke schließt sich«
(vgl. 1.0350/51)

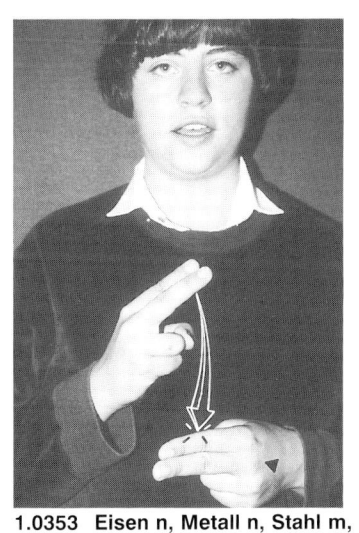

**1.0353 Eisen n, Metall n, Stahl m, Porzellan n**
M der r U-H (Hr außen, Hk u) **1**x (= Stahl) **oder 2**x auf Z der l U-H
(vgl. Material <2> 1.0956)

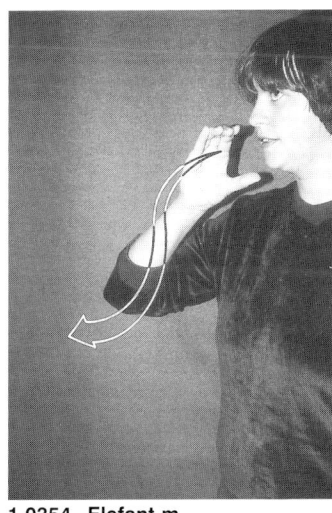

**1.0354 Elefant m, Rüssel m**
C-H (Hr außen) ahmt »Rüssel« nach

**1.0355 elegant, Eleganz f, Komfort m, komfortabel, Luxus m, luxuriös, vornehm, Vornehmheit f**
D der 5-H (Hr außen, Hk u) 2x langsam kreisförmig gegen r Brustseite
(vgl. modern 1.0996)

**1.0356 elektrisch, Elektrizität f, Elektro...,
Strom m (elektr.), Batterie f**
*Fi-spitzen der r V-H (Hr v, Hk u) 1x **oder** mehrmals gegen Ht der l \*B-H
**oder** 5-H (Hr außen, Hk u): »Stecker in Steckdose«*

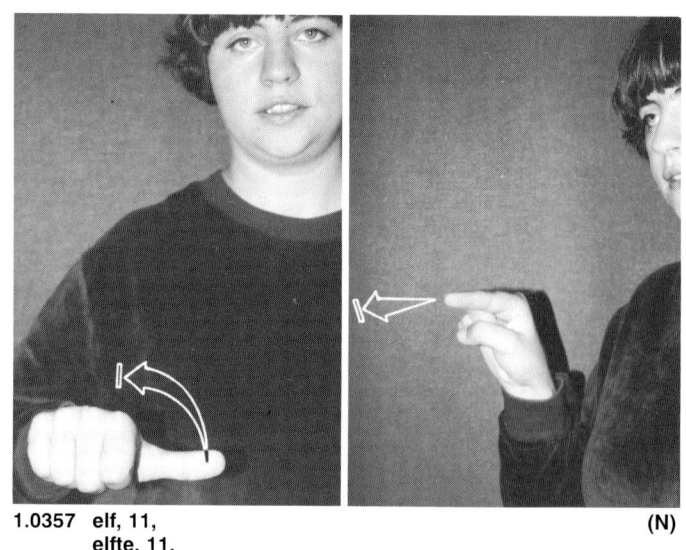

**1.0357 elf, 11,** (N)
**elfte, 11.**
1. *»elf« (N): D der \*A-H (Hr o, Hk außen) dreht im H-gelenk nach o
(Hr außen, Hk u)(vgl. 1.0358)*
2. *»...te«: Z (Ht v, Hk außen) kurz nach v: »Punkt neben Zahl setzen«*

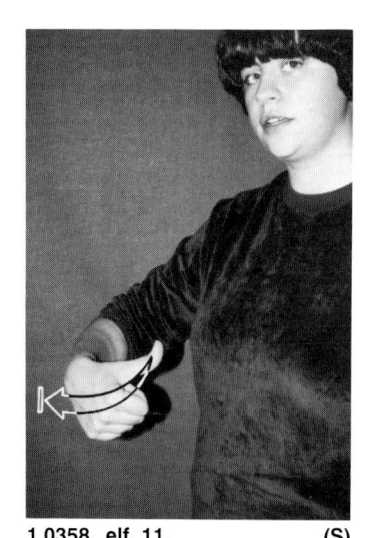

**1.0358 elf, 11,** (S)
**elf(te), 11(.)**
1. *»elf« (S): D der \*A-H (Hr v, Hk u)
dreht im H-gelenk nach v
(Hr o, Hk außen) (vgl. 1.0357)*
2. *»...te« (1.0357, r. Foto)*

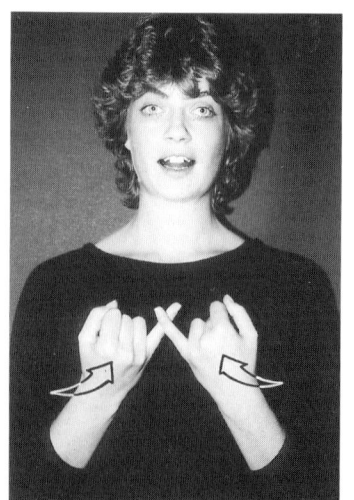

**1.0359 Eltern pl**
*K (Hr v, Hk innen) bilden Kreuz:
»2 Personen vereinigen sich«
(vgl. heiraten 1.0647)*

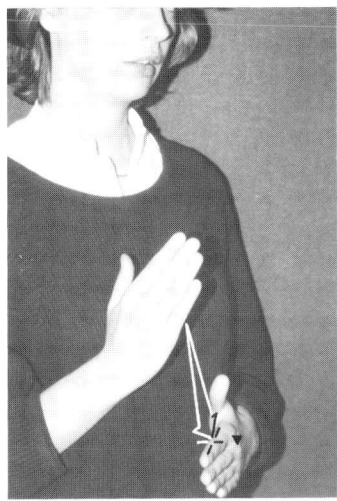

**1.0360 Ende n (1), enden (1), fertig, Finale n, Final..., gewesen (1), geworden (1), inzwischen, schon (1), schon fertig**
*Hk der r \*B-H (Hr außen, Hk u) auf Z der l \*B-H (Hr v, Hk u)*
*(vgl. 1.0361)*

**1.0361 Ende n (2), enden (2), gewesen (2), geworden (2), schon (2)**
*Hk der r \*B-H (Hr außen, Hk u) auf Ht der l \*B-H (Ht o, Hk h)*
*(vgl. 1.0360)*

**1.0362 endlich**
*\*B-H (Hr außen, Hk v) im Bogen nach u (Hk u)*

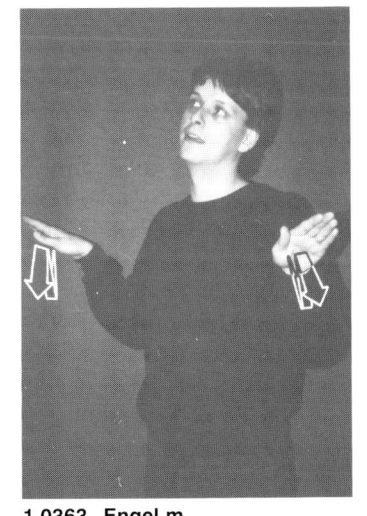

**1.0363 Engel m, Enkel m, -in\*\* f**
*\*B-He (Hr o, Hk h) im H-gelenk 2x auf und ab: »Engelsflügel«*
*(Wegen Wortähnlichkeit und gleichem Mundbild gleiche Gebärde für Engel und Enkel)*

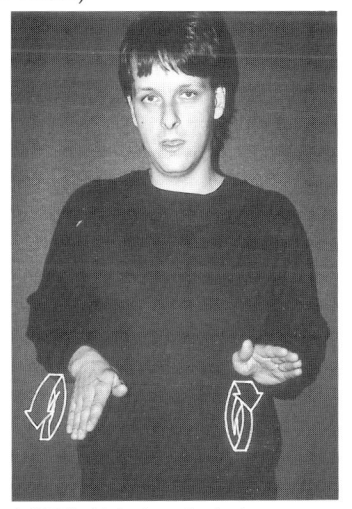

**1.0364 Ente f, watscheln**
*B-He (Hr o, Hk außen) »watscheln wie eine Ente«*

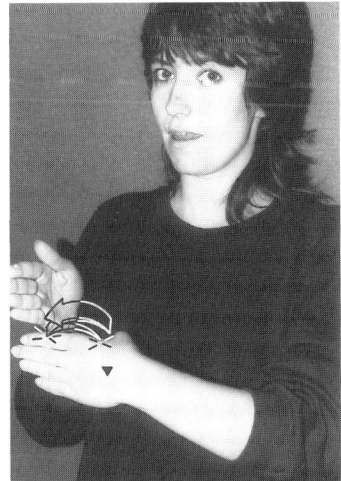

**1.0365 entscheiden, Entscheidung f**
*Hk der r \*B-H (Hr außen, Hk u) streicht mit H-gelenkdrehung über Z der l B-H (Hr v, Hk u) hin und her: »Entscheidung so oder so«*

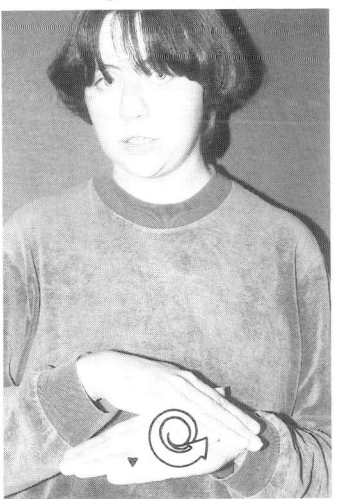

**1.0366 Entschuldigung f, entschuldigen, Verzeihung f, verzeihen**
*Fi der r B-H (Hr o) »streicheln« kreisförmig Hr der l B-H*

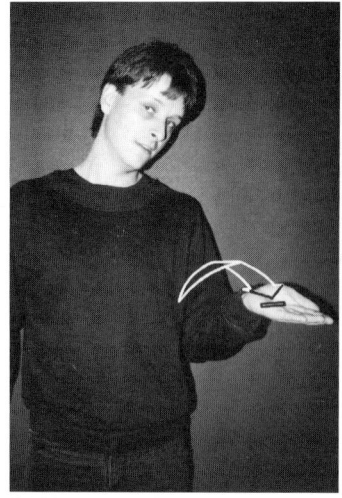

**1.0367 entweder ... oder**
1. r B-H (Hr o, Hk außen) dreht im H-gelenk nach außen (Ht o, Hk innen)
2. l V-H (Ht o, Hk innen) hin und her
(vgl. oder 1.1088)

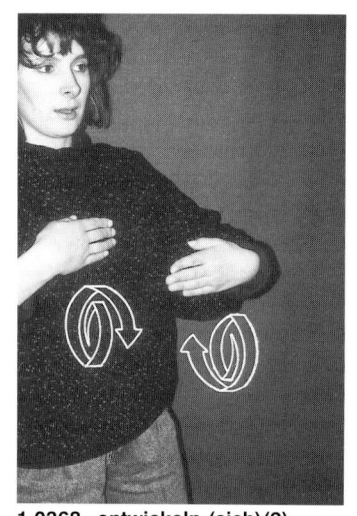

**1.0368 entwickeln (sich)(2),**
       **verlaufen (ablaufen)(2),**
       **Entwicklung f (2), Verlauf m (2)**
B-He (Hr v, Hk u) drehen umeinander nach v:
drehen deutet »ent-wickeln« an
(vgl. entwickeln <sich><1>, verlaufen <1> 1.1213)

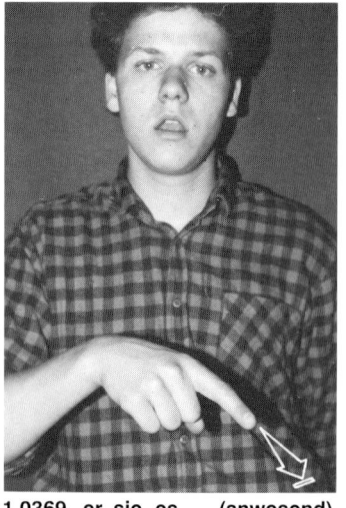

**1.0369 er, sie, es,    (anwesend)**
       **ihm, ihn, ihr**
Z zeigt auf die betreffende Person
(vgl. 1.0370, es <unpersönlich> 1.0537)

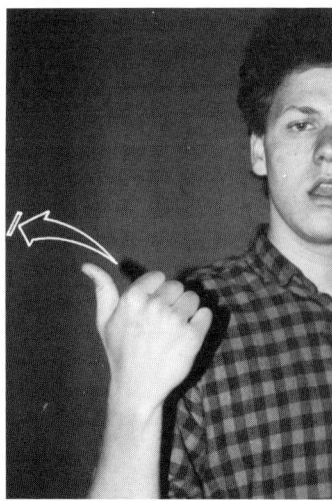

**1.0370 er, sie, es,**
       **(nicht anwesend)**
       **ihm, ihn, ihr**
D der *A-H (Hr v, Hk innen) deutet
nach r: »Person ist abwesend«
(vgl. 1.0369, es <unpersönlich>
1.0537)

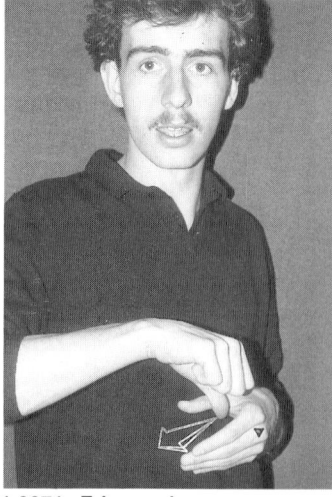

**1.0371 Erbsen pl**
D der r *A-H 2x zwischen D und Z
der l <C-H nach v: »Erbsen palen«

**1.0372 Hinweis**

Erdbeere/n f/pl (1)(2)
 = Erde (1)(2) 1.0373/74
 + Beere/n 1.0133

Erdboden m (1)(2)(3)
 = Erde (1)(2)(3) 1.0373/74/75
 + Boden 1.0205

Erdreich n (1)(2)(3)
 = Erde (1)(2)(3) 1.0373/74/75
 + Reich 1.1198

Erdkunde f
 = Erde (3) 1.0375
 + Kunde 1.1649

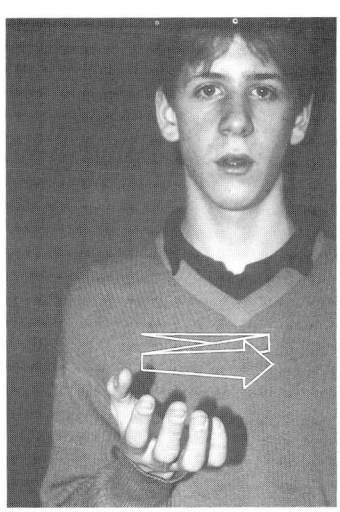

**1.0373 Erde f (1),
Asche f (allg.)**
*5*-H (Ht o, Hk innen) hin und her:
»Erde sieben, Aschenrost rütteln«
(vgl. 1.0374/75)

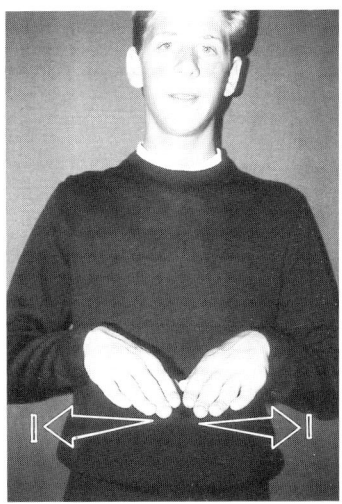

**1.0374 Erde f (2)**
B-He (Hr o, Hk außen)
auseinander: »Bodenfläche«
(wie Boden 1.0205, vgl. 1.0373/75)

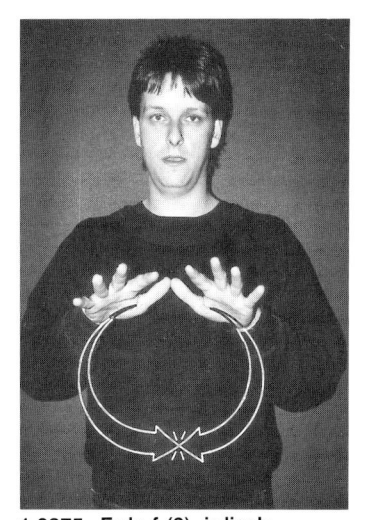

**1.0375 Erde f (3), irdisch,
Erdball m**
B-He **oder** 5-He umfahren »Erdball«
(vgl. 1.0373/74)

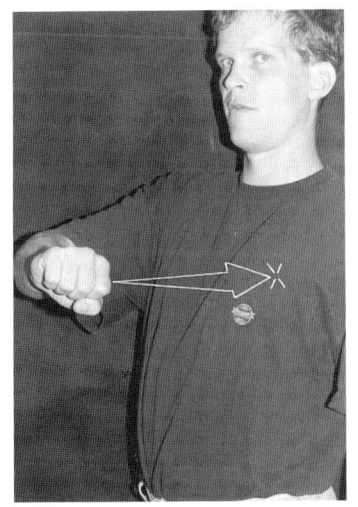

**1.0376 Erfolg m (1), erfolgreich (1),
Vorteil m, vorteilhaft, Gunst f,
lohnen (sich), Profit m, profitieren**
DZ der F (Hr o, Hk außen) gegen Herz (Hk v)
(vgl. 1.0377)

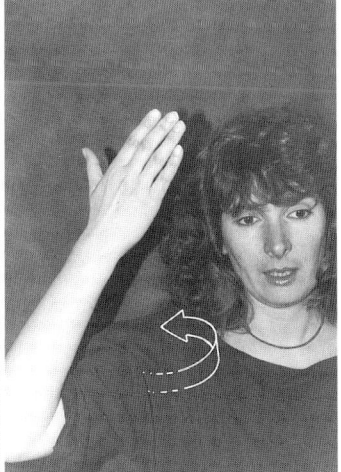

**1.0377 Erfolg m (2), erfolgreich (2), gelingen (1),
blank (glänzend)**
1.2. *B-H (Ht v, Hk außen) dreht vor Schulter im H-gelenk nach o
(Hr v, Hk innen)
(vgl. 1.0376, gelingen <2> **4.0714**)

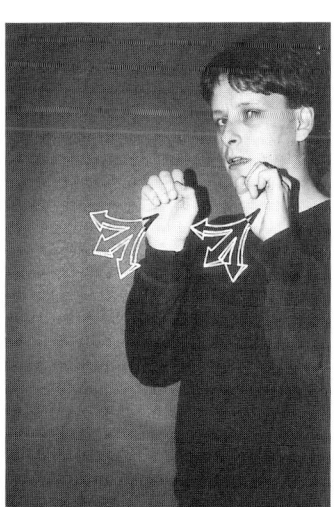

**1.0378 erklären, Erklärung f,
Trainer* m, -in** f**
O-He (Ht v, Hk außen) öffnen sich
2x neben dem Mund nach v zu
5-He: »etwas klar machen«
(vgl. klar 1.0804, trainieren 1.1611)

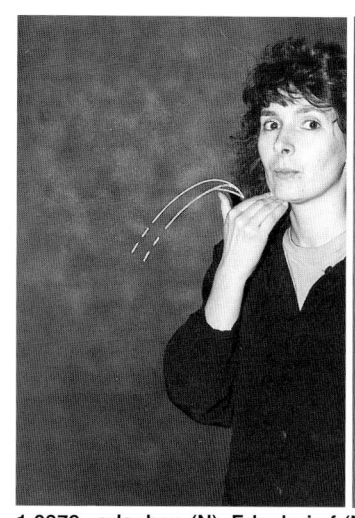

**1.0379 erlauben (N), Erlaubnis f (N), gestatten (N), zulassen (N), Zulassung f (N), stattgeben (1), billigen (2), Billigung f (2), bitte (Antwort), bitte schön, bitte sehr, so (2), zwar**
1.2. <*B-H **oder** <*B-He (Hr v, Hk innen) im Bogen von Brust nach v zu *B-H **oder** *B-He strecken (Hr u)(vgl. 1.0380, bitte! <1><2> 1.0189/1.1056, stattgeben <2> **4.0115**, billigen <1> **4.0328**, so <1> 1.1408)

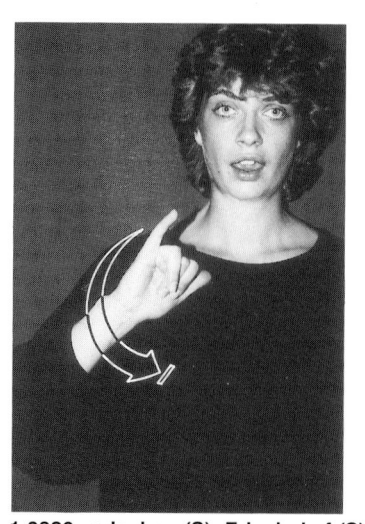

**1.0380 erlauben (S), Erlaubnis f (S), gestatten (S), zulassen (S), Zulassung f (S)**
Y-H (Hr h, Hk außen) mit H-gelenkdrehung nach u innen (Hr v, Hk u) (vgl. 1.0379)

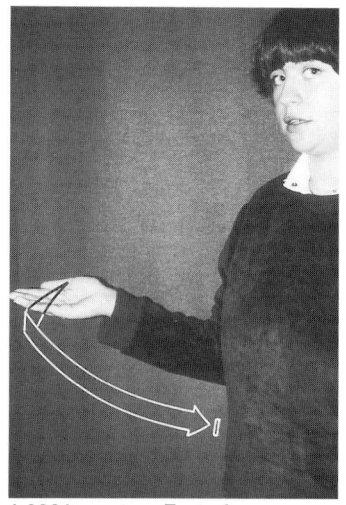

**1.0381 ernten, Ernte f, mähen**
Hk der B-H (Ht o, Hk innen) »erntet, mäht« im Bogen von r nach l (Hk h)

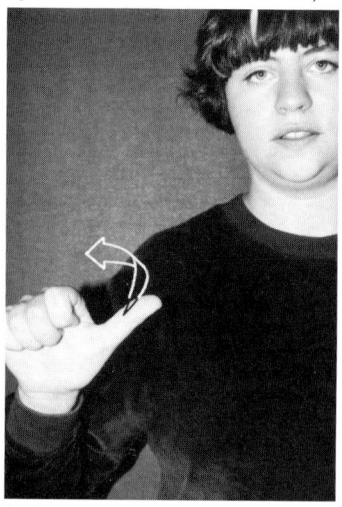

**1.0382 erste, 1.**  (1)
D der *A-H (Ht v, Hk außen) dreht im H-gelenk nach innen (Hr v, Hk innen) (vgl. 1.0383)

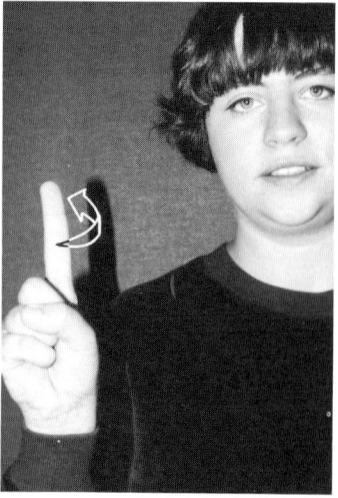

**1.0383 erste, 1.**  (2)
Z (Ht v, Hk außen) dreht im H-gelenk nach innen (Hr v, Hk innen) (**wie** Meister, Bürgermeister 1.0966, vgl. 1.0382)

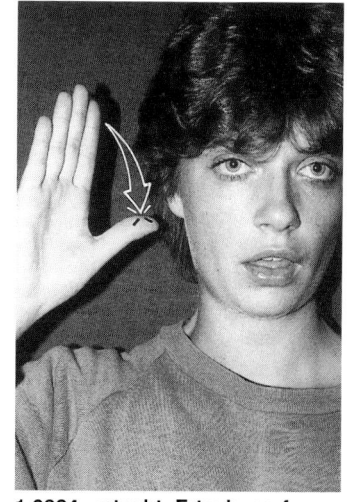

**1.0384 ertaubt, Ertaubung f, Ertaubte* m ** f**
*B-H (Hr außen, Hk v) schließt neben Ohr zur <O-H: »Ohr ist zu« (vgl. taub 1.1531)

**1.0385 erwachsen, Erwachsene* m ** f**
<B-H (Hr außen, Hk v) neben Kopf kurz nach o: »Größe des Erwachsenen« (vgl. wachsen <1> 1.1733)

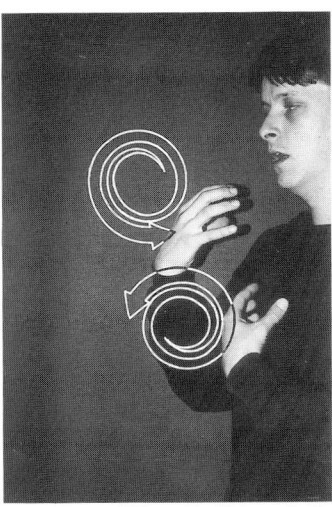

**1.0386 erzählen, Erzählung f, Geschichte f (Erzählung)(1), Märchen n**
*5*-He (Hr v, Hk innen) kreisen im Wechsel vor Mund nach v: »Wörter sprudeln aus dem Mund«
(vgl. Geschichte <Erzählung> <2> 1.0567)

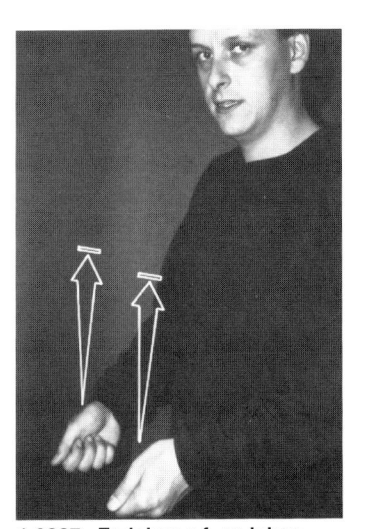

**1.0387 Erziehung f, erziehen, Erzieher* m, -in** f, aufziehen (Kind), Stief...**
A-H oder A-He (Hr außen, Hk h)
»zieht/ziehen« nach o

**1.0388 Esel m**
B-He (Ht v, Hk außen) am Kopf 2x zu <B-He senken: »Eselsohren«
(vgl. Hase 1.0638)

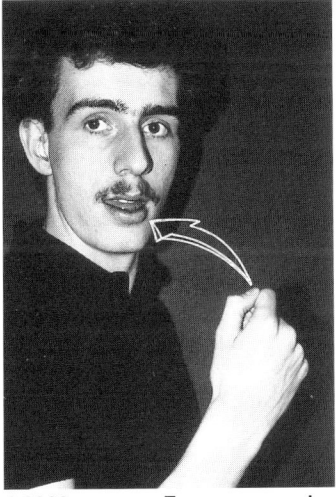

**1.0389 essen , Essen n, verzehren (1), Verzehr m (1), vespern (1), Vesper f,n (1), Kantine f, Mahl n**
**Essen, Kantine:** A-H (Hr v, Hk u) »führt 2x Essen zum Mund«
 (wie Mittag <2> 1.0986, vgl. Mittagessen <2> 1.0988, Nahrung, verzehren <2>, vespern <2> 1.1043)
**Mahl:** A-H oder F-H (Hr v, Hk u) 1x zum Mund

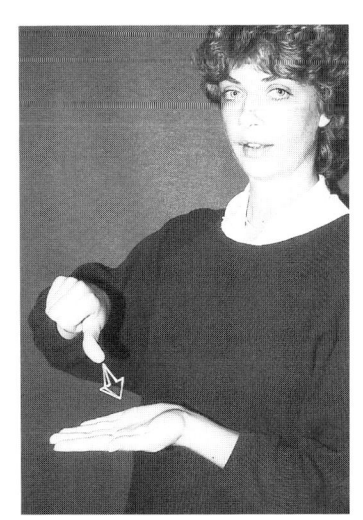

**1.0390 Essig m**
D der r *A-H (Hk o) 2x kurz nach u zum Ht der l B-H (Ht o, Hk innen) deutet »Essigspritzer« an
(vgl. Öl <Speiseöl> <1> 1.1090)

**1.0391 etwas (2)**
5-H (Ht o, Hk innen) hin und her
(vgl. etwas <1> <3> 1.0119/1.0810, was? 1.1749)

**1.0392 euer, eure, ihr/e pl (Besitz)**
B-H (Ht v, Hk außen) mit Unterbrechungen nach r: »euer, ihr Besitz«
(vgl. ihr pl, sie pl 1.0714)

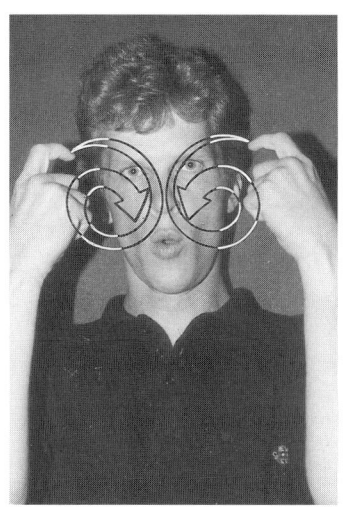

**1.0393 Eule f, Kauz m, Uhu m**
X-He (Hr v, Hk innen) umkreisen Augen: »Eulenaugen«

**1.0394 Europa, europäisch, Euro..., Europäer\* m, -in\*\* f**
**E-H** (Hr o, Hk außen) beschreibt Kreis nach innen vor Brust (**E** = Abkürzung für »Europa«, Kreis = »Land«)

**1.0395 ewig, Ewigkeit f**
U-H (Hr o, Hk v) langsam vor Brust nach r (Hk außen)
(vgl. Ruhe, Frieden <1> 1.1225)

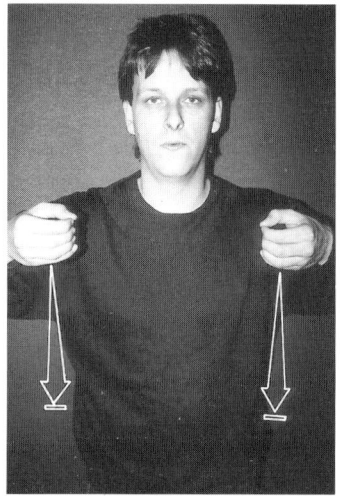

**1.0396 Fabrik f**
O-He (Hr außen, Hk u) nach u deuten »Fabrikschornsteine« an

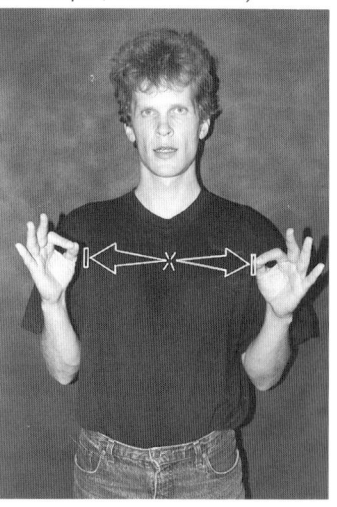

**1.0397 Faden m, Draht m, Saite f (Schläger)**
F-He (Hr außen, Hk v) auseinander: »Faden, Draht nachfahren«

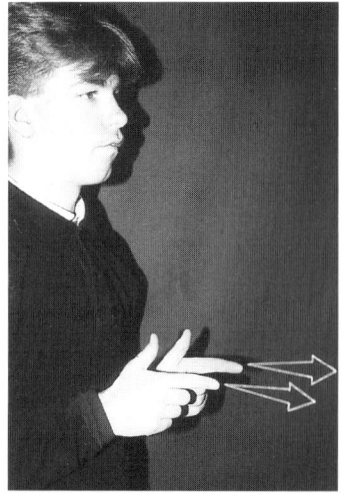

**1.0398 fahren (allg.), Fahrt f**
L-He (Hr außen, Hk u) »fahren« parallel nach v
(vgl. 1.0399, reisen 1.1203)

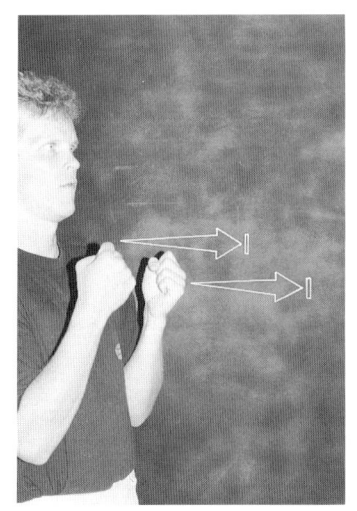

**1.0399 fahren (Auto), Auto fahren, chauffieren (Auto)**
Fe (Hr außen, Hk u) parallel nach v deuten »Lenkrad halten und fahren« an
(vgl. Auto, Chauffeur, lenken, ... 1.0105)

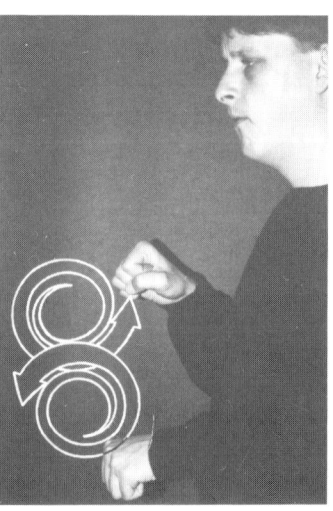

**1.0400 Fahrrad n, Rad n (Fahrrad)**
Fe (Hr o, Hk außen) ahmen »Tretbewegungen« nach

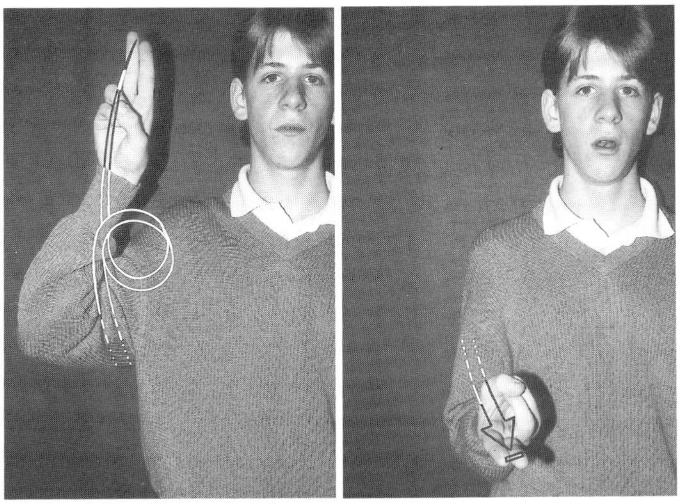

**1.0401 fallen (Gegenstand)**
*1.2. U-H (Ht v, Hk außen) »fällt« mit H-gelenkdrehung in einer Schleife nach u (Ht o, Hk innen)*
*(vgl. 1.0402/03, fallen <Laub> 1.1319)*

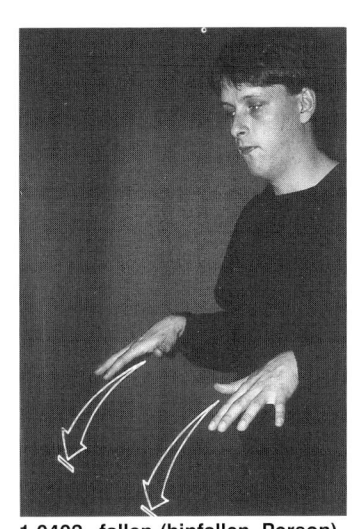

**1.0402 fallen (hinfallen, Person), Fall m (allg.)**
*5-He (Hr o, Hk außen) »fallen« nach v u*
*(vgl. 1.0401/03, fallen <Laub> 1.1319)*

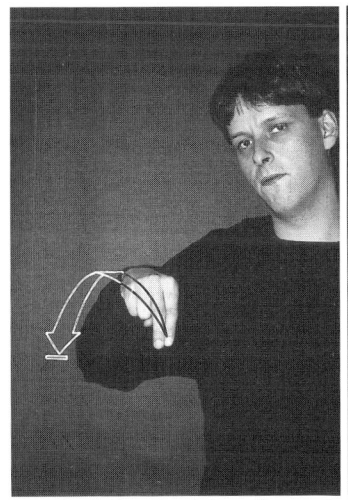

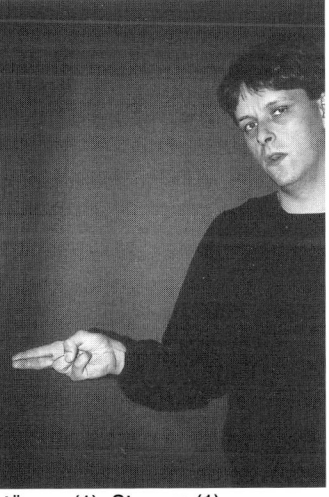

**1.0403 fallen (umfallen, Person), stürzen (1), Sturz m (1), Unglück n (Unfall)(2), verunglücken (2)**
*1.2. U-H (Hr o, Hk außen) »fällt« mit H-gelenkdrehung nach außen »um« (Hr u, Hk innen)*
*(vgl. 1.0401/02, fallen <Laub> 1.1319, stürzen <2> 2.0250, Unglück <Unfall><1>, verunglücken <1> 1.1483)*

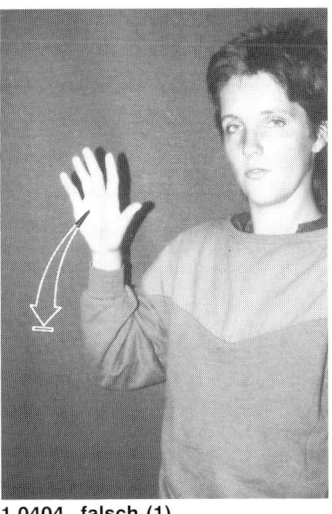

**1.0404 falsch (1)**
*5-H oder B-H (Ht v, Hk außen) im Bogen nach u (Hr o): »abwertende Handbewegung«*
*(wie schlecht 1.1292, vgl. 1.0405)*

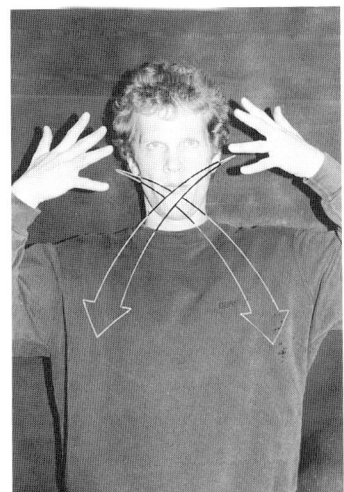

**1.0405 falsch (2), durcheinander (im Kopf), Irritation f (1), irritieren (1), Trug m (2), trügen (2), trügerisch**
*5-He (Hr v, Hk innen) im Bogen nach innen u (Hk u), überkreuzen sich dabei vor Gesicht: »Durcheinander im Kopf«*
*(vgl. 1.0404, irritieren <2> **2.1285**, Trug <1> **2.1750**)*

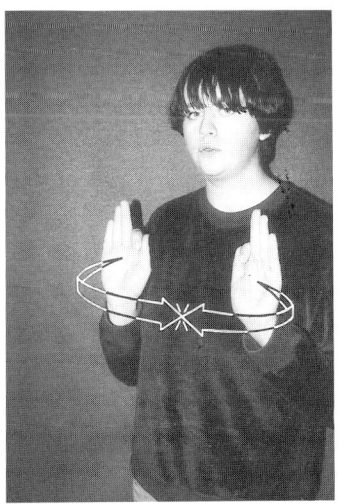

**1.0406 Familie f, familiär**
***F-He*** *(Ht v, Hk außen) beschreiben mit H-gelenkdrehung Kreis nach v (Hr v, Hk innen): »Familienkreis«*

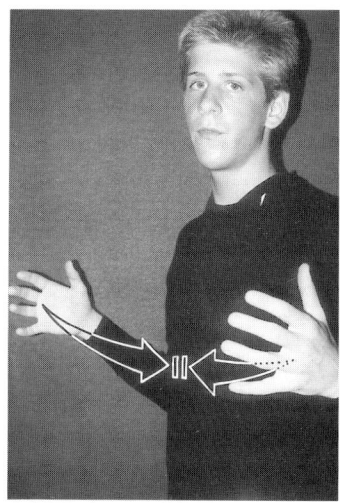

**1.0407 fangen (1), Fang m (1)**
5-He (Hr außen, Hk u) nach innen,
»fangen etwas«
(vgl. 1.0408)

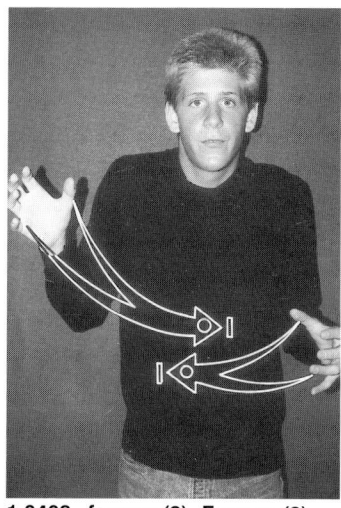

**1.0408 fangen (2), Fang m (2)**
5-He (Hr außen, Hk u) schließen schnell zu übereinander-
liegenden Fe, »fangen etwas«
(vgl. 1.0407, halten <etwas, jmdn.> 1.0629, befassen
<sich><mit> 1.1255)

**1.0409 Farbe f (1), farbig (1), ...farben (1), Färbung f,
färben (sich), verfärben (sich), Verfärbung f**
Fi-spitzen der r U-H »verstreichen« mit H-gelenkdrehung »Farbe« auf Ht
der l *B-H
(vgl. 1.0410, malen <Pinsel> 1.0940)

**1.0410 Farbe f (2), farbig (2), ...farben (2),
Kleber m, Lack m, lackieren (1), Lackierer* m (1),
Leim m, leimen, teeren**
Fi-spitzen der r *B-H (Hr v, Hk außen) über Ht der l *B-H nach h und zurück:
»Farbe, Leim verstreichen«
(**wie** schmieren <Brot> 1.1311, vgl. 1.0409, kleben 1.0807, lackieren <2>
**4.1138**)

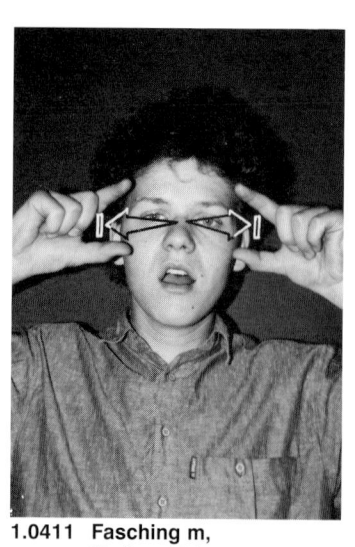

**1.0411 Fasching m,
Fastnacht f**
Q-He (Ht v, Hk außen) vor Augen
auseinander: »Augenmaske«
(vgl. Karneval 1.0425)

**1.0412 fast (2), beinahe (2)**
1.2. r Z (Hr o, Hk außen) im Bogen mit H-gelenkdrehung von r Schulter über l Z (Hr v, Hk u) zur l Schulter (Hr v, Hk u)
(vgl. fast <1>, beinahe <1> 1.0119)

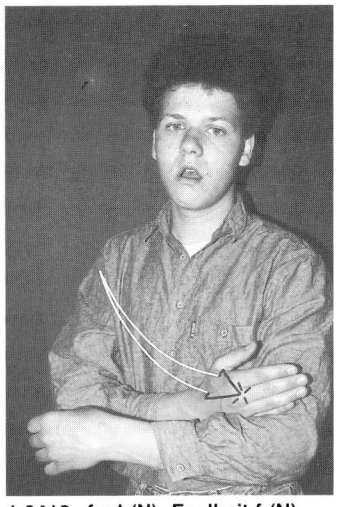

**1.0413 faul (N), Faulheit f (N)**
Hk der r *B-H (Hr v, Hk u) »schlägt« in l Armbeuge
(vgl. 1.0414)

**1.0414 faul (S), Faulheit f (S)**
Hr der r *B-H (Hr u, Hk h) »klatscht« in Ht der l *B-H (Ht o, Hk innen)
(vgl. 1.0413)

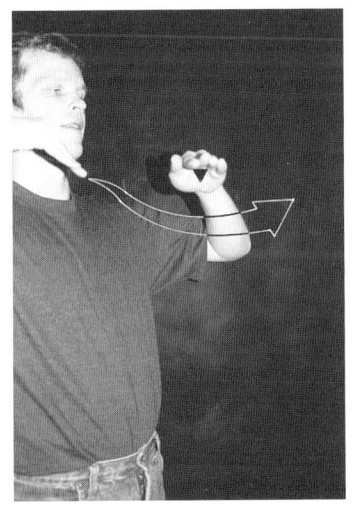

**1.0415 Fax n, Telefax n**
r B-H (Hr o, Hk außen) unter l B-H (Hr o, Hk v) nach v o: »Fax kommt heraus«

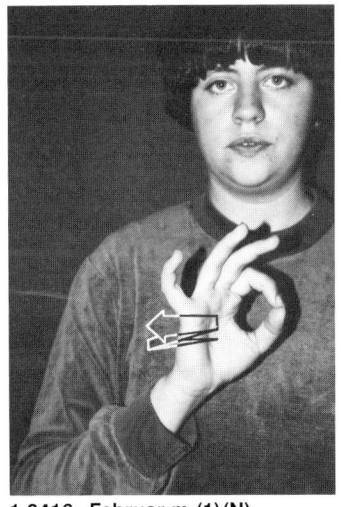

**1.0416 Februar m (1)(N)**
F-H (Ht v, Hk außen) vor Brust hin und her
(vgl. 1.0417/18)

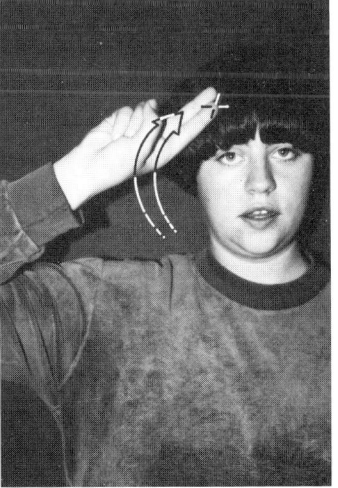

**1.0417 Februar m (2)(S)**
1.2. U-H (Hr v, Hk u, ZM an Stirn) dreht im H-gelenk und legt sich wieder an die Stirn (Ht v, Hk o)
(vgl. 1.0416/18)

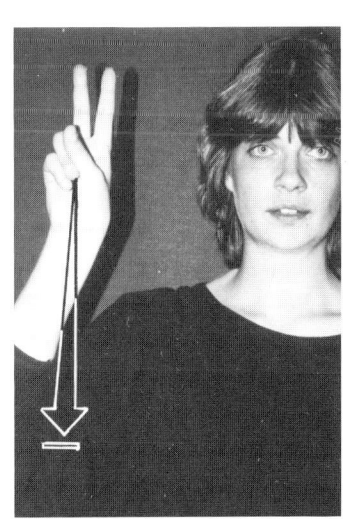

**1.0418 Februar m (3)**
V-H bzw. **2-H** (Ht v, Hk außen) nach u: »**2.** Monat«
(internationale Gebärde)
(vgl. 1.0416/17)

87

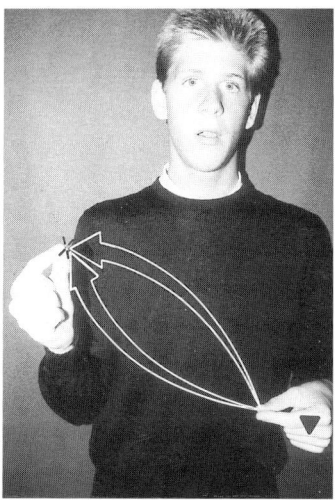

**1.0419 Feder f (Vogel)**
D und Z der r <Q-H (Hr außen, Hk u)
von l <Q-H (Hr außen, Hk u) mit
H-gelenkdrehung nach o außen zur Q-H
öffnen und wieder zur <Q-H schließen:
»Form der Feder« (vgl. 1.0420)

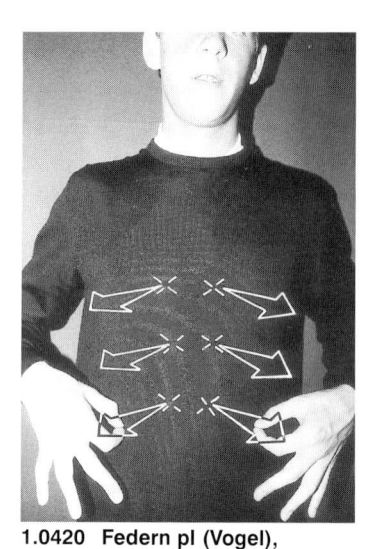

**1.0420 Federn pl (Vogel),
Gräten pl**
F-He (Hr v, Hk u) an Brust nach u
2x auseinander: »viele Federn«
(vgl. 1.0419)

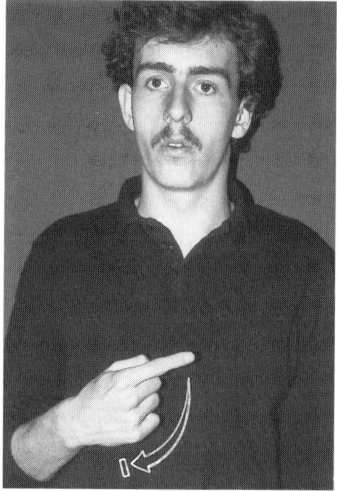

**1.0421 fehlen**
Z (Hr v, Hk u) mit H-gelenkdrehung
nach u v (Hr o, Hk außen)

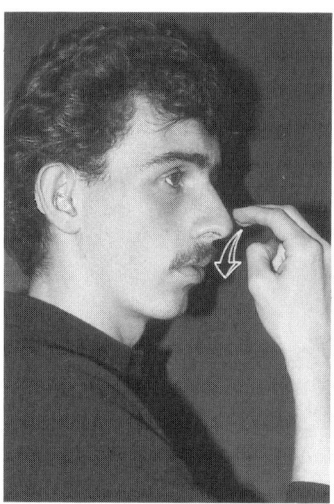

**1.0422 Fehler m (1),
Makel m (N)**
ZM der *U*-H (Hr v, Hk innen) 2x
kurz vor Nase abknicken
(vgl. 1.0423, Probe <Versuch><1>
1.1158)

**1.0423 Fehler m (2),
Makel m (S)**
D der Y-H (Hr außen, Hk v) dreht im
H-gelenk unter Kinn hin und her
(vgl. 1.0422)

**1.0424 feiern (1), Feier f (1),
feierlich (1)**
L-He (Ht v, Hk außen) kreisen
entgegengesetzt über Schultern
(vgl. 1.0425)

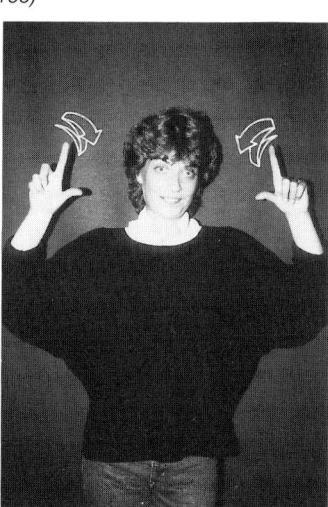

**1.0425 feiern (2), Feier f (2), feierlich (2), amüsieren (sich), amüsant,
Humor m, humorig, Humorist* m, lustig, Karneval m, Komödie f,
Komödiant* m, -in** f, Party f, ulkig (S), Ulk m (S), veranstalten,
Veranstaltung f, vergnügen (sich), Vergnügen n, vergnügt**
L-He (Ht v, Hk außen) drehen im H-gelenk vor Schultern mehrmals hin und her
(vgl. 1.0424, Fasching 1.0411, Ulk <N> 1.1429)

**1.0426 Hinweis**

Faxgerät
 = Fax 1.0415
 + Gerät 1.0062

Feiertag m (1)(2)
 = Feier (1)(2) 1.0424/25
 + Tag (1)(2) 1.1513/14

Festtag m (1)(2)
 = Fest 1.0434
 + Tag (1)(2) 1.1513/14

Arbeitstag m (1)(2),
Werktag m (1)(2)
 = Arbeit 1.0066
 + Tag (1)(2) 1.1513/14

Fernsehapparat m (1)(2),
Fernseher m (1)(2),
Fernsehgerät n (1)(2)
 = fernsehen (1)(2) 1.0431/32
 + Apparat, Gerät 1.0062

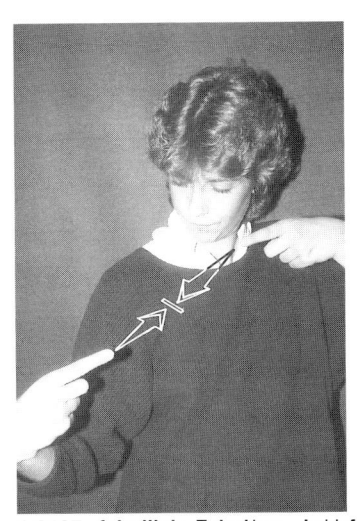

**1.0427 feindlich, Feind\* m, -in\*\* f, Feindschaft f, feindschaftlich, Widersacher\* m, -in\*\* f**
Z (Hr v, Hk u) nähern sich schnell: »2 Feinde treffen aufeinander«
(vgl. Streit 1.1492)

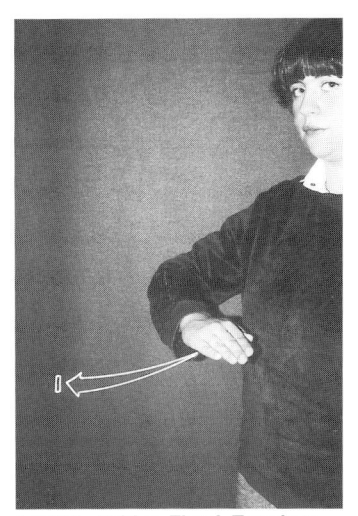

**1.0428 Feld n, Flur f, Terrain n, Farm f, Farmer\* m, -in\*\* f**
B-H (Hr o, Hk v) im Bogen nach v außen (Hk außen) deutet »Ausdehnung« an
(vgl. Land 1.0875)

**1.0429 Fell n**
r 5-H fährt 2x über l Unterarm nach o: »Fell streicheln«
(vgl. Pelz 3.0659)

**1.0430 Fenster n**
Z umfahren »Fenster«
(wie Bild <1> 1.0179, Blatt <Papier> 1.0194)

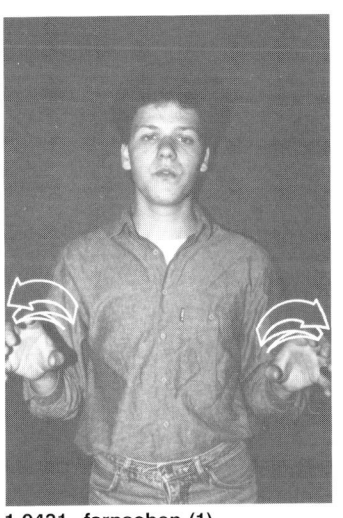

**1.0431 fernsehen (1), Fernsehen n (1)**
\*5\*-He (Ht v) drehen im H-gelenk 2x entgegengesetzt hin und her: »Knöpfe am Fernseher drehen«
(vgl. 1.0432)

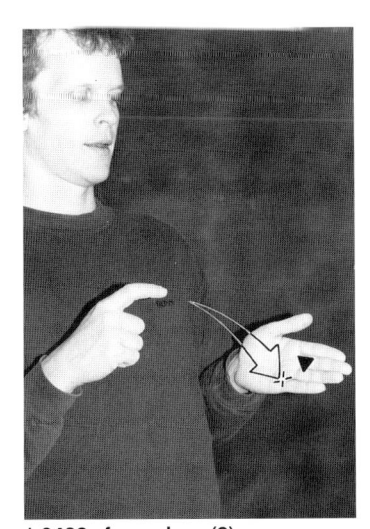

**1.0432 fernsehen (2), Fernsehen n (2), Fernbedienung f**
r Z »tippt« 1x **oder** 2x in Ht der l \*B-H (Ht o, Hk innen)(= »Fernbedienung«)
(vgl. 1.0431)

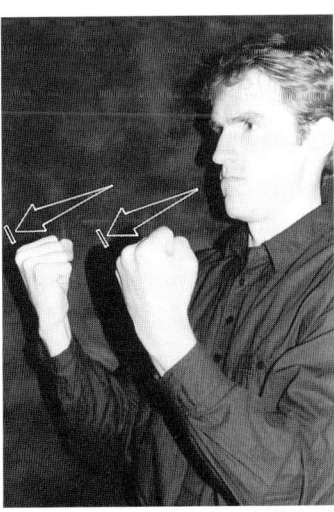

**1.0433 fest, Festigkeit f, kräftig, Kraft f, mächtig, Macht f, ...haft, kühn (1), Kühnheit f (1), solide (Arbeit), Solidität f (Arbeit), stabil, Stabilität f, stabilisieren, stramm (2), tapfer, Tapferkeit f**
Fe (Hr v, Hk innen) vor Brust 1x **oder** 2x kurz nach v, deuten »Macht, Kraft« an
(vgl. stramm <1> 1.1427, stark <1> 1.1454, hoffen 1.0689, kühn <2> **2.1501**)

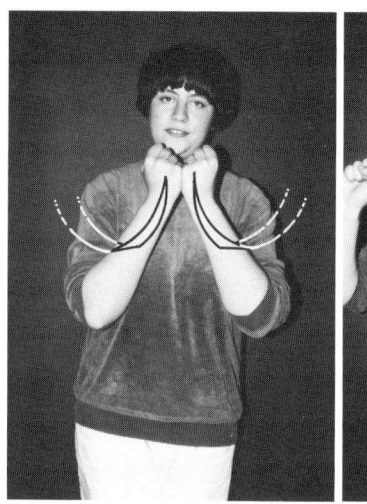

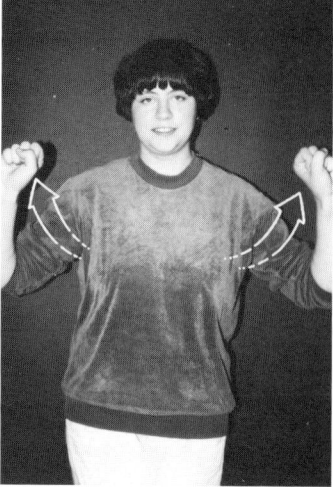

**1.0434 Fest n**
1.2. Fe (Hr v, Hk innen) im Bogen mit H-gelenkdrehung nach außen (Hr h, Hk außen)

**1.0435 festhalten**
aufeinanderliegende Fe 2x kurz nach v: »Fäuste halten etwas fest« (vgl. halten <etwas, jmdn.> 1.0629)

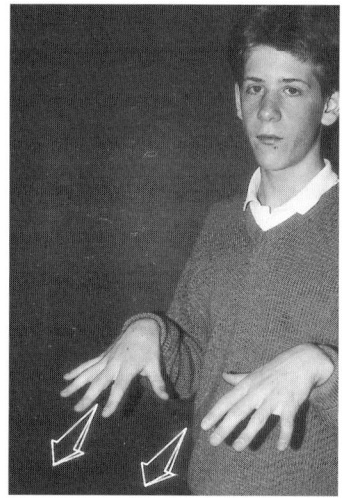

**1.0436 Fett n (N), fett (N)**
5-He (Hr o, Hk außen) 2x kurz nach v u
(vgl. 1.0437, fettig 1.1481)

**1.0437 Fett n (S), fett (S)**
Fi der <C-He (Hr außen, Hk v) nähern sich 2x den D
(vgl. 1.0436, fettig 1.1481, weich 1.1769)

**1.0438 feucht, Feuchtigkeit f**
1.2. Fi-spiel, dann reiben Fi (Hr außen, Hk v) an D: »Feuchtigkeit fühlen«

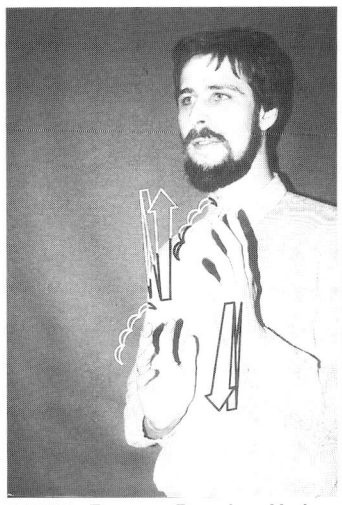

**1.0439 Feuer n, Brand m, Verbrennung f (allg.), verbrennen (etwas, sich)**
1.2. 5-He (Hr außen, Hk v) mit H-gelenkdrehung und Fi-spiel im Wechsel auf und ab: »Auflodern der Flammen«
(vgl. brennen 1.0220)

**1.0440 Feuerwehr f, löschen (Brand)**
C-He (Ht o, Hk h) »halten Schlauch und löschen«

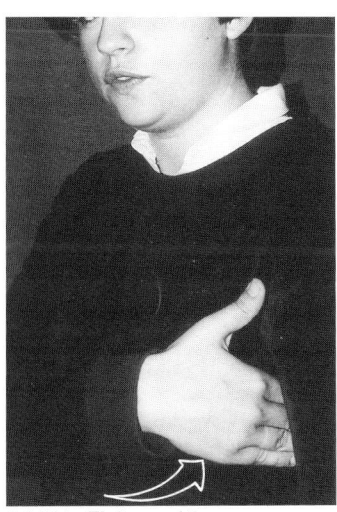

**1.0441 Fieber n (1), fiebern (1), fiebrig (1)**
Fi der *B-H unter Achsel: »Fieber messen«
(vgl. Fieber <2>, Kopfweh **2.0702**)

**1.0442 Film m (Foto)**
Z (Hr v, Hk u) kreisen umeinander: »Filmstreifen abspulen«
(vgl. 1.0443)

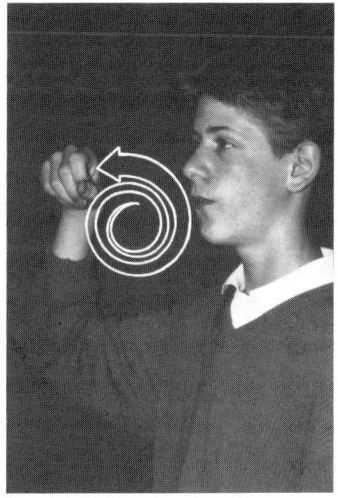

**1.0443 Film m (Kino)**
F oder A-H (Hr v, Hk u) beschreibt mit H-gelenkdrehung Kreise nach v in Augenhöhe: »Film abspulen«
(vgl. 1.0442)

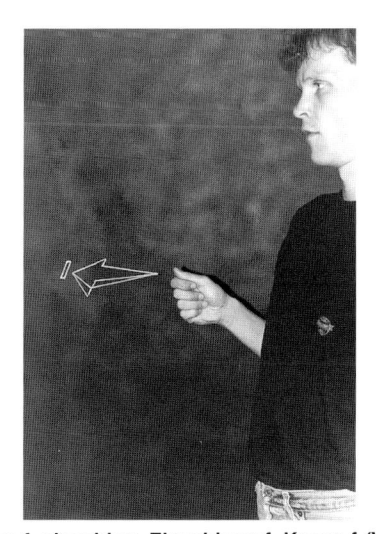

**1.0444 finanzieren, Finanzierung f, einzahlen, Einzahlung f, Kasse f (Versicherung), mieten (etwas)(1), Miete f (Geld)(1), Mieter\* m (1), -in\*\* f (1), Pension f (Rente), pensionieren, Pensionär\* m, -in\*\* f, Rate f (Geld), Rente f, Vergütung f (1), vergüten (1), vermieten (1), Vermietung f (1), Vermieter\* m (1), -in\*\* f (1), versichern (Auto, ...), Versicherung f (Auto, ...), Zuschuss m, zuschießen, Alimente pl, Unterhalt m**
A-H (Hk u, Hr außen) 1x **oder** 2x kurz nach v deutet »Geld geben« an
(vgl. bezahlen, Vergütung <2> 1.0174, zahlen 1.1858, Miete <Geld><2>, Vermietung <2> 1.0975, Rentner 1.1205)

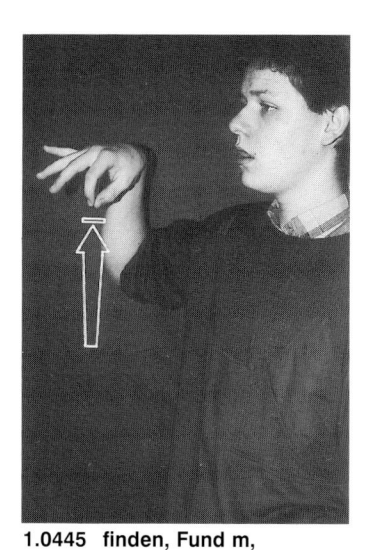

**1.0445 finden, Fund m,
Finder\* m, -in\*\* f,
Ausnahme f (S)**
F-H (Hr o, Hk außen) nach o: »etwas finden und hochhalten« (vgl. stattfinden 1.1461, Ausnahme <N> **4.0189**)

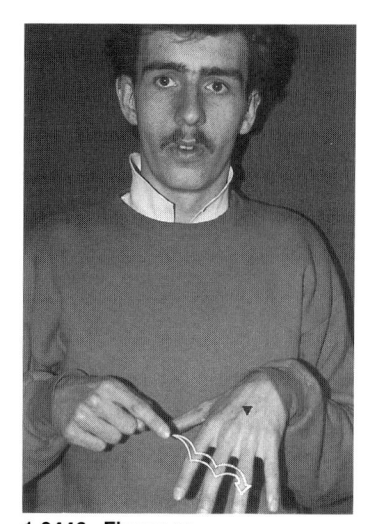

**1.0446 Finger m,
Finger pl**
Z tippt auf **einen** Finger **oder** auf **mehrere** Finger
(vgl. Zeh, Zehen 1.1865)

**1.0447 Fingeralphabet n,
fingern**
\*5\*-H (Ht v, Hk außen) mit Fi-spiel auf und ab **oder** hin und her deutet »viele gefingerte Buchstaben« an
(vgl. Alphabet **4.0092**)

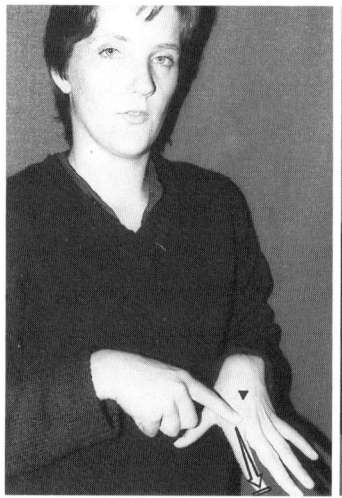

**1.0448 Fingernagel m,
Nagel m (Finger, Zeh)**
1. r Z fährt über Z der l 5-H bis zum Nagel
2. »Nagel«: r Z tippt 2x auf l Z-nagel

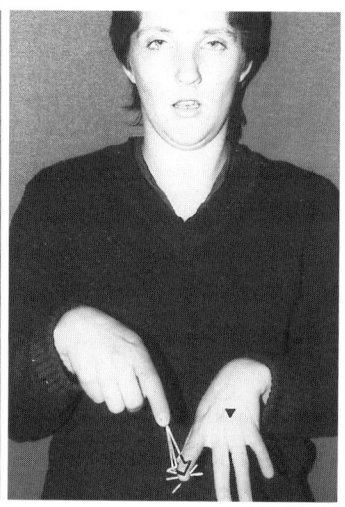

**1.0449 Firma f, Formel f,
offiziell (N)**
\*X-H (Ht v, Hk außen) in Kopfhöhe nach r: »Firmenschild«
(vgl. offiziell <S> 1.0562, Thema 1.1553)

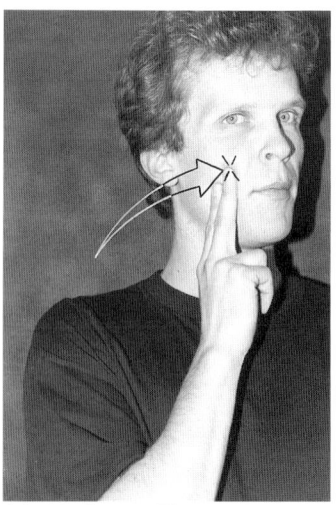

**1.0450 firmen, Firmung f,
Firmling\* m**
ZM der U-H (Hr außen, Hk v) gegen r Wange
(vgl. Kommunion 1.0834)

**1.0451 Fisch m,
schwimmen (Fisch)**
B-H (Hr außen, Hk u) nach v ahmt »Bewegungen der Schwanzflosse« nach
(vgl. schwimmen <...> 1.1357/58/59)

**1.0452 flach, eben (flach),
Ebene f**
\*B-He (Hr o, Hk außen) auseinander deuten »ebene Fläche« an
(vgl. platt 1.0587)

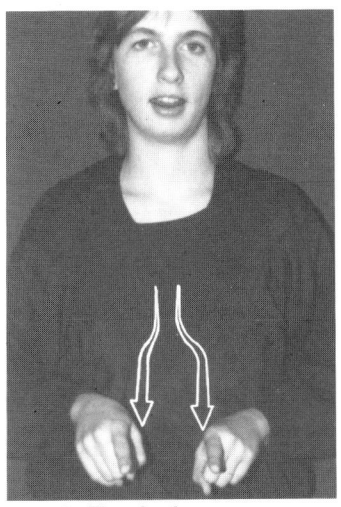

**1.0453 Flasche f**
Z (Hr o, Hk außen) ahmen
»Flaschenform« nach

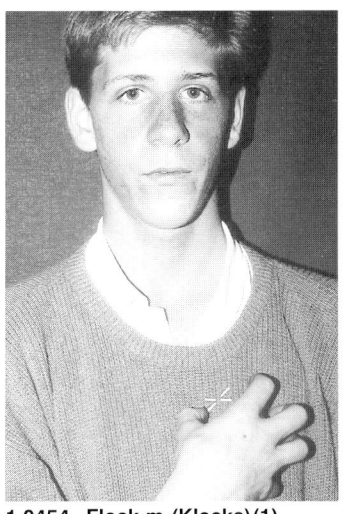

**1.0454 Fleck m (Klecks)(1)**
*5*-H (Hr v, Hk u) an l Schlüsselbein
deutet »Fleck auf Kleidung« an
(vgl. 1.0455, Fleck <Klecks><3>
1.1106)

**1.0455 Fleck m (Klecks)(2)**
r Z umkreist »Fleck« auf l Hr
(vgl. 1.0454, Fleck <Klecks><3>
1.1106)

**1.0456 Fleisch n**
r D und ZMRK **oder** Z bzw. ZM
fassen l *B-H zwischen D und Z an

**1.0457 Fliege f (Insekt)(1),
fliegen (Insekt)(1)**
Z (Ht v, Hk außen) »fliegt« in
Wellenlinien nach v
(vgl. 1.0458, fliegen <Insekten>
3.0519)

**1.0458 Fliege f (Insekt)(2),
fliegen (Insekt)(2)**
Fi der <*B-He (Hr o, Hk h)
»zittern wie Flügel der Fliegen«
(vgl. 1.0457, fliegen <Insekten>
3.0519)

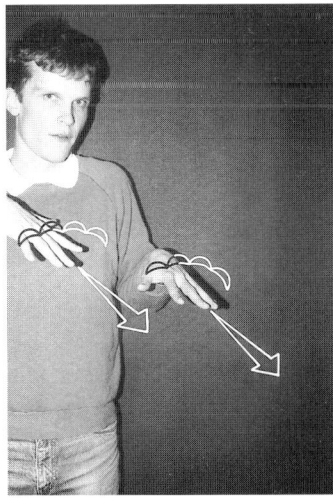

**1.0459 fließen, flüssig, Flüssigkeit f, Lauf m (Fluss),
strömen, Strömung f, beeinflussen, Beeinflussung f,
Einfluss m, einwirken, Einwirkung f,
Brühe f (schmutzige Flüssigkeit)**
5-He (Hr o, Hk außen) mit Fi-spiel nach v u deuten »Fließen« an

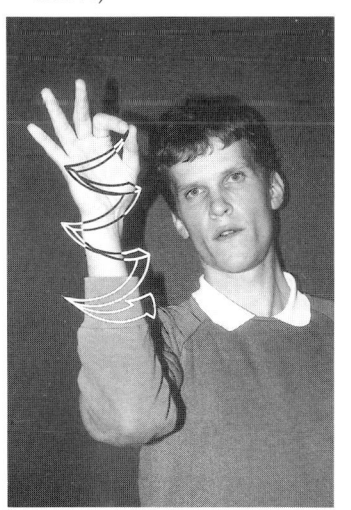

**1.0460 Flocke f (Schnee)**
F-H (Ht v) »tanzt in kleinen Bögen
wie eine Schneeflocke nach u«

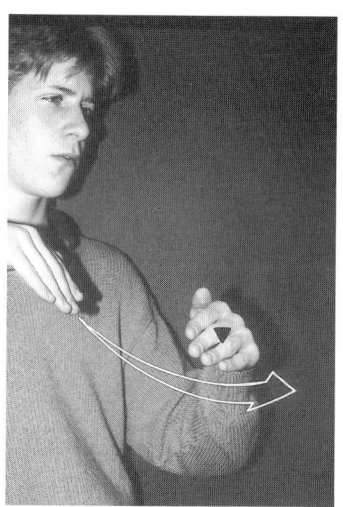

**1.0461 flüchten, Flucht f, Flüchtling\* m, fliehen,
abhauen (verschwinden), verdrücken (sich),
verflüchtigen (sich)(1), verfliegen (1), weglaufen, Zuflucht f**
r B-H **oder** <B-H (Hr o, Hk außen) »flüchtet schnell« im Bogen unter Ht
der l B-H **oder** <B-H (Hr o, Hk v) nach l
(vgl. verflüchtigen <sich><2>, verfliegen <2> **4.1998**)

**1.0462 (Flug)hafen m**
1. »Flug« (1.0465)
2. »...hafen«: 5-H (Hr o, Hk außen)
kreist »über Fläche des
Flughafens«
(vgl. 1.0463)

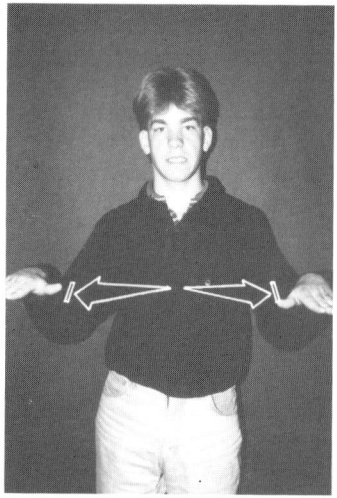

**1.0463 (Flug)platz m**
1. »Flug« (1.0465)
2. »...platz«: *B-He (Hr o, Hk außen)
auseinander: »Fläche
des Flugplatzes«
(vgl. 1.0462)

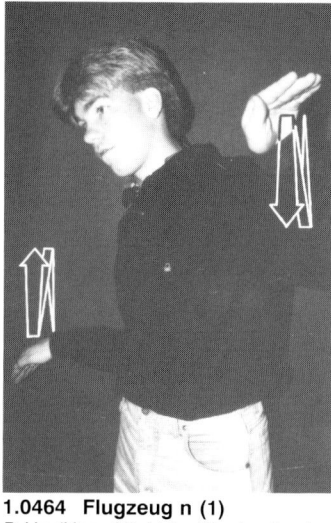

**1.0464 Flugzeug n (1)**
B-He (Hr o, Hk h) im Wechsel auf
und ab deuten
»Tragflächenbewegungen« an
(vgl. 1.0465)

**1.0465 Flugzeug n (2),
fliegen (Flugzeug),
Flug m (Flugzeug)**
Y-H (Hr o, Hk außen) im Bogen
nach v (D und K = »Tragflächen«)
(vgl. 1.0464)

**1.0466 Fluss m**
*X-H (Hr o) »schlängelt sich wie ein
Fluss« von r nach l
(vgl. Bach 1.0109)

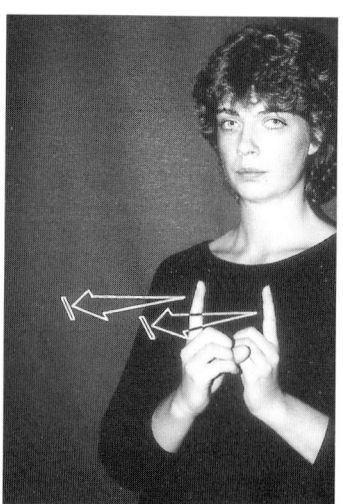

**1.0467 folgen, befolgen, Folge f,
verfolgen, Verfolgung f, Verfolger\* m, -in\*\* f**
r Z vor l Z (Hr außen, Hk v, Fi-kontakt) parallel nach r:
»einer folgt dem anderen«

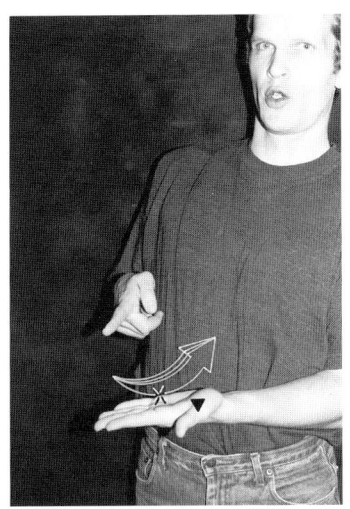

**1.0468 fordern, Forderung f, anfordern, Anforderung f, drängen (fordern), erfordern, erforderlich, Steuer f (Geld), verlangen**

*r Z-spitze (Hr v, Hk außen) streicht 2x **oder** 3x über Ht der l \*B-H (Ht o, Hk innen) nach h*
*(vgl. versteuern 1.1858)*

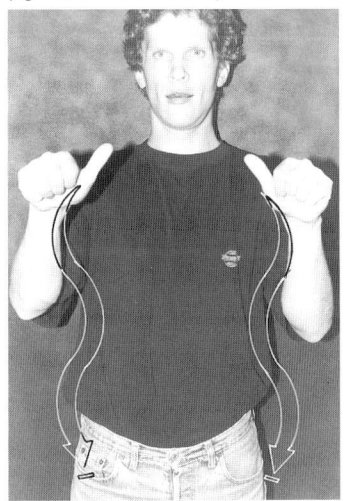

**1.0469 Form f, Gestalt f, gestalten, Gestaltung f,** (1)
**Figur f, formulieren, Formulierung f, Kurven pl (Frau), Modell n, sexy, Statur f, Stil m, Umriss m**

*D der \*A-He (Ht v, Hk außen) deuten mit H-gelenkdrehungen (Hr außen, Hk u) nach u »Form, ..., Umriss« an*
*(vgl. 1.0470)*

**1.0470 Form f, Gestalt f, gestalten, Gestaltung f,** (2)
**Figur f, formulieren, Formulierung f, Kurven pl (Frau), Modell n, sexy, Statur f, Stil m, Umriss m**

*\*B-He (Hr außen, Hk u) deuten »Form, ..., Umriss« an*
*(vgl. 1.0469)*

**1.0471 Foto m, Fotoapparat m, Kamera f (Foto), fotografieren, knipsen (Foto)**
L-He (Hr außen, Hk v) »halten Fotoapparat«, r Z »drückt 2x auf Auslöser«
(vgl. 1.0472, Kamera <Film> 1.0765)

**1.0472 Foto n**
*X-He (Hr außen, Hk v) auseinander und zu <Q-He schließen: »Foto umfahren«
(vgl. 1.0471)

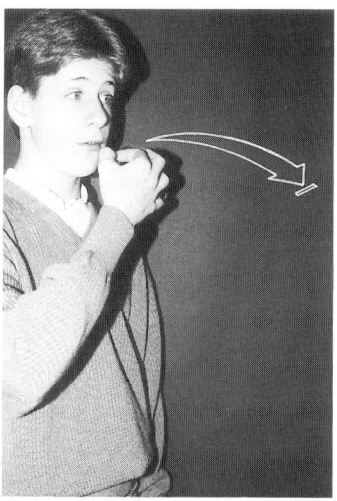

**1.0473 fragen, Frage f**
*F*-H (Hr v, Hk u) vom Mund im Bogen nach v: »Frage aus dem Mund«
(*richtungsgebunden*, vgl. antworten 1.0054)

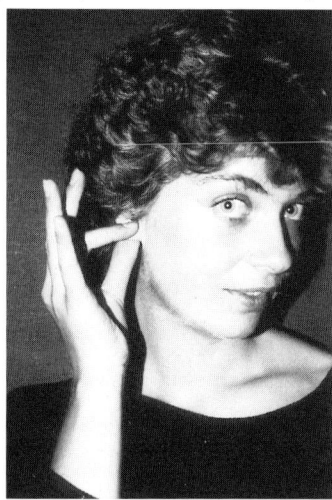

**1.0474 Frau f (1), weiblich (1), fraulich (1), ... in (allg.)(Endung für weibliche Person)**
D und Z der F-H fassen Ohrläppchen an: »Ohrring«
(vgl. 1.0475, Frau <3> 1.1029, Mädchen <S> 1.0930)

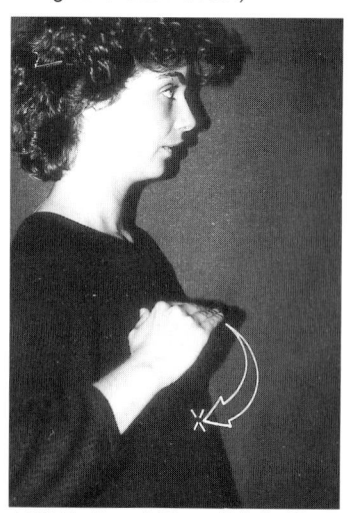

**1.0475 Frau f (2), weiblich (2), fraulich (2), Weibchen n**
<B-H deutet mit H-gelenkdrehung »Brust« an
(vgl. 1.0474, Frau <3> 1.1029, Brust <weibl.> 1.0232)

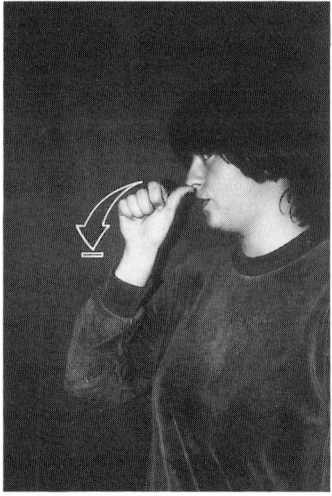

**1.0476 frech (N), Frechheit f (N)**
D-spitze der *A-H (Hr außen, Hk v) von Nase mit H-gelenkdrehung nach v (Hk u): »rotzfrech«
(vgl. 1.0477)

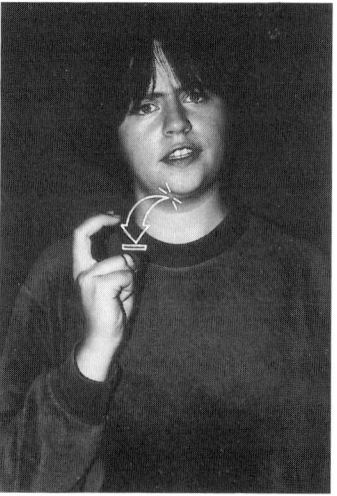

**1.0477 frech (S), Frechheit f (S)**
ZM der *U*-H (Hr außen, Hk v) vom Kinn im Bogen nach v (Hk u)
(vgl. 1.0476)

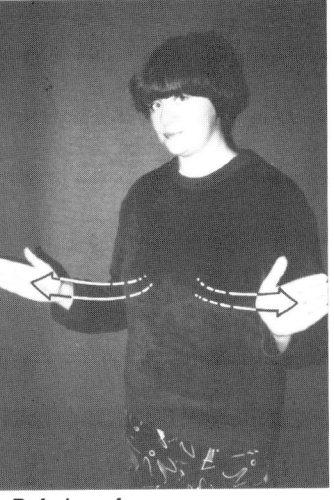

**1.0478 frei (1), Freiheit f, befreien, Befreiung f, Demokratie f (2), Demokrat* m (2), -in** f (2), demokratisch (2), Urlaub m**
1.2. *B-He **oder** 5-He (Hr v, Hk u) mit H-gelenkdrehung nach außen (Ht v)
(vgl. 1.0479, Demokratie <1> **4.0429**)

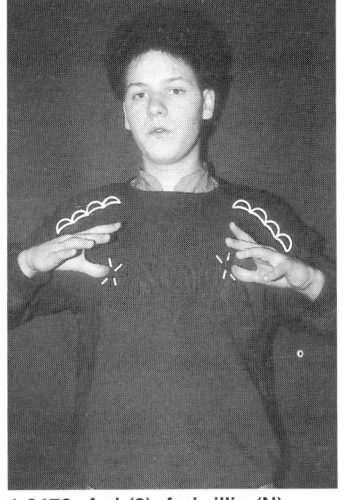

**1.0479 frei (2), freiwillig (N), Ferien pl, ledig**
D der 5-He (Hr o) an Brust, ZMRK Fi-spiel
(vgl. 1.0478, freiwillig <O><S><W> 1.0483)

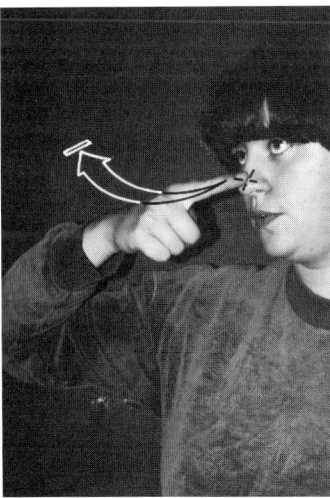

**1.0480 Freitag m (1)(N)**
Z (Hr v, Hk u) mit H-gelenkdrehung von Nasenspitze nach v (Hr o, Hk v)
(vgl. 1.0481/82)

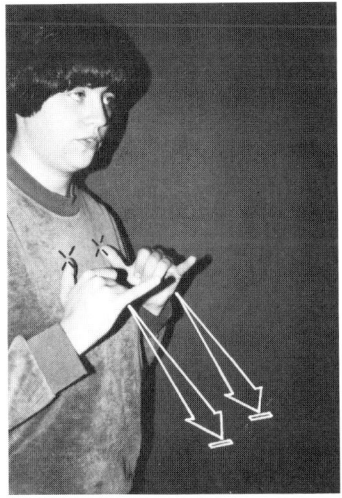

**1.0481 Freitag m (2)(S)**
Y-He (Hr außen, Hk u, D an Brust) nach v u
(vgl. 1.0480/82)

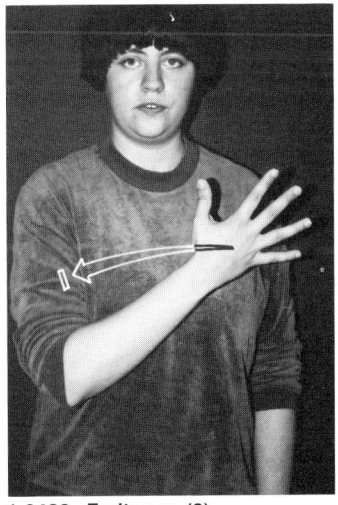

**1.0482 Freitag m (3)**
5-H (Hr v, Hk u) vor Brust nach r (Hk innen): »5. Wochentag«
(vgl. 1.0480/81)

Frachter m
= liefern 1.0225
+ Schiff 1.1279

freiwillig (O)
= frei (2) 1.0479
+ willig (O) 1.1832

freiwillig (S)
= frei (2) 1.0479
+ willig (S) 1.1834

freiwillig (W)
= frei (2) 1.0479
+ willig (W) 1.1835
(vgl. freiwillig <N> 1.0479)

**1.0483 Hinweis**

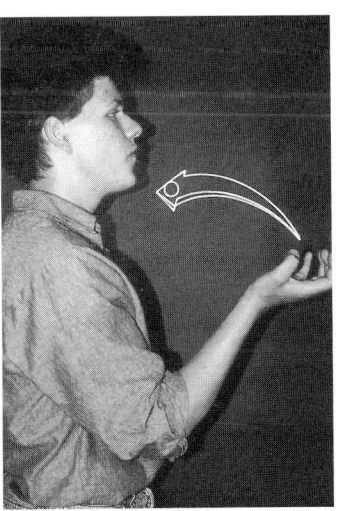

**1.0484 fressen**
*5*-H (Hr u, Hk innen) 1x **oder** 2x vor Mund zur F schließen (Hr v): »Essen herunterschlingen«

**1.0485 freuen (sich), Freude f, froh, fröhlich, Fröhlichkeit f, Wonne f, wonnig**
*Fi-spitzen der 5-He (Hr v, Hk u) 1x **oder** 2x an Brust nach o: »Freude steigt auf«*

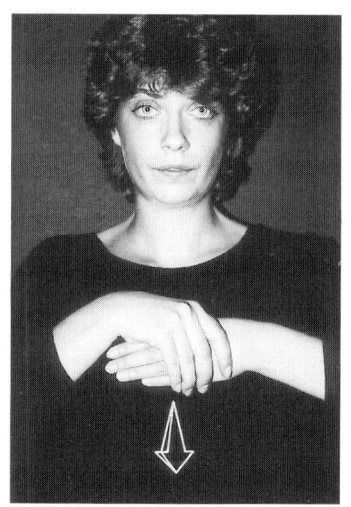

**1.0486 Freund m (Bekannter), Freundin f (Bekannte), befreundet (1), Freundschaft f, freundschaftlich, gratulieren, Gratulation f, Abschied m, verabschieden (sich), Verabschiedung f, Hände schütteln, bedanken (sich)(2), versprechen (etwas), Versprechen n, Versprechung f, versöhnen (sich), versöhnlich, vertragen (sich)**
*»Hände schütteln«*
*(vgl. 1.0487, bedanken <sich><1> 1.0257)*

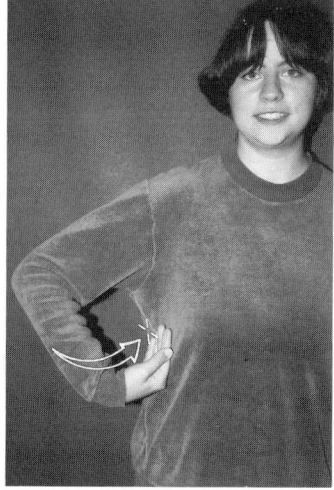

**1.0487 Freund m (Liebesbeziehung), Freundin f (Liebesbeziehung), befreundet (2), Braut f (1), Bräutigam m, Gemahl m, Gemahlin** f*
*<B-H (Hr u, Hk h) unter Achsel: »Freund(in) einhaken«*
*(vgl. 1.0486, Braut <2> 2.1023)*

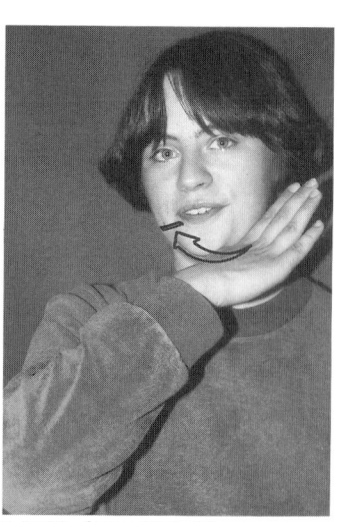

**1.0488 freundlich (2), schmunzeln, Freundlichkeit f (2)**
*B-H (Hr o, Hk v) umfährt Kinn von l nach r: »Mundwinkel beim freundlichen Lächeln«*
*(vgl. freundlich <1> 1.0696)*

**1.0489 Friede(n) m (2), friedlich (2)**
B-He (Hr außen, Hk v) von Brust mit H-gelenkdrehung nach außen (Hr o, Hk außen): »Frieden verbreiten«
(vgl. Frieden <1> 1.1225)

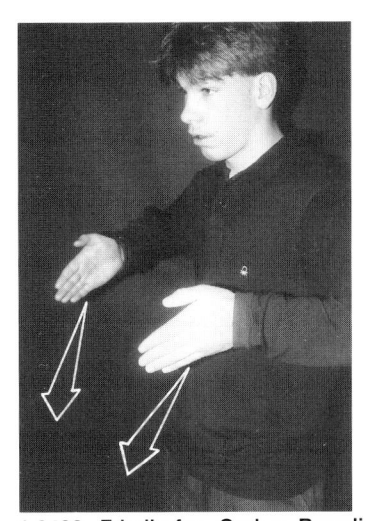

**1.0490 Friedhof m, Grab n, Beerdigung f, beerdigen, Begräbnis n, begraben, beisetzen, Beisetzung f**
*B-He (Hr außen, Hk u) nach v u deuten »Sarg ins Grab senken« an

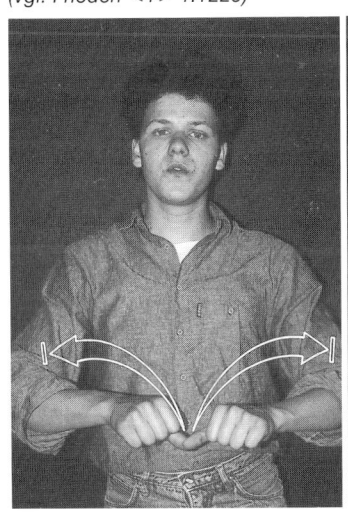

**1.0491 frisch (N), Frische f (N)**
1.2. D der *A-He (Hr o, Hk außen, D-kontakt) im Bogen nach außen (Hr außen, Hk u)
(vgl. 1.0492, wild <N> 1.1808)

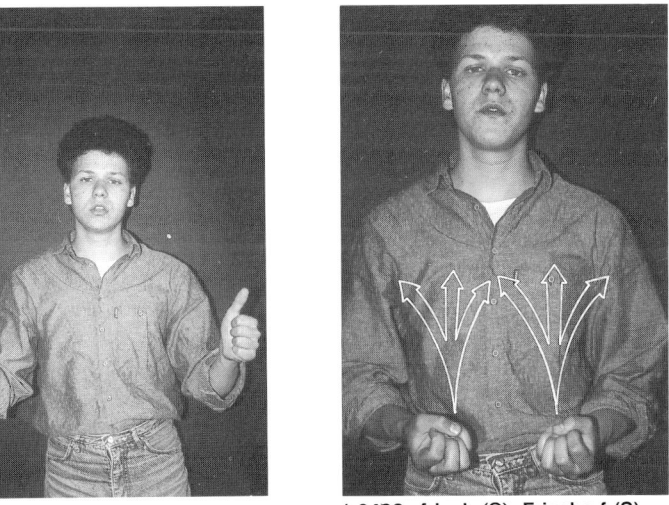

**1.0492 frisch (S), Frische f (S)**
Fe (Ht o, Hk innen) öffnen sich nach o zu 5-He
(vgl. 1.0491)

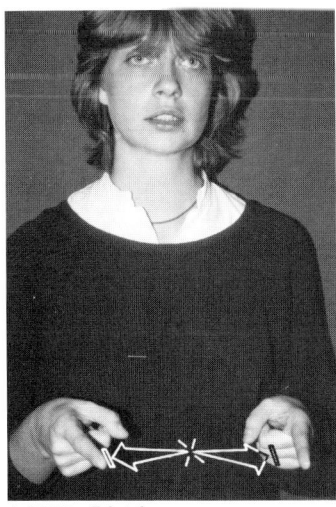

**1.0493 Frist f**
Z (Hr außen, Hk u) auseinander, deuten »Zeitabschnitt« an
(vgl. während 1.1737)

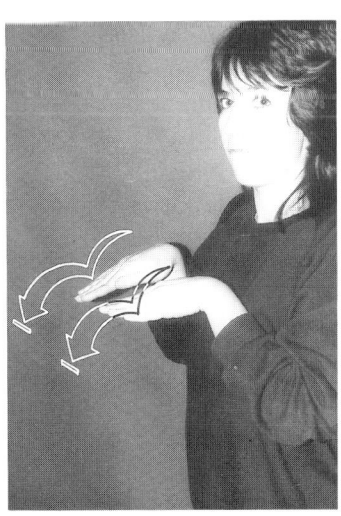

**1.0494 Frosch m**
B-He (Hr o, Hk außen) »hüpfen wie ein Frosch« in Bögen nach v
(vgl. Kröte 3.0339)

**1.0495 Frucht f, Früchte pl (1), fruchtbar (1)**
**Frucht:** F oder O-H (Hr u) öffnet sich 1x nach o zur 5-H (wie Pflanze, ... 1.1137)
**Früchte:** F oder O-H (Hr u) öffnet sich 2x nach o zur 5-H
(vgl. Früchte pl <2> 1.1048)

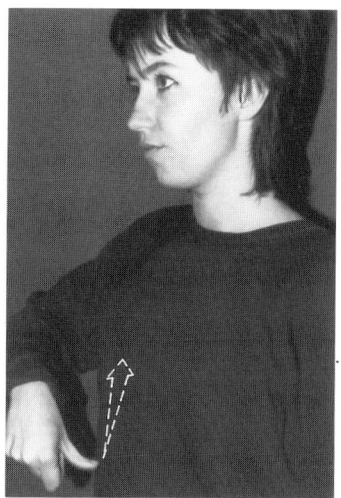

**1.0496 früh, Frühe f**
D-spitze der *A-H (Hr o, Hk v)
langsam an r Brustseite nach o
(vgl. morgens 1.1012)

**1.0497 früher, damals, ehemals, Vergangenheit f**
<B-H (Hr v, Hk innen) in Bögen über Schulter nach h: »Vergangenheit liegt zurück«
(vgl. vergangen 1.0903, später, Zukunft 1.1426)

**1.0498 Frühling m, Frühjahr n**
O-H (Hr u, Hk innen) öffnet sich vor Brust nach o zur 5-H:
»Knospen öffnen sich«
(vgl. Herbst 1.0658)

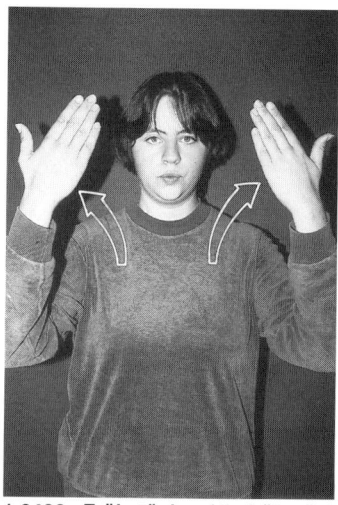

**1.0499 Frühstück n (1), frühstücken (1)**
1. »Morgen«: *B-He (Hr v, Hk u) im Viertelkreis nach o (Hk innen)
2. »essen«: A-H (Hk u) »führt 2x Essen zum Mund«:
»Frühstück ist das Morgenessen«
(vgl. 1.0500)

Frühstück n (2),
frühstücken (2)
= früh 1.0496
+ essen 1.0389
(vgl. 1.0499)

Fürsorge f,
fürsorglich
= für 1.0519
+ Sorge 1.1420

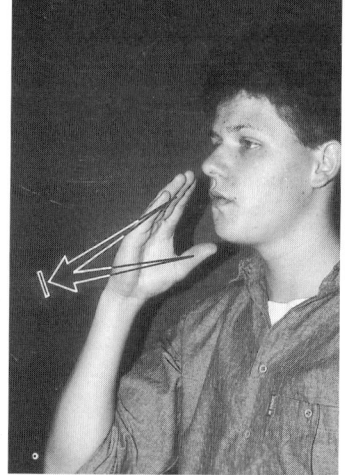

**1.0500 Hinweis**

**1.0501 Fuchs m**
*B-H (Hr außen, Hk v) schließt vom Mund nach v zur <O-H: »Form der Fuchsschnauze«

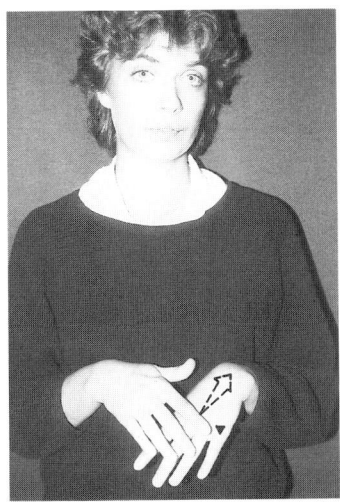

**1.0502 fühlen (Gefühl)(1), Gefühl n (1),
spüren (fühlen)(1), verspüren (1)**
*Fi-spitzen der r 5-H (Hr o, Hk außen) fahren langsam über Hr der l 5-H:*
*»Fingerspitzen fühlen«*
*(vgl. 1.0503, spüren <fühlen><2>, verspüren <2>, fühlen <Material>*
*1.1481, Emotion <1> 2.1181)*

**1.0503 fühlen (Gefühl)(2),
Gefühl n (2),
Emotion f (2), emotional (2)**
*Fi-spitzen der 5-He (Hr v, Hk u)*
*»fühlen« vom Bauch zur Brust*
*(vgl. 1.0502, Emotion <1> 2.1181)*

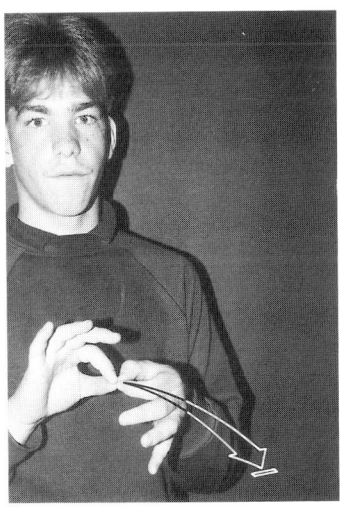

**1.0504 führen, Führung f, Führer* m, -in** f,
anführen (leiten), lotsen, Lotse* m**
*F-He (DZ-Kontakt) gleichzeitig nach v: »l F-H führt r F-H«*
*(vgl. leiten 1.0897)*

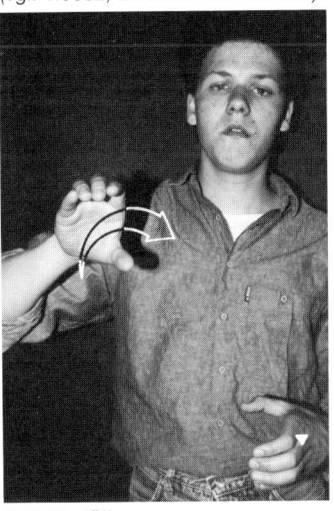

**1.0505 füllen**
*l C-H (Hr außen, Hk u) »hält Glas«,*
*r C-H »hält Flasche und füllt Glas*
*mit H-gelenkdrehung«*

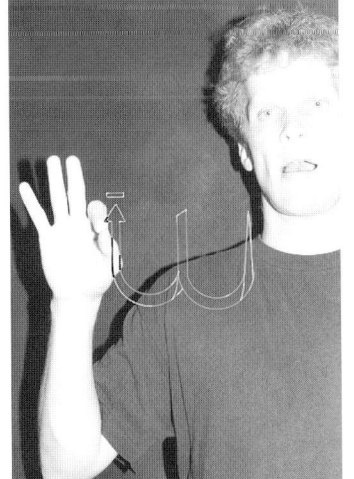

**1.0506 Füller m**
*DZ der F-H (Ht v, Hk außen)*
*»schreiben 2 U-Linien«*
*(vgl. Schrift <1><2> 1.1331/36)*

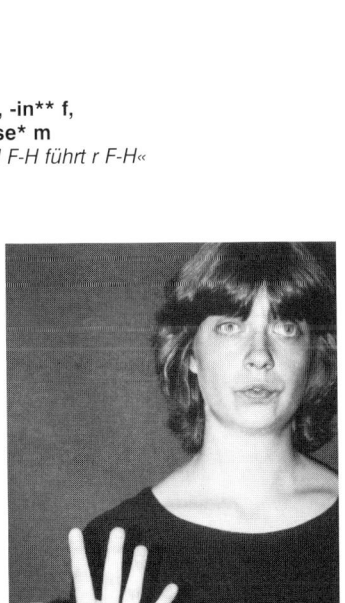

**1.0507 fünf, 5**
*5-H (Hr v, Hk innen): »5 Finger«*

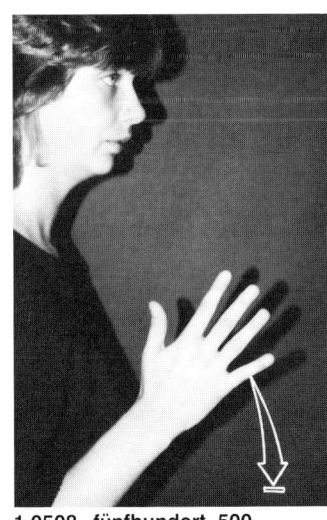

**1.0508 fünfhundert, 500**
*5-H (Hr außen, Hk v) im Bogen*
*nach u (Hk u)*

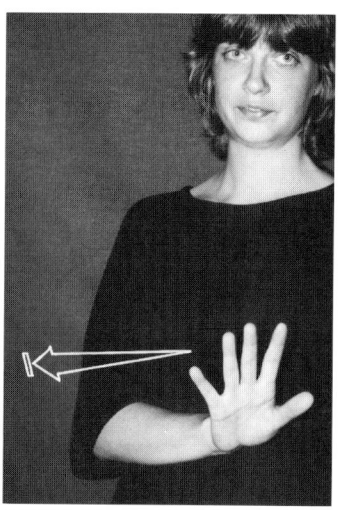

**1.0509 fünftausend, 5 000, fünf Wochen**
5-H (Ht v, Hk außen) vor Brust nach r

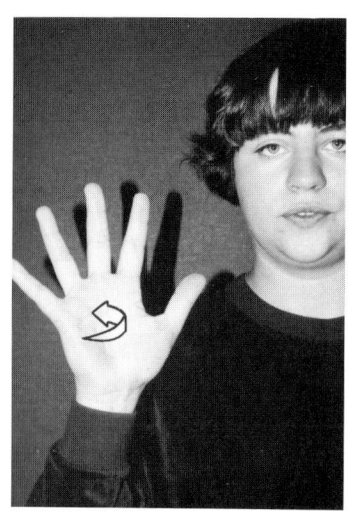

**1.0510 fünfte, 5.**
5-H (Ht v, Hk außen) dreht im H-gelenk nach innen (Hr v, Hk innen) (vgl. fünfzig <N> 1.0517)

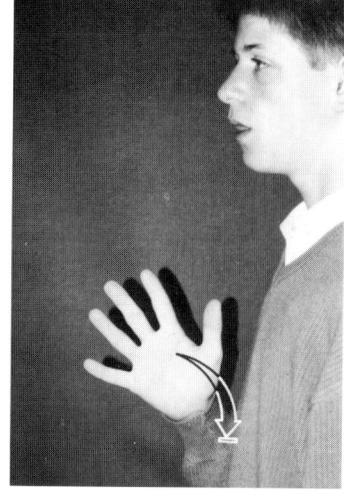

**1.0511 Fünftel n**
5-H (Hr außen, Hk u) dreht im H-gelenk vor Brust nach h (Hk v)

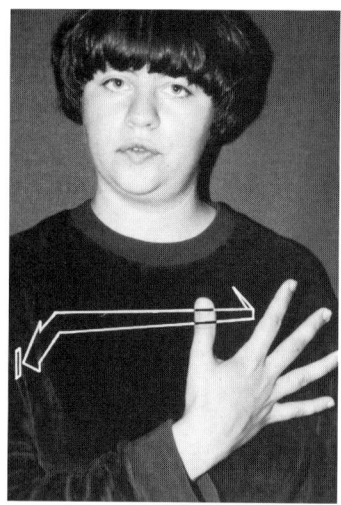

**1.0512 fünfundfünfzig, 55, fünfundfünfzig(ste), 55(.)**
1. »fünfundfünfzig«: 5-H (Hr v, Hk u) von l Schulter nach r
2. »...ste« (1.0702, r. Foto)

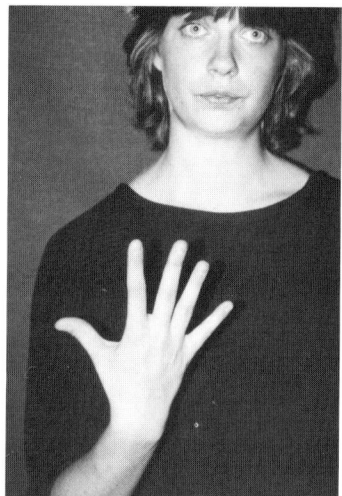

**1.0513 fünfundzwanzig, 25, fünfundzwanzig(ste), 25(.)** (N)
1. »fünf«: 5-H (Hr v, Hk innen)
2. »zwanzig« (N): V-H bzw. 2-H (Hr v, Hk innen) dreht im H-gelenk nach außen (Hr h, Hk außen)(vgl. 1.0514)
3. »...ste« (1.0702, r. Foto)

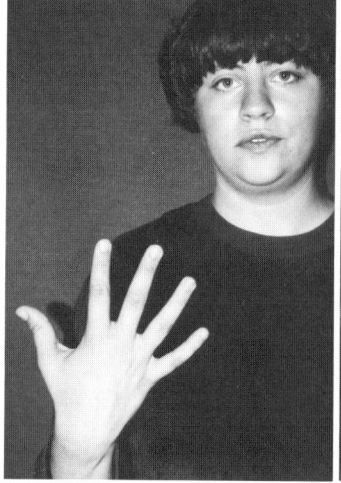

**1.0514 fünfundzwanzig, 25, fünfundzwanzig(ste), 25(.)** (S)
1. »fünf«: 5-H (Hr v, Hk innen)
2. »zwanzig« (S): V-H bzw. 2-H (Hr v, Hk innen) 2x zur *V*-H krümmen (vgl. 1.0513)
3. »...ste« (1.0702, r. Foto)

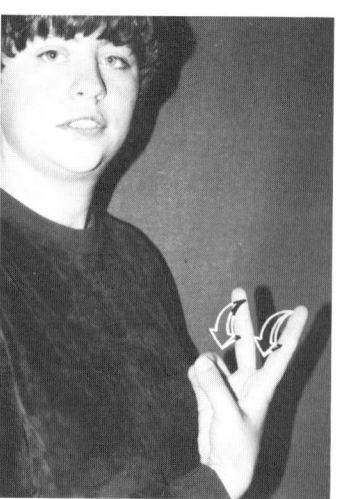

**1.0515 fünfzehn, 15, fünfzehn(te), 15(.)** (N)
1. »fünfzehn« (N): 5-H (Hr o, Hk außen) kreist nach v u (vgl. 1.0516)
2. »...te« (1.0357, r. Foto)

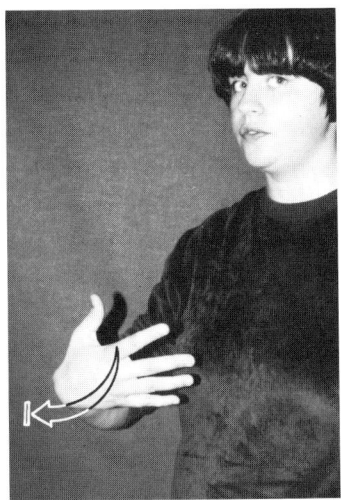

**1.0516 fünfzehn, 15,** (S)
**fünfzehn(te), 15(.)**
1. »fünfzehn« (S): 5-H (Hr v, Hk u)
   dreht im H-gelenk nach v
   (Hr o, Hk außen)(vgl. 1.0515)
2. »...te« (1.0357, r. Foto)

**1.0517 fünfzig, 50,** (N)
**fünfzig(ste), 50(.)**
1. »fünfzig« (N): 5-H (Hr v, Hk innen) dreht im H-gelenk
   nach außen (Hr h, Hk außen)
   (vgl. 1.0518, fünfte 1.0510)
2. »...ste« (1.0702, r. Foto)

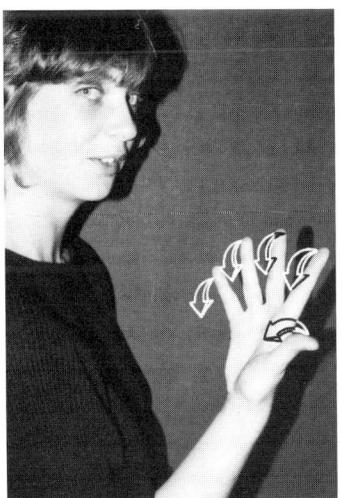

**1.0518 fünfzig, 50,** (S)
**fünfzig(ste), 50(.)**
1. »fünfzig« (S): 5-H (Hr v, Hk innen)
   2x zur *5*-H krümmen
   (vgl. 1.0517)
2. »...ste« (1.0702, r. Foto)

**1.0519 für (allg.), pro**
F-H (Ht v, Hk außen) kurz nach v
(vgl. 1.0520/21)

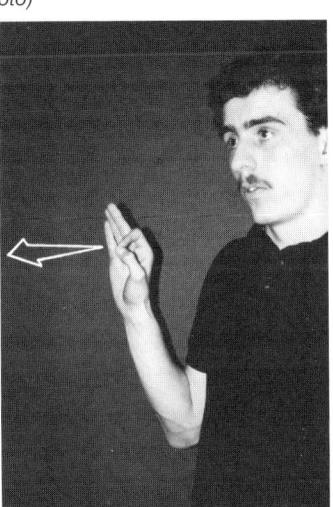

**1.0520 für dich (situativ)**
F-H (Ht v, Hk außen) nach v
(vgl. 1.0519/21)

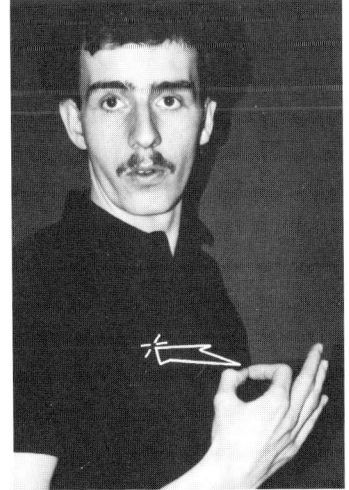

**1.0521 für mich**
D und Z der F-H (Hr v, Hk u) an Brust
(vgl. 1.0519/20)

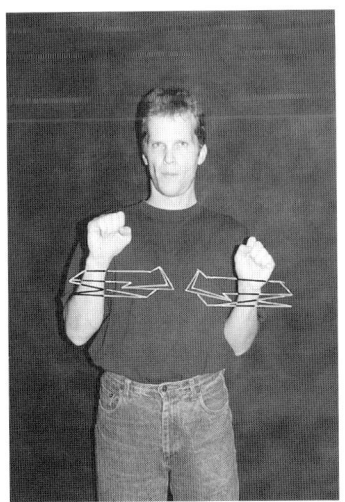

**1.0522 Furcht f, furchtsam, fürchten (sich),
ängstigen (sich), Panik f, panisch**
Fe **oder** A-He (Ht v, Hk außen) vor Brust
entgegengesetzt schnell »furchtsam« hin und her
(vgl. Angst 1.0050, befürchten, ... 1.1297, zittern 1.1895)

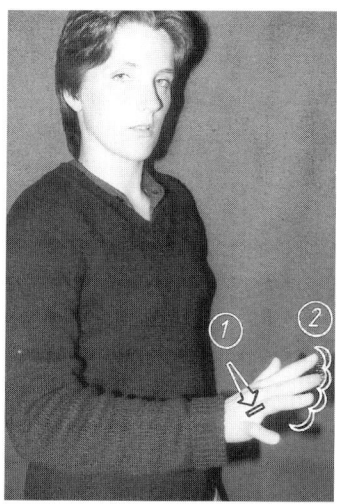

**1.0523 Fuß m, Füße pl**
*Fuß:* 5-H (Hr o, Hk außen) nach u, dann Fi-spiel
*Füße:* 5-H (Hr o, Hk außen) mit Fi-spiel »wie Füße« nebeneinander setzen

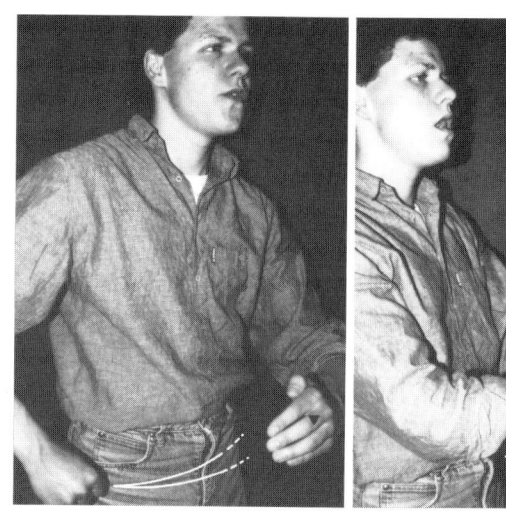

**1.0524 Fußball m, Fußballer* m, -in** f**
1.2. r F »schießt« nach v o (l <B-H umschließt r Unterarm)

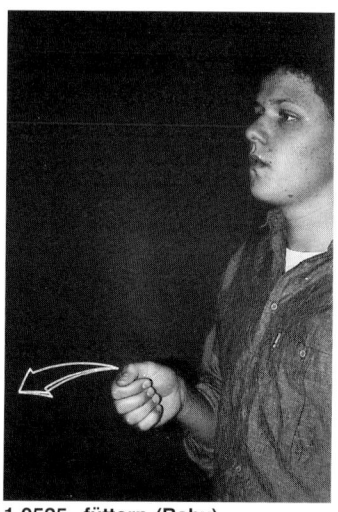

**1.0525 füttern (Baby), reichen (Nahrung)(Erw.)**
A-H (Hr außen, Hk u) »führt Löffel 2x zum Mund des Babys/der Person« (vgl. 1.0526, reichen <geben> 1.0536)

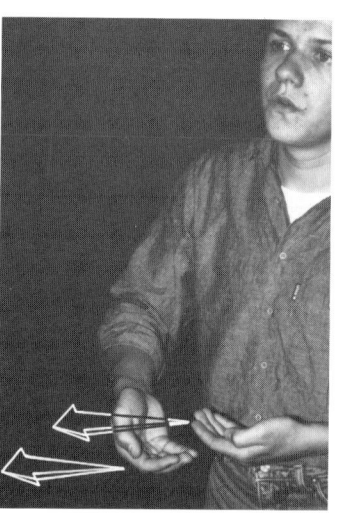

**1.0526 füttern, (Tier)(situativ) Fütterung f, Futter n**
Versetzte 5-He **oder** <B-He (Ht o, Hk h) 2x nach v deuten »Futter geben« an
(vgl. 1.0525)

**1.0527 Gabel f**
r V-H (Hr v, Hk u) »sticht 2x wie eine Gabel« in Ht der l *B-H (Hr außen, Hk u)

**1.0528 Gans f, Schnabel m (2)**
*B-H (Hr außen, Hk v) schließt 2x zur <O-H : »Gans schnattert«
(vgl. Schnabel <1> 1.1317)

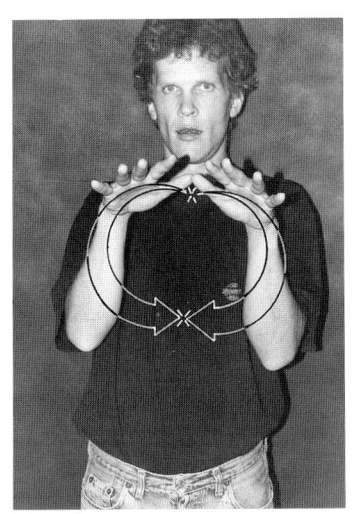

1.0529 **ganz, Ganze n, alles, allgemein, Allgemeinheit f, brutto, Brutto..., Bund m (Schlüssel, Pflanzen), generell, gesamt, Gesamtheit f, heil, samt (2), total (1), Umfang m (allg.), umfangreich, universal, vervollkommnen, Vervollkommnung f, vervollständigen, Vervollständigung f, vollkommen, Vollkommenheit f, Volumen n (situativ)**
5-He (Hr o, Hk außen) umfahren das »Ganze« mit H-gelenkdrehung (Ht o, Hk innen)
(vgl. alle <sämtliche> 1.0028, samt <1> 1.0984, total <2> 1.1305)

1.0530 **Gardine f**
4-He oder 5-He (Hr v) deuten »Gardinenform« an
(vgl. Vorhang 1.1721)

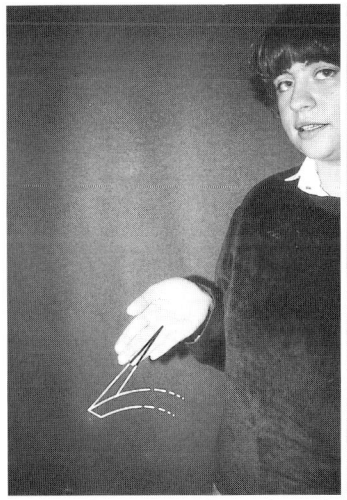

1.0531 **Garten m, Gärtner* m, -in** f, graben, umgraben**
1.2. *B-H (Ht o, Hk innen) dreht 1x oder 2x im H-gelenk nach v u (Hr o, Hk außen): »umgraben«

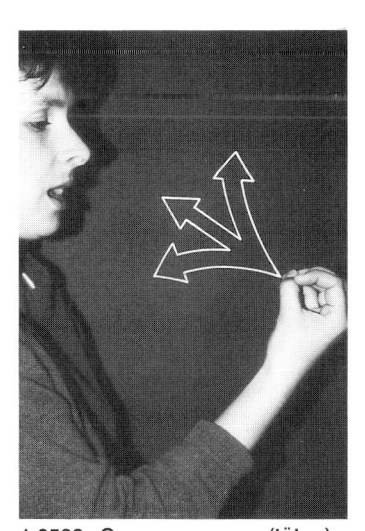

1.0532 **Gas n, vergasen (töten), Vergasung f (töten)**
O-H (Hr v, Hk innen) öffnet sich vor Nase zur 5-H: »Gas riechen«

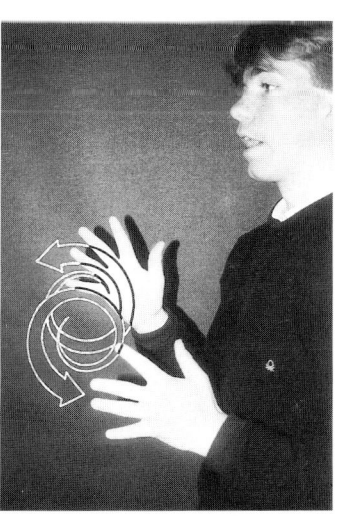

1.0533 **Gebärde f, gebärden, »plaudern« (gebärden)**
5-He (Hr außen, Hk u) kreisen versetzt vor Brust: »die Hände erzählen« **(siehe 1.0534)**
(vgl. erzählen 1.0386, unterhalten <sich> 1.1646)

1.0534 **Hinweis**

In der Vergangenheit wurde das Gebärden der Gehörlosen auch als »Plaudern« bezeichnet.

Heute empfinden wir diese Bezeichnung als negativ, weil dadurch die **Gebärdensprache** diskriminiert wird.

**1.0535 Gebäude n, Halle f, Anstalt f, Heim n, Internat n, Kiosk m, Schalter m (Raum), Scheune f, Schober m**
B-He (Hr o, Hk außen) deuten »Form des Gebäudes, ...« an
(Hr außen, Hk u)
(**wie** Schrank, ... 1.1327)

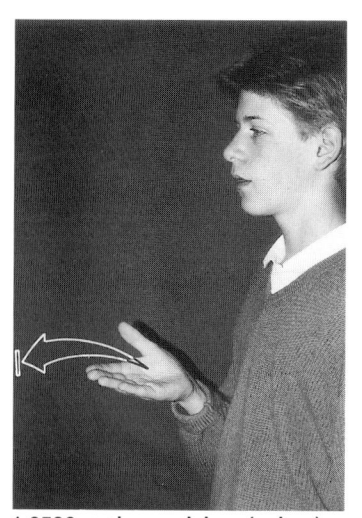

**1.0536 geben, reichen (geben), Gabe f, bieten (etwas, sich)**
*B-H **oder** B-H (Ht o, Hk h) im Bogen nach v »g etwas« (**richtungsgebunden**, vgl. antworten 1.0054) (vgl. 1.0537/38, Geschenk 1.0566, reichen <Nahrung> 1.0525, Garantie **4.0684**)

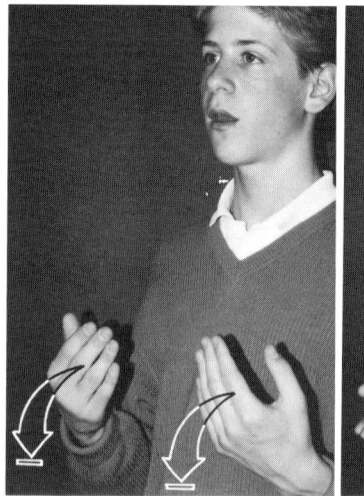

**1.0537 geben (es gibt), es gibt, gibt es, es (unpersönlich)**
1.2. <*B-H **oder** <*B-He (Hr v, Hk innen) nach v zu *B-H **oder** *B-He strecken (Ht o)
(vgl. 1.0536/38, es <Person> 1.0369/70)

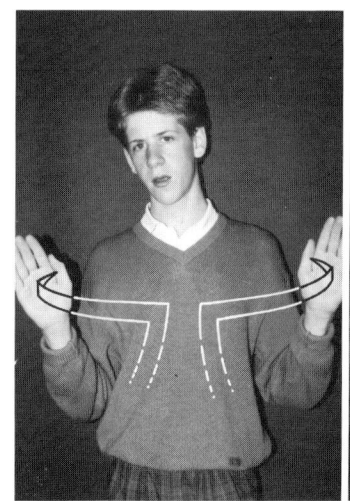

**1.0538 geben (gibt es nicht), es gibt nicht, gibt es nicht**
1.2. B-H **oder** B-He (Ht v, Hk außen) mit H-gelenkdrehung nach innen (Hr v, Hk u), dann
3. B-H **oder** B-He mit H-gelenkdrehung nach u außen (Hr o, Hk außen)
(vgl. 1.0536/37)

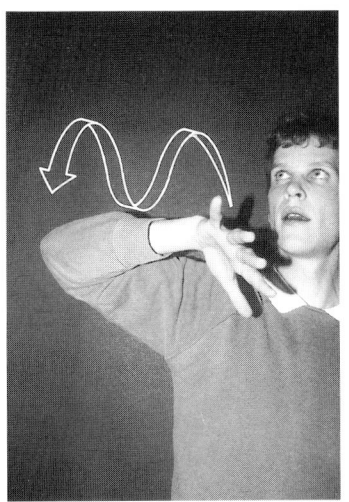

**1.0539 Gebirge f, gebirgig,
Alpen pl, alpin**
*5-H (Hr o, Hk außen) »fährt Gebirge nach«*
*(vgl. Berg, Berge 1.0155)*

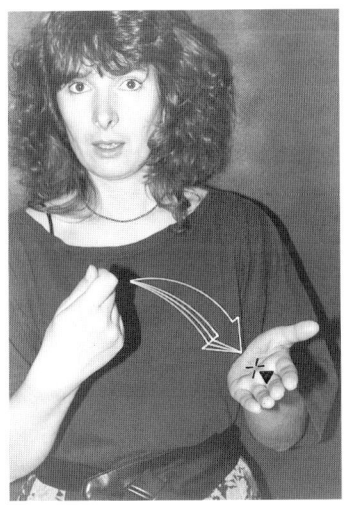

**1.0540 Gebühr f (N,S), benoten (2)(N,S,W), Benotung f (2)(N,S,W), Betrag m, betragen (Geld), Bewertung f (N,S,W), bewerten (N,S,W), Kosten pl, kosten (Geld), Note f (Zensur)(2), Taxe f (Gebühr), Währung f (Geld), Wert m, wertvoll, zensieren (bewerten)(2)(N,S,W), Zensur (Note)(2)(N,S,W)**
*D und Z-knöchel der r A-H (Hr v, Hk u) 2x gegen Ht der l \*B-H (Ht o, Hk innen): »in die Hand zahlen«*
*(vgl. Gebühr <W,Berlin> 1.1018, benoten <1><3>, Note f <Zensur><1><3>, ... 1.1078/1.1875)*

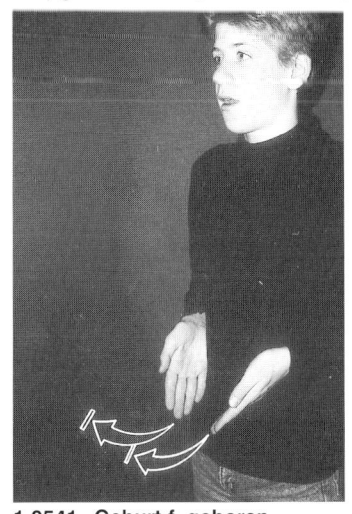

**1.0541 Geburt f, geboren,
gebären**
*B-He oder \*B-He im Bogen nach u v deuten »Geburt« an*

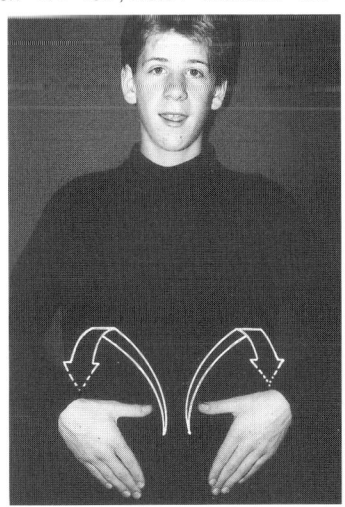

**1.0542 Geburtstag m**
1. *\*B-He (Hr o, Hk außen) drehen im H-gelenk nach o und v (Ht o, Hk innen)*
2. *\*B-He (Ht o, Hk innen) 2x nach u*

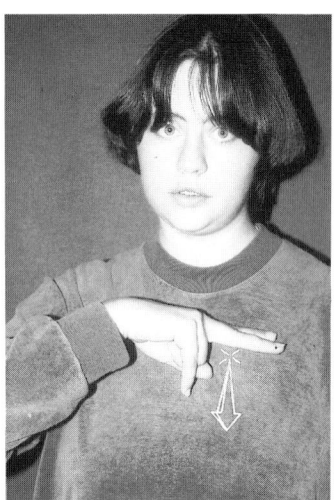

**1.0543 geduldig, Geduld f, gedulden (sich), Gehorsam m, gehorchen, gehorsam, bescheiden (2), Bescheidenheit f (2)**
Z der U-H **oder** V-H (Hr o, Hk v) streift 2x an Brust nach u:
»Unruhe unterdrücken«
(vgl. bescheiden <1> 1.0160)

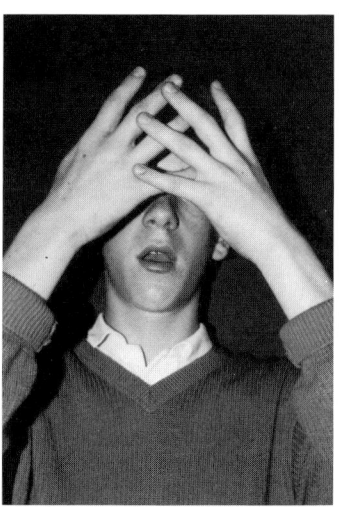

**1.0544 Gefängnis n**
4-He **oder** 5-He (Hr v) vor Augen:
»Gitterstäbe«

**1.0545 Gefahr f, gefährlich, schlimm (1), Risiko n (1), riskant (1)**
F-H **oder** F-He (Ht v, Hk außen) 2x **oder** mehrmals entgegengesetzt hin und her
(vgl. schlimm <2>, Risiko <2> 1.1297, schlimm <3> 1.1298, brauchen <1> 1.0216)

**1.0546 Hinweis**

Gefriertruhe f
= gefrieren 1.1813
+ Truhe 1.1597
(vgl. Gefrierschrank 1.0864)

Gesellschaft f
= lustig 1.0425
+ Gruppe 1.1889

gesellig,
gesellen (sich)
= lustig 1.0425
+ beisammen 1.1910

**1.0547 gegen (N), Gegen... (N), anti... (N), Anti... (N), kontra (1), contra (1), Kontrahent* m (1), -in** f (1), wider, widrig**
5-H (M abgeknickt, Ht v, Hk außen) 2x kurz nach v
(vgl. 1.0548, kontra <2>, ... 1.1483)

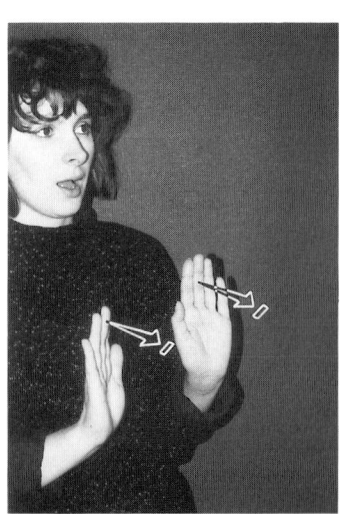

**1.0548 gegen (S), Gegen... (S), anti... (S), Anti... (S)**
B-He **oder** B-H (Ht v, Hk außen)
»abwehrend« kurz nach v
(vgl. 1.0547)

**1.0549 Gegenwart f, gegenwärtig**
*B-He (Hr u, Hk h) 3x gleichzeitig vor Brust kurz nach u
(vgl. nun 1.1084, Moment <im Moment> 1.1000)

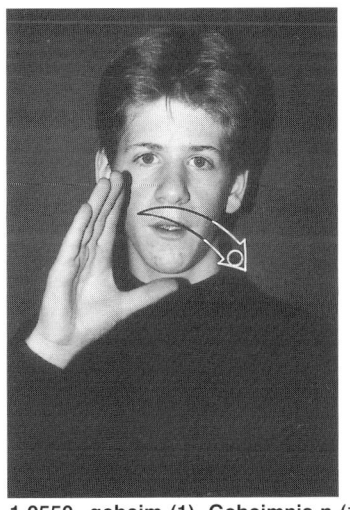

**1.0550 geheim (1), Geheimnis n (1), verschweigen, Verschwiegenheit f**
*B-H (Hr außen, Hk v) schließt I neben Mund zur F: »Mund verschließen«
(vgl. 1.0551)

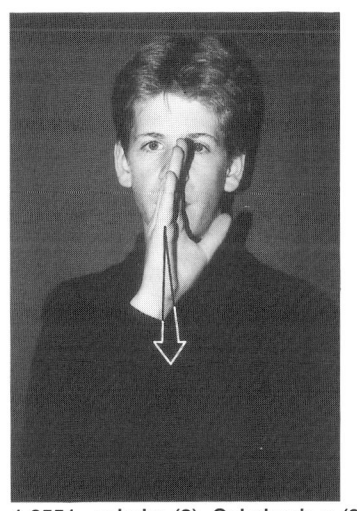

**1.0551 geheim (2), Geheimnis n (2), heimlich, Heimlichkeit f, verheimlichen, Verheimlichung f**
Z der *B-H (Hr außen, Hk v) von Nase über Mund nach u
(vgl. 1.0550)

**1.0552 gehen, Gang m (Schritt), laufen (Mensch)(2)**
Z und M der V-H (Hr o, Hk außen) ahmen »Geh-, Laufbewegung« nach
(vgl. laufen <Mensch><1> 1.0886)

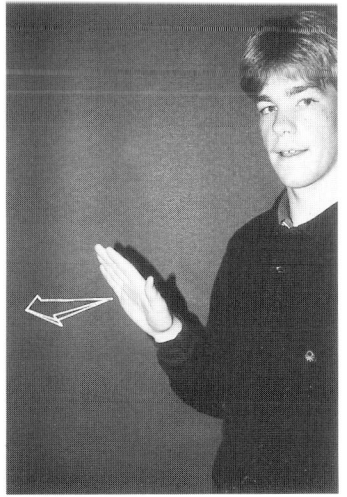

**1.0553 gehören (dir), behalten (Besitz)(1)**
*B-H (Ht v) 2x kurz nach v: »2x dein«
(*richtungsgebunden*,
vgl. antworten 1.0054)
(vgl. 1.0554, dein 1.0267)

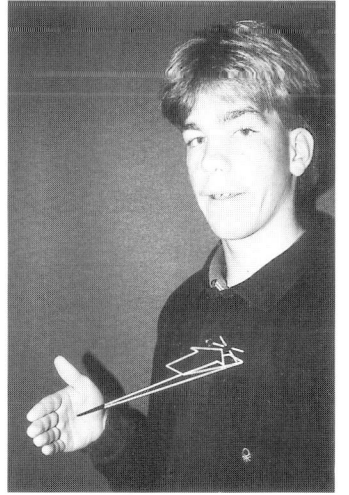

**1.0554 gehören (mir), behalten (Besitz)(2)**
*B-H (Hr v) 2x an Brust: »2x mein«
(*richtungsgebunden*,
vgl. antworten 1.0054)
(vgl. 1.0553, mein 1.0965)

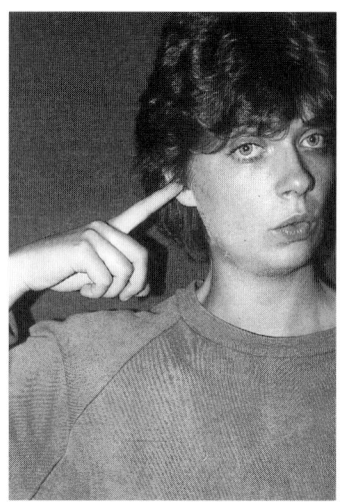

**1.0555 gehörlos (1), Gehörlosigkeit f (1), Gehörlose* m ** f (1)**
1. Z (Hr o, Hk v) am Ohr
2. 5-H (Hr v, Hk u) mit H-gelenkdrehung nach o (Ht v, Hk außen)
(vgl. gehörlos <2> 1.1533)

**1.0556 Geist m (Gespenst), Spuk m, spuken**
5-He (Ht v, Hk außen) kreisen entgegengesetzt vor Schultern nach innen: »erhobene Hände des Geistes«
(vgl. Gespenst 1.0572)

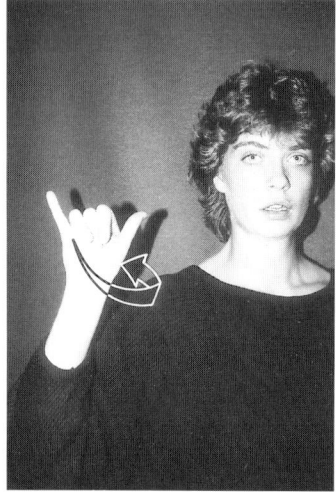

**1.0557 gelb**
Y-H (Ht v, Hk außen) dreht im H-gelenk nach innen (Hr v, Hk innen):
**Y** für **y**ellow (engl.) = gelb
(vgl. Gold 1.0599)

**1.0558 Geld n, Preis m (Geld), Finanzen pl, Finanz...**
D und Z reiben aneinander

**1.0559 Gelenk n, gelenkig**
A-He (Hk h, Knöchelkontakt!) drehen im H-gelenk 2x nach u (Hr u):
»Bewegung des Scharniergelenks«

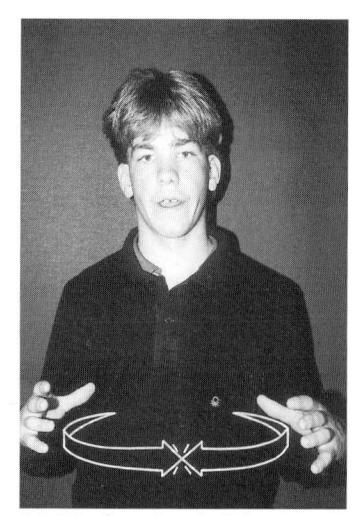

**1.0560 Gemeinschaft f, gemeinsam**
5-He (Hr außen, Hk u) beschreiben Kreis nach v (Fi-spitzen zusammen)

**1.0561 Gemüse n, Wurzel f (Möhre), Möhre f, gelbe Rübe f, Karotte f**
r Z »schabt« 2x l Z: »Gemüse, Wurzel schaben«

**1.0562 genau, Genauigkeit f, akkurat (2), exakt (1), Exaktheit f (1), gültig, Gültigkeit f, konkret (2), konkretisieren (2), Konkretisierung f (2), korrekt, Korrektheit f, offiziell (S)**
*F-He (Hr außen, Hk u) schnell kurz nach u*
*(vgl. deutlich 1.0274, konkret <1> 1.0145, offiziell <N> 1.0449, akkurat <1>* **2.1468***, exakt <2>* **4.0586***)*

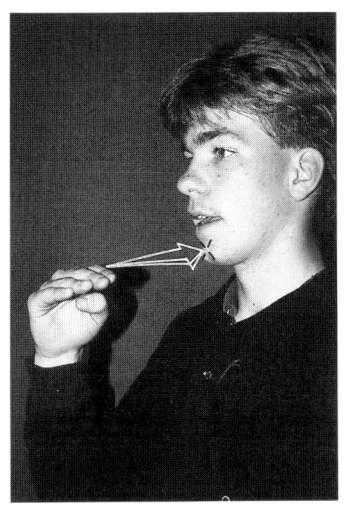

**1.0563 genug, ausreichend, reichen (genügen)**
*Z der <B-H oder B-H (Hr außen, Hk v) 2x gegen Kinn*
*(vgl. satt 1.1248)*

**1.0564 gern, wohl (1), Wohl n (1)**
**B-H* (Hr v, Hk u) langsam an Brust nach u*
*(vgl. wohl <2> 1.1903, angenehm 1.0998)*

**1.0565 geschehen, Geschehen n, passieren (geschehen)**
*5-He (Ht o, Hk innen) entgegengesetzt kurz hin und her*
*(**wie** was? 1.1749)*

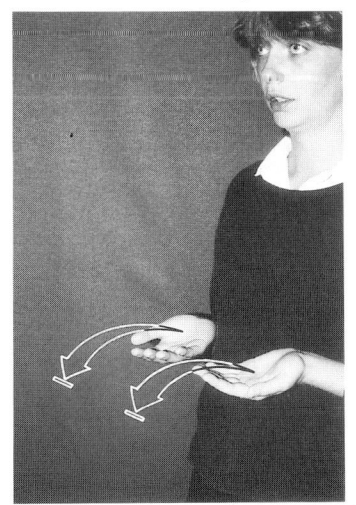

**1.0566 Geschenk n, beschenken (1), bescheren, Aufgabe f (Auftrag), aufgeben (auftragen), Opfer n (2), opfern (2)**
**B-He (Ht o, Hk innen) im Bogen nach v: »Geschenk, Aufgabe geben«*
*(**richtungsgebunden**, vgl. antworten 1.0054)*
*(vgl. geben 1.0536, schenken, beschenken <2>, opfern <1> 1.1270, Bescherung 1.0892)*

**1.0567 Geschichte f (Erzählung)(2)**
*Fi-rücken der r *B-H (Ht o, Hk innen) streifen 2x über Ht der l *B-H (Ht o) nach l*
*(vgl. Geschichte <Erzählung><1> 1.0386)*

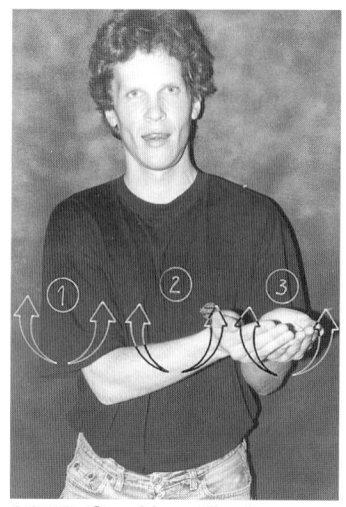

**1.0568 Geschirr n (Ess-)**
<B-He (Ht o, Hk innen) deuten
»3 Schüsseln nebeneinander« an
(Hr außen)
(vgl. Schüssel 1.1343)

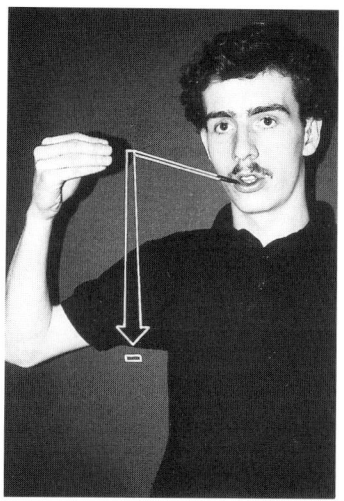

**1.0569 Geschmack m, köstlich (1)**
<O-H (Hr außen, Hk u) vom Mund
nach r, dann nach u
(vgl. schmecken <genießen> 1.1307,
köstlich <2> 1.1157)

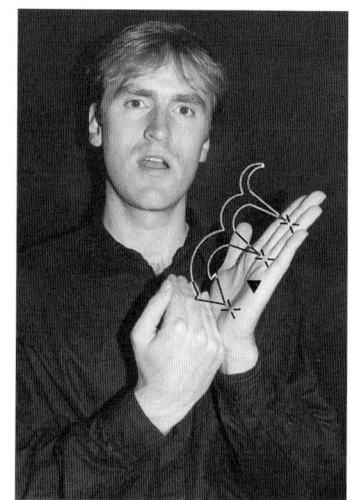

**1.0570 Gesetz n, gesetzlich, Gebot n (N), legal, Legalität f, Liste f, planen, Programm n, Protokoll n (Regeln), protokollarisch, Regel f (Gebot), System n, Tabelle f, tabellarisch, Tarif m, tariflich, Voraussetzung f (2), voraussetzen (2), Vorschrift f (N)**
Hk der r <*B-H (Hr v, Hk innen) in Bögen über Ht der l *B-H (Hr außen, Hk v) nach u deuten »Reihen der Liste, Tabelle« an
(vgl. Plan 1.1147, Termin 1.1550, Gebot <S>, Vorschrift <S> **2.1915**, Voraussetzung <1> **2.1680**)

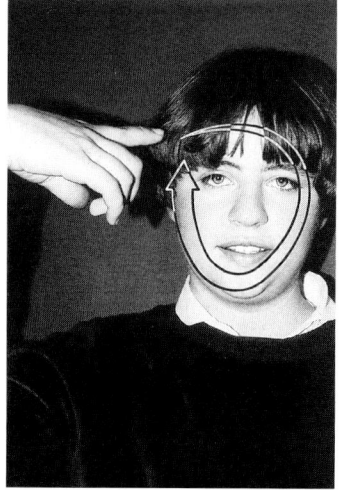

**1.0571 Gesicht n**
Z (Hr v, Hk außen) umkreist
»Gesicht«

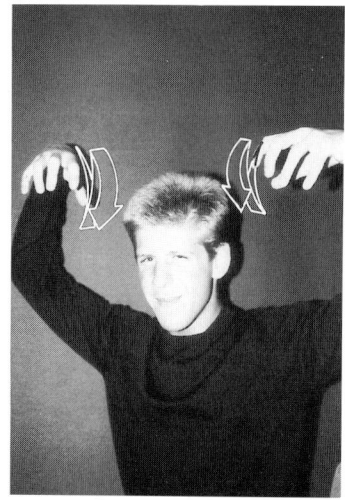

**1.0572 Gespenst n, Monster n, Grusel...**
*5*-He (Hr o, Hk außen) in Kopfhöhe 3x
gleichzeitig kurz nach u ahmen
»Gespenst, Monster« nach
(vgl. Geist, Spuk 1.0556, gruseln **4.0788**)

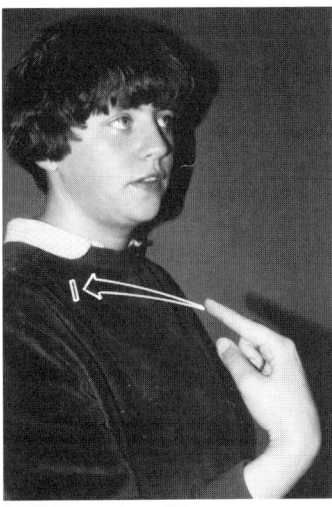

**1.0573 gestern (1)**
Z (Hr v, Hk innen) zur Schulter:
»1 Tag zurück«
(vgl. 1.0574/75, vorgestern <1>
1.1718)

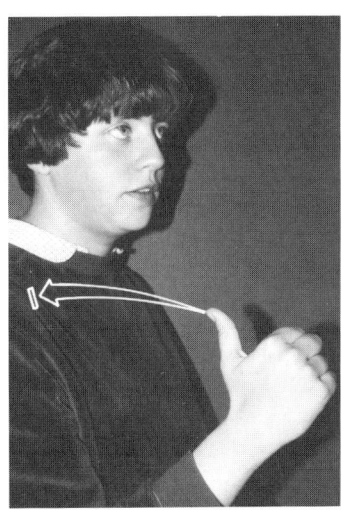

**1.0574 gestern (2)**
D der *A-H (Hr außen, Hk v) zur
Schulter: »1 Tag zurück«
(vgl. 1.0573/75, vorgestern <2>
1.1719)

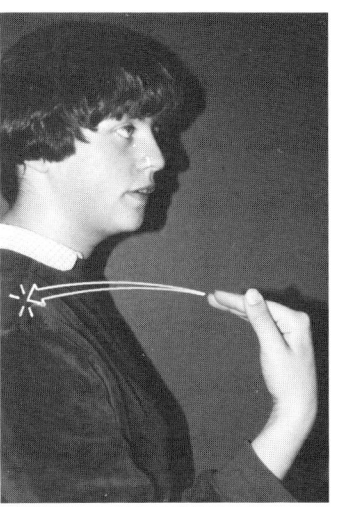

**1.0575 gestern (3)**
Fi-spitzen der <B-H (Hr v, Hk innen)
zur Schulter
(vgl. 1.0573/74, vorgestern <3>
1.1720)

**1.0576 gesund (N),**
**Gesundheit f (N),**
**Gesundheit! (Wunsch)**
F-He (Hr v, Hk u) kreisen 2x von
Brust nach o v
(vgl. 1.0577)

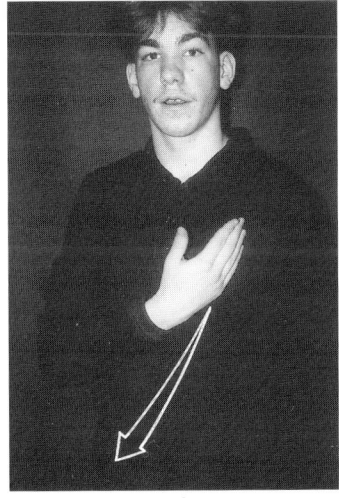

**1.0577 gesund (S),**
**Gesundheit f (S)**
Hk der r *B-H an Brust nach r u
(vgl. 1.0576)

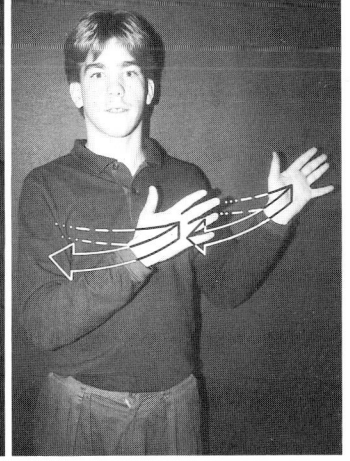

**1.0578 Getreide n**
1.2. 5-He (Hk u) »wogen« mit H-gelenkdrehung »wie das Getreide
im Wind« hin und her

**1.0579 Gewehr n, Büchse f (Gewehr),**
**Schütze m (Waffe), Waffe f**
l H »hält Gewehrlauf«, r D und Z
»drücken ab«
(vgl. jagen 1.0728, schießen <allg.>
1.1573)

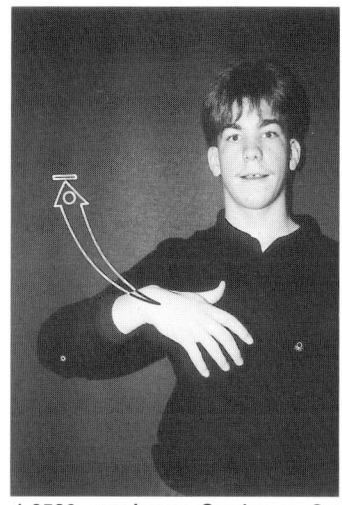

**1.0580 gewinnen, Gewinn m, Gewinner\* m, -in\*\* f, siegen, Sieg m, Sieger\* m, -in \*\* f**
1.2. 5-H (Hr o, Hk außen) im Bogen nach o zur F schließen (Ht v): »Siegerpose«

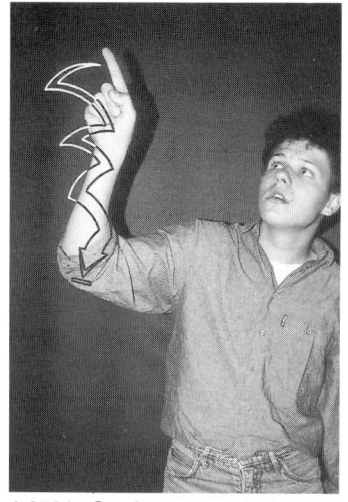

**1.0581 Gewitter n, gewittrig, gewittern**
Z (Ht v, Hk außen) in schnellem Zickzack nach u
(vgl. Blitz 1.0199, Donner 1.0289)

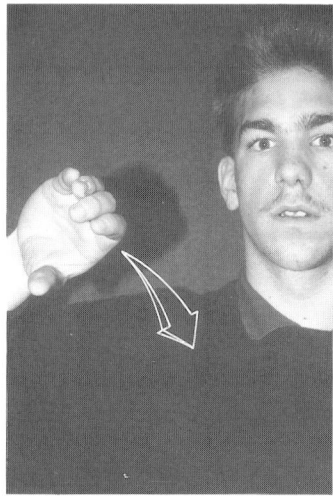

**1.0582 Gewürz n, würzen (2), Pulver n (2), Pfeffer m (2)**
O-H (Hr o, Hk außen) »hält Dose und würzt 2x« (**wie** pudern <Baby> 1.1168, vgl. würzen <1>, Pulver <1> 1.1167, Pfeffer <1> 1.1131)

**1.0583 gießen, begießen, Guss m (allg.)**
\*A-H **oder** A-H (Hr o, Hk außen) »gießt« im Bogen nach u innen (Hr außen, Hk o)
(vgl. Kanne 1.0768)

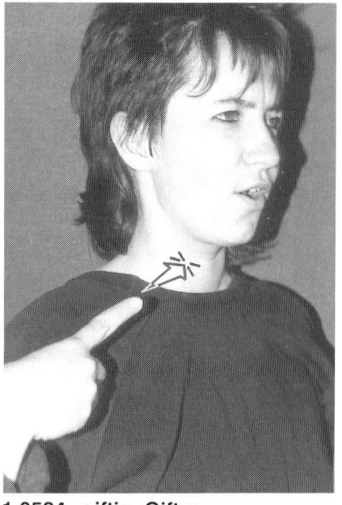

**1.0584 giftig, Gift n**
Z-spitze gegen Hals
(vgl. Pech <2> 1.1124)

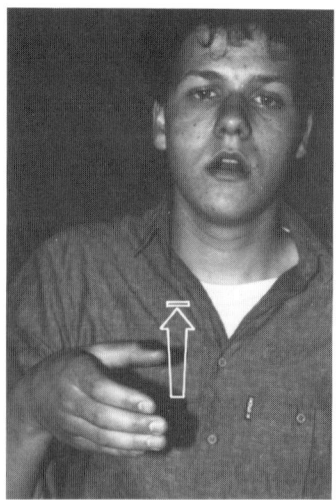

**1.0585 Glas n (Gefäß), Becher m**
C-H (Hr außen, Hk u) kurz nach o: »Glas, Becher anheben«
(vgl. 1.0586)

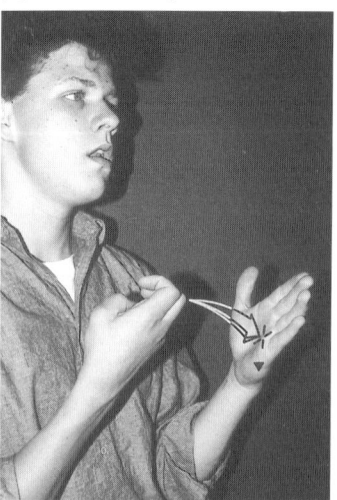

**1.0586 Glas n (Material)**
Knöchel der r \*U\*-H klopfen 2x gegen Ht der l \*B-H: »an Glasscheibe klopfen«
(vgl. 1.0585, Knochen 1.0819)

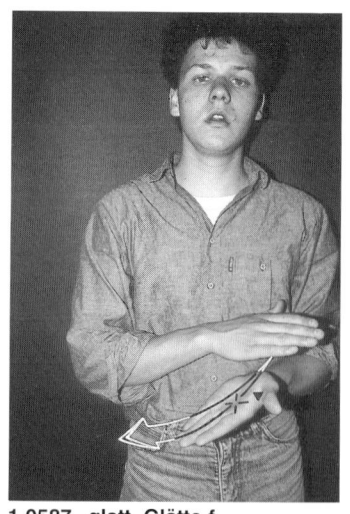

**1.0587 glatt, Glätte f, platt**
Ht der r \*B-H (Hr o, Hk außen) »gleitet« schnell über Ht der l \*B-H nach v
(vgl. rutschen 1.1227)

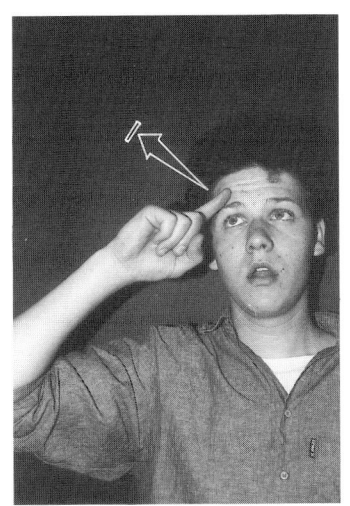

**1.0588** glauben, Glaube m, meinen, Meinung f, wissen, wissentlich, Aberglaube m, abergläubisch, besinnen (sich), Besinnung f, Gedächtnis n, geistig (Denken)(2), Gesinnung f, gesinnt, Rat m, schlau, Schlauheit f, Sinn m, ...sinnig
Z (Ht v) von Schläfe nach r o
(vgl. denken 1.0271, Idee <1><2> 1.0711/12, geistig <Denken><1> 1.0804)

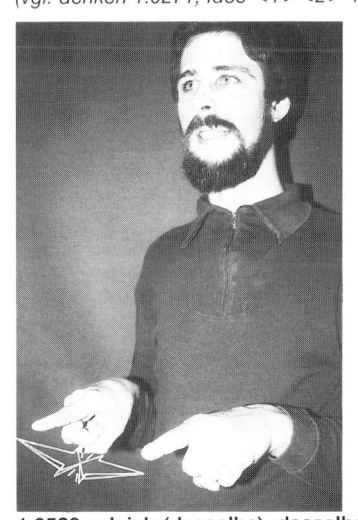

**1.0589** gleich (dasselbe), dasselbe, derselbe, dieselbe, ebenso (2), identisch, Identifikation f
Z (Hr o, Hk außen) 1x **oder** 2x zusammen
(**wie** Bruder, Schwester 1.0230, vgl. 1.0590/91, wie <Vergleich><1> 1.1801, ebenso <1> 1.1803)

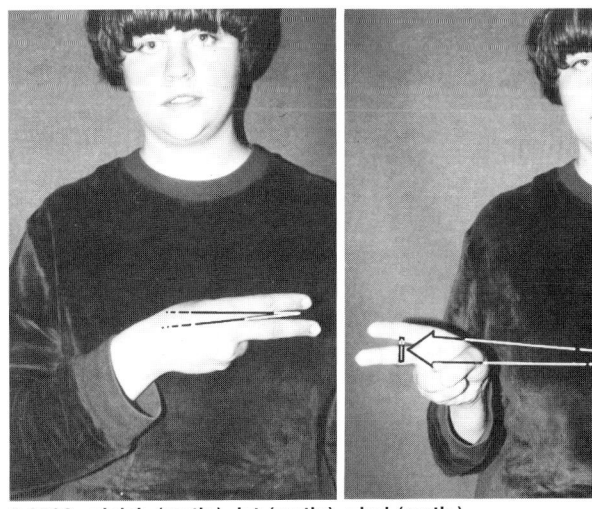

**1.0590** gleich (math.), ist (math.), sind (math.), Euro m (Währung), €
1.2. V-H (Hr v, Hk u) dreht im H-gelenk nach r (Hr außen):
»Gleichheitszeichen, Querstrich beim Eurozeichen«
(vgl. 1.0589/91)

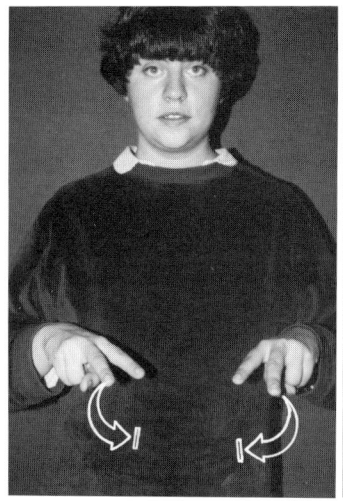

**1.0591 gleich (zugleich), zugleich, prompt**
1.2. V-H **oder** V-He (Hr o, Hk außen) drehen im H-gelenk nach innen (Ht o, Hk innen)
(vgl. 1.0589/90)

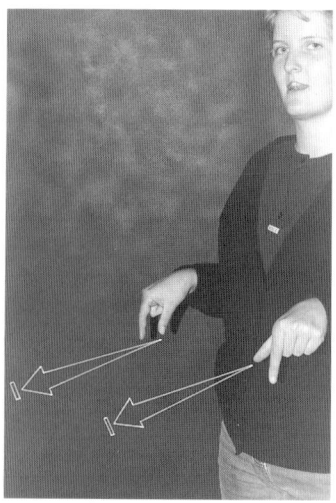

**1.0592 Gleis n**
Q-He (Hr o, Hk h) »fahren parallel nach v Gleis nach«
(vgl. Schienen 1.1278)

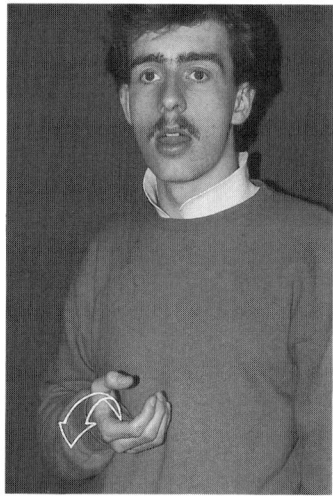

**1.0593 Glied n, Penis m**
C-H (Hr u, Hk h) im Bogen kurz nach v, deutet »Glied« an

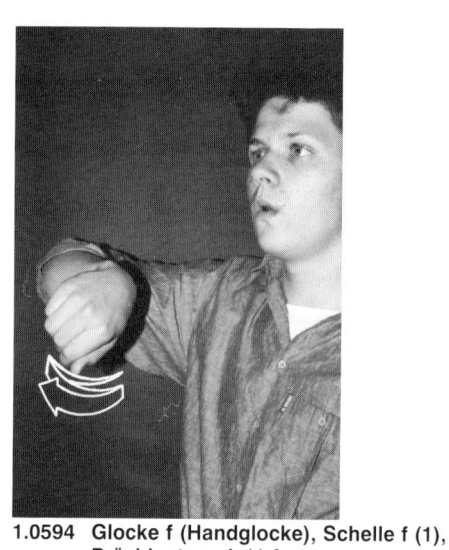

**1.0594 Glocke f (Handglocke), Schelle f (1), Präsident m, -in\*\* f**
A-H **oder** F-H (Hr o, Hk außen) 3x im H-gelenk hin und her: »Präsident/in läutet mit Glocke Sitzung ein«
(vgl. 1.0595/96)

**1.0595 Glocke f (Kirche), Laterne f (allg.)**
*5*-H (Hr o) »schwingt wie Glocke, Laterne hin und her«
(vgl. 1.0594/96)

**1.0596 Glöckchen n, Schelle f (2)**
U-H (Hr v, Hk außen) 3x im H-gelenk hin und her: »Glöckchen klingelt«
(vgl. 1.0594/95)

**1.0597 Glück n, glücklich**
*A-He (Hr o, Hk außen) im Bogen nach außen o

**1.0598 Glut f, glühen,
schwelen (Feuer)**
*5*-He (Ht o, Hk innen) mit Fi-spiel
im Wechsel auf und ab deuten
»Glühen« an

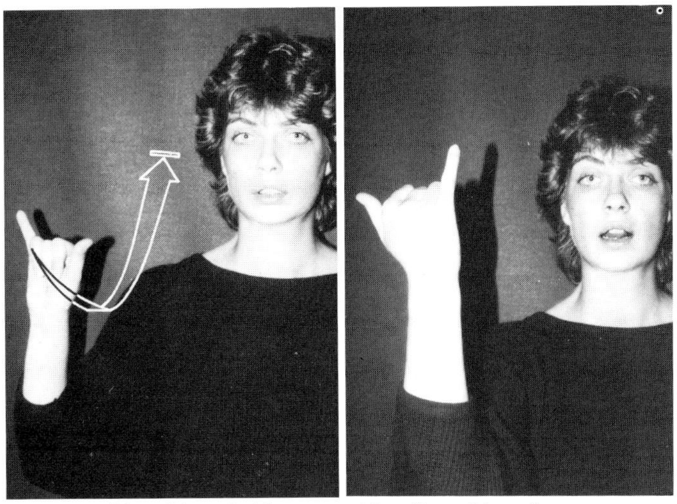

**1.0599 gold, golden, Gold n, vergolden, Vergoldung f**
1.2. Y-H (Ht v, Hk außen) dreht im H-gelenk nach o (Hr v, Hk innen)
(vgl. gelb 1.0557)

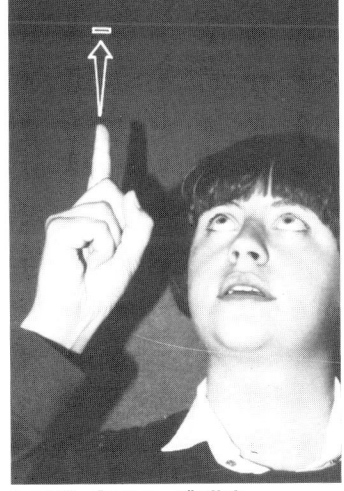

**1.0600 Gott m, göttlich**
Z oder 3-H (Ht v, Hk außen) deutet
nach o: »Gott im Himmel,
Dreieinigkeit«

**1.0601 Hinweis**

Götterspeise f
 = Gott 1.0600
 + Speise 1.0918

Gottesdienst m
 = Gott 1.0600
 + Dienst (S)(N,W)(O)
  **4.0452/54/55**

Gotteshaus n (1)
 = Gott 1.0600
 + Haus 1.0643

Gotteshaus n (2)
 = Gott 1.0600
 + Kirche 1.0800

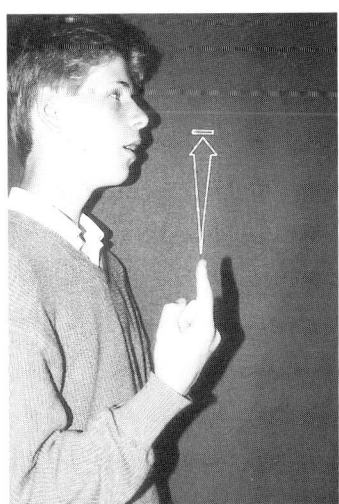

**1.0602 Grad m (1),
Thermometer n (1)**
Z (Hr v, Hk innen) nach o:
»Temperatur steigt«
(vgl. 1.0603/04, Temperatur 1.1547)

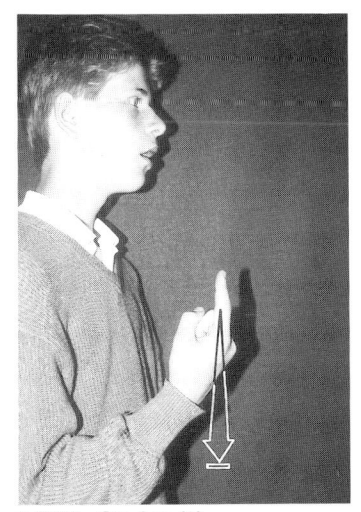

**1.0603 Grad m (2),
Thermometer n (2)**
Z (Hr v, Hk innen) nach u:
»Temperatur fällt«
(vgl. 1.0602/04, Temperatur 1.1547)

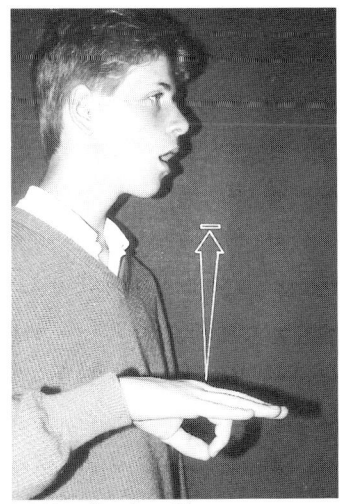

**1.0604 Grad m (3)**
F-H (Hr o, Hk außen) nach o:
»Temperatur steigt«
(vgl. 1.0602/03, Temperatur 1.1547)

117

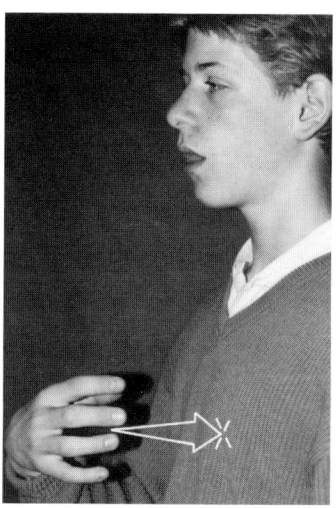

**1.0605 Graf m, Gräfin** f, Adel m (1), ad(e)lig (1), Ad(e)lige* m ** f (1), Aristokrat m, -in** f, Edelmann m (1)**
*5*-H (Hr v, Hk u) an Brust deutet »Orden« an
(vgl. Adel <2> 1.1561, Edelmann <2><3> 1.0613)

**1.0606 Gramm n**
B-He **oder** *B-He (Ht o, Hk innen) pendeln geringfügig auf und ab: »geringes Gewicht«
(vgl. Pfund, Waage 1.1731, Kilogramm 1.0792)

**1.0607 Gras n, Gräser pl**
Senkrechte 5-H (Hr v, Hk innen) bewegt sich hinter waagerechter B-H (Hr o, Hk v) hin und her: »viele Grashalme«
(vgl. grün 1.0614, Wiese 1.1805)

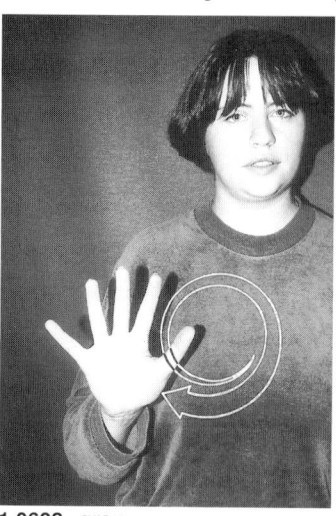

**1.0608 grau**
5-H (Ht v) kreist gegen Uhrzeigersinn
(vgl. Nebel 1.1049)

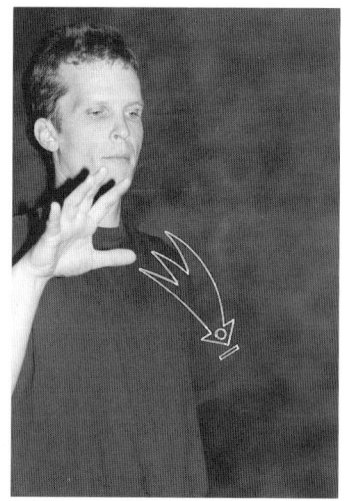

**1.0609 greifen, ergreifen (jmdn., etwas), erwischen, fassen (ergreifen), packen (greifen), zupacken, anpacken, zugreifen, Zugriff m**
5-H (Ht v, Hk außen) schließt schnell nach v zur F, »greift, packt zu«
(vgl. greifen <2> **4.0777**)

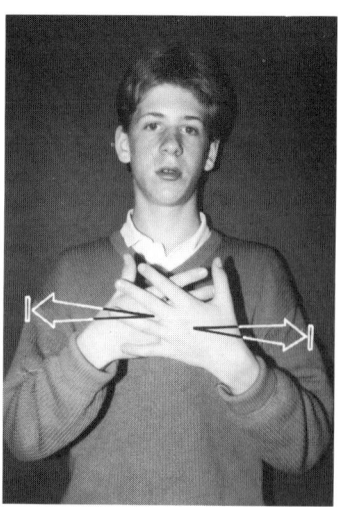

**1.0610 Grenze f, Limit n**
gekreuzte 5-He (Hr v, Hk u) vor Brust auseinander deuten »Grenze« an
(**wie** Zaun 1.1864, vgl. Barrikade **4.0255**)

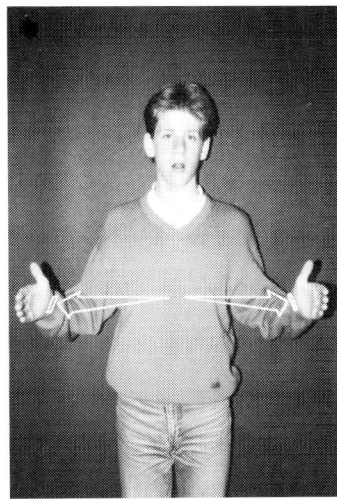

**1.0611 groß (Gegenstand), Größe f (Gegenstand),
breit, Breite f, lang (örtlich),
Länge f (örtlich), verlängern, Verlängerung f**
*B-He **oder** 5-He (Hr außen, Hk u) auseinander deuten »Größe, ...« an
(vgl. 1.0612, lang <zeitlich> 1.0876)

**1.0612 groß (Person), Größe f (Person),
hoch (2), Höhe f (2)**
<B-H (Hr außen, Hk v) nach o deutet
»Größe, Höhe« an
(vgl. 1.0611, Riese 1.1211, wachsen <1>
1.1733, hoch <1> 1.0668, niedrig 1.1071)

```
Großeltern pl  = groß 1.0612
               + Eltern 1.0359

Großmutter f (N)(S)
               = groß 1.0612
               + Mutter (N)(S) 1.1029/30

Großvater m    = groß 1.0612
               + Vater 1.1656

Grafschaft f,
Herzogtum n    = Graf 1.0605
               + Land 1.0875

Herzog m       = Graf 1.0605
               + Chef 1.0247

Edelmann m (2)(3)
               = Titel (Person) 1.1561
               + Mann (1)(2) 1.0945/46
(vgl. Edelmann (1) 1.0605)
```

**1.0613 Hinweis**

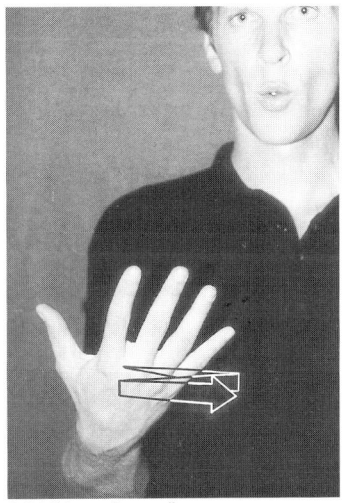

**1.0614 grün, grünen**
5-H (Hr v, Hk innen) hin und her
(vgl. Gras 1.0607, silbern 1.1402)

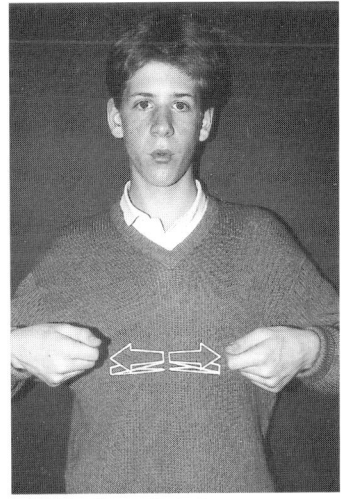

**1.0615 Gummi m, n,
Kautschuk m**
A-He (Hr v) »ziehen Gummiband 2x
auseinander«

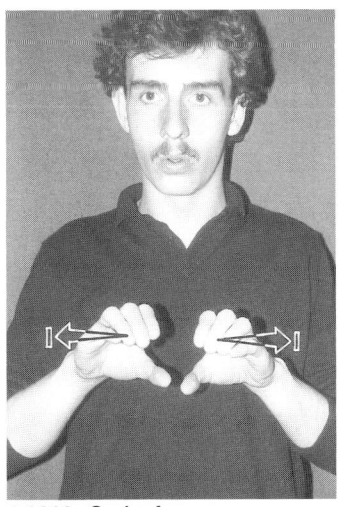

**1.0616 Gurke f,
Salami f**
C-He (Ht v, Hk außen) auseinander
deuten »Form der Gurke, Salami« an

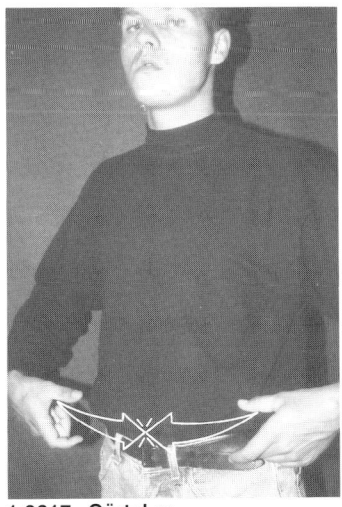

**1.0617 Gürtel m**
*X-He (Hr außen, Hk h) vor Bauch
zusammen deuten »Schließen des
Gürtels« an (Hr v, Hk außen)

**1.0618 gut, Gut n (Besitz, Wert),
besser, günstig,
Güter pl, (Besitz, Wert)**
**gut:** F-H (Ht v, Hk außen) **1x** kurz nach r
**besser, Güter, günstig:** F-H **2x** kurz nach r
(vgl. schön 1.1325, prima 1.1157,
besser <immer besser> 1.0164)

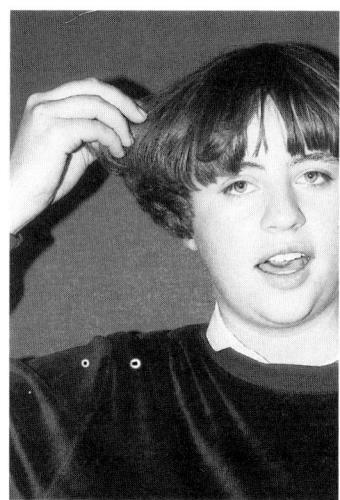

**1.0619 Haar n,
Haare pl**
Fi fassen Haare an

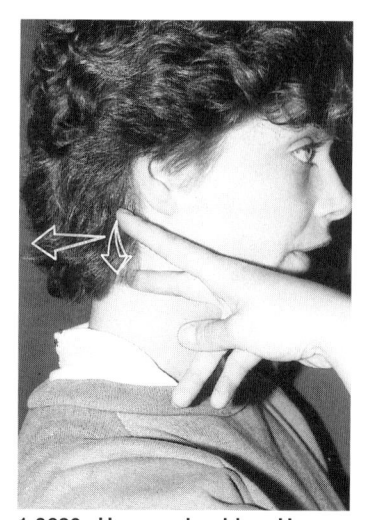

**1.0620 Haare schneiden, Haarschnitt m, Friseur* m, -in** f,
Friseuse** f, Frisör* m, -in** f**
V-H (Hr v, Hk innen) schließt 2x zur U-H und »schneidet Haare nach h ab«
(vgl. frisieren **2.0635**, Frisur **2.0637**)

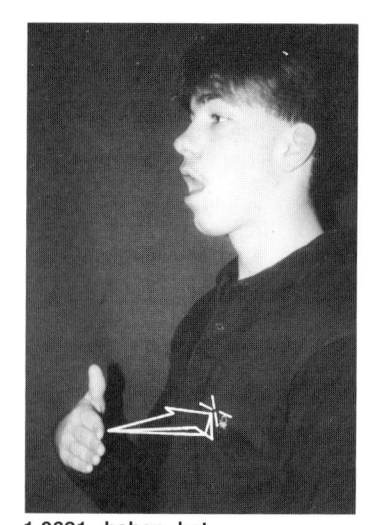

**1.0621 haben, hat,
Inhaber m, -in** f**
*B-H (Hr v, Hk u) 2x an Brust
**Einzahl** = Gebärde **1x** ausführen
**Mehrzahl und Grundform** = Gebärde **2x** ausführen

**1.0622 Hälfte f, halb**
Hk der r *B-H »halbiert« Z der l *B-H nach h

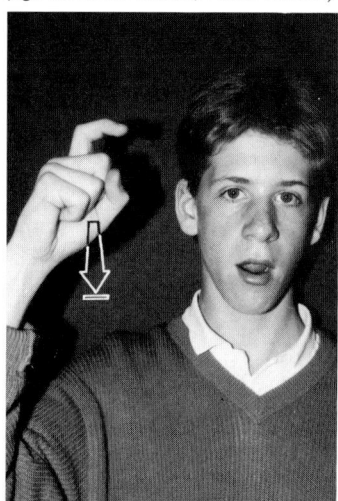

**1.0623 hängen (Sache),
aufhängen (Sache),
Haken m**
X-H (Hr außen, Hk v) neben Kopf kurz nach u: »etwas aufhängen«

**1.0624 Hinweis**

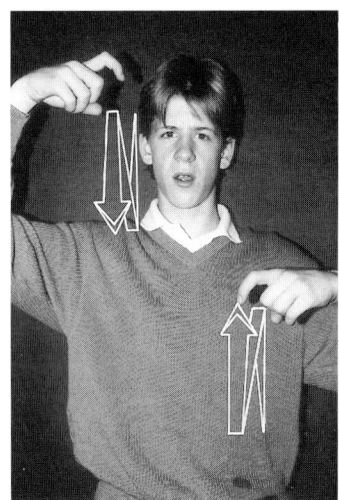

Hafen m = Schiff 1.1279
+ Gebiet 1.0875

Hauptbahnhof m
= Haupt... 1.0642
+ Bahnhof 1.0118

Hauptmann m (1)(2)
= Haupt... 1.0642
+ Mann (1)(2) 1.0945/46

Hauptschule f (N)(S)
= Haupt... 1.0642
+ Schule (N)(S) 1.1339/40

Hauptstadt f (1)(2)
= Haupt... 1.0642
+ Stadt (1)(2) 1.1106/07

**1.0625 Hagel m, hageln,
prasseln (Hagel, Regen)**
X-He (Hr o, Hk außen) schnell im Wechsel nach u: »Niederprasseln der Hagelkörner, des Regens«

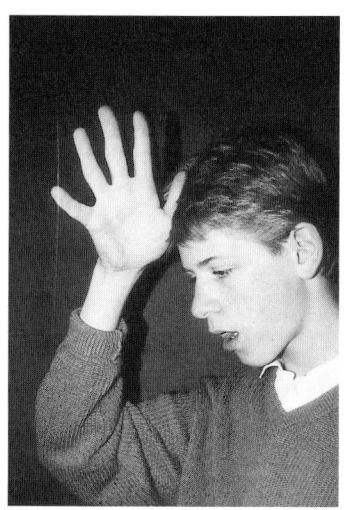

**1.0626 Hahn m (Tier)**
5-H (Hr außen, Hk v) deutet »Hahnenkamm« an

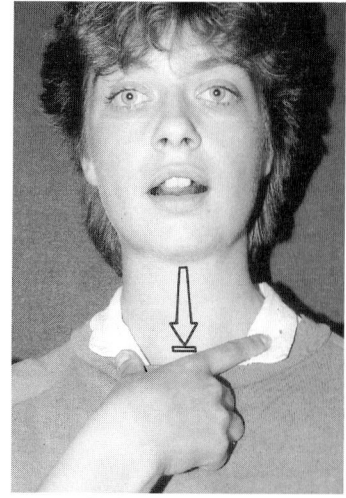

**1.0627 Hals m**
D und Z der *X-H (Hr v, Hk u) an Hals nach u

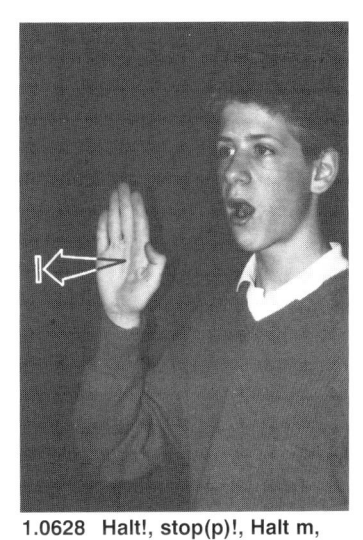

**1.0628 Halt!, stop(p)!, Halt m, anhalten, halten (stoppen), stoppen, Stopp m**
*B-H (Ht v, Hk außen) macht kurze »Stoppbewegung« nach v

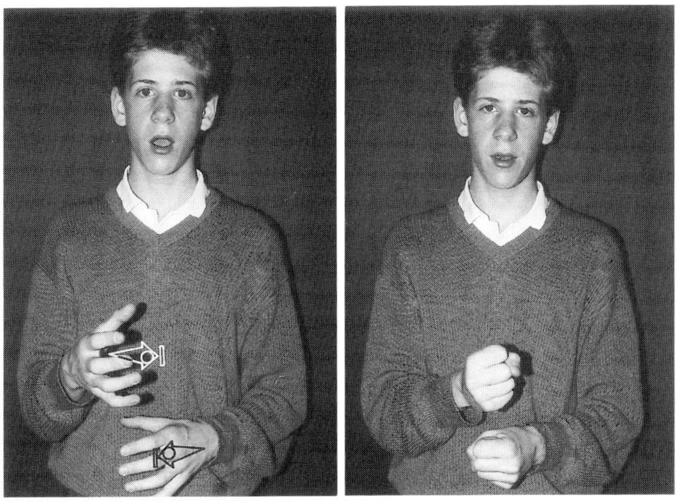

**1.0629 halten (etwas, jmdn.)**
1.2. *5*-He vor Brust zu Fe schließen: »etwas fest halten«
(vgl. festhalten 1.0435, fangen <2> 1.0408, befassen <sich><mit> 1.1255)

**1.0630 Hammer m, hämmern**
F **oder** A-H (Hr außen, Hk u) »hämmert« 2x nach u

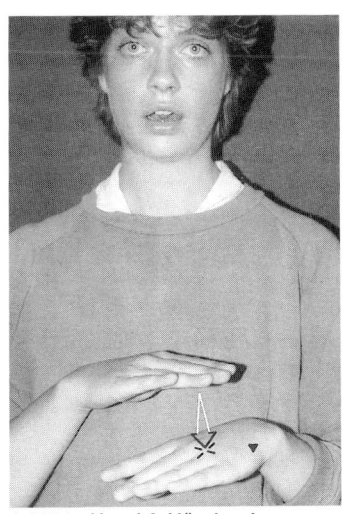

**1.0631 Hand f, Hände pl**
*Hand:* r Fi tippen auf l Hr
*Hände:* r Fi tippen auf l Hr, dann tippen l Fi auf r Hr

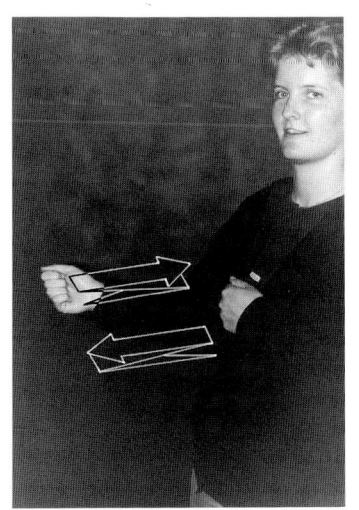

**1.0632 Handel m (1), handeln (1), Händler* m (1), -in** f (1), Handlung f (Geschäft)(1), Geschäft n, geschäftlich, Gewerbe n, gewerblich, Laden m (Geschäft), Shop m (2), Verkäufer* m, -in** f, Wirtschaft f (Handel), wirtschaftlich**
A-He (Hr außen, Hk u) im Wechsel nach v und zurück
(vgl. 1.0633, Handlung <Tat> 1.0634, Shop <1> **4.1640**)

121

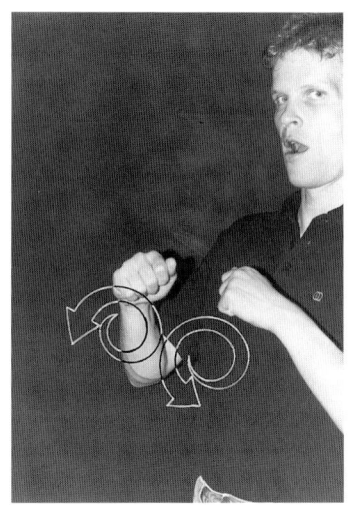

**1.0633** Handel m (2), handeln (2), Händler* m (2), -in** f (2), Handlung f (Geschäft)(2), agieren, Agent* m, -in** f, behandeln, Behandlung f, makeln, Makler* m, -in** f, managen (2), Manager* m (2), -in** f (2), organisieren, Organisierung f, Organisation f, Organisator* m, -in** f, vermakeln, wirtschaften
*A-He (Hr v, Hk u) kreisen versetzt umeinander zum Körper*
*(vgl. 1.0632, Handlung <Tat> 1.0634, managen <1> 4.1253)*

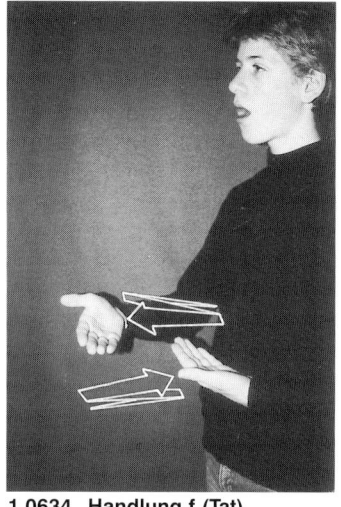

**1.0634 Handlung f (Tat)**
*B-He (Ht o, Hk h) vor Brust im Wechsel vor und zurück deuten »Hin und Her einer Handlung« an (vgl. handeln <1><2> 1.0632/33)*

**1.0635 Handschuh m, Handschuhe pl**
**Handschuh:** 1.2. <C-H (Hr u, Hk h) »streift Handschuh über *B-H« (Hr u, Hk innen)
**Handschuhe:** »beide Handschuhe überstreifen«

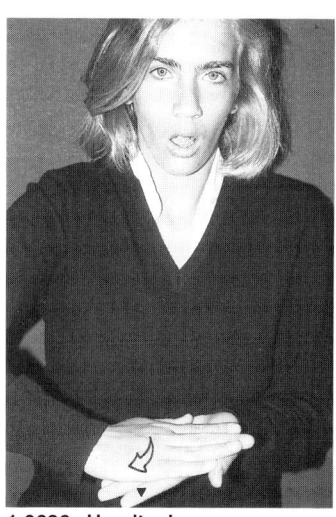

**1.0636 Handtuch n**
1. Ht der r *B-H macht Vierteldrehung auf Ht der l *B-H
2. Z (Ht v) deuten »Handtuchform« an

**1.0637 Harke f, harken, Rechen m, rechen**
*5*-H (Hr o, Hk außen) »harkt« 2x zum Körper*

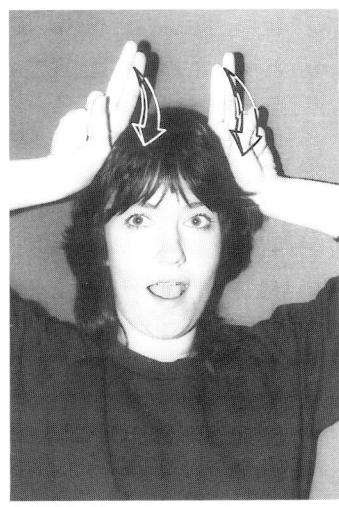

**1.0638 Hase m**
U-He (Ht v, Hk außen) am Kopf, ZM
kippen 2x nach v: »Hasenlöffel«
(**wie** Ostern 1.1109, vgl. Kaninchen
1.0767, Esel 1.0388)

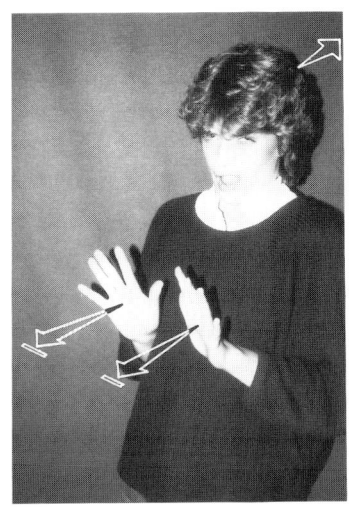

**1.0639 Hass m (1), hassen (1), abscheulich, Abscheu m, f,
abschrecken, Abschreckung f, anstößig, verabscheuen,
widerlich, Widerling* m, widerwärtig**
5-He (Ht v, Hk außen) kurz nach v, gleichzeitig Kopf etwas nach h:
»abwehren und zurückweichen«
(vgl. 1.0640)

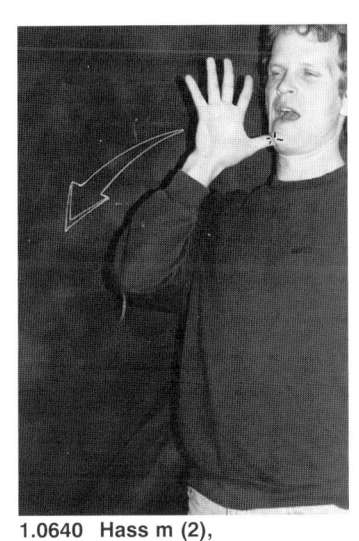

**1.0640 Hass m (2),
hassen (2),
verhasst**
5-H **oder** 5-He (Hr außen, Hk u,
D an r Kinnseite) schnell nach v u
(vgl. 1.0639)

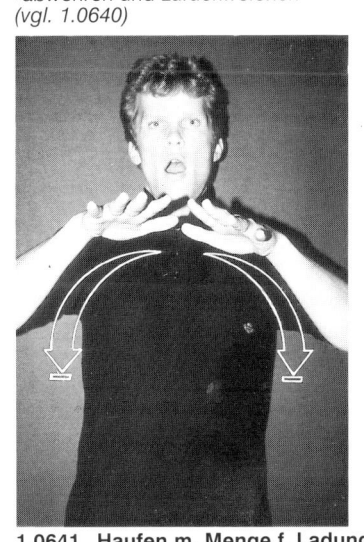

**1.0641 Haufen m, Menge f, Ladung f (Masse), Masse f (physik.),
Panzer m (Tier), Posten m (Waren), Quantität f, quantitativ,
Schatz m (Geld), zu viel (Essen)**
5-He (Hr o, Hk außen) umfahren »Haufen, Menge, ...« (Hr außen, Hk u)
(vgl. zu viel <allg.> 1.1689)

**1.0642 Haupt..., besonders, besondere, auf einmal (2), meist,
meiste, meistens, am meisten, noch einmal, überwiegend,
erst (2), vorerst, vorwiegend, zuerst, zunächst, Häuptling* m**
D der *A-H (Hr o, Hk außen) dreht im H-gelenk nach o (Hr außen, Hk u)
(vgl. auf einmal <1> 1.0293, erst <1>, Chef 1.0247)

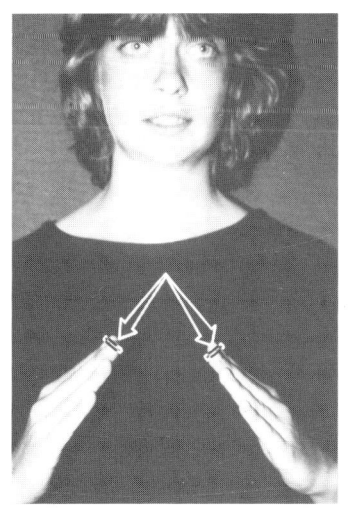

**1.0643 Haus n**
B-He ahmen Dachform nach
(vgl. Dach 1.0255, Stall 1.1451,
Wohnung 1.1827)

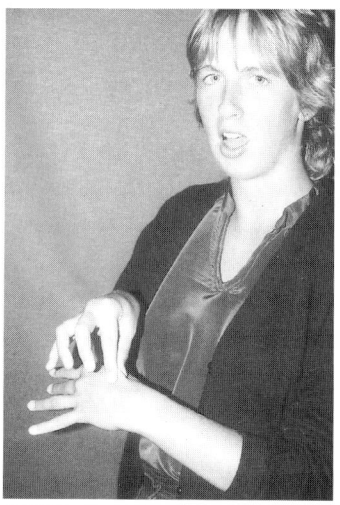

**1.0644 Haut f**
DZ der r H (Hr o) ziehen an Haut des l Hr

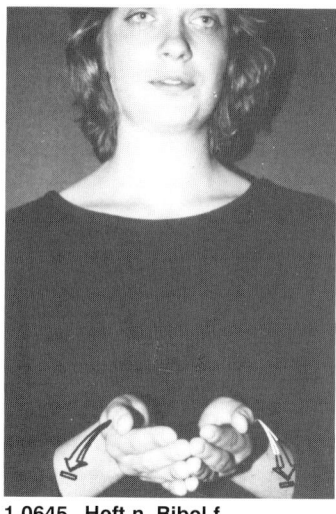

**1.0645 Heft n, Bibel f**
aneinanderliegende B-He **oder** *B-He (Hr außen, Hk u) 2x aufklappen (Hr u, Hk innen) (vgl. Buch 1.0235, Illustrierte 1.0775)

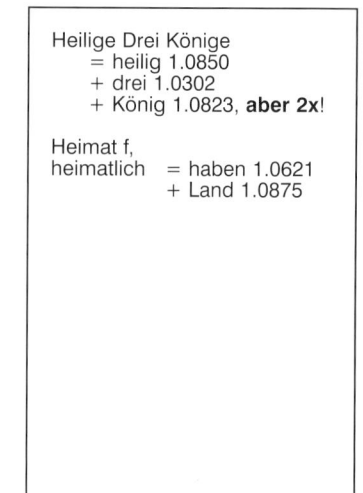

**1.0646 Hinweis**

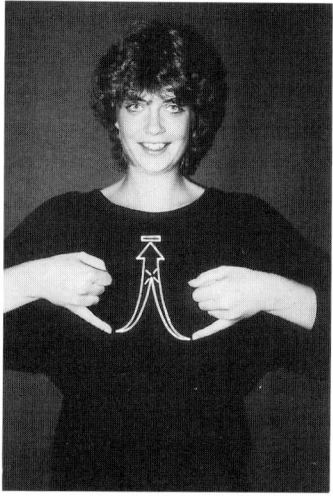

Heilige Drei Könige
= heilig 1.0850
+ drei 1.0302
+ König 1.0823, **aber 2x!**

Heimat f,
heimatlich = haben 1.0621
+ Land 1.0875

**1.0647 heiraten, Heirat f, vermählen, Vermählung f**
K der I-He (Hr außen, Hk u) legen sich aneinander (Hr v, Hk innen): »2 Personen kommen zusammen« (vgl. verheiratet 1.0331, Eltern 1.0359)

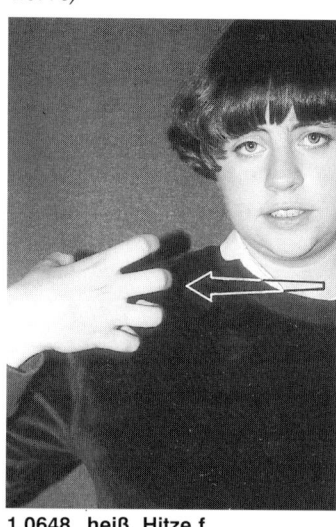

**1.0648 heiß, Hitze f**
*5*-H (Hr v, Hk u) vom Mund nach r (vgl. warm 1.1745)

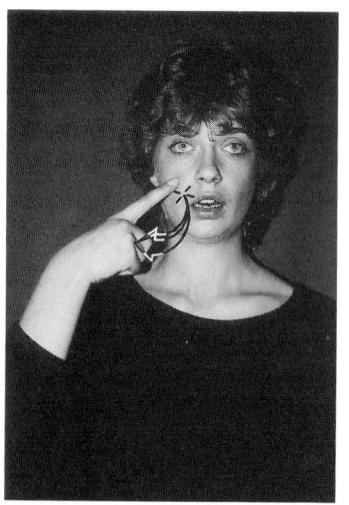

**1.0649 heißen, nennen (W)**
Z-spitze (Hr o) von Wange 2x kurz nach u
(vgl. Name <1><2>, nennen <N><S> 1.1044/45)

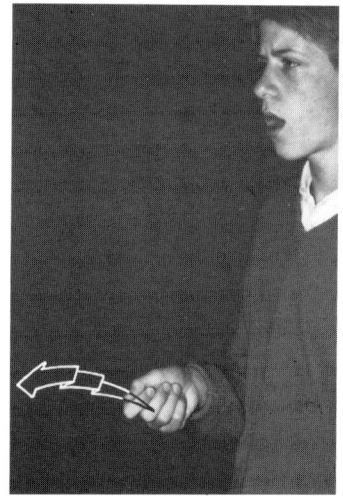

**1.0650 heizen**
A-H (Hr außen, Hk u) mit Unterbrechungen nach v: »Kohlen einfüllen«
(vgl. Heizung 1.0651)

**1.0651 Heizung f**
*X-He (Ht v, Hk u) »fahren« parallel nach u und außen »Heizkörperrippen nach«
(vgl. heizen 1.0650)

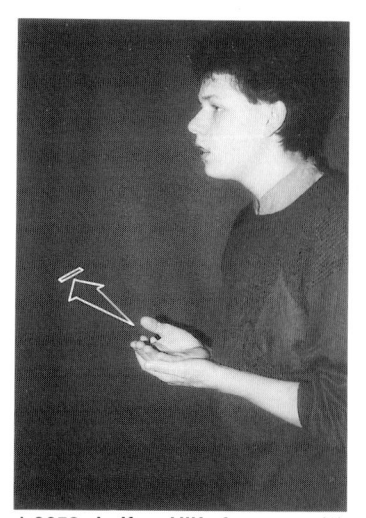

**1.0652 helfen, Hilfe f, (1) behilflich, verhelfen, Helfer* m, -in** f**
*B-He (r *B-H auf Ht l *B-H) kurz nach v (**richtungsgebunden**, vgl. antworten 1.0054)
(vgl. 1.0653)

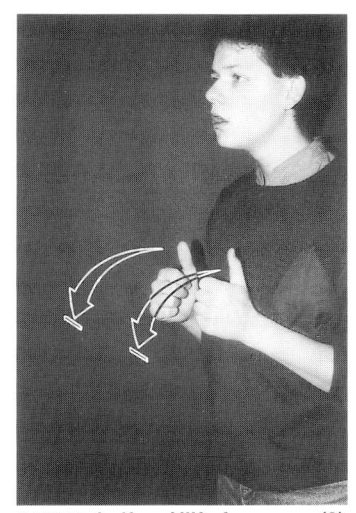

**1.0653 helfen, Hilfe f,** (2)
**behilflich, verhelfen,**
**Helfer* m, -in** f**
D der *A-He (Hr außen, Hk u) im
Bogen nach v **(richtungsgebunden,**
vgl. antworten 1.0054) (vgl. 1.0652)

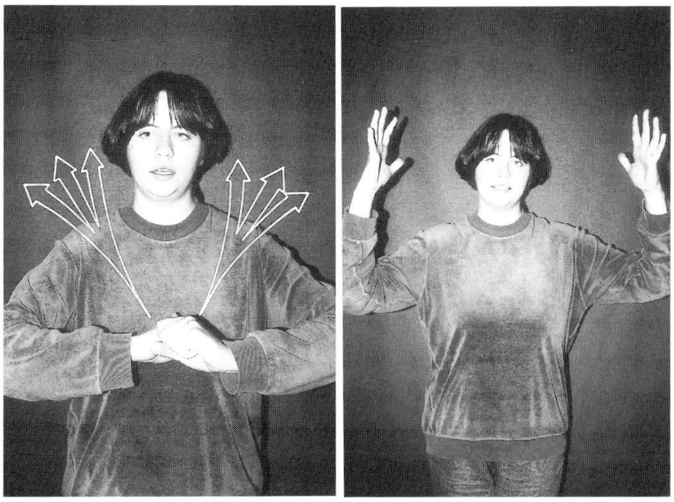

**1.0654 hell, Helligkeit f**
1.2. hintereinanderliegende Fe (Hr o, Hk v) öffnen sich im Bogen nach o außen
zu 5-He (Hr außen, Hk v): »es wird hell«
(vgl. dunkel 1.1034)

**1.0655 Hemd n (N)**
D und Z der F-H (Hr v, Hk u) ziehen
2x kurz am »Hemd«
(vgl. 1.0656)

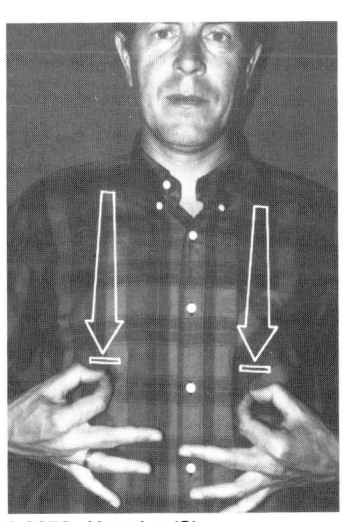

**1.0656 Hemd n (S),**
**Bluse f**
F-He (Hr v, Hk u) an Brust nach u
(vgl. 1.0655)

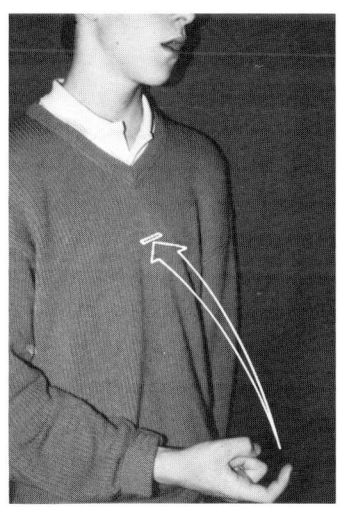

**1.0657 herauf (situativ)**
X-H (Hr u, Hk innen) im Bogen
»herauf« (Hr v)

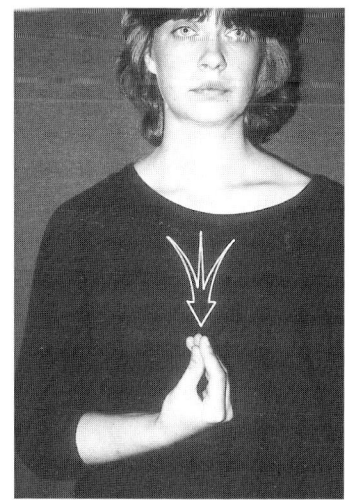

**1.0658 Herbst m,**
**herbstlich**
5-H (Hr u, Hk innen) schließt vor
Brust nach u zur <O-H: »Wachstum
kommt zum Stillstand«
(vgl. Frühling 1.0498)

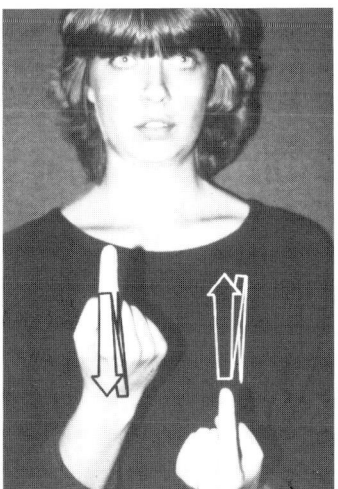

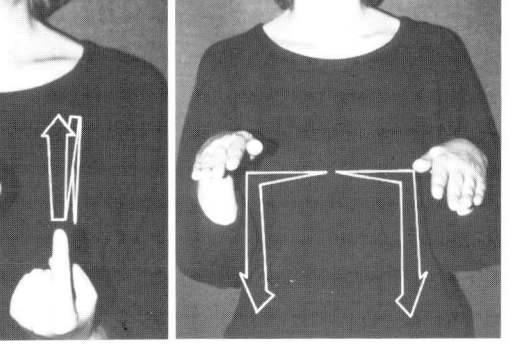

**1.0659 Herd m**
1. Z (Hr v, Hk innen) im Wechsel auf und ab, deuten »kochendes
Wasser« an **(wie** kochen <sieden> 1.0822)
2. B-He (Hr o, Hk außen) fahren Form nach (Hr außen, Hk u)

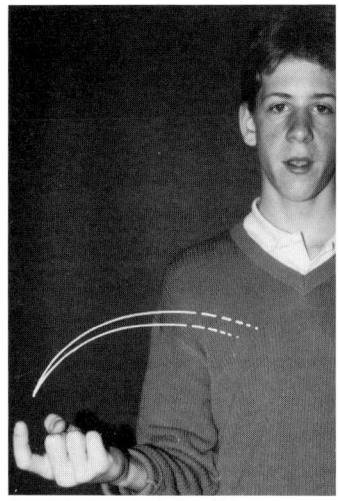

**1.0660 herein (situativ)**
1.2. X-H (Ht o, Hk v) im Bogen nach innen (Hr o)

**1.0661 Herr m**
3-H (Hr außen, Hk u) vom Schlüsselbein kurz nach u
(vgl. Anzug <1> 1.0057)

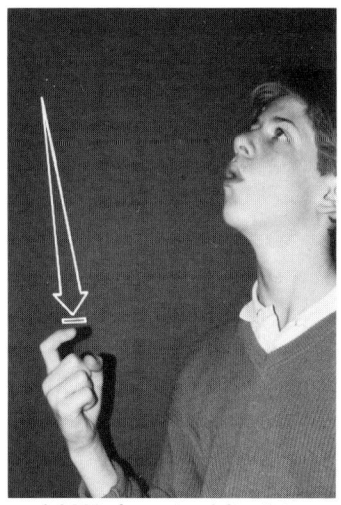

**1.0662 herunter (situativ)**
X-H (Hr v, Hk innen) »herunter«

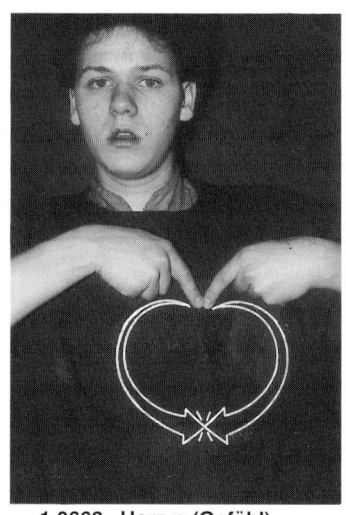

**1.0663 Herz n (Gefühl), herzlich, Herzlichkeit f**
Z (Hr v) umfahren »Herz«, deuten »Herzform« an
(vgl. 1.0664)

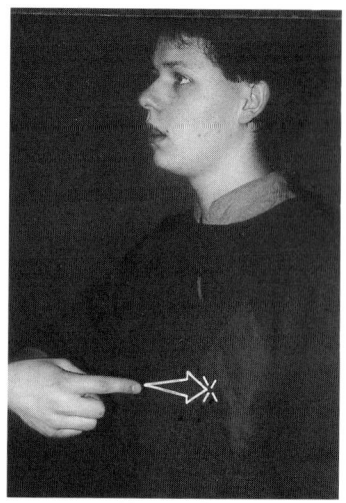

**1.0664 Herz n (Organ)**
Z tippt auf »Herz«
(vgl. 1.0663)

Herzklopfen n,
Herzschlag m (Puls),
Sünde f,
Sünder* m, -in** f,
sündhaft,
sündigen,
versündigen sich,
Versündigung f
= Herz (Organ) 1.0664
+ klopfen, schlagen (Herz)
1.0050

**1.0665 Hinweis**

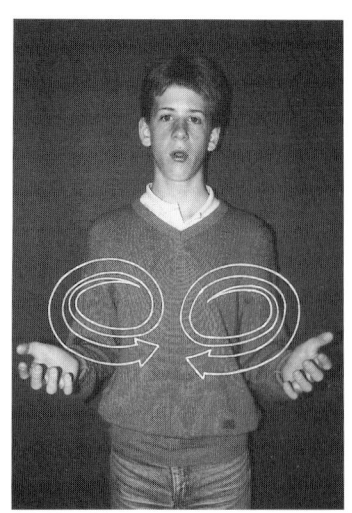

**1.0666 Heu n**
*5*-He (Ht o, Hk innen) kreisen entgegengesetzt vor Brust: »Heu aufwerfen«

**1.0667 heute, heutig, hier, jetzt (1), jetzig**
Z (Hr o, Hk außen) 2x kurz nach u
(vgl. im, in <örtlich> 1.0721, jetzt <2> 1.1084)

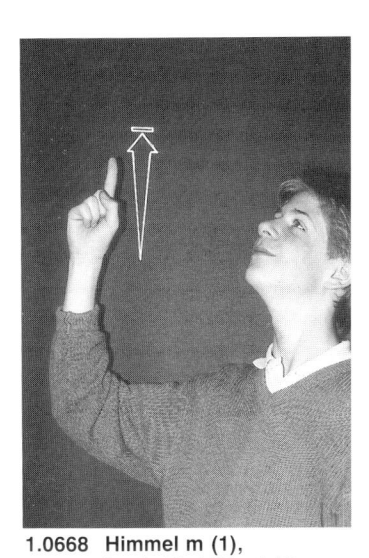

**1.0668 Himmel m (1),
hoch (1), Höhe f (1),
hinauf, oben**
Z (Hr außen, Hk v) 1x **oder** 2x nach o
und Blick nach o
(vgl. 1.0669, hoch <2>, groß 1.0612)

**1.0669 Himmel m (2),
All n**
5-He (Ht o, Hk außen) über Kopf
nach außen deuten »Himmel,
Weltall« an
(vgl. 1.0668)

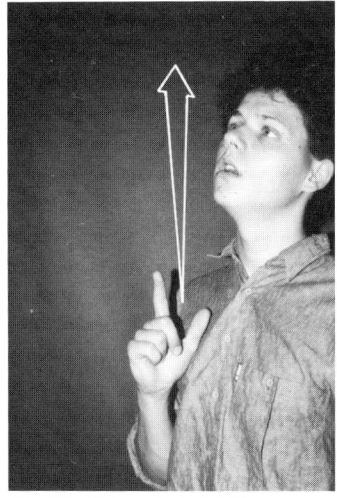

**1.0670 Himmelfahrt f (Feiertag)**
L-H (Hr außen, Hk v) vor Brust nach o:
»gen Himmel fahren«
(vgl. fahren <allg.> 1.0398)

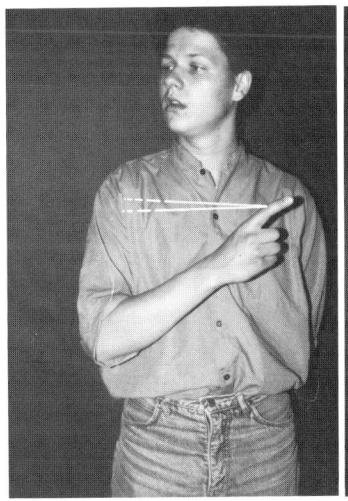

**1.0671 hinaus (2)(situativ)**
1.2. Z (Hr o, Hk v) von l Schulter nach r »hinaus« (Hk h)
(vgl. hinaus <1><situativ> 1.0298)

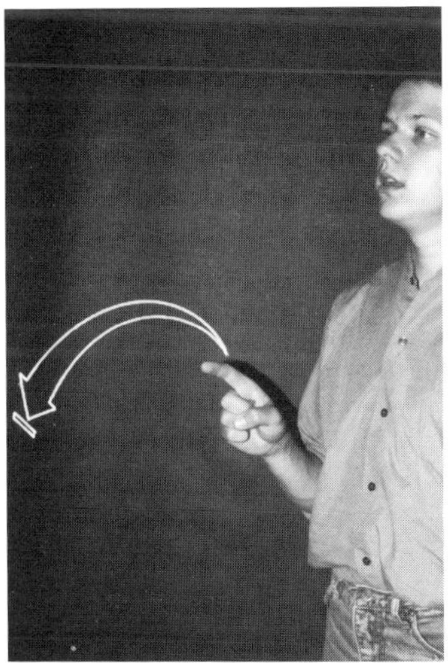

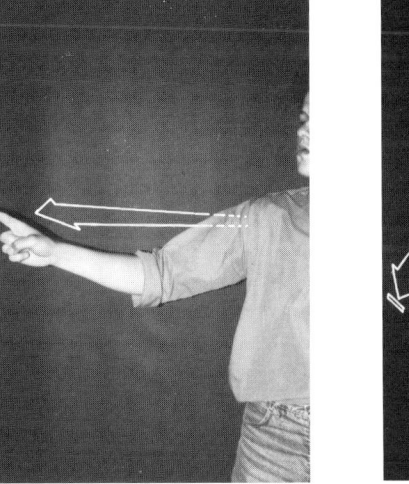

**1.0672 hinein (situativ)**
Z (Hr o, Hk außen) im Bogen nach v
»hinein«

**1.0673 hinken**
Z (Hr außen, Hk h) »hinkt« mit
Schulterbewegung nach v

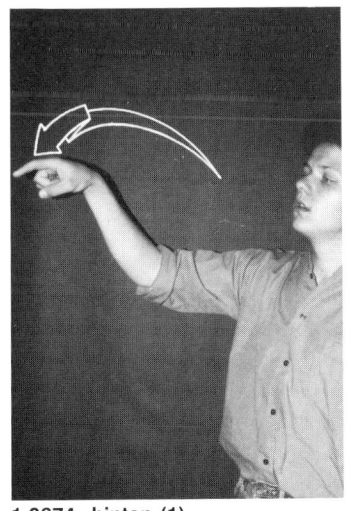

**1.0674 hinten (1)**
Z (Hr o, Hk außen) in
2 unterschiedlichen Bögen
nach v: »da hinten«
(vgl. 1.0675)

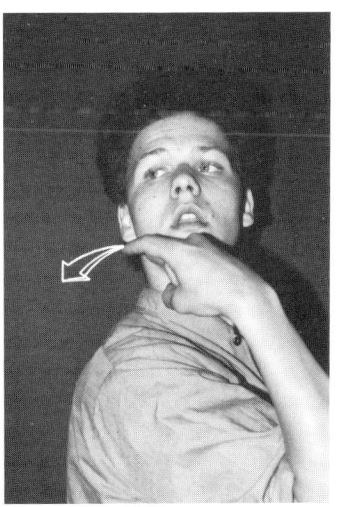

**1.0675 hinten (2)**
Z (Hr v, Hk innen) 2x über Schulter
nach »hinten«
(vgl. 1.0674)

**1.0676 hinter (1),
anal, rektal, After m (2)**
X-H (Hr v, Hk außen ) mit
H-gelenkdrehung im Bogen nach
»hinten« (Hr außen, Hk h)
(vgl. 1.0677, After <1> **2.0124**)

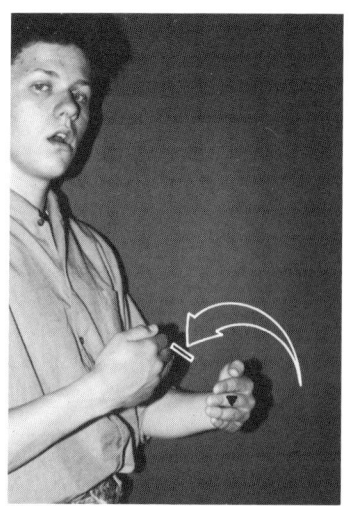

**1.0677 hinter (2)**
r <B-H (Hr außen, Hk u) beschreibt
von v Bogen »hinter« l <B-H
(Hr außen, Hk u)
(vgl. 1.0676)

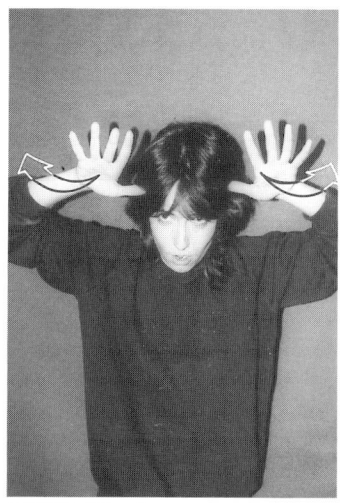

**1.0678 Hirsch m**
5-He (Ht v, Hk außen, D an Schläfen
des gesenkten Kopfes) drehen nach
außen (Ht außen, Hk h):
»Hirschgeweih«
(vgl. Reh 1.1196)

**1.0679 Hobby n, Steckenpferd n,
gefallen (mögen),
lieber (Steigerung)**
5-H **oder** *B-H (Hr v, Hk u) 2x an
Brustmitte
(vgl. mögen 1.0998)

**1.0680 Hochzeit f**
B-He (Hr außen, Hk v) deuten
»Brautschleier« an

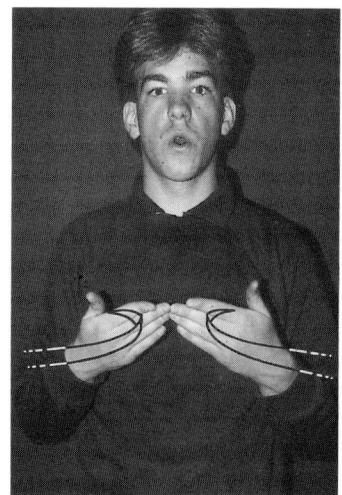

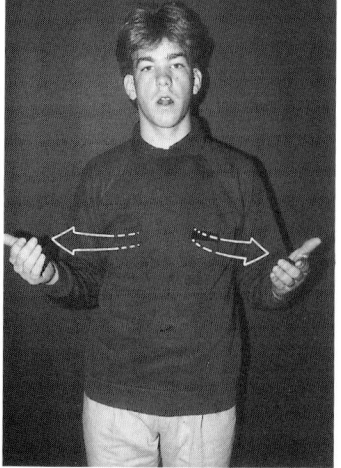

**1.0681 höflich, Höflichkeit f,
zuvorkommend, Zuvorkommenheit f**
1.2. *B-He (Hr v, Hk u) mit H-gelenkdrehung nach außen
(Ht o, Hk innen)
(vgl. zuvorkommen <jmdm.> **4.2284**)

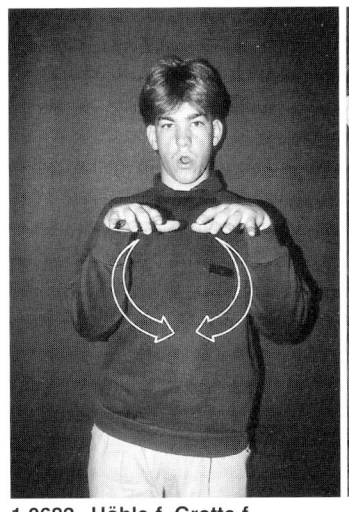

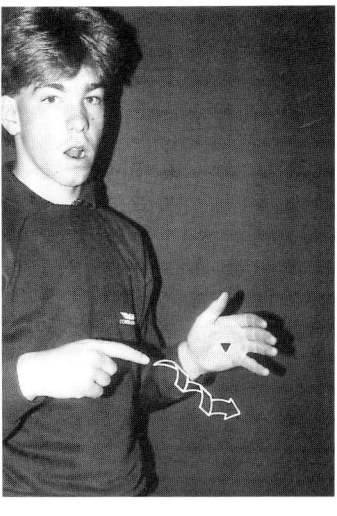

**1.0682 Höhle f, Grotte f**
1. 5-He umfahren »Höhleneingang«
2. r Z »bohrt Höhlengang«

**1.0683 Hinweis**

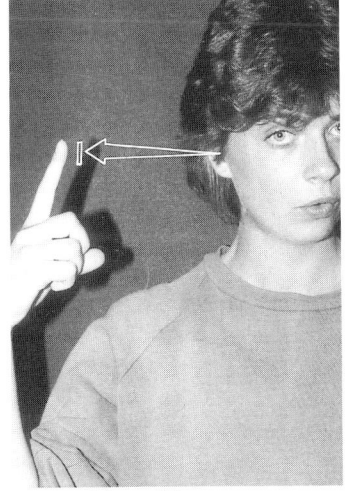

Hölle f   = tief 1.1554
          + Teufel 1.1552

Hotel n   = vornehm 1.0355
          + schlafen 1.1284

Kundschaft f (N)(S)(W)
          = Kunde (N)(S)(W)
            1.0150/1.0824/1.1126
          + Gruppe 1.1889

Kunstwerk n
          = künstlich (2) 1.0865
          + Figur (2) 1.0470

**1.0684 hören (1)**
Z (Hr außen, Hk v) vom Ohr nach r
(vgl. 1.0685/86)

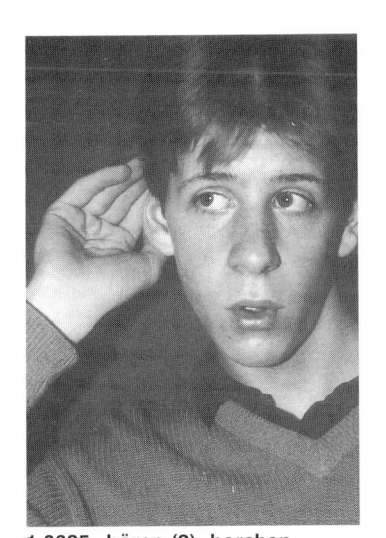

**1.0685 hören (2), horchen, lauschen, zuhören, Zuhörer* m, -in** f**
*B-H (Ht v, Hk außen) hinter Ohr deutet »Horchen« an
(vgl. 1.0684/86)

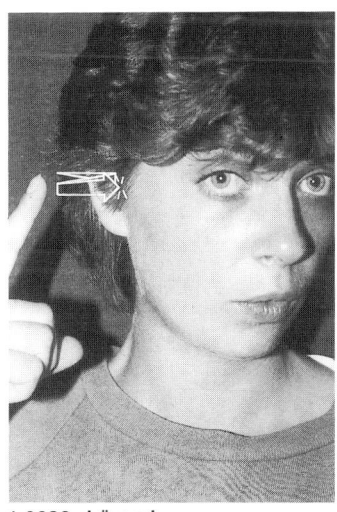

**1.0686 hörend, Hörende* m ** f**
Z (Hr außen, Hk v) tippt 2x an Ohr
(vgl. 1.0684/85)

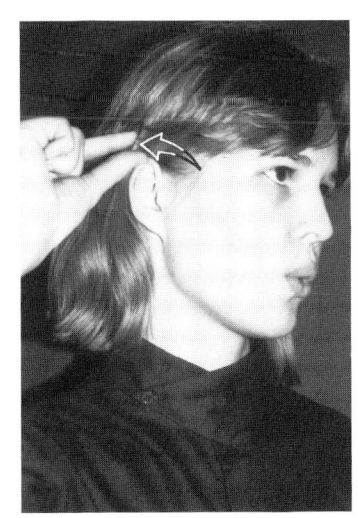

**1.0687 Hörgerät n, Hörapparat m**
Q-H (Hr außen, Hk v) deutet mit H-gelenkdrehung »Hörgerät hinter dem Ohr« an (Ht o, Hk außen)

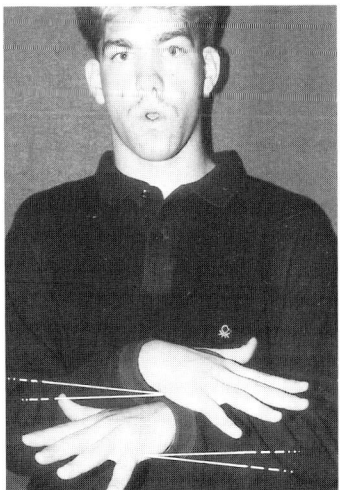

**1.0688 Hof m (2)**
1.2. gekreuzte 5-He (Hr o) auseinander deuten »große Fläche« an
(vgl. Hof <1> 1.1106)

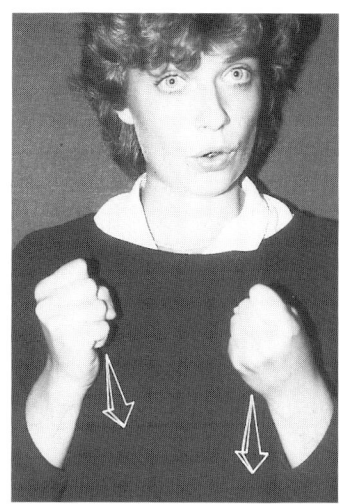

**1.0689 hoffen, Hoffnung f, hoffentlich, sicherlich (1), sicher (1), Sicherheit f (1)**
Fe (Hr v, Hk innen) mit Nachdruck, »voller Hoffnung« 2x vor Brust kurz nach u
(vgl. sicher <2> 1.1076, fest 1.0433)

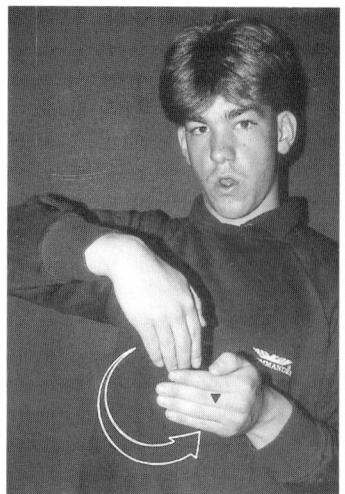

**1.0690 hohl**
1.2. r <B-H (Hr o, Hk außen) dreht hinter l <B-H (Hr v, Hk u) nach u (Hr u, Hk innen): »aushöhlen«

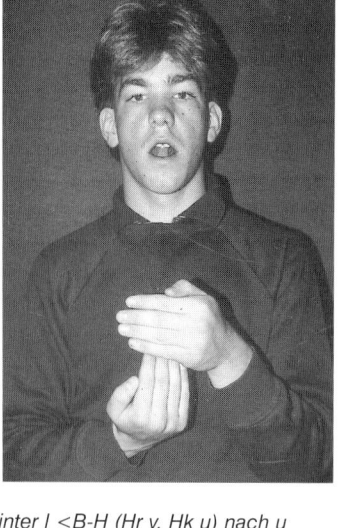

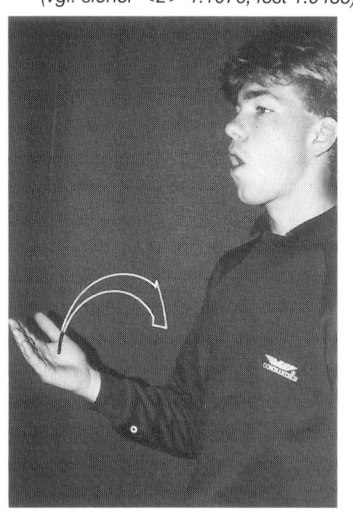

**1.0691 holen**
*B-H (Hr u, Hk innen) im Bogen zur Brust (Hr v)

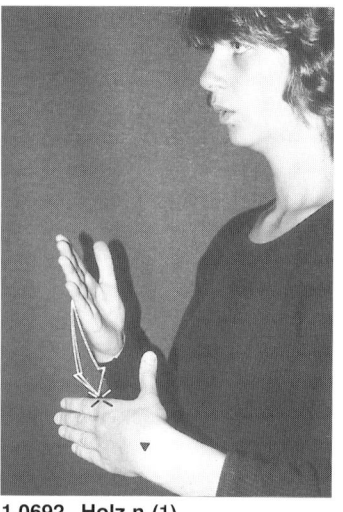

**1.0692 Holz n (1)**
Hk der r *B-H »hackt« 2x auf Z der l *B-H
(vgl. 1.0693)

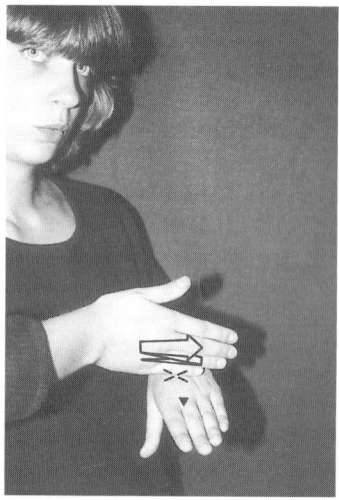

**1.0693 Holz n (2)**
Hk der r *B-H »sägt« auf Hr der l *B-H
(vgl. 1.0692, sägen 1.1234)

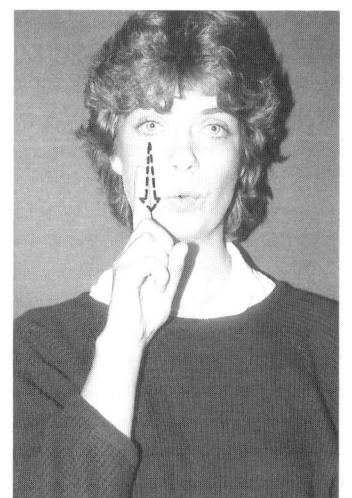

**1.0694 Honig m**
Z (Hr außen, Hk v) neben Mund langsam nach u
(vgl. süß <Geschmack> 1.1506)

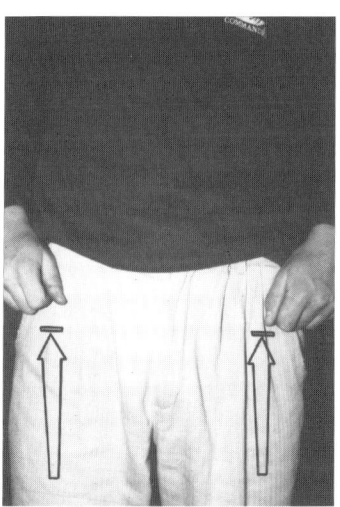

**1.0695 Hose f, anziehen (Hose)**
A-He »ziehen Hose an«
(vgl. ausziehen <Hose> 1.0102, anziehen <Pullover/Jacke/Schuhe/Socken> 1.0056/1.0727/1.1338/1.1410)

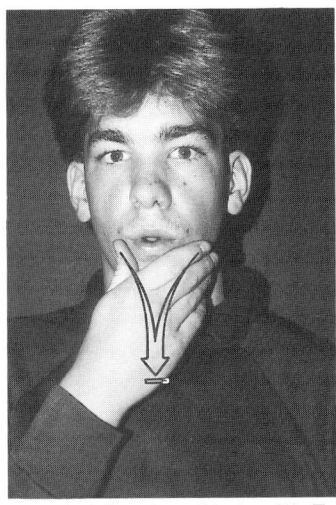

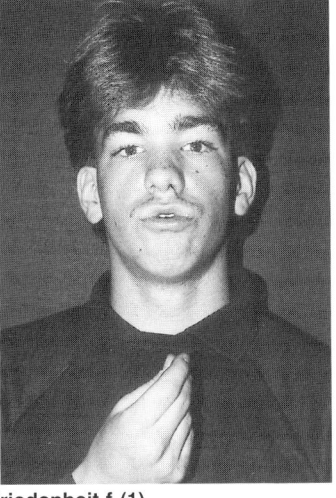

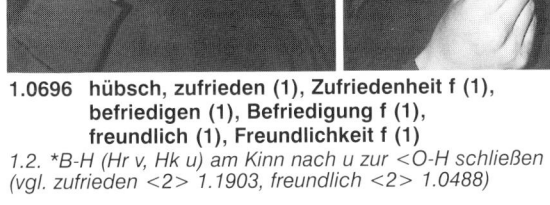

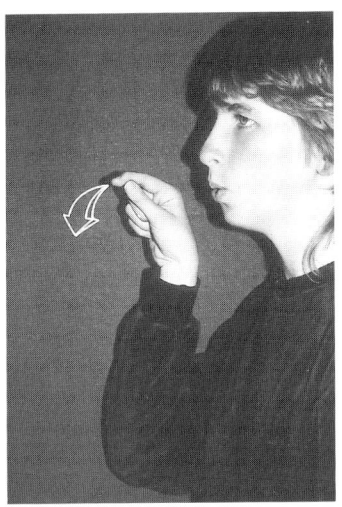

**1.0696 hübsch, zufrieden (1), Zufriedenheit f (1), befriedigen (1), Befriedigung f (1), freundlich (1), Freundlichkeit f (1)**
1.2. *B-H (Hr v, Hk u) am Kinn nach u zur <O-H schließen
(vgl. zufrieden <2> 1.1903, freundlich <2> 1.0488)

**1.0697 Huhn f, picken**
DZ der <Q-H (Ht v, Hk außen)
»picken« 2x

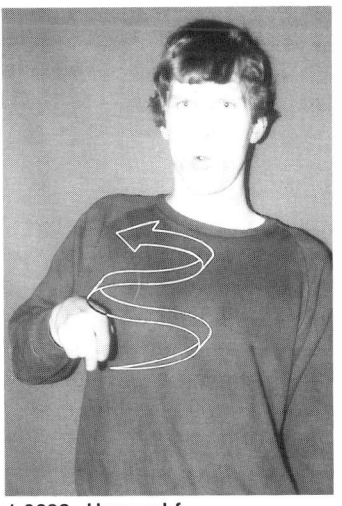

**1.0698 Hummel f**
U-H ahmt mit H-gelenkdrehung
»Flug der Hummel« nach
(gesenkte U-H = FA »**H**«,
Anfangsbuchstabe)

**1.0699 Hund m (1)**
Ht der *B-H schlägt 2x gegen
Oberschenkel: »bei Fuß!«
(vgl. 1.0700/01)

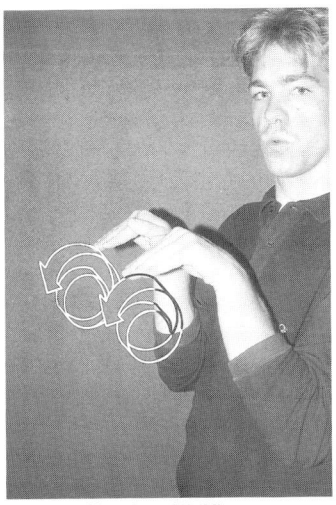

**1.0700 Hund m (2)(N)**
<B-He (Hr o, Hk außen)
beschreiben vor Brust gleichzeitig
2 kleine Kreise nach v:
»Männchen machen«
(vgl. 1.0699/701)

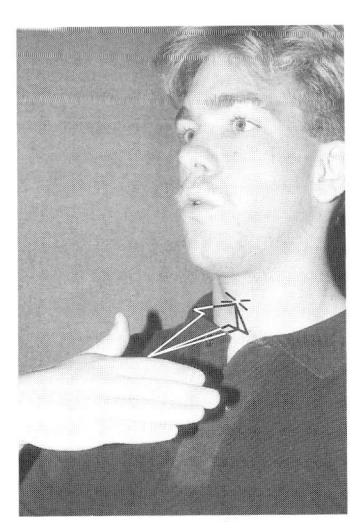

**1.0701 Hund m (3)(S)**
DZ der *B-H (Hr o, Hk v) 2x gegen
Hals: »Ziehen am Halsband«
(vgl. 1.0699/700)

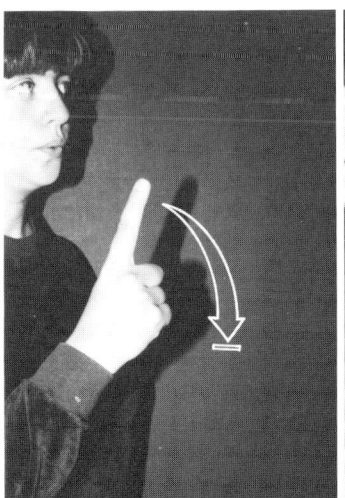

**1.0702 hundert, einhundert, 100, hundertste, einhundertste, 100.**
1. »hundert«: Z (Hr außen, Hk v) im Bogen nach u (Hk u)
2. »...ste«: Z (Ht v, Hk außen) kurz nach v:
   »Punkt neben Zahl setzen«

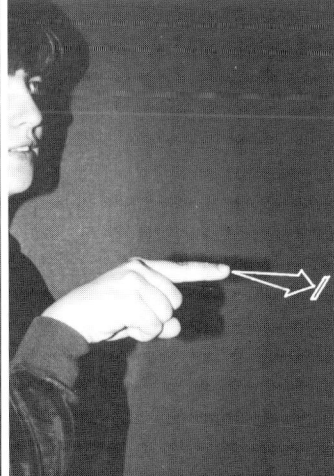

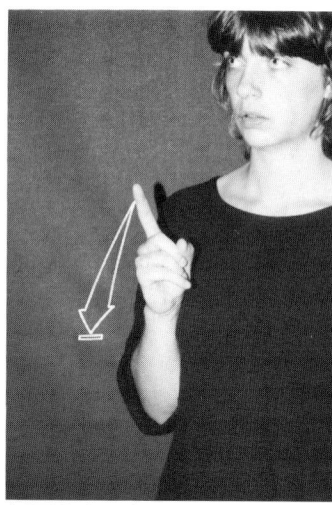

**1.0703 hunderttausend, einhunderttausend, 100 000**
1. »hundert«: Z (Hr außen, Hk v) im Bogen nach u (Hk u)
2. »tausend«: Z (Ht v, Hk außen) vor Brust nach r

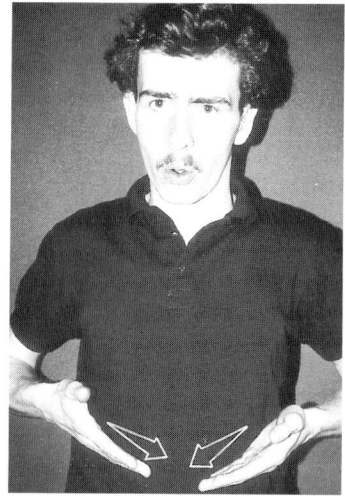

**1.0704 Hunger m, hungrig, hungern**
*B-He (Ht o, Hk h) vor Magen schräg nach innen u: »leerer Magen«
(vgl. arm <nichts haben> 1.0069)

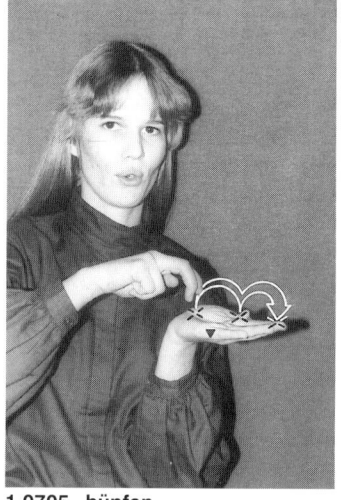

**1.0705 hüpfen**
r *U*-H (Hr o, Hk außen) »hüpft« über Ht der l B-H nach v
(vgl. springen <1> 1.1442)

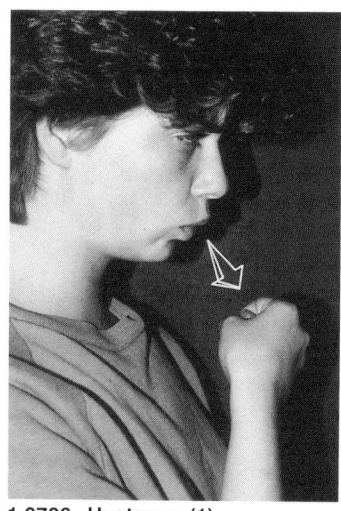

**1.0706 Husten m (1), husten (1)**
2x in F »husten«
(vgl. 1.0707)

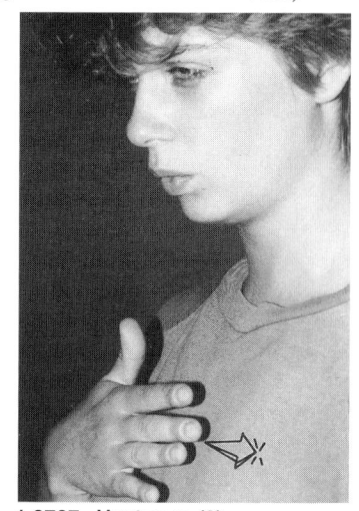

**1.0707 Husten m (2), husten (2)**
*B-H (Hr v, Hk u) schlägt 2x an Brust
(vgl. 1.0706)

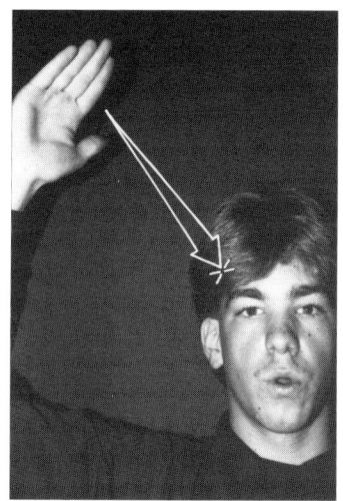

**1.0708 Hut m (1)**
Fi der *B-H tippen an Kopf: »Hut auf dem Kopf«
(vgl. 1.0709, Kopf 1.0836)

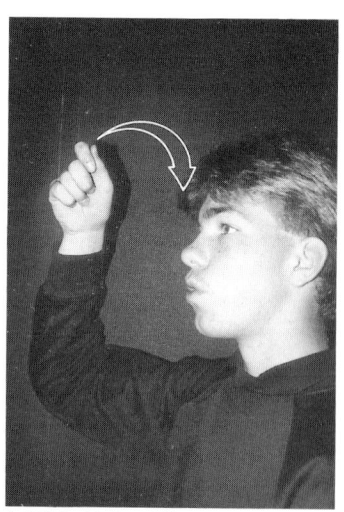

**1.0709 Hut m (2)**
A-H »setzt Hut auf«
(vgl. 1.0708)

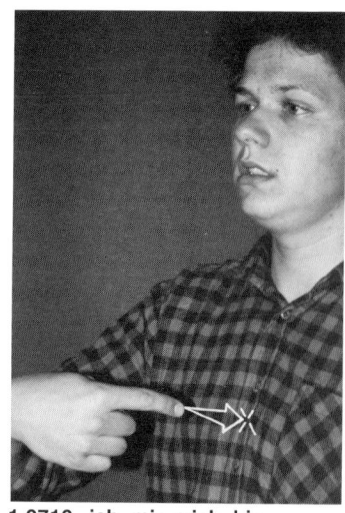

**1.0710 ich, mir, mich, bin**
Z-spitze tippt an Brust: »ich«
(»ich bin« = **2x** »ich«)
(vgl. mein 1.0965)

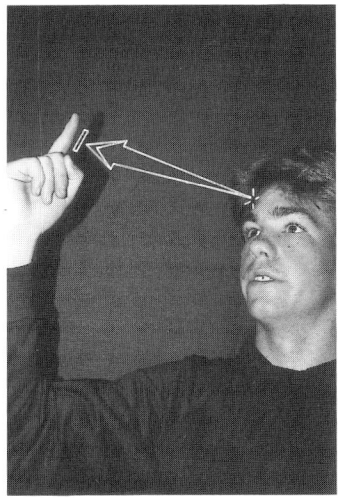

**1.0711 Idee f (1),
Einfall m (Gedanke),
einfallen (Gedanke)**
Z schnell von Stirn nach r: »Idee
schießt aus dem Kopf«
(vgl. 1.0712, glauben, ... 1.0588)

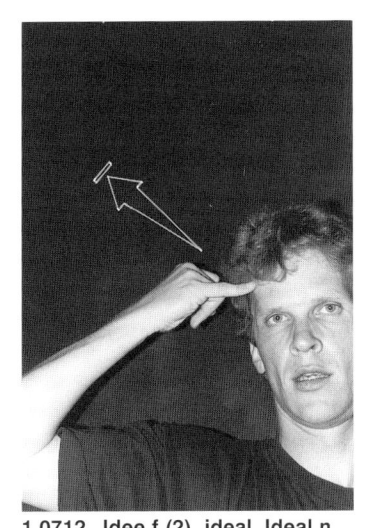

**1.0712 Idee f (2), ideal, Ideal n,
Idealist* m, -in** f,
Idealismus m**
K-spitze der I-H (Hr v, Hk u) von
Schläfe nach o außen
(Blick nach o!) (vgl. 1.0711)

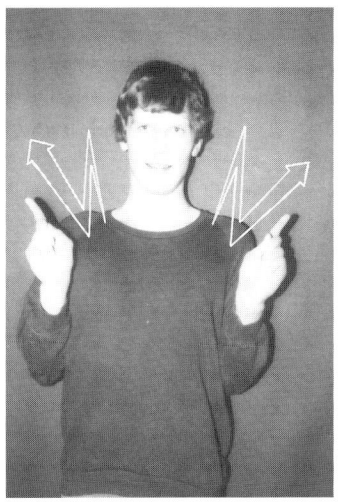

**1.0713 Igel m**
Z (Ht v, Hk außen) vor Schultern
parallel auf und ab nach außen u:
»Stachelkugel«

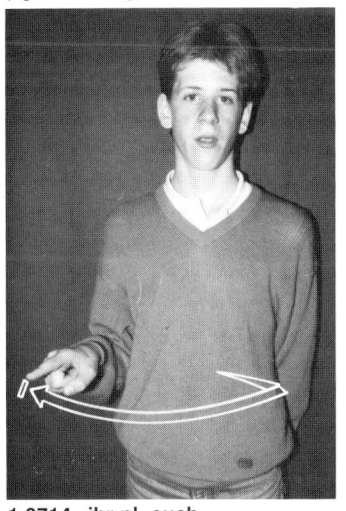

**1.0714 ihr pl, euch,
sie pl, ihnen**
Z (Hr o, Hk außen) beschreibt
Halbkreis: »betreffende Personen«
(vgl. wir, uns 1.1815, euer, ihr/e pl
<Besitz> 1.0392)

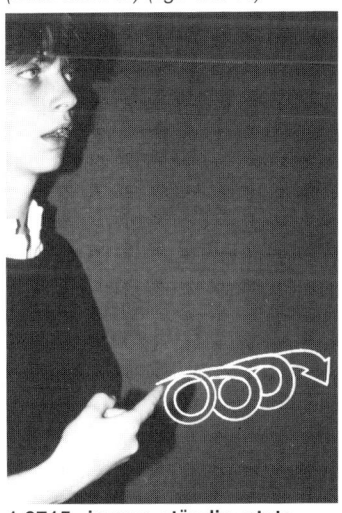

**1.0715 immer, ständig, stets,
fortlaufend, fortwährend**
Z (Hr v, Hk u) kreist »immer weiter«
nach v
(vgl. Weile 1.1772)

**1.0716 impfen, Impfung f**
D-nagel der *A-H »ritzt« 2x Oberarm

**1.0717 ...in (Endung für weibl.
Person) (N)**
D-nagel der *A-H (Hr außen, Hk v)
an r Brustseite nach u
(vgl. 1.0718/19/20)

**1.0718 ...in (Endung für weibl.
Person) (O)**
gesenkter M der 5-H (Ht v,
Hk außen) nach u innen
(vgl. 1.0717/19/20)

**1.0719 ...in (Endung für weibl.
Person) (S)**
F-H (Hr o, Hk v) an r Brustseite
nach u
(vgl. 1.0717/18/20)

**1.0720  ...in (Endung für weibl. Person) (W)**
I-H (Hr v, Hk innen) vor r Schulter
(vgl. 1.0717/18/19)

**1.0721  in, im, ins,    (örtlich) drinnen**
Z (Hr o, Hk außen) kurz nach u
(vgl. heute, hier, jetzt 1.0667, im, in <zeitlich> 1.0258)

**1.0722  indem, darauf (zeitlich)**
Z (Hr o, Hk außen) 2x nach v u

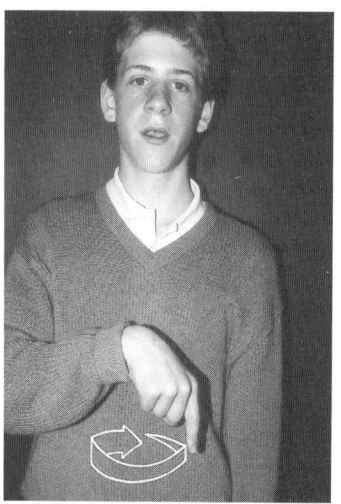

**1.0723  Insel f**
Z »kreist um Insel«
(wie Teich 1.1541)

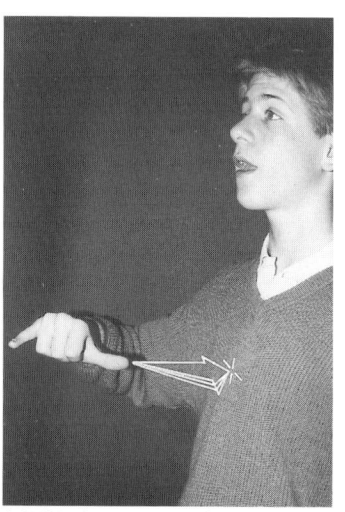

**1.0724  interessant, Interesse n, interessieren (sich), Interessent\* m, -in\*\* f**
D-spitze der Y-H (Hr o, Hk v) tippt 3x an Brust

**1.0725  ist**
Z (Hr außen, Hk u) kurz nach u
(vgl. sein <Hilfsverb> 1.1379, sind 1.1404)

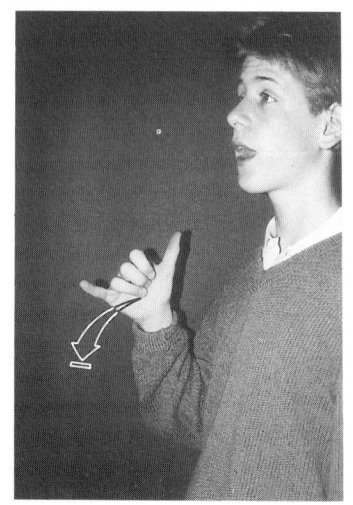

**1.0726  ja**
Y-H (Hr außen, Hk u) kurz im Bogen nach u
(vgl. jawohl 1.0736)

**1.0727  Jacke f, Kittel m, Mantel m, anziehen (Jacke, Kittel, Mantel), umhängen (Kleidung)**
A-He **oder** Fe (Hr außen, Hk u) im Bogen von Schultern zur Brust (Hr v): »Jacke, Kittel, Mantel anziehen«
(vgl. ausziehen <Jacke, ...> 1.0103, anziehen <Pullover/Hose/Schuhe/Socken> 1.0056/1.0695/1.1338/1.1410)

**1.0728 jagen, Jagd f, Jäger* m, -in** f,
Förster* m, -in** f**
l H »hält Gewehrlauf«, r D »drückt 2x ab«, gleichzeitig Bewegung zurück
und nach v: »Rückschlag beim Schuss«
(vgl. Gewehr 1.0579, schießen 1.1573)

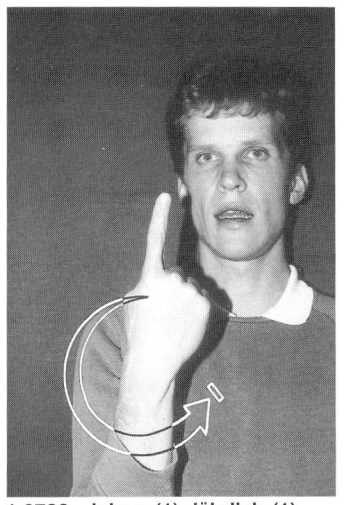

**1.0729 Jahr n (1), jährlich (1),
ein Jahr**
Z (Hr v, Hk innen) kreist vor Brust:
»Jahreskreislauf«
(vgl. 1.0730/**1.0731**, Zeit <N,S,W>
1.1871)

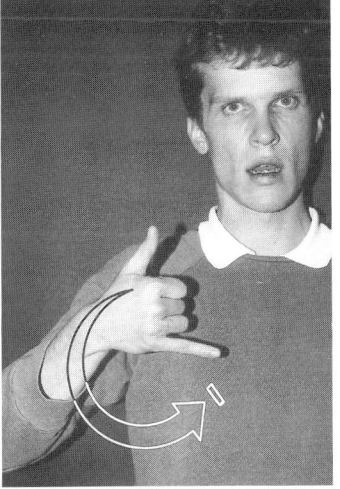

**1.0730 Jahr n (2),
jährlich (2)**
Y-H (Hr v, Hk u) kreist vor Brust:
»Jahreskreislauf«
(vgl. 1.0729)

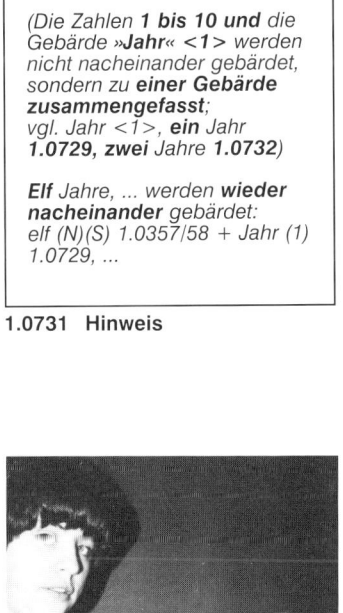

**1.0731 Hinweis**

drei Jahre
  = 3-H (Hr v, Hk innen)
    kreist vor Brust

vier Jahre
  = 4-H (Hr v, Hk innen)
    kreist vor Brust

(Die Zahlen **1 bis 10 und** die
Gebärde »**Jahr**« **<1>** werden
nicht nacheinander gebärdet,
sondern zu **einer Gebärde
zusammengefasst**;
vgl. Jahr <1>, **ein** Jahr
**1.0729**, zwei Jahre **1.0732**)

**Elf** Jahre, ... werden **wieder
nacheinander** gebärdet:
elf (N)(S) 1.0357/58 + Jahr (1)
1.0729, ...

**1.0732 zwei Jahre**
V-H bzw. 2-H (Hr v, Hk innen) kreist
vor Brust
(vgl. 1.0729/**1.0731**)

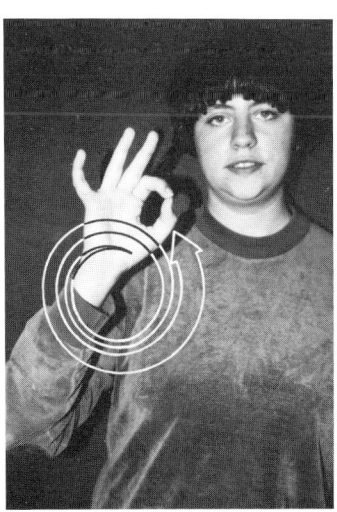

**1.0733 Januar m (1)(N)**
F-H (Ht v, Hk außen) kreist vor
Schulter
(vgl. 1.0734/35)

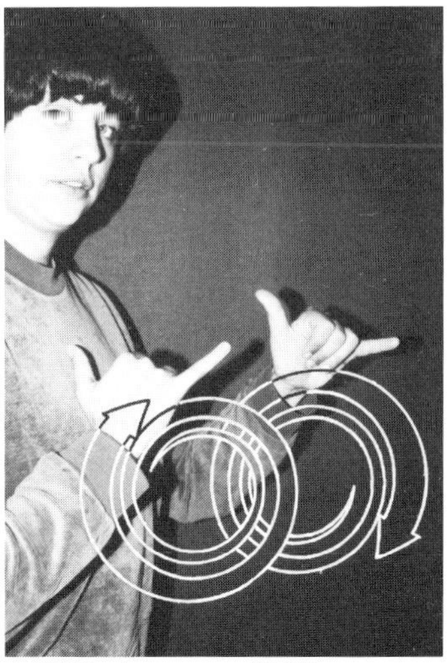

**1.0734 Januar m (2)(S)**
Y-He (Hr außen, Hk v) kreisen
versetzt vor Brust
(vgl. 1.0733/35)

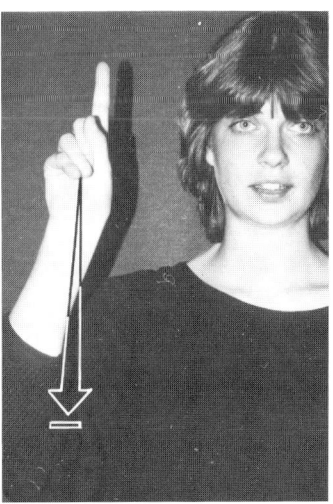

**1.0735 Januar m (3)**
Z (Ht v, Hk außen) nach u:
»1. Monat« (internationale Gebärde)
(vgl. 1.0733/34)

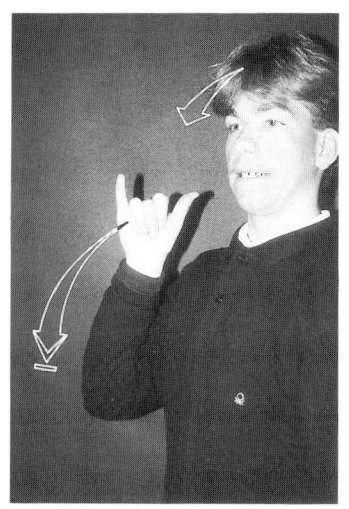

**1.0736 jawohl!, bejahen**
Y-H (Hr außen, Hk u) schnell im Bogen nach u, gleichzeitiges Kopfnicken
(vgl. ja 1.0726)

**1.0737 Hinweis**

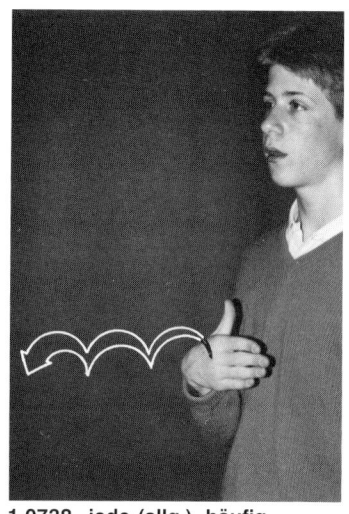

Jahrmarkt m (1)(2)
 = Jahr (1)(2) 1.0729/30
 + Ort (1) 1.1106

Jazz m = FA »J« »Z«

Jeans f = FA »J«
 + Hose 1.0695

Jeans-Hemd n (N)(S)
 = FA »J«
 + Hemd (N)(S) 1.0655/56

Jeans-Jacke f = FA »J«
 + Jacke 1.0727

Job m, jobben = FA »J«
 + arbeiten 1.0066

**1.0738 jede (allg.), häufig, Serie f, weiter...**
*B-H **oder** <*B-H (Hr außen, Hk u) mit Unterbrechungen nach v r, deutet »Folge, Serie« an (vgl. 1.0739, Reihe, Reihenfolge 1.1201)

**1.0739 jede (Person), Kinder pl (2)**
I-H (Hr v, Hk innen) mit Unterbrechungen nach r
(vgl. 1.0738, Kind <1> 1.0794, Kinder pl <1> 1.0796)

**1.0740 jemand**
1. »ein«: Z (Hr v, Hk innen)
2. r *X-H (Ht v, Hk u) nach u (= »Person«), gleichzeitig l *B-H (Ht o, Hk innen) nach l: »es gibt«
**jemand = »es gibt eine Person«**
(vgl. niemand 1.1072)

**1.0741 jene (1)(situativ)**
Z zeigt nach l
(vgl. 1.0742)

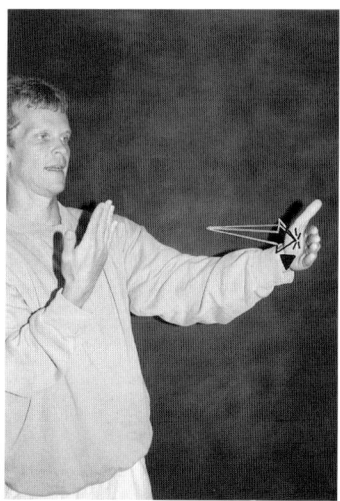

**1.0742 jene (2)(situativ)**
Fi-rücken der r <*B-H (Hr v, Hk innen) 2x kurz auf Fi der l *B-H (Hr v, Hk u)
(vgl. 1.0741)

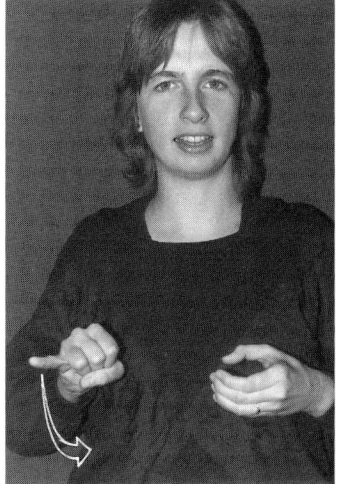

**1.0743 Joghurt m, Jogurt m**
1. r H FA »J«; l C-H (Hr außen, Hk u) »hält Becher«
2. r A-H »löffelt 2x Joghurt aus Becher«

**1.0744 Juli m (1)(N) (2)(S)**
1. FA »J«
2. FA »L«
(Juli)
(vgl. 1.0745)

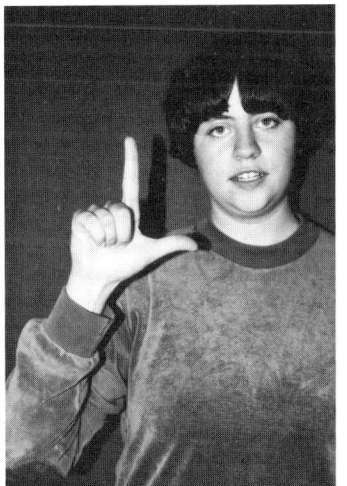

**1.0745 Juli m (3)**
7-He (Ht v, Hk außen) nach u:
»7. Monat« (internationale Gebärde)
(vgl. 1.0744)

**1.0746 jung (1), Jugend f,
jugendlich,
Jugendliche\* m \*\* f,
Junior\* m (1), -in \*\* f (1)**
D der Y-H (Hr v) 2x vom Kinn kurz nach u
(vgl. 1.0747)

**1.0747 jung (2),
Junior\* m (2), -in\*\* f (2)**
DZ der F-H (Hr v, Hk u) kreist mit
Kontakt vor Kinn
(vgl. 1.0746)

**1.0748 Junge m, Bursche m**
Z der B-H (Hr außen, Hk v) tippt 2x an Kopfseite

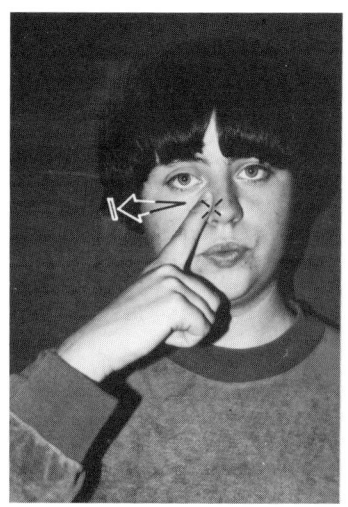

**1.0749 Juni m (1)(N)**
Z (Hr o, Hk v) von Nasenflügel kurz nach r: Lautgebärde »N« (Juni)
(vgl. 1.0750/51, nur 1.1085, wenn 1.1785)

**1.0750 Juni m (2)(S)**
Knöchel der *V*-He (Hr v, Hk u) 2x zusammen
(vgl. 1.0749/51)

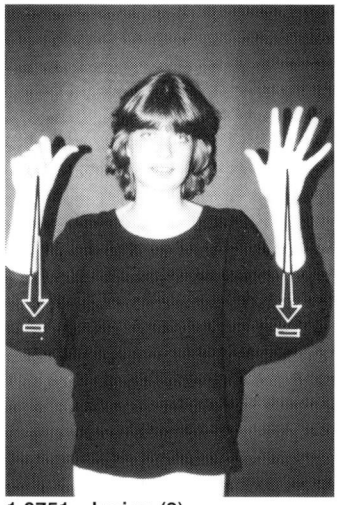

**1.0751 Juni m (3)**
6-He (Ht v, Hk außen) nach u: »6. Monat« (internationale Gebärde)
(vgl. 1.0749/50)

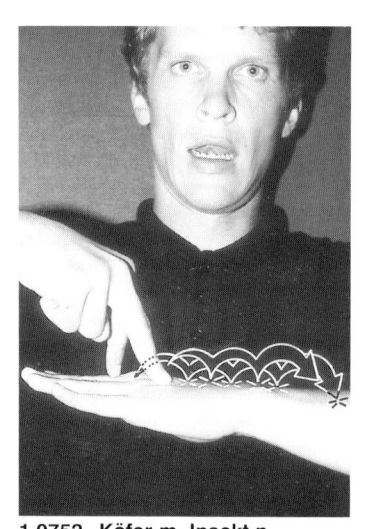

**1.0752 Käfer m, Insekt n, krabbeln (Insekt)**
Z und M der V-H (Hr o, Hk v) »krabbeln« auf Hr der l B-H (Hk v) von r nach l
(vgl. Insekten pl **3.0378**)

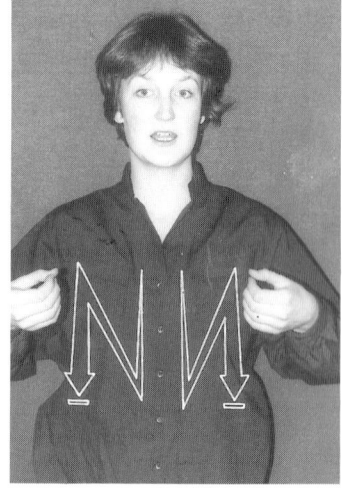

**1.0753 Käfig m (1)**
O-He (Hr außen, Hk u) fahren gleichzeitig »Gitterstäbe« von innen nach außen nach
(vgl. 1.0754)

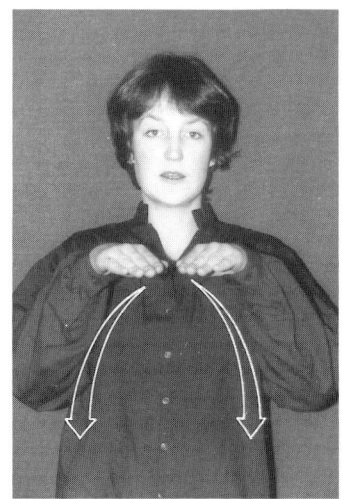

**1.0754 Käfig m (2)**
B-He (Hr o, Hk außen) deuten »Form des Käfigs« an (Hr außen, Hk u)
(vgl. 1.0753)

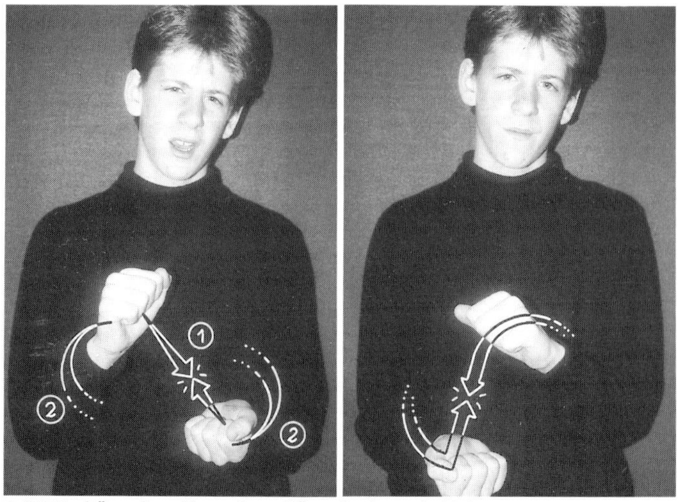

**1.0755 kämpfen, Kampf m, Kämpfer* m, -in** f**
1.2. A-He drehen im H-gelenk nach o bzw. u und pressen dazwischen 2x aneinander: »einmal hat der eine die Oberhand (r A-H), dann der andere (l A-H)«

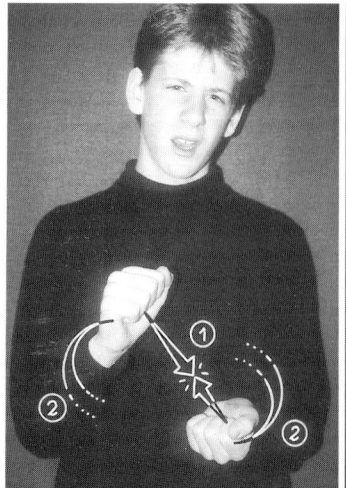

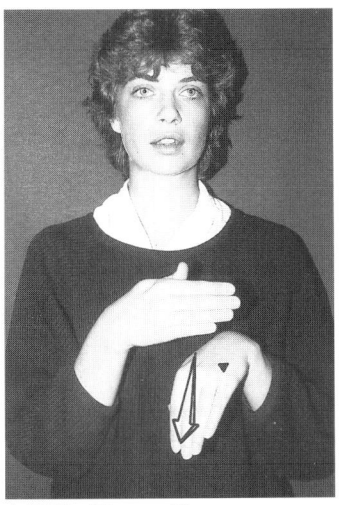

**1.0756  Käse m (1)
(Schnittkäse)**
Hk der r B-H (Hr v) 2x an Fi der
l <B-H (Hr o, Hk außen) nach u:
»Käse abschneiden«
(vgl. 1.0757)

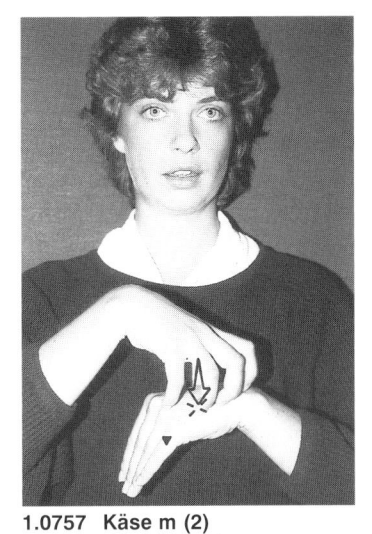

**1.0757  Käse m (2)
(Weichkäse)**
*5*-H ( Hr o) auf Hr der <B-H
deutet Form eines »runden
Weichkäses« an
(vgl. 1.0756)

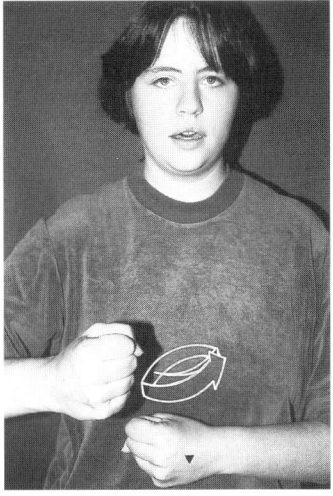

**1.0758  Kaffee m (1)**
r F (Hr v) kreist 2x über l F (Hr v):
»Kaffee mit der Handmühle
mahlen«
(vgl. 1.0759)

**1.0759  Kaffee m (2),
Café n**
F-H (Hr außen) »führt 1x **oder** 2x
mit H-gelenkdrehung Kaffeetasse
zum Mund«
(vgl. 1.0758)

**1.0760  Kakao m**
D der *A-H (Hr außen, Hk v) 2x zum
Mund

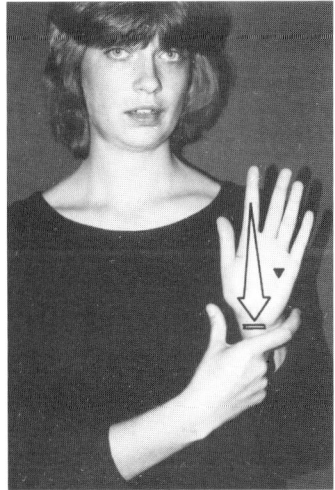

**1.0761  Kalender m (1)**
r *X-H (Hr v, Hk u) vor l *B-H (Ht v,
Hk außen) nach u, deutet
»Kalenderblatt« an
(vgl. 1.0762)

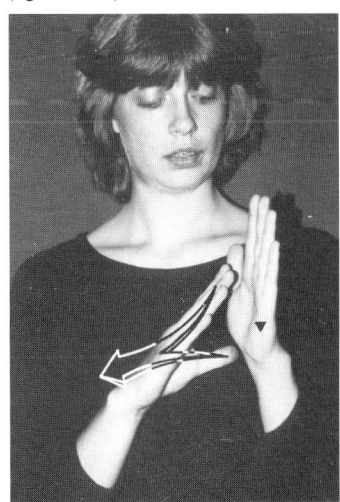

**1.0762  Kalender m (2)**
r *B-H (Hr außen, Hk v) schließt
vom Ht der l B-H (Ht innen, Hk v) 2x
nach u außen zur <O-H:
»Kalenderblatt abreißen«
(vgl. 1.0761)

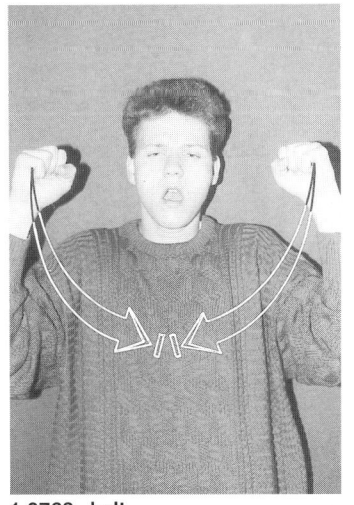

**1.0763  kalt,
Frost m, frostig**
Fe (Ht v) von Schultern mit
H-gelenkdrehung schnell nach
innen (Hk v)
(vgl. Kälte, Winter, frieren 1.1813)

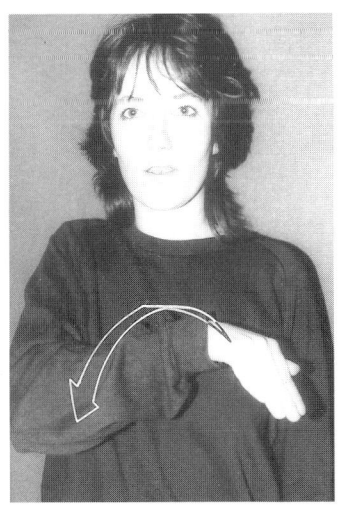

**1.0764  Kamel n, Dromedar n,
Höcker m**
**Dromedar:** <B-H deutet »einen
Höcker« an
**Kamel:** <B-H deutet »zwei Höcker«
an

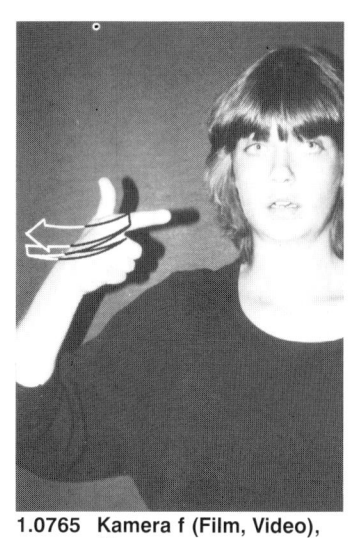

**1.0765 Kamera f (Film, Video), filmen**
L-H (Hr außen, Hk u) **oder** C-H (Hr außen, Hk v) »schwenkt Kamera hin und her«
(vgl. Kamera <Foto> 1.0471)

**1.0766 Kamm m, kämmen**
A-H »hält Kamm und kämmt 2x nach v **oder** nach h«
(vgl. bürsten <Haar> 1.0240)

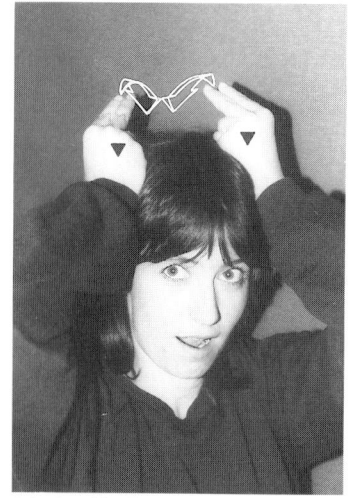

**1.0767 Kaninchen n**
ZM der U-He (Hr v, Hk innen) »knicken 2x wie Kaninchenohren« nach h
(vgl. Hase 1.0638)

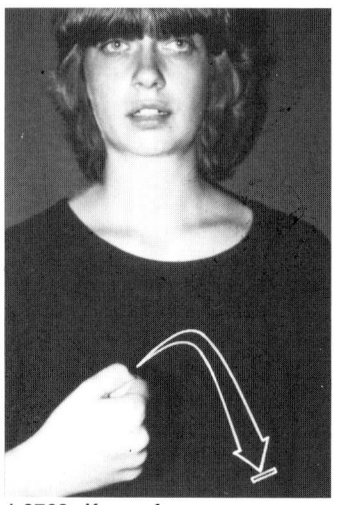

**1.0768 Kanne f**
A-H (Hr v, Hk u) »hält Kanne und gießt ein«
(vgl. gießen 1.0583)

**1.0769 kaputt (entzwei), brechen, Bruch m, defekt (reparabel), Defekt m (reparabel), aufbrechen (los), Aufbruch m (los), Bandit m, knacken (allg.), knicken (brechen), kriminell (2), Verbrechen n, Verbrecher\* m, -in\*\* f, verbrechen, verbrecherisch, Wrack n, wrack**
Fe (Hr o, Hk außen) »brechen etwas entzwei« (Hr außen, Hk u)
(vgl. 1.0770, kriminell <1> **4.1110**)

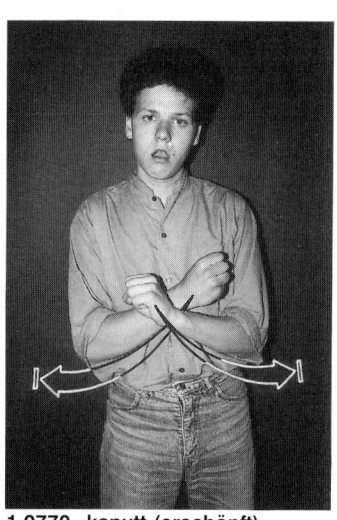

**1.0770 kaputt (erschöpft)**
gekreuzte Fe (Hr v, Hk u) mit H-gelenkdrehung nach u außen (Hr o, Hk außen): »kraftlos«
(vgl. 1.0769, kräftig 1.0433)

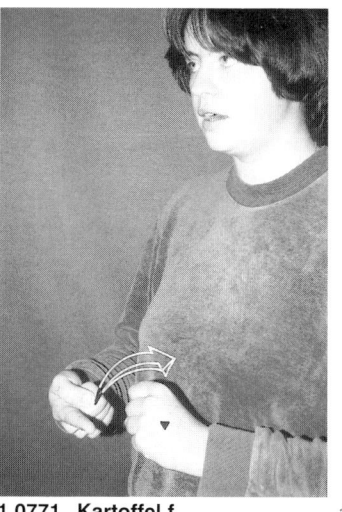

**1.0771 Kartoffel f**
r Z »schält« 2x mit H-gelenkdrehung um l A-H (A-H = »Kartoffel«)
(vgl. schälen <allg.> 1.1253)

**1.0772 Karussell n**
Z »drehen« versetzt umeinander

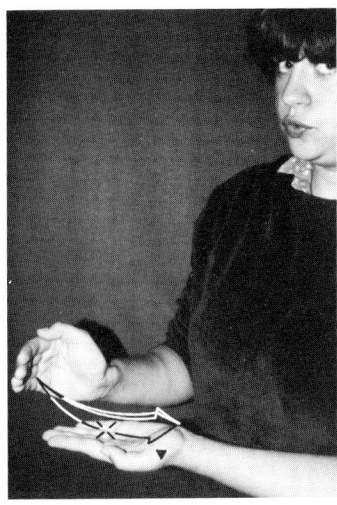

**1.0773 Kasse f (Geld), kassieren, Kassierer\* m, -in\*\* f, sparen, Sparer\* m, -in\*\* f, Sparkasse f**
Hk der r <B-H **oder** <\*B-H (Hr außen, Hk u) 2x **oder** 3x über Ht der l \*B-H (Ht o, Hk innen) nach h: »Geld einstreichen«
(**wie** sammeln 1.1242, vgl. sparsam 1.1428)

**1.0774 Kassette f (Video, Ton), Cassette f, Diskette f**
\*X-He (Hr außen, Hk u) auseinander und zu <Q-He schließen: »Form der Kassette, Diskette«

**1.0775 Katalog m (1), Illustrierte f**
aneinandergelegte B-He klappen 3x auseinander
(vgl. Zeitschrift 1.1873, Heft 1.0645, Katalog <2> **4.0960**)

**1.0776 Katastrophe f (1), katastrophal (1)**
r A-H (Hr o) reibt schnell im Kreis auf l A-H (Ht o)
(vgl. 1.0777)

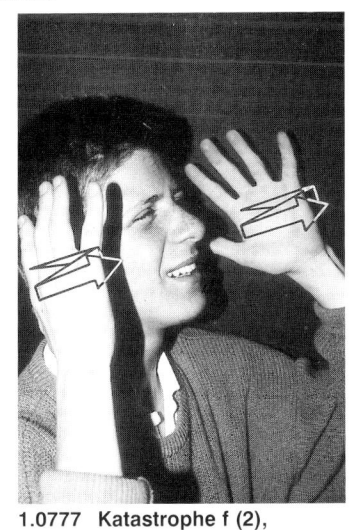

**1.0777 Katastrophe f (2), katastrophal (2)**
5-He (Hr außen, Hk v) schnell neben Gesicht parallel kurz vor und zurück
(vgl. 1.0776)

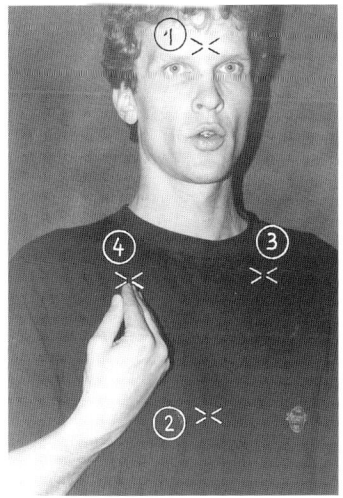

**1.0778 katholisch (1), Katholik\* m (1), -in\*\* f (1)**
<O-H (Hk u, Hr v) deutet »Kreuz« an Kopf, Brust und Schultern an
(vgl. katholisch <2> 1.0169)

**1.0779 Katze f**
DZ der F-He (Hr außen, Hk v) fahren 3x »Schnurrhaare« nach

**1.0780 kauen**
\*5\*-He kreisen versetzt: »Mahlbewegungen«

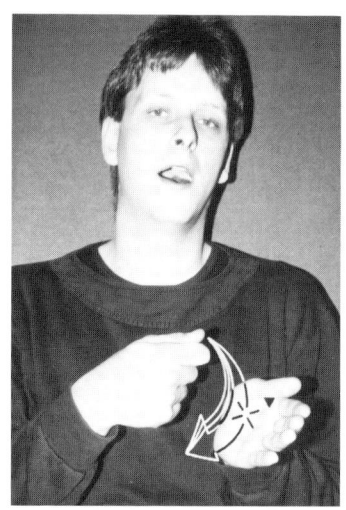

**1.0781 kaufen, Kauf m, Käufer\* m, -in\*\* f,
einkaufen, Einkauf m, Einkäufer\* m, -in\*\* f**
D und Z der r A-H (Hr v, Hk u) 2x **oder** 3x mit H-gelenkdrehung über Ht der
l \*B-H (Hr außen, Hk u) nach u (Hk außen): »Geld hinblättern«

**1.0782 Kaugummi m, n**
\*F\*-H (Hr v, Hk u) »zieht 2x
Kaugummi aus dem Mund«

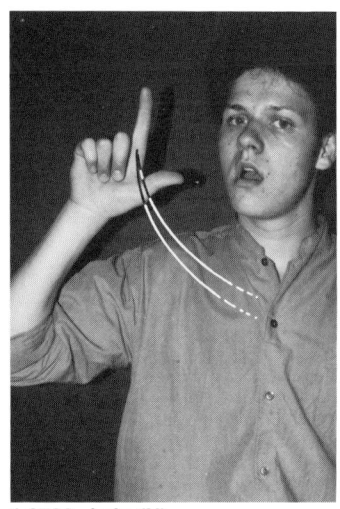

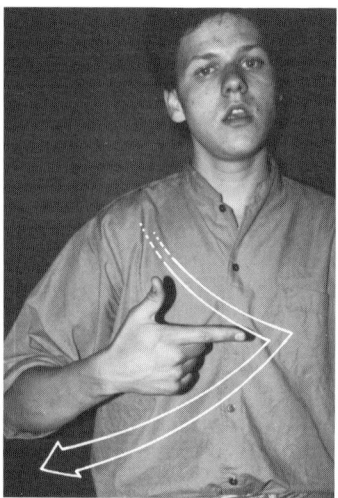

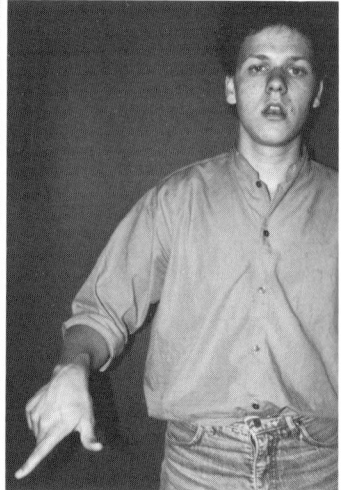

**1.0783 kein (N)**
1.2. L-H **oder** \*X-H (Ht v, Hk außen) mit H-gelenkdrehung im Bogen nach innen u (Hr v, Hk u), dann
2.3. mit H-gelenkdrehung nach u außen (Hr o, Hk außen)
(vgl. 1.0784)

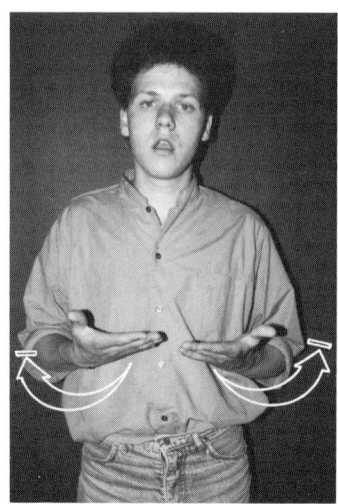

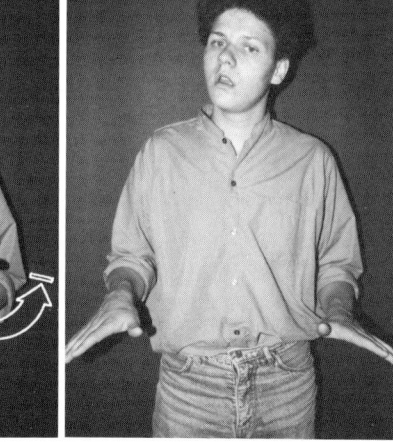

**1.0784 kein (S)**
1.2. \*B-He (Ht o, Hk h) drehen im H-gelenk nach u außen
(Hr o, Hk außen)
(vgl. 1.0783)

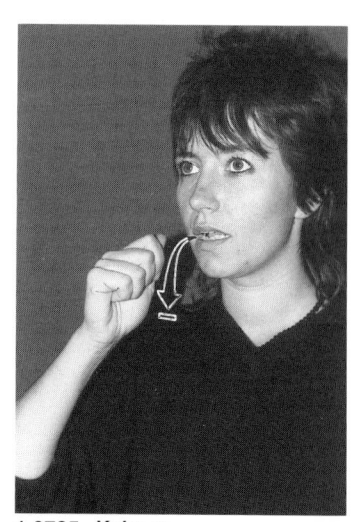

**1.0785 Keks m,
Plätzchen n**
A-H (Hk v) dreht vom Mund nach v
(Hk u): »Keks abbeißen«

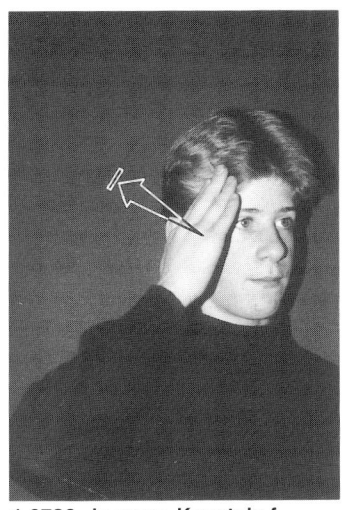

**1.0786 kennen, Kenntnis f,
erkennen, Erkenntnis f,
ahnen, Ahnung f**
Fi-spitzen der B-H (Hr außen, Hk v)
vom Kopf nach r
(vgl. bekannt <kennen> 1.0150)

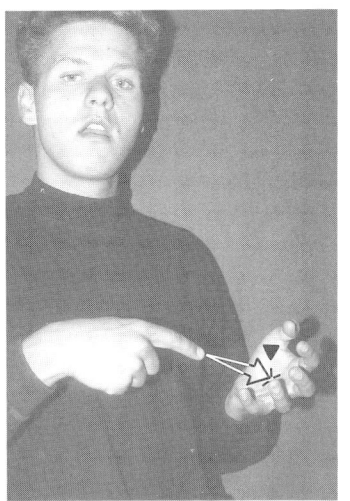

**1.0787 Kern m (1)**
r Z (Hr o) tippt in Ht der l *5*-H,
deutet »Kern« an
(vgl. Kern <2> 1.0838)

**1.0788 Kerze f**
1. r F-H (Hr außen, Hk u) von l O-H (Hr außen, Hk u) nach o:
»Kerzenform«
2. r F-H »zündet Kerze an«

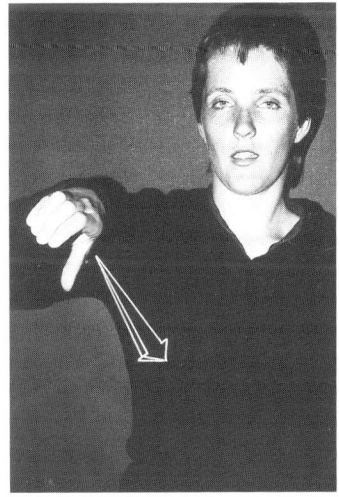

**1.0789 Ketchup m, n,
Ketschup m, n**
C-H (Hk außen) »schüttelt 2x
Ket(s)chup aus der Flasche«

**1.0790 Kette f (Eisen)**
1.2. D und Z der F-He greifen mit H-gelenkdrehung abwechselnd
ineinander: »Kettenglieder«
(vgl. 1.0791)

**1.0791 Kette f (Schmuck),
Halskette f**
Z (Hr v, Hk u) fährt »Halskette« nach
(vgl. 1.0790, Schmuck <Person>
1.1312)

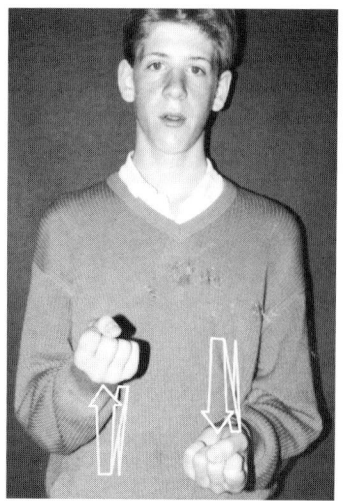

**1.0792 Kilogramm n, kg, Gewicht n (Schwere)(2)**
Fe (Ht o, Hk innen) pendeln auf und ab
(vgl. Gramm 1.0606, Pfund, Waage, Gewicht <1> 1.1731, schwer 1.1353)

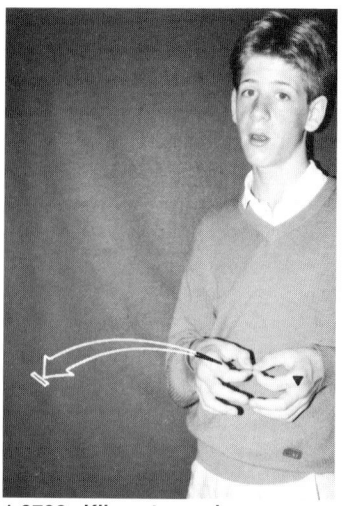

**1.0793 Kilometer m, km**
r F-H (Hr v, Hk u, DZ-Kontakt) in weitem Bogen von l F-H (Hr außen, Hk u) nach v: »kilometerweit«

**1.0794 Kind n (1), kindlich (1)**
l-H (Hr v, Hk innen) nach u
(vgl. 1.0795, dünn <Person> 1.0319, Kinder pl <2> 1.0739)

**1.0795 Kind n (2), kindlich (2), klein (Person)**
*B-H (Hr o, Hk außen) kurz nach u: »klein«
(vgl. 1.0794/96, groß <Person> 1.0612)

**1.0796 Kinder pl (1)**
*B-H (Hr o, Hk außen) deutet 3 »Kleine« an
(vgl. 1.0795, Kinder pl <2> 1.0739)

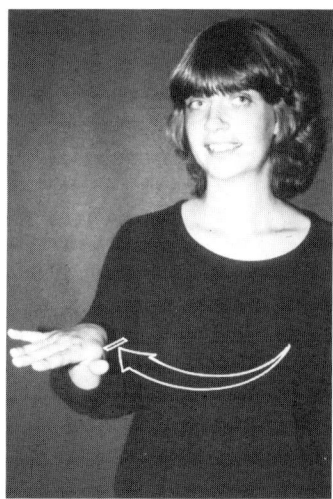

**1.0797 (Kinder)garten m**
1. »Kinder« (1) (1.0796)
2. »...garten«: 5-H oder *B-H (Hr o, Hk außen) beschreibt Halbkreis nach r: »Fläche des Kindergartens«

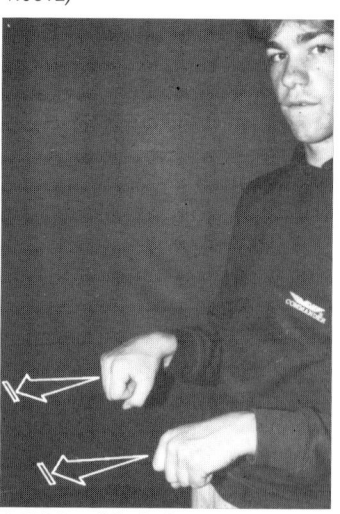

**1.0798 (Kinder)wagen m, Wagen m (Kind), Sportwagen m (Kind)**
1. »Kinder« (1) (1.0796)
2. »...wagen«: Fe (Hr o, Hk außen) »schieben Wagen«
(vgl. Wagen <allg.> 1.1738, Karre <Kind> 1.1276)

**1.0799 Kino n**
5-He (Ht v, Hk außen) entgegengesetzt hin und her nach u: »Flimmern des Kinofilms«

**1.0800 Kirche f, Dom m (Kirche), Münster n (Kirche), Abitur n (2), Abiturient* m (2), -in** f (2)**
*Fi-spitzen der B-He (Hk v, Hr außen) nach o zusammen deuten »Kirchturmspitze, Spitze der Schullaufbahn« an*
*(vgl. Abitur <1> 1.1497)*

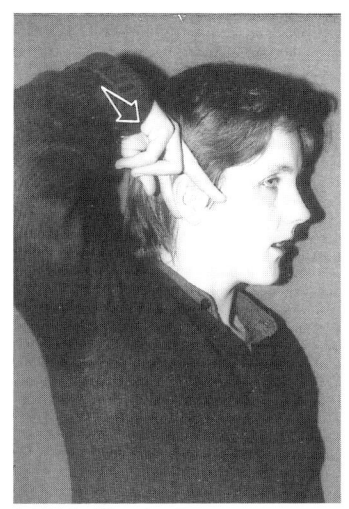

**1.0801 Kirsche f**
*V-H (Hk v) über Ohr:*
*»Zwillingskirsche über das Ohr hängen«*

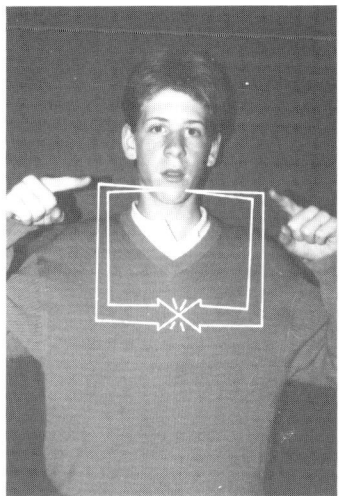

**1.0802 Kissen n**
*1. Z deuten »Kissenform« an*
*2. B-H an Wange: »schlafen«*

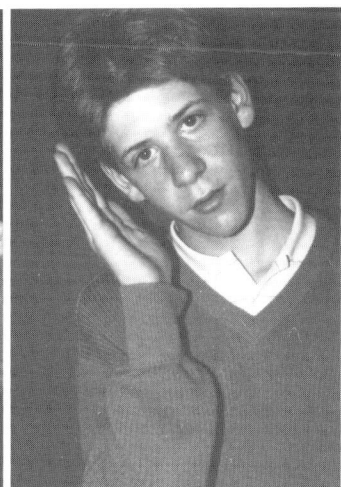

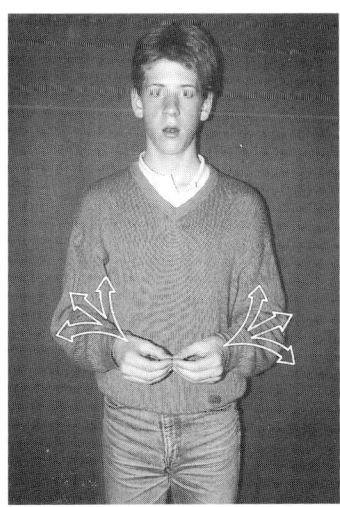

**1.0803 klar (durchsichtig)**
*O-He (Hr außen, Hk u) öffnen sich im Bogen nach außen zu 5-He (Ht o, Hk innen)*
*(vgl. 1.0804)*

**1.0804 klar (verstanden), Klarheit f (Denken), Geist m (Denken), geistig (Denken)(1)**
*O-H (Hr außen, Hk v) öffnet sich von Schläfe nach o außen zur 5-H*
*(vgl. 1.0803, erklären 1.0378, geistig <Denken><2> 1.0588)*

**1.0805 Klasse f (allg.)(1)**
Hk der r *B-H (Hr außen, Hk u) 2x
auf Z der l *B-H (Hr v, Hk u)
(vgl. 1.0806)

**1.0806 Klasse f (allg.)(2)**
Fi-spitzen der r *B-H (Hr außen,
Hk u) 2x über H-ballen der l *B-H
(Hr außen, Hk u) nach h
(vgl. 1.0805)

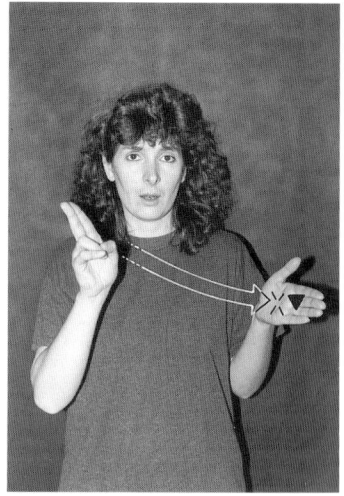

**1.0807 kleben**
ZM der r U-H auf Ht der l *B-H
»kleben«
(vgl. Kleber 1.0410, Briefmarke
1.0223)

**1.0808 Kleid n**
1.2. 5-He (Hr innen, Hk h) mit
H-gelenkdrehung von Brust
nach u außen: »Kleidform«

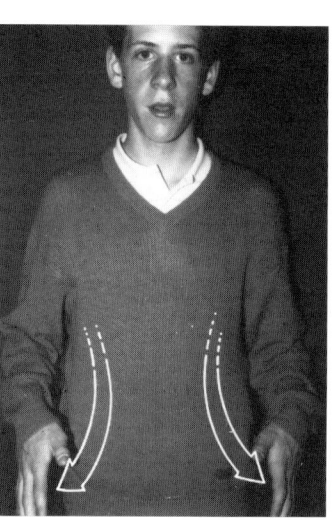

**1.0809 Kleidung f, Bekleidung f,
Garderobe f (Kleidung)**
5-He oder *B-He (Hr v, Hk u)
streifen 2x oder 3x an »Kleidung«
nach u

**1.0810 klein (Gegenstand)(1), wenig (1), bisschen, dünn (Buch), etwas (3), gering, geringer (1),
am geringsten, geringste, minder..., Minderheit f (1), mindestens, minimal, Minimum n,
Portion f (Kaffee), vermindern (2), Verminderung f (2), verringern, Verringerung f, weniger (1),
am wenigsten, wenigste, wenigstens, winzig, Winzigkeit f, zumindest, zu wenig (allg.)(1)**
Z und D der L-H oder Q-H nähern sich: »kleiner Abstand«
(vgl. 1.0811, wenig <2>, zu wenig <2> 1.1230, etwas <1><2> 1.0119/1.0391, vermindern <1>, geringer <2>,
weniger <2> 1.1784, billig <1> 1.0181)

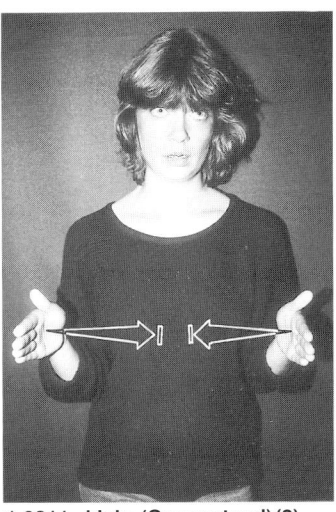

1.0811 **klein (Gegenstand)(2), kurz (allg.), Kürze f (allg.), eng, Enge f, verkürzen**
*B-He (Hr außen, Hk u) nähern sich: »kleiner, kurzer Abstand« (vgl. 1.0810, kurz <Ärmel/Haare> 1.0866/67)

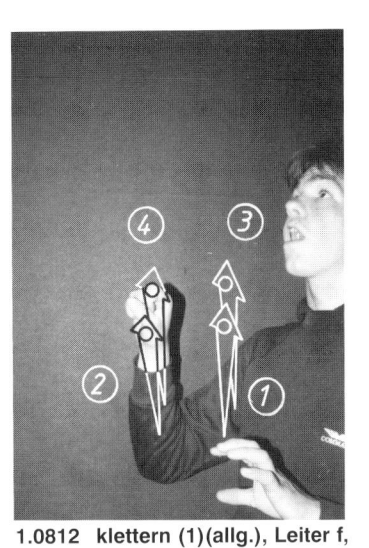

1.0812 **klettern (1)(allg.), Leiter f, besteigen (Berg), Bergsteiger* m, -in** f**
*5*-He (Ht v, Hk außen) schließen im Wechsel nach o zu Fe: »Leiter, Berg hochklettern« (vgl. klettern <2><3><4> 3.0595/96/97)

1.0813 **Klingel f, klingeln, läuten (klingeln), Hupe f, hupen, drücken (situativ)**
D der *A-H (Hr außen, Hk u) 1x **oder** 2x kurz nach v: »D klingelt, hupt«

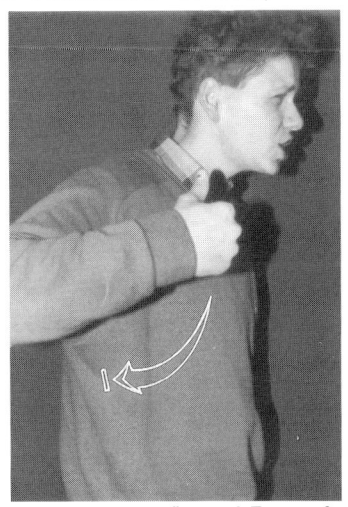

1.0814 **Klo n, Blähung f, Furz m, furzen, Pups m, Pupser m, pupsen, Kot m, Scheiße f, scheißen, Scheiße! (Ausruf), beschissen! (Ausruf)**
D der *A-H (Hr außen, Hk u) mit H-gelenkdrehung schnell kurz nach h (Hk h) deutet »Stuhlgang, Blähung« an
(vgl. Toilette <Klo> 1.1566, WC 1.1567, Stuhlgang 2.0126)

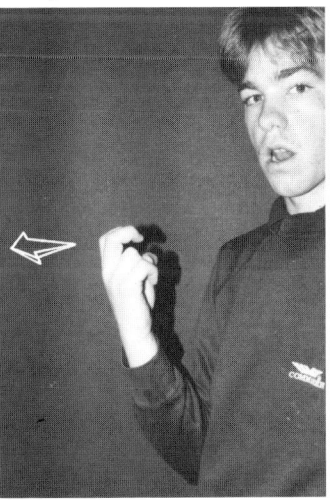

1.0815 **klopfen (anklopfen), anklopfen**
*U*-H (Hr v, Hk innen)
»klopft 2x an«

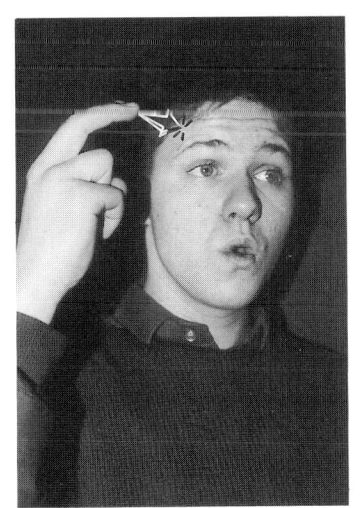

1.0816 **klug, Klugheit f, gescheit, intelligent, Intelligenz f, Professor m (N), -in** f (N), vernünftig, Vernunft f, Wissenschaft f, wissenschaftlich, Wissenschaftler* m, -in** f**
Fi-spitzen der *U*-H (Hr außen, Hk v) 2x gegen Schläfe, deuten »Klugheit im Kopf« an
(vgl. Professor <S> 1.1561)

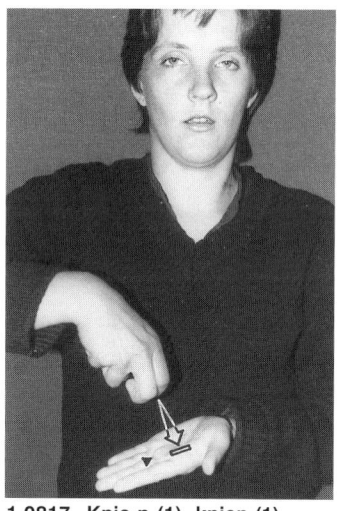

**1.0817 Knie n (1), knien (1)**
r *U*-H (Hr v, Hk außen) »kniet« auf
Ht der l *B-H
(vgl. 1.0818, knien <2> **2.0235**)

**1.0818 Knie n (2)**
Fe (Hr außen, Hk u) stoßen 2x
leicht zusammen
(vgl. 1.0817)

**1.0819 Knochen m**
Knöchel der r *U*-H (Ht o, Hk h)
klopfen 2x auf Hr der l H (Hr o, Hk außen)
(vgl. Glas <Material> 1.0586)

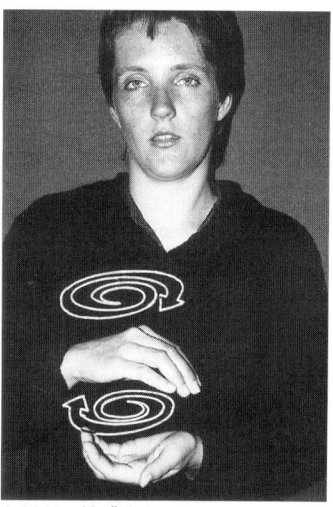

**1.0820 Knödel n, Kloß m, Klops m**
<B-He (Hr o/u) drehen versetzt
übereinander: »Knödel, ... formen«

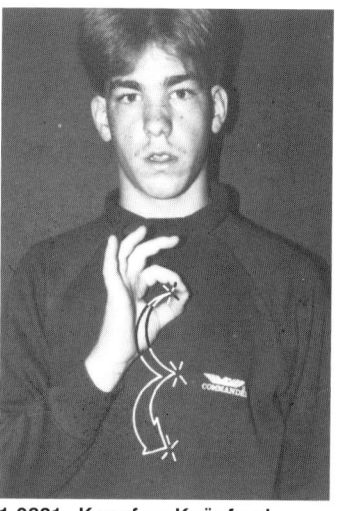

**1.0821 Knopf m, Knöpfe pl**
»**Knopf**«: DZ der F-H (Hr außen, Hk v)
**1x** an Brust: »ein Knopf«
»**Knöpfe**«: DZ der F-H deutet
»**2 oder 3** Knöpfe« an

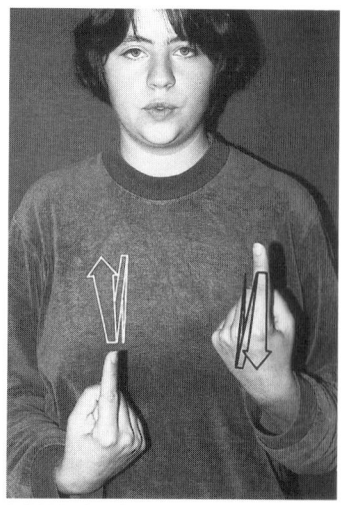

**1.0822 kochen (sieden), sieden**
Z (Hr v, Hk innen) im Wechsel auf
und ab deuten »aufsteigende Blasen
des kochenden Wassers« an
(vgl. kochen <Essen> 1.0858,
Herd 1.0659)

**1.0823 König m, Kaiser m, Prinz m, Prinzessin** f, Königin** f, Kaiserin** f**
*5*-H (Hr o, Hk v) vom Kopf kurz
nach o: »Krone«
(vgl. Krone 1.0856)

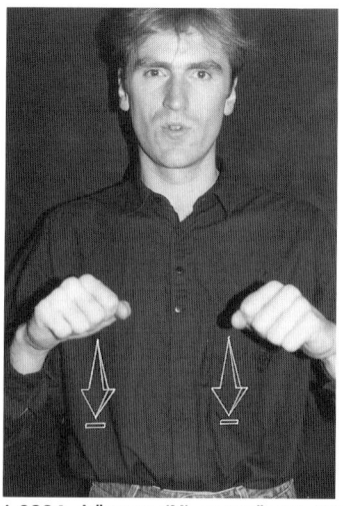

**1.0824 können (N), vermögen, Vermögen n (Können), Kunde m (Person)(S), Kundin** f (S)**
A-He (Hr o, Hk außen) 2x kurz nach u
**können: Einzahl** = Gebärde **1x** ausführen
**Mehrzahl und Grundform** = Gebärde **2x** ausführen
(**wie** möglich 1.0999, vgl. 1.0825, Kunde <Person><N><W>
1.0150/1.1126)

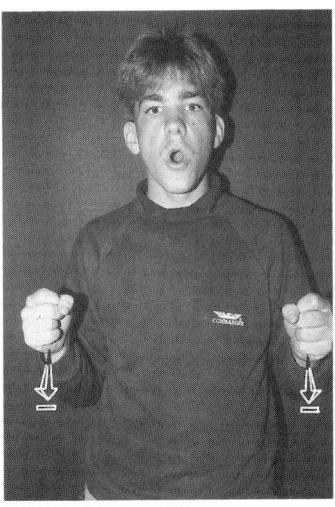

**1.0825 können (S)**
Fe (Hr außen, Hk u) 2x kurz nach u
**Einzahl** = Gebärde **1x** ausführen
**Mehrzahl und Grundform**
= Gebärde **2x** ausführen
(vgl. 1.0824)

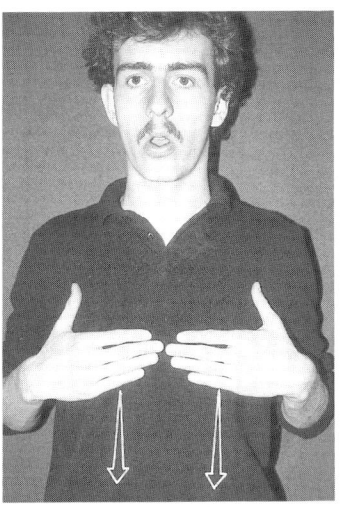

**1.0826 Körper m, körperlich, Leib m, leiblich, Physis f, physisch**
*B-He **oder** 5-He (Hr v, Hk u) an Brust nach u

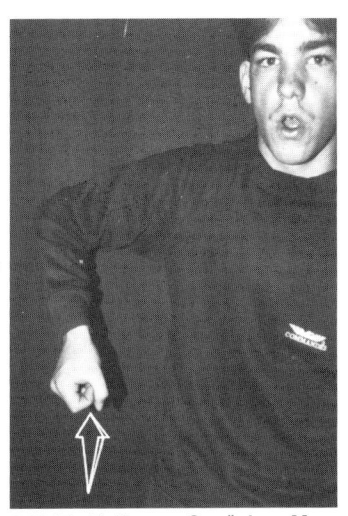

**1.0827 Koffer m, Gepäck n, Mappe f, Tasche f, Tüte f (Plastik)**
F **oder** A-H (Hr außen, Hk h) 2x kurz nach o: »Koffer, Tasche tragen«
(vgl. tragen <Last><2> 1.1578, Tüte <Papier> 1.1609)

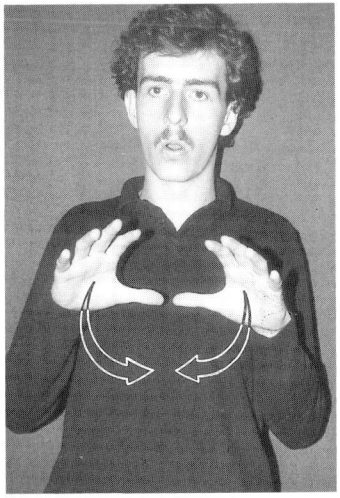

**1.0828 Kohl m, Kraut n (Kohl), Rübe f**
5-He **oder** B-He umfahren
»Kohlkopf, Rübe«

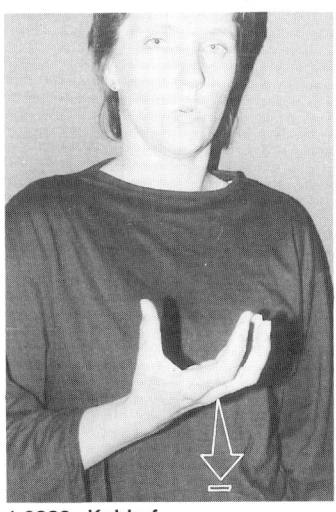

**1.0829 Kohle f**
*5*-H (Ht o, Hk innen) kurz nach u, »hält ein Stück Kohle«

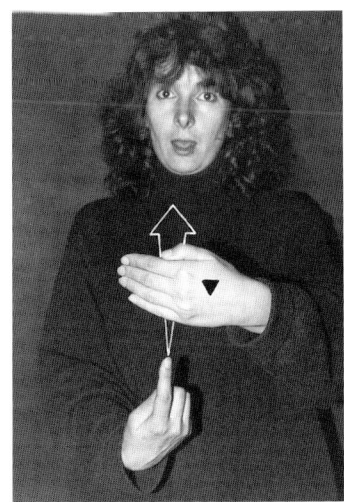

**1.0830 komisch, merkwürdig, originell, seltsam, Ereignis n (2), ereignen (sich)(2)**
Z (Hr v, Hk innen) hinter l C-H (Hk u, Hr v) nach o
(vgl. Ereignis <1> **2.1144**)

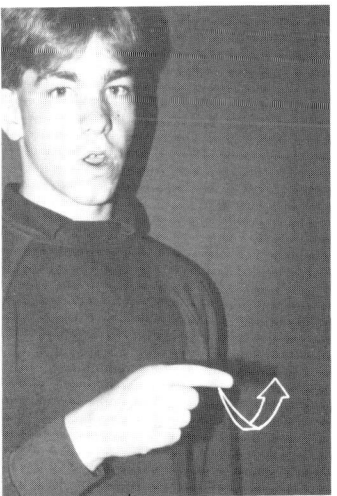

**1.0831 Komma n**
Z ahmt »Kommaform« nach

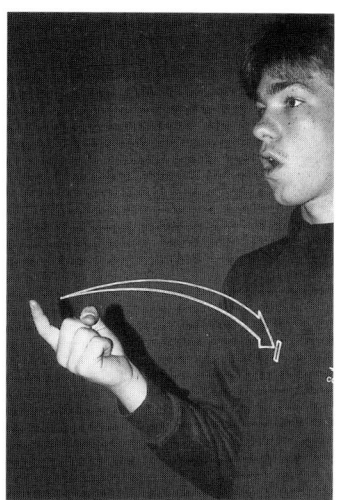

**1.0832 kommen (lokal), her (lokal), von (große Entfernung), vom (große Entfernung)**
Z (Hr u, Hk innen) zur Brust (H-gelenk abgeknickt, Hr v)
(vgl. von, vom <kurze Entfernung> 1.1710)

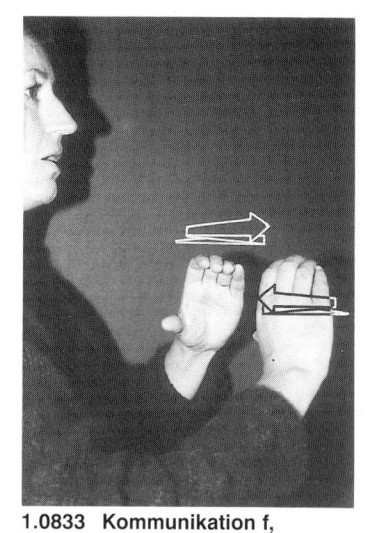

**1.0833 Kommunikation f, kommunizieren**
C-He (Hr außen, Hk v) im Wechsel nach v und zurück deuten »Kommunizieren mit den Händen« an (amerikanische Gebärde: **C-He** für »communication«)

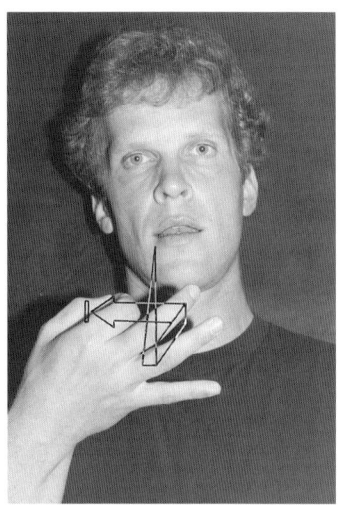

**1.0834 Kommunion f, Kommunikant\* m, -in\*\* f**
DZ der F-H (Hr v, Hk u) »machen vor Lippen kleines Kreuz«
(vgl. Firmung 1.0450)

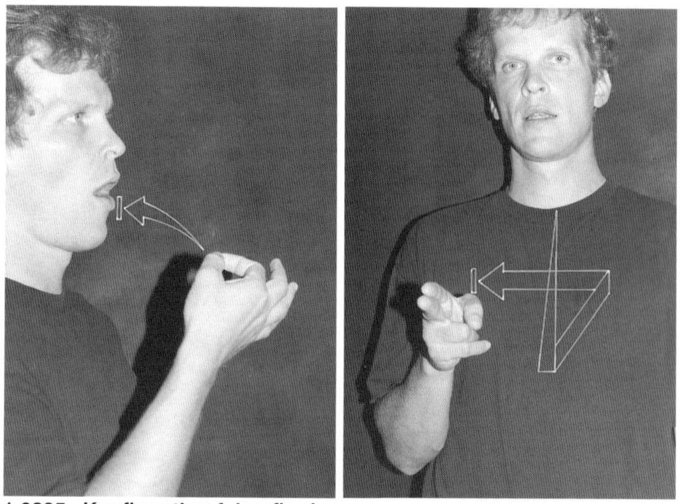

**1.0835 Konfirmation f, konfirmieren, Konfirmand\* m, -in\*\*f**
1. DZ der F-H (Hr v, Hk u) »führt Oblate zum Mund«
2. U-H (Hr außen, Hk u) »macht Kreuz«

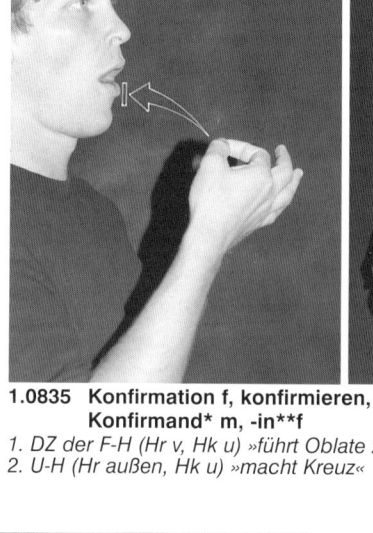

**1.0836 Kopf m, Haupt n**
Fi-spitzen der r \*B-H (Hr außen, Hk v) tippen 1x **oder** 2x an Kopf
(vgl. Hut <1> 1.0708)

**1.0837 Korb m**
\*5\*-He (Hr u, Hk innen) im Bogen nach außen o (Hr außen, Hk u): »Form des Korbes«
(vgl. Schale, Schüssel 1.1343)

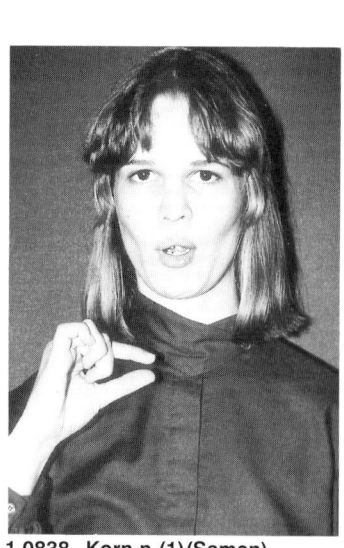

**1.0838 Korn n (1)(Samen), Kern m (2), Reis m (2)**
Q-H (Hr außen, Hk v) deutet Größe des »Korns, Kerns« an
(vgl. Kern <1> 1.0787, Reis <1> 1.1202, Korn <2><Feld> 3.1549, Korn <3><Haufen> 3.1548, Korn <4><Hagel> 3.2330)

**1.0839** korrigieren (1), Korrektur f (1), ausbessern, Ausbesserung f, berichtigen (1), Berichtigung f (1), Mechaniker* m, -in** f, renovieren, Renovierung f, reparieren, Reparatur f, sanieren, Sanierung f, Schlosser m, verbessern (1), Verbesserung f (1), Werft f, Werkzeug n

ZM der U-H (Hr o, Hk v) 2x **oder** 3x über Z der l U-H (Hr v, Hk u) nach r
(vgl. 1.0840, verbessern <2> 1.0164)

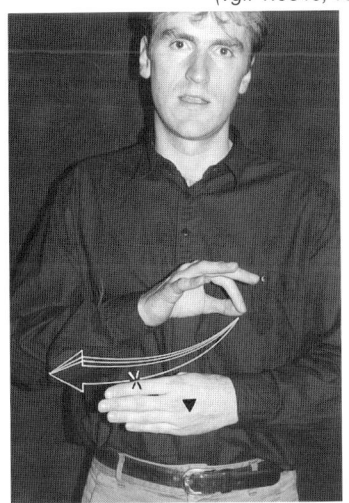

**1.0840** korrigieren (2), Korrektur f (2), berichtigen (2), Berichtigung f (2)

DZ der r F-H (Hr o, Hk v) 2x **oder** 3x über Z der l B-H (Hr v, Hk u) nach r
(vgl. 1.0839)

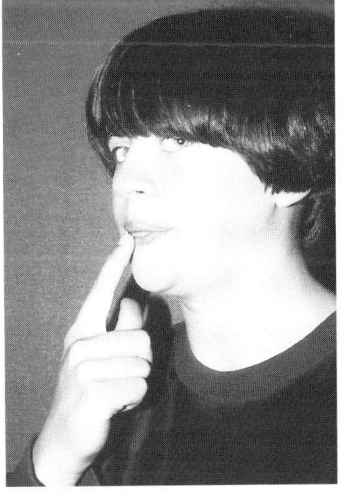

**1.0841** kosten (abschmecken), probieren (abschmecken), abschmecken, schmecken (probieren)

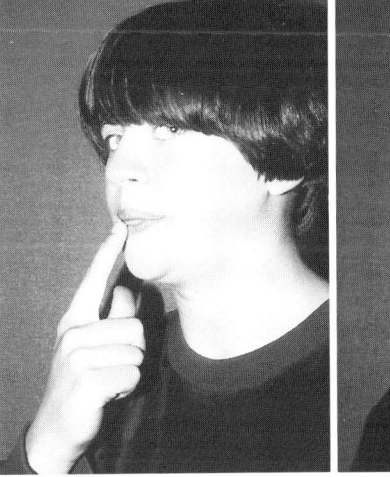

1. Z-spitze gegen Zungenspitze
2. Lippen 3x zusammen deuten »Abschmecken« an
(vgl. schmecken <genießen> 1.1307)

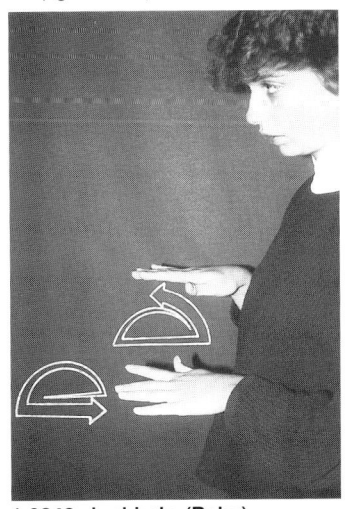

**1.0842** krabbeln (Baby)

*B-He (Hr o, Hk außen) ahmen im Wechsel »Krabbelbewegung« nach

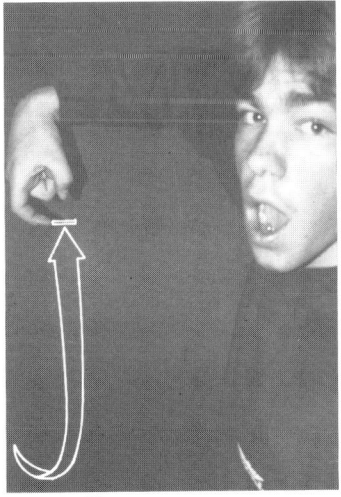

**1.0843** Kran m

X-H (Hr v, Hk außen) »zieht wie ein Kran Last nach o«

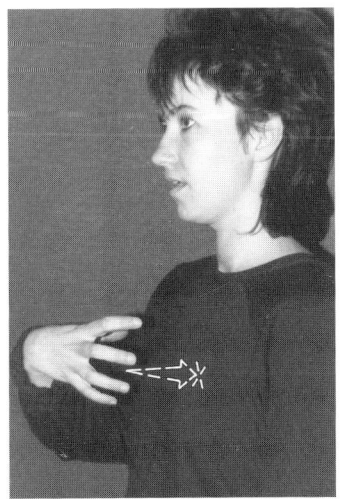

**1.0844** krank, Krankheit f, Kranke* m ** f

Fi-spitzen der *5*-H (Hr v, Hk u) 1x **oder** 2x langsam an Brust
(vgl. Krankenhaus 1.0845, erkranken **2.0686**, Grippe **2.0724**)

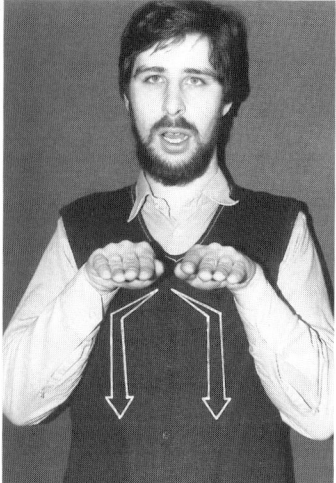

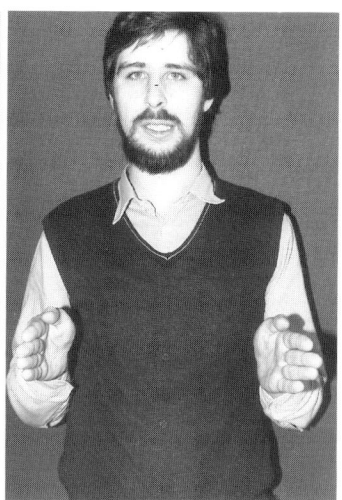

**1.0845 Krankenhaus n**
1. »Kranken...«: Fi-spitzen der *5*-H (Hr v) 2x an Brust
2.3.«...haus«: B-He deuten »Form eines großen Hauses« an
(vgl. krank 1.0844)

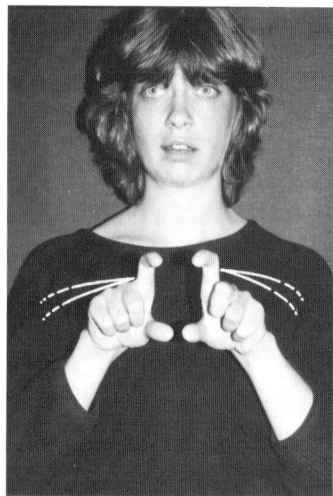

**1.0846 Kranz m**
1.2. *X-He (Ht v, Hk außen) »umfahren Kranz« mit H-gelenkdrehung
(Hr u, Hk aneinander)

**1.0847 Krebs m (Tier), Krabbe f (groß)**
V-He (Hr v, Hk u) schließen 2x zu U-He, deuten »Scheren« an
(vgl. Krabben <Nordseegarnelen!>
<1><2> **2.0367/68**)

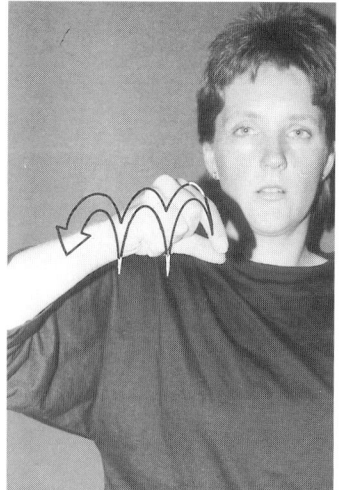

**1.0848 Kreide f (allg.)**
<Q-H (Ht v, Hk außen) »hält Kreide und schreibt«

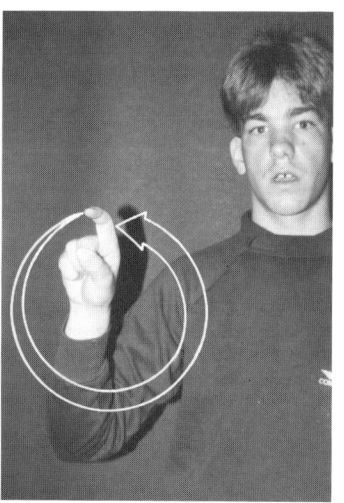

**1.0849 Kreis m (Geometrie), rund, Zyklus m, zyklisch**
X-H (Ht v, Hk außen) beschreibt »Kreis«
(vgl. Kreis <Gruppe, Landkreis>
1.1889)

**1.0850 Kreuz n (Kirche), heilig, Heilige\* m \*\* f, Klinik f, Hospital n, Schweiz f, Schweizer\* m, -in\*\* f**
*U*-H **oder** *V*-H (Ht v, Hk außen) ahmt »Kreuz« nach
(vgl. 1.0851)

**1.0851 Kreuz n (Wahl, Schein), ankreuzen**
<Q-H (Hr o, Hk außen) »hält Stift und kreuzt an«
(vgl. 1.0850, Stimme <Wahl><1> 1.1474)

**1.0852 Krieg m (1), kriegerisch (1), Krieger\* m (1), -in\*\* f (1), Zank m, zanken**
\*5\*-He (Hr v, Hk u) »stoßen« 2x vor Brust »zusammen«
(vgl. 1.0853)

**1.0853 Krieg m (2), kriegerisch (2), Krieger\* m (2), -in\*\* f (2)**
L-He hintereinander (Hr außen, Hk u) vor r Schulter »wie Gewehre« nach v r richten
(vgl. 1.0852)

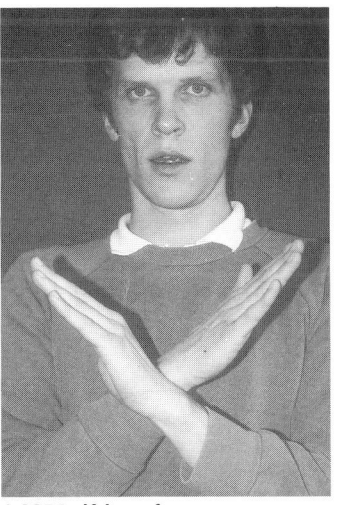

**1.0854 Krippe f, Raufe f (Futterkrippe)**
gekreuzte B-He (Hk v) deuten »Krippenform« an

**1.0855 Krokodil n**
\*5\*-He deuten 2x »Zuschnappen« an

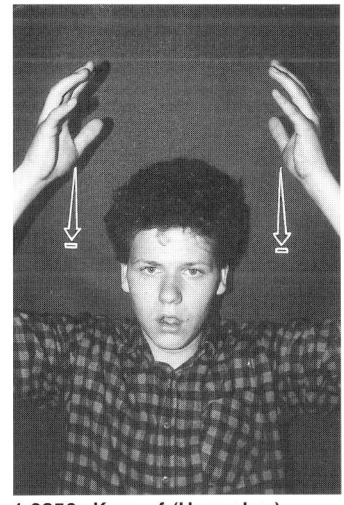

**1.0856 Krone f (Herrscher)**
5-He (Hr außen, Hk u) »setzen Krone auf«
(vgl. König 1.0823)

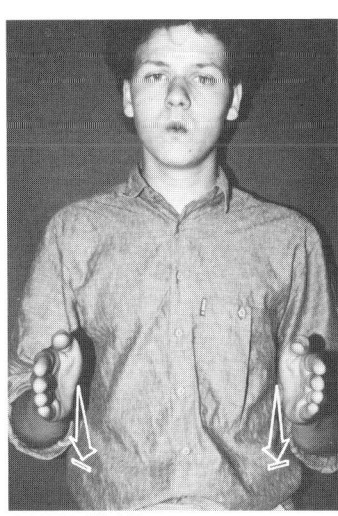

**1.0857 Kubik...**
1. B-He (Hr außen, Hk u) kurz nach u
2. B-He (Hr v, Hk u) kurz nach u: »gegenüberliegende Flächen«

**1.0858 Küche f, kochen (Essen)**
r F oder A-H »rührt«, l F oder A-H »hält Topfgriff«
(vgl. kochen <sieden> 1.0822, rühren 1.1226)

**1.0859 Kuchen m**
D und Z (Hr v, Hk u) 2x zum Mund:
»Kuchenstück halten und zum
Mund führen«

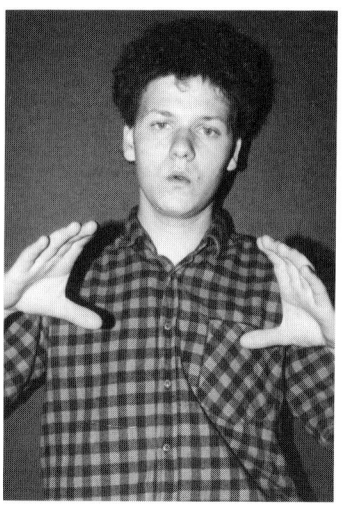

**1.0860 Kugel f (groß)**
C-He **oder** 5-He (Hr außen, Hk v)
»halten große Kugel«
(vgl. 1.0861)

**1.0861 Kugel f (klein)**
F-H (Hr außen, Hk v) deutet
»kleine Kugel« an
(vgl. 1.0860)

**1.0862 Kugelschreiber m,
Feuerzeug n**
D der *A-H (Hr v, Hk u) »drückt 2x
auf Kugelschreiber bzw.
Feuerzeug«

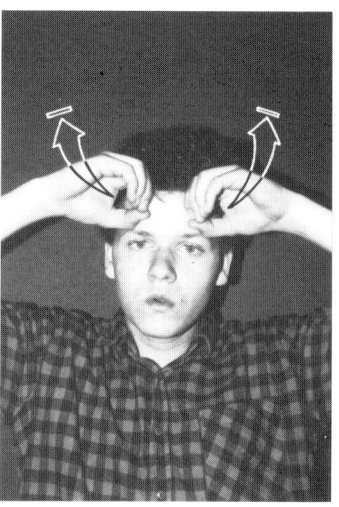

**1.0863 Kuh f, Rind n,
Hörner pl**
O-He mit H-gelenkdrehung nach o:
»Hörner«

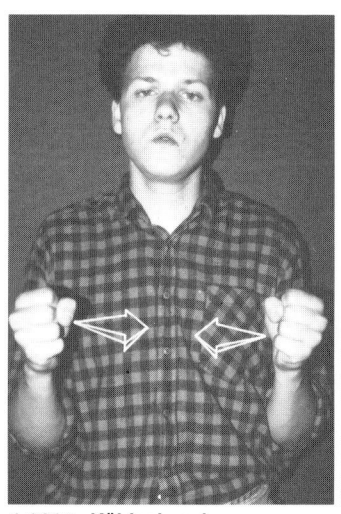

**1.0864 Kühlschrank m,
Gefrierschrank m**
1. »frieren, gefrieren«: Fe (Hr außen, Hk u) »zittern 2x vor Kälte«
2. B-He (Hr o, Hk außen) fahren Form nach (Hr außen, Hk u)
(vgl. Gefriertruhe 1.0546)

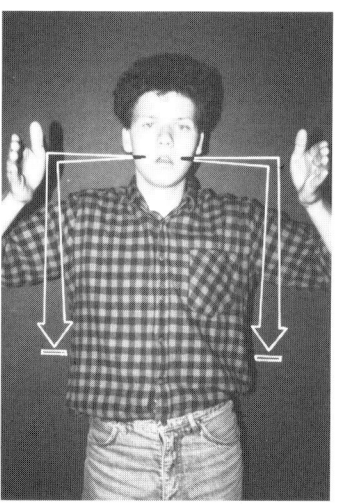

**1.0865 künstlich (2)**
U-H (Hr außen, Hk v) von Stirn in
Schlangenlinien nach u
(vgl. künstlich <1> 1.1048)

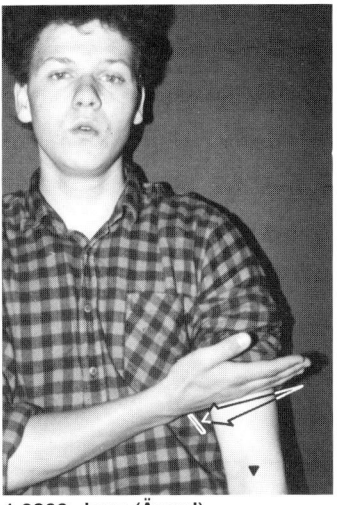

**1.0866 kurz (Ärmel)**
Hk der r *B-H (Ht o, Hk h) an
l Oberarm: »kurzer Ärmel«
(vgl. 1.0867, kurz <allg.> 1.0811,
T-Shirt 1.1508)

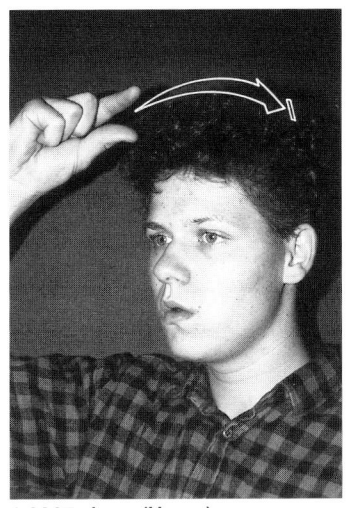

**1.0867 kurz (Haare)**
Q-H (Hr außen, Hk v) über Kopf
nach h deutet »Haarlänge« an
(vgl. 1.0866, kurz <allg.> 1.0811)

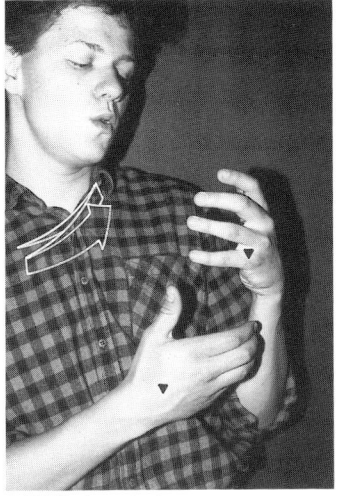

**1.0868 kuscheln**
He »halten etwas Kuscheliges«,
Oberkörper dreht leicht vor und
zurück

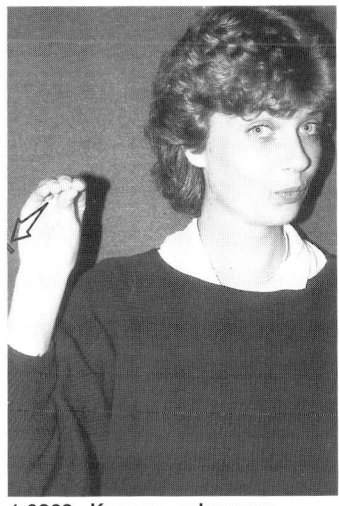

**1.0869 Kuss m, schmusen**
<O-H (Ht v, Hk außen) 1x oder 2x
kurz nach v deutet »Kuss,
Schmusen« an
(vgl. küssen 1.0870)

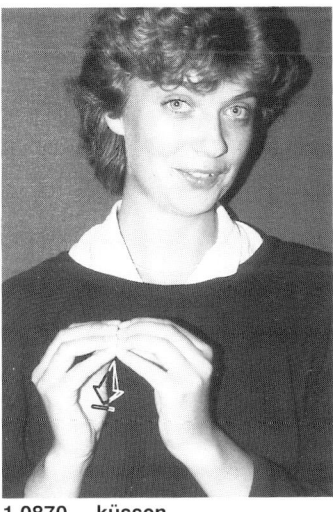

**1.0870 küssen**
<O-He (Fi-spitzen aneinander,
Hr außen, Hk v) 2x kurz nach v
(vgl. Kuss 1.0869)

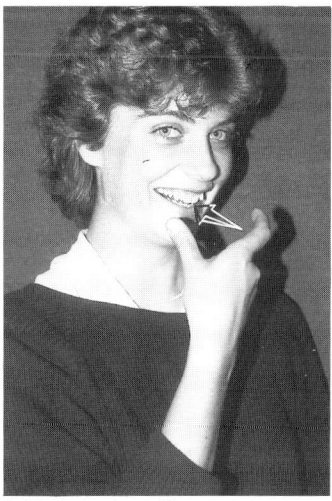

**1.0871 lachen (1)**
breite *X-H (Hr v, Hk u) 2x kurz zum
Mund deutet »lachenden Mund« an
(vgl. 1.0872)

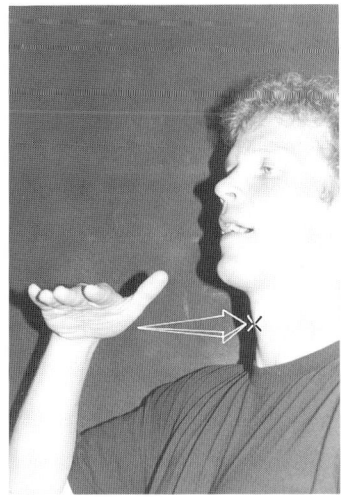

**1.0872 lachen (2),
Gelächter n (1)**
5-H (Hr o, Hk v) mehrmals unter
Kinn, ahmt »Lachen« nach
(vgl. 1.0872, Gelächter <2>
**4.0707**)

**1.0873 lästig, belästigen (1),
Belästigung f (1)**
Fi-spitzen der <*B-H (Hr v, Hk u)
schnell an r Brustseite nach u
(vgl. mühsam 1.1018, belästigen
<2> 1.1480)

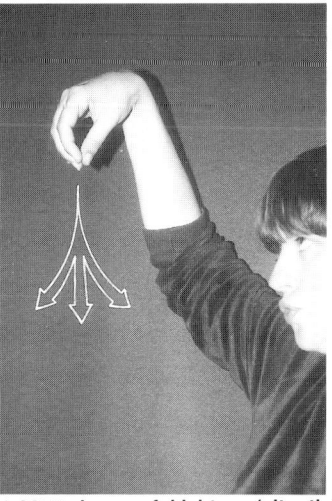

**1.0874 Lampe f, Licht n, (situativ)
Leuchte f, leuchten,
Schein m (Licht),
scheinen (Licht)**
O-H (Hr o, Hk außen) öffnet sich nach u
zur 5-H: »Strahlen breiten sich aus«
(vgl. Sonne 1.1416)

**1.0875 Land n, Bereich m, Fläche f, Gebiet n, Heide f (Landschaft), Kolonie f (Siedlung), Nation f, Platz m (3), Raum m (Gebiet)(1), räumlich (Gebiet)(1), Republik f, Revier n, Volk n**
5-H (Hr o, Hk außen) »kreist über Land, ...«
(vgl. Platz <1>, Raum <3> 1.1149, Platz <2> 1.1106, Feld, ... 1.0428, Reich 1.1198, Raum <2> **3.1776**)

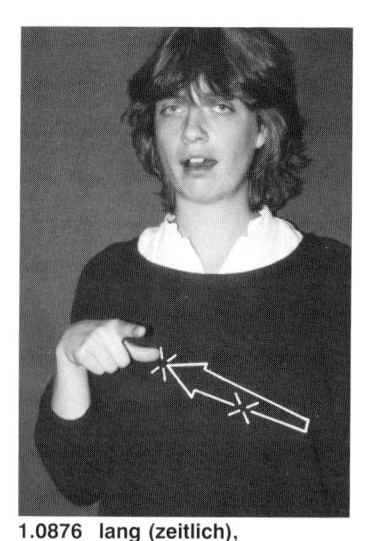

**1.0876 lang (zeitlich), Länge f (Zeit)**
D-spitze der L-H (Hr o, Hk v) von l u über Brust nach r o
(vgl. lang <örtlich> 1.0611)

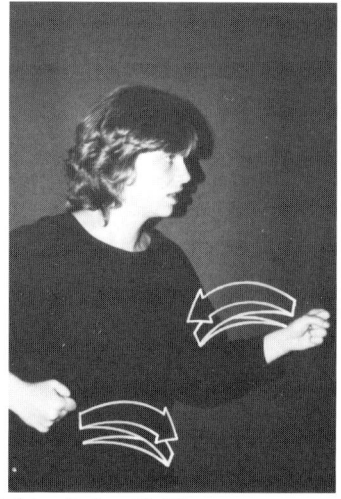

**1.0877 Langlauf m (Schi), Langläufer\* m, -in\*\* f (Schi), Schilanglauf m, Skilanglauf m**
A-He (Hr außen, Hk u) im Wechsel vor und zurück, deuten »Armbewegungen beim Langlauf« an
(vgl. Schi<Abfahrt> 1.1272, schilaufen 1.1280)

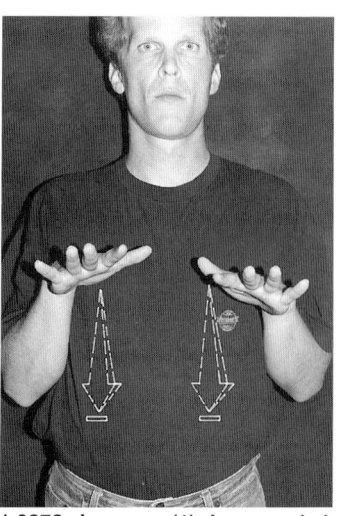

**1.0878 langsam (1), Langsamkeit f (1), beruhigen (2), Beruhigung f (2), gelassen, Gelassenheit f, schonen, Schonung f (allg.), verschonen, Verschonung f**
5-He (Hr o, Hk außen) vor Bauch 2x **oder** 3x »gelassen« kurz nach u (vgl. 1.0879, beruhigen <1> 1.1225)

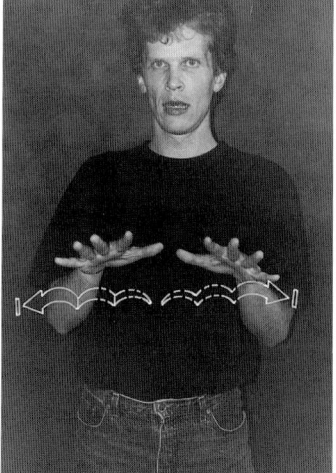

**1.0879 langsam (2), Langsamkeit f (2), behüten, behutsam, Behutsamkeit f, gemach, gemächlich, Muße f, müßig**
5-He (Hr o, Hk außen) 2x »langsam« nach u außen
(vgl. 1.0878)

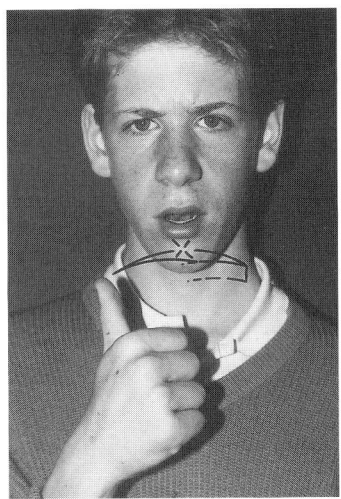

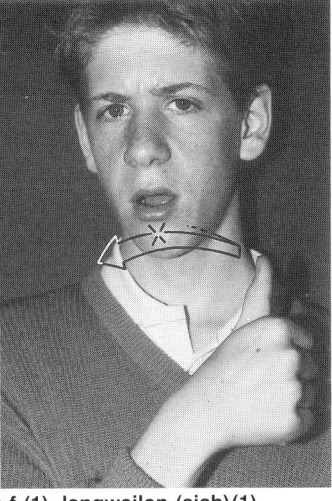

**1.0880 langweilig (1), Langeweile f (1), langweilen (sich)(1)**
1.2. D-spitze der *A-H (Hr v) mit H-gelenkdrehung über Kinn hin und her
(vgl. 1.0881)

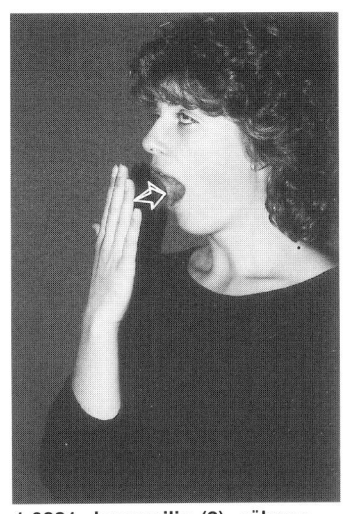

**1.0881 langweilig (2), gähnen, Langeweile f (2), langweilen (sich)(2)**
*B-H (Hr v, Hk innen) 2x kurz zum Mund deutet »Gähnen« an
(vgl. 1.0880)

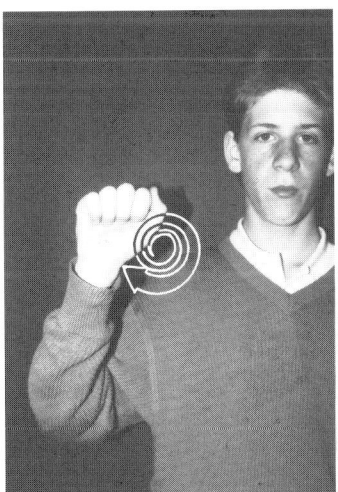

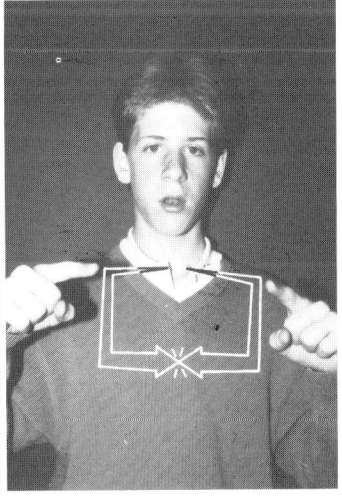

**1.0882 Lappen m, Tuch n, Wischlappen m, Wischtuch n**
1. »wischen«: A-H (Ht v, Hk außen) »wischt im Kreis«
2. »Lappen, Tuch«: Z (Hr o, Hk außen) umfahren »Lappen, Tuch«
  **oder** Reihenfolge umgekehrt

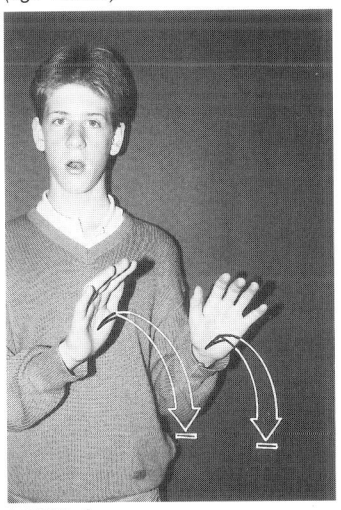

**1.0883 lassen (bleiben lassen)**
5-He (Ht v, Hk außen) im Bogen nach v u (Ht u)
(vgl. 1.0884)

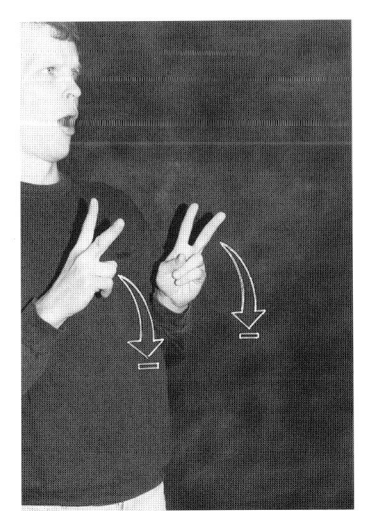

**1.0884 lassen (im Stich lassen), im Stich lassen, verlassen (einsam), Gerümpel n, Rummel m (Gerümpel), übrig (O)**
V-He **oder** L-He (Hk v, Hr außen) im Bogen nach r u (Hk u)
(vgl. 1.0883, übrig <N,W> 1.1612, übrig <S> 1.1207)

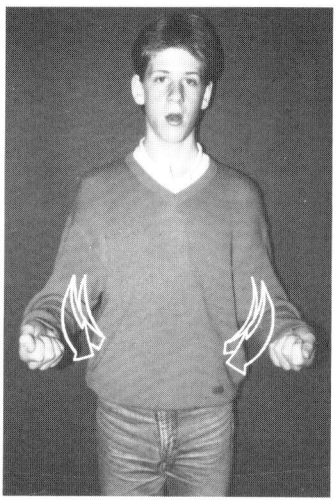

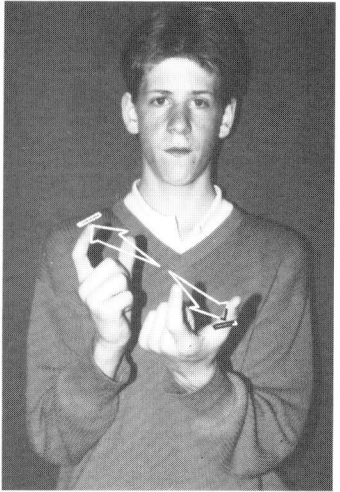

**1.0885 Lastwagen m, Laster m (Fahrzeug), Lkw m**
1. A-He **oder** Fe (Hr u) »steuern waagerechtes Lenkrad«
(vgl. Traktor 1.1581, Auto 1.0105)
2. *X-He (Hr u, Hk innen) nach v/h auseinander:
»Länge des Lastwagens«

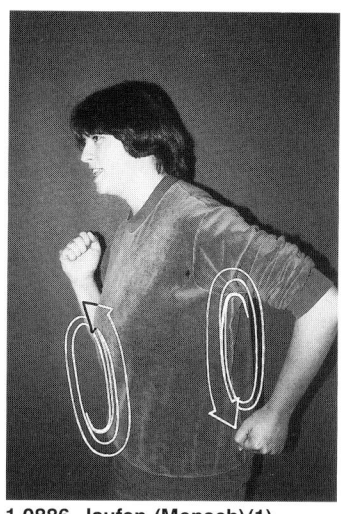

**1.0886 laufen (Mensch)(1), Lauf m (rennen), rennen, joggen, Jogging n**
Arme (A-He, Hr außen) kreisen versetzt: »Laufbewegung«
(vgl. laufen <Mensch><2> 1.0552)

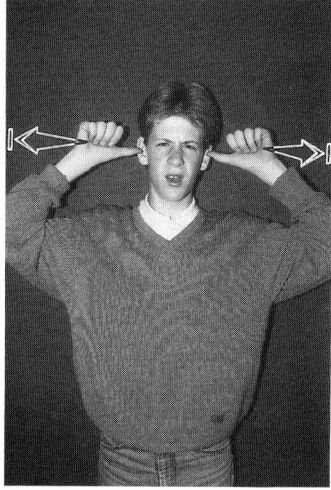

**1.0887 laut (1)**
*A-He (Ht v, D in Ohren) schnell nach außen
(vgl. 1.0888)

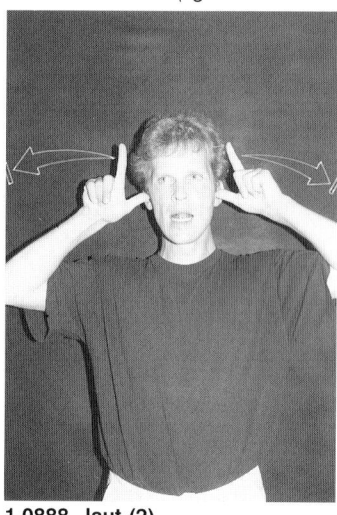

**1.0888 laut (2)**
L-He (Hr außen, Hk v) von Ohren nach v außen
(vgl. 1.0887)

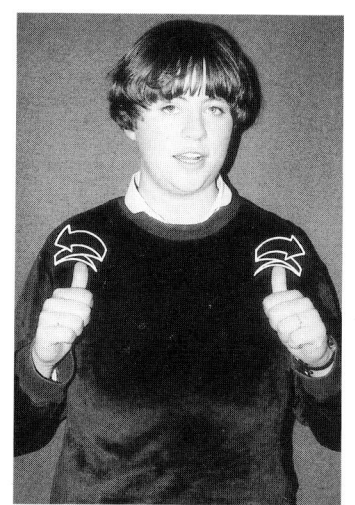

**1.0889 leben, Leben n, lebendig, bio..., Bio..., Biologie f, biologisch, Biologe* m, Biologin** f**
D der *A-He (Hr außen, Hk u) »wackeln« entgegengesetzt hin und her:
»Lebendiges bewegt sich«

**1.0890 leer (1), Leere f (1)**
Ht der r 5-H (Hr o, Hk außen) reibt kreisförmig auf Ht der l 5-H
(Ht o, Hk h)
(vgl. leer <2>, Leere <2> 1.0029)

**1.0891 legen (1)(situativ), hinlegen (etwas)(1)**
*B-He (Ht o, Hk innen) »legen etwas« nach r
(vgl. 1.0892)

**1.0892 legen (2), hinlegen (etwas)(2), Lage f (Situation), aktuell (2), Aktualität f (2), Bescherung f**
*B-He (Ht o, Hk innen) auseinander: »etwas hinlegen bzw. Geschenke ausbreiten« (vgl. 1.0891, bescheren, Geschenk 1.0566, aktuell <1> 1.1150)

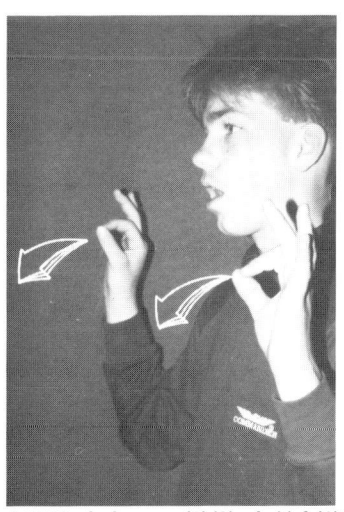

**1.0893 Lehrer m (1)(2), -in\*\* f (1)(2)**
*Lehrer (1):* **F-He** (Ht v, Hk außen) 2x **oder** 3x kurz nach v
*Lehrer (2):* **V-He** (Hr außen, Hk v) 2x **oder** 3x kurz nach v

**1.0894 Hinweis**

```
Lackiererei f  = Lack 1.0410
               + Firma 1.0449

Laie m         = FA »L«
               + Person (1) 1.1126

laienhaft      = FA »L«
               + schlecht 1.1292

Leiche f (1)
               = Mensch 1.0970
               + liegen (Person) 1.0907
(vgl. Leiche <2> 1.0907)

Leinen n       = FA »L«
               + Stoff 1.1481

Lieferwagen m,
Transporter m
               − liefern 1.0225
               + Lastwagen 1.0885, l. Foto!
```

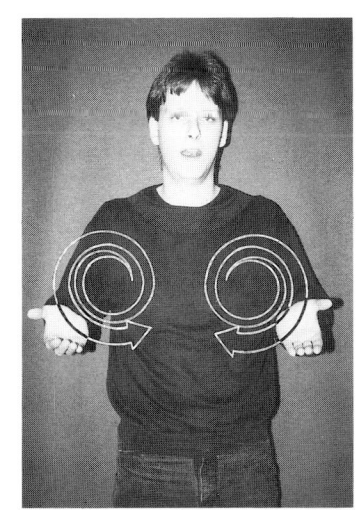

**1.0895 leicht (Aufgabe)(1), leicht (Gewicht), Leichtigkeit f (Aufgabe)(1)**
*B-He kreisen entgegengesetzt (Ht o, Hk innen)
(vgl. 1.0896)

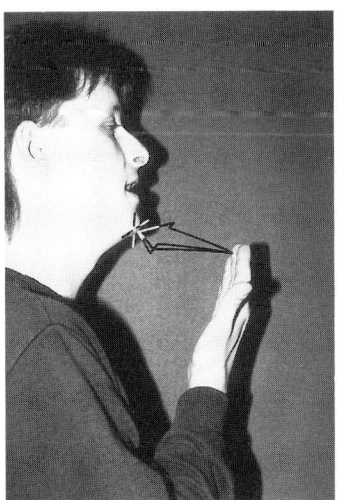

**1.0896 leicht (Aufgabe)(2), Leichtigkeit f (Aufgabe)(2), einfach (Aufgabe)(2), harmlos, Harmlosigkeit f**
Fi-spitzen der *B-H (Hr v, Hk innen) tippen 2x »leicht« ans Kinn
(vgl. 1.0895, einfach <Aufgabe><1> 1.0338)

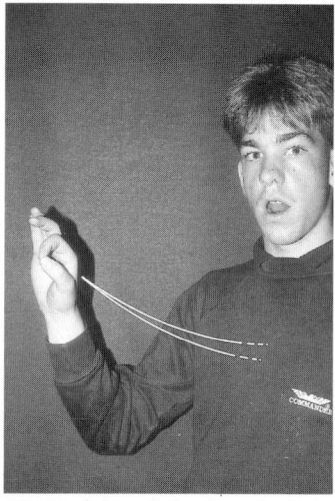

**1.0897 leiten, Leiter* m, -in ** f**
1.2. F-H (Ht v, Hk außen) von r im Bogen zur l Brustseite (Hr o, Hk v)
(vgl. führen 1.0504)

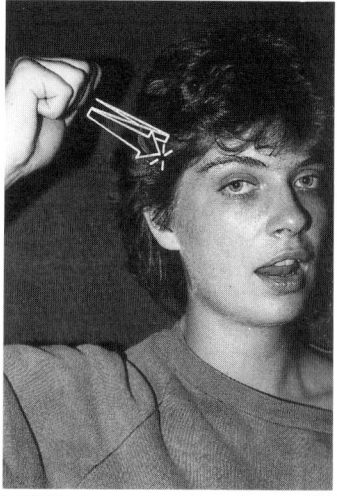

**1.0898 lernen, pauken (lernen)(N)**
Knöchel der A-H (Hr außen, Hk v) schlagen 2x gegen Kopf: »Wissen einhämmern«
(vgl. merken 1.0972, behalten 1.0135, pauken <lernen><S> 1.1170)

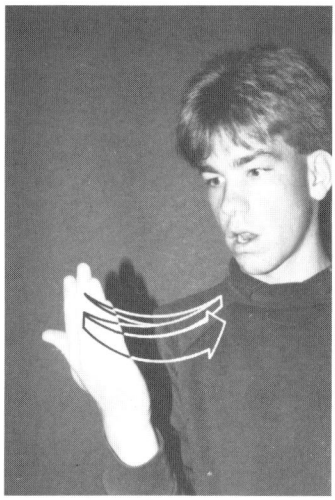

**1.0899 lesen (1)**
*B-H (Hr v, Hk außen) 2x hin und her: »Zeilen lesen«
(vgl. 1.0900/01)

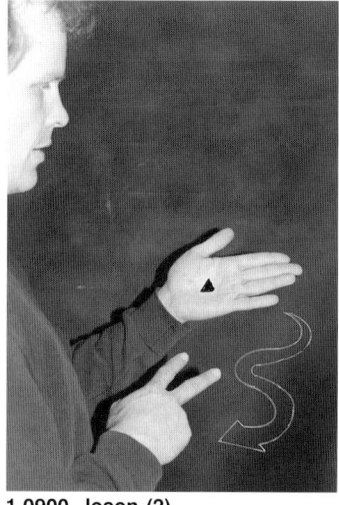

**1.0900 lesen (2)**
r V-H (Hr o, Hk außen) fährt vor Brust im Zickzack nach u h »Zeilen« auf Ht der l *B-H (Hr v, Hk innen) (= »Blatt«) nach
(vgl. 1.0899/901)

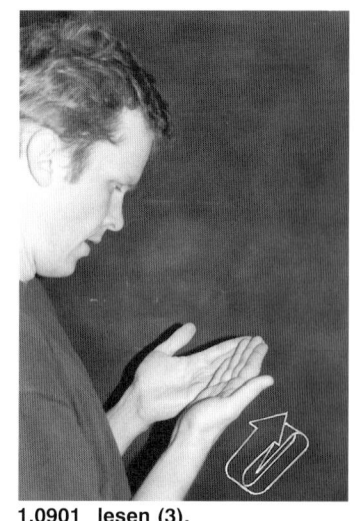

**1.0901 lesen (3), schmökern**
aneinanderliegende *B-He (Ht o, Hk innen) kreisen mehrmals vor Kopf: »intensiv ins Buch sehen«
(vgl. 1.0899/900, vorlesen 1.1723)

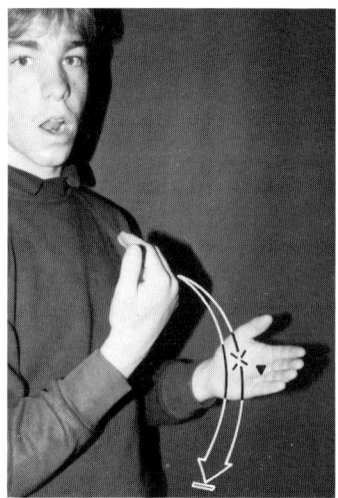

**1.0902 letzte (1), vorige (1), zuletzt (1)**
Fi-rücken der r <*B-H **oder** K der r l-H über Ht der l *B-H nach u
(vgl. 1.0903, zuletzt <2> 1.1904)

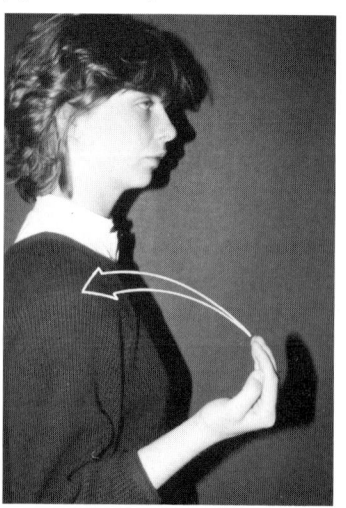

**1.0903 letzte (2), vorige (2), Ur... (1), ur... (1), einst, vergangen**
<B-H (Hr u, Hk innen) im Bogen über Schulter (Hr v), »weist nach h«
(vgl. 1.0902, Ur... <2> 1.1653, Vergangenheit 1.0497)

**1.0904 lieb, kosen, zahm**
Ht der *B-H (Hr außen, Hk v) »streichelt« an Wange 1x **oder** 2x nach u
(vgl. 1.0905, Trost 1.1594, nett 1.1056)

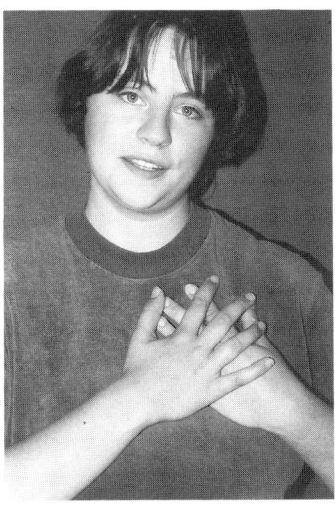

**1.0905 lieben, Liebe f,
liebste, Vorliebe f**
5-He aufeinander (Hr v, Hk u) »ans Herz legen«
(vgl. 1.0904)

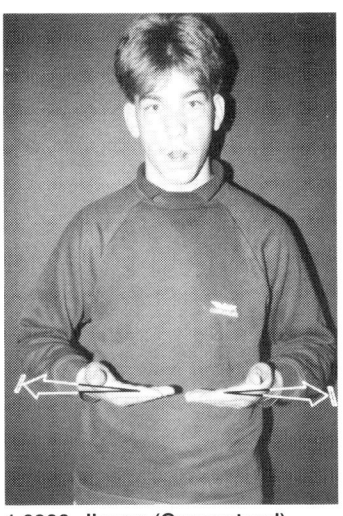

**1.0906 liegen (Gegenstand)**
*B-He oder *B-H (Ht o, Hk h) nach außen deuten »Liegen« an
(vgl. 1.0907)

**1.0907 liegen (Person),
Leiche f (2)**
U-H (Ht o, Hk h) vor Brust nach r: »ausgestreckte Beine«
(vgl. 1.0906, Leiche <1> 1.0894)

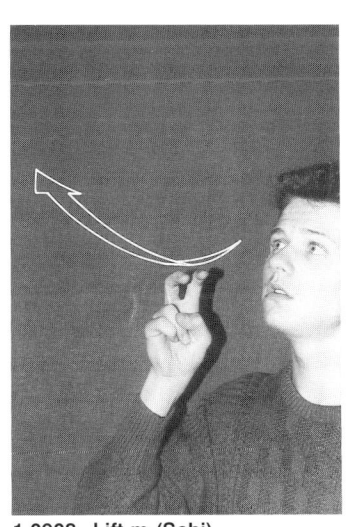

**1.0908 Lift m (Schi),
Seilbahn f,
Gondelbahn f**
*V*-H (Hk v) vom Kopf »wie eine Seilbahn« im Bogen nach o
(vgl. Straßenbahn 1.1488)

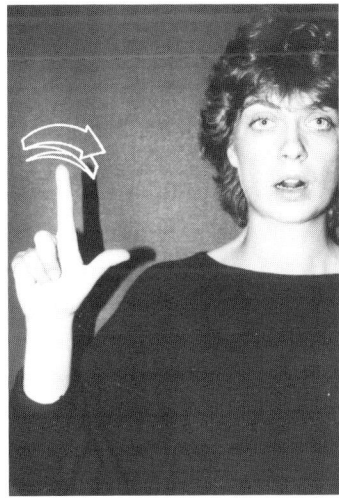

**1.0909 lila**
L-H (Ht v, Hk außen) vor Schulter hin und her
(vgl. **o**liv 1.1098, **v**iolett 1.1705)

**1.0910 Lineal n**
Q-He (Ht v, Hk außen) auseinander deuten »Form des Lineals« an

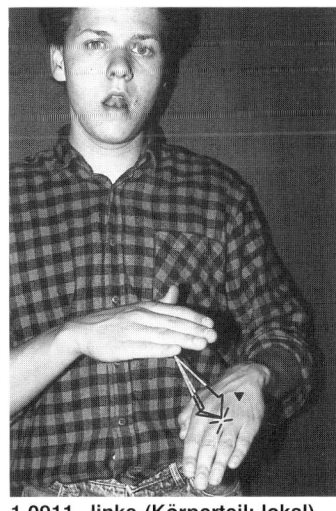

**1.0911 links (Körperteil; lokal),
linke (Körperteil)**
Fi der r *B-H tippen 2x auf Hr der l *B-H
(vgl. 1.0912/13, rechts <Körperteil> 1.1189)

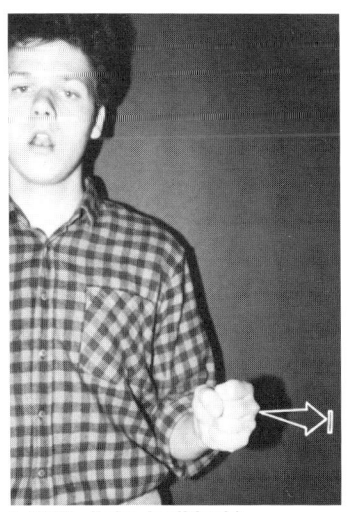

**1.0912 links (politisch),
linke (politisch)**
l F (Hr außen, Hk u) nach »links«
(vgl. 1.0911/13, rechts <politisch> 1.1190)

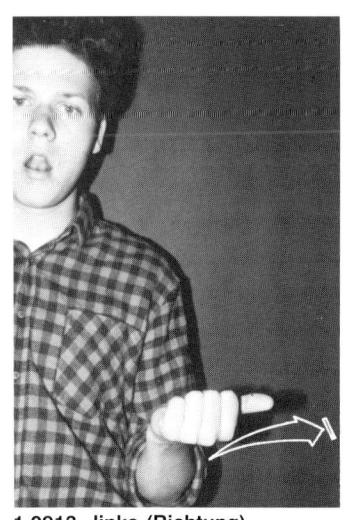

**1.0913 links (Richtung),
linke (Richtung)**
l *A-H (Ht o, Hk innen) nach »links«
(vgl. 1.0911/12, rechts <Richtung> 1.1191)

161

**1.0914 Liter m, n, l (Abk.)**
<B-He (Hr außen, Hk v) deuten
»Litermaß« an

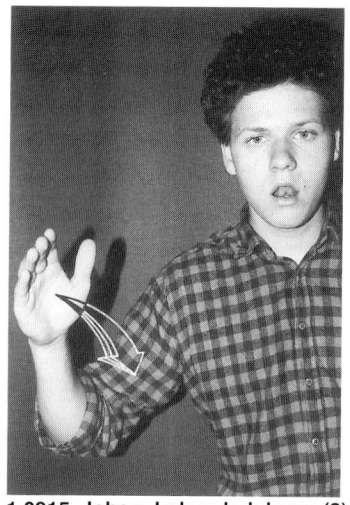

**1.0915 loben, Lob n, belohnen (2), Belohnung f (2)**
*B-H (Hr o, Hk außen) **2x oder** 3x
nach u: »lobend auf die Schulter
klopfen«
(vgl. belohnen <1> 1.0921)

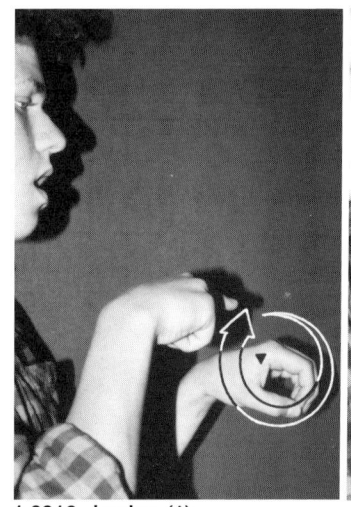

**1.0916 Loch n (1)**
1. r Z (Hr o, Hk außen) umkreist l O-H (Hr o, Hk außen)(= »Loch«)
2. r Z deutet in »Loch«
(vgl. Loch <2><3><4><5> **3.0871/3.1347/3.2219/3.2181**)

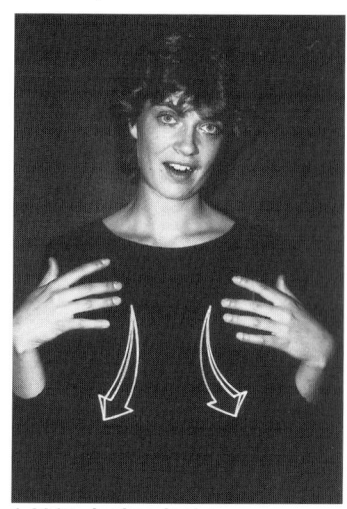

**1.0917 locker, lockern, lose (locker)**
5-He (Hr v) drehen im H-gelenk 2x
nach u: »lockeres Handgelenk«

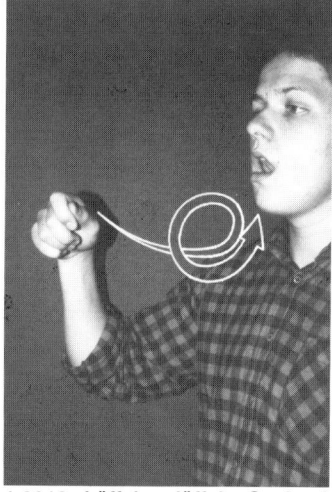

**1.0918 Löffel m, löffeln, Speise f**
A-H »löffelt« 2x
(vgl. Suppe 1.1504)

**1.0919 Löwe m (1)**
*5*-He im Wechsel »wie Pranken«
aufsetzen
(vgl. 1.0920)

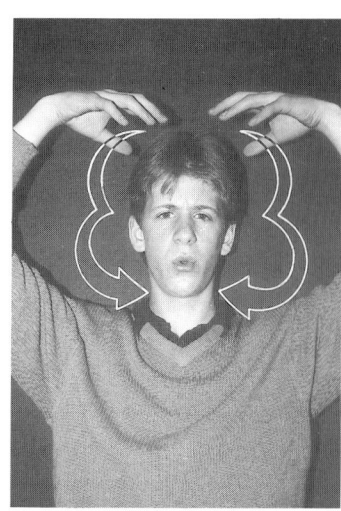

**1.0920 Löwe m (2), Mähne f (2)**
*5*-He deuten »Mähne« an
(vgl. 1.0919, Mähne <1> **3.0631**)

162

**1.0921 Lohn m, Gehalt n, belohnen (1), Belohnung f (1)**
<*B-H (Ht o, Hk innen) kurz nach u: »Geld in der Hand«
(vgl. belohnen <2> 1.0915)

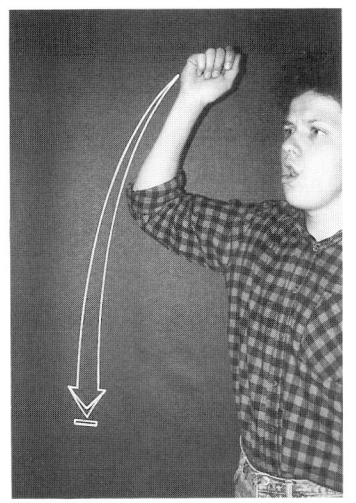

**1.0922 los!**
A-H (Hr außen, Hk v) schnell im Bogen nach u (Hk u): »Startfahne senken«
(vgl. Start <Sport> 1.1456)

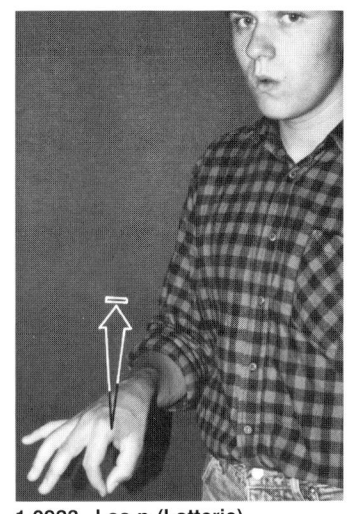

**1.0923 Los n (Lotterie), Wahl f (Auswahl), wählen (auswählen)**
D und Z der F-H (Hr o, Hk außen) »ziehen ein Los, wählen aus«

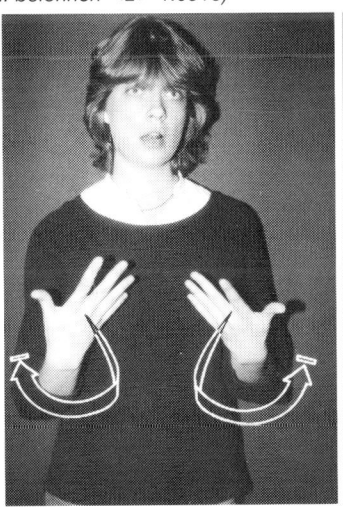

**1.0924 ...los (ohne ...)**
1.2. 5-He (Hk vor Brust) drehen im H-gelenk nach außen (Hr o, Hk außen)

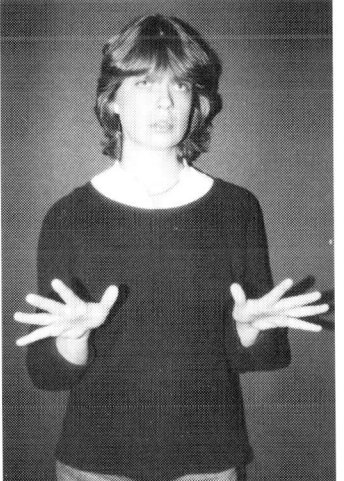

```
arbeitslos   = Arbeit 1.0066
             + ...los 1.0924

endlos (1)(2)
             = Ende (1)(2) 1.0360/61
             + ...los 1.0924

fristlos     = Frist 1.0493
             + ...los 1.0924

zweifellos   = Zweifel 1.1691
             + ...los 1.0924
```

**1.0925 Hinweis**

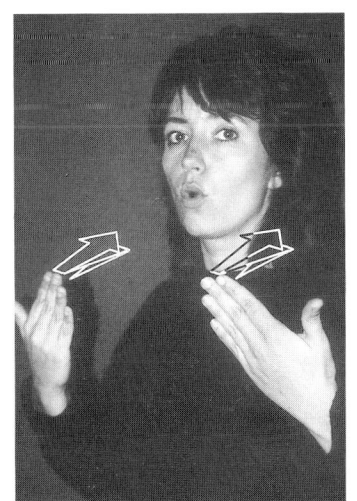

**1.0926 Luft f, luftig, abkühlen, Brise f, Erholung f, erholen (sich), erholsam, Klima n, kühl, Kühle f, Kur f**
B-He **oder** 5-He (Hr v, Hk innen) »fächeln 2x Luft ins Gesicht«

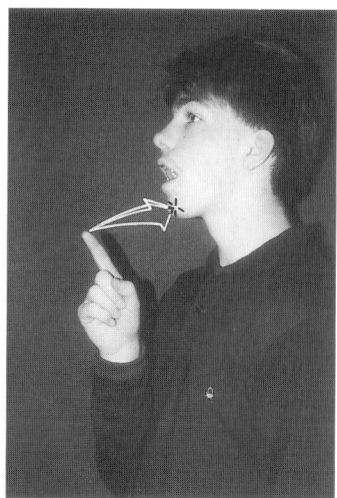

**1.0927 lügen (N), Lüge f (N),
Lügner* m (N), -in** f (N),
belügen (N), anlügen (1)**
Z (Hr außen, Hk v) tippt 2x ans Kinn
(vgl. 1.0928, anlügen <2> 1.1384)

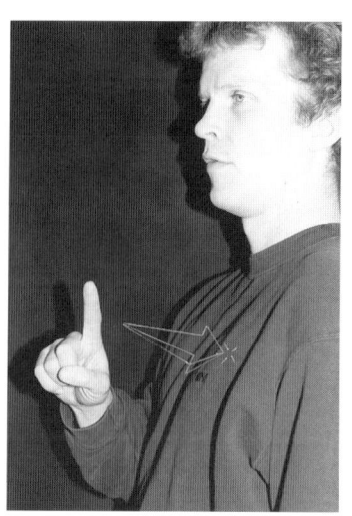

**1.0928 lügen (S), Lüge f (S),
Lügner* m (S), -in** f (S),
belügen (S), verlogen (S), Verlogenheit f (S)**
Z (Hr o, Hk v) 2x an l Brustseite
(vgl. 1.0927, verlogen <N> **2.1746 b**)

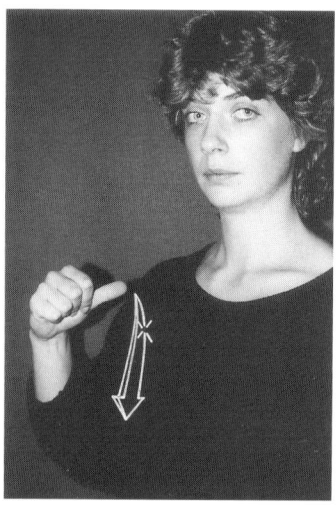

**1.0929 Mädchen n (N),
Mädel n (N)**
D der *A-H (Hr v, Hk u) 2x an
Brustseite nach u (Hr o, Hk v)
(vgl. 1.0930)

**1.0930 Mädchen n (S),
Mädel n (S)**
D und Z der F-H »wackeln« 2x am
Ohrläppchen: »Ohrring«
(vgl. 1.0929, Frau <1> 1.0474)

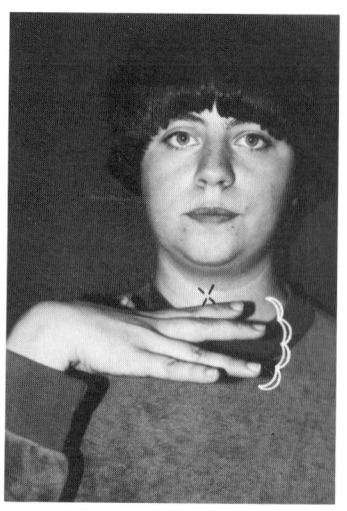

**1.0931 März m (1)(N)**
5-H (Hr o, Hk v, Z an Kehlkopf),
Fi-spiel unter Kinn:
Lautgebärde für »**R**« (März)
(vgl. 1.0932/33)

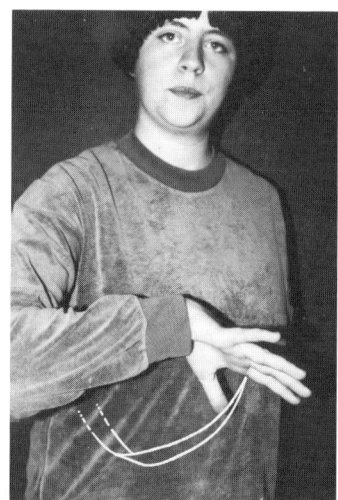

**1.0932 März m (2)(S)**
1.2. 5-H (Hr innen, Hk o) schließt mit H-gelenkdrehung zur A-H
(Hr u, Hk h)
(vgl. 1.0931/33, stehlen 1.1465)

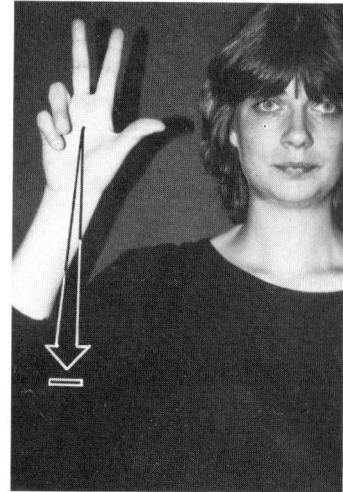

**1.0933 März m (3)**
**3-H** (Ht v, Hk außen) nach u:
»**3. Monat**« (internationale Gebärde)
(vgl. 1.0931/32)

**1.0934 Magen m**
Z (Hr v, Hk u) tippt 2x
gegen »Magen«
(vgl. Bauch 1.0129)

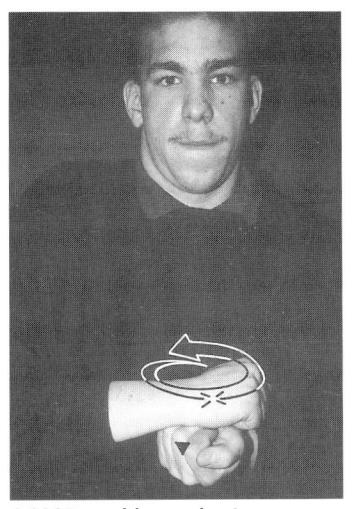

**1.0935 mahlen, schroten,
Schrot m, n (Körner)**
r A-H (Hr o) kreist auf l A-H (Hr u):
»Korn mahlen«
(vgl. Mehl 1.0963)

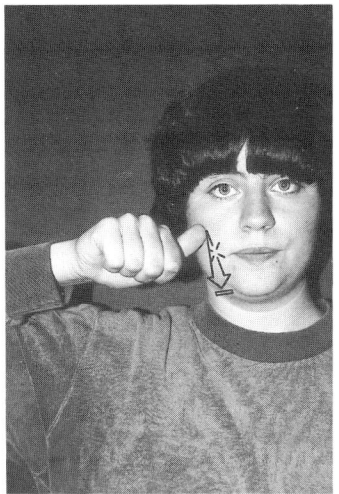

**1.0936 Mai m (1)(N)**
D der *A-H (Hr o, Hk außen) an
Wange nach u
(vgl. 1.0937/38)

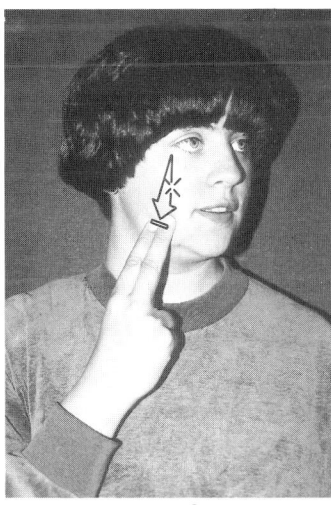

**1.0937 Mai m (2)(S)**
ZM der U-H (Hr außen, Hk v) an
Wange nach u
(vgl. 1.0936/38)

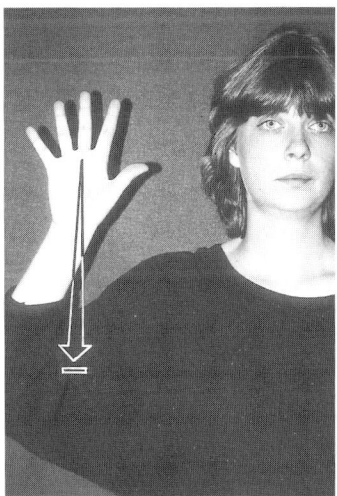

**1.0938 Mai m (3)**
5-H (Ht v, Hk außen) nach u:
»5. Monat« (internationale Gebärde)
(vgl. 1.0936/37)

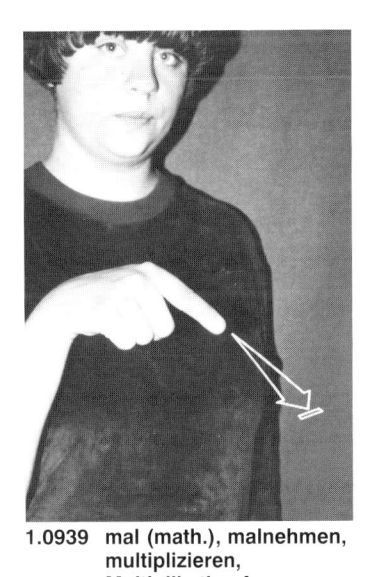

**1.0939 mal (math.), malnehmen,
multiplizieren,
Multiplikation f**
Z (Hr o, Hk außen) kurz nach v:
»Punkt oder Malzeichen«
(vgl. einmal 1.0341)

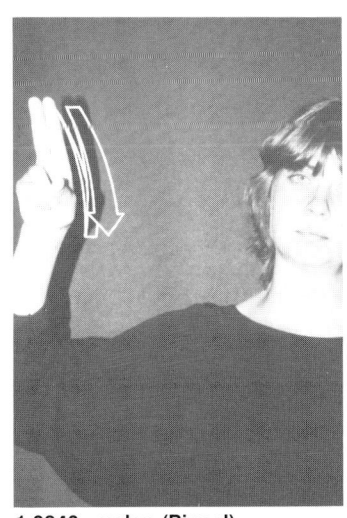

**1.0940 malen (Pinsel),
Pinsel m**
U-H (Ht v, Hk außen) 3x im
H-gelenk auf und ab (Ht u):
»Pinselstriche«
(vgl. 1.0941, Farbe <1> 1.0409)

**1.0941 malen (Stift),
zeichnen (1)**
DZ der F-H (Ht v, Hk außen) »halten
Stift und malen kreisförmig«
(vgl. 1.0940, zeichnen <2> 1.1868)

**1.0942 Mama f**
A-H (Hr außen, Hk v) »streichelt«
Wange **oder** klopft 2x gegen Wange
(**wie** Bauer 1.0130)

165

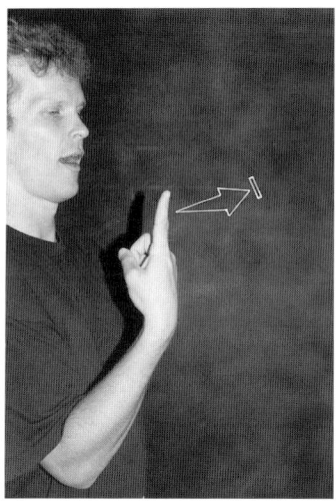

**1.0943 man, einzeln (2), Einzel... (2)**
Z **oder** D der *A-H (Hr v, Hk innen) nach v
(vgl. einzeln <1> 1.1126)

**1.0944 Mandarine f, Clementine f**
1. FA »**M**« (**M**andarine) oder FA »**C**« (**C**lementine)
2. r A-H »löst« mit H-gelenkdrehung »Schale« von l F (Hr u)

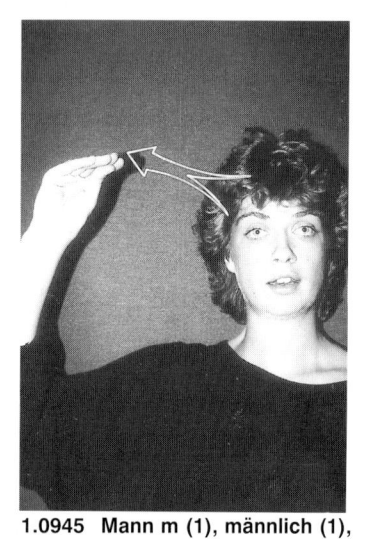

**1.0945 Mann m (1), männlich (1), Männchen n**
*B-H (Hr außen, Hk v) nach v zur <O-H schließen: »Hutkrempe«, »Mützenschirm«
(vgl. 1.0946)

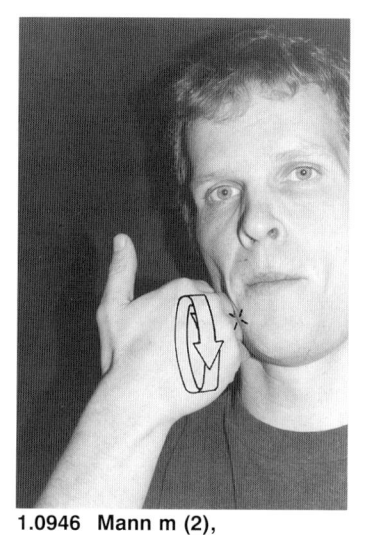

**1.0946 Mann m (2), männlich (2)**
Fi-rücken der <*B-H (Hr v, Hk u) »streichelt« 2x an Wange nach o
(vgl. 1.0945)

**1.0947 Mannschaft f, Riege f, Stab m (Gruppe)**
*X-H (Ht v, Hk außen) im Bogen von l nach r deutet »viele Menschen« an

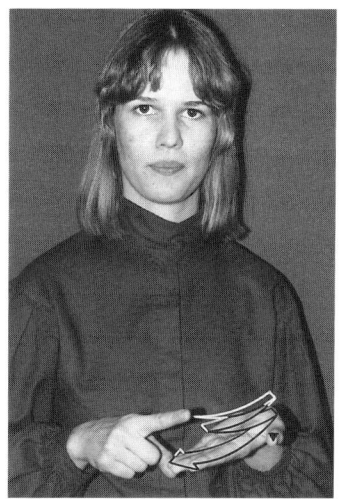

**1.0948 Margarine f**
Z streicht 2x über Ht hin (Hr o) und nach H-gelenkdrehung zurück (Hr u): »Margarine verstreichen«
(vgl. Butter 1.0245, Schmalz 1.1311, Marmelade 1.0952)

**1.0949 Maria f**
aneinandergelegte B-He (Hr außen, Hk v) »beten«, Blick nach o

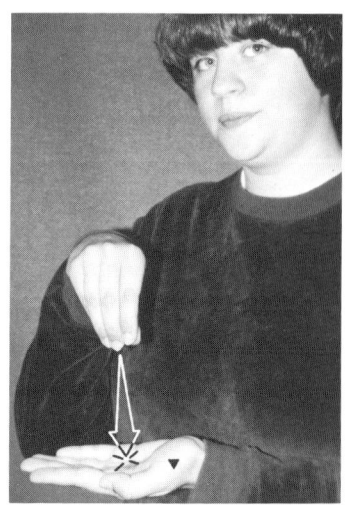

**1.0950 Mark f (Währung)**
<O-H (Hr o, Hk außen) »legt Markstück« in Ht der l B-H (Ht o, Hk h)
(vgl. Euro <Währung> 1.0590)

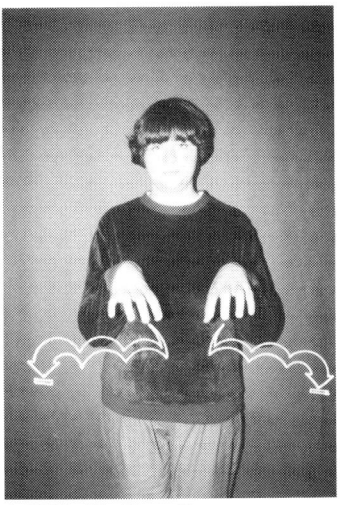

**1.0951 Markt m, Basar m, Ware f, Waren pl**
*5*-He (Hr o, Hk außen) in Bögen nach außen deuten »Marktstände« an
(vgl. Möbel 1.0997)

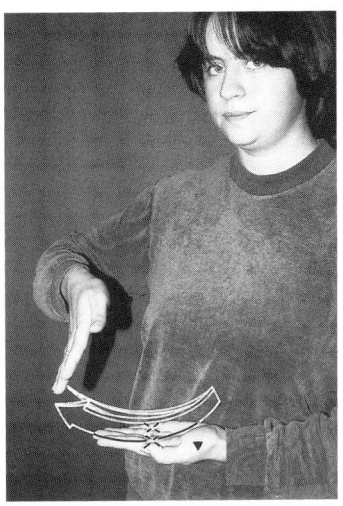

**1.0952 Marmelade f**
Fi -spitzen der r B-H »streichen« 2x über Ht der l B-H hin und zurück
(vgl. schmieren <Brot>, ... 1.1311, Margarine 1.0948)

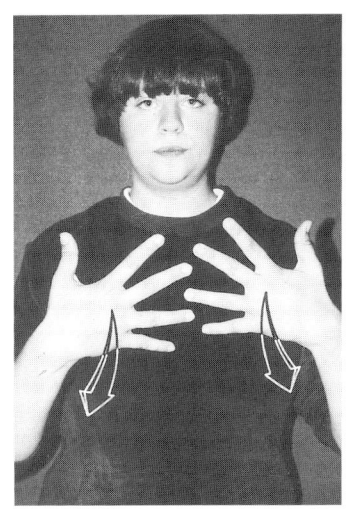

**1.0953 Maschine f (1), Automat m (3), automatisch (1), Automation f (1), automatisieren (1), funktionieren (2)**
5-He (Hr v) mit Vierteldrehung im H-gelenk 2x nach u: »Zahnräder greifen ineinander«
(vgl. 1.0954, Werk <Betrieb> 1.1791, Automat <1><2> **4.0235**/1.0044/, funktionieren <1>, Funktion **4.0675**)

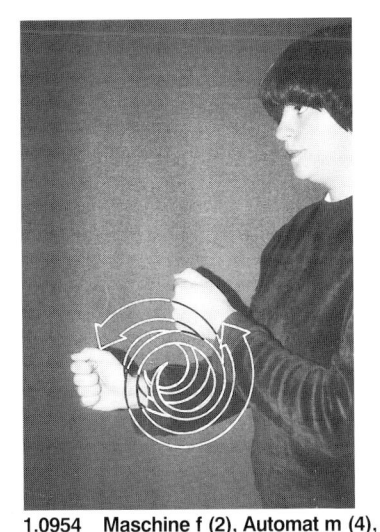

**1.0954 Maschine f (2), Automat m (4), automatisch (2), Automation f (2), automatisieren (2)**
A-He (Hr außen) kreisen 2x versetzt nach v: »Bewegung der Kolben«
(vgl. 1.0953)

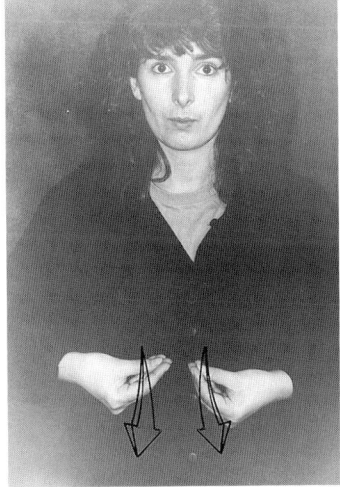

**1.0955 Material n (1), Blech n, Kunststoff m, Leder n, Plastik n (Kunststoff), Qualität f (2), qualitativ (2)**
<O-He (Ht o, Hk h) »halten Material, ...« und bewegen sich im H-gelenk mehrmals kurz nach u und o
(vgl. 1.0956, Qualität <1> 1.1481)

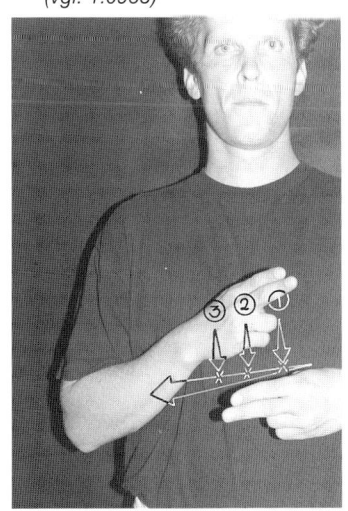

**1.0956 Material n (2)**
M der r U-H **oder** V-H (Hr außen, Hk u) 3x auf Z der l U-H **oder** V-H (Hr v, Hk u), gleichzeitig beide He nach r
(vgl. 1.0955, Eisen, Metall, ... 1.0353)

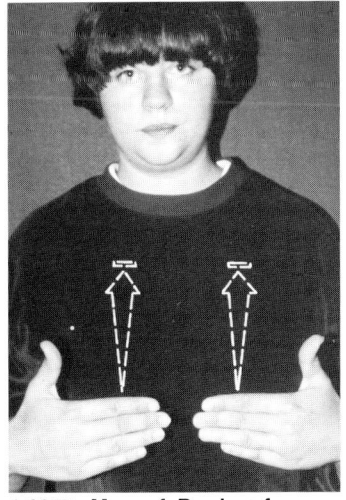

**1.0957 Mauer f, Barriere f, Deckung f (Schutz)**
*B-He (Hr v, Hk u) langsam nach o, deuten »Mauer, Barriere« an
(vgl. Wand 1.1740)

**1.0958 Maul n (2), Fresse f, Großmaul n, vorlaut, Schnauze f (Schimpfwort)**
Q-H (Hr v, Hk außen) umfährt »Maul« (Hk innen)
(vgl. Maul <1> 1.1022)

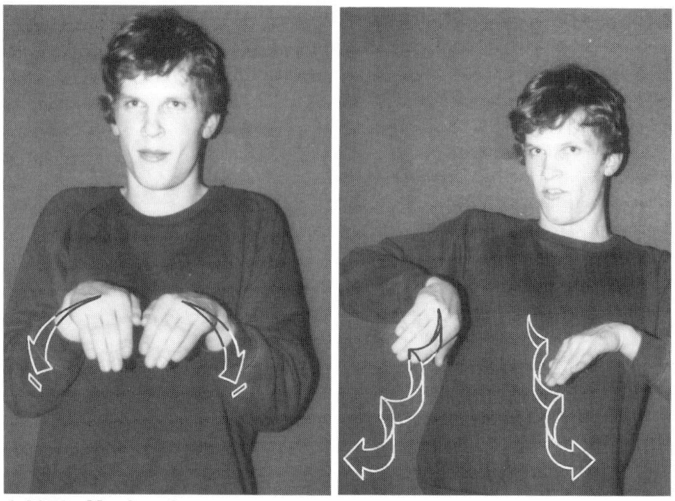

**1.0959 Maulwurf m**
1. <B-He (Hr o, Hk außen) deuten mit H-gelenkdrehung »Maulwurfshaufen« an (Hr außen, Hk u)
2. <B-He »wühlen« im Wechsel »wie ein Maulwurf« nach v

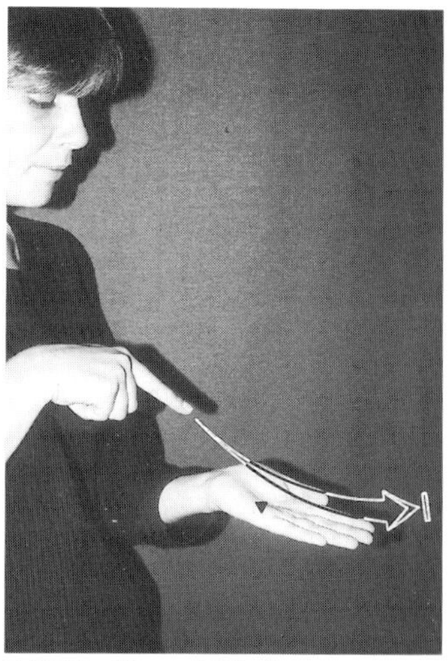

**1.0960 Maus f (Tier)**
r Z (Hr o, Hk außen) »huscht« über Ht der l *B-H (Ht o, Hk innen)

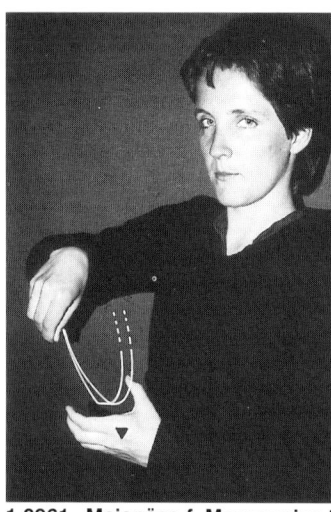

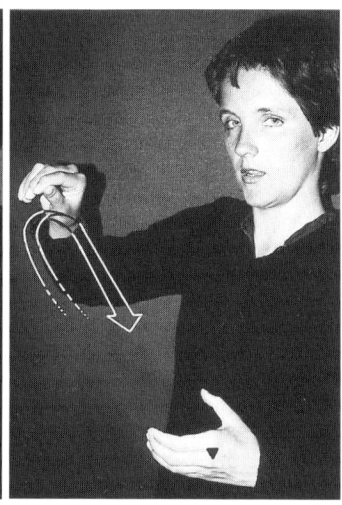

**1.0961 Majonäse f, Mayonnaise f**
1.2. r A-H dreht im H-gelenk und beschreibt Bogen nach u: »Majonäse mit Löffel aus Glas holen und auf Teller füllen«
(vgl. Sahne 1.1239, Soße 1.1421)

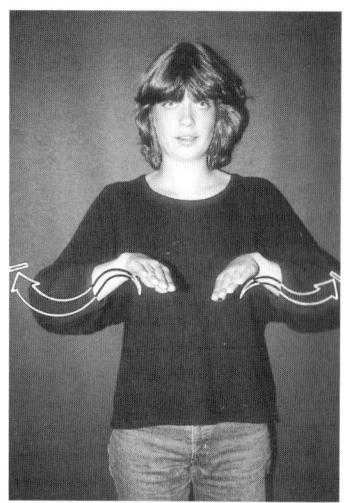

**1.0962 Meer n, See f**
B-He (Hr o, Hk außen) in »Wellen« auseinander
(vgl. der See 1.1371)

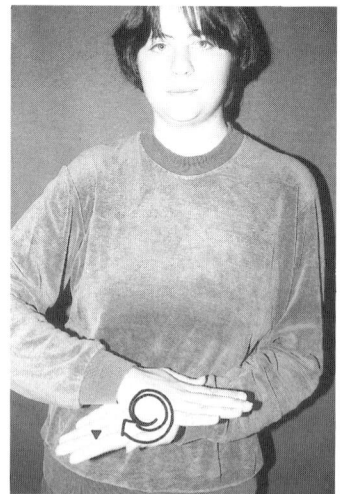

**1.0963 Mehl n**
r B-H oder *B-H (Hr o) kreist auf Ht der l B-H oder *B-H (Ht o): »Korn mahlen«
(vgl. mahlen 1.0935)

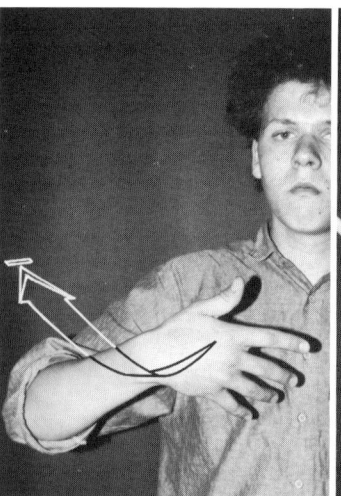

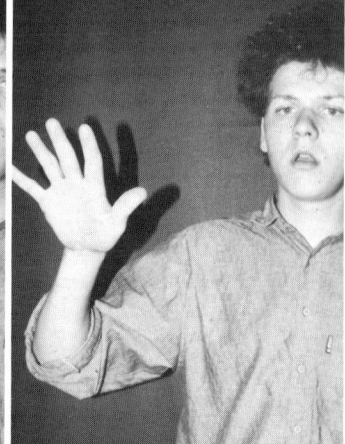

**1.0964 mehr (Steigerung), Mehrheit f (1), mehrheitlich (1)**
1.2. 5-H oder 5-He (Hr v, Hk u) mit H-gelenkdrehung schnell nach o (Ht v, Hk außen)
(vgl. Mehrheit <2> **4.1236**)

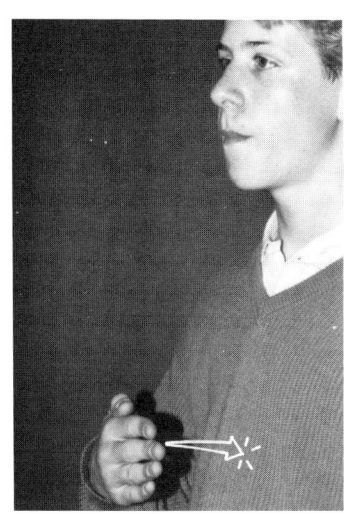

**1.0965 mein**
B-H **oder** *B-H (Hr v, Hk u) an
Brust: »mein Besitz«
(vgl. gehören <mir> 1.0554,
ich 1.0710)

**1.0966 Meister m, -in** f,
Bürgermeister m, -in** f,
höchst..., Höchst..., höchstens**
Z (Ht v, Hk außen) schraubt sich mit H-gelenkdrehung »in die Höhe« (Hr v,
Hk innen)
(**wie** erste <2> 1.0383)

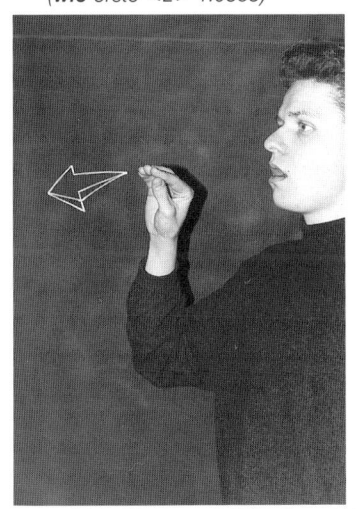

**1.0967 melden (etwas)(1), Meldung f (Mitteilung)(1), Auskunft f (1),
benachrichtigen (1), Benachrichtigung f (1), Bescheid m (1),
kündigen (1), Kündigung f (1), Nachricht f (1), nachrichtlich (1)**
<O-H (Ht v, Hk außen) 1x **oder** 2x nach v
(**richtungsgebunden**, vgl. antworten 1.0054)
(vgl. 1.0968/69, unterrichten 1.1649)

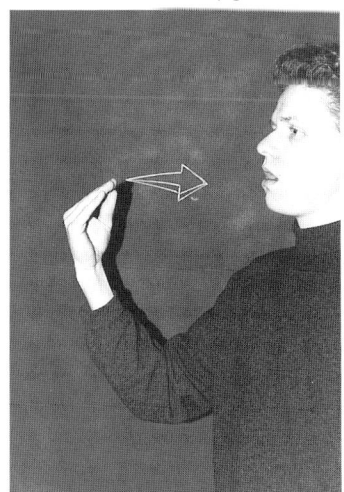

**1.0968 melden (etwas)(2), Meldung f (Mitteilung)(2), Auskunft f (2),
benachrichtigen (2), Benachrichtigung f (2), Bescheid m (2),
kündigen (2), Kündigung f (2), Nachricht f (2), nachrichtlich (2)**
<O-H (Hr v, Hk innen) 1x **oder** 2x nach h
(**richtungsgebunden**, vgl. antworten 1.0054)
(vgl. 1.0967/69)

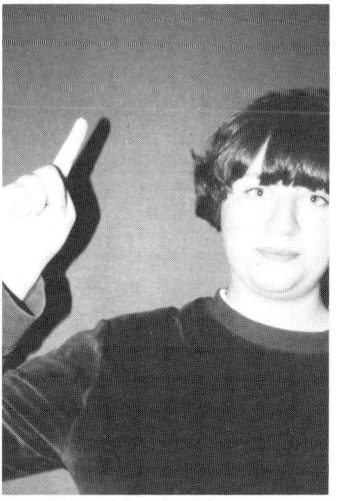

**1.0969 melden (sich),
Meldung f (Anwesenheit)**
Z heben
(vgl. 1.0967/68)

169

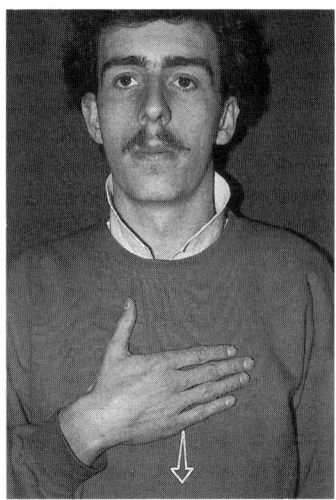

**1.0970 Mensch m, menschlich**
\*B-H **oder** 5-H (Hr v, Hk u) an Brust nach u
(vgl. 1.0971)

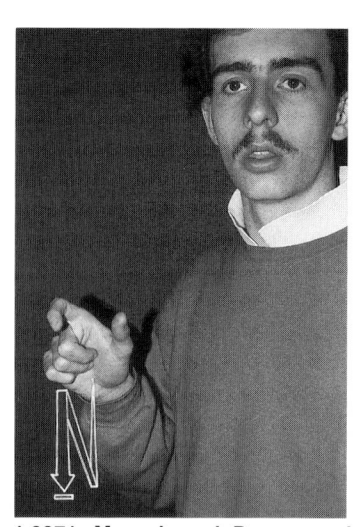

**1.0971 Menschen pl, Personen pl, Leute pl, Einwohner pl (1), einzelne pl (1)**
\*X-H (Ht v, Hk u) 2x versetzt nach u
(vgl. Person <1><2> 1.1126/27, Einwohner <1><2> 1.1126/1.1826, Einwohner pl <2> 1.0348, einzelne <2> 1.0349)

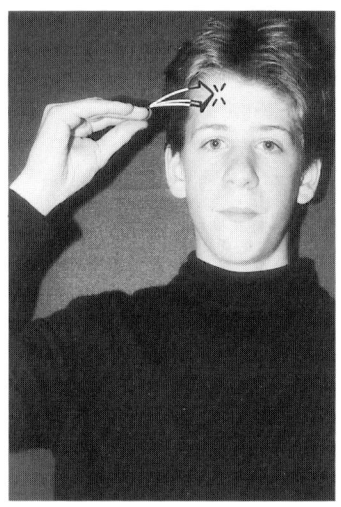

**1.0972 merken, Bemerkung f, bemerken, vormerken (im Kopf), Vormerkung f (im Kopf), studieren (S), Studium n (S), Student\* m (S), -in\*\* f (S)**
Fi-spitzen der <O-H (Hr außen, Hk v) 1x **oder** 2x an Schläfe
(vgl. vormerken <schriftlich> 1.0262, studieren <N> 1.1497, behalten 1.0135, lernen 1.0897)

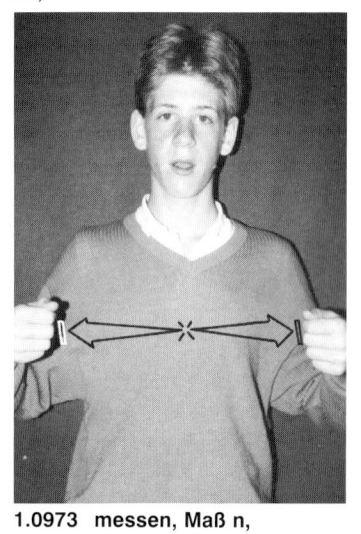

**1.0973 messen, Maß n, Messung f, Meter m,n, m (Meter)**
A-He (Hr v, Hk u, DZ-Kontakt) auseinander (Hr außen):
»Maßband, Metermaß«

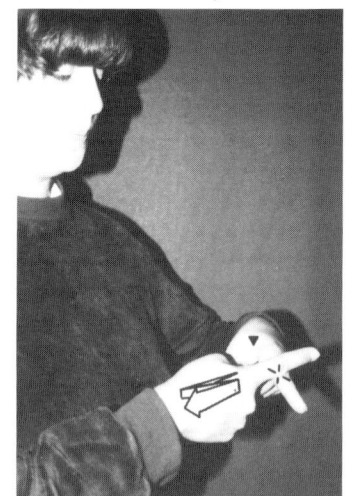

**1.0974 Messer n, schneiden (mit dem Messer)**
r Z »schneidet« 2x »in« l Z
(vgl. Besteck 1.0165, schneiden <mit der Schere> 1.1271, schneiden <Scheiben> 1.1322)

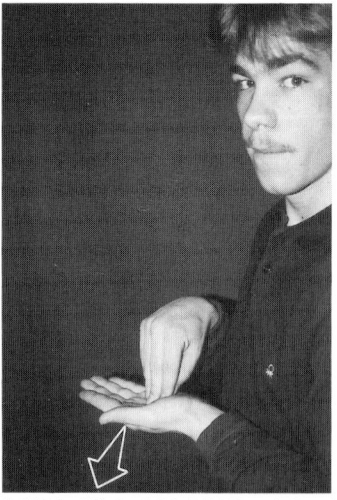

**1.0975 Miete f (Geld)(2), mieten (etwas)(2), Mieter\* m (2), -in\*\* f (2), Pacht f, pachten, Pächter\* m, -in\*\* f, verpachten, Vermietung f (2), vermieten (2), Vermieter\* m (2), -in\*\* f (2)**
Fi-spitzen der r <O-H (Hr o, Hk außen) drückt Ht der l \*B-H (Ht o, Hk h) kurz nach u: »Geld in die Hand«
(vgl. Miete <Geld><1>, Vermietung <1> 1.0444)

**1.0976 Milch f, melken**
C-He (Hr v, Hk u) schließen im
Wechsel 2x nach u zu Fe, ahmen
»Melken« nach

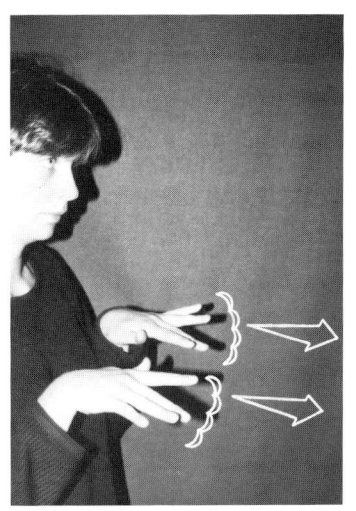

**1.0977 Milliarde f, eine Milliarde,
1 000 000 000,
Milliardär* m, -in** f**
5-He (Hr o, Hk außen) mit Fi-spiel
nach v
(vgl. Million 1.0980)

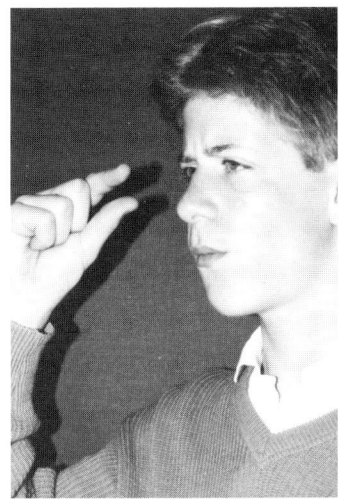

**1.0978 Milli(gramm) n**
1. D und Z der Q-H (Hr außen,
Hk v) deuten vor Auge
»sehr kleines Gewicht« an
2. »Gramm« (1.0606)
(vgl. Millimeter 1.0979)

**1.0979 Millimeter m, mm**
Q-H (Ht v, Hk u) kurz nach u:
»Millimeterabstand« zwischen D
und Z
(vgl. Milligramm 1.0978, Zentimeter,
cm 1.1876)

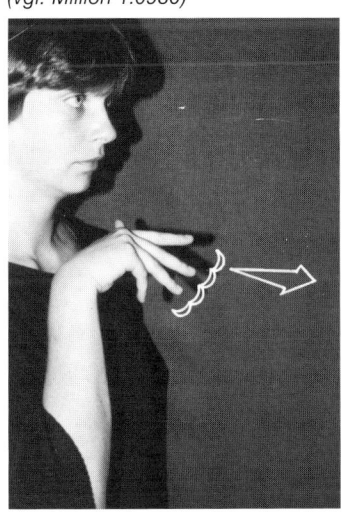

**1.0980 Million f, eine Million,
1 000 000,
Millionär* m, -in** f**
5-H (Hr o, Hk außen) mit Fi-spiel
nach v
(vgl. Milliarde 1.0977)

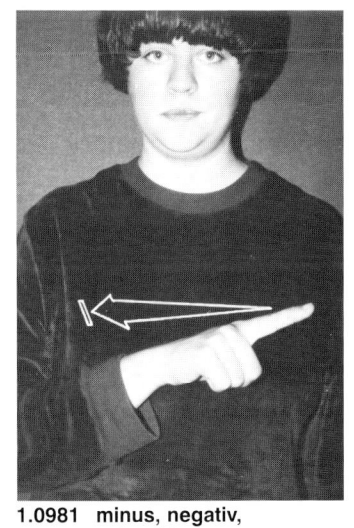

**1.0981 minus, negativ,
subtrahieren,
Subtraktion f**
Z (Hr o, Hk außen) nach r:
»Minuszeichen«
(vgl. plus 1.1151)

**1.0982 Minute f**
DZ der F-H tippen 2x auf
»Armbanduhr«

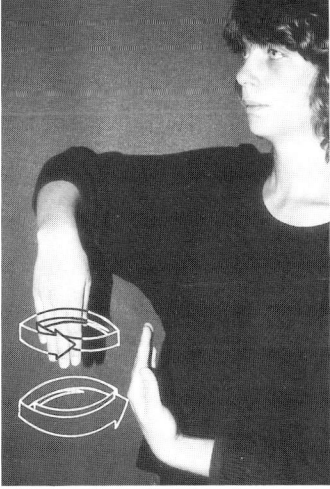

**1.0983 mischen, Mischung f, mixen, Mix.. (allg.),
Mischling m, Bastard m,
verwickeln, Verwicklung f**
B-He kreisen umeinander: »etwas vermischen«

171

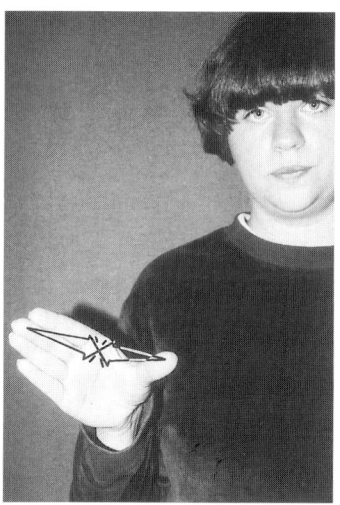

**1.0984 mit, samt (1)**
*B-H (Hr außen, Hk u) schließt zur <O-H
(**wie** zusammen <1> 1.1909, vgl. samt <2> 1.0529)

**1.0985 Mittag m (1), mittags (1)**
H-gelenk der r B-H (Hr außen, Hk v) gegen Z der l B-H (Hr o, Hk v): »Sonne steht mittags senkrecht« (vgl. 1.0986)

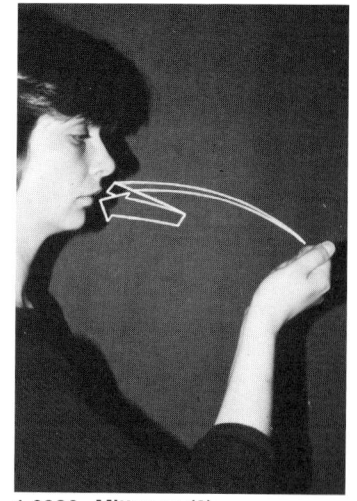

**1.0986 Mittag m (2), mittags (2)**
A-H (Hr v, Hk u) »führt 2x Essen zum Mund«
(**wie** essen 1.0389, vgl. 1.0985, Mittagessen <2> 1.0988)

---

**M**eile f (Längenmaß)
 = FA »**M**«
 + Kilometer 1.0793

Menü n  = essen 1.0389
 + Liste 1.0570

Mitbestimmung f, mitbestimmen
 = mit 1.0984
 + bestimmen 1.0134

Mittagessen n (1)
 = Mittag (1) 1.0985
 + essen 1.0389
(vgl. Mittagessen (2) 1.0988)

Mitternacht f, mitternächtlich
 = Mitte (1) 1.0989
 + Nacht 1.1034

**1.0987 Hinweis**

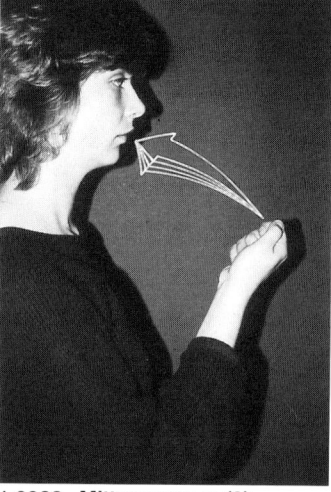

**1.0988 Mittagessen n (2)**
A-H (Hr v, Hk u) »führt 4x Essen zum Mund«
(vgl. Mittagessen <1> 1.0987, essen 1.0389)

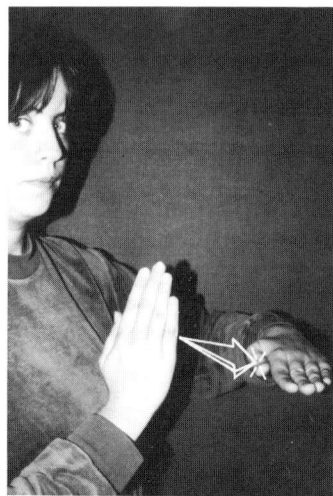

---

**1.0989 Mitte f (1), Mittel... (1), mittel... (1)**
Hk der r B-H (Hr außen, Hk v) 1x **oder** 2x gegen Z der l B-H (Hr o, Hk v)
(vgl. 1.0990)

**1.0990 Mitte f (2), Mittel n (2)(N), Mittel... (2), mittel... (2)**
abgeknickter M der r 5-H tippt 2x in »Mitte« des Ht der l *B-H
(vgl. 1.0989, Mittel <1> 1.0991, Mittel <3>, Zentrum 1.1878)

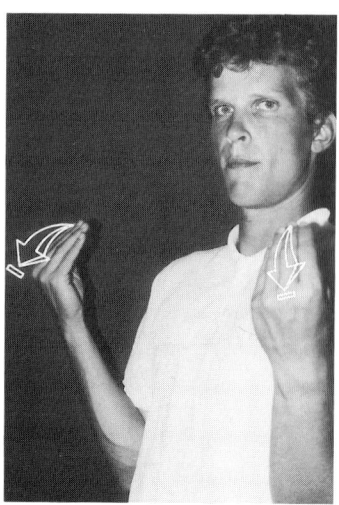

**1.0991 Mittel n (1)**
<O-He (Hr u, Hk innen) 2x kurz nach v
(vgl. Mittel <2><3> 1.0990/1.1878)

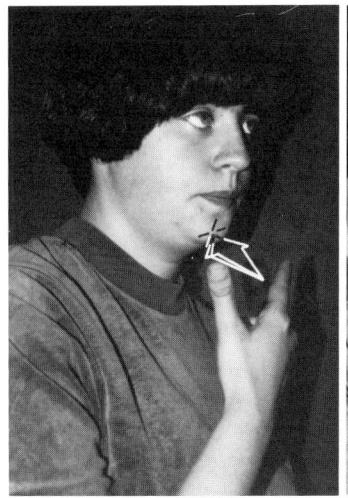

**1.0992 Mittwoch m (1)(N)**
1.2. L-H (Hr v, Hk u) 2x an Kinn
(vgl. 1.0993/94)

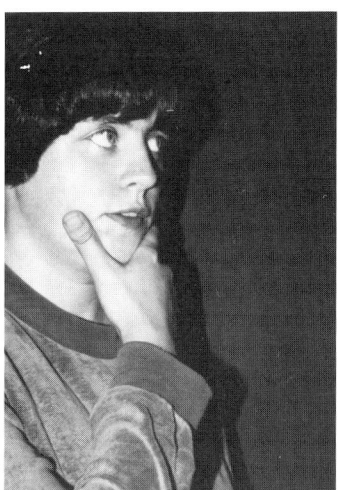

**1.0993 Mittwoch m (2)(S)**
Fi-spitzen der r <B-H (Hr o, Hk v)
von H-wurzel im Bogen zu
Fi-spitzen der l B-H (Hr o, Hk v)
(vgl. 1.0992/94)

**1.0994 Mittwoch m (3)**
*3-H* (Hr v, Hk u) vor Brust nach r
(Hk innen): »*3.* Wochentag«
(vgl. 1.0992/93)

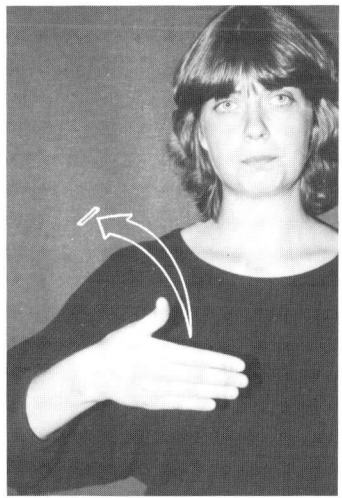

**1.0995 Mode f**
*B-H (Hr v, Hk u) im Bogen
nach o außen (Hk innen)
(vgl. 1.0996)

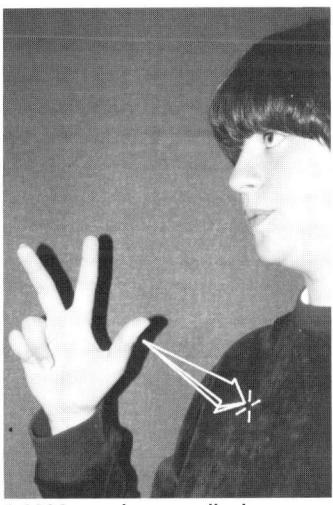

**1.0996 modern, modisch,
Boutique f, Butike f**
D der 3-H (Hr außen, Hk v) 2x an
r Brustseite
(vgl. 1.0995, elegant 1.0355)

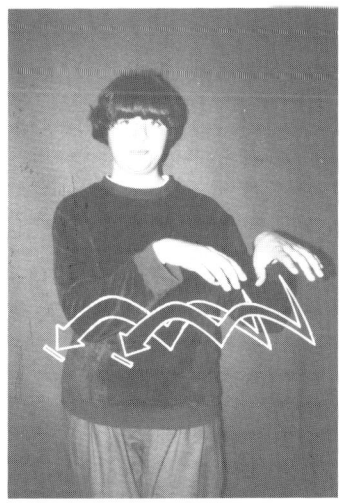

**1.0997 Möbel pl, Möbel n**
5-He (Hr o, Hk außen) kurz nach u
**oder** in parallelen Bögen von l nach
r deuten »Möbelstandort/e« an
(vgl. Markt 1.0951)

**1.0998 mögen, möchten, angenehm, genehm, sympathisch,
Sympathie f, Sympathisant\* m, -in\*\* f, sympathisieren**
Ht der *B-H (Hr v, Hk u) streicht 2x an Brust nach u
**mögen, möchten: Einzahl** = Gebärde **1x** ausführen
**Mehrzahl und Grundform** = Gebärde **2x** ausführen
(vgl. gefallen <mögen>, Hobby 1.0679, gern, wohl <1> 1.0564)

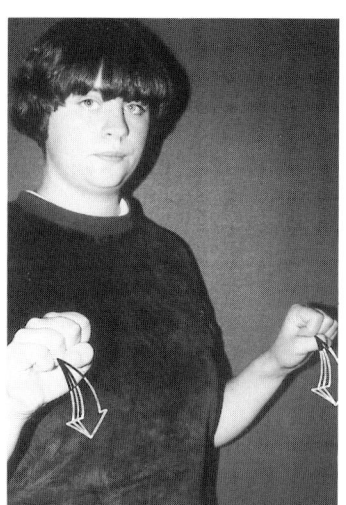

**1.0999 möglich, Möglichkeit f**
F oder Fe (Hr o, Hk außen) knicken
2x oder 3x kurz nach u
(wie können <N> 1.0824,
vgl. unmöglich, Unmöglichkeit
1.1640)

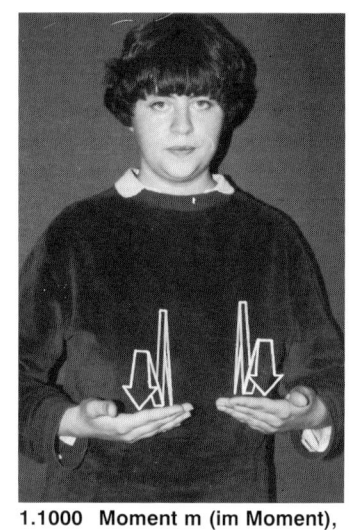

**1.1000 Moment m (im Moment),
momentan,
gerade (soeben)**
B-He (Ht o, Hk h) 2x kurz nach u
(vgl. 1.1001, nun 1.1084,
Gegenwart 1.0549)

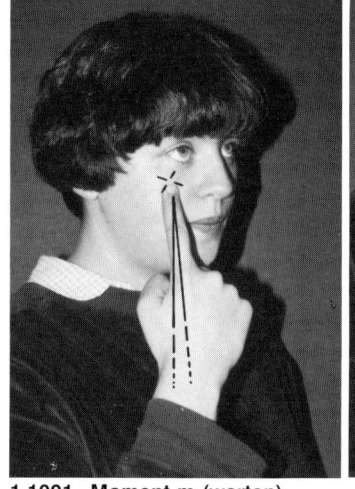

**1.1001 Moment m (warten)**
1. Z (Hr außen, Hk v) vom Jochbein nach u
2. B-H (Ht v, Hk außen) 2x kurz nach v, deutet »Stopp« an
(vgl. 1.1000)

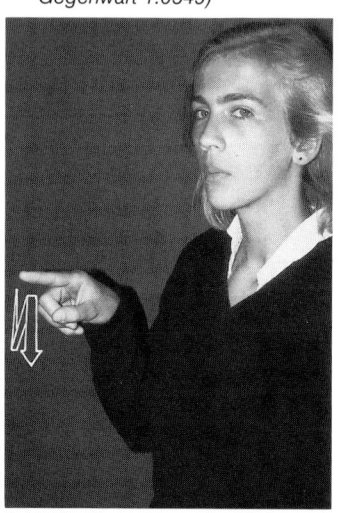

**1.1002 Monat m, monatlich,
ein Monat**
Z (Hr o, Hk außen) 2x
nebeneinander nach u
(vgl. **1.1003!**)

**1.1003 Hinweis**

zwei Monate
= **2-H** (Hr o, Hk außen) 1x
oder 2x kurz nach u

drei Monate
= **3-H** (Hr o, Hk außen) 1x
oder 2x kurz nach u

(Die Zahlen **2 bis 10 und** die
Gebärde »Monat« werden
nicht nacheinander gebärdet,
sondern **zu einer Gebärde
zusammengefasst**; vgl.
Monat, **ein** Monat 1.1002)

**Elf** Monate, ... werden **wieder
nacheinander** gebärdet:
elf (N)(S) 1.0357/58 + Monat
1.1002, ...

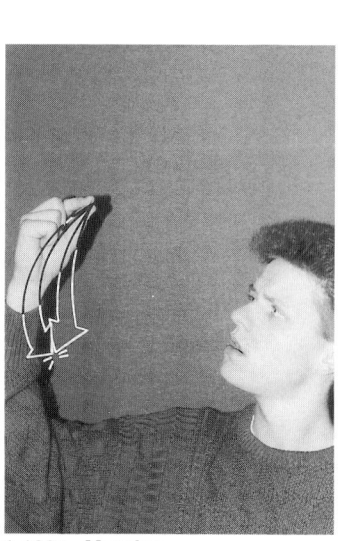

**1.1004 Mond m**
<Q-H (Ht v, Hk außen) öffnet sich
zur Q-H und schließt wieder zur
<Q-H (Ht o, Hk innen):
»Mondsichel«

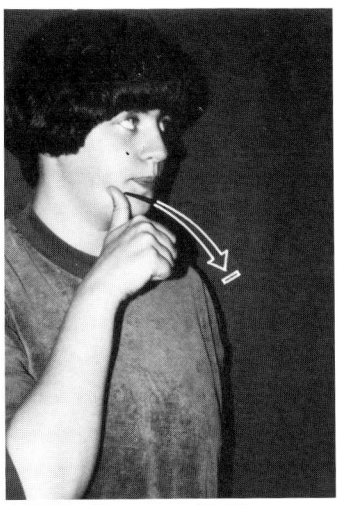

**1.1005 Montag m (1)(N)**
*A-H (Hr außen, Hk v) von Wange im Bogen nach v u (Hk u)
(vgl. 1.1006/07)

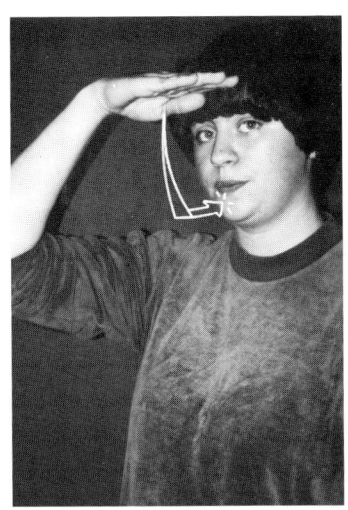

**1.1006 Montag m (2)(S)**
Z der B-H (Hr o, Hk v) von Stirn im Bogen zum Kinn
(vgl. 1.1005/07)

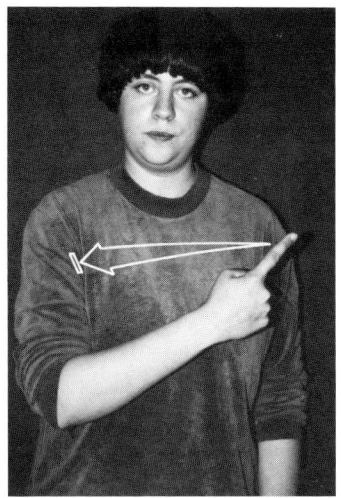

**1.1007 Montag m (3)**
Z (Hr v, Hk u) vor Brust nach r (Hk innen): »**1.** Wochentag«
(vgl. 1.1005/06)

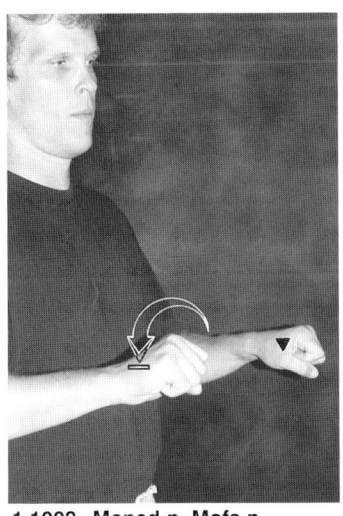

**1.1008 Moped n, Mofa n**
l F (Hr o, Hk außen) »hält Lenker«, r F (Hr o, Hk außen) »dreht schnell am Gasgriff«
(vgl. Motorrad 1.1014)

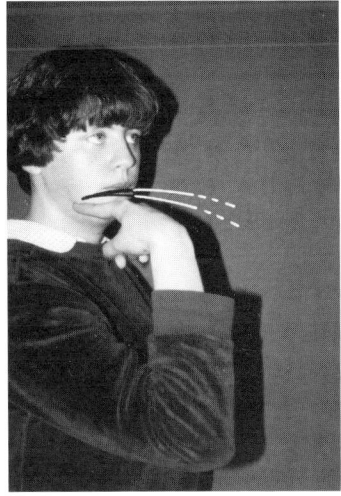

**1.1009 morgen (1)**
1.2. Z (Hr v, Hk innen) von Wange im Bogen nach v u (Hr u):
»**1** Tag voraus«
(vgl. 1.1010, übermorgen <1> 1.1617)

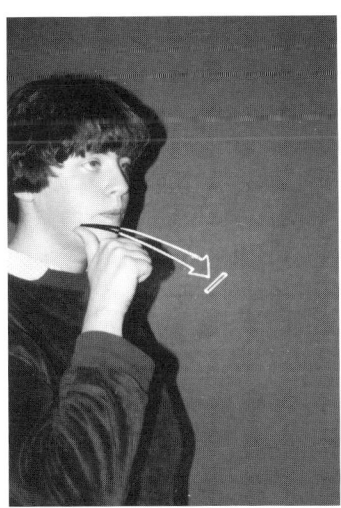

**1.1010 morgen (2)**
D der *A-H (Hr außen, Hk v) von Wange im Bogen nach v u (Hk u):
»**1** Tag voraus«
(vgl. 1.1009, übermorgen <2> 1.1618)

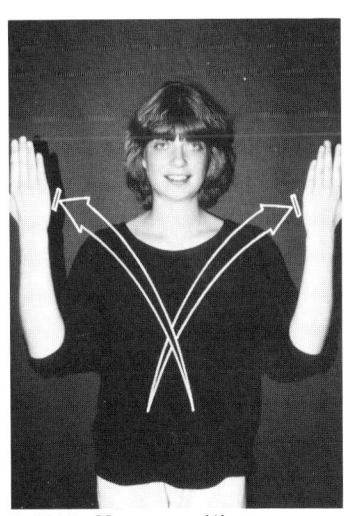

**1.1011 Morgen m (1)**
gekreuzte *B-He (Hr v) im Viertelkreis nach o: »Aufgehen der Sonne«
(vgl. 1.1012, Abend 1.0002)

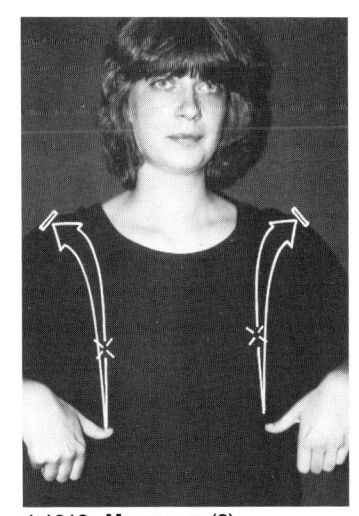

**1.1012 Morgen m (2), morgens**
D der *A-He **oder** der *A-H (Hr o) an Brust nach o
(vgl. 1.1011, früh 1.0496)

**1.1013 Motor m**
Z (Ht o, Hk innen) kreist im Uhrzeigersinn

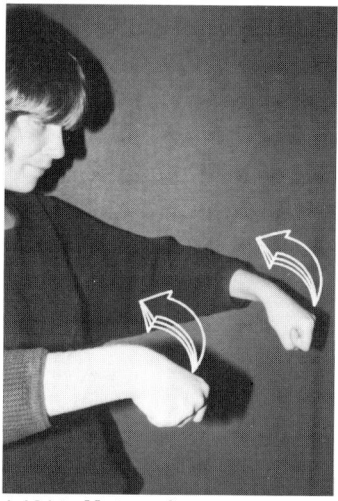

**1.1014 Motorrad n**
Fe (Hr o, Hk außen) drehen 3x im H-gelenk nach h: »Gas geben« (vgl. Moped, Mofa 1.1008)

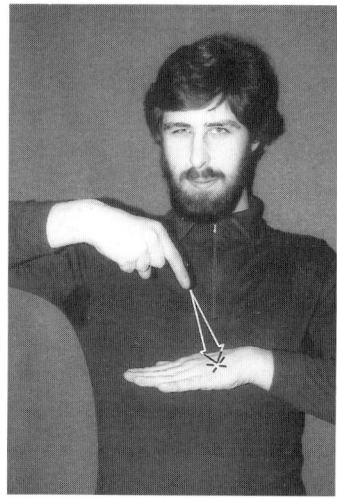

**1.1015 Mücke f**
1. r Z »sticht« auf Hr der l *B-H
2. r Ht schlägt auf l Hr: »Mücke totschlagen«

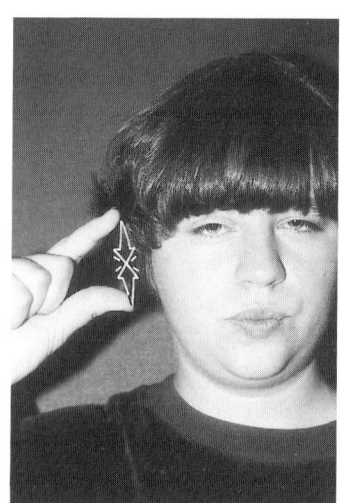

**1.1016 müde (1), Müdigkeit f (1), Naivität f, naiv, zudrücken (Auge)**
Q-H (Hr außen, Hk v) schließt neben Auge zur <Q-H: »Augen zu« (vgl. 1.1017, wach 1.1732)

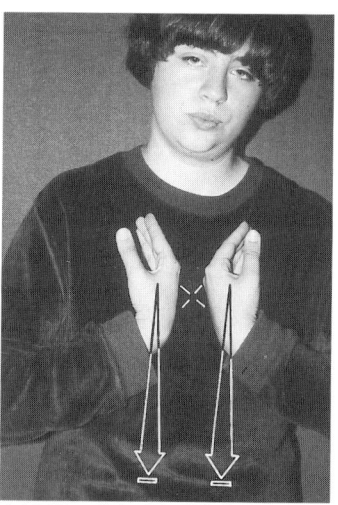

**1.1017 müde (2), Müdigkeit f (2)**
Hk der <C-He (Hr innen, Hk h) an Brust nach u (vgl. 1.1016, mühsam 1.1018)

**1.1018 mühsam, Mühe f, mühselig, Mühsal f, Gebühr f (W,Berlin)**
Hk der *B-H (Ht außen, Hk h) langsam »mit Mühe« an Brust nach u (vgl. müde <2> 1.1017, lästig 1.0873, Gebühr <N,S> 1.0540)

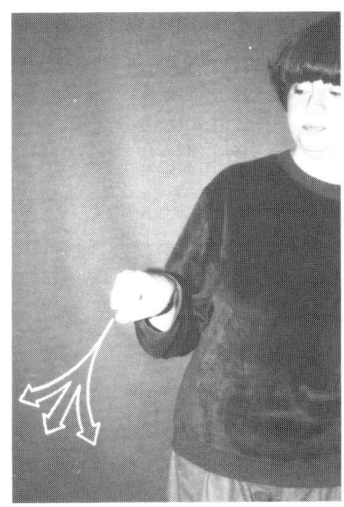

**1.1019 Müll m (1)**
F (Hr o, Hk außen) öffnet sich
nach u zur 5-H: »Müll wegwerfen«
(vgl. 1.1020)

**1.1020 Müll m (2), Schrott m, verschrotten**
1.2. O-H (Hr u, Hk innen) im Bogen mit gestrecktem Z nach v r:
»Müll, Schrott wegwerfen«
(vgl. 1.1019)

```
Mountainbike n
  = Berg 1.0155
  + Fahrrad 1.0400

Mülleimer m
  = Müll (1) 1.1019
  + Eimer 1.0335, r. Foto

Mutter f (Schraube)(N)(S)
  = Mutter (N)(S) 1.1029/30
  + Schraube 1.1329
```

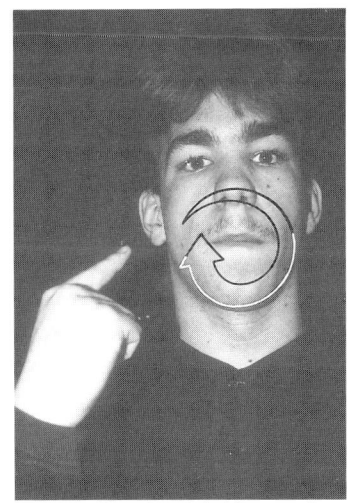

**1.1021 Hinweis**

**1.1022 Mund m (1), Lippen pl, Maul n (1), mündlich (1), verbal**
Z umkreist »Mund, Lippen«
(vgl. 1.1023, Maul <2> 1.0958)

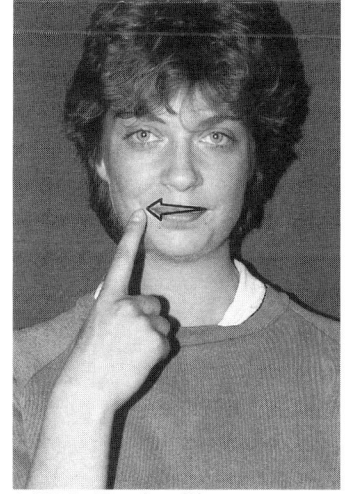

**1.1023 Mund m (2), mündlich (2)**
Z (Hr v, Hk außen) über Unterlippe nach r
(vgl. 1.1022)

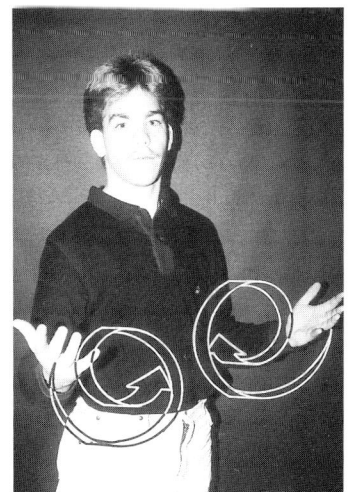

**1.1024 munter (2), Munterkeit f (2), anfeuern, Anfeuerung f, anregen, Anregung f, aufmuntern, Aufmunterung f, ermuntern, Ermunterung f, heiter, fördern (situativ), Förderung f, unterstützen (N), Unterstützung f (N)**
5-He (Ht o, Hk innen) kreisen »aufmunternd« entgegengesetzt vor Brust
(vgl. munter <1> 1.1732, unterstützen <S> 1.1141)

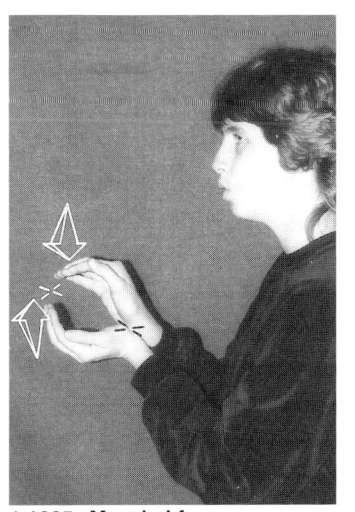

**1.1025 Muschel f**
Fi-spitzen der <B-He 2x »wie Muschelschalen« zusammen

177

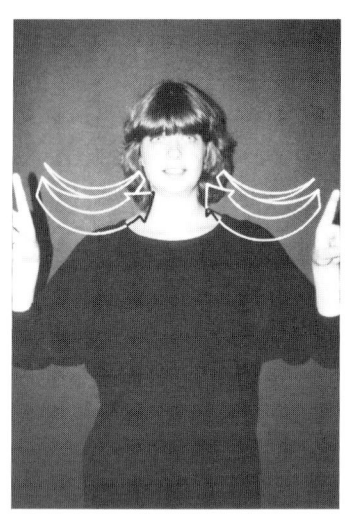

**1.1026 Musik f, Lied n, singen, Konzert n, Oper f, Operette f, dirigieren (Musik), Dirigent* m, -in** f**
Z (Ht v, Hk außen) »dirigieren« in Bögen hin und her

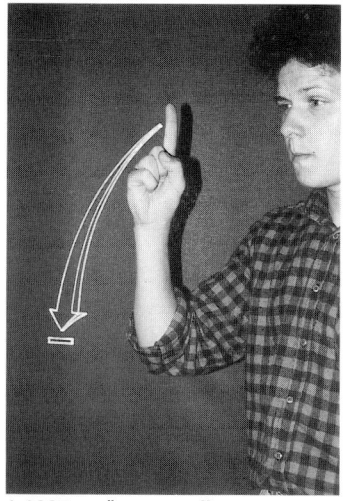

**1.1027 müssen, sollen**
Z (Hr außen, Hk v) 2x energisch im Bogen nach u (Hk u)
**Einzahl** = Gebärde **1x** ausführen
**Mehrzahl und Grundform** = Gebärde **2x** ausführen (vgl. befehlen 1.0134)

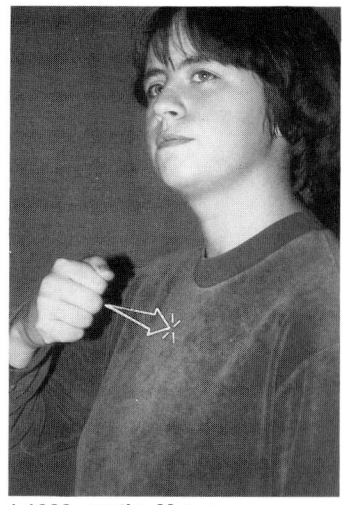

**1.1028 mutig, Mut m**
A-H (Hr v, Hk u) schlägt »mutig« an Brust
(vgl. ängstlich 1.0050, böse <1> 1.0206)

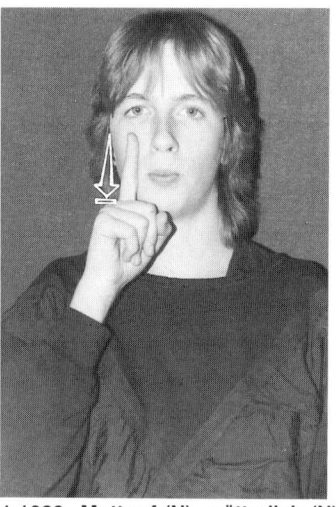

**1.1029 Mutter f (N), mütterlich (N), Frau f (3)**
Z (Ht v, Hk außen) 1x **oder** 2x an Wange nach u
(vgl. 1.1030, Frau <1><2> 1.0474/75)

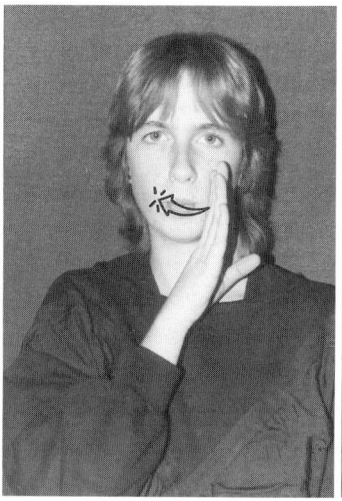

**1.1030 Mutter f (S), mütterlich (S)**
1.2. Z der B-H (Hr außen, Hk v) von l an r Wange **oder** von r an l Wange
(vgl. 1.1029)

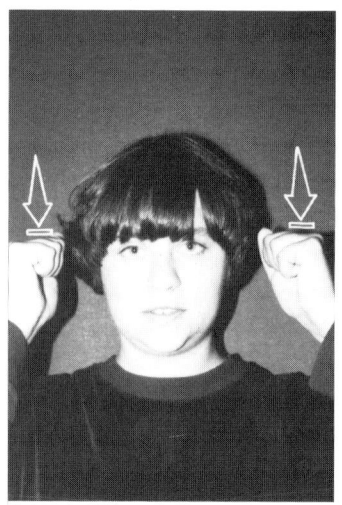

**1.1031 Mütze f, Kappe f, Haube f (Kopfbedeckung), Perücke f**
A-He (Hr außen, Hk v) »setzen Mütze, ... auf«

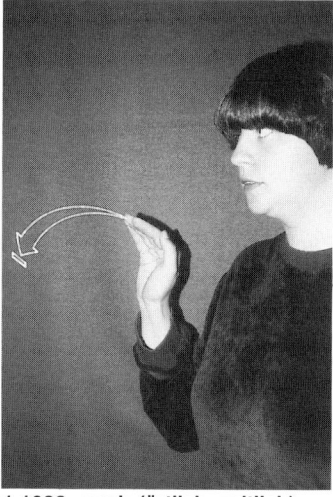

**1.1032 nach (örtlich, zeitlich)**
<B-H (Ht v, Hk außen) im Bogen »nach« v (Hr o)

**1.1033 Hinweis**

```
nachdenken,
nachdenklich
    = nach 1.1032
    + denken 1.0271

Nachhilfe f (1)(2)
    = nach 1.1032
    + Hilfe (1)(2) 1.0652/53

Nachmittag m (1)(2),
nachmittags (1)(2)
    = nach 1.1032
    + Mittag (1)(2) 1.0985/86

nachträglich
    = nach 1.1032
    + tragen (Verantw.) 1.1580
```

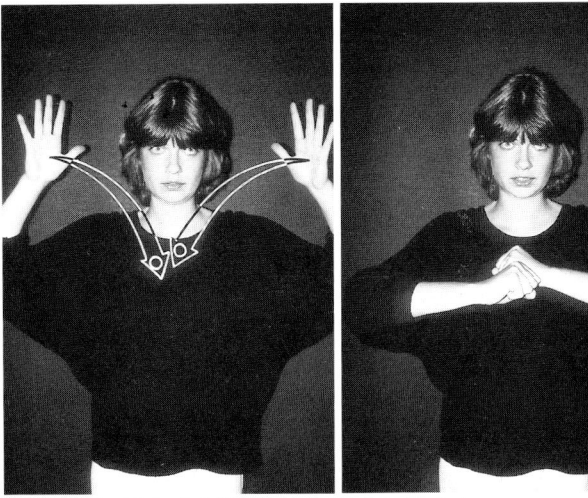

**1.1034 Nacht f, nächtlich, Dunkelheit f, dunkel,
Finsternis f, finster, verfinstern (sich)**
1.2. 5-He (Hr außen, Hk v) schließen im Bogen vor Brust zu
hintereinanderliegenden Fe (Hr o): »es wird dunkel, finster«
(vgl. hell 1.0654)

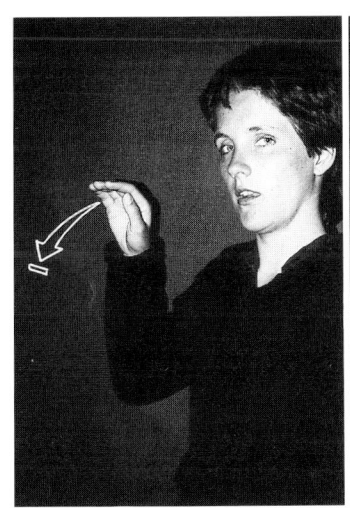

**1.1035 Nachtisch m, Dessert n**
1. »nach«: <B-H (Ht v, Hk außen) im Bogen nach v (Hr o)
2. A-H »führt Löffel 2x zum Mund«

**1.1036 nackt**
abgeknickter M der r 5-H bleibt auf
der »nackten Haut« des l Hr;
r H (Hr o) bewegt sich hin und her

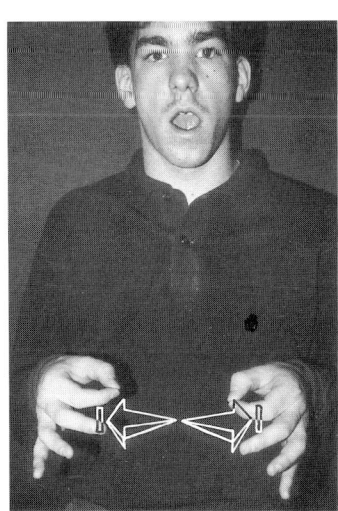

**1.1037 Nadel f (Baum)
Nadeln pl (Baum)**
D und Z der F-He (Hr außen, Hk u)
1x **oder** 2x vor Brust kurz
auseinander: »Form der Nadel/n«

**1.1038 (Na)del f (Werkzeug)**
1. »nähen« (1.1040)
2. D und Z deuten
»Länge der Nadel« an

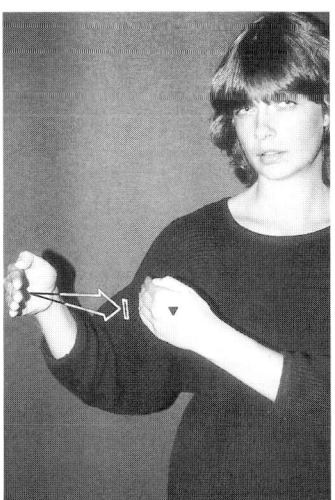

**1.1039 Nähe f, nah (situativ)**
r <B-H (Hk u) »nähert sich«
l <B-H (Hk u)
(vgl. näher 1.1041)

**1.1040 nähen,
Schneider* m, -in** f**
r F-H (Hr o, Hk außen) kreist 2x,
»näht«,
l F-H (Hr außen, Hk u) »hält Stoff«
(vgl. Nadel <Werkzeug> 1.1038)

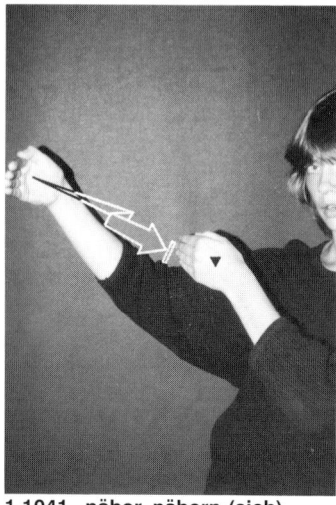

**1.1041 näher, nähern (sich)**
r <B-H (Hr v, Hk u) »nähert sich«
mit Unterbrechung l <B-H
(Hr außen, Hk u)
(vgl. nah 1.1039)

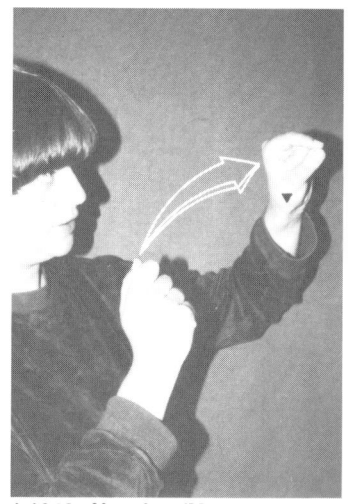

**1.1042 Nagel m (Material),
nageln**
l D und Z »halten Nagel«, r F **oder**
A-H »hämmert 2x auf Nagel«

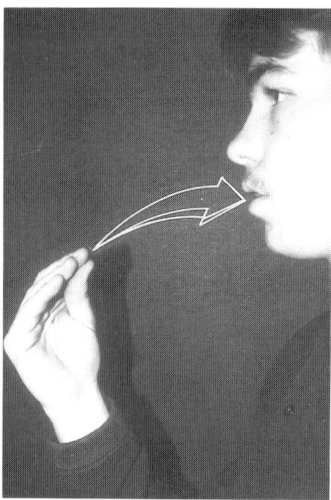

**1.1043 Nahrung f, Appetit m, ernähren (sich), Ernährung f,
Imbiss m, Kost f, Proviant m, verpflegen, Verpflegung f,
verzehren (2), Verzehr m (2), vespern (2), Vesper f, n (2)**
<O-H (Hr v, Hk innen) »führt 2x oder 3x Nahrung zum Mund«
(vgl. essen, verzehren <1>, vespern <1> 1.0389)

**1.1044 Name m (1), nennen (N)**
Fi-spitzen der U-H (Hr außen, Hk v)
an Wange 2x kurz nach u
(vgl. 1.1045, heißen, nennen <W>
1.0649)

**1.1045 Name m (2), nennen (S)**
Fi-spitzen der r *B-H (Hr o, Hk v)
tippen 2x auf Hr der l *B-H (Hr o,
Hk v)
(vgl. 1.1044, heißen, nennen <W>
1.0649)

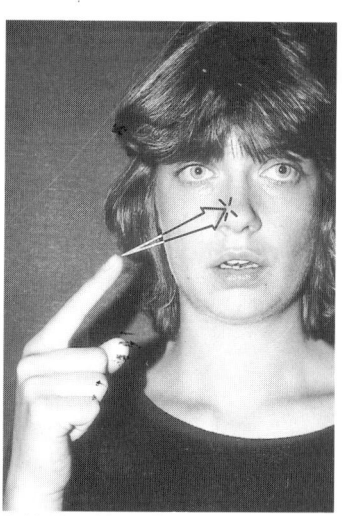

**1.1046 Nase f**
Z tippt an Nase

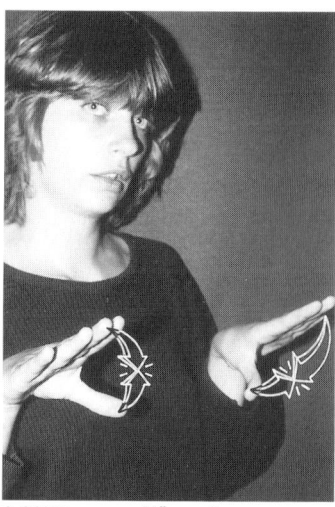

**1.1047 nass, Nässe f,
Quark m**
*B-He schließen 2x zu <O-He
(vgl. weich 1.1769)

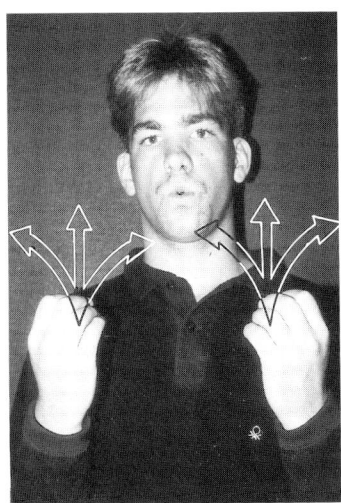

**1.1048  Natur f, natürlich, Natürlichkeit f, begabt, Begabung f, Früchte pl <2>, fruchtbar <2>, Kultur f, kulturell, Kunst f, künstlich (1), Talent n, talentiert**
O-He **oder** <O-He (Hr u, Hk innen) öffnen sich nach o zu 5-He
(vgl. Pflanze 1.1137, Früchte pl <1>, fruchtbar <1> 1.0495, künstlich <2> 1.0865)

**1.1049  Nebel m, neb(e)lig, düster, trüb(e), verschwimmen, verschwommen**
5-He (Ht v, Hk außen) kreisen langsam gegeneinander: »verschwommene Sicht«
(vgl. grau 1.0608)

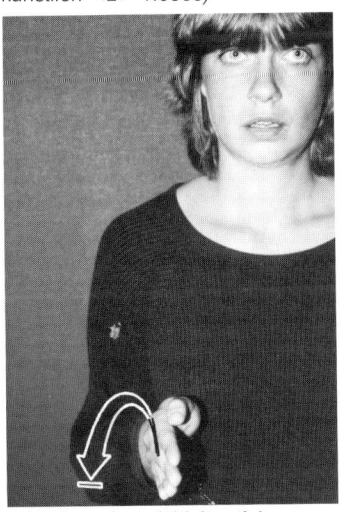

**1.1050  neben (1)(situativ), nebeneinander**
B-H (Hr außen, Hk u) im Bogen nach r »neben« Ausgangsposition
(vgl. 1.1051)

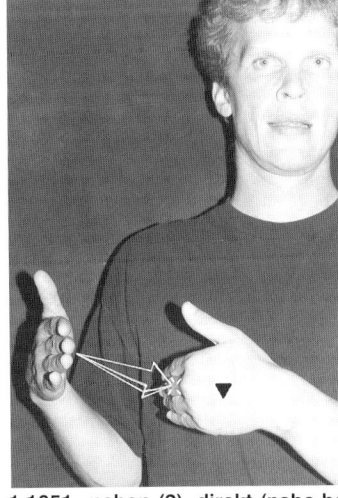

**1.1051  neben (2), direkt (nahe bei), Nachbar m, -in** f, Nachbarschaft f, nachbarschaftlich, Nebensache f, nebensächlich**
Fi der r *B-H (Hr außen, Hk u) tippen 2x **oder** 3x gegen Fi-rücken der l <*B-H (Hr v, Hk u)
(vgl. 1.1050)

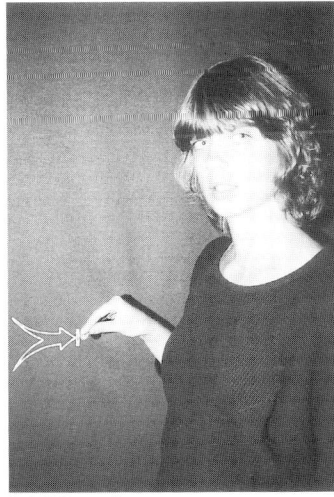

**1.1052  nehmen**
5-H (Hr o, Hk außen) zum Körper hin zur <O-H schließen: »etwas in die Hand nehmen«

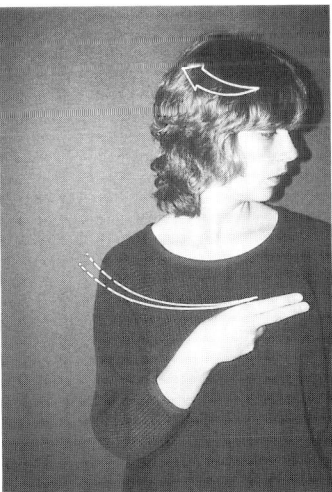

**1.1053  nein**
1.2. Kopf und U-H (Hr v, Hk u) drehen im Halbkreis von l nach r (Hr h)
(vgl. nicht, verboten 1.1068, verbieten 1.1658)

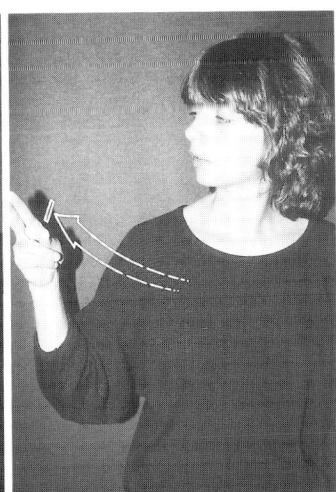

Nektarine f
   = FA »N«
   + Pfirsich 1.1136

Neujahr n (1)(2)
   = neu 1.1057
   + Jahr (1)(2) 1.0729/30

Nikotin n
   = rauchen 1.1186
   + Gift 1.0584

null (2),
Null f (2)  = FA »O«
(vgl. null <1> 1.1082)

1.1054  Hinweis

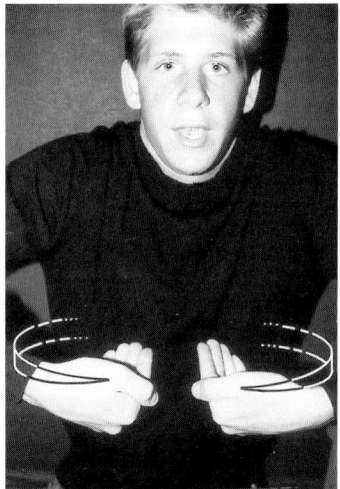

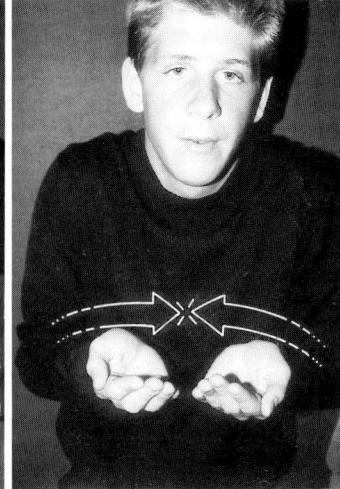

1.1055  Nest n (situativ), Horst m (situativ)
1.2. B-He (Fi-spitzen zum Körper, Ht o, Hk außen) umfahren
»Nest, Horst« mit H-gelenkdrehung (Hk innen)

1.1056  nett, brav, artig, bitte! (2),
Bitte f (2), zart (Gefühl),
Zartheit f (Gefühl)
Fi der <B-H (Hr v, Hk u) »streicheln« an
Wange nach u
(vgl. lieb 1.0904, bitte! <1> 1.0189, zart
<Körper> 1.1481, Trost 1.1594)

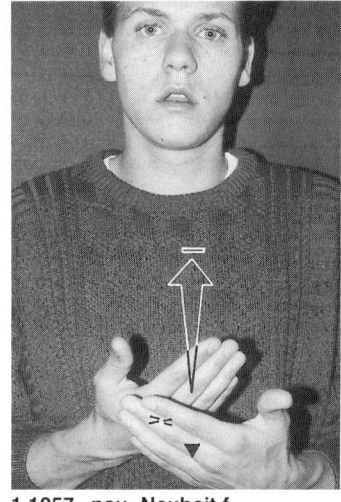

1.1057  neu, Neuheit f,
neo..., Neo...
r *B-H (Hr v, Hk innen) taucht »wie
etwas Neues« hinter l *B-H (Hr v,
Hk u) auf

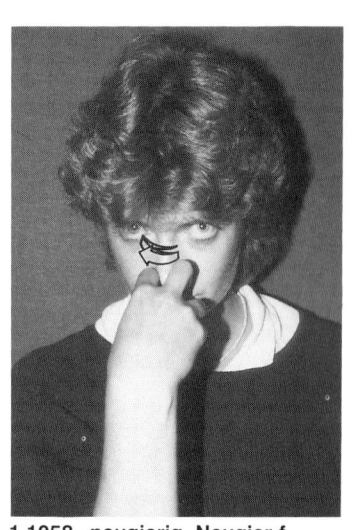

1.1058  neugierig, Neugier f,
Neugierde f, Schnüffelei f,
schnüffeln (spionieren)
V-H (Hr v, Nasenspitze zwischen Z und M)
dreht im H-gelenk hin und her:
»Nase in etwas reinstecken«

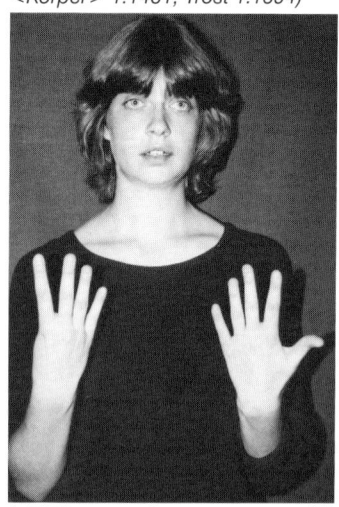

1.1059  neun, 9                (1)
l 5-H (Hr v, Hk innen) und r 4-H
(Hr v, Hk innen): »9 Finger«
(vgl. 1.1060)

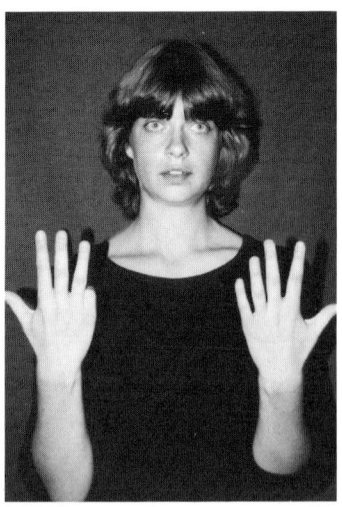

1.1060  neun, 9                (2)
l 5-H (Hr v, Hk innen) und r DZMR
(Hr v, Hk innen): »9 Finger«
(vgl. 1.1059)

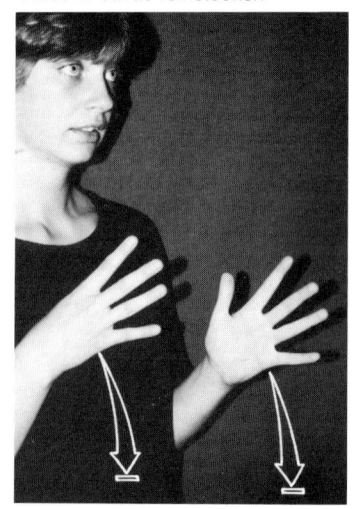

1.1061  neunhundert, 900
l 5-H (Hr außen, Hk v) und r 4-H
(Hr außen, Hk v) im Bogen nach u
(Hk u)

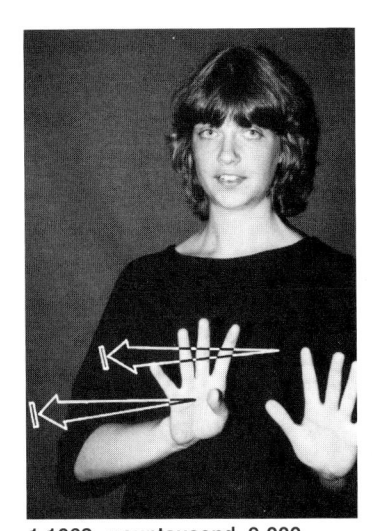

**1.1062 neuntausend, 9 000,
neun Wochen**
*l 5-H (Ht v, Hk außen) und r 4-H
(Ht v, Hk außen) vor Brust nach r*

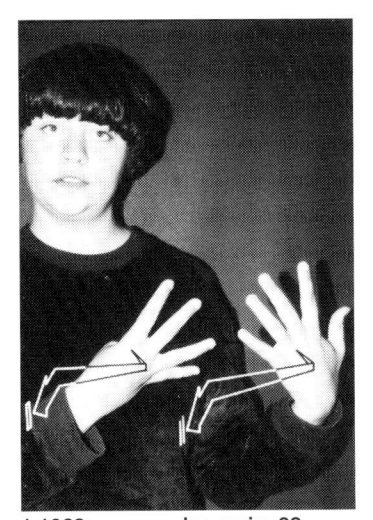

**1.1063 neunundneunzig, 99,
neunundneunzig(ste), 99(.)**
1. »neunundneunzig«: *l 5-H (Hr v, Hk u) und r 4-H (Hr v, Hk u) von
l Schulter nach r*
2. »...ste« *(1.0702, r. Foto)*

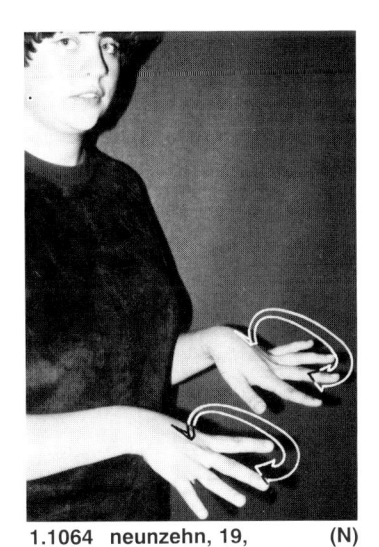

**1.1064 neunzehn, 19, (N)
neunzehn(te), 19(.)**
1. »neunzehn« (N): *l 5-H (Hr o, Hk außen) und r 4-H (Hr o, Hk außen)
kreisen nach v u (vgl. 1.1065)*
2. »...te« *(1.0357, r. Foto)*

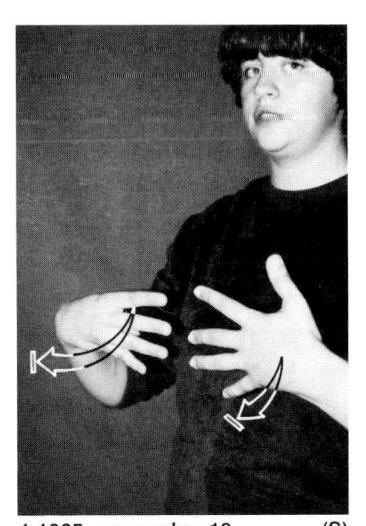

**1.1065 neunzehn, 19, (S)
neunzehn(te), 19(.)**
1. »neunzehn« (S): *l 5-H (Hr v, Hk u) und r 4-H (Hr v, Hk u) drehen
im H-gelenk nach v (Hr o, Hk außen)(vgl. 1.1064)*
2. »...te« *(1.0357, r. Foto)*

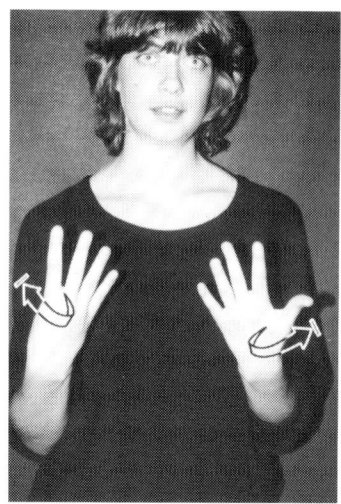

**1.1066 neunzig, 90, (N)**
**neunzig(ste), 90(.)**
1. »neunzig« (N): l 5-H (Hr v, Hk innen) und r 4-H (Hr v, Hk innen)
   drehen im H-gelenk nach außen (Hr h, Hk außen
   (vgl. 1.1067)
2. »...ste« (1.0702, r. Foto)

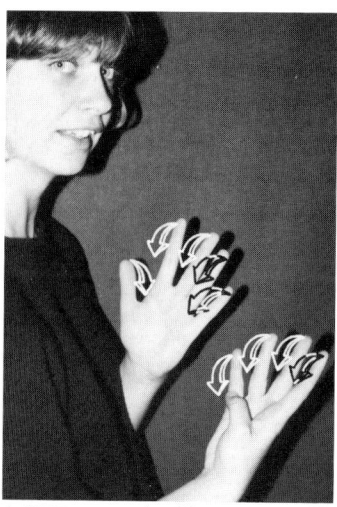

**1.1067 neunzig, 90, (S)**
**neunzig(ste), 90(.)**
1. »neunzig« (S): l 5-H (Hr v, Hk innen)
   und r 4-H (Hr v, Hk innen)
   2x krümmen (vgl. 1.1066)
2. »...ste« (1.0702, r. Foto)

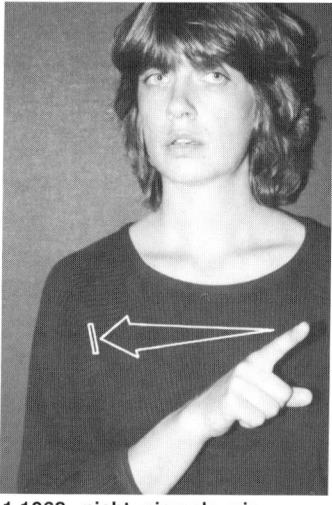

**1.1068 nicht, niemals, nie,**
**verboten**
Z (Hr o, Hk außen) vor Brust nach r:
»Verneinung«
(vgl. nichts 1.1069, nein 1.1053,
nicht mehr 1.1305, verbieten 1.1658)

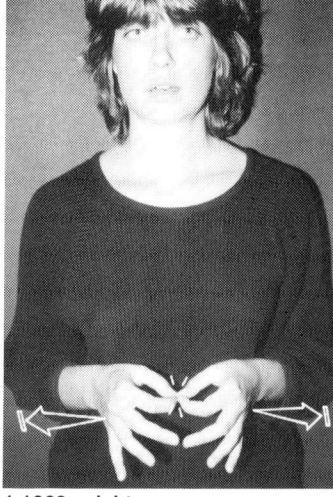

**1.1069 nichts**
DZ der F-He (Hr außen, Hk u)
auseinander
(vgl. nicht 1.1068)

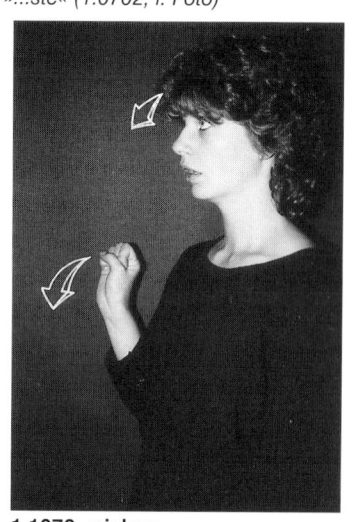

**1.1070 nicken,**
**Kopfnicken n**
Faust und Kopf »nicken« 2x
(vgl. Kopfschütteln 1.1344)

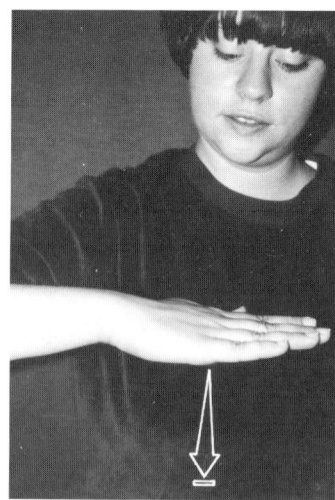

**1.1071 niedrig**
B-H oder <B-H (Hr o, Hk v) nach u
deutet »niedrig, klein« an
(vgl. hoch <2> 1.0612)

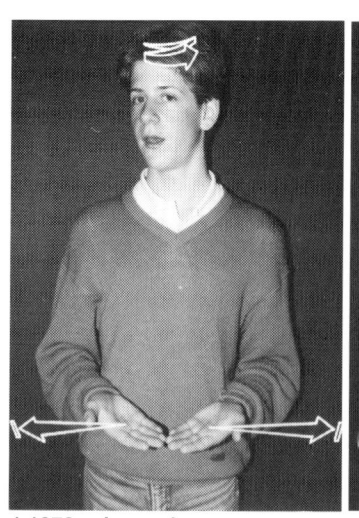

**1.1072 niemand**
1. *B-He (Ht o, Hk innen) bei gleichzeitigem Kopfschütteln auseinander:
   »es gibt nicht«
2. »Person«: *X-H (Ht v, Hk u) nach u
**niemand = »Person gibt es nicht«**
(vgl. jemand 1.0740)

**1.1073 Nikolaus m**
1. C-H (Hr u, Hk h) von Kinn kurz nach u: »Nikolausbart«
2. Schulter kurz nach u, *A-H **oder** F (Hr außen, Hk u) »hält Sack«
(vgl. Weihnachtsmann <3><4> 1.1771, Sack 1.1232)

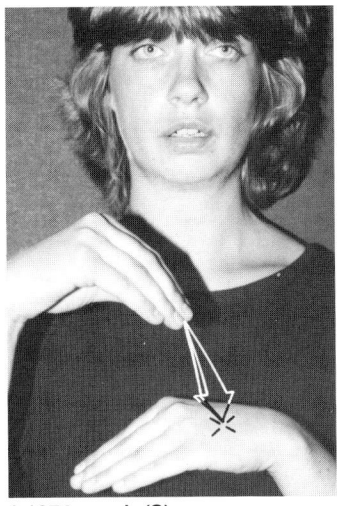

**1.1074 noch (S)**
Fi-spitzen der r <O-H (Hr o, Hk v)
tippen 2x auf Hr der l *B-H (Hr o, Hk v)
(vgl. noch <N> 1.1093)

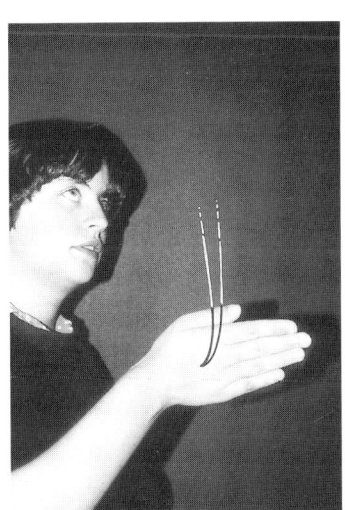

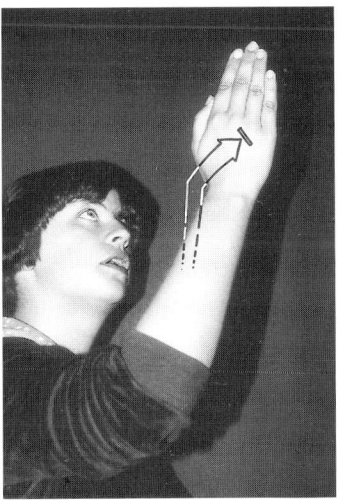

**1.1075 Norden m, nördlich, Nord...**
1. B-H **oder** *B-H (Hr außen, Hk u) mit Vierteldrehung nach o (Hk v)
2. B-H **oder** *B-H (Hk v) kurz nach v: »Norden ist auf dem Globus oben«
(vgl. Süden 1.1503)

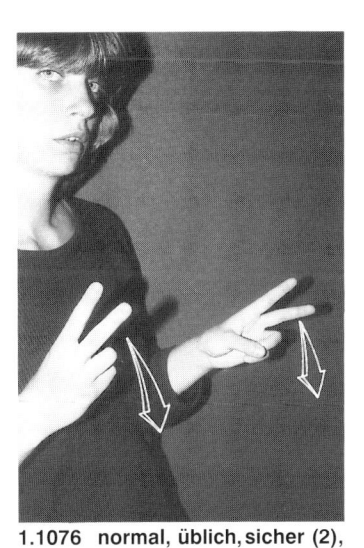

**1.1076 normal, üblich, sicher (2), sicherlich (2), Sicherheit f (2)**
V-He (Hr außen, Hk u) 2x gleichzeitig kurz nach u
(vgl. sicher <1>, ... 1.0689)

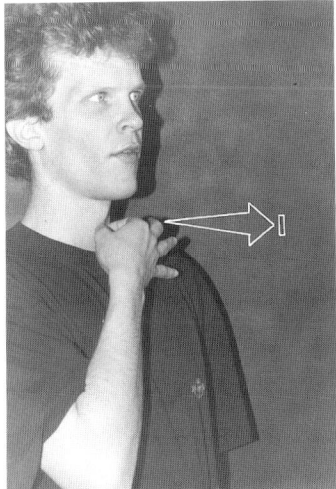

**1.1077 Not f (1), fasten**
F-H (Hr v, Hk u) von Kehle nach v
(vgl. Not <2> 1.1309, Durst 1.0326)

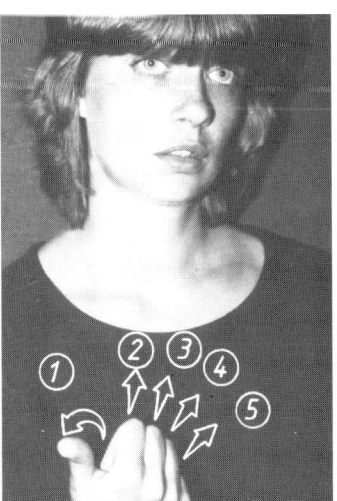

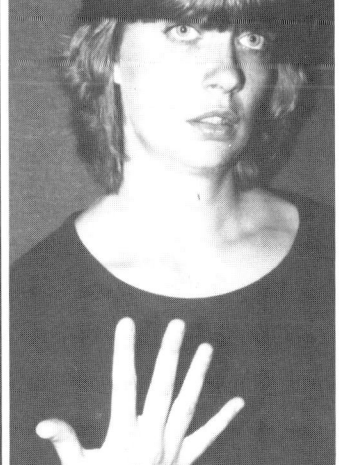

**1.1078 Note f (Zensur)(1), Zensur f (Note)(1), benoten (1), Benotung f (1), zensieren (bewerten)(1)**
1.2. Fi der *A-H (Hr v, Hk u) richten sich nacheinander zur 5-H auf: »von 1 bis 5 zählen«
(vgl. Note f <Zensur><2><3>, benoten <2><3>, ... 1.0540/1.1875)

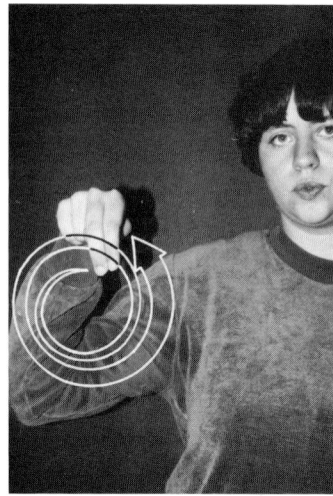

**1.1079 November m (1)(N) (2)(S)**
*N-H (Hr o, Hk außen) kreist vor Schulter (November)*
*(vgl. 1.1080)*

**1.1080 November m (3)**
*1. beide 5-He (Ht v, Hk außen) zeigen »10«*
*2. r Z (Ht v, Hk außen) nach u: »11. Monat« (internationale Gebärde)*
*(vgl. 1.1079)*

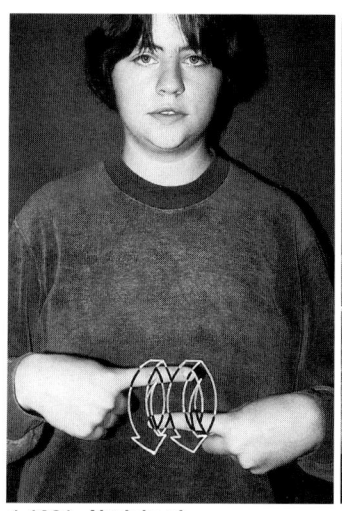

**1.1081 Nudeln pl**
*1. Z (Hr v, Hk u) kreisen umeinander*
*2. F-He (Ht v, Hk außen) auseinander deuten »Fadennudel« an*

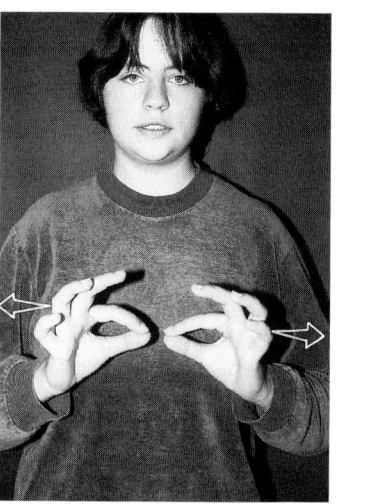

**1.1082 null (1), Null f (1)**
*Z (Ht v, Hk außen) schreibt die Ziffer 0*
*(vgl. null <2> 1.1054)*

**1.1083 Nummer f**
*r Z kreist mehrmals über l Z*
*(vgl. Zahl <1> 1.1855)*

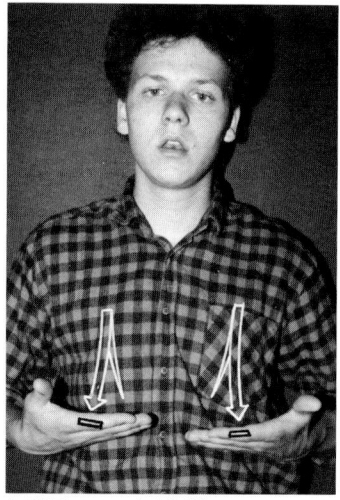

**1.1084 nun, jetzt (2)**
*\*B-He (Ht o, Hk h) 1x auf und ab*
*(vgl. Moment <im Moment> 1.1000, Gegenwart 1.0549, jetzt <1> 1.0667)*

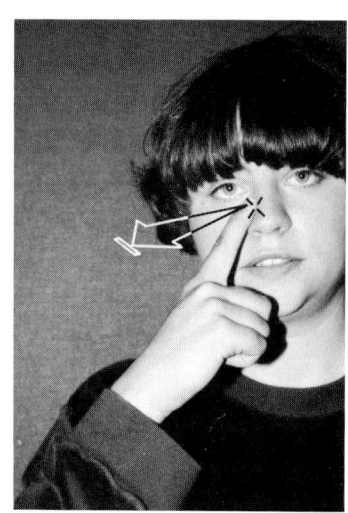

**1.1085 nur**
*Z-spitze (Hr außen, Hk u) von Nasenflügel nach r: Lautgebärde »N« (der Laut »N« ist gut am Nasenflügel abzufühlen)*
*(vgl. un... 1.1627, Juni <1><N> 1.0749, wenn 1.1785)*

**1.1086 Nuss f, knacken (Nuss)**
D und Z der l Q-H (Hr u) »halten Nuss«, r *C-H (Hr v) schließt zur A-H: »Nussknacker zusammendrücken«

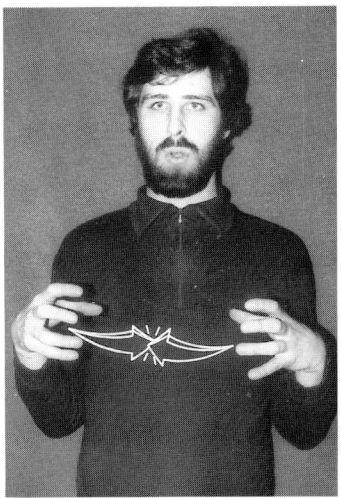

**1.1087 Obst n**
1.2. *5*-He (Hr außen, Hk u) 2x zusammen
(l *5*-H umschließt 2x r *5*-H)

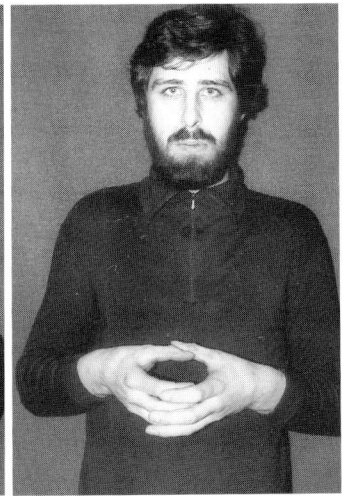

**1.1088 oder, beide, Paar n (Sachen)**
V-H bzw. **2-H** (Ht o, Hk innen) hin und her
(vgl. entweder ... oder 1.0367, Paar <Lebewesen> 1.1111)

**1.1089 Öl n (Motoröl, Heizöl, Speiseöl <2>)**
*A-H (Hr o, Hk außen) im Bogen nach innen u: »Öl einfüllen«
(vgl. 1.1090, Benzin, ... 1.0154)

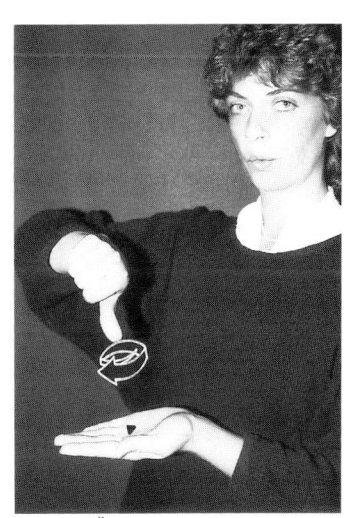

**1.1090 Öl n (Speiseöl)(1)**
D der *A-H (Hk o) kreist über Ht der l B-H: »Speiseöl hinzufügen«
(vgl. 1.1089, Essig 1.0390)

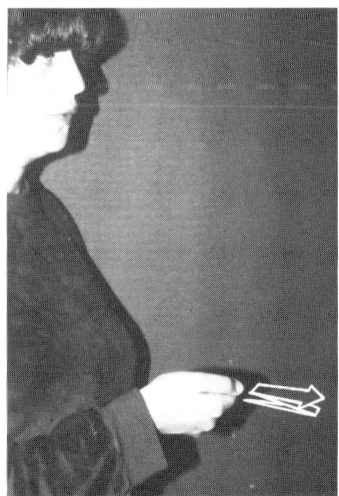

**1.1091 Ofen m**
1. A-H (Hr außen, Hk u) »rüttelt am Aschenrost«
2. B-He (Hr o, Hk außen) fahren Form nach (Hr außen, Hk u)
**oder umgekehrte Reihenfolge**

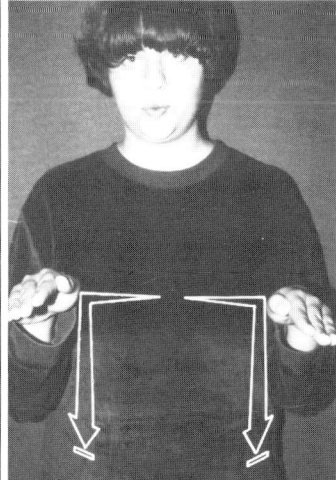

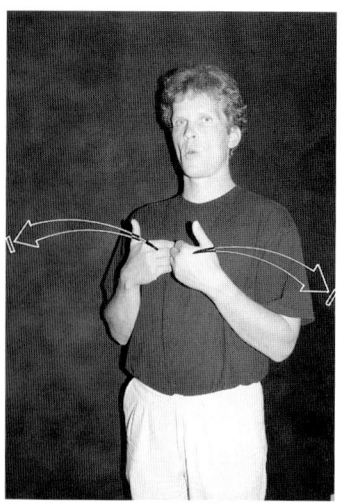

**1.1092 offen, auf (offen), Offenheit f (2), öffnen (1)(allg.), Öffnung f, öffentlich, Öffentlichkeit f, aufgeschlossen (2), Aufgeschlossenheit f (2)**
*Fi-spitzen der <\*B-He (Hr v, Hk u) »öffnen« vor Brust in großen Bögen nach außen zu \*B-He (Ht v) (vgl. öffnen <2><Flasche> <3><Paket> 1.0081/82, öffnen <4><Schranke> 1.1328, Offenheit <1>, aufgeschlossen <1> 2.1523)*

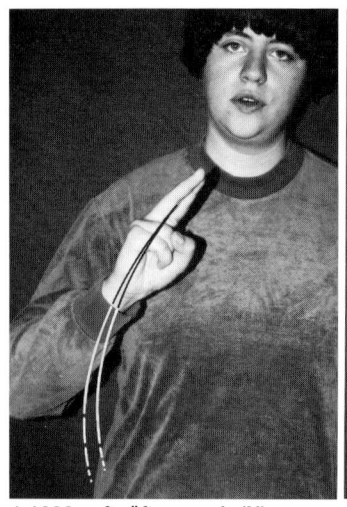

**1.1093 oft, öfter, noch (N)**
*1.2. U-H (Hr außen, Hk v) 1x **oder** 2x mit H-gelenkdrehung nach innen u (Ht o, Hk innen)
(vgl. noch <S> 1.1074)*

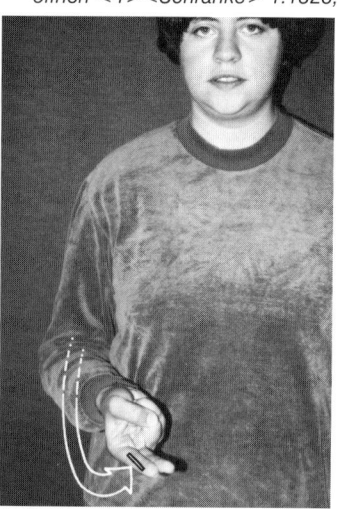

**1.1094 Ohr n**
*Z fährt Ohrform nach*

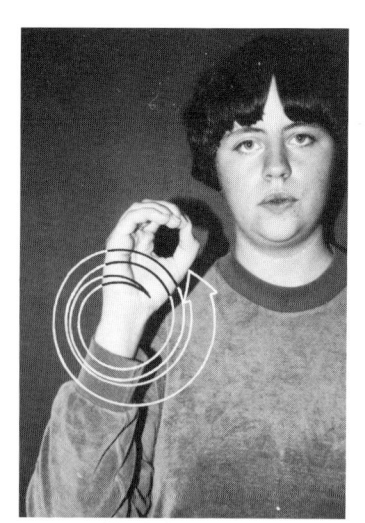

**1.1095 Oktober m (1)(N)**
*O-H (Hr außen, Hk v) kreist vor Schulter (Oktober)
(vgl. 1.1096/97)*

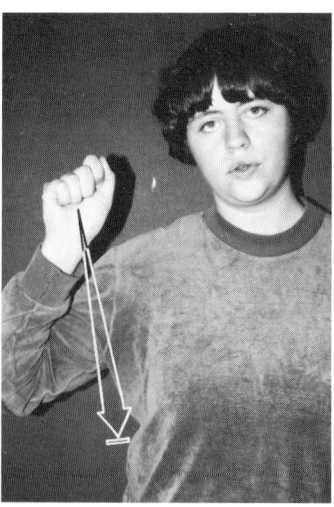

**1.1096 Oktober m (2)(S)**
*A-H (Ht v, Hk außen) im Bogen nach v u (Hr o)
(vgl. 1.1095/97)*

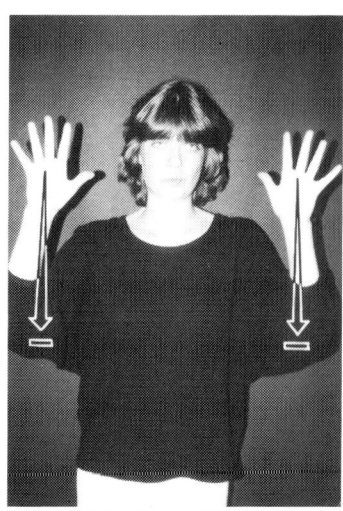

**1.1097 Oktober m (3)**
***10-He** (Ht v, Hk außen) nach u:
»**10.** Monat« (internationale Gebärde)
(vgl. 1.1095/96)*

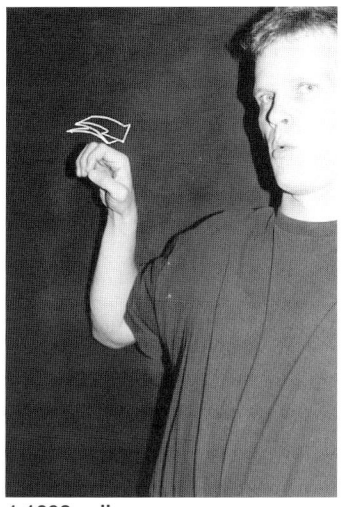

**1.1098 oliv**
**O-H** (Hk v, Hr außen) vor Schulter
hin und her
(vgl. lila 1.0909, violett 1.1705)

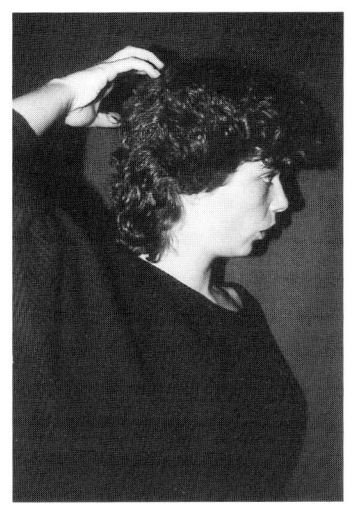

**1.1099 Oma f**
*5*-H (Hr o) deutet »Haarknoten« an

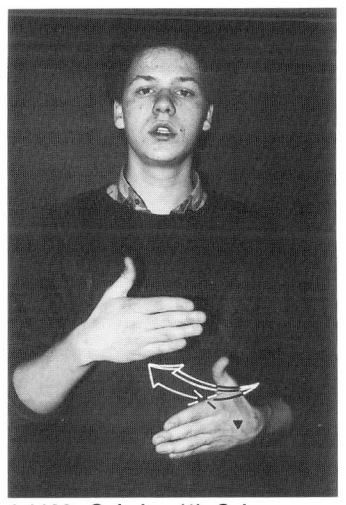

**1.1100 Onkel m (1), Schwager m,
Schwägerin** f, Schwieger...**
Hk der r *B-H 2x über Z der l *B-H
nach h
(vgl. Onkel <2><3> 1.0230/1.1101)

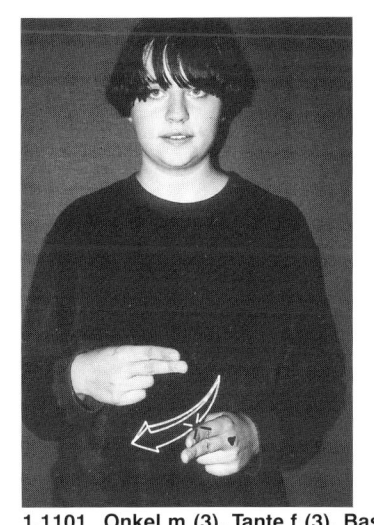

**1.1101 Onkel m (3), Tante f (3), Base f (1), Cousin m (1), Cousine f (1),
Kusine f (1), Neffe m (1), Nichte f (1), Vetter m (1)**
r U-H (Hr außen, Hk u) 2x über Z der l U-H (Hr außen, Hk u) kurz nach h
(vgl. Onkel <1> 1.1100, Tante <1> 1.1524, Onkel <2>, Tante <2>, Base
<2>, Cousin <2>, Cousine <2>, Kusine <2>, Neffe <2>, Nichte <2>,
Vetter <2> 1.0230)

**1.1102 Opa m**
1.2. D und Z »zwirbeln Schnurrbart«

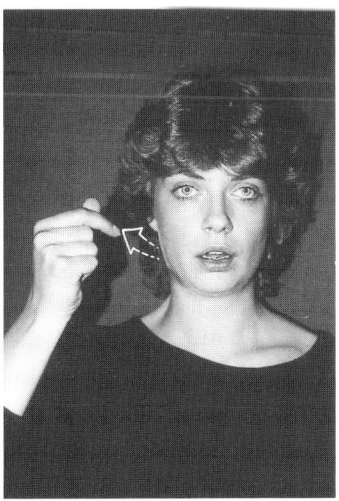

**1.1103 orange**
*5*-H (Ht v, Hk außen) dreht im
H-gelenk hin und her:
»Orange in der Hand«
(vgl. Orange 1.0061)

189

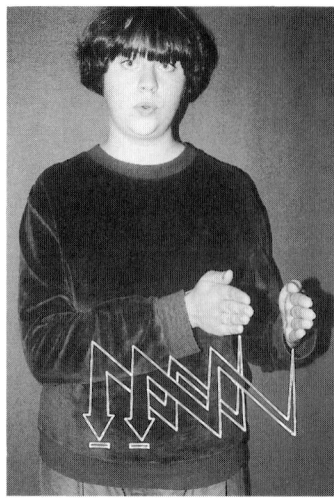

**1.1104 ordentlich, ordnen, anständig, Anstand m**
B-He (Hr außen, Hk u) »ordentlich« von l nach r »parallel nebeneinander setzen« (vgl. 1.1105, unordentlich <1><2> 1.1641/42)

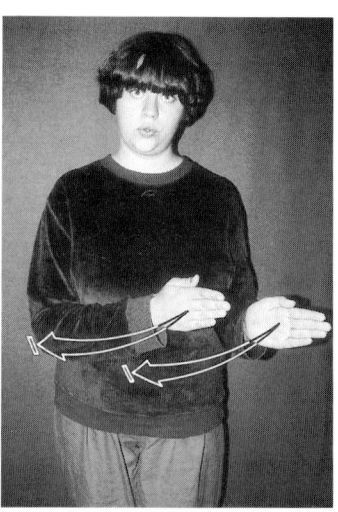

**1.1105 Ordnung f, in Ordnung**
B-He (Hr außen, Hk u) gleichzeitig »parallel« von l nach r (vgl. 1.1104, Unordnung 1.1642)

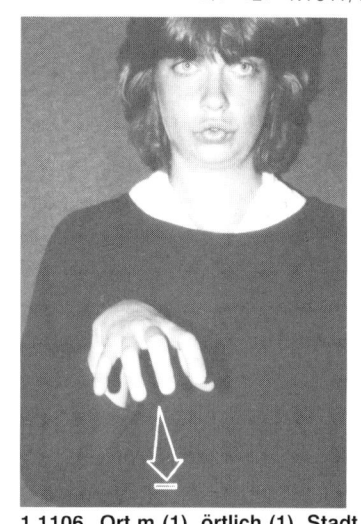

**1.1106 Ort m (1), örtlich (1), Stadt f (1), städtisch (1), Filiale f, Fleck(en) m (Landschaft), Fleck m (Klecks)(3), Hof m (1), Kolonie f (besetzter Staat), Platz m (2), Portion f (Essen), Position f, Statt f, Stätte f, Stelle f (1)**
*5*-H (Hr o, Hk außen) kurz nach u, deutet »Ort, ... bzw. entfernten Ort« an (vgl. 1.1107, Fleck <Klecks><1><2> 1.0454/55, Hof <2> 1.0688, Platz <1><3> 1.1149/1.0875, Station 1.1457, Stelle <2> 1.1464)

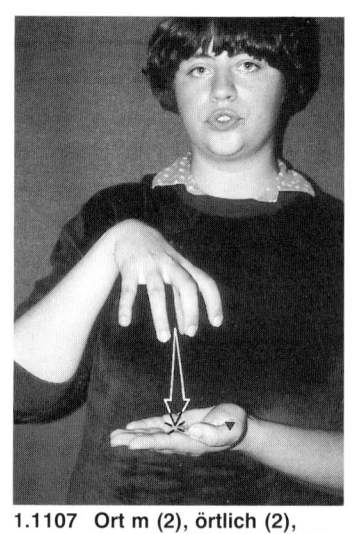

**1.1107 Ort m (2), örtlich (2), Stadt f (2), städtisch (2)**
*5*-H (Hr o, Hk außen) kurz nach u, deutet »Ort, ...« an (vgl. 1.1106)

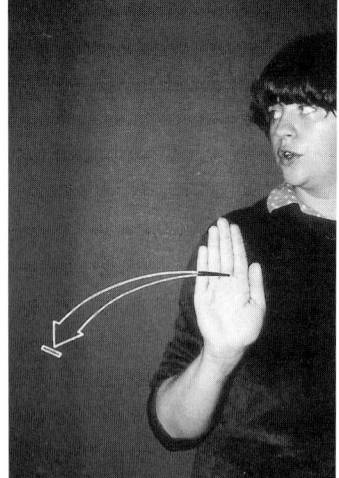

**1.1108 Osten m, östlich, Ost...**
B-H **oder** *B-H (Ht v, Hk außen) beschreibt Viertelkreis nach r (Hk u): »Osten ist auf dem Globus rechts« (vgl. Westen 1.1797)

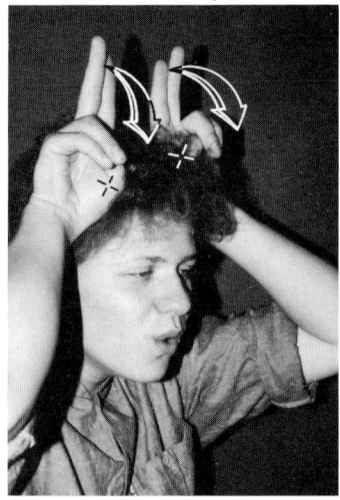

**1.1109 Ostern n**
U-He (Ht v, Hk außen) am Kopf, ZM kippen 2x nach v: »Hasenlöffel« (**wie** Hase 1.0638)

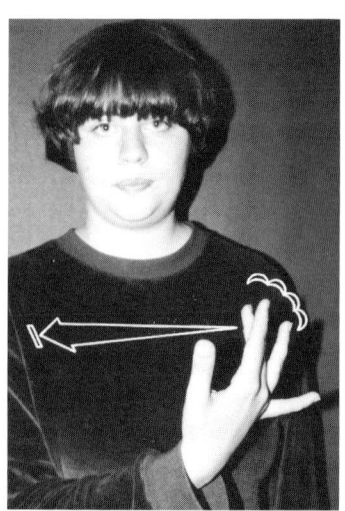

**1.1110 paar**
5-H (Hr v, Hk innen) vor Brust mit Fi-spiel nach r (vgl. 1.1111)

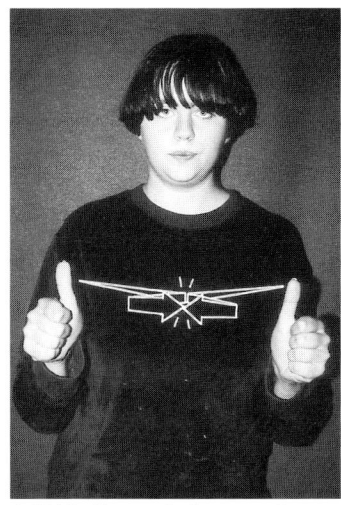

**1.1111 Paar n (Lebewesen),
Paarung f, paaren (sich)**
D der *A-He (Hr außen, Hk u) 2x
zusammen: »2 Einzelwesen bilden
ein Paar«
(vgl. 1.1110, Paar <Sachen> 1.1088)

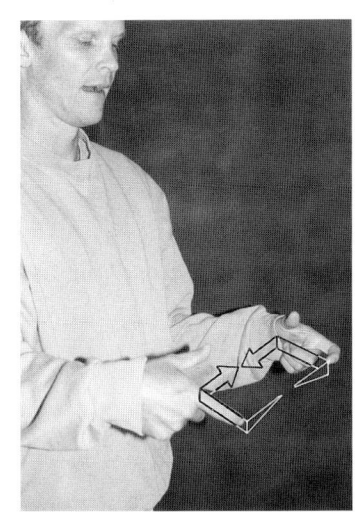

**1.1112 Päckchen n, Karton m (Behälter), Kasten m (klein),
Kassette f (Kasten), Cassette f (Kasten), Recorder m, Rekorder m**
*X-He (Hr außen, Hk h) umfahren »Päckchen, Karton, ...« von v nach h
(vgl. 1.1113)

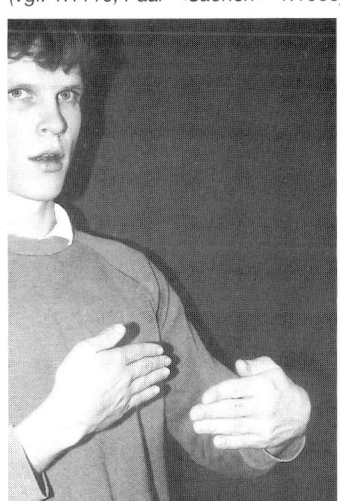

**1.1113 Paket n, Kiste f, Kasten m (groß)**
1.2. B-He (Hk u) deuten jeweils die gegenüberliegenden Wände der
»Kiste« an
(vgl. 1.1112, Sandkiste 1.1247)

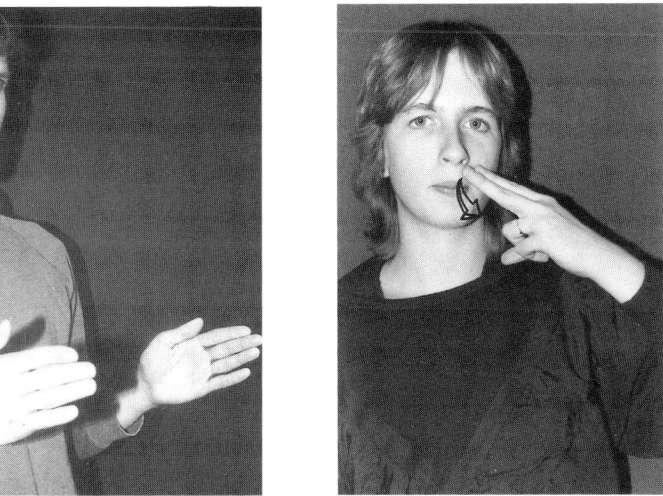

**1.1114 Papa m**
Fi-spitzen der U-H (Hr v, Hk u)
»streichen 2x über Oberlippenbart«

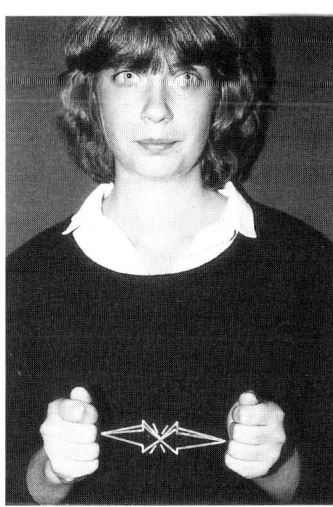

**1.1115 Papier n**
A-He (Hr außen, Hk u) 2x
zusammen

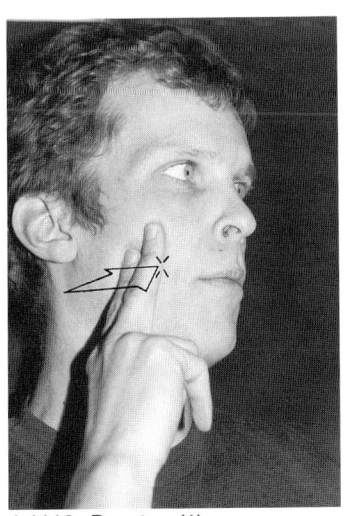

**1.1116 Papst m (1)**
U-H (Hr außen, Hk v) tippt an
Wange
(vgl. Papst <2> 1.0169)

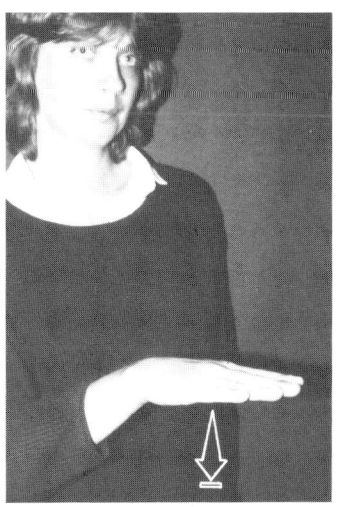

**1.1117 parken**
B-H (Hr o, Hk außen) kurz nach u
(vgl. Parkplatz 1.1118, bleiben
1.1746)

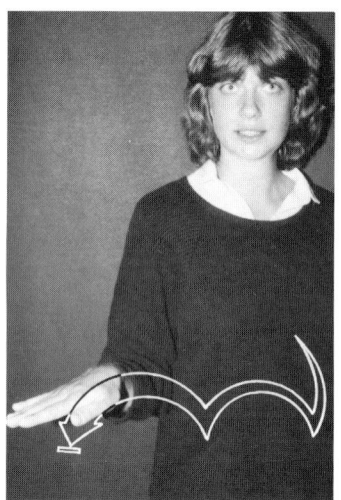

**1.1118 Parkplatz m**
*B-H (Hr o, Hk außen) in Bögen
von l nach r: »Autos auf dem
Parkplatz«
(vgl. parken 1.1117)

**1.1119 pastell(farben) (1)(2)**
1. FA »*P*«
2. »Farbe« (1)(2) (1.0409/10)

**1.1120 Pause f (Ruhe)(1),
Alarm m (1), alarmieren (1)**
A-H (Ht v, Hk außen) »hält Glocke
und läutet zur Pause bzw. beim
Alarm«
(vgl. 1.1121/22, Alarm <2> **3.2231**)

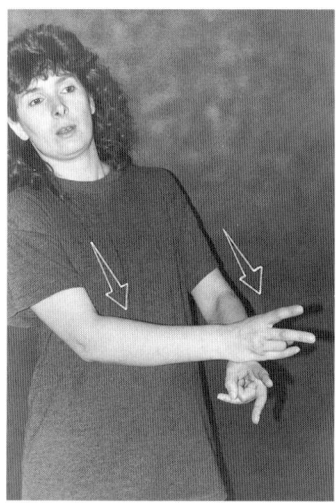

**1.1121 Pause f (Ruhe)(2),
gammeln (nicht arbeiten),
Rast f, rasten, Veteran* m**
r V-H (Hr u, Hk innen) »ruht« auf l V-H
(Hr außen, Hk u)
(vgl. 1.1120/22)

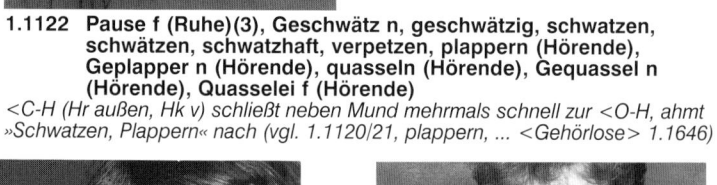

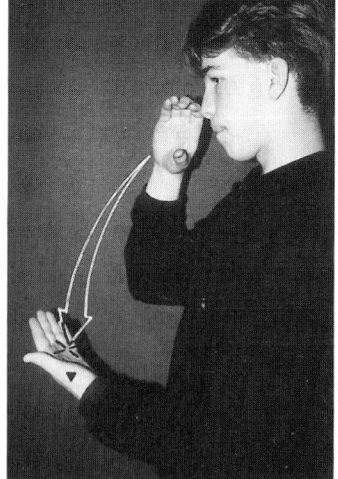

**1.1122 Pause f (Ruhe)(3), Geschwätz n, geschwätzig, schwatzen,
schwätzen, schwatzhaft, verpetzen, plappern (Hörende),
Geplapper n (Hörende), quasseln (Hörende), Gequassel n
(Hörende), Quasselei f (Hörende)**
<C-H (Hr außen, Hk v) schließt neben Mund mehrmals schnell zur <O-H, ahmt
»Schwatzen, Plappern« nach (vgl. 1.1120/21, plappern, ... <Gehörlose> 1.1646)

**1.1123 Pech n (1)**
Hk der r C-H (Hr außen, Hk v) von
Nase im Bogen nach u auf Ht der
l *B-H
(vgl. 1.1124)

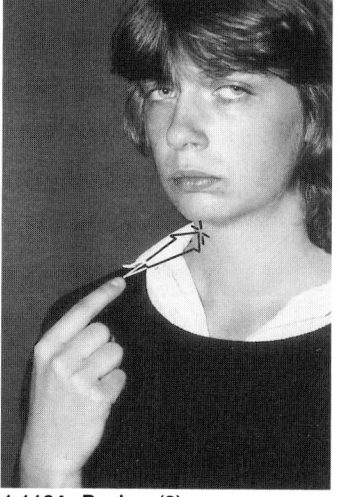

**1.1124 Pech n (2)**
Z-spitze (Hr v, Hk innen) tippt an Hals
(vgl. 1.1123, Gift 1.0584)

**1.1125 peinlich, Peinlichkeit f,
blamieren (sich),
Blamage f, blamabel**
5-H (Hr v) kreist auf Brust, deutet
»Unbehagen« an (Mimik!)
(vgl. traurig 1.1583)

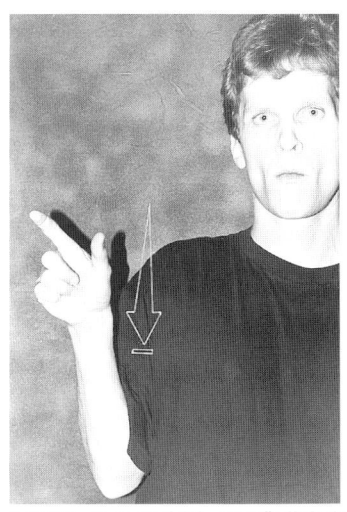

1.1126 Person f (1), persönlich (1), Bürger m (1), -in** f (1),
bürgerlich (1), Einwohner m (1), -in** f (1), Einzel... (1), einzeln
(1), Kerl m, Kunde m (Person)(W), Kundin** f (W), Wesen n (1)
*X-H (Ht v, Hk u) nach u
(vgl. 1.1127, Personen pl 1.0971, Einwohner <2> 1.1826, Einzel... <2>
1.0943, Kunde <N><S> 1.0150/1.0824, Wesen <2> 1.0070)

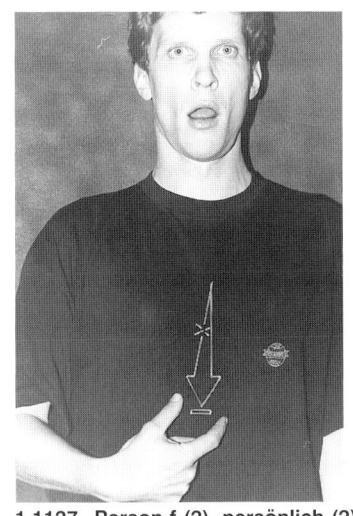

1.1127 Person f (2), persönlich (2),
Bürger m (2), -in** f (2),
bürgerlich (2)
*X-H (Hr v, Hk u) an Brust nach u
(vgl. 1.1126, Personen pl 1.0971)

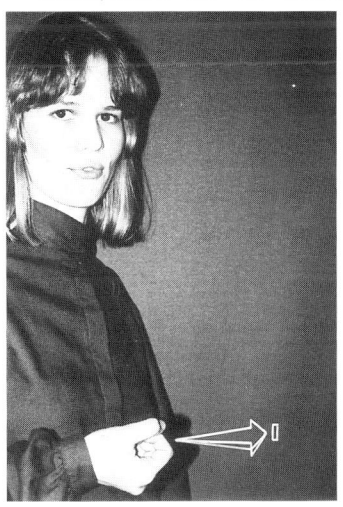

1.1128 Pfanne f
O-H (Hr u, Hk h) 2x kurz nach v:
»Pfannenstiel festhalten«

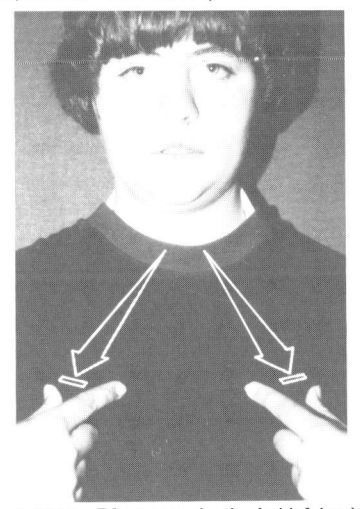

1.1129 Pfarrer m (ev.), -in** f (ev.),
Pastor m (ev.), -in** f (ev.)
Q-He (Hr v, Hk u) deuten
»Beffchen« an
(vgl. 1.1130)

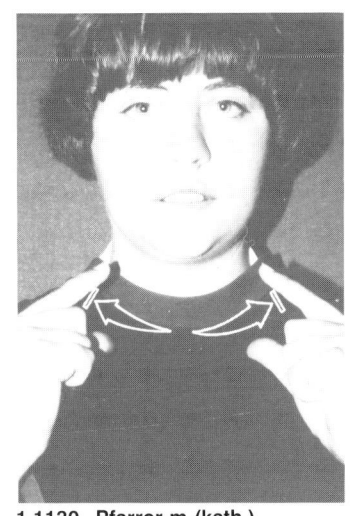

1.1130 Pfarrer m (kath.),
Priester m (kath.)
Q-He (Hr außen, Hk v) deuten
»weißen Priesterkragen« an
(vgl. 1.1129)

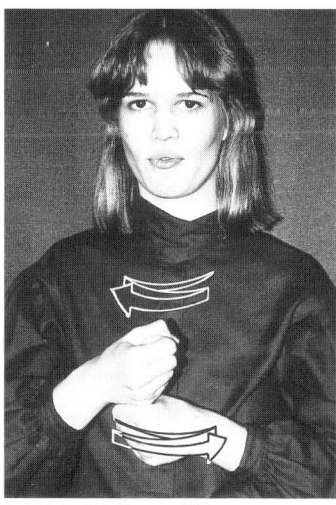

1.1131 Pfeffer m (1)
übereinanderliegende Fe (Hr v,
Hk u) drehen gleichzeitig 2x im
H-gelenk nach außen (Hr außen):
»Pfefferkörner mit Pfeffermühle
mahlen« (vgl. Pfeffer <2> 1.0582)

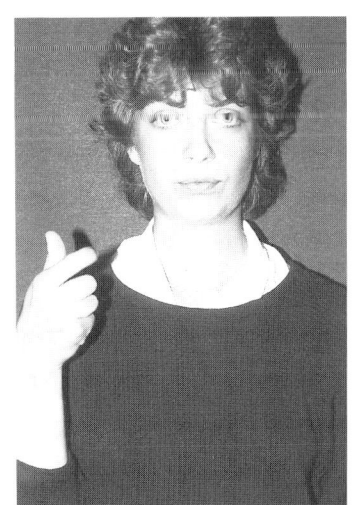

1.1132 Pfeife f (Tabak)
*X-H (Hr v, Hk u) »hält Pfeifenkopf«
(vgl. Tabak 1.1509)

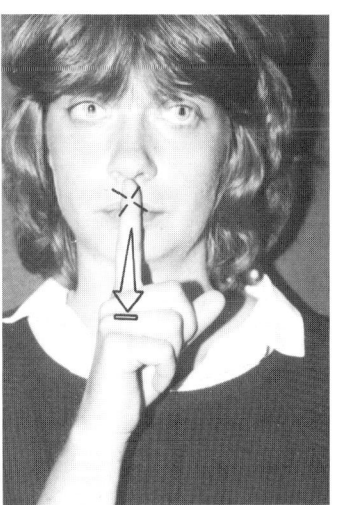

1.1133 Pfennig m,
Cent m (Währung)(2)
»**Pfennig**«: Z (Hr außen, Hk v)
vom Mund zum Kinn
»**Cent**« (2): Z der **C**-H (Hr außen,
Hk v) vom Mund zum Kinn
(vgl. Cent <1> 1.0249)

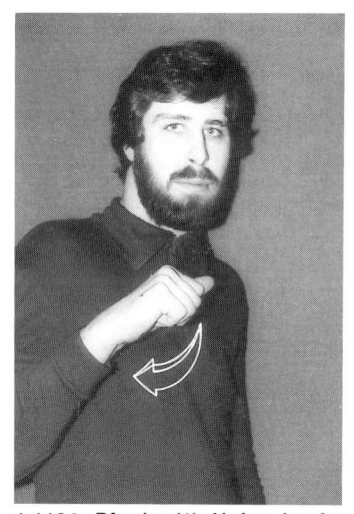

**1.1134 Pferd n (1), Huf m, Lauf m (Bein), scharren (Pferd)**
A-H **oder** F (Hr o, Hk außen) knickt 1x **oder** 2x nach u (Hr v): »mit dem Huf scharren«
(vgl. Pferd <2> 1.1204)

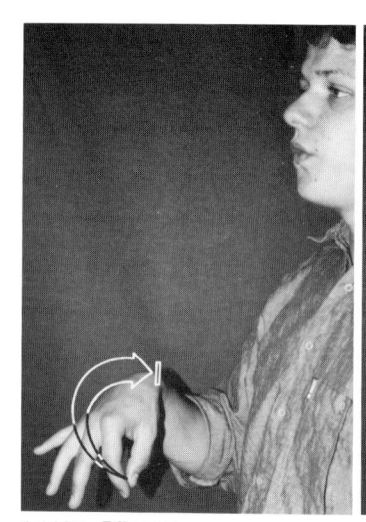

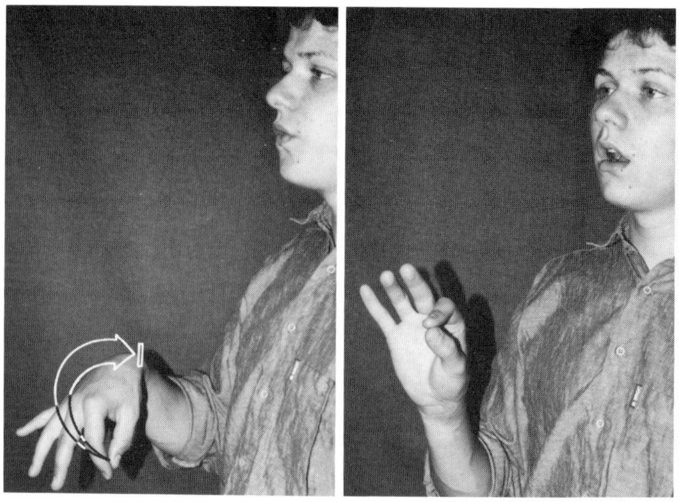

**1.1135 Pfingsten n**
1.2. F-H (Ht u, Hk außen) dreht im H-gelenk nach o (Ht v)

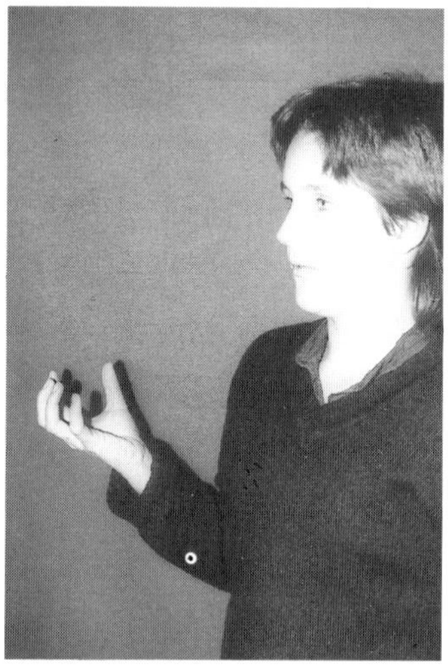

**1.1136 Pfirsich m**
*5*-H (Hr u, Hk innen) deutet Form an

**1.1137 Pflanze f, Gewächs n, Blume f (2), Blumen pl (2), Kraut n (1)(kleine Pflanze)**
O-H **oder** <O-H (Hr u, Hk innen) öffnet sich 1x **oder** 2x nach o zur 5-H: »Pflanze wächst« (**wie** Frucht 1.0495, Ursprung, ... 1.1603, vgl. Natur 1.1048, Blume <1> 1.0202, blühen 1.0201, Kraut <2> **3.1256**)

**1.1138 pflanzen**
<O-H (Hr o, Hk außen) in Bögen nach r **oder** l: »Pflanzen setzen«

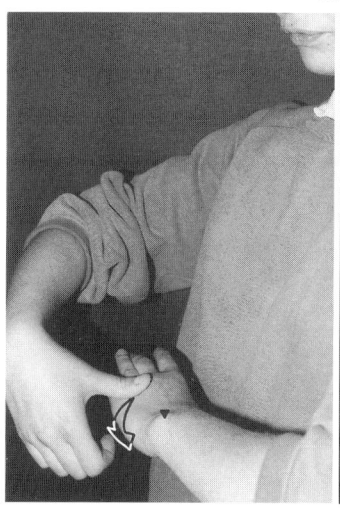

**1.1139 Pflaster n (med.)**
1.2. D (Hr v) »klebt Pflaster fest« (Hr u)

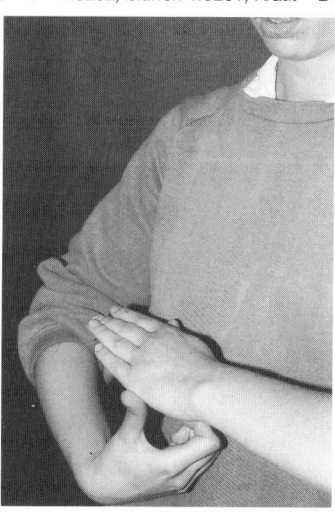

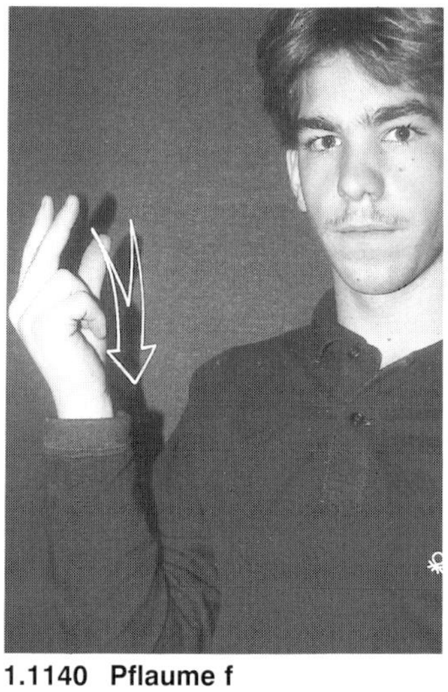

**1.1140 Pflaume f**
3-H (Hr v) 1x **oder** 2x nach u zur <3-H verkleinern: »Pflaume pflücken«

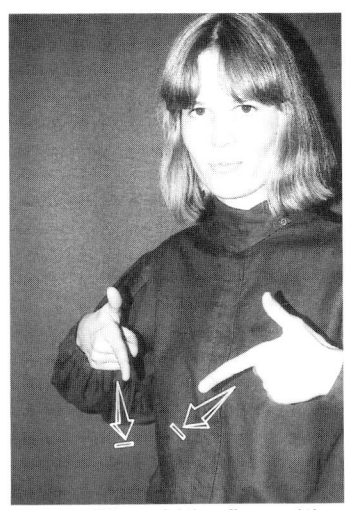

**1.1141 Pflege f (1), pflegen (1),
Pfleger\* m (1), -in\*\* f (1),
gepflegt (Aussehen),
unterstützen (S), Unterstützung f (S)**
*L-He (Hr außen, Hk u) 2x nach u
(vgl. 1.1142, unterstützen <N> 1.1024)*

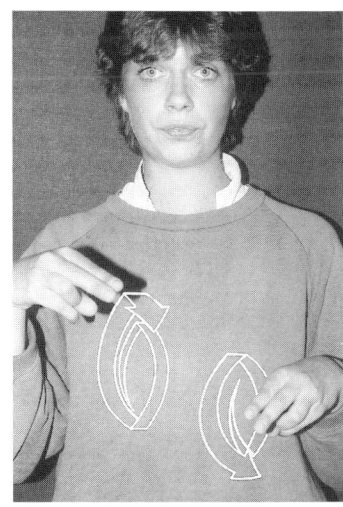

**1.1142 Pflege f (2), pflegen (2), Pfleger\* m (2), -in\*\* f (2),
betreuen, Betreuung f, Betreuer\* m, -in\*\* f**
*U-He (Hr o) kreisen versetzt im Wechsel nach v
(vgl. 1.1141)*

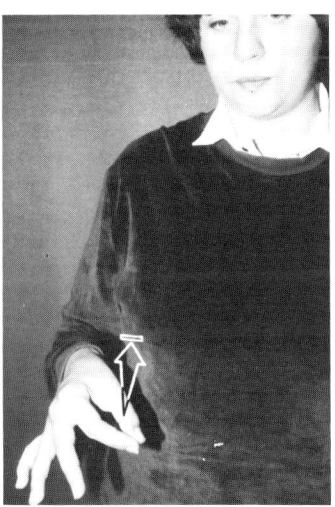

**1.1143 pflücken (Blume)**
*D und Z der F-H (Hr außen, Hk u)
kurz nach o, »pflücken eine Blume«
(vgl. 1.1144)*

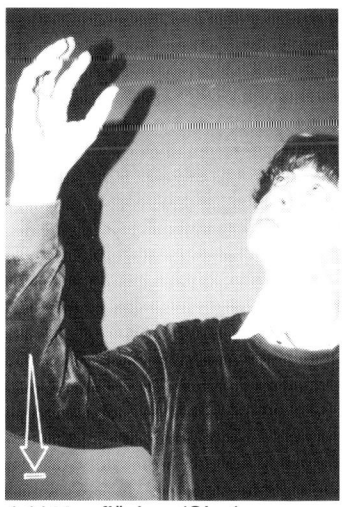

**1.1144 pflücken (Obst)**
*\*5\*-H (Hr außen, Hk v) kurz nach u,
»pflückt eine Frucht vom Baum«
(vgl. 1.1143)*

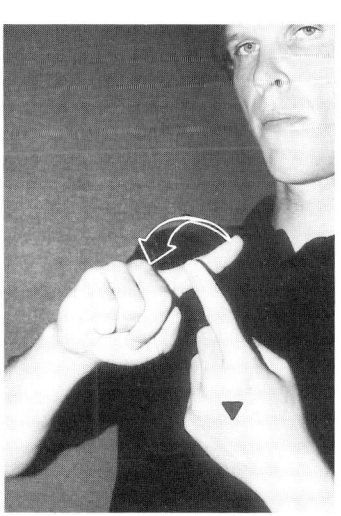

**1.1145 Pilz m**
*r Z mit H-gelenkdrehung im Bogen
über l Z (Hr v): »Pilzhut«*

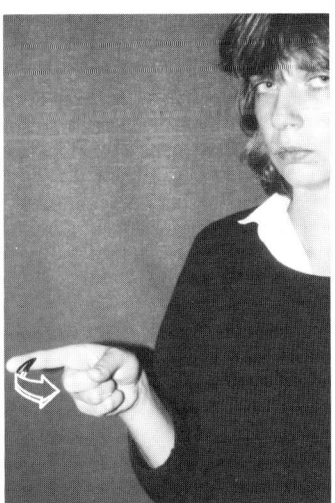

**1.1146 Pistole f, Revolver m,
abfeuern, abknallen,
abschießen, Abschuss m**
*Z (Hr außen, Hk u) »betätigt 2x den
Abzug«
(vgl. schießen <allg.> 1.1573)*

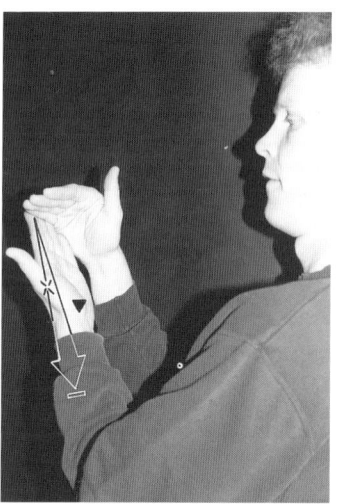

**1.1147 Plan m, Verzeichnis n**
Hk der r <*B-H (Hr außen, Hk v)
fährt an Ht der l *B-H (Hr v,
Hk innen) nach u, deutet »Plan,
Verzeichnis« an (vgl. planen, ...
1.0570, Termin 1.1550)

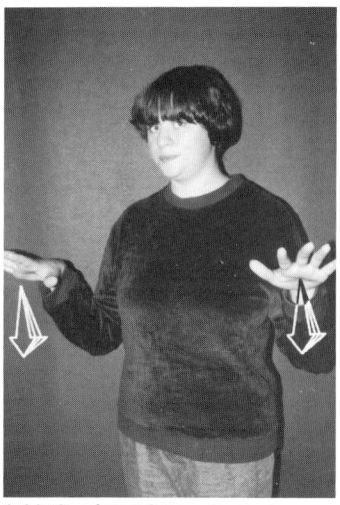

**1.1148 planschen, plantschen**
5-He (Hr o, Hk außen) »klatschen
3x aufs Wasser«

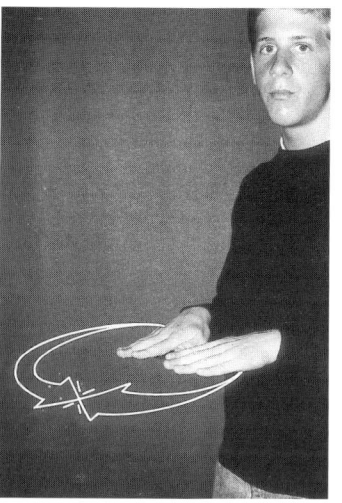

**1.1149 Platz m (1), Park m, Raum m (Gebiet)(3), räumlich (Gebiet)(3)**
B-He (Hr o, Hk außen) beschreiben
Kreis nach v, deuten »Fläche« an
(vgl. Platz <2> 1.1106, Platz <3>,
Raum <1> 1.0875, Raum <2> **3.1776**)

**1.1150 plötzlich, jäh, akut (1), aktuell (1), Aktualität f (1)**
O-He (Ht o, Hk innen) öffnen sich
schnell nach o zu 5-He
(vgl. aktuell <2> 1.0892, akut <2>
**2.1239**)

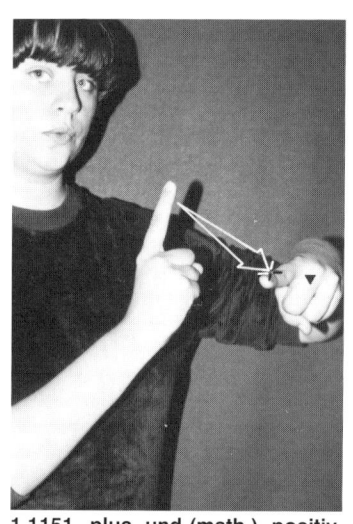

**1.1151 plus, und (math.), positiv, addieren, Addition f**
r Z und l Z bilden »Pluszeichen«
(vgl. und <N><S><W>
1.1629/30/31, minus 1.0981)

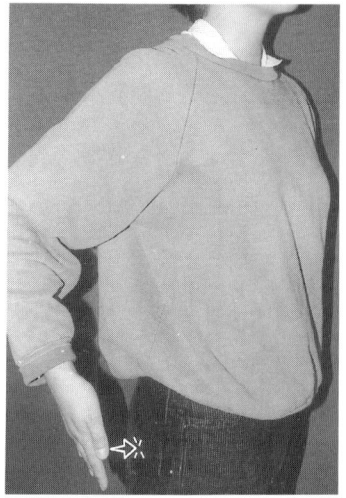

**1.1152 Po m, Hintern m, Arsch m, Gesäß n**
B-H schlägt auf »Po«

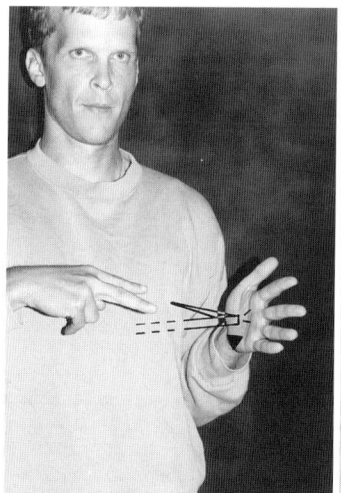

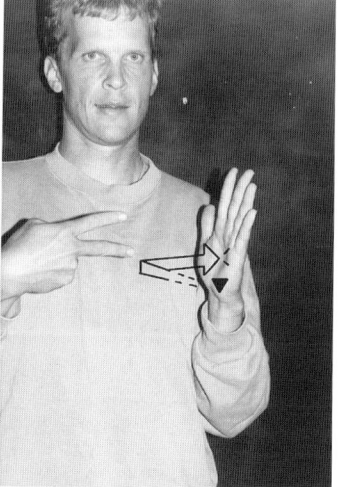

**1.1153 Politik f, politisch, Politiker* m, -in** f, Technik f, technisch, Techniker* m, -in** f, Akustiker* m, -in ** f, konstruieren (2), Konstruktion f (2), Konstrukteur* m (2), -in** f (2), Methode f, methodisch, Trick m (3), Umstand m (2), umständlich (2), vorbereiten, Vorbereitung f**
1. Fi-spitzen der r V-H (Hr o, Hk v) gegen Ht der l *B-H (Ht o, Hk innen), dann
2. Fi-spitzen der r V-H (Hr v, Hk u) gegen Ht der l *B-H (Hr außen, Hk v)
(vgl. konstruieren <1> 1.0126, Umstand <1> **2.1491**, Trick <1><2> **4.1877/2.1460**)

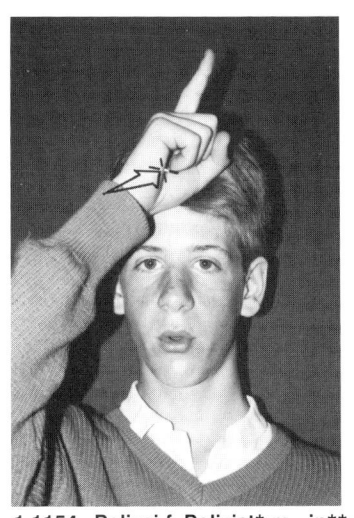

**1.1154 Polizei f, Polizist* m, -in** f, deutsch, Deutschland, Deutsche* m ** f**
Z (Hr außen, Hk v) an Stirn deutet »Pickelhaube« an

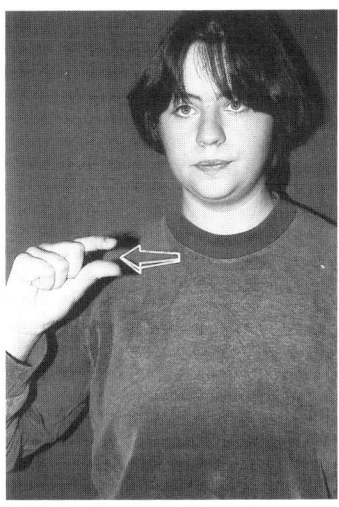

**1.1155 Pommes frites pl**
Q-H (Ht v, Hk außen) 2x kurz nach r deutet »Form der Pommes frites« an

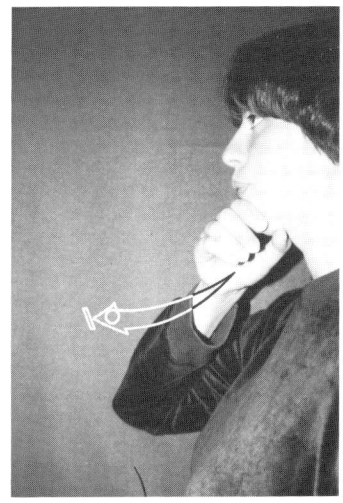

**1.1156 Post f**
C-H (Hr v, Hk u) schließt im Bogen vom Kinn nach v zur F (Hr o, Hk v): »Posthorn«

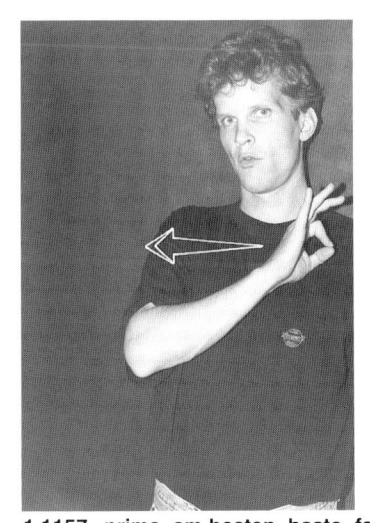

**1.1157 prima, am besten, beste, fabelhaft, köstlich (2), toll, doll, wunderbar, wundervoll**
F-H (Ht innen, Hk v) schnell nach r (Ht v, Hk außen)
(vgl. gut 1.0618, köstlich <1> 1.0569, schön 1.1325)

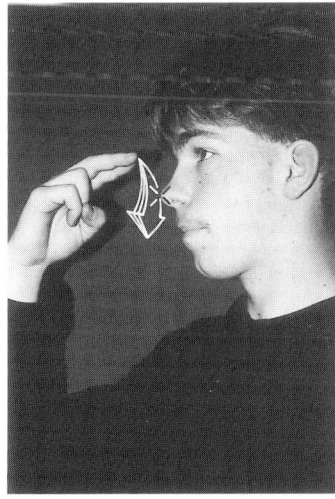

**1.1158 Probe f (Versuch)(1), probieren (versuchen)(1)**
Fi-spitzen der U-H (Hr v, Hk innen) 2x **oder** 3x über Nasenspitze nach u
(vgl. 1.1159, Fehler <1> 1.0422, versuchen 1.1682)

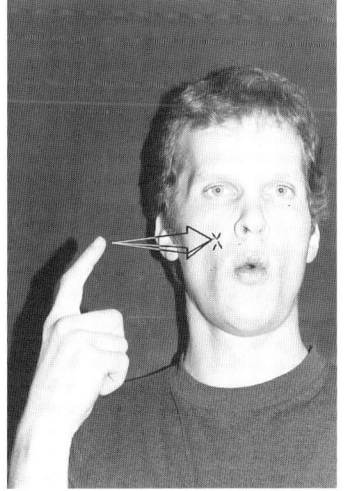

**1.1159 Probe f (Versuch)(2), probieren (versuchen)(2)**
Z (Hr außen, Hk v) tippt 2x an Wange
(vgl. 1.1158)

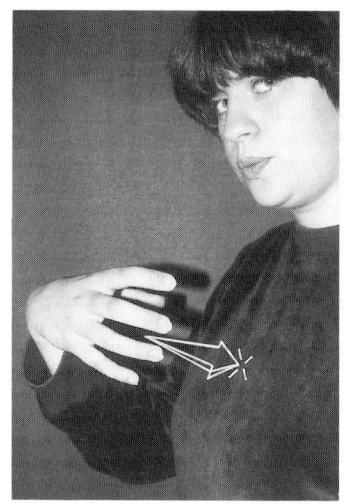

**1.1160 Problem n (1), problematisch (1)**
*5*-H (Hr v, Hk u) 2x an Brust:
»Problem sitzt tief«
(vgl. 1.1161)

**1.1161 Problem n (2), problematisch (2), Komplikation f, komplizieren, kompliziert, Kompliziertheit f, Komplizierung f**
*5*-He drehen »kompliziert« **4x** im H-gelenk umeinander:
**1.** r Hr o, l Hr u (**l Foto**)  **2.** l Hr o, r Hr u (**r Foto**)
**3.** r Hr o, l Hr u (**l Foto**)  **4.** l Hr o, r Hr u (**r Foto**)
(vgl. 1.1160)

**1.1162 Promille n, ‰**
1. Z deutet »Schrägstrich« an
2. O-H (Hr außen, Hk v) deutet »Promillenullen« an
(vgl. Prozent 1.1163)

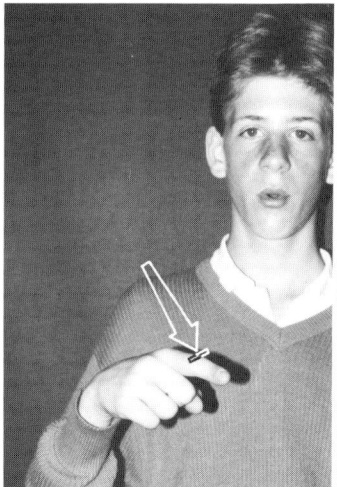

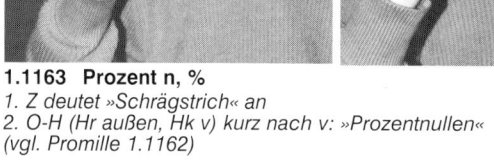

**1.1163 Prozent n, %**
1. Z deutet »Schrägstrich« an
2. O-H (Hr außen, Hk v) kurz nach v: »Prozentnullen«
(vgl. Promille 1.1162)

**1.1164** Prüfung f, prüfen, Test m, testen, Kontrolle f, kontrollieren, Inspektion f, inspizieren, Diagnose f, diagnostizieren, Untersuchung f (allg.)(O,S), untersuchen (allg.)(O,S)
M- und R-spitzen der r 5-H (Hr v, Hk u) tippen 1x **oder** 2x gegen Ht der l 5-H (Hr außen, Hk u)
(vgl. Untersuchung <N,W> 1.1652)

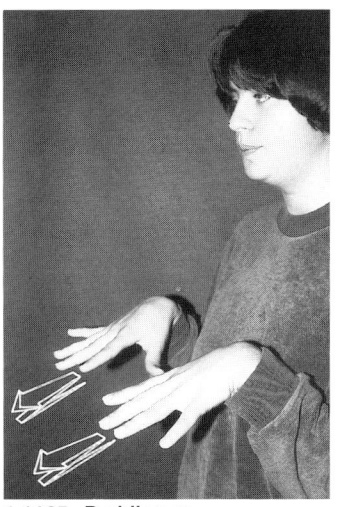

**1.1165** Pudding m
5-He (Hr o, Hk außen) 2x nach v: »Pudding wackelt«

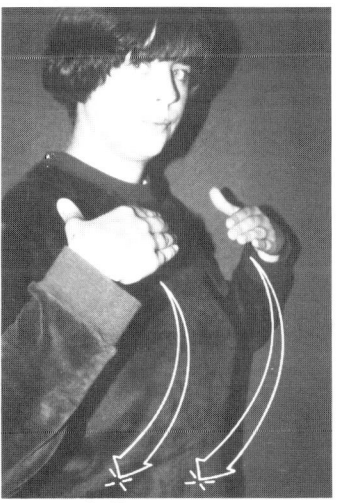

**1.1166** Pullover m
<*B-He (Hr v, Hk u) vor Brust im Bogen nach u: »Pullover über Hemd/Bluse«

**1.1167** Pulver n (1), würzen (1)
D der <O-H (Hr o, Hk außen) reibt an Fi-spitzen
(vgl. würzen <2>, Pulver <2>, Gewürz 1.0582, Salz 1.1241)

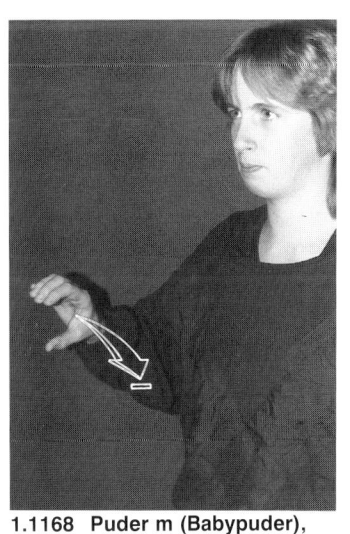

**1.1168** Puder m (Babypuder), pudern (Baby)
C-H (Ht v, Hk außen) 2x vor Brust nach l: »Puder aus Dose schütten« (**wie** Pulver <2>, ... 1.0582, vgl. Puder <Gesicht> **2.0670**)

**1.1169** Punkt m
DZ der F-H (Ht v, Hk außen) kurz nach v: »Punkt setzen«

**1.1170** Hinweis

Pappe f
 – Papier 1.1115
 + dick 1.0280, **aber Q-H!**

Paradies n, paradiesisch
 = Traum 1.1582
 + Land 1.0875

pauken (lernen)(S)
 = merken 1.0972
 + lesen (3) 1.0901
(vgl. pauken <lernen><N> 1.0898)

**Pkw** f = FA »**P**« »**K**« »**W**«

Puppenwagen m
 = Puppe 1.0108
 + Wagen (Kind) 1.0798

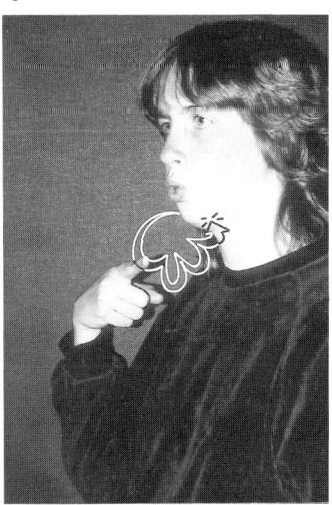

**1.1171** Pute f, Puter m
Z (Hr v, Hk u) vom Kinn in kleinen Bögen zur Kehle deutet »Hautlappen« an

**1.1172 putzen (saubermachen), Putz m (Hausputz)**
A-H (Ht v, Hk außen) »putzt« in Schlangenlinie nach u
(vgl. wischen 1.1817)

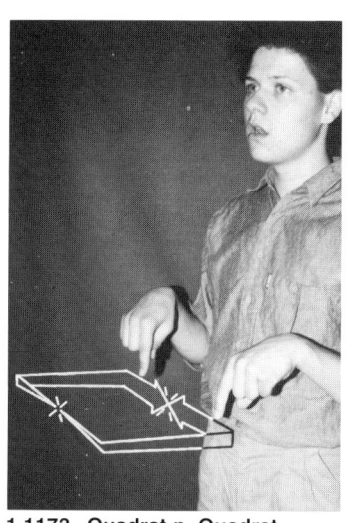

**1.1173 Quadrat n, Quadrat..., Viereck n (1), quadratisch, viereckig (1)**
Z (Hr o, Hk außen) »fahren von v nach h Quadrat nach«
(vgl. Viereck <2> 1.1686)

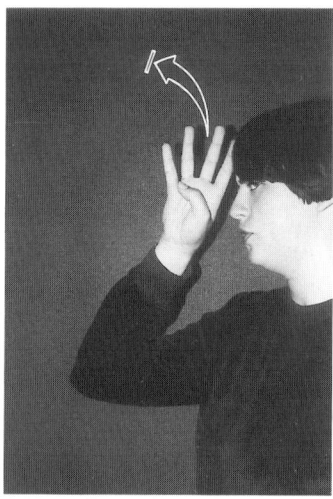

**1.1174 Quatsch m, absurd, Absurdität f, faseln, Faselei f, Stuss m (N), Unsinn m (N), unsinnig (N), Unding n (N), Unfug m (N)**
Z der 4-H (Hr außen, Hk v) von Stirn im Bogen nach v o
(vgl. Unsinn <S>, Unfug <S> 1.1674, Stuss <S> **4.1776**, Unding <O,S> **4.1928**)

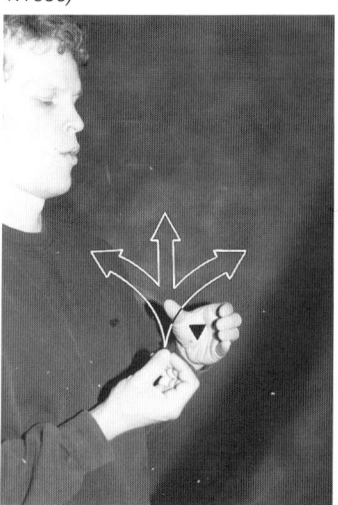

**1.1175 Quelle f, Ursache f (1)**
r O-H (Ht o, Hk innen) öffnet sich hinter l C-H (Hr v, Hk u) nach o zur 5-H: »Quelle sprudelt«
(vgl. Ursache <2> **4.1956**)

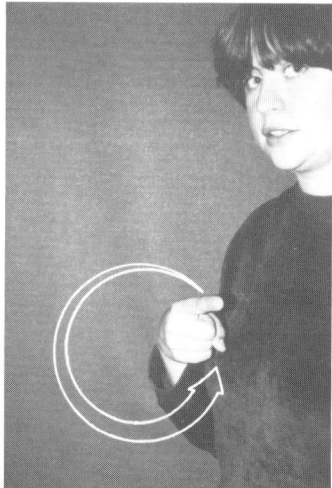

**1.1176 Rad n (am Fahrzeug)**
Z (Hr v, Hk u) »fährt Radform nach«
(vgl. Reifen 1.1200, Wagen 1.1738)

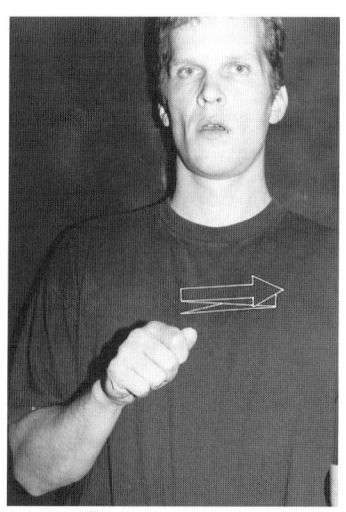

**1.1177 Radiergummi m, n, radieren**
A-H (Hr o, Hk außen) »radiert« mehrmals

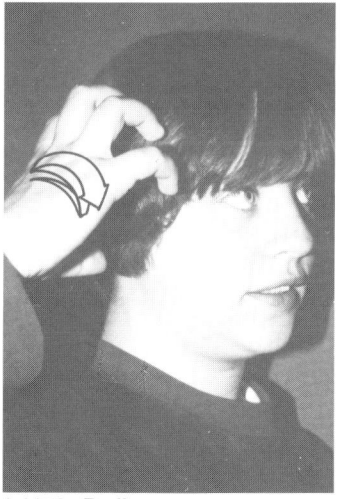

**1.1178 Radio n**
*5*-H (Hr außen, Hk v) dreht im H-gelenk 2x neben Ohr vor und zurück: »Knopf am Radio drehen«

**1.1179 Rätsel n, rätseln,
raten (rätseln)**
ZM der *U*-H oder *V*-H
(Hr außen , Hk v) drehen an
Schläfe hin und her: »hin und her
überlegen«

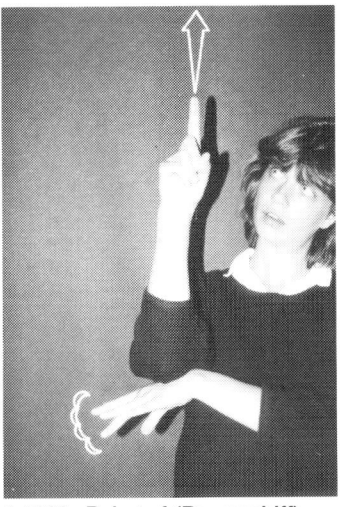

**1.1180 Rakete f (Raumschiff)**
l 5-H Fi-spiel, r Z nach o
(Fi-spiel = »Flammen- und
Rauchausstoß«, Z = »Rakete«)

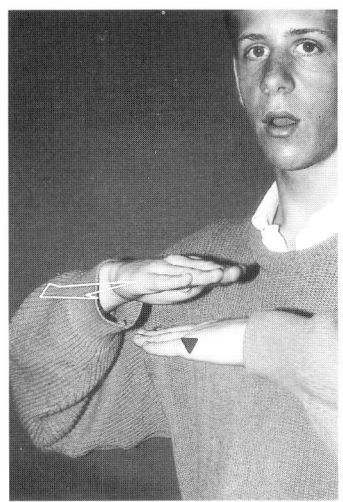

**1.1181 Rasen m**
r B-H (Hr o, Hk v) über l B-H
(= »Erdboden«) nach v deutet
»kurz geschnittenen Rasen« an
(vgl. Wiese 1.1805)

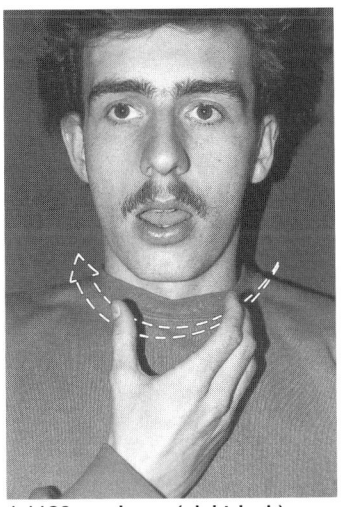

**1.1182 rasieren (elektrisch),
Rasur f (elektrisch)**
r C-H (Hr v) »führt Rasierapparat
langsam ums Kinn«
(vgl. 1.1183)

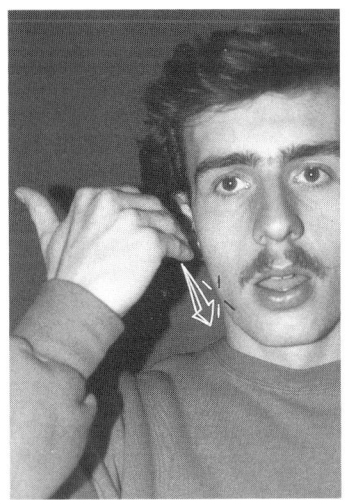

**1.1183 rasieren (nass),
Rasur f (nass)**
K der <*B-H (Hr v) »rasiert 2x
Wange«
(vgl. 1.1182)

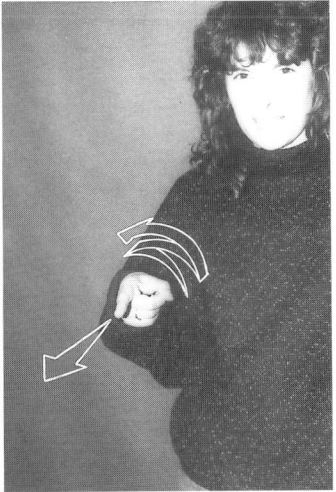

**1.1184 Ratte f**
Z »huscht« mit schnellen
H-gelenkdrehungen nach v
(vgl. Ratten **3.0217**)

**1.1185 Rauch m (allg.),
rauchen (Schornstein),
Qualm m, qualmen,
verqualmen, verräuchern**
*5*-H (Hr o, Hk außen) kreist nach r:
»Rauchwolken«
(vgl. 1.1186)

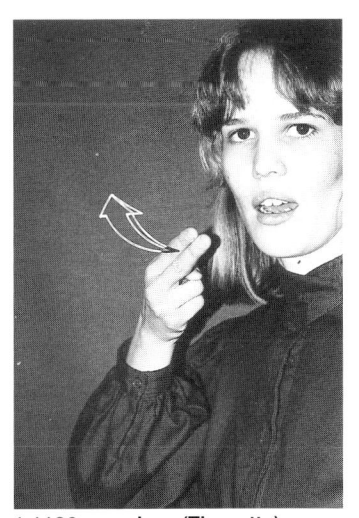

**1.1186 rauchen (Zigarette),
Raucher* m, -in** f**
U-H (Hr v, Hk u) 2x in kleinem
Bogen mit H-gelenkdrehung nach v o
(Hr o, Hk v): »Zigarette aus dem
Mund nehmen«
(vgl. 1.1185, Zigarette 1.1886)

201

**1.1187 rechnen, Rechnung f (allg.), abrechnen, Abrechnung f (allg.), berechnen, berechnend, Berechnung f (allg.), Zeche f (Geld), Mathematik f, mathematisch, Mathematiker\* m, -in\*\* f**
*5*-He (Hr v, Hk innen) mit Fi-spiel vor Brust nach u
(vgl. wie viel? 1.1807)

**1.1188 Recht n, recht, gerecht, Gerechtigkeit f, echt, Echtheit f, eindeutig (1), Original m, original, real (2), Realismus m (2), realistisch (2), Realität f (2), Realist\* m (2), -in\*\* f (2), verwirklichen, Verwirklichung f, zurecht...**
V-He (Hr außen, Hk u) 1x **oder** 2x parallel nach u
(**wie** richtig 1.1209, vgl. real <1>, wirklich 1.1816, eindeutig <2> **4.0520**)

**1.1189 rechts (Körperteil; lokal), rechte (Körperteil)**
Fi der l *B-H tippen 2x auf Hr der r *B-H
(vgl. 1.1190/91, links <Körperteil> 1.0911)

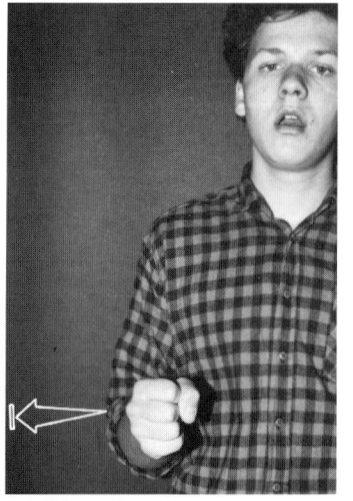

**1.1190 rechts (politisch), rechte (politisch)**
r F (Hr außen, Hk u) nach »rechts«
(vgl. 1.1189/91, links <politisch> 1.0912)

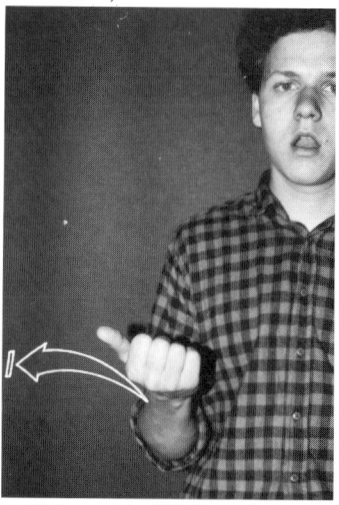

**1.1191 rechts (Richtung), rechte (Richtung)**
r *A (Ht o, Hk innen) nach »rechts«
(vgl. 1.1189/90, links <Richtung> 1.0913)

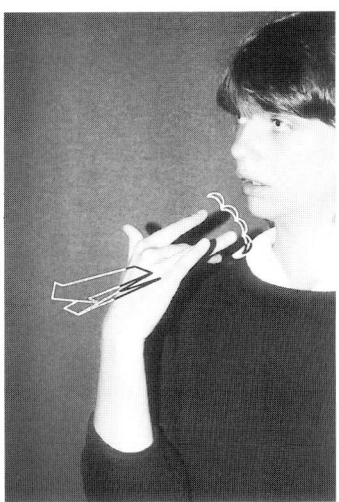

**1.1192 reden, Rede f, Redner* m, -in** f, anreden, Anrede f,
berichten, Bericht m, Kommentator* m (1), -in** f (1),
Referendar m, -in** f**
5-H (Hr v, Hk innen) 2x **oder** 3x mit Fi-spiel vom Mund nach v:
»Wörter aus dem Mund«
(vgl. Kommentar 1.1195, Vortrag <Hörende>, Schilderung 1.1729)

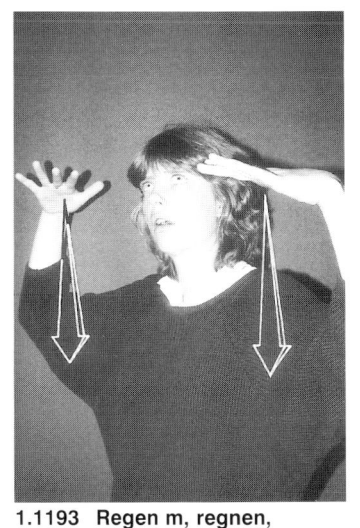

**1.1193 Regen m, regnen,
regnerisch, verregnen**
5-He (Hr o, Hk außen) vor Kopf 2x
nach u: »Regen fällt«
(vgl. nieseln, Nieselregen 1.1319)

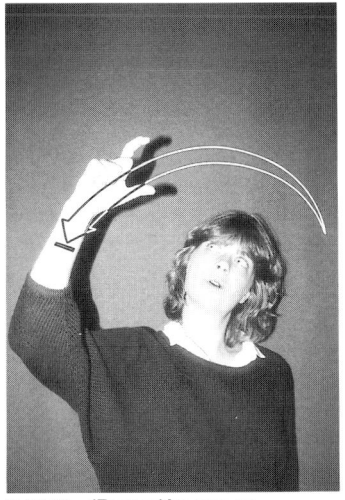

**1.1194 (Regen)bogen m**
1. »Regen« (1.1193)
2. »...bogen«: *X-H (Ht v, Hk außen)
ahmt »Regenbogen«
nach (Hk u)

**1.1195 Hinweis**

Kommentar m,
kommentieren
= denken 1.0271
+ reden 1.1192
(vgl. Kommentator 1.1192)

Raststätte f
= Pause (Ruhe)(2) 1.1121
+ Ort (1) 1.1106

Regenschirm m
= Regen 1.1193
+ Schirm 1.1283

**1.1196 Reh n,
Geweih n, Gehörn n**
3-He (Ht v, Hk außen, D an
Schläfen) kurz nach o außen
deuten »Geweih des Rehbocks« an
(vgl. Hirsch 1.0678)

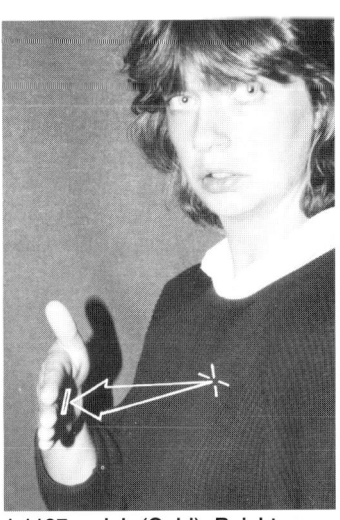

**1.1197 reich (Geld), Reichtum m, vermögend,
Kapital n (2), Kapitalismus m (2), Kapitalist* m (2), -in** f (2)**
*B-H (Hr v, Hk u) von l Brustseite kurz nach v: »dicke Brieftasche«
(vgl. Kapital <1> 1.1551, reich <Ertrag> **3.1528**)

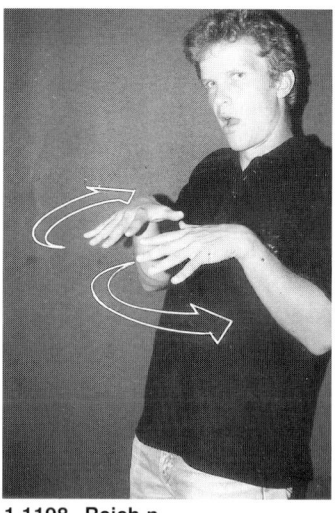

**1.1198  Reich n**
5-He (Hr o, Hk außen) im Bogen
nach v außen deuten »Ausdehnung
des Reiches« an
(vgl. Land, ... 1.0875)

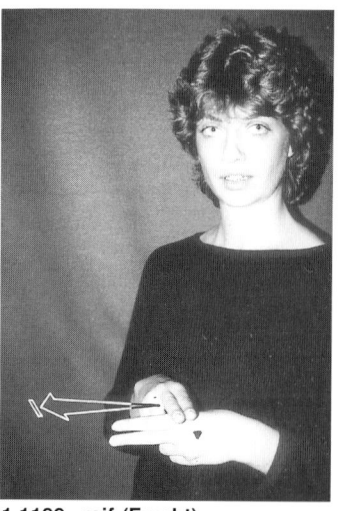

**1.1199  reif (Frucht),
roh (Nahrung)**
ZM der r U-H (Hr o, Hk v) fahren
über Z der l U-H (Hr außen, Hk u)
nach v

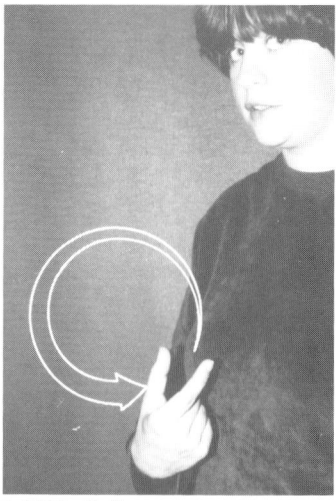

**1.1200  Reifen m**
*X-H (Hr u) »fährt Reifenform nach«
(vgl. Rad <am Fahrzeug> 1.1176)

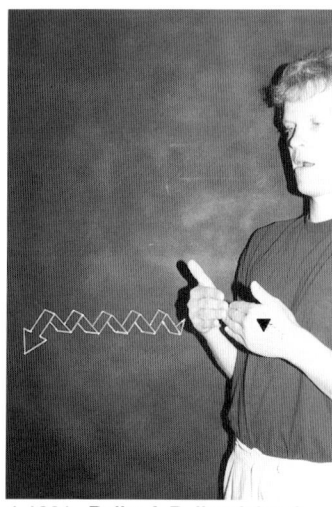

**1.1201  Reihe f, Reihenfolge f,
Kartei f, nacheinander**
r <*B-H (Hr v, Hk u) von l <*B-H (Hr v, Hk u) mit kurzen
Unterbrechungen nach v, deutet »Reihenfolge« an
(vgl. jede <allg.>, Serie 1.0738)

**1.1202  Reis m (1)**
r *5*-H (Hr o, Hk außen) kreist
bogenförmig **oder** mit Fi-spiel
über Ht der l *5*-H (Ht o):
»Reis kocht«
(vgl. Reis <2> 1.0838)

**1.1203  Reise f, reisen,
Montage f (auf Montage)**
L-H (Hr außen, Hk u) »fährt« im
Bogen nach v (vgl. fahren 1.0398,
verreisen <1><2> 1.1673/1.1778,
Montage <Zusammenbau> 1.0126)

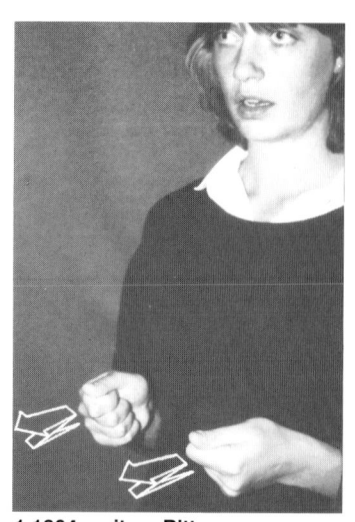

**1.1204  reiten, Ritt m,
Pferd n (2),
Reiter* m, -in** f**
A-He **oder** Fe (Hr o, Hk außen) vor
Brust 2x nach v: »Zügel halten«
(vgl. Pferd <1> 1.1134)

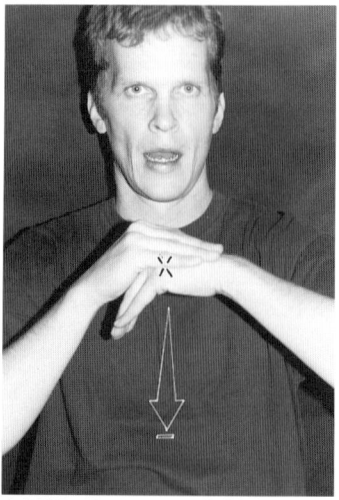

**1.1205  Rentner m, -in** f**
gekreuzte <B-He (Hr o) **oder** V-He
(Ht o) kurz nach u
(vgl. Rente, Pensionär 1.0444)

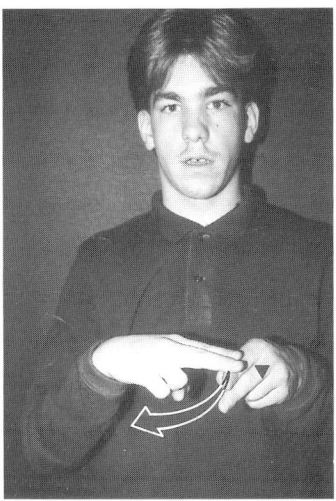

**1.1206 Rest m (N)**
ZM der r U-H (Hr o, Hk v) fahren
über Z der l U-H (Hr außen, Hk u)
nach r (Hk außen)
(vgl. 1.1207)

**1.1207 Rest m (S),
übrig (S)**
gekreuzte U-He (Hr o) kurz nach u
(vgl. 1.1206, übrig <N,W> 1.1612,
übrig <O> 1.0884)

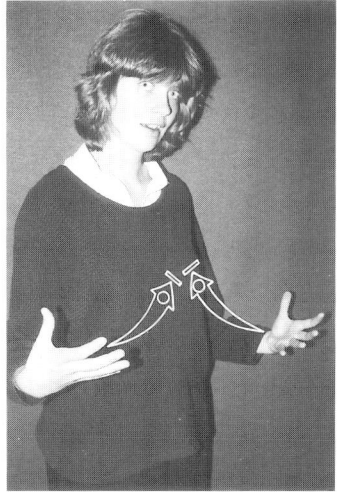

**1.1208 retten, Rettung f,
Retter* m, -in** f**
5-He (Ht o, Hk innen) schließen vor
Brust zu Fe: »holen und festhalten«

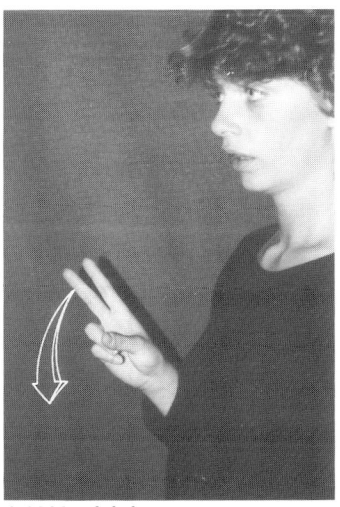

**1.1209 richtig**
V-H **oder** V-He (Hr außen, Hk u) 2x
kurz nach u
(**wie** recht, ... 1.1188, vgl. stimmt
1.1475)

**1.1210 riechen, duften,
Geruch m, Duft m,
Aroma n, aromatisch**
*B-H (Hr v, Hk u) »fächelt 2x Duft in
die Nase«

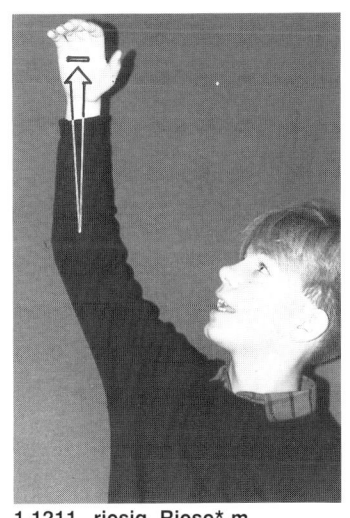

**1.1211 riesig, Riese* m,
riesengroß**
<*B-H (Hr außen, Hk v) nach o
deutet »Größe« an
(vgl. groß <Person> 1.0612)

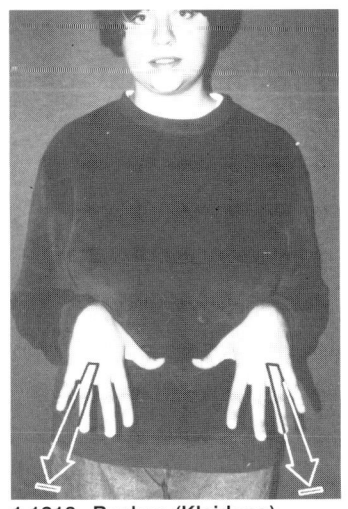

**1.1212 Rock m (Kleidung)**
5-He (Hr v, Hk außen) nach u außen
deuten »Rockform« an

205

**1.1213** rollen (allg.), Rolle f (allg.), ablaufen (verlaufen), Ablauf m (Verlauf), abspielen (Handlung), Ausdauer f, ausdauernd, chronisch, dauern, dauernd, Dauer f, drehen (situativ)(2), einstweilen, entwickeln (sich)(1), Entwicklung f (1), Hergang m, kommissarisch, Prozess m (Vorgang), purzeln, Umdrehung f (situativ)(2), Verfahren n (Gericht), Verlauf m (1), verlaufen (ablaufen)(1), Vorgang m, vorgehen (ablaufen), vorläufig (N)(S)(W)
Z (Hr v, Hk u) »rollen umeinander«
(vgl. drehen <1> 1.0301, entwickeln <sich><2>, Verlauf <2> 1.0368, vorläufig <O> **4.2149**)

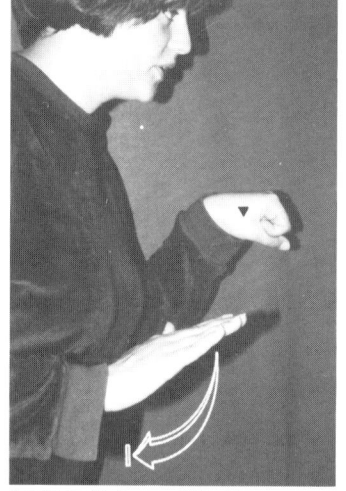

**1.1214 Roller m (Kind)**
l F »hält Rollergriff«, r B-H ahmt »zwei Tretbewegungen« nach

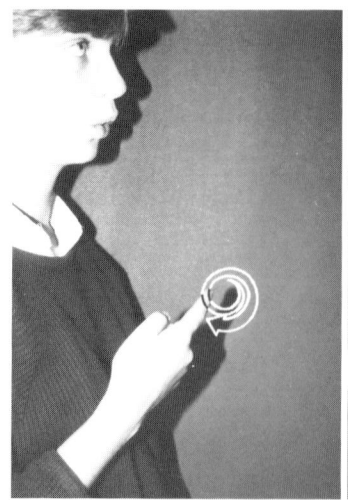

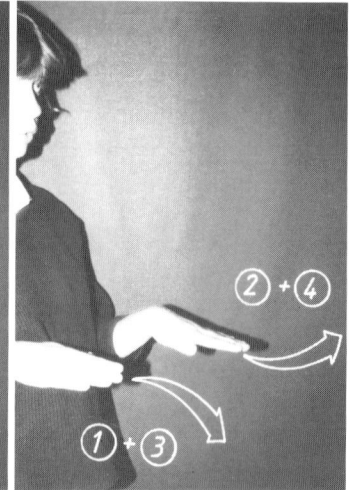

**1.1215 Rollschuh(e) m/pl**
1. Z (Hr v, Hk u) kreist wie »Rad eines Rollschuhs«
2. B-He (Hr o, Hk außen) ahmen 2x »Rollschuhlaufen« nach

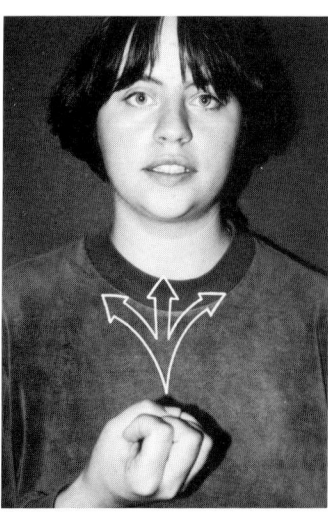

**1.1216 rosa**
F **oder** O-H (Hr u, Hk h) öffnet sich unter Kinn zur 5-H

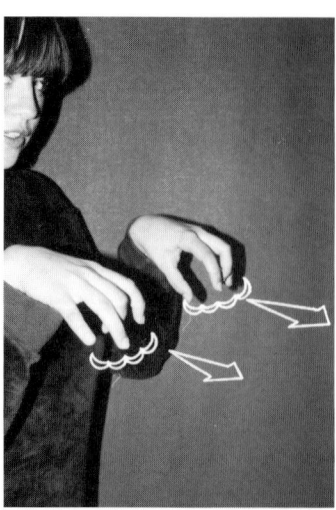

**1.1217 rostig, rosten, Rost m**
*5*-He (Hr o, Hk außen) mit Fi-spiel nach v: »Rost frisst weiter«

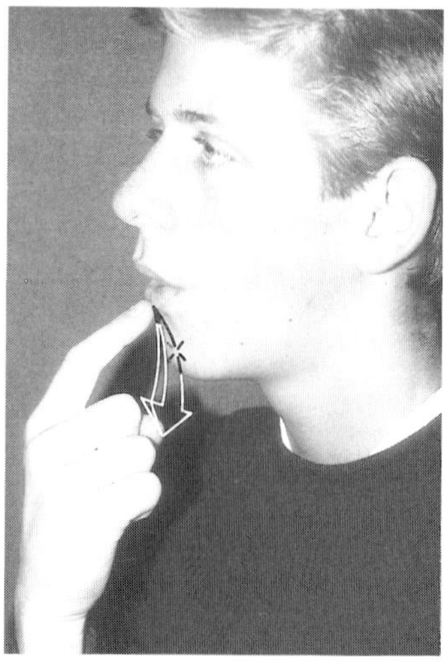

**1.1218 rot**
Z-spitze (Hr v, Hk innen) 1x **oder** 2x von Unterlippe nach u: »rote Lippe«

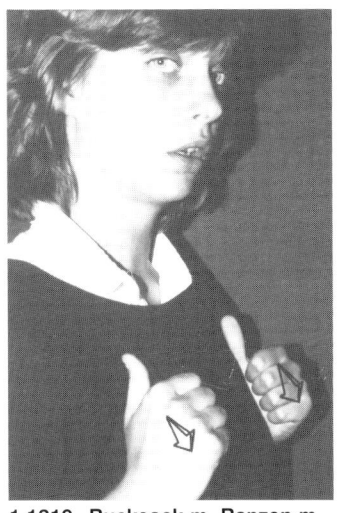

**1.1219 Rucksack m, Ranzen m, Tornister m**
*A-He (Hr außen, Hk u) 2x an Brust kurz nach u: »Träger des Rucksacks, Ranzens«
(vgl. Ausflug 1.0096)

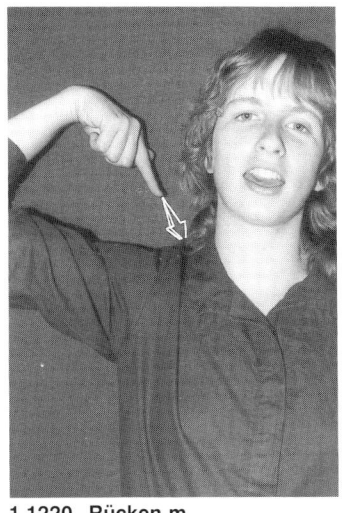

**1.1220 Rücken m**
Z zeigt 2x auf »Rücken«

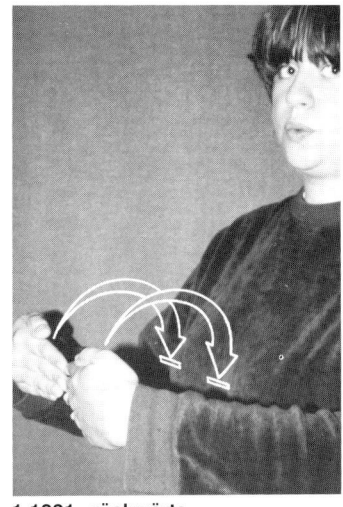

**1.1221 rückwärts**
*B-He (Hr v, Hk u) im Bogen »rückwärts«
(vgl. vorwärts 1.1730)

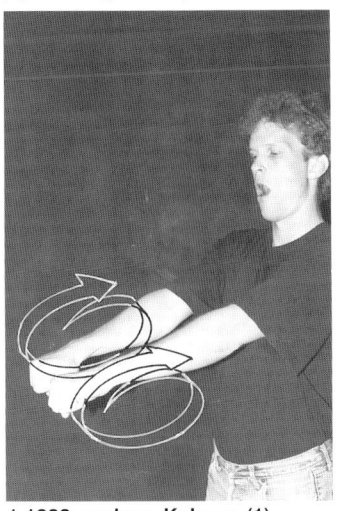

**1.1222 rudern, Kahn m (1)**
Fe (Hr o, Hk außen) »halten Riemen und rudern«
(vgl. Kahn <2>, Schiff 1.1279)

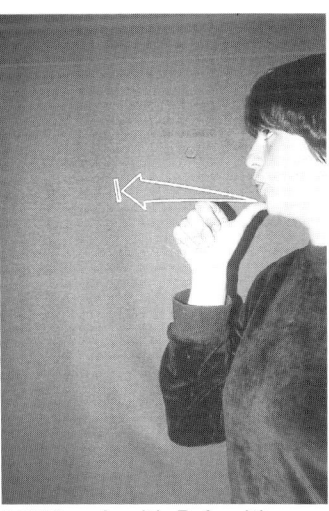

**1.1223 rufen (1), Ruf m (1)**
D der *A-H (Hr außen, Hk v) vom Mund nach v: »Ruf aus dem Mund«
(vgl. 1.1224, schreien 1.1335)

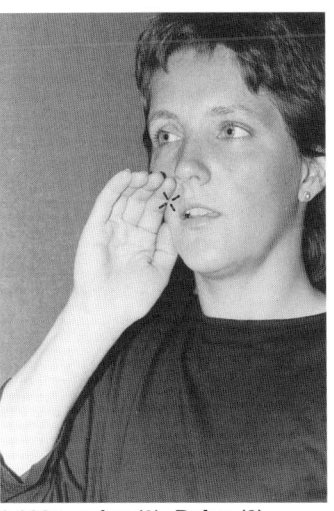

**1.1224 rufen (2), Ruf m (2)**
<B-H (Hr außen, Hk v) am Mundwinkel deutet »Rufen« an
(vgl. 1.1223)

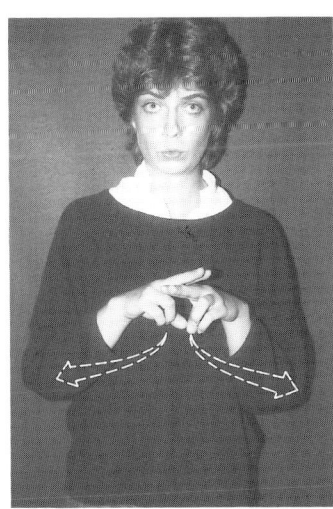

**1.1225 Ruhe f, ruhig, ruhen, beruhigen (1), Beruhigung f (1), Friede(n) m (1), friedlich (1)**
gekreuzte U-He (Hr o, Hk v) langsam von Brust mit H-gelenkdrehung nach außen (Hk außen): »Ruhe, Frieden verbreiten«
(vgl. beruhigen <2> 1.0878, ewig 1.0395, Frieden <2> 1.0489)

**1.1226 rühren, Brei m, Mus n**
A-H (Hr o) »rührt mit Löffel«
(vgl. kochen <Essen> 1.0858)

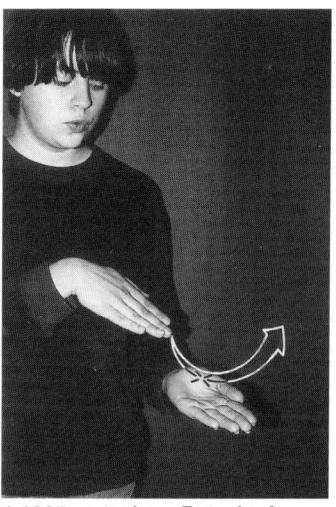

**1.1227 rutschen, Rutsche f, verrutschen**
Fi-spitzen der r B-H (Hr o, Hk außen) »rutschen« über Ht der l B-H (Ht o, Hk innen)
(vgl. glatt 1.0587)

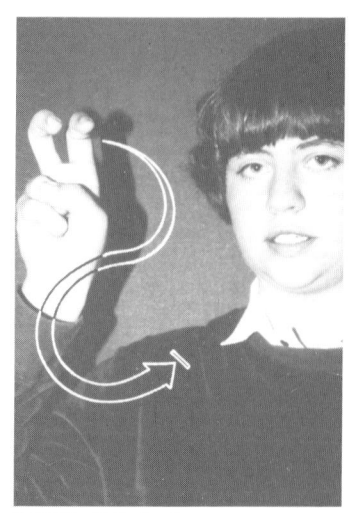

**1.1228 S-Bahn f**
*V*-H (Ht v, Hr außen) »schreibt ein S«
(vgl. U-Bahn 1.1610)

**1.1229 Sache f (1)**
F-H (Hr v, Hk u) 2x an Brust
(vgl. 1.1230/31)

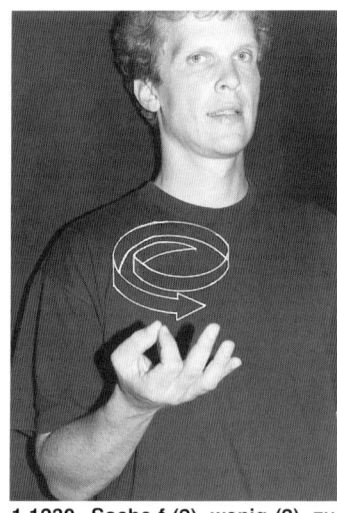

**1.1230 Sache f (2), wenig (2), zu wenig (allg.)(2), sowieso (S)**
F-H (Ht o, Hk innen) kreist vor r Brustseite nach innen
(vgl. 1.1229/31, zu tun <haben> 1.1599, wenig <1>, zu wenig <allg.><1> 1.0810, sowieso <N> **4.1669**)

**1.1231 Sache f (3), Zutun n (2)**
F-H (Hr v, Hk u) an r Brustseite nach u
(vgl. 1.1229/30, Zutun <1> 1.1529)

**1.1232 Sack m**
übereinanderliegende Fe (Hr außen, Hk u) kurz nach u: Fe »halten Sack«
(vgl. Zentner 1.1877, Nikolaus 1.1073)

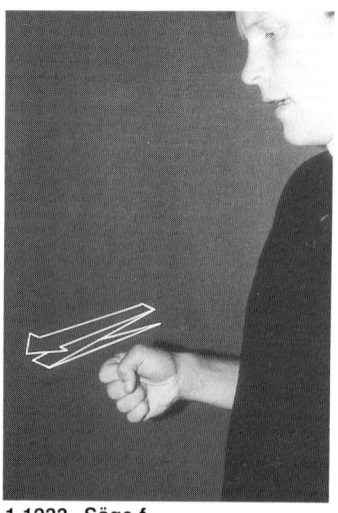

**1.1233 Säge f**
F »hält Griff der Säge und sägt«
(vgl. sägen 1.1234)

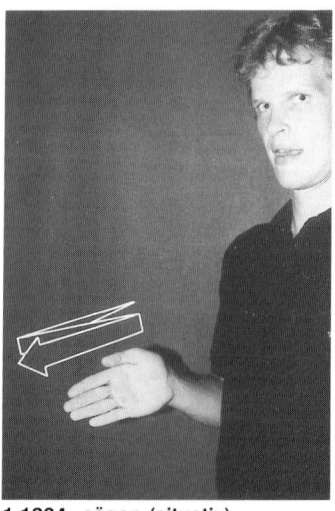

**1.1234 sägen (situativ)**
Hk der B-H »sägt«
(vgl. Säge 1.1233, Holz <2> 1.0693)

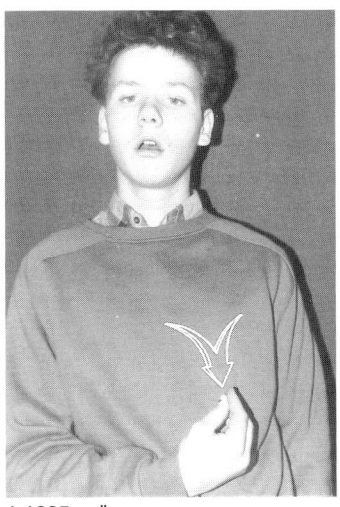

**1.1235 säugen**
*B-H (Hr v, Hk u) schließt vor
Brustwarze 2x nach v zur <O-H

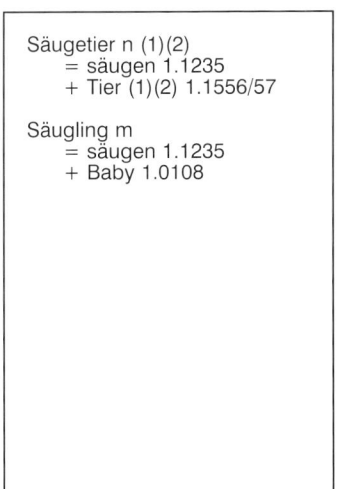

**1.1236 Hinweis**

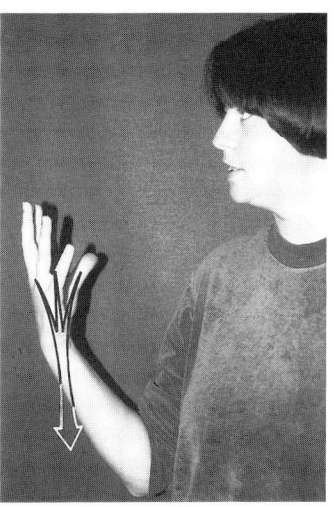

Säugetier n (1)(2)
 = säugen 1.1235
 + Tier (1)(2) 1.1556/57

Säugling m
 = säugen 1.1235
 + Baby 1.0108

**1.1237 Saft m, saftig**
5-H (Hr v, Hk innen) nach u zur
<O-H schließen (Hr u): »Saft tropft«

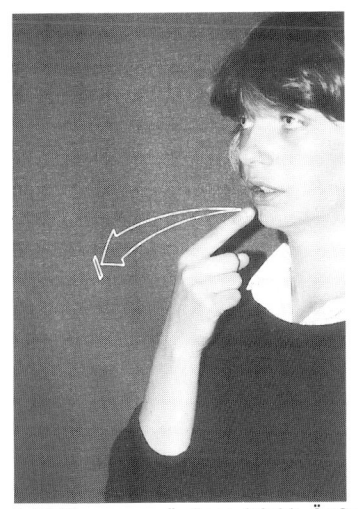

**1.1238 sagen, äußern (sich), Äußerung f, Ausspruch m,
Aussage f, aussagen, zeugen (aussagen),
zusprechen, Zuspruch m**
Z (Hr v, Hk innen) im Bogen vom Mund nach v: »Wörter aus dem Mund«
(vgl. Sprache 1.1439, Sage **2.1896**)

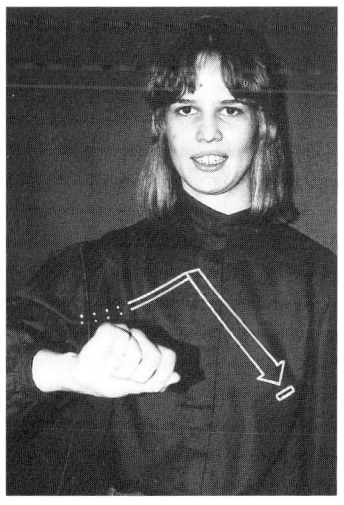

**1.1239 Sahne f**
1.2. r A-H »nimmt Sahne und füllt einen Klacks mit H-gelenkdrehung auf
 Teller«
(vgl. Soße 1.1421, Majonäse 1.0961)

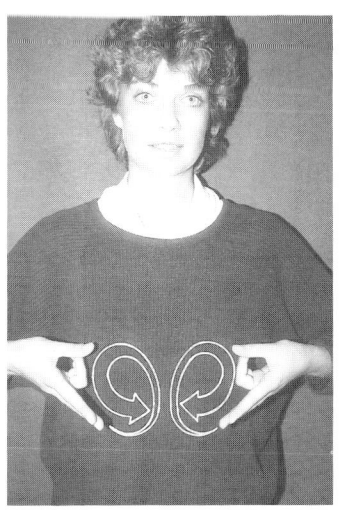

**1.1240 Salat m**
U-He (Ht o, Hk h) kreisen
entgegengesetzt: »Salat mischen«

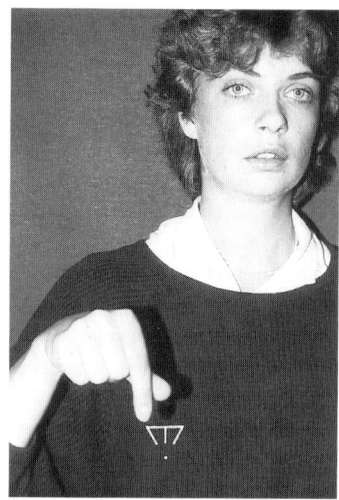

**1.1241 Salz** n, **salzen, salzig**
D und Z (Hr o, Hk außen) reiben
aneinander: »Prise Salz«
(vgl. würzen <1> 1.1167)

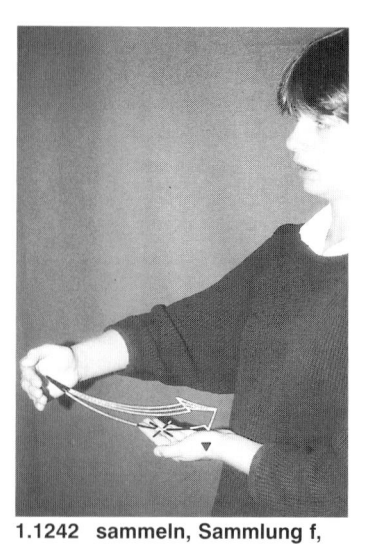

**1.1242 sammeln, Sammlung** f,
**Sammler\*** m, **-in\*\*** f
Hk der r <B-H **oder** <\*B-H (Hr außen, Hk u) 2x **oder** 3x
über Ht der l B-H (Ht o, Hk innen) nach h deutet
»Einsammeln« an
(**wie** sparen 1.0773, vgl. verdienen <Lohn>, ... 1.1660)

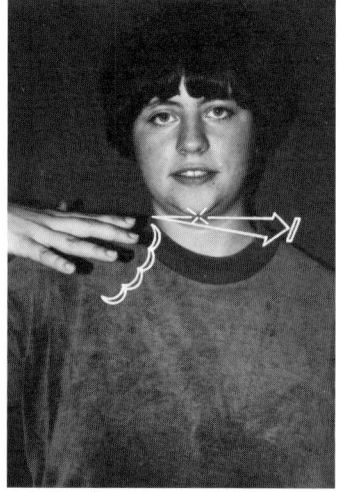

**1.1243 Samstag** m (1)(N),
**Sonnabend** m (1)(N)
5-H (Hr o, Hk v) mit Fi-spiel unter
Kinn von r nach l
(vgl. 1.1244/45)

**1.1244 Samstag** m (2)(S),
**Sonnabend** m (2)(S)
r F reibt auf l F hin und her:
»Samstag ist Waschtag«
(vgl. 1.1243/45)

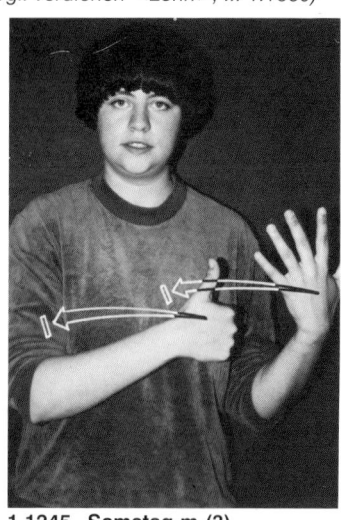

**1.1245 Samstag** m (3),
**Sonnabend** m (3)
6-He (Hr v, Hk u) vor Brust nach r
(Hk innen): »**6.** Wochentag"
(vgl. 1.1243/44)

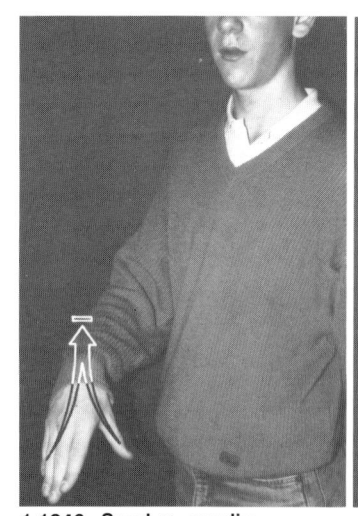

**1.1246 Sand** m, **sandig**
1. \*B-H (Hr v, Hk außen) schließt nach o zur <O-H: »Sand aufnehmen«
2. Fi-spitzen reiben aneinander, »fühlen Sand«

**1.1247 (Sand)kiste** f
1. »Sand« (1.1246)
2. »...kiste«: \*X-He (Hr o, Hk außen)
   umfahren »Sandkiste«
(vgl. Kiste 1.1113)

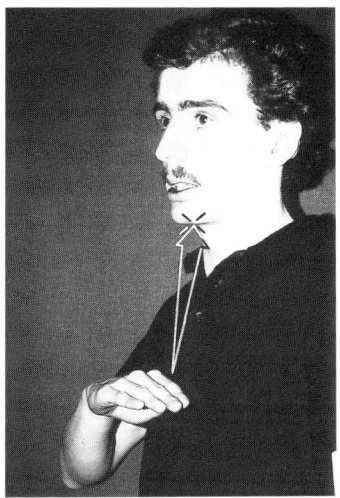

**1.1248 satt, gesättigt**
Fi der B-H (Hr o, Hk v) von u gegen
Kinn: »bis oben voll«
(vgl. genug 1.0563)

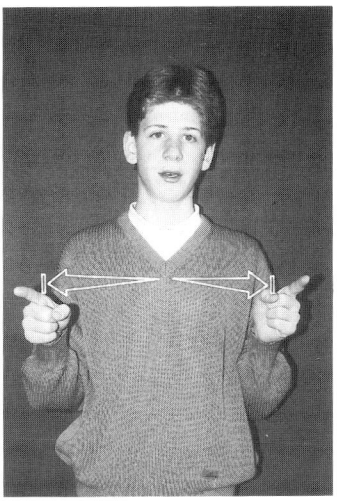

**1.1249 Satz m (Grammatik)**
Z (Hr außen, Hk u) auseinander
deuten »Länge des Satzes« an

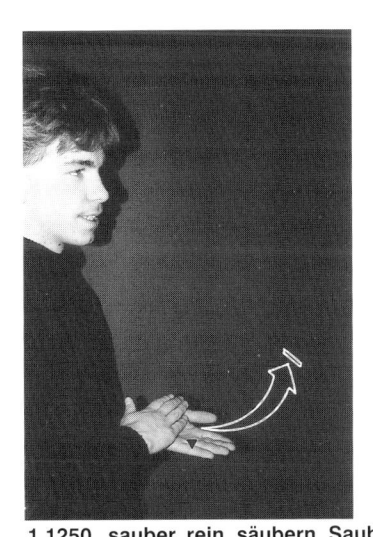

**1.1250 sauber, rein, säubern, Sauberkeit f, Reinheit f, einwandfrei,
Heil n, Hygiene f, hygienisch, steril (keimfrei),
sterilisieren (keimfrei), Sterilität f (keimfrei)**
Ht der r *B-H 1x **oder** 2x über Ht der l *B-H im Bogen nach v:
»Hand ist sauber«
(vgl. einfach <Aufgabe><1> 1.0338)

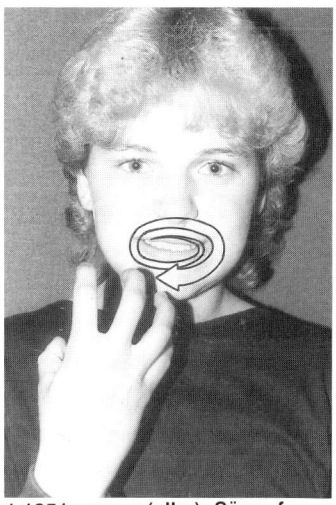

**1.1251 sauer (allg.), Säure f**
*5*-H (Hr v, Hk innen) kreist 2x vor
Mund

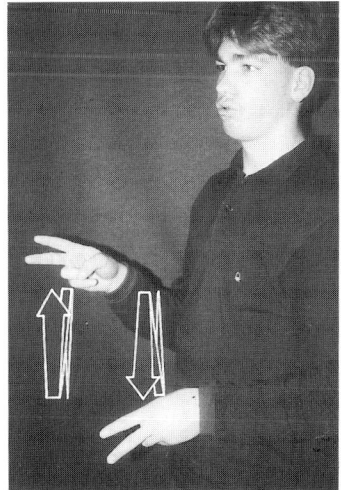

**1.1252 schaden, Schaden m, schädlich, schade!, Schädling m,
geschädigt, beschädigt, Beschädigung f, Schädigung f**
V-He (Hr außen, Hk u) 2x im Wechsel auf und ab

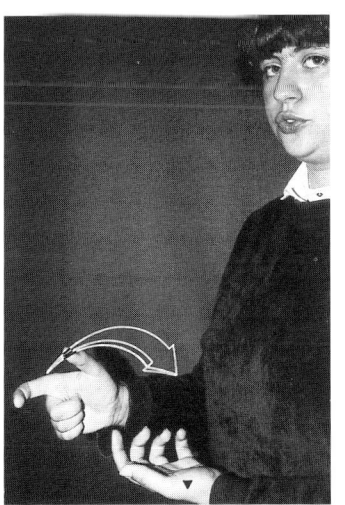

**1.1253 schälen (allg.)**
l *5*-H »hält Frucht«, r *X-H
»schält« 2x mit H-gelenkdrehung
(vgl. Kartoffel 1.0771)

**1.1254 Schaf** n
*5*-He (Hr v, Hk u) kreisen gegeneinander an Brust: »Schafwolle«

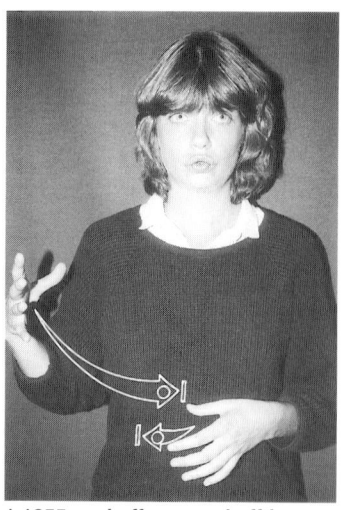

**1.1255 schaffen, geschafft!, verschaffen, befassen (sich)(mit)**
5-He (Hr außen, Hk u) schließen zu übereinanderliegenden Fe (Hr v)
(vgl. fangen <2> 1.0408, halten <etwas, jmdn.> 1.0629

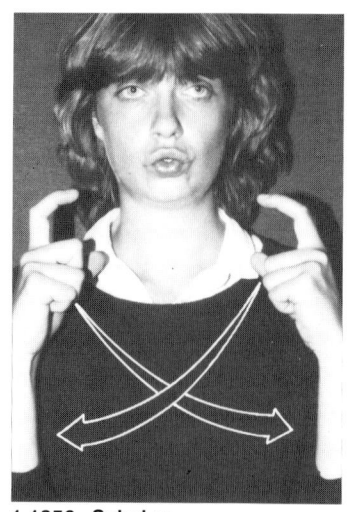

**1.1256 Schal** m
*X-He (Hr außen, Hk v) »fahren Schal nach«

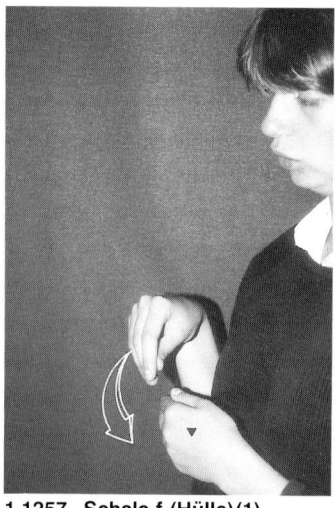

**1.1257 Schale f (Hülle)(1)**
1.2. r <O-H »zieht« 2x mit Vierteldrehung um l B-H (Hr v) »Schale ab«
(vgl. Schale <Hülle><2><3><4> **3.1417/18/19**)

**1.1258 schalten (allg.), Schaltung f (allg.), Schalter m (Strom), einschalten, ausschalten, umschalten, an... (Schalter)(2), aus... (Schalter)(2)**
A-H (Hr o, Hk außen) »dreht« im H-gelenk nach u (Hr außen, Hk u) »Schalter an/aus«
(vgl. an..., aus... <Schalter><1> 1.0044)

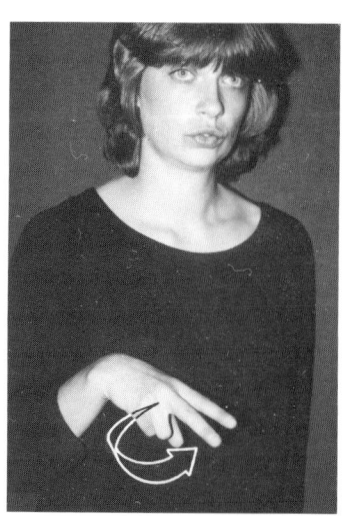

**1.1259 Schalt(jahr) n (1)(2)**
1. »Schalt...«: V-H (Hr o, Hk außen) dreht im H-gelenk nach außen (Hr u, Hk innen)
(vgl. wechseln <1> 1.1759)
2. »Jahr« (1)(2) (1.0729/30)

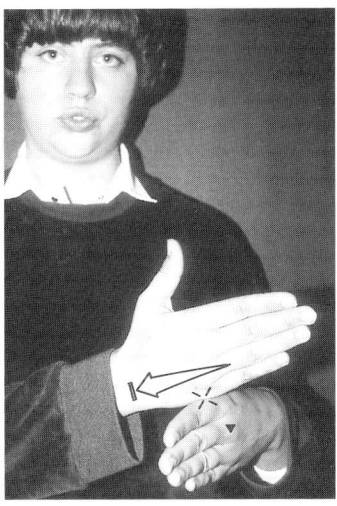

**1.1260 scharf (allg.), schärfen (Klinge), verschärfen, Verschärfung f**
Hk der r *B-H (Hr außen) »schneidet« nach h über Z der l *B-H (Hr v, Hk u)

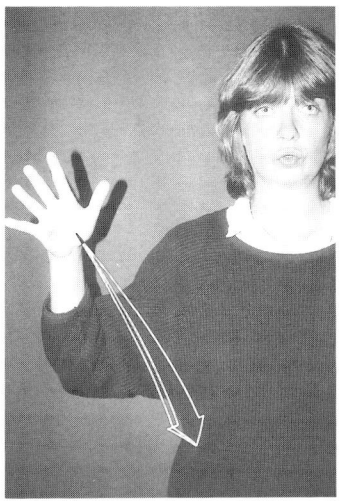

**1.1261 Schatten m, schattig**
5-H (Ht v, Hk außen) 2x nach u (Ht u): »Schatten werfen«

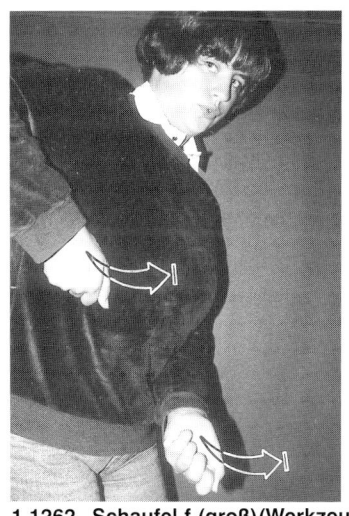

**1.1262 Schaufel f (groß)(Werkzeug), Schippe f, Schüppe f, schaufeln (1), schippen, schüppen**
A-He »halten Schaufelstiel und schaufeln« (vgl. 1.1263)

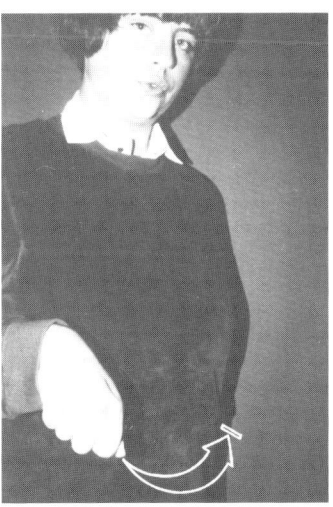

**1.1263 Schaufel f (klein)(Werkzeug), schaufeln (2)**
A-H »hält Griff und schaufelt« (vgl. 1.1262)

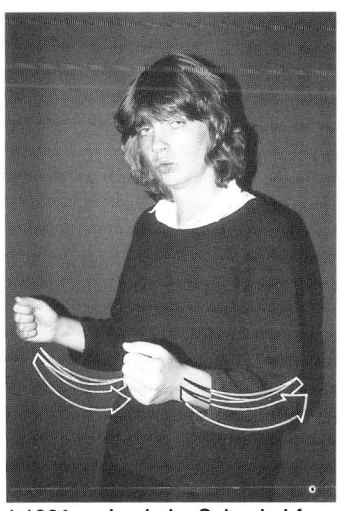

**1.1264 schaukeln, Schaukel f**
A-He (Hr außen, Hk u) »schaukeln« vor und zurück

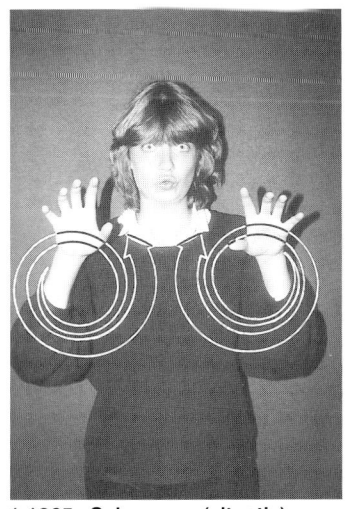

**1.1265 Schaum m (situativ), schäumen (situativ)**
5-He (Ht v, Hk außen) kreisen entgegengesetzt: »Schaumberge«

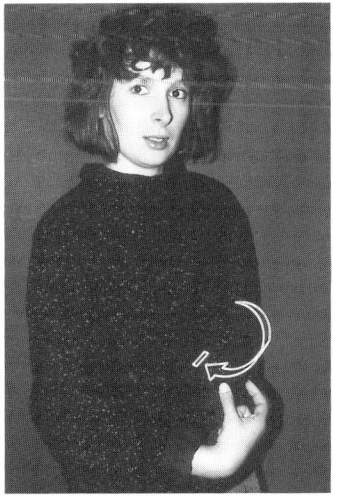

**1.1266 Scheide f, Vagina f**
Q-H (Hr v) deutet mit H-gelenkdrehung »Form der Scheide« an (Hr u)

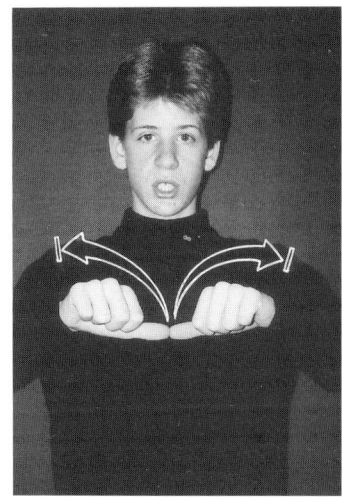

**1.1267 Scheidung f, scheiden lassen (sich), geschieden**
1.2. D der *A-He (Hr o, Hk außen) »lösen sich« mit H-gelenkdrehung nach außen (Hr außen, Hk u)
(vgl. Trennung 1.1585)

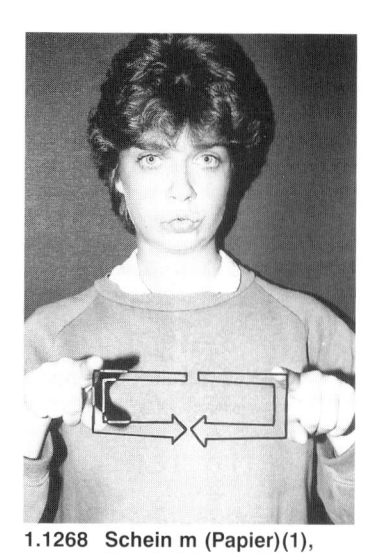

**1.1268 Schein m (Papier)(1), Bescheinigung f, Quittung f**
Z (Hr o, Hk außen) fahren Form nach (Hr bleibt o)
(vgl. 1.1269, bescheinigen 1.1332)

**1.1269 Schein m (Papier)(2), Zettel m (2), Ticket n**
*X-He (Ht v, Hk außen) auseinander deuten Form des »Scheins, Tickets« an
(vgl. 1.1268, Zettel <1> 1.1879)

**1.1270 schenken, beschenken (2), verschenken (Geschenk), opfern (1), Opfer n (1)**
*X-He (Hr außen, Hk u) gleichzeitig von Brust im Bogen nach v (**richtungsgebunden**, vgl. antworten 1.0054)
(vgl. Geschenk, beschenken <1>, opfern <2> 1.0566)

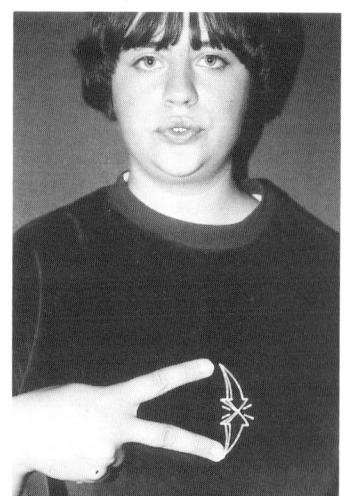

**1.1271 Schere f, schneiden (mit der Schere)**
V-H (Hr v, Hk u) schließt 2x zur U-H: »Schere schneidet«
(vgl. schneiden <mit dem Messer> 1.0974)

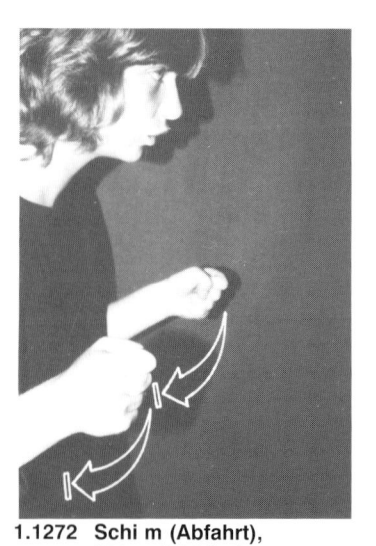

**1.1272 Schi m (Abfahrt), Ski m (Abfahrt)**
A-He (Hr außen, Hk u) parallel im Bogen nach u h: »Abstoßen mit den Schistöcken«
(vgl. Schi <Langlauf> 1.0877, Schi fahren 1.1280)

**1.1273 schicken (Person), abordnen, Abgeordnete\* m \*\* f, Bote m, Botin\*\* f, einschicken, einweisen (Heim), Einweisung f (Heim), veranlassen, Veranlassung f, Verweis m (Strafe), verweisen (fortschicken)**
Z (Hr v) mit H-gelenkdrehung nach v (Hr o)
(vgl. 1.1274)

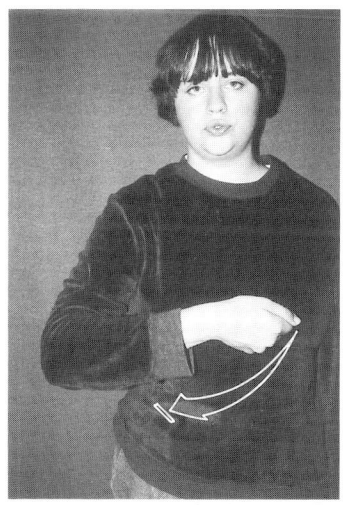

**1.1274 schicken (Sache), senden (schicken), Sendung f (schicken), absenden (1), Absender\* m, -in\*\* f, Botschaft f (Nachricht), einsenden, zusenden**
A-H (Hr v, Hk u) mit H-gelenkdrehung im Bogen nach v (Hr o, Hk außen):
»Brief halten und wegschicken«
(vgl. 1.1273, absenden <2> 1.1332)

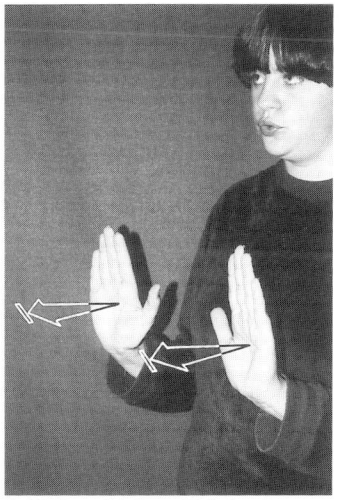

**1.1275 schieben (drücken)**
B-He **oder** \*B-He (Ht v, Hk außen)
»schieben« nach v
(vgl. stoßen, schubsen 1.1484)

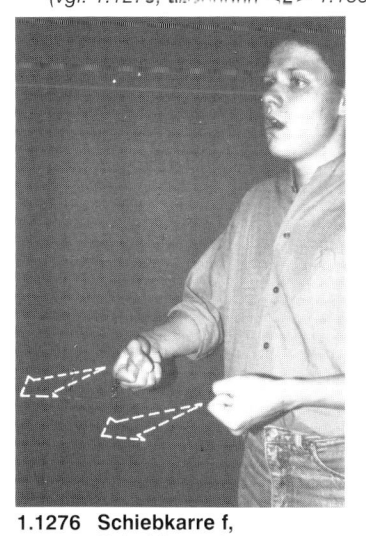

**1.1276 Schiebkarre f, Schubkarre f, Karre f (Kind)**
Fe **oder** A-He (Hr außen, Hk h)
»halten Griffe und schieben langsam«
(vgl. Wagen <Kind> 1.0798)

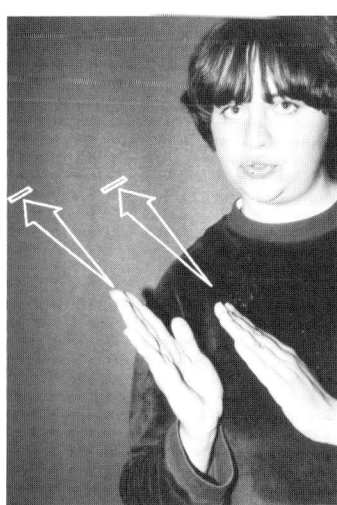

**1.1277 schief (lokal), schräg (lokal), Schräge f (lokal)**
B-He (Hk v) schräg nach o außen:
»schiefe Ebene«

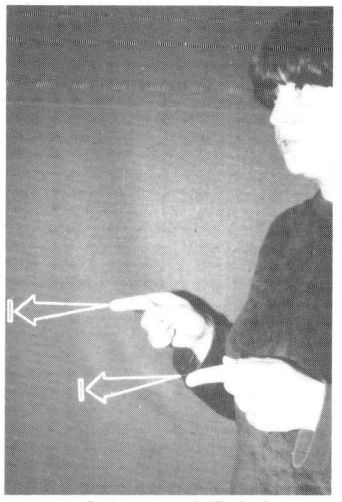

**1.1278 Schienen pl (Bahn), Schienenstrang m**
Z (Hr außen, Hk u) parallel nach v, deuten »Schienen« an
(vgl. Gleis 1.0592)

**1.1279 Schiff n, Kahn m (2)**
B-He (Fi-spitzen aneinander, Hk u)
gerade nach v: »Bug des Schiffs,
Kahns«
(vgl. Boot 1.0213, Kahn <1>,
rudern 1.1222)

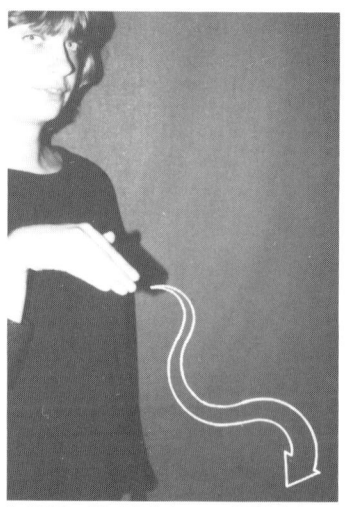

**1.1280 (Schi) fahren, (Ski) fahren, (Schi)fahrer* m, -in** f,
(Ski)fahrer* m, -in** f, (Schi) laufen, (Ski) laufen, (Schi)lauf m,
(Ski)lauf m, (Schi)läufer* m, -in** f, (Ski)läufer* m, -in** f**
1. »Schi, Ski« (1.1272)
2. »...fahren, ...laufen«: B-H (Hr o, Hk außen) »fährt Slalom«
(vgl. Langlauf <Schi> 1.0877)

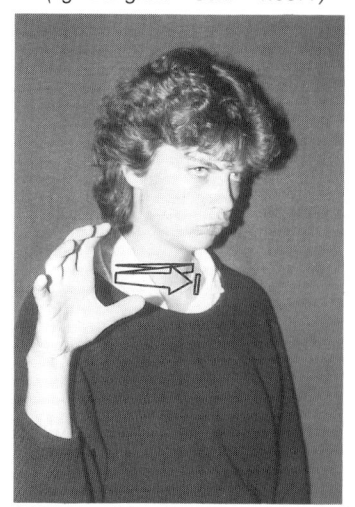

**1.1281 schimpfen (1), Schimpfe f (1), Geschimpfe n (1),
schelten (1), Schelte f (1), vorwerfen, Vorwurf m**
*5*-H (Ht v, Hk außen) 2x kurz nach v
deutet »Schimpfmaul« an
(vgl. 1.1282)

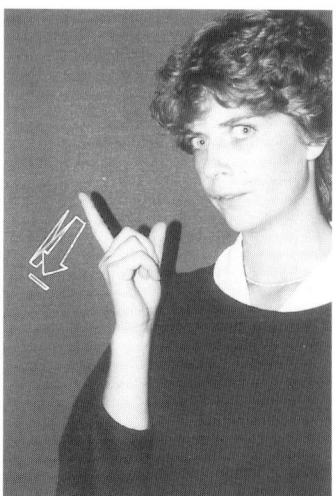

**1.1282 schimpfen (2), Schimpfe f (2), Geschimpfe n (2), allerdings,
drohen (1), Drohung f (1), ermahnen, Ermahnung f, mahnen,
Mahnung f, rügen, Rüge f, schelten (2), Schelte f (2),
Schlingel m, tadeln, Tadel m, verwarnen, Verwarnung f,
warnen, Warnung f**
Z (Hr außen, Hk v) 2x im Bogen »drohend, warnend« nach v u
(vgl. 1.1281, drohen <2> **2.1809 a**)

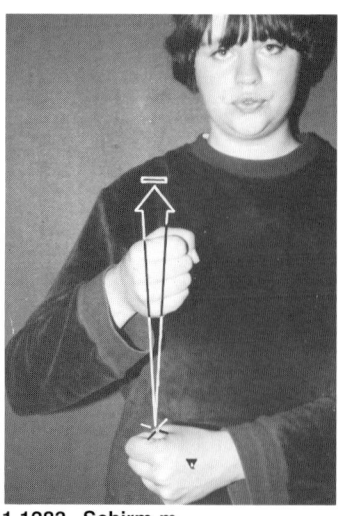

**1.1283 Schirm m**
l F »hält Griff«,
r F »spannt Schirm auf«

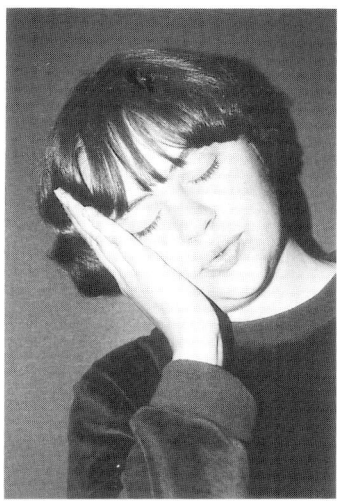

**1.1284 schlafen, Schlaf m**
B-H **oder** *B-H (Hr außen, Hk v) an Wange
(vgl. verschlafen 1.1677)

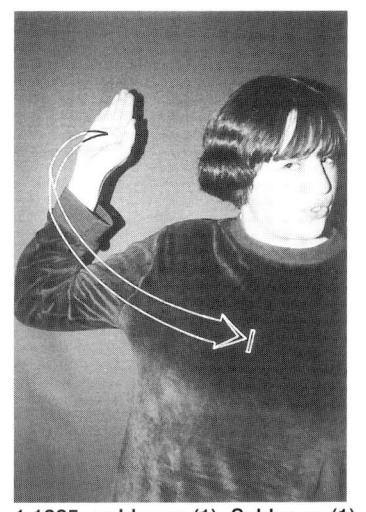

**1.1285 schlagen (1), Schlag m (1), hauen (jmdn.)(1), Klaps m, Streich m (Schlag)**
B-H (Ht v, Hk außen) »schlägt schnell« im Bogen nach v innen (Hr v, Hk u)
(vgl. 1.1286/87)

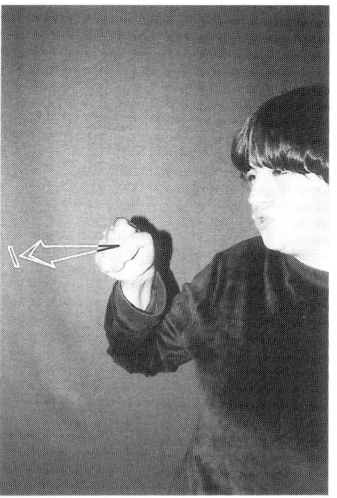

**1.1286 schlagen (2), Schlag m (2)**
F (Hr außen, Hk u) »schlägt schnell« nach v
(vgl. 1.1285/87)

**1.1287 schlagen (3), Schlag m (3), erschlagen (jmdn.), geiseln, martern, peinigen, Marter f, Peiniger* m**
A-H (Hr außen, Hk v) »schlägt« 1x **oder** mehrmals schnell nach u (Hk u) (vgl. 1.1285/86, Vorschlag 1.1726, Strafe 1.1485)

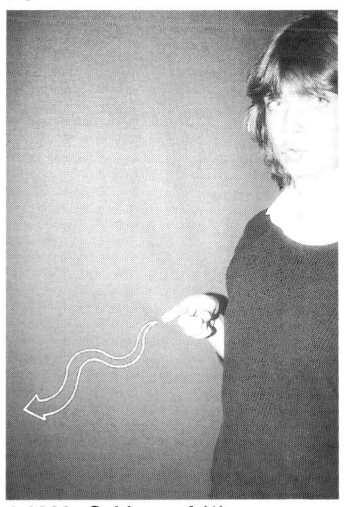

**1.1288 Schlange f (1), schlängeln (sich)(1)**
Z (Hr außen, Hk u) »schlängelt« nach v
(vgl. 1.1289, schlängeln <sich> <2> **3.0701**)

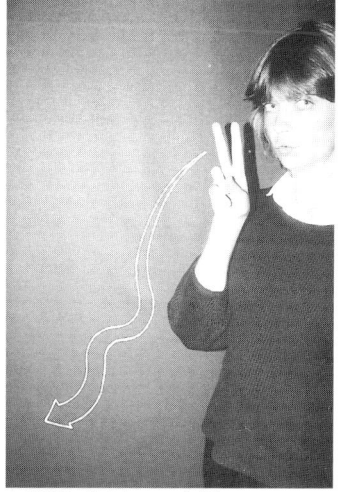

**1.1289 Schlange f (2)**
V-H (Ht v, Hk außen) »schlängelt« nach v
(vgl. 1.1288)

**1.1290 schlapp, erschöpft, Erschöpfung f**
5-He (Ht o, Hk h) mit H-gelenkdrehung nach u außen (Hr o, Hk außen): »Hände hängen schlapp herunter«
(vgl. schwach 1.1346)

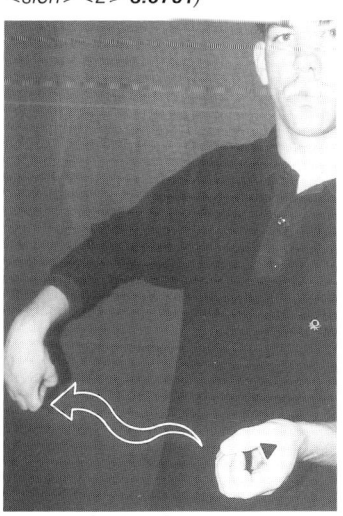

**1.1291 Schlauch m**
r O-H (Hr o, Hk außen) von l O-H (Hr u, Hk innen) in »Schlangenlinien« nach r h deutet »Schlauchform« an
(vgl. spritzen <mit dem Schlauch> 1.1444)

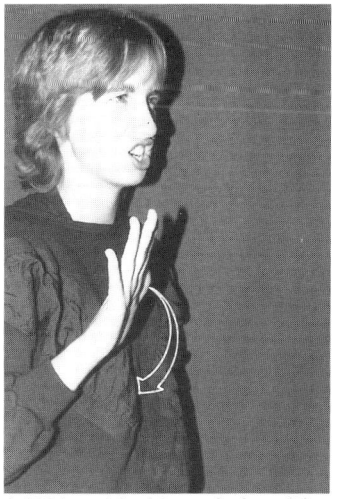

**1.1292 schlecht, verdorben (1), scheußlich**
5-H **oder** B-H (Ht v, Hk außen) nach u (Hr o): »abwertende Handbewegung«
(**wie** falsch <1> 1.0404, vgl. verdorben <2> **2.0318 c**)

217

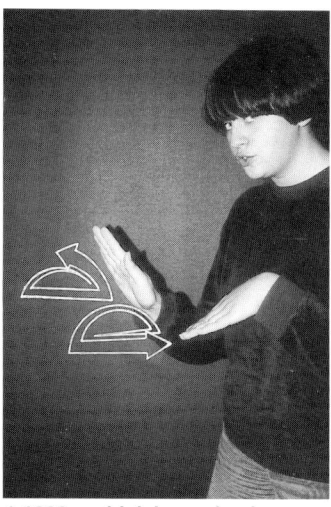

**1.1293 schleichen, pirschen**
B-He ahmen mit Schulterbewegung im Wechsel »Schleichen« nach (vgl. Pirsch **3.1035**)

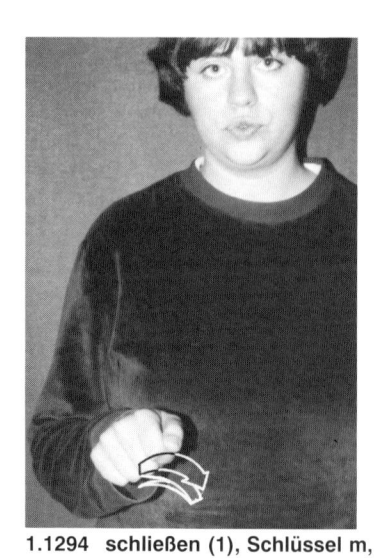

**1.1294 schließen (1), Schlüssel m, Schloss n (Tür), zu (geschlossen)(1)**
A-H ahmt 1x **oder** 2x mit H-gelenkdrehung »Schließen« nach (vgl. 1.1295/96, schließen <Schranke> 1.1328)

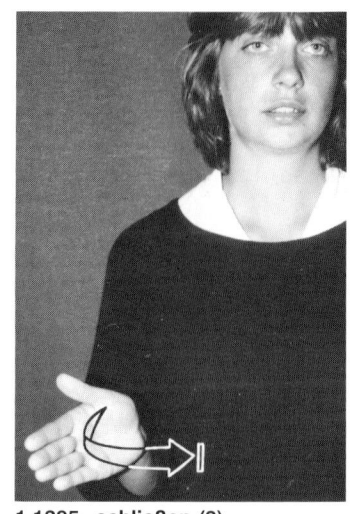

**1.1295 schließen (2), zu (geschlossen)(2)**
*B-H (Ht v, Hk u) »klappt wie Tür oder Fenster zu« (Hr v) (vgl. 1.1294/96, schließen <Schranke> 1.1328)

**1.1296 schließen (3), zu (geschlossen)(3)**
*B-H (Ht v, Hk außen) »schließt« neben Auge zur <O-H: »Augen schließen« (vgl. 1.1294/95)

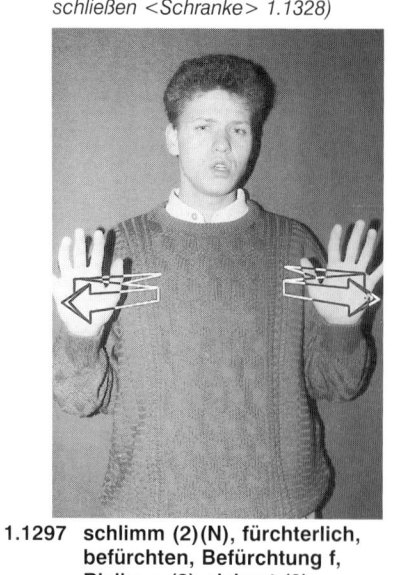

**1.1297 schlimm (2)(N), fürchterlich, befürchten, Befürchtung f, Risiko n (2), riskant (2)**
5-He (Ht v, Hk außen) »zittern« vor Brust schnell entgegengesetzt hin und her (vgl. 1.1298, schlimm <1>, Risiko <1> 1.0545, Furcht 1.0522)

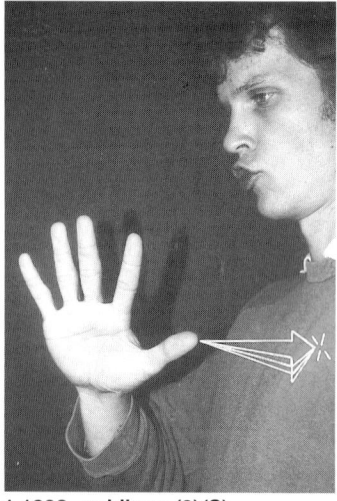

**1.1298 schlimm (3)(S)**
D der 5-H (Hr außen, Hk v) mehrmals an Brust (vgl. 1.1298, schlimm <1> 1.0545)

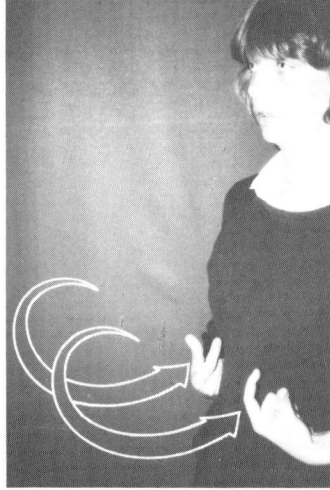

**1.1299 Schlitten m (N)**
*X-He (Hr o, Hk v) fahren »Kufen des Schlittens« nach (Hr u, Hk h) (vgl. 1.1300/01)

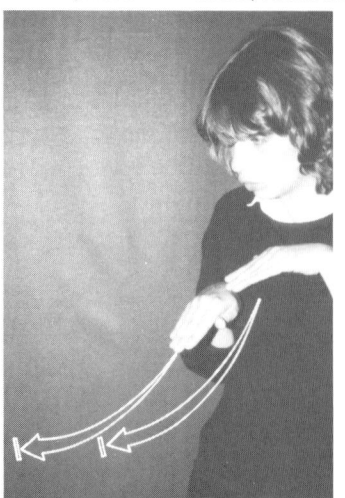

**1.1300 Schlitten m (S)**
hintereinanderliegende B-He (Hr o, Hk außen) nach v u: »Schlitten fährt bergab« (vgl. 1.1299/1301)

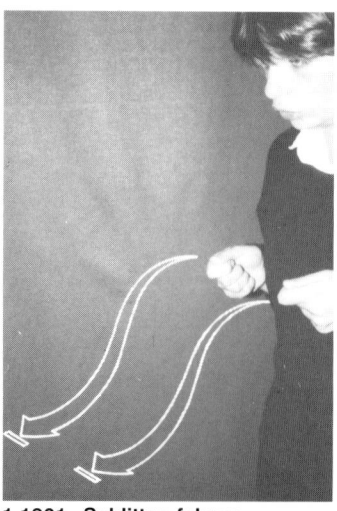

**1.1301 Schlitten fahren, rodeln**
A-He (Hr außen, Hk u) »halten Schlitten fest und rodeln« (vgl. 1.1299/1300)

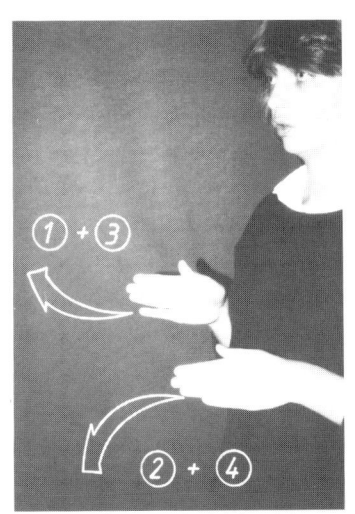

**1.1302 Schlittschuh(e) m/pl**
B-He (Hr außen, Hk u)(= »Kufen«)
ahmen 2x »Schlittschuhlaufen«
nach
(vgl. Rollschuh/e 1.1215)

**1.1303 Schloss n (Gebäude)**
5-He (Hr o, Hk außen) umfahren in
Wellenlinien »Türme des
Schlosses«
(vgl. Burg **4.0386**)

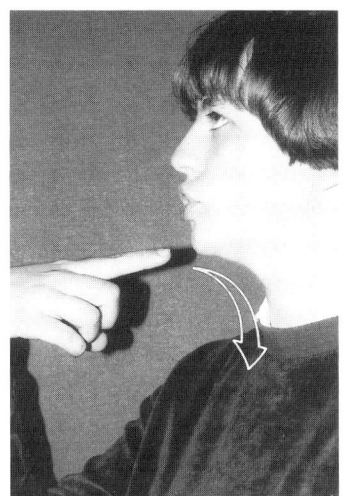

**1.1304 schlucken**
Z (Hr v, Hk innen) deutet
»Schlucken« an (Hr o)
(vgl. verschlucken <sich> **2.0810**)

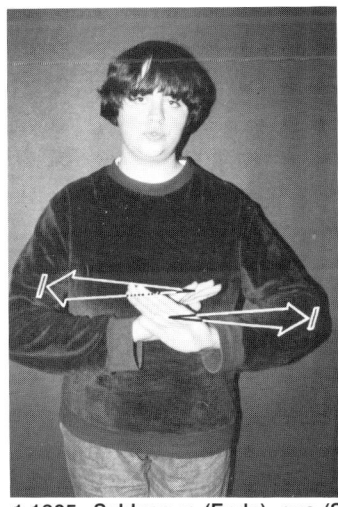

**1.1305 Schluss m (Ende), aus (Schluss), nicht mehr, ohne, quitt, total (2), vorbei (Schluss)**
gekreuzte B-He (Hr o, Hk v) schnell auseinander (Hk außen)
(vgl. nicht, nie 1.1068, total <1> 1.0529)

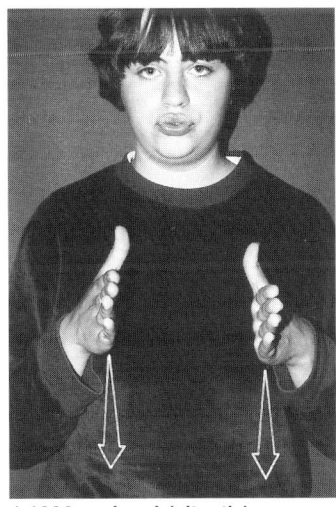

**1.1306 schmal (situativ)**
*B-He (Hr außen, Hk u) nach u
deuten »schmal« an

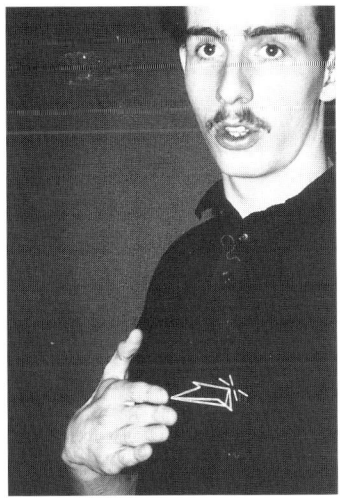

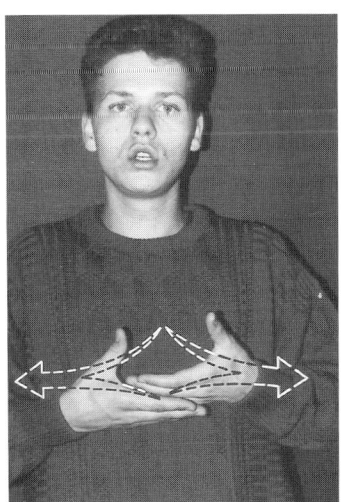

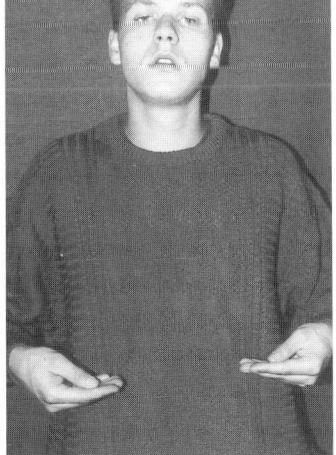

**1.1307 schmeckt (gut), lecker, schmecken (genießen)**
*B-H (Hr v, Hk u) schlägt 2x oder
3x gegen Brust
(vgl. Geschmack 1.0569,
schmecken <probieren> 1.0841)

**1.1308 schmelzen, Schmelze f, tauen, mild (allg.)**
1.2 *B-He **oder** 5-He (Ht o, Hk h) langsam auseinander
zu <O-He schließen

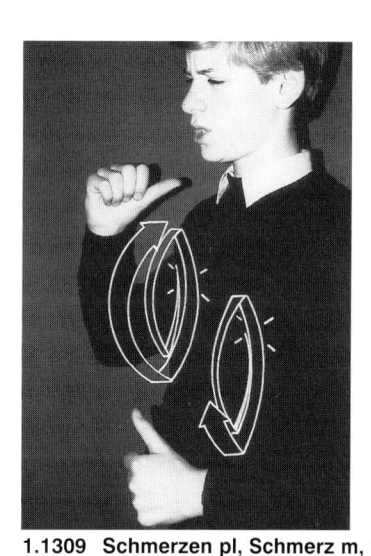

**1.1309 Schmerzen pl, Schmerz m, schmerzen, Leid n, Leiden pl, leiden, Not f (2), Pein f, Plage f (Leiden), plagen (leiden), Leidenschaft f (Mimik!), leidenschaftlich (Mimik!), bedauern (S), Bedauern n (S), bedauerlich (S)**

D der *A-He (Hr außen) kreisen versetzt vor Brust (D-nägel haben Brustkontakt)
(vgl. Not <1> 1.1077, weh 1.1768, Mitleid, ... 1.1608, Bedauern <N> **2.1231**)

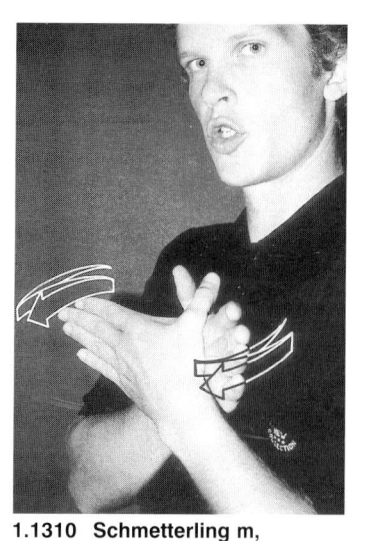

**1.1310 Schmetterling m, Falter m**

*B-He (Hr v, D verschränkt) ahmen »Flügelbewegungen des Schmetterlings« nach (Hr innen)

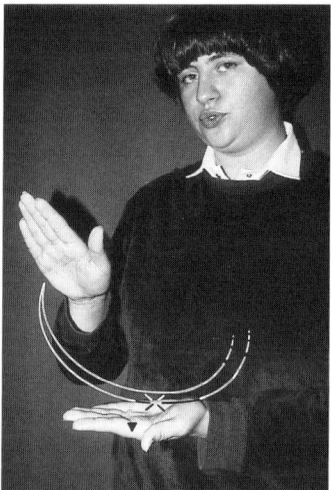

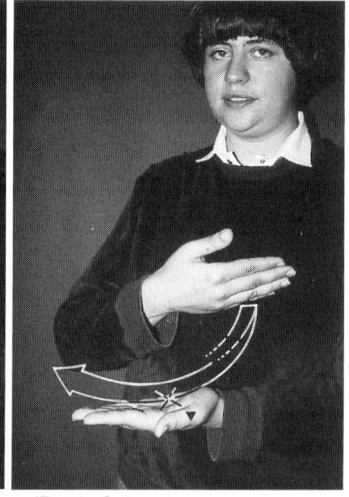

**1.1311 schmieren (Brot), streichen (Brot), Schmalz n**

1.2. Fi-spitzen der r *B-H (Hr o) über Ht der l *B-H (Ht o) nach h und zurück deuten »Schmieren« an
(**wie** Farbe <2> 1.0410, vgl. Marmelade 1.0952, Butter 1.0245, Margarine 1.0948)

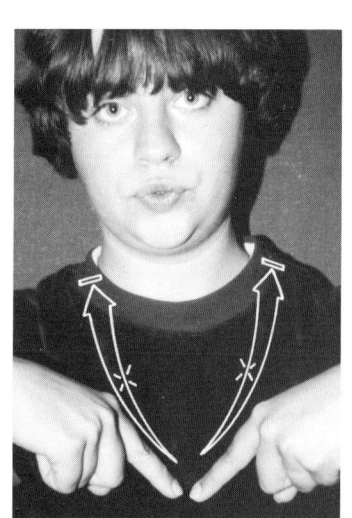

**1.1312 Schmuck m (Person)**

Z (Hr v) deuten »Halskette« an
(vgl. 1.1313/14, Halskette 1.0791)

**1.1313 Schmuck m (Raum)**

5-He (Hr o, Hk v) im Wechsel über Schultern nach o außen deuten »Saalschmuck« an
(vgl. 1.1312/14)

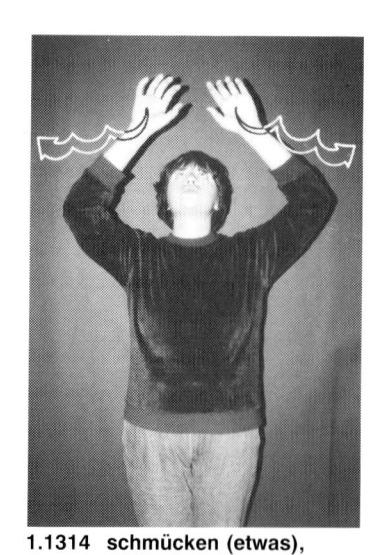

**1.1314 schmücken (etwas), Girlande f**

5-He (Ht v, Hk außen) in Bögen nach außen deuten »Girlanden« an
(vgl. 1.1312/13)

**1.1315 Schmutz m (N), schmutzig (N), schmierig, Schmiere f, verschmieren, verschmiert, Verschmutzung f (N), verschmutzen (N), Verunreinigung f (N), verunreinigen (N)**
*Fi-spitzen der r \*B-H (Hr o, Hk außen) kreisen auf Ht der l \*B-H (Ht o, Hk innen)
(vgl. 1.1316)*

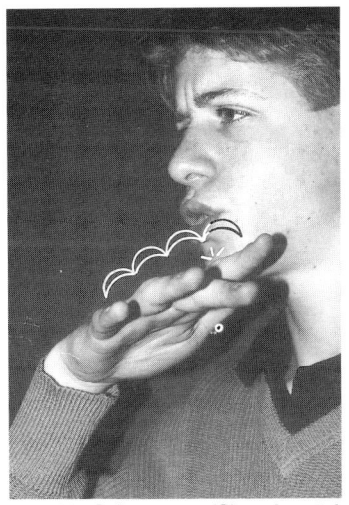

**1.1316 Schmutz m (S), schmutzig (S), Verschmutzung f (S), verschmutzen (S), Verunreinigung f (S), verunreinigen (S)**
*5-H (Hr o, Hk v) mit Fi-spiel am Kinn
(vgl. 1.1315)*

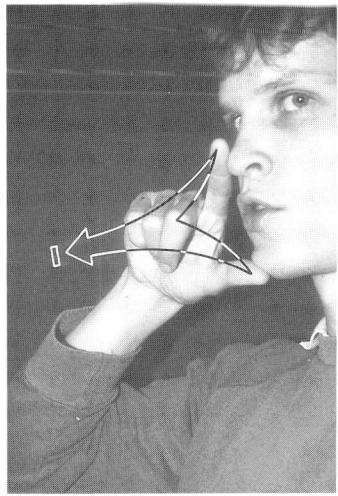

**1.1317 Schnabel m (1)**
*L-H (Hr außen, Hk v) schließt vom Gesicht nach v zur <Q-H: »Schnabelform«
(vgl. Schnabel <2> 1.0528, Storch 1.1482, Vogel <1> 1.1706)*

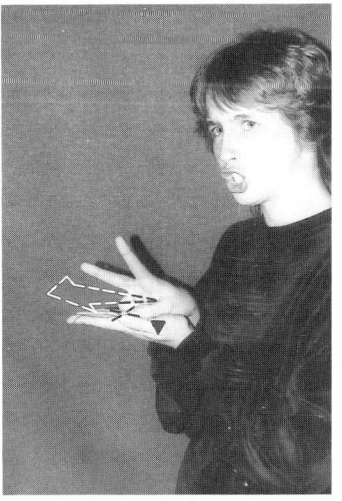

**1.1318 Schnecke f**
*r V-H (Hr o, Hk außen)(= »Fühler«) »kriecht« auf Ht der l \*B-H (Hk innen) nach v*

221

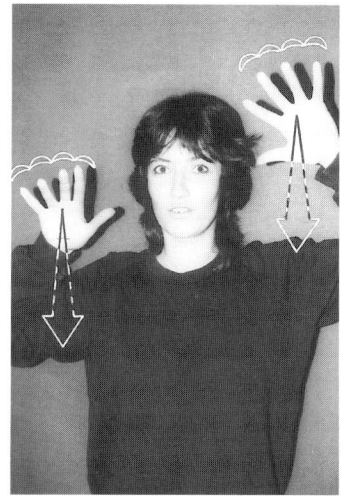

**1.1319 Schnee m (1), schneien, Nieselregen m, nieseln, perlen (tropfen), fallen (Laub), Fall m (Laub)**
*5-He (Hr o) mit Fi-spiel langsam nach u: »Schneeflocken, Blätter fallen« (vgl. 1.1320, regnen 1.1193, fallen 1.0401/02/03)*

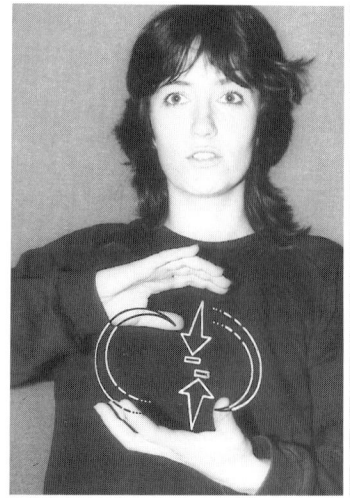

**1.1320 Schnee m (2)**
*1.2. 5-He »formen Schneekugel« (vgl. 1.1319/21)*

**1.1321 Schneeball m, kneten (allg.)**
*1.2. <B-He »formen Schneeball, kneten« (vgl. 1.1319/20)*

**1.1322 schneiden (Scheiben)**
*Hk der r B-H (Hr außen, Hk u) an Z der l B-H (Hr o. Hk außen) 2x nach u: »Scheiben schneiden« (vgl. schneiden <mit dem Messer> 1.0974)*

**1.1323 schnell, geschwind, Schnelligkeit f, Geschwindigkeit f, Wucht f, wuchtig**
*F (Hr o, Hk außen) mit H-gelenkdrehung »schnell« nach l (Hr außen, Hk u) (vgl. Tempo 1.1548, eilig, ... 1.1611)*

**1.1324 Schnupfen m, verschnupft**
*A-H (Hr v) »wischt 2x Nase ab« (vgl. Taschentuch 1.1527)*

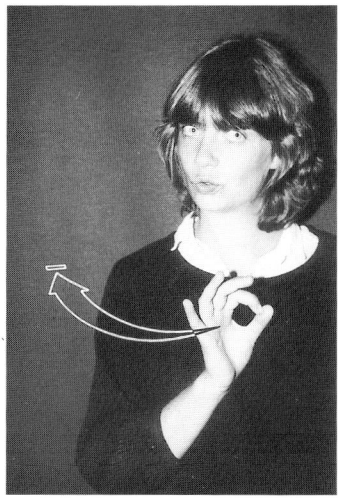

**1.1325 schön, Schönheit f,
fein, Feinheit f**
F-H (Hr außen, Hk v) im Bogen
nach r (Ht v, Hk außen)
(**wie** sehr <N> 1.1374, vgl. gut
1.0618, prima 1.1157)

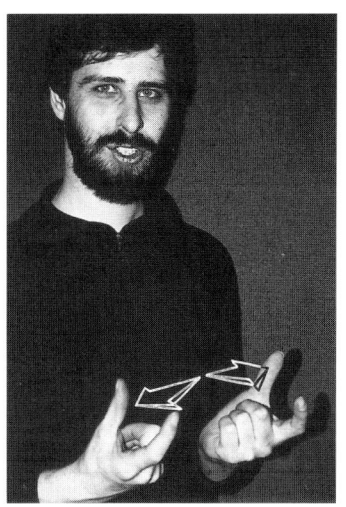

**1.1326 Schokolade f**
*X-He (Hr u, Hk innen) 2x
auseinander deuten
»Schokoladentafel« an

**1.1327 Schrank m, Vitrine f, Bude f, Gebäude n,
Kiosk m, Laube f, Schalter m (Raum), Terminal m,n**
B-He (Hr o, Hk außen) deuten Form an (Hr außen, Hk u)
(**wie** Halle, ... 1.0535)

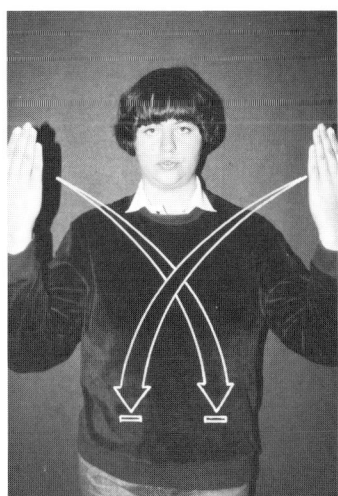

**1.1328 Schranke f, schließen (4)(Schranke), öffnen (4)(Schranke)**
»**schließen**« <Schranke>: B-He (Hr v, Hk innen) im Bogen nach
innen u (Hk u)
»**öffnen**« <Schranke>: B-He (Hr v, Hk u) im Bogen nach
außen o (Hk innen)
(vgl. schließen <1><2><3> 1.1294/95/96, öffnen <1><allg.> 1.1092)

**1.1329 Schraube f (Material),
schrauben**
D und Z »drehen Schraube ein«
(vgl. Mutter <Schraube> 1.1021)

223

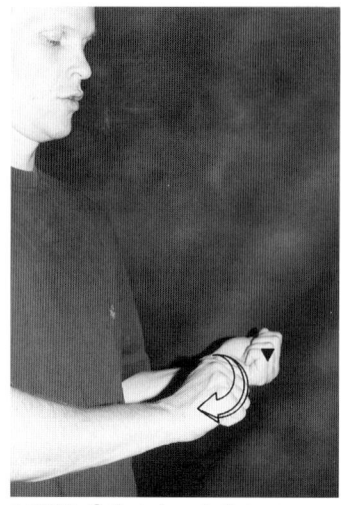

**1.1330 Schraubendreher m, Schraubenzieher m**
l F (Ht o, Hk innen) »hält Schaft«,
r F (Hr o, Hk außen) »dreht 2x Schraubenziehergriff« (Hr u)

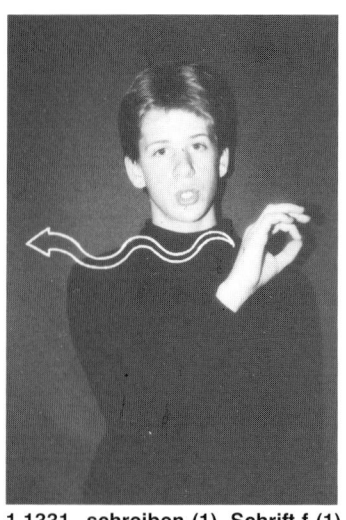

**1.1331 schreiben (1), Schrift f (1), Bleistift m, Stift m (2)**
*F*-H (Ht v, Hk außen) »hält Stift und schreibt in Wellenlinien nach r«
(vgl. 1.1332/33, Schrift <2> 1.1336, Füller 1.0506, Stift <1> **2.0664**)

**1.1332 schreiben (2), Adresse f, adressieren, Adressat* m, -in** f, absenden (2), Absender m, -in** f (auf Brief), beschreiben, Bese bung f, bescheinigen, Dichter* m, -in** f, Diktat n (Nachschrift)(1), Journalist* m, -in** f, Kommentator* m (2), -in** f (2), notieren, Protokoll n (Niederschrift), protokollieren, Protokollant* m, -in** f, Reportage f (1), Reporter* m (1), -in** f (1), Schriftsteller* m, -in** f, Testament n, testamentarisch, Theorie f (2), theoretisch (2), verfassen (1), Verfasser* m (1), -in** f**
Fi-spitzen der r <O-H (Hr o, Hk außen) »schreiben« 2x **oder** 3x über Ht der l B-H (Ht o) nach r (vgl. 1.1331/33, absenden <1> 1.1274, Bescheinigung 1.1268, Diktat <2> **4.0457**, Kommentator <1> 1.1192, Reportage <2> **4.1477**, Theorie <1> 1.1582, verfassen <2> 2.

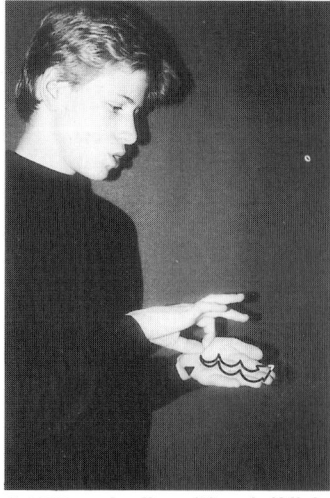

**1.1333 schreiben (3), schriftlich, Autor* m, -in** f**
DZ der r F-H (Hr o, Hk außen) »schreibt Wellenlinien« auf Ht der l B-H (Ht o)
(vgl. 1.1331/32)

**1.1334 Hinweis**

Schneebrett n (1)(2)
= Schnee (1)(2) 1.1319/20
+ Brett 1.0221

Schneeschmelze f (1)(2)
= Schnee (1)(2) 1.1319/20
+ Schmelze 1.1308

Schreibtelefon n, schreibtelefonieren
= Schreibmaschine 1.0250
+ Telefon 1.1545

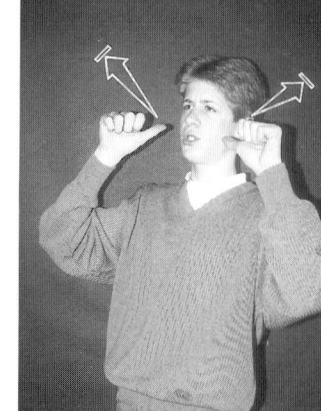

**1.1335 schreien, Schrei m**
*A-He (Hr h, Hk außen) vom Mund nach v außen deuten »Herausschreien« an
(vgl. rufen <1> 1.1223)

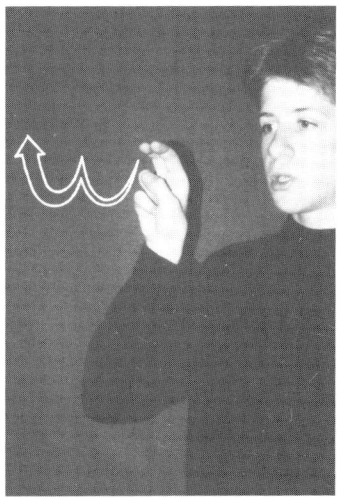

**1.1336 Schrift f (2)**
*U*-H (Ht v, Hk außen) in
»U-Linien« nach r
(vgl. Schrift <1> 1.1331, Füller
1.0506)

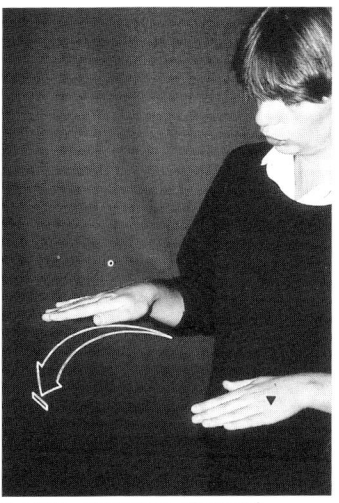

**1.1337 Schritt m (Person),
schreiten (Person)(1)**
r B-H (Hr o, Hk außen) macht einen
»Schritt« nach v
(vgl. schreiten <Person><2>
1.1588)

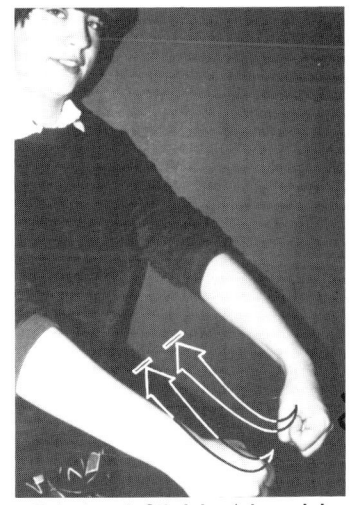

**1.1338 Schuh m, Schuhe pl, Stiefel m/pl, anziehen (Schuhe, Stiefel),
Bandage f (2), bandagieren (2)**
*Schuh, Stiefel:* Fe oder A-He (Hr o, Hk außen)
»ziehen 1x mit H-gelenkdrehung Schuh/Stiefel über den Fuß«
*Schuhe, Stiefel:* »2x anziehen«
(vgl. Socken, Strumpf 1.1410, Bandage <1> 1.1657, anziehen <...> 1.0056/1.0695/1.0727)

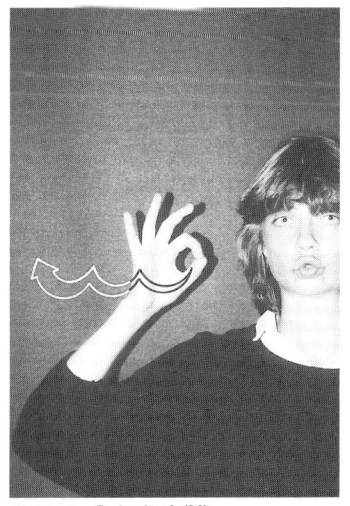

**1.1339 Schule f (N),
Schüler* m (N), -in** f (N)**
F-H (Ht v, Hk außen) »schreibt an
Schultafel«
(vgl. 1.1340)

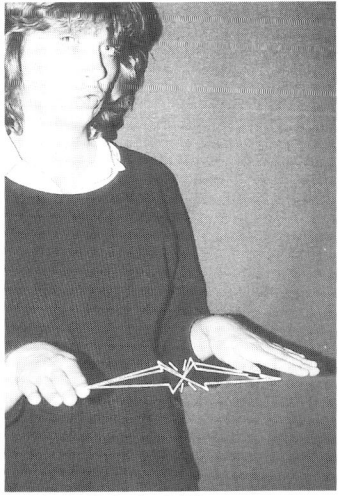

**1.1340 Schule f (S),
Schüler* m (S), -in** f (S)**
B-He (Hr o, Hk außen) 2x zusammen
(vgl. 1.1339)

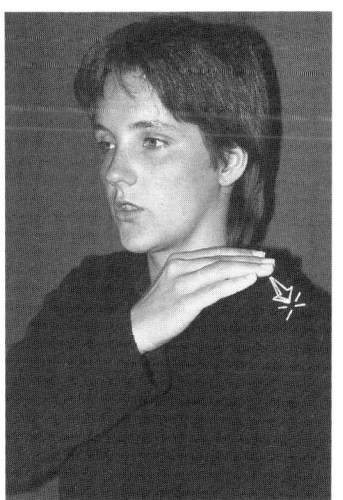

**1.1341 Schulter f,
Verdienst n (Tat)(1),
verdienen (Tat)(1),
verdient machen (sich)**
Fi tippen 2x auf Schulter
(vgl. verdienen <Tat><2> 1.1660)

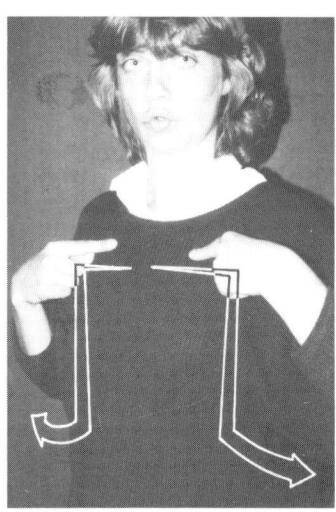

**1.1342 Schürze f**
Z fahren »Form der Schürze« nach
und deuten »Schürzenbänder« an

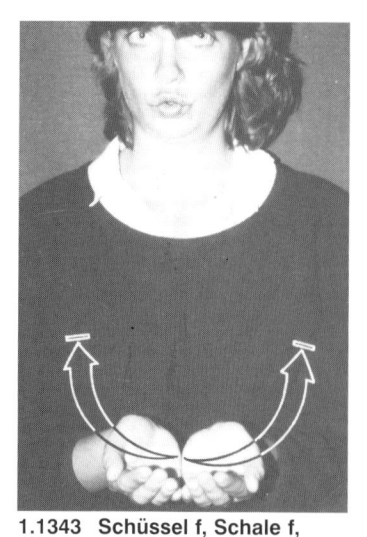

**1.1343 Schüssel f, Schale f,
Napf m**
B-He (Hr u, Hk innen) im Bogen
nach außen o (Hr außen, Hk u):
»Form der Schüssel, Schale«
(vgl. Geschirr 1.0568, Korb 1.0837)

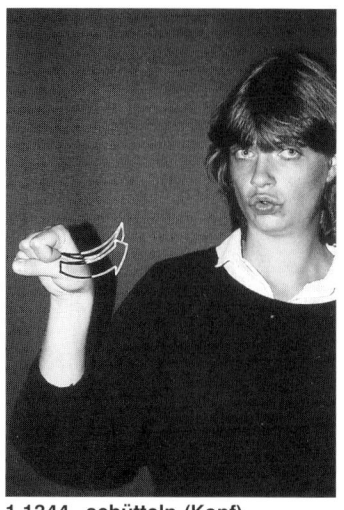

**1.1344 schütteln (Kopf),
Kopfschütteln n**
F (Ht v, Hk außen) dreht 2x im
H-gelenk hin und her, ahmt
»Kopfschütteln« nach
(vgl. Kopfnicken 1.1070)

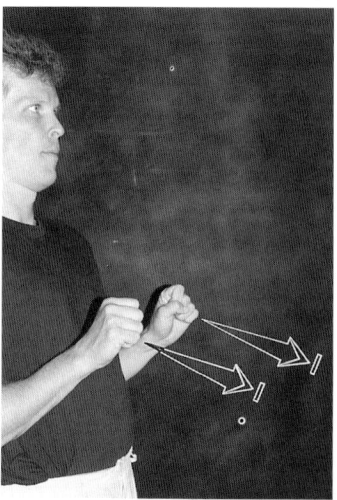

**1.1345 Schutz m, schützen, beschützen, Beschützer* m, -in** f,
Boykott m, boykottieren, vorbauen (vorbeugen),
vorbeugen (verhüten), Vorbeugung f, wehren (sich),
widersetzen (sich), Widerstand m, widerstehen**
Fe (Ht v, Hk außen) »schützend, abwehrend« nach v

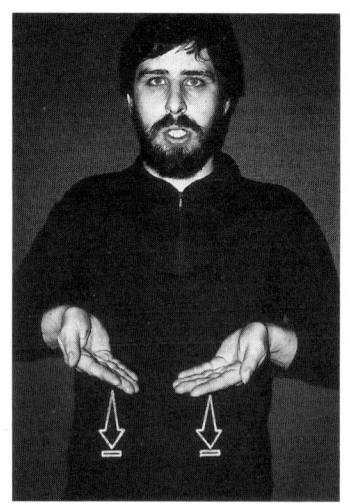

**1.1346 schwach, schwächlich, Schwäche f, Schwächling* m,
flau, matt (schwach), Mattheit f (Schwäche), Mattigkeit f**
B-He (Ht o, Hk innen) kurz nach u
(vgl. schlapp 1.1290)

**1.1347 Schwamm m**
5-H (Ht v, Hk außen) 1x **oder** 2x zur
F schließen: »Schwamm
ausdrücken«

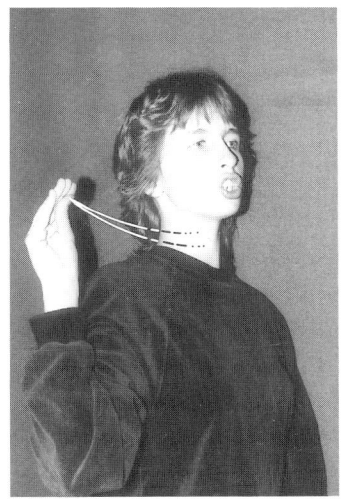

**1.1348 Schwan m**
1.2 <B-H (Hk außen, Ht v) und Unterarm »bewegen sich wie ein Schwanenhals langsam vor und zurück«

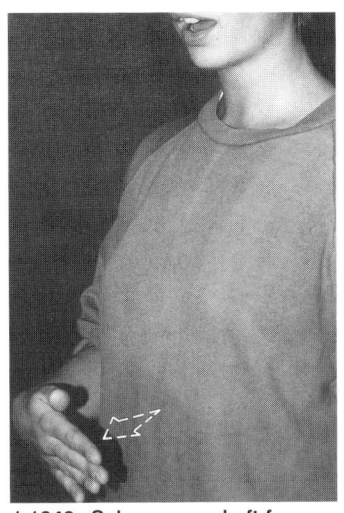

**1.1349 Schwangerschaft f, schwanger**
B-H (Hr v, Hk u) von Bauch langsam nach v deutet »Anwachsen des Bauchumfangs« an

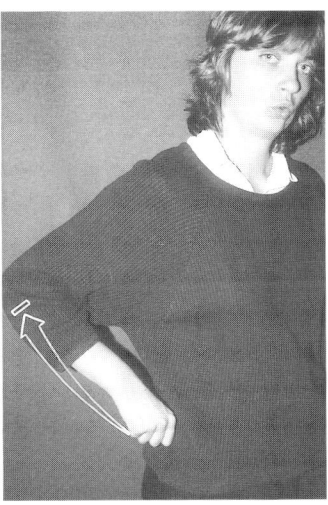

**1.1350 Schwanz m (Säugetier)**
F ahmt »Schwanzform« nach
(vgl. Schwanz <Vogel> 3.0308)

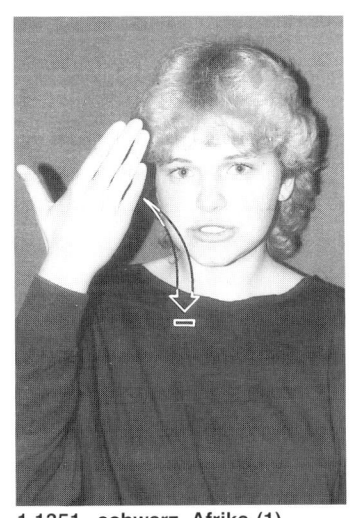

**1.1351 schwarz, Afrika (1), afrikanisch (1), Afrikaner* m (1), -in** f (1)**
*B-H **oder** 5-H (Hr v, Hk innen) im Bogen vor Gesicht nach u (Hk u)
(vgl. Afrika <2> 1.0026)

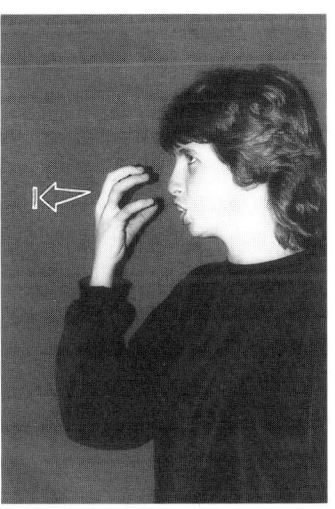

**1.1352 Schwein n (Tier)**
*5*-H (Hr v, Hk innen) nach v deutet »Rüssel des Schweins« an

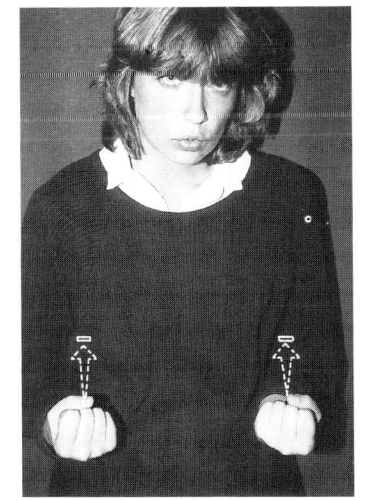

**1.1353 schwer (Gewicht)**
Fe (Ht o, Hk innen) gleichzeitig langsam nach o
(vgl. Gewicht <2> 1.0792, schwer <Aufgabe>, schwierig 1.1356)

**1.1354 Hinweis**

schworhörig, Schwerhörigkeit f, Schwerhörige* m ** f
= schwer 1.1353
+ hören (1) 1.0684

Sekretär m (Möbel)
= schreiben (2) 1.1332
+ Schrank 1.1327
(vgl. Sekretär <Person> 1.0250)

Sekretariat n (1)(2)
= Schreibmaschine 1.0250
+ Zimmer (1)(2) 1.1888/89

Skrupel m
= denken 1.0271
+ Zweifel 1.1691
(vgl. skrupellos 1.0330)

**1.1355 Schwert n**
1.2. l F = »Scheide«; r F »hält Schwertgriff und zieht Schwert aus der Scheide«

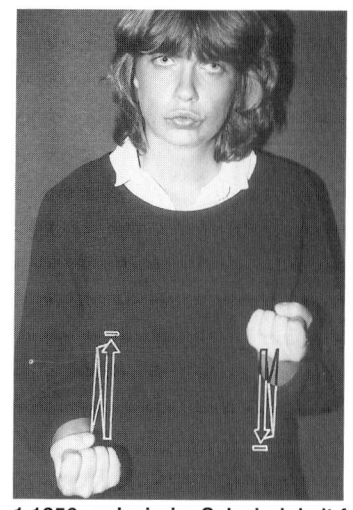

**1.1356 schwierig, Schwierigkeit f, schwer (Aufgabe)**
Fe (Ht o, Hk innen) im Wechsel auf und ab
(vgl. schwer <Gewicht> 1.1353)

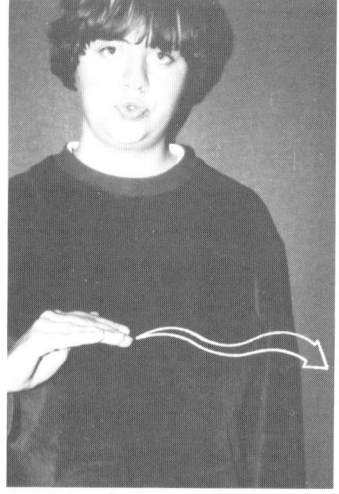

**1.1357 schwimmen (Gegenstand), treiben (auf dem Wasser)**
B-H (Hr o, Hk v) ahmt »Treiben eines Gegenstandes auf dem Wasser« nach
(vgl. 1.1358/59, schwimmen <Fisch> 1.0451)

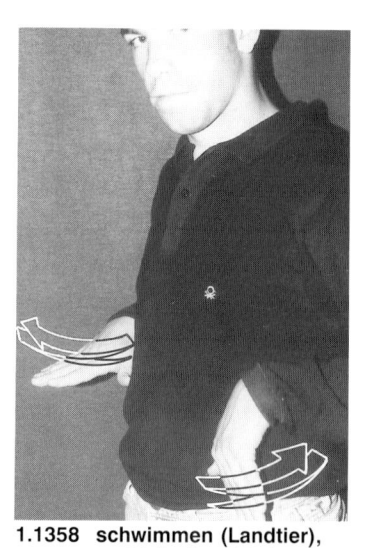

**1.1358 schwimmen (Landtier), paddeln (Landtier)**
*B-He ahmen im Wechsel »Paddelbewegungen« nach
(vgl. 1.1357/59, schwimmen <Fisch> 1.0451)

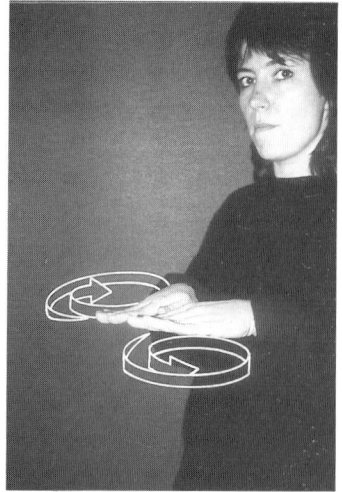

**1.1359 schwimmen (Mensch), baden (schwimmen), Bad n (Schwimmbad), Schwimmbad n, Schwimmer* m, -in** f**
B-He ahmen »Brustschwimmen« nach
(vgl. 1.1357/58, schwimmen <Fisch> 1.0451, baden <Körperpflege> 1.0113)

**1.1360 schwindeln (lügen), Schwindel m (Lüge), Schwindler* m, -in** f, mogeln, Mogelei f, beschummeln, schummeln, Schummelei f, Schummler* m, -in** f**
r V-H (Ht v, Hk außen) dreht im H-gelenk auf D-ansatz der l B-H (Hr v, Hk u) hin und her

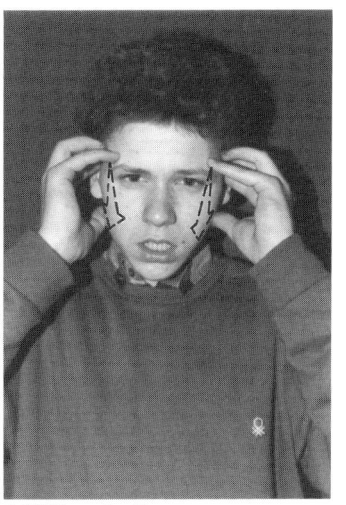

**1.1361 schwitzen**
*5*-He (Hr außen, Hk v) von Schläfen langsam nach u: »Schweiß rinnt«
(vgl. Schweiß **2.0713**)

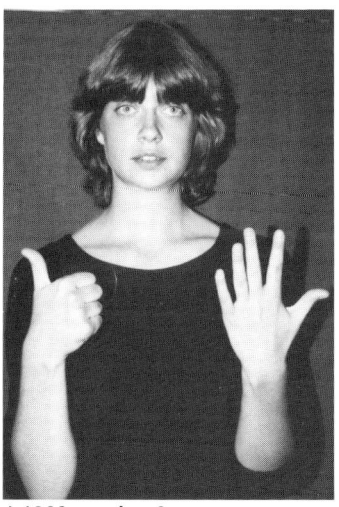

**1.1362 sechs, 6**
l 5-H (Hr v, Hk innen) und r *A-H (Hr v, Hk u): »6 Finger«

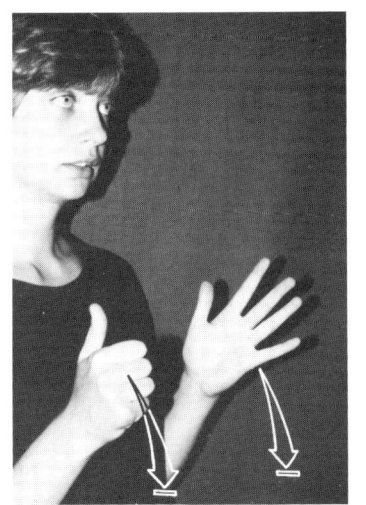

**1.1363 sechshundert, 600**
l 5-H (Hr außen, Hk v) und r *A-H (Hr außen, Hk v) im Bogen nach u (Hk u)

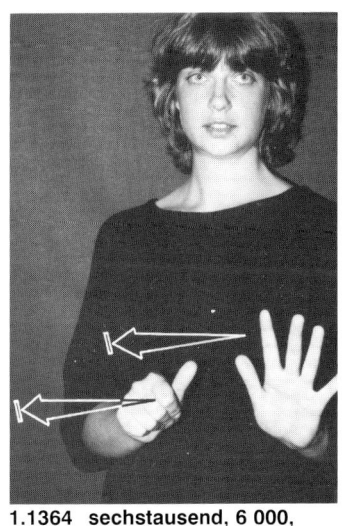

**1.1364 sechstausend, 6 000, sechs Wochen**
l 5-H (Ht v, Hk außen) und r *A-H (Ht v, Hk außen) vor Brust nach r

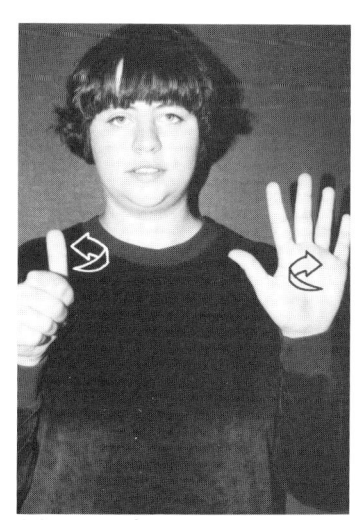

**1.1365 sechste, 6.**
l 5-H (Ht v, Hk außen) und r *A-H (Ht v, Hk außen) drehen im H-gelenk nach innen (Hr v, Hk innen)
(vgl. sechzig <N> 1.1369)

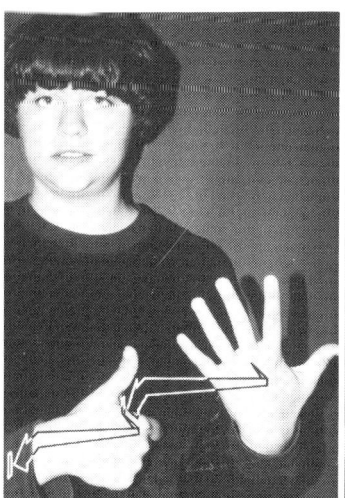

**1.1366 sechsundsechzig, 66, sechsundsechzig(ste), 66(.)**
1.2. »sechsundsechzig«: l 5-H (Hr v, Hk u) und r *A-H (Hr v, Hk u) von l Schulter nach r
3. »...ste« (1.0702, r. Foto)

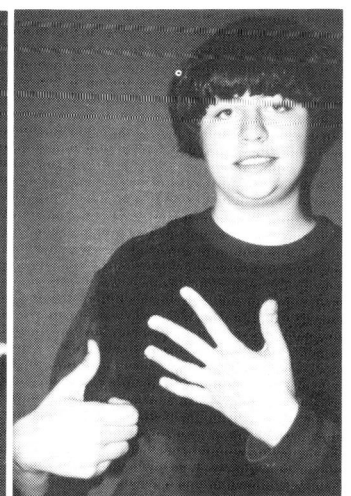

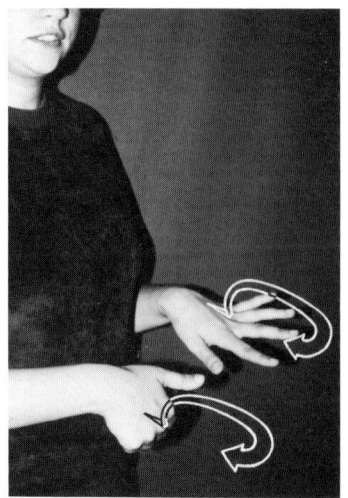

**1.1367 sechzehn, 16, (N)
sechzehn(te), 16(.)**

*1. »sechzehn« (N): l 5-H (Hr o, Hk außen) und r *A-H (Hr o, Hk außen)
kreisen nach v u (vgl. 1.1368)
2. »...te« (1.0357, r. Foto)*

**1.1368 sechzehn, 16, (S)
sechzehn(te), 16(.)**

*1. »sechzehn« (S): l 5-H (Hr v, Hk u) und r *A-H (Hr v, Hk u)
drehen im H-gelenk nach v (Hr o, Hk außen)
(vgl. 1.1367)
2. »...te« (1.0357, r. Foto)*

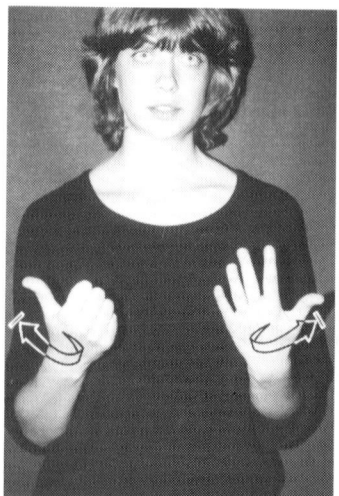

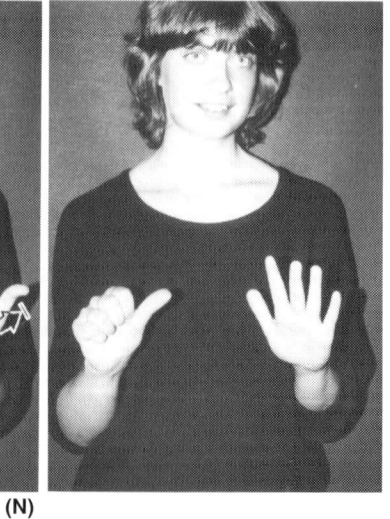

**1.1369 sechzig, 60, (N)
sechzig(ste), 60(.)**

*1.2. »sechzig« (N): l 5-H (Hr v, Hk innen) und r *A-H (Hr v, Hk innen) drehen im H-gelenk
nach außen (Hr h, Hk außen)
(vgl. 1.1370, sechste 1.1365)
3. »...ste« (1.0702, r. Foto)*

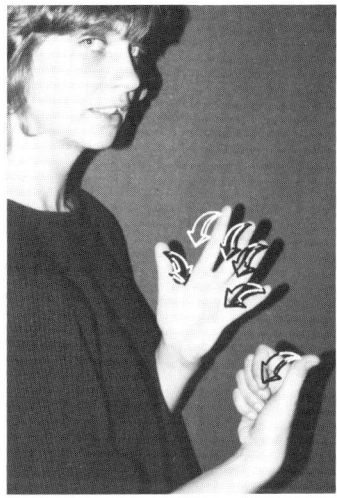

**1.1370 sechzig, 60, (S)
sechzig(ste), 60(.)**
1. »sechzig« (S): l 5-H (Hr v, Hk innen) und D der r *A-H
   (Hr v, Hk innen) 2x krümmen (vgl. 1.1369)
2. »...ste« (1.0702, r. Foto)

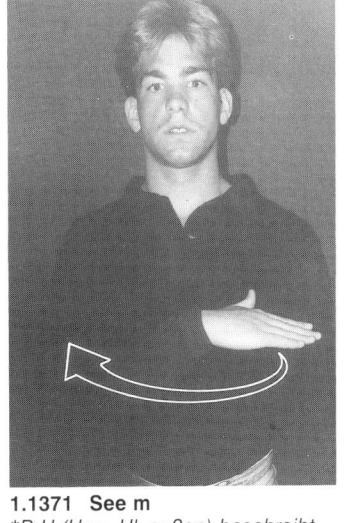

**1.1371 See m**
*B-H (Hr o, Hk außen) beschreibt
**mit Fi-spiel** Halbkreis im
Uhrzeigersinn über »kleinen Wellen
des Sees«
(vgl. die See 1.0962)

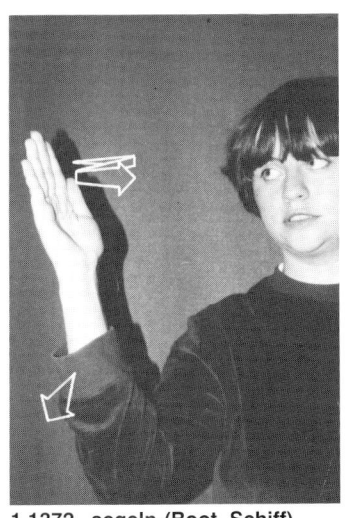

**1.1372 segeln (Boot, Schiff), Segel n**
Unterarm nach v und gleichzeitig
hin und her deutet »Segeln« an

**1.1373 sehen, schauen, Sicht f, sichten (sehen), siehe, s. (siehe)**
V-H (Hr v, Hk innen) von Augen
nach v: »sehen mit den Augen«
(vgl. zuschauen 1.1912)

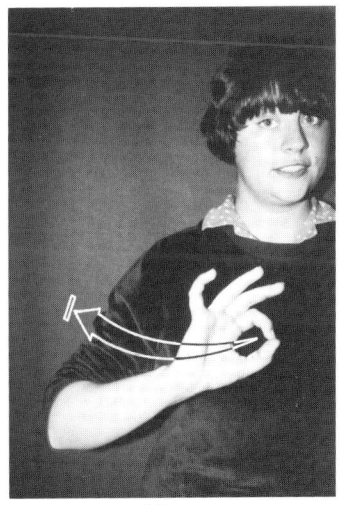

**1.1374 sehr (N)**
F-H (Ht v, Hk außen) im Bogen
nach r
(**wie** schön 1.1325, vgl. 1.1375,
gut 1.0618)

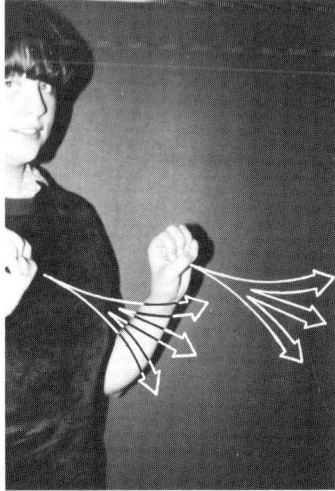

**1.1375 sehr (S)**
O-He (Ht v, Hk außen) öffnen sich
nach v zu 5-He
(vgl. 1.1374)

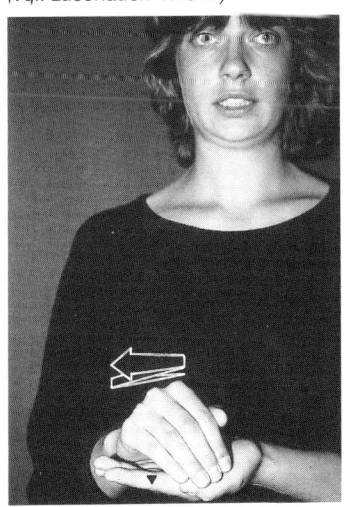

**1.1376 Seife f**
mit »Seife« Hände waschen
(vgl. Hände waschen 1.1755)

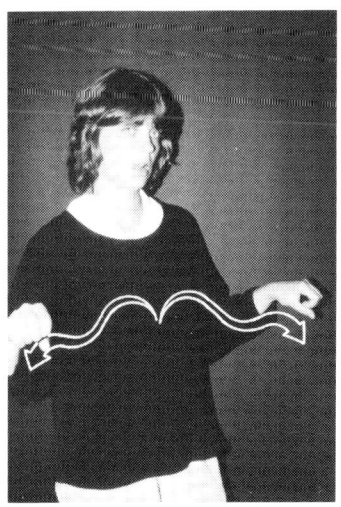

**1.1377 Seil n, Tau n (Seil)**
O-He **oder** C-He (Hr o, Hk außen)
mit H-gelenkdrehungen
wellenförmig auseinander:
»lockeres Seil nachfahren«

231

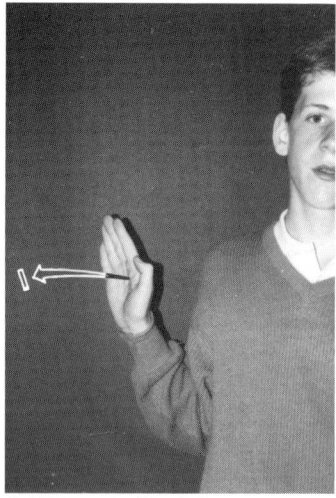

**1.1378 sein (Besitz), ihr (Besitz)**
B-H (Ht außen, Hk h) kurz nach r:
»sein, ihr Besitz«
(vgl. dein, Ihr <Besitz> 1.0267,
gehören <dir> 1.0553)

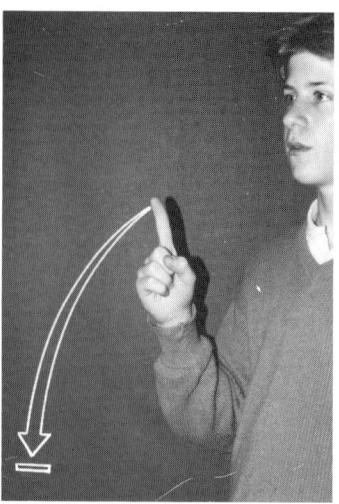

**1.1379 sein (Hilfsverb)**
Z (Hr außen, Hk u) im Bogen
nach u
(vgl. ist 1.0725)

**1.1380 Seite f (Blatt), Kapitel n**
4-H oder 5-H (Hr o, Hk außen) **1x**
nach u **oder 2x** nebeneinander
nach u, deutet »**eine** Seite« bzw.
»**zwei** Seiten eines Kapitels« an (vgl.
1.1381/82, Blatt <Papier> 1.0194)

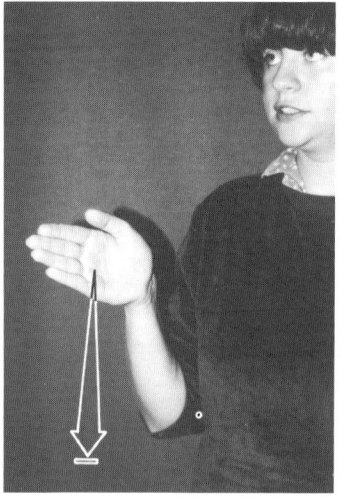

**1.1381 Seite f (Gegenstand)**
B-H (Hr außen, Hk u) nach u deutet
»Seite eines Gegenstandes« an
(vgl. 1.1380/82)

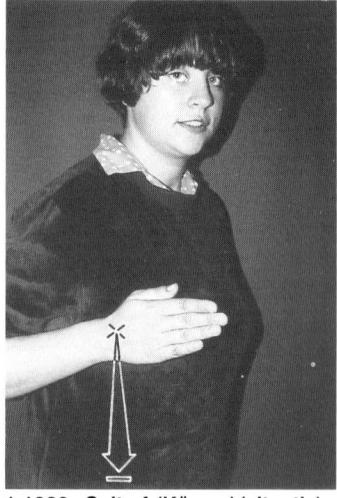

**1.1382 Seite f (Körper)(situativ)**
B-H (Hr außen, Hk u) an
r »Körperseite« nach u
(vgl. 1.1380/81)

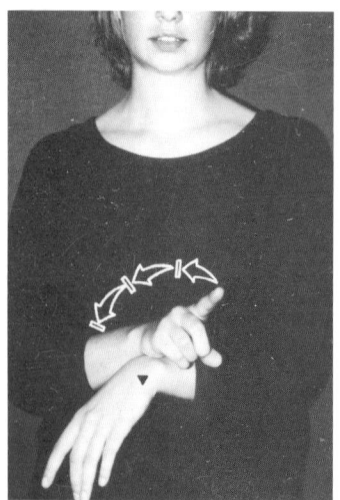

**1.1383 Sekunde f**
r H-gelenk auf »Armbanduhr«,
Z »ahmt Sekundenzeiger nach«

**1.1384 selbst, selber, sich (N), eigen,
Ego n, Eigentümer\* m, -in\*\* f,
subjektiv, Subjektivität f, anlügen (2)**
L-H (Hk v) 1x **oder** 2x an l Brustseite
(vgl. sich <S> 1.1391, Eigentum <1><2> 1.0348,
anlügen <1> 1.0927)

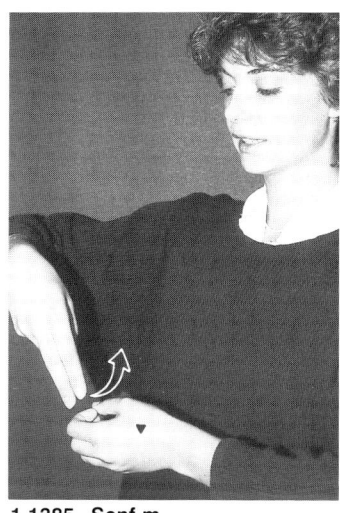

**1.1385 Senf m**
1. Fi-spitzen der r U-H (Hr v, Hk außen) über l O-H (Hr v, Hk u) zur Brust: »Senf aus Glas nehmen«
2. Fi-spitzen der r U-H tippen 2x auf Fi der l B-H (Ht o): »Senf auf Teller geben«

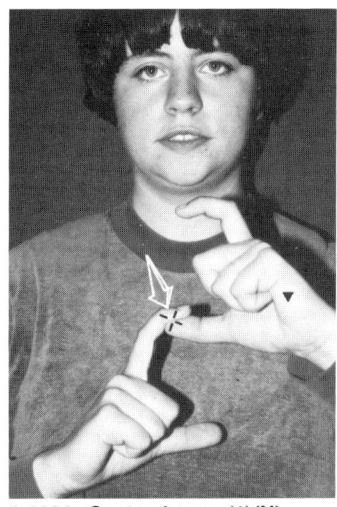

**1.1386 September m (1)(N)**
r Z tippt 2x an l D, *X-He bilden ein »**S**« (**S**eptember)
(vgl. 1.1387/88)

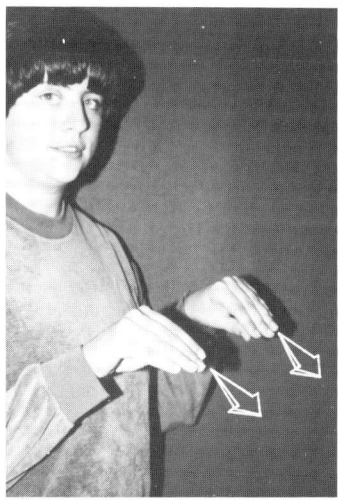

**1.1387 September m (2)(S)**
<O-He (Hr o, Hk außen) 2x nach v u
(vgl. 1.1386/88)

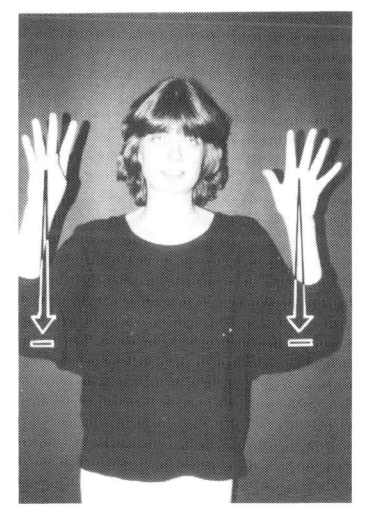

**1.1388 September m (3)**
**9**-He (Ht v, Hk außen) nach u: »**9**. Monat« (internationale Gebärde)
(vgl. 1.1386/87)

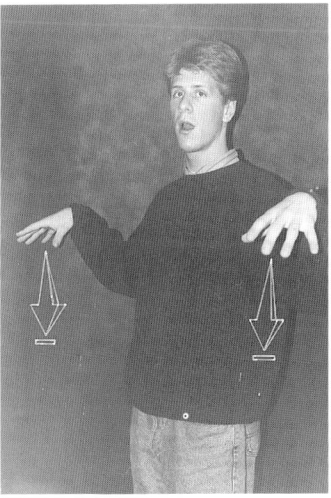

**1.1389 Sessel m, Couch f, Sofa n**
5-He (Hr o, Hk außen) - weit auseinander - 2x kurz nach u: »bequemer Sessel, ...«

**1.1390 Shorts pl**
Hk der <*B-He (Hr außen, Hk u) auf Oberschenkel deuten »kurze Hose« an

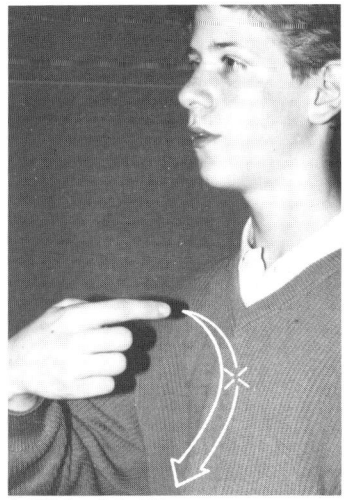

**1.1391 sich (S)**
Z-spitze (Hr v, Hk u) mit H-gelenkdrehung an Brust nach u v (Hr o, Hk v)
(vgl. sich <N> 1.1384)

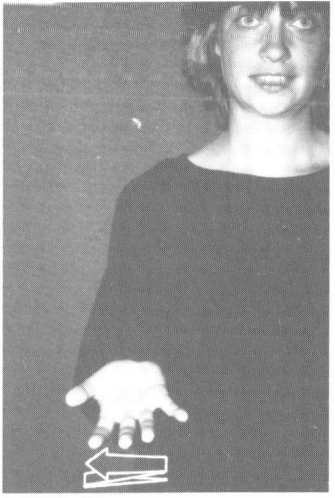

**1.1392 Sieb n, sieben (durchsieben)**
5-H (Ht o, Hk innen) »siebt« hin und her

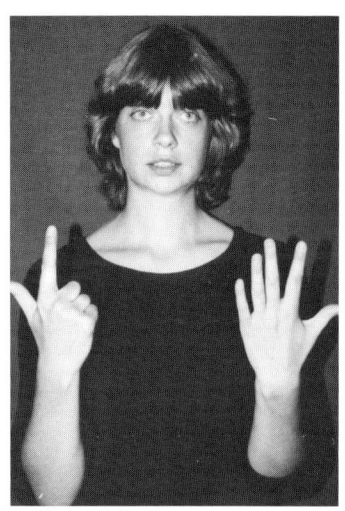

**1.1393 sieben, 7**
l 5-H (Hr v, Hk innen) und r L-H
(Hr v, Hk innen): »**7** Finger«

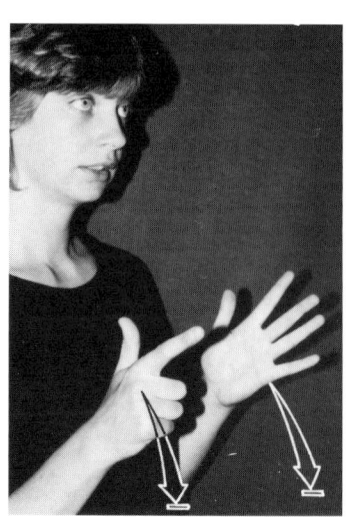

**1.1394 siebenhundert, 700**
l 5-H (Hr außen, Hk v) und r L-H
(Hr außen, Hk v) im Bogen nach u
(Hk u)

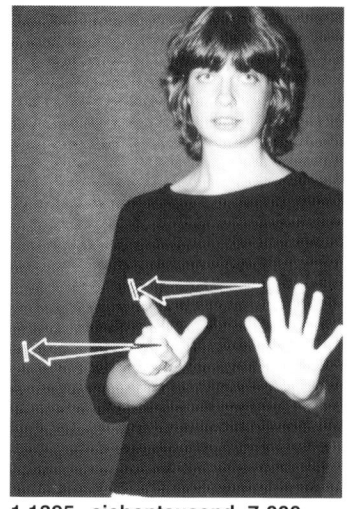

**1.1395 siebentausend, 7 000,
sieben Wochen**
l 5-H (Ht v, Hk außen) und r L-H
(Ht v, Hk außen) vor Brust nach r

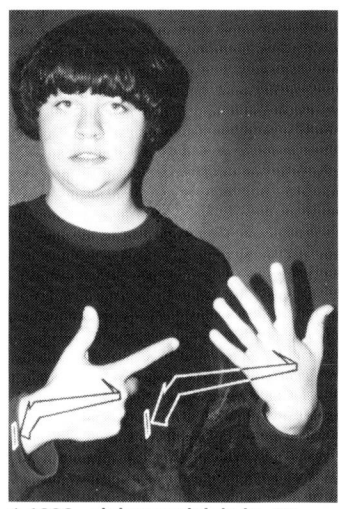

**1.1396 siebenundsiebzig, 77,
siebenundsiebzig(ste), 77(.)**
1. »*siebenundsiebzig*«: l 5-H (Hr v, Hk u) und r L-H (Hr v, Hk u)
von l Schulter nach r
2. »*...ste*« (1.0702, r. Foto)

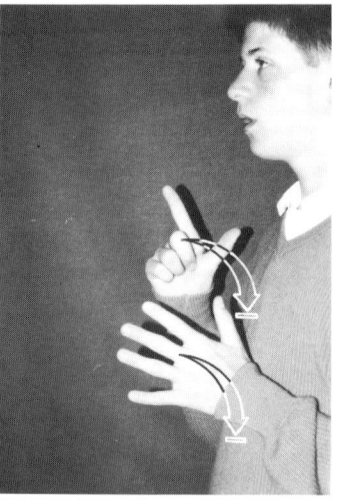

**1.1397 Siebtel n**
l 5-H (Hr außen, Hk u) und r L-H
(Hr außen, Hk u) drehen im H-gelenk
vor Brust nach h (Hk v)

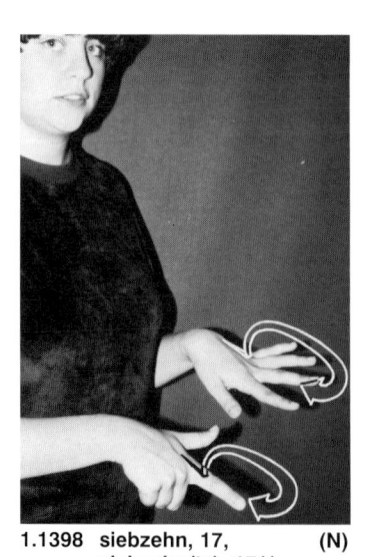

**1.1398 siebzehn, 17, (N)
siebzehn(te), 17(.)**
1. »*siebzehn*« (N): l 5-H (Hr o, Hk außen) und r L-H (Hr o, Hk außen)
kreisen nach v u (vgl. 1.1399)
2. »*...te*« (1.0357, r. Foto)

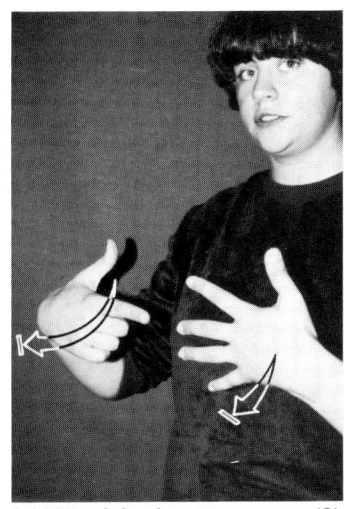

**1.1399 siebzehn, 17, (S)
siebzehn(te), 17(.)**
1. »siebzehn« (S): l 5-H (Hr v, Hk u) und r L-H (Hr v, Hk u) drehen im H-gelenk nach v (Hr o, Hk außen)(vgl. 1.1398)
2. »...te« (1.0357, r. Foto)

**1.1400 siebzig, 70, (N)
siebzig(ste), 70(.)**
1. »siebzig« (N): l 5-H (Hr v, Hk innen) und r L-H (Hr v, Hk innen) drehen im H-gelenk nach außen (Hr h, Hk außen)(vgl. 1.1401)
2. »...ste« (1.0702, r. Foto)

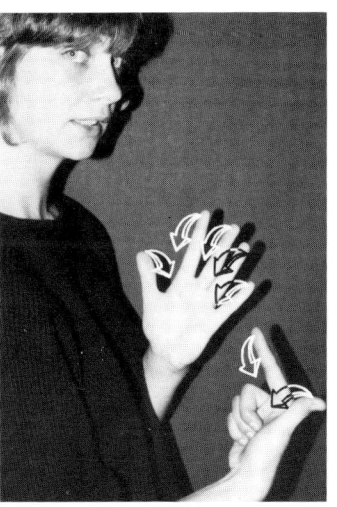

**1.1401 siebzig, 70, (S)
siebzig(ste), 70(.)**
1. »siebzig« (S): l 5-H (Hr v, Hk innen) und r L-H (Hr v, Hk innen) 2x krümmen (vgl. 1.1400)
2. »...ste« (1.0702, r. Foto)

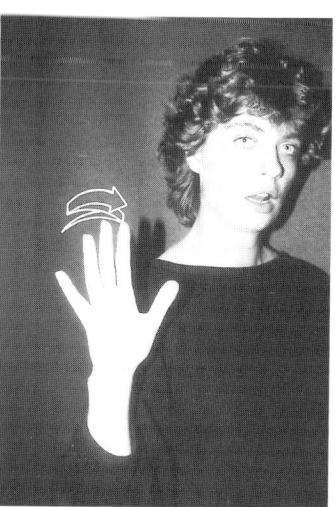

**1.1402 silber, silbern, Silber n, matt (glanzlos)**
5-H (Ht v, Hk außen) hin und her: »Silberschimmer«
(vgl. grün 1.0614)

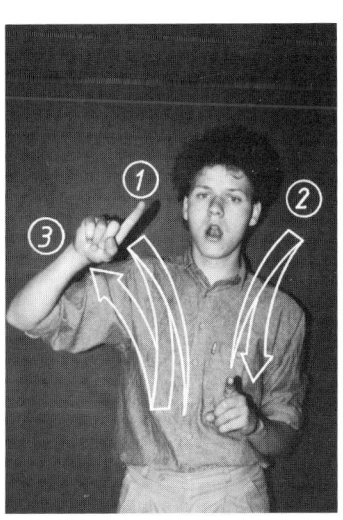

**1.1403 Silvester n, Feuerwerk n**
Z (Ht v) mehrmals im Wechsel auf und ab: »Silvesterfeuerwerk«
(vgl. Dezember <1><N> 1.0275)

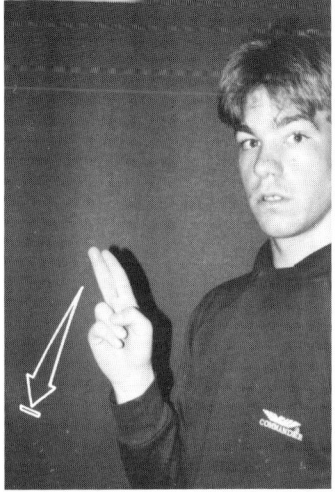

**1.1404 sind, seid**
U-H (Hr außen, Hk u) kurz nach u
(vgl. ist 1.0725)

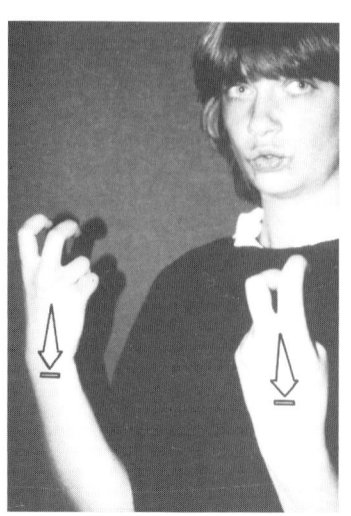

**1.1405 sitzen, setzen (sich), Sitz m (allg.), Stuhl m, Aufenthalt m, aufhalten (sich), einheimisch, Einheimische\* m \*\* f, Heim..., heimisch, Hocker m (Schemel), Insasse\* m, Insassin\*\* f, Passiv m (2), Vorsitz m, Vorsitzende\* m \*\* f, Vorsitzer\* m, -in\*\* f**
*\*U\*-He (Hr v, Hk innen) vor Brust kurz nach u*
*(vgl. Passiv <1> **2.1494**, hocken **3.0571**)*

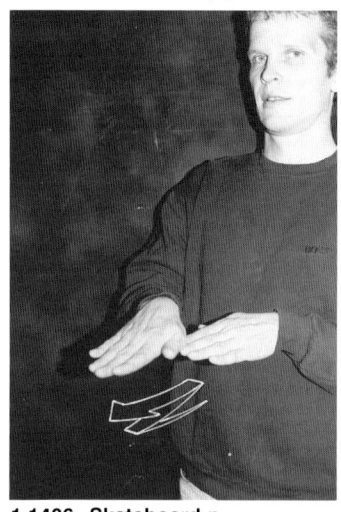

**1.1406 Skateboard n, Snowboard n**
*hintereinanderliegende versetzte \*B-He (Hr o, Hk außen) »schaukeln wie ein Skateboard, Snowboard vor und zurück«*

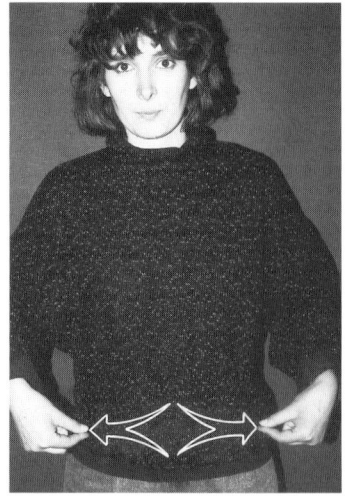

**1.1407 Slip m**
*L-He (Hr v, Hk außen) von Bauchmitte auseinander zu <Q-He schließen: »Slipform«*

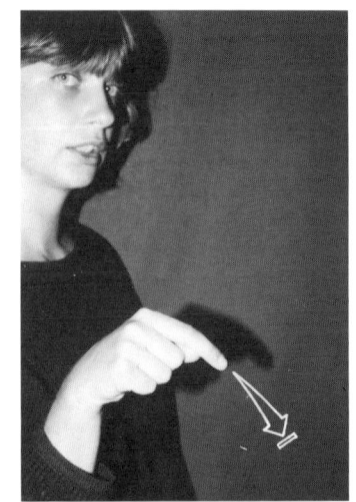

**1.1408 so (1)**
*Z (Hr o, Hk außen) kurz nach v u: »so etwas«*
*(vgl. 1.1409)*

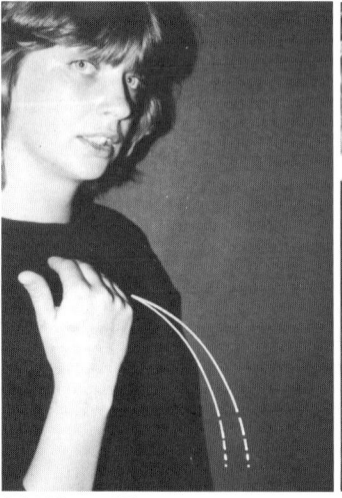

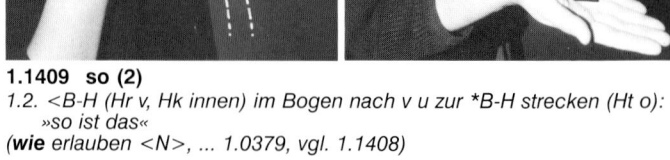

**1.1409 so (2)**
*1.2. <B-H (Hr v, Hk innen) im Bogen nach v u zur \*B-H strecken (Ht o): »so ist das«*
*(**wie** erlauben <N>, ... 1.0379, vgl. 1.1408)*

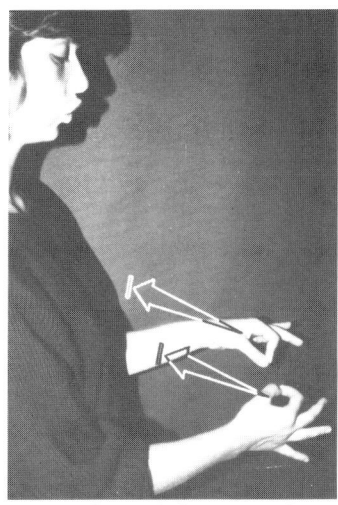

1.1410 **Socke** f, **Socken** pl, **Strumpf** f, **Strümpfe** pl, **anziehen** (Socken, Strümpfe)
**Socke, Strumpf:** DZ der F-He (Hr außen, Hk u) schräg nach h o: »Socke, Strumpf **1x** anziehen«
**Socken, Strümpfe:** »**2x** anziehen«
(vgl. Schuh, Stiefel, ... 1.1338, anziehen <...> 1.0056/1.0695/1.0727)

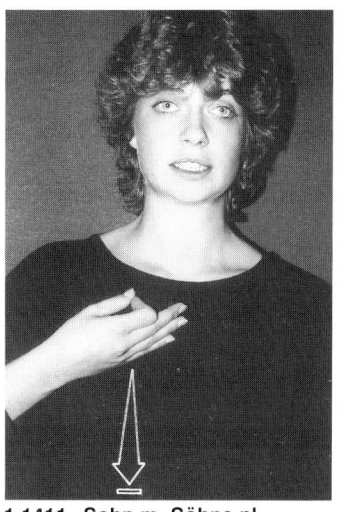

1.1411 **Sohn** m, **Söhne** pl
**Sohn: F-H** (Hr v, Hk u) **1x** nach u
(»**f**« für **f**ils <frz.> = Sohn)
**Söhne: F-H** (Hr v, Hk u)
**2x** nebeneinander nach u
(vgl. Tochter, Töchter 1.1563)

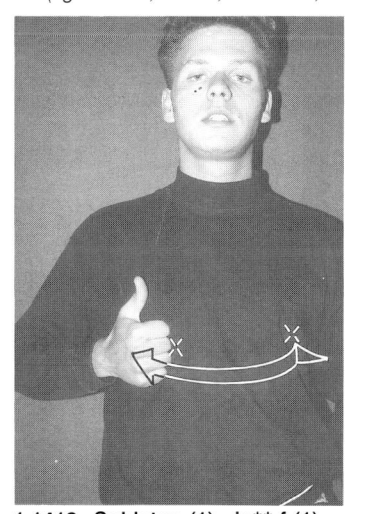

1.1412 **Soldat** m (1), **-in**\*\* f (1), **Militär** n, **militärisch**
\*A-H (Hr v, Hk u) von l an r Brustseite: »Gewehr präsentieren«
(vgl. 1.1413)

1.1413 **Soldat** m (2), **-in**\*\* f (2)
r B-H »wie ein Soldat zum Gruß an die Stirn«
(vgl. 1.1412)

1.1414 **Sommer** m, **sommerlich**
5-H (Hr v, Hk u) langsam vor Stirn nach r zur F schließen: »Schweiß abwischen«
(vgl. warm 1.1745)

1.1415 **sondern, Sonder...**
1.2. Z (Hr v, Hk innen) dreht im H-gelenk nach r (Ht v, Hk außen)
(vgl. anders, fremd, ... 1.0047)

1.1416 **Sonne** f, **sonnig**
O-H öffnet sich zum Gesicht zur 5-H: »Sonnenstrahlen«
(vgl. scheinen, Licht 1.0874)

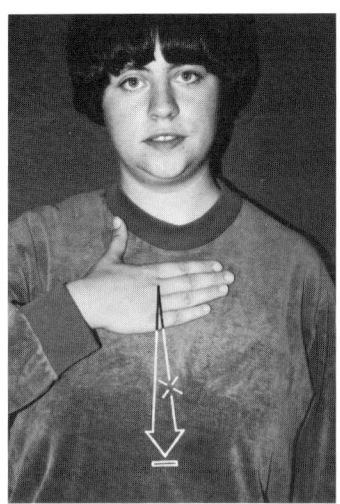

**1.1417 Sonntag m (1)(N)**
*B-H (Hr v, Hk u) an Brust nach u
deutet »Sonntagskleidung« an
(vgl. 1.1418/19)

**1.1418 Sonntag m (2)(S)**
Hände aneinander legen:
»sonntäglicher Kirchgang«
(vgl. 1.1417/19)

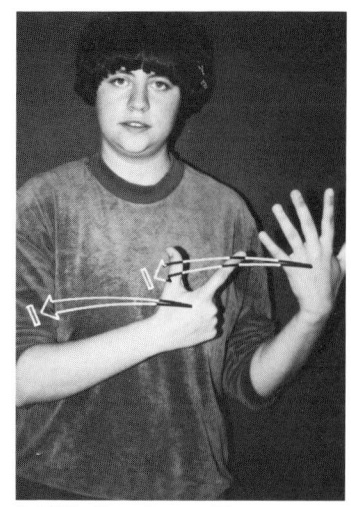

**1.1419 Sonntag m (3)**
**7-He** (Hr v, Hk u) vor Brust nach r
(Hk innen): »**7.** Wochentag«
(vgl. 1.1417/18)

**1.1420 sorgen (sich), Sorge f, kümmern (sich), Kummer m**
*U*-H (Hr außen, Hk v) beschreibt
kleine Kreise im Uhrzeigersinn
neben Schläfe: »Gedanken kreisen«

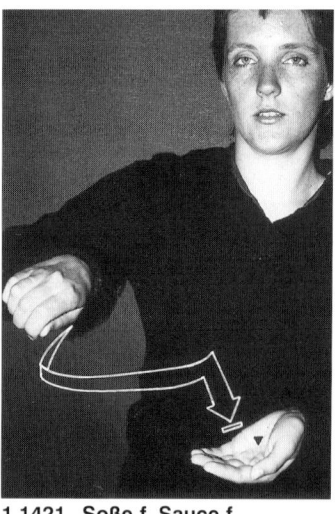

**1.1421 Soße f, Sauce f**
r A-H »schöpft Soße und füllt sie mit
H-gelenkdrehung auf Hand-'Teller'
der l <B-H«
(vgl. Majonäse 1.0961, Sahne
1.1239)

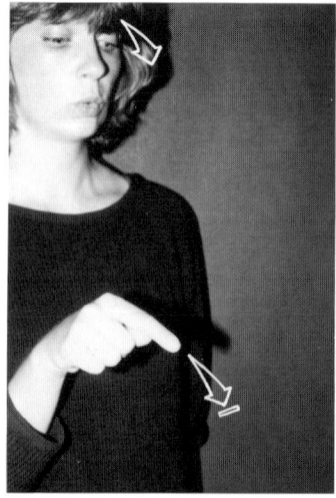

**1.1422 sowohl ... als auch**
1. Kopf und Z (Hr o, Hk außen) kurz nach l u
2. Kopf und Z (Hr o, Hk außen) kurz nach r u: »doppelte Bejahung«
(vgl. weder ... noch 1.1763)

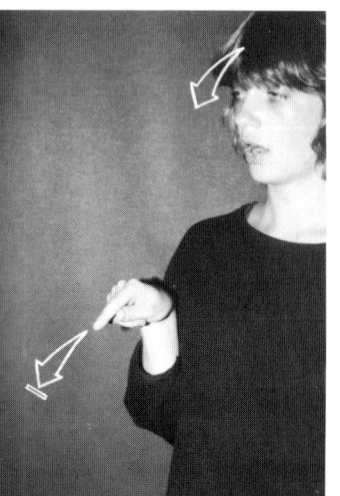

**1.1423 spät (1)**
r Z (Ht v, Hk außen) im Bogen
hinter l Unterarm nach r (Hk u):
»Zeit ist abgelaufen«
(vgl. 1.1424/25)

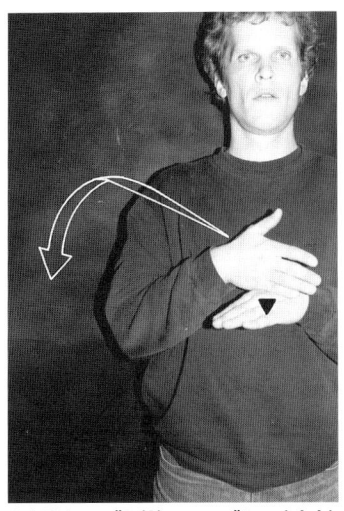

**1.1424 spät (2), verspäten (sich), Verspätung f, verspätet, Verzug m**
*Hk der r *B-H (Hr v, Hk u) löst sich von Hr der l *B-H (Hr o, Hk außen) und beschreibt mit H-gelenkdrehung Bogen nach v r (Ht o, Hk innen)*
*(vgl. 1.1423/25)*

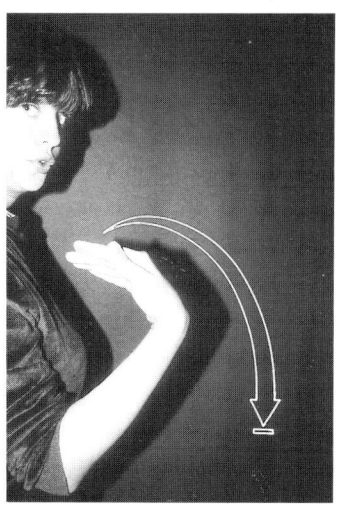

**1.1425 spät (3)**
*B-H (Hr v, Hk innen) im Bogen nach u (Ht o)*
*(vgl. 1.1423/24)*

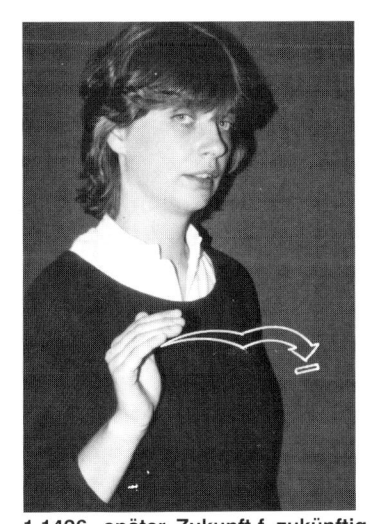

**1.1426 später, Zukunft f, zukünftig, künftig, danach, nachdem, nachher**
*<B-H (Ht v, Hk außen) beschreibt 2 Bögen nach v: »Zukunft liegt vorn«*
*(vgl. früher, Vergangenheit 1.0497)*

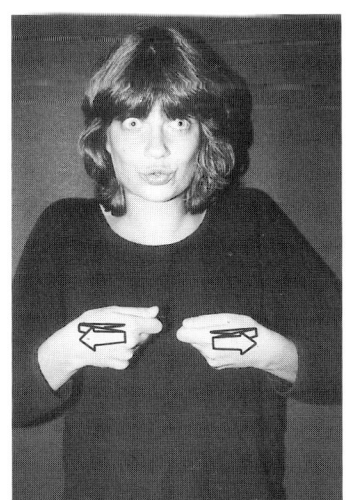

**1.1427 spannend, Spannung f, gespannt, straff, straffen, stramm (1), strapazieren**
*A-He (Hr v, Hk u) »ziehen« 2x auseinander: »etwas spannen«*
*(vgl. stramm <2> 1.0433)*

**1.1428 sparsam, Sparsamkeit f**
*Hk der r <*B-H oder C-H (Hr außen, Hk u) langsam über Ht der l *B-H (Ht o, Hk innen) nach h*
*(vgl. sparen 1.0773)*

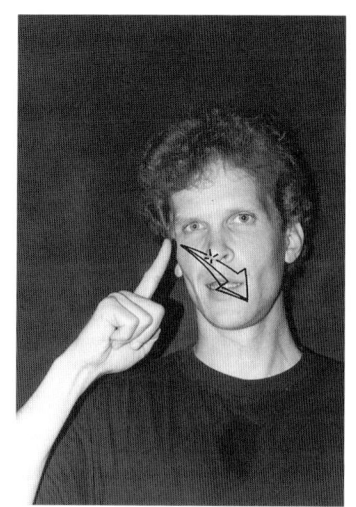

**1.1429** Spaß m, spaßen, spaßig, Albernheit f, albern, Jux m, Ulk m (N), ulkig (N)
Z (Hr außen) 2x kurz über Nase nach l
(vgl. Ulk <S> 1.0425)

**1.1430** spazieren, bummeln, Bummel m, schlendern, streunen, strolchen, torkeln, vagabundieren, Vagabund* m, -in** f, wandeln (gehen)
V-H (Hr v, Hk außen) »spaziert« in Schlängelbewegungen nach v

Sold m = Soldat (1) 1.1412
+ Lohn 1.0921

Sole f (N)(S)
= Salz 1.1241
+ Wasser (N)(S) 1.1756/57

Sonnenschirm m
= Sonne 1.1416
+ Schirm 1.1283

spazieren gehen,
Spaziergang m
= spazieren 1.1430
+ gehen 1.0552

Spielsachen pl (1)(2)(3)
= spielen 1.1434
+ Sache (1)(2)(3)
1.1229/30/31
(vgl. Spielzeug 1.1434)

**1.1431** Hinweis

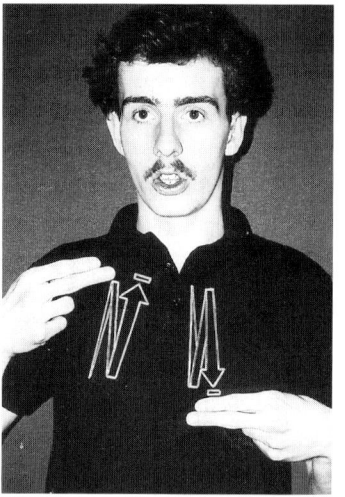

**1.1432** speisen, essen (gehen), Restaurant n, Gaststätte f, Gasthaus n
U-He (Hr v, Hk u) im Wechsel 2x zum Mund: »mit Messer und Gabel speisen«

**1.1433** Spiegel m, spiegeln (sich)
B-H (Hr v, Hk innen) dreht im H-gelenk vor Gesicht hin und her: »in den Spiegel schauen«

**1.1434** spielen (Spiel machen), Spiel n, Spielzeug n
5-He (Hr v, Hk u) drehen im H-gelenk parallel **oder** im Wechsel auf und ab
(vgl. 1.1435, Spielsachen 1.1431)

**1.1435** spielen (Theater), Theater n
F-He (Hr v, Hk u) im Wechsel vor Brust auf und ab: »Fäden der Marionette bewegen«
(vgl. 1.1434)

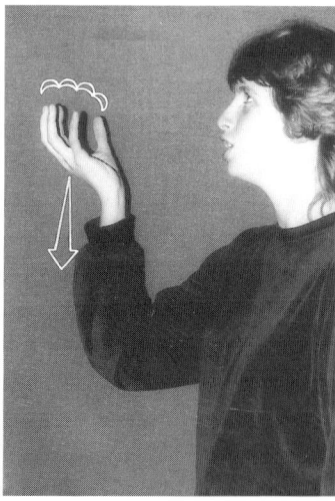

**1.1436** Spinne f
*5*-H (Hr u, Hk innen) mit Fi-spiel nach u: »Spinne läßt sich am Faden runter«

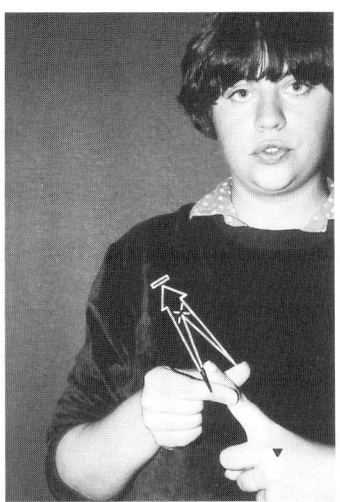

**1.1437 spitz, Spitze f**
r Q-H an l Z entlang nach o zur
<Q-H schließen: Z bekommt
»Spitze«

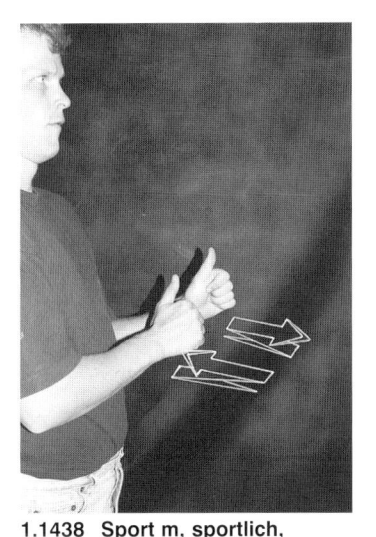

**1.1438 Sport m, sportlich,
Sportler\* m, -in\*\* f,
wett..., Wett...**
aneinandergelegte \*A-He
(Hr außen) entgegengesetzt vor und
zurück: »Kampf um den 1. Platz«

**1.1439 Sprache f, sprachlich,
...sprachig, ...sprachlich**
Z (Hr v, Hk u) kreist vor Mund nach v
(vgl. sagen 1.1238, sprechen 1.1441)

**1.1440 Spray n (1), sprayen,
sprühen**
X-H (Ht v, Hk außen) kreist vor
Schulter: »Z drückt auf Düsenknopf
und sprüht«
(vgl. Spray <2> **2.0633 a**)

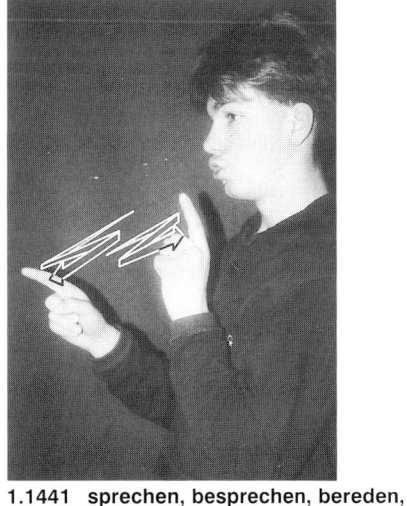

**1.1441 sprechen, besprechen, bereden,
Gespräch n, Besprechung f**
Z (Hr außen, Hk v) 2x im Wechsel vom Mund nach v u:
»Gespräch geht hin und her«
(vgl. Sprache 1.1439)

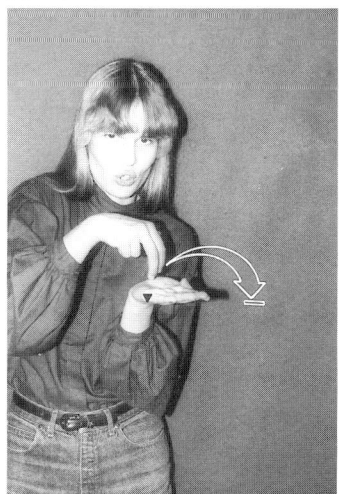

**1.1442 springen (1), Sprung m (1)**
ZM der U-H (Hr o, Hk außen)
»springen« vom H-ballen der l B-H
(Ht o, Hk innen) über Ht nach v
(vgl. 1.1443, hüpfen 1.0705)

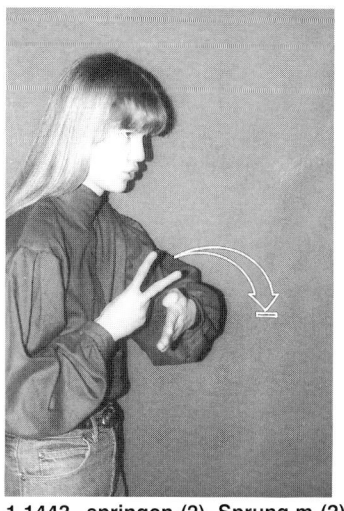

**1.1443 springen (2), Sprung m (2),
Hürde f**
r V-H (Hr außen, Hk u) »springt« über l B-H (Hr v,
Hk u) nach v
(vgl. 1.1442)

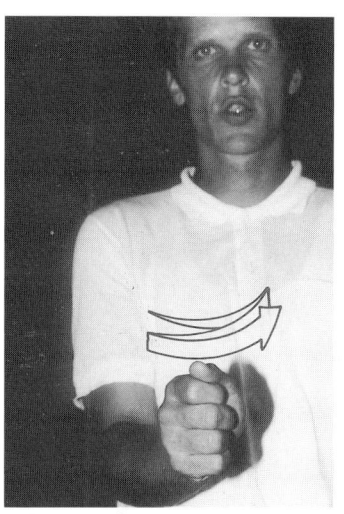

**1.1444 spritzen (mit dem Schlauch), sprengen (Wasser)**
*A-H (Hk u) »hält Schlauch und spritzt hin und her«*
*(vgl. 1.1445, Schlauch 1.1291)*

**1.1445 spritzen (mit Wasser)**
*Fe (Ht v, Hk außen) öffnen sich nach v zu 5-He*
*(vgl. 1.1444)*

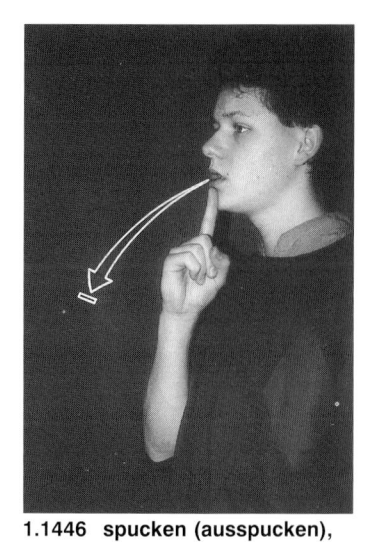

**1.1446 spucken (ausspucken), speien (spucken), Spucke f**
*Z (Hr außen, Hk v) von Unterlippe im Bogen nach u deutet »Ausspucken« an (Hk u) (vgl. 1.1447)*

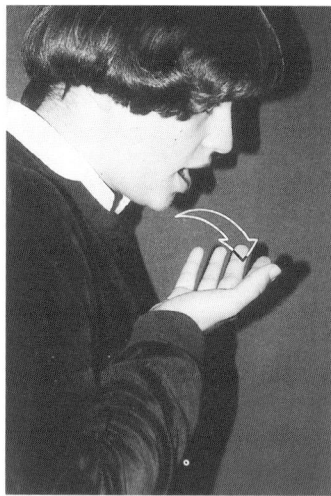

**1.1447 spucken (sich übergeben), speien (erbrechen), übergeben (sich), brechen (sich übergeben), erbrechen, kotzen**
*5-H (Ht o) vom Mund im Bogen nach v u deutet »Erbrechen« an (vgl. 1.1446)*

**1.1448 spülen (maschinell), Geschirrspüler m, Spülmaschine f**
*Z kreist schnell wie »Sprüharm des Geschirrspülers«*
*(vgl. Waschmaschine <1> 1.1724)*

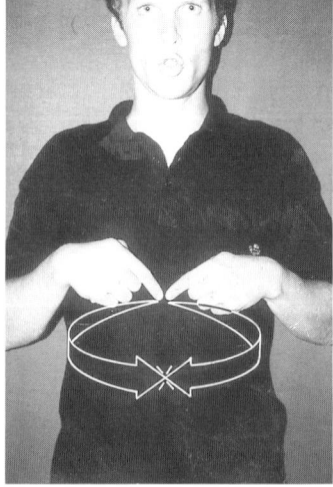

**1.1449 Staat m (1), staatlich (1), verstaatlichen (S), Verstaatlichung f (S)**
*Z umkreisen »Staat« mit H-gelenkdrehung nach v (wie Bezirk, Zimmer <2>, ... 1.1889, vgl. 1.1450)*

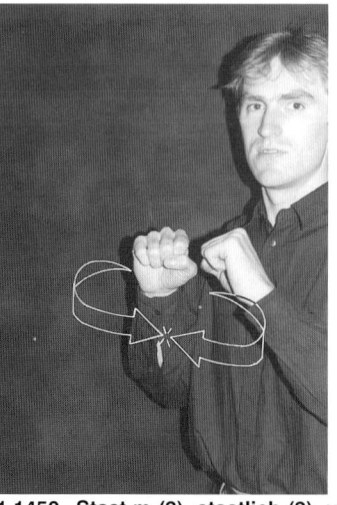

**1.1450 Staat m (2), staatlich (2), verstaatlichen (N,O,W), Verstaatlichung f (N,O,W), Kongress m (2), situativ (2), Symposion n, Symposium n**
*Fe bzw. S-He (Hr außen, Hk u) »umkreisen Staat« nach v (vgl. 1.1449)*

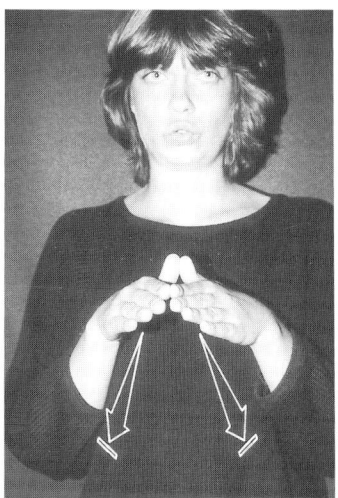

**1.1451 Stall m**
*B-He (Hk u) deuten
»langes Dach« an
(vgl. Haus 1.0643)

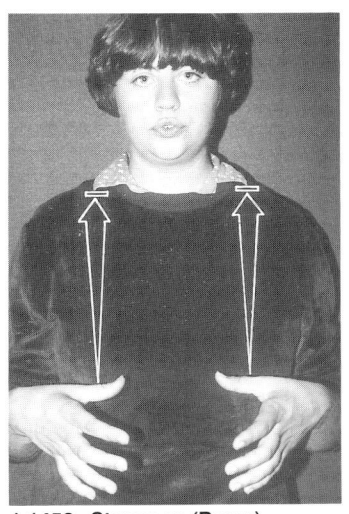

**1.1452 Stamm m (Baum),
...stamm (Baum)**
*5*-He (Hr außen, Hk u) »fahren«
nach o »Stamm nach«
(vgl. 1.1453, Tannenbaum 1.1523)

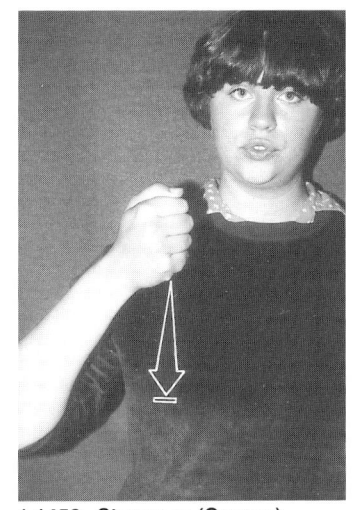

**1.1453 Stamm m (Gruppe),
Stamm...,
...stamm (Gruppe)**
A-H **oder** F (Hr außen, Hk u) nach u
(vgl. 1.1452)

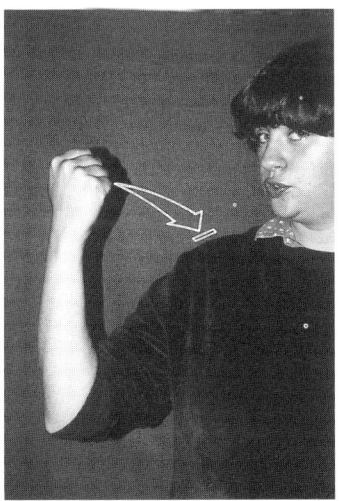

**1.1454 stark (1), Stärke f (1),
Tuner m, Verstärker m**
F (Hr v, Hk innen) zur Schulter:
»Muskeln anspannen«
(vgl. 1.1455, kräftig, fest 1.0433)

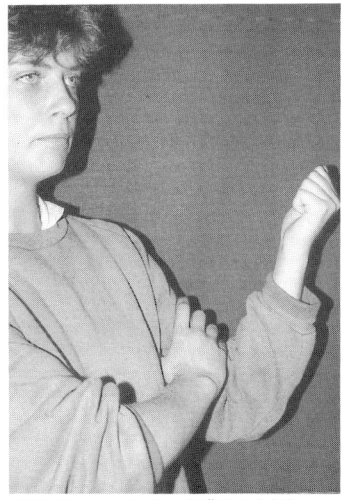

**1.1455 stark (2), Stärke f (2),
Muskel m, muskulös**
r C-H **oder** 5-H umfasst
l Oberarmmuskel
(vgl. 1.1454)

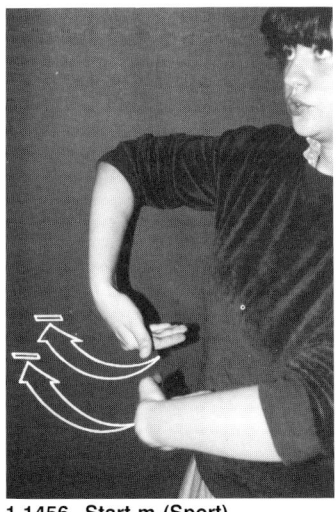

**1.1456 Start m (Sport),
starten (Sport)**
<*B-He (Hr v, Hk außen) mit
H-gelenkdrehung nach v zu *B-He
strecken (Hr o)
(vgl. los! 1.0922)

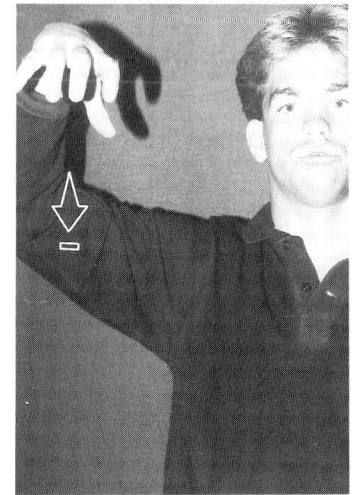

**1.1457 Station f (allg.)**
*5*-H (Hr o, Hk außen) vor Schulter
kurz nach u deutet »Lage der
Station« an
(vgl. Ort <1> 1.1106)

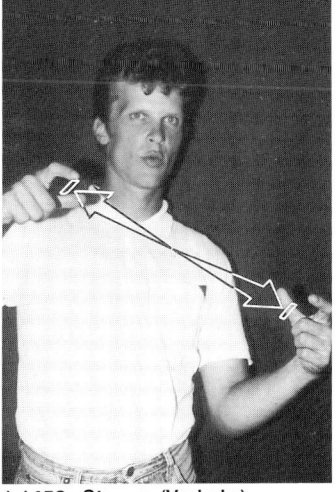

**1.1458 Stau m (Verkehr),
stauen (sich)(Verkehr)**
*X-He (r *X-H Hr h, Hk u; l *X-H Hr v, Hk u) nach v/h
auseinander: »Ausdehnung der Autoschlange«
(vgl. Stau <Wasser> **3.2274**)

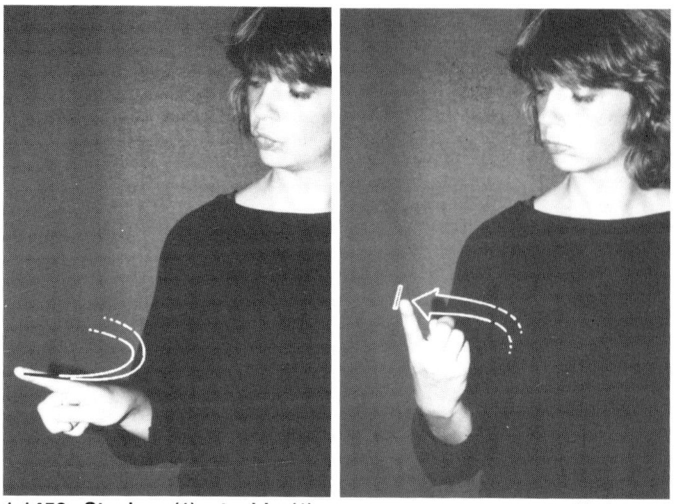

**1.1459 Staub m (1), staubig (1)** (Schmutz)
1.2. Z (Hr o, Hk außen) dreht im H-gelenk nach innen o (Hr u, Hk innen): »Staubprobe«
(vgl. 1.1460)

**1.1460 Staub m (2), (Schmutz) staubig (2), stauben**
5-He (Ht o, Hk innen) kreisen entgegengesetzt nach o: »Staubwolken steigen auf«
(vgl. 1.1459)

stattfinden
 = finden 1.0445,
 aber beide F-He!

Staublappen m,
Staubtuch n
 = Staub (1) 1.1459
 + Lappen, Tuch 1.0882, r. Foto

Steppdecke f
 = weich 1.1769
 + Decke (Bett) 1.0262

**1.1461 Hinweis**

**1.1462 Staubsauger m, Staub saugen, staubsaugen**
Fe **oder** A-He (Ht o, Hk h) 2x schräg nach u: »Staubsauger anfassen und saugen«

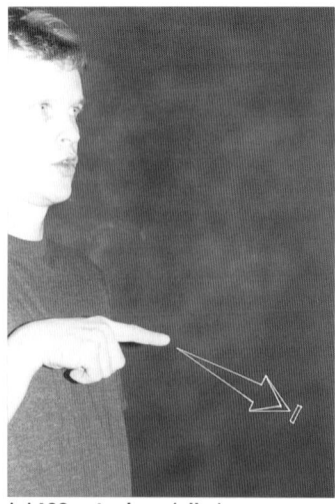

**1.1463 stechen (allg.), Stich m (allg.)**
Z (Hr o, Hk außen) »sticht« schnell nach v
(vgl. stechen <Insekt> 1.0176, stechen <Messer> 1.1565)

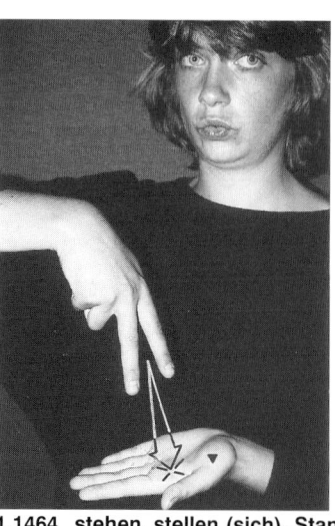

**1.1464 stehen, stellen (sich), Stand m, Stelle f (2), Bestand m, Vorstand m (2), vorstehen (2)**
r V-H (Hr v, Hk außen) nach u auf Ht der l *B-H: »2 Beine stehen auf dem Boden«
(vgl. 1.1468, Stelle <1> 1.1106, Vorstand <1><3> 1.0247/1.1727)

**1.1465 stehlen, rauben, einbrechen (rauben),
Diebstahl m, Raub m, Einbruch m (Raub),
Dieb* m, -in** f, Räuber* m, -in** f, Einbrecher* m, -in** f**
*1.2. 5-H (Hk v) schließt mit H-gelenkdrehung zur F (Hk h): »etwas wegnehmen«*

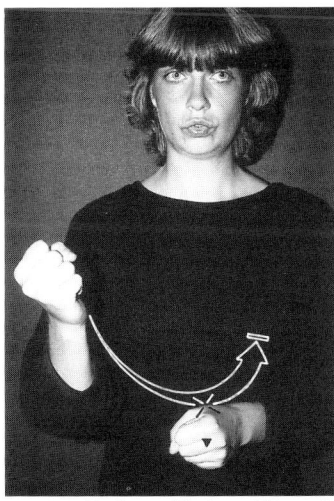

**1.1466 Stein m (1), hart (1), steinig (1), Beton m, Erz n, Granit m, vermasseln, verpatzen**
*Hk der r F schlägt »wie ein Stein« im Bogen über Z der l F nach l (vgl. 1.1467)*

**1.1467 Stein m (2), hart (2), steinig (2)**
*Hk der r *V*-H (Hr außen, Hk u) schlägt »hart« über Z der l *V*-H (Hr außen, Hk u) nach l (vgl. 1.1466)*

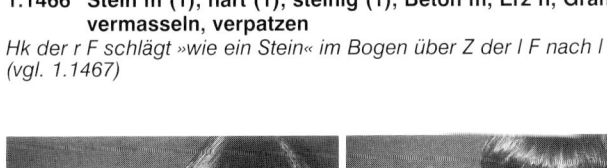

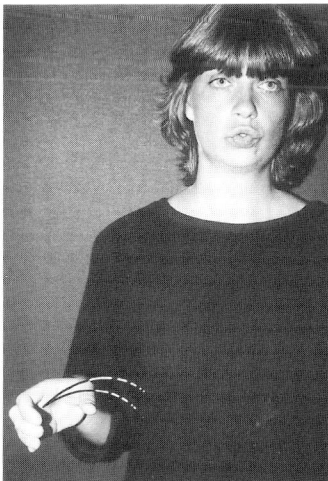

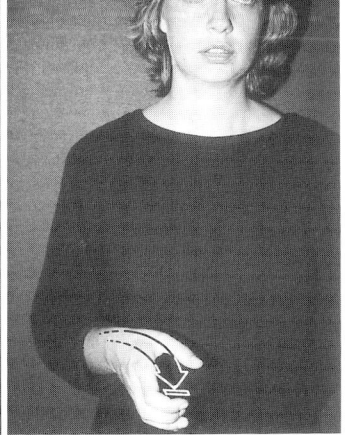

**1.1468 stellen (Gegenstand)(situativ)**
*1.2. C-H (Hr außen, Hk u) »hält Gegenstand und stellt ihn im Bogen nach l« (vgl. 1.1464)*

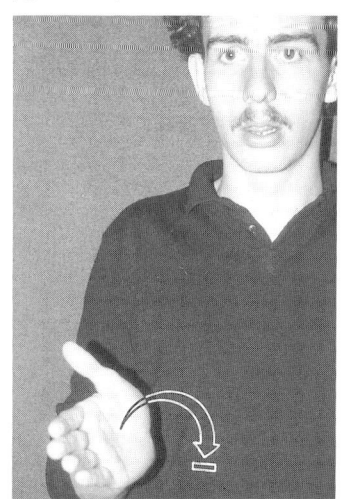

**1.1469 sterben, umkommen, Tod m, tödlich, verstorben (1)**
**B-H (Ht o, Hk innen) dreht nach innen (Hr o, Hk außen): »Sargdeckel zuklappen«*
*(vgl. tot <1> 1.1575, verstorben <2><3> 1.1681/1.1576)*

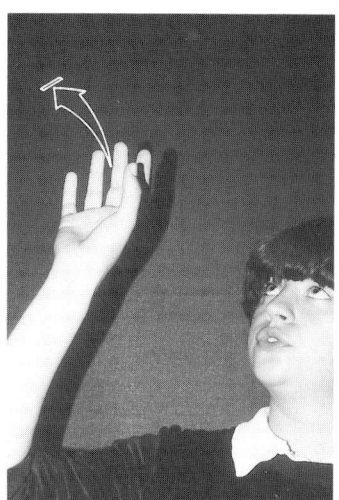

**1.1470 Stern(e) m/pl (am Himmel)**
*5*-H (Ht v, Hk außen) weist auf
»Stern/e am Himmel«
(vgl. 1.1471)

**1.1471 Stern(e) m/pl (Form)**
Z »fahren Stern/e nach«
(vgl. 1.1470)

**1.1472 still, leise, stumm,
schweigen,
Stille f, Stummheit f,
diskret, Diskretion f**
Z (Hr außen, Hk v) schnell an Mund

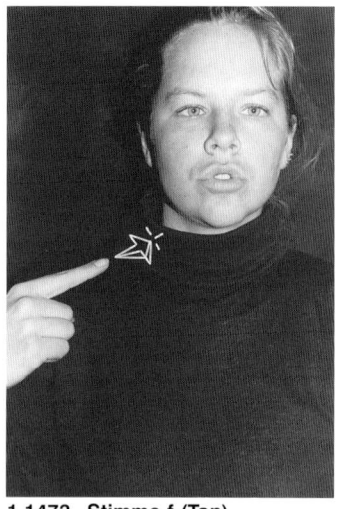

**1.1473 Stimme f (Ton),
Stimme f (Wahl)(2),
Stimmung f (Laune)**
Z (Hr v, Hk innen) 2x an
»Stimmbänder«
(vgl. 1.1474)

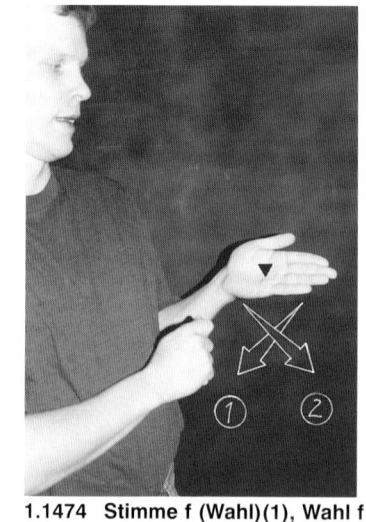

**1.1474 Stimme f (Wahl)(1), Wahl f (Abstimmung),
wählen (Abstimmung),
Lotto n**
A-H **oder** F-H »hält Stift« und macht »Kreuz« in Ht der l *B-H (Ht o)
(vgl. 1.1473, Kreuz <Wahl> 1.0851)

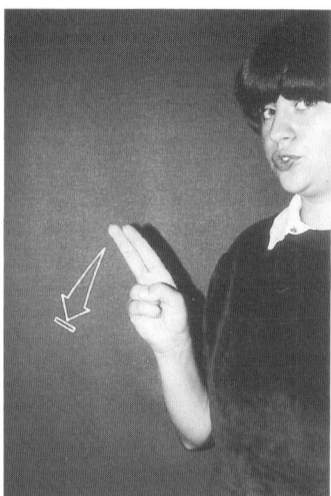

**1.1475 stimmt!**
U-H (Hr außen, Hk u) kurz nach v u
(vgl. 1.1476, richtig 1.1209)

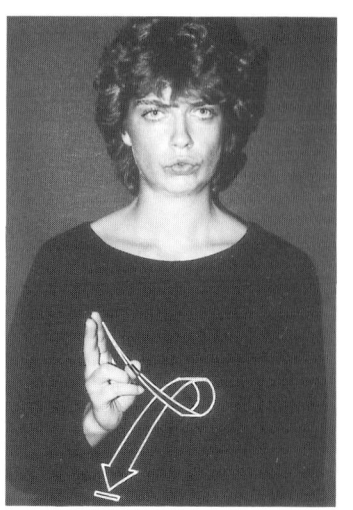

**1.1476 stimmt nicht!**
U-H beschreibt Schleife vor Brust
(Hk bleibt u)
(vgl. 1.1475)

**1.1477 stinken (1), Gestank m (1),
stink... (1), Stunk m (1),
Mief m, miefen**
B-H (Hr außen, Hk v) vor Nase hin
und her, »wedelt Gestank weg«
(vgl. 1.1478)

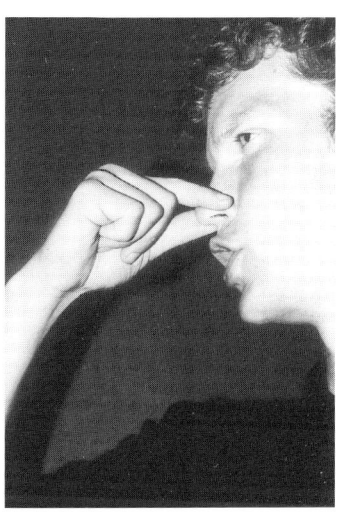

**1.1478 stinken (2), Gestank m (2), stink... (2), Stunk m (2)**
DZ der Q-H »halten Nase zu«
(vgl. 1.1477)

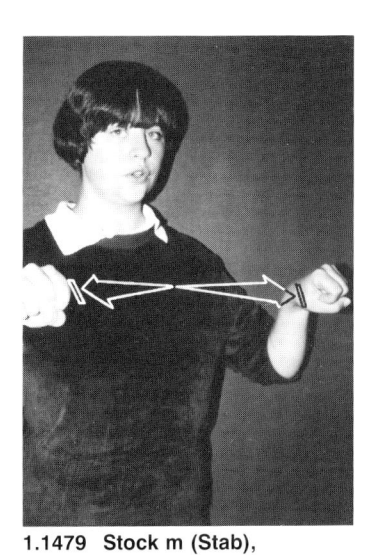

**1.1479 Stock m (Stab), Stab m (Stock), Röhre f (3)**
Fe **oder** O-He (Hr o, Hk außen) auseinander: »Stock nachfahren«
(vgl. Röhre <1><2> **3.1211/3.2218**)

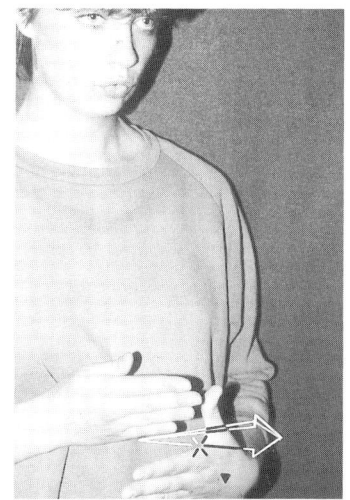

**1.1480 stören, belästigen (2), Störung f, Belästigung f (2)**
Hk der r B-H **oder** *B-H (Hr außen, Hk u) 2x über Z der l *B-H (Hr v, Hk u) nach v
(vgl. belästigen <1> 1.0873, behindern 1.0136, Unfall <allg.> 1.1632)

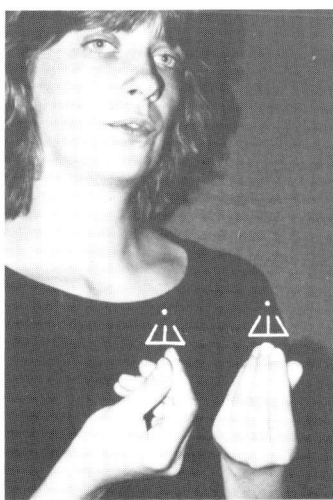

**1.1481 Stoff m, Qualität f (1), qualitativ (1), fettig, fühlen (Material), spüren (fühlen)(2), verspüren (2), zart (Körper), Zartheit f (Körper)**
Fi-spitzen reiben an D: »Stoffqualität prüfen, fühlen«
(vgl. Qualität <2> 1.0955, spüren <fühlen><1>, verspüren <1> 1.0502, zart <Gefühl> 1.1056)

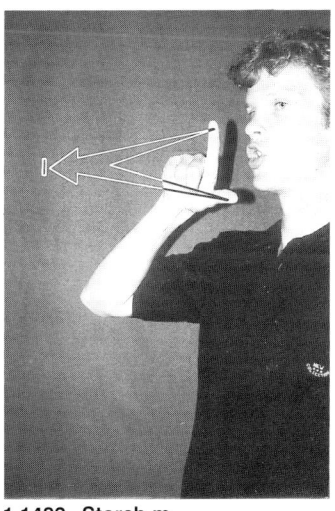

**1.1482 Storch m**
L-H (Hr außen, Hk v) schließt nach v zur <Q-H: »Storchenschnabel«
(vgl. Schnabel <1> 1.1317)

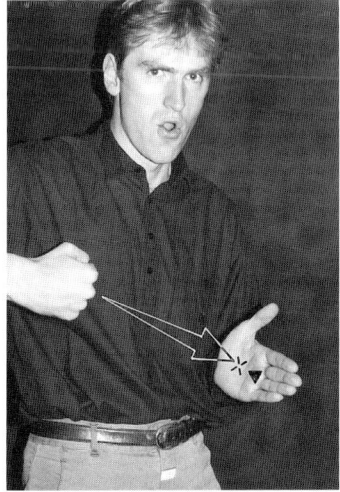

**1.1483 stoßen (gegen, an), Stoß m (2), prellen (stoßen), rammen (stoßen), verunglücken (1), Unglück n (Unfall)(1), Anstoß m (allg.), kontra (2), contra (2), Kontrahent* m (2), -in** f (2), Opposition f, oppositionell, opponieren**
r A-H (Hr v, Hk u) »stößt« gegen Ht der l B-H (Hr außen, Hk u)
(vgl. 1.1484, treten <stoßen> 1.1589, kontra <1> 1.0547, Unglück <Unfall><2> 1.0403)

**1.1484 stoßen (jmdn., etwas), Stoß m (1), schubsen, Schubs m, schupsen, Schups m**
B-He (Ht v, Hk außen) schnell nach v, deuten »Stoß, Schubs« an
(vgl. 1.1483, schieben <drücken> 1.1275, treten <stoßen> 1.1589)

247

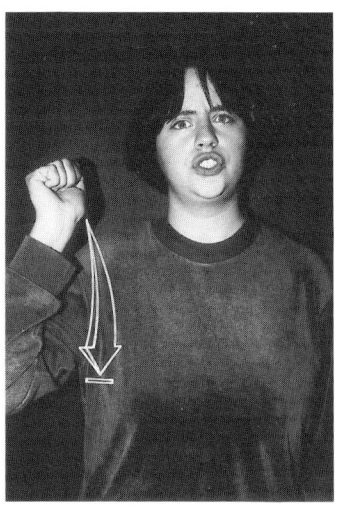

**1.1485 strafen, bestrafen, Strafe f, Bestrafung f**
A-H (Hr außen, Hk v) »hält Stock und schlägt 2x nach u« (Hk u)
(vgl. schlagen <3> 1.1287)

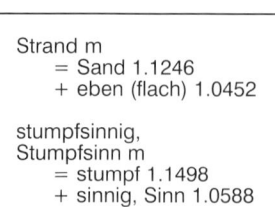

**1.1486 Hinweis**

Strand m
 = Sand 1.1246
 + eben (flach) 1.0452

stumpfsinnig, Stumpfsinn m
 = stumpf 1.1498
 + sinnig, Sinn 1.0588

eigensinnig, Eigensinn m
 = eigen 1.1384
 + sinnig, Sinn 1.0588

scharfsinnig, Scharfsinn m
 = scharf 1.1260
 + sinnig, Sinn 1.0588

vollsinnig = voll (1) 1.1708
 + sinnig 1.0588

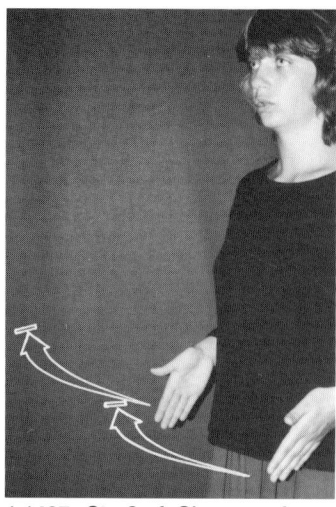

**1.1487 Straße f, Chaussee f**
*B-He (Hr außen, Hk h) im Bogen nach v (Hk u): »Verlauf der Straße, Chaussee«
(vgl. Weg 1.1767, Allee 1.0030)

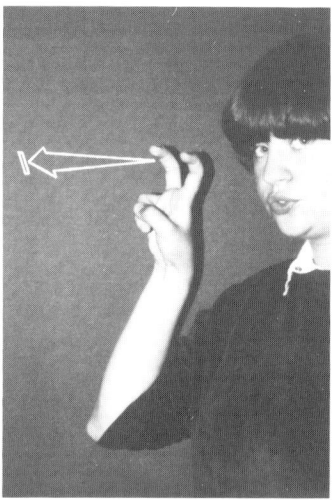

**1.1488 Straßenbahn f**
*V*-H (Ht v, Hk außen) nach v: »Stromabnehmer«
(vgl. Lift <Schi>, Seilbahn 1.0908)

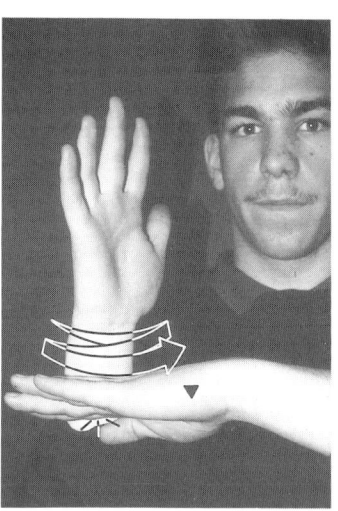

**1.1489 Strauch m**
r 5-H »ragt wie ein Strauch« hinter Hr der l B-H (= »Erdboden«) hervor und dreht im H-gelenk hin und her
(vgl. Baum 1.0131)

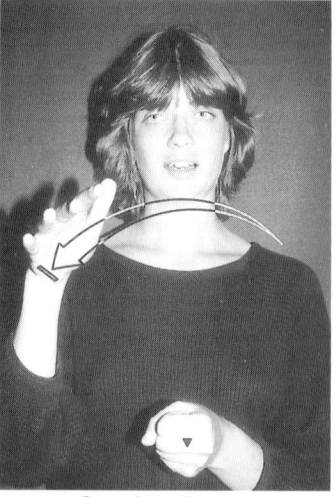

**1.1490 Strauß m (Blumen)**
l F »hält Blumen«, r 5-H im Bogen über »Strauß«

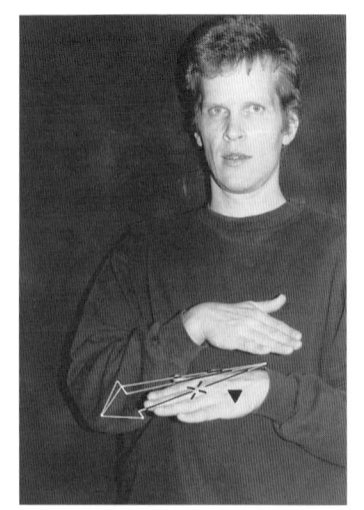

**1.1491 streicheln (lokal), heilen, Heilung f, heilbar, verheilen, Therapie f, therapieren, therapeutisch, Therapeut* m, -in** f**
Ht der r *B-H (Hr o) »streicht« 1x **oder** 2x über Hr der l *B-H (Hr o) nach v

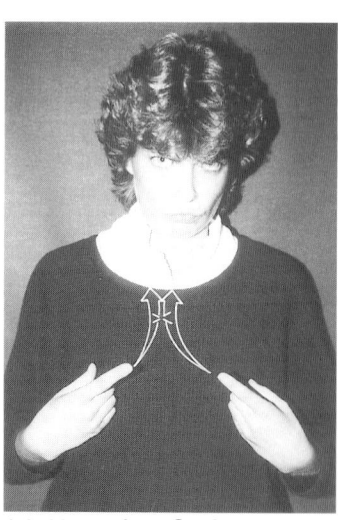

**1.1492 streiten, Streit m**
Z (Hr v, Hk u) vor Brust nach o und zusammen (Hk innen):
»2 Streitende treffen aufeinander«
(vgl. Feind 1.0427)

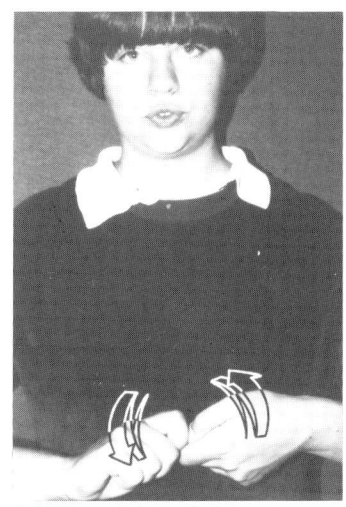

**1.1493 stricken, Strick...**
A-He »stricken«

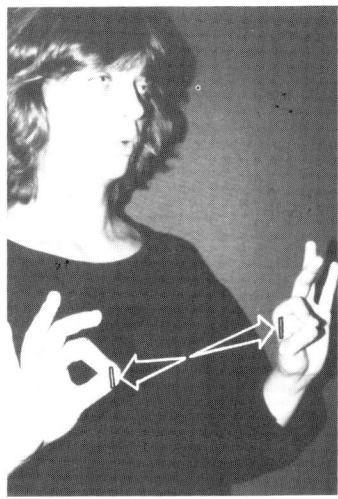

**1.1494 Stroh n, Strohhalm m**
1. »Stroh«: F-He (Ht v, Hk außen) auseinander
2. »...halm«: F-H (Hr außen, Hk v) vom Mund nach u (= »Trinkhalm«)

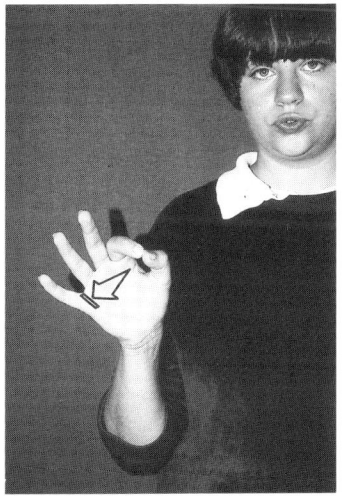

**1.1495 Stück n (Anzahl)**
F-H (Ht v, Hk außen) kurz nach v,
deutet »ein Stück« an
(vgl. 1.1496)

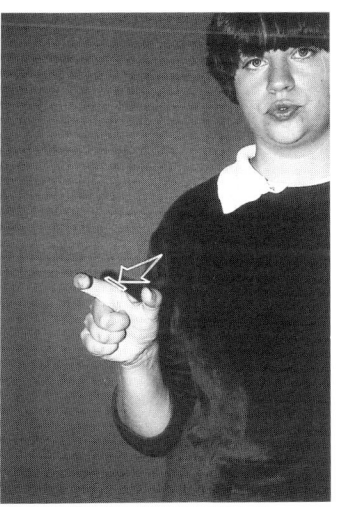

**1.1496 Stück n (Teil vom Ganzen), Stummel m, Stummel...**
*X-H (Ht v, Hk u) kurz nach v, deutet »ein Stück« an
(vgl. 1.1495)

**1.1497 studieren (N), Studium n (N), Student* m (N), -in** f (N), Abitur n (1), Abiturient* m (1), -in** f (1)**
A-H (Hr h, Hk außen) ahmt mit H-gelenkdrehungen nach u (Hr o, Hk außen)
»Fechtbewegungen« nach
(vgl. studieren <S> 1.0972, Abitur <2> 1.0800)

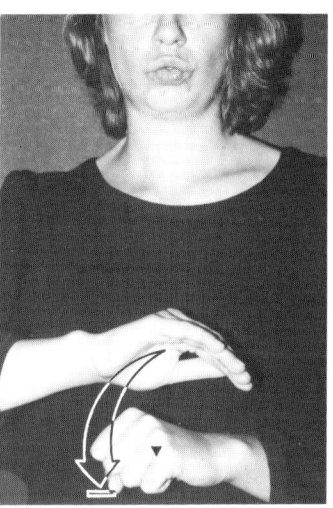

**1.1498 stumpf**
r <B-H (Hr o, Hk außen) im Bogen
über l F (Hr o, Hk v) nach außen u
(Hr außen, Hk u)

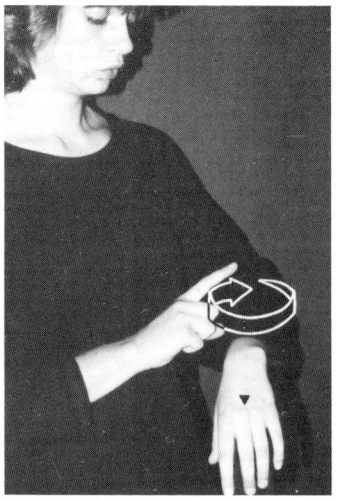

**1.1499 Stunde f, stündlich, eine Stunde**
r Z kreist über »Armbanduhr«, deutet »eine Stunde« an
(vgl. **1.1500**, Uhr 1.1620)

**1.1500 Hinweis**

zwei Stunden
= 2-H (Hr o, Hk außen) kreist über »Armbanduhr«

drei Stunden
= 3-H (Hr o, Hk außen) kreist über »Armbanduhr«

(Die Zahlen **2 bis 10 und** die Gebärde »**Stunde**« <nur r H!> werden nicht nacheinander gebärdet, sondern **zu einer Gebärde zusammengefasst**.)
(vgl. Stunde, eine Stunde 1.1499)
**Elf** Stunden, ... werden **wieder nacheinander** gebärdet:
elf (N)(S) 1.0357/58 + Stunde 1.1499, ...

**1.1501 Sturm m (Wind), stürmen, stürmisch, Stürmer\* m, -in\*\* f, toben (Unwetter)**
Fe parallel vor Brust hin und her: »Bäume biegen sich im Sturm«

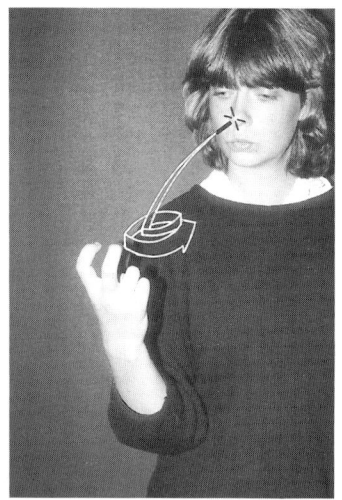

**1.1502 suchen, Suche f**
*V*-H (Hr v, Hk innen) zuerst von Nase nach v, dann im Kreis: »Augen schauen überall«
(vgl. versuchen 1.1682)

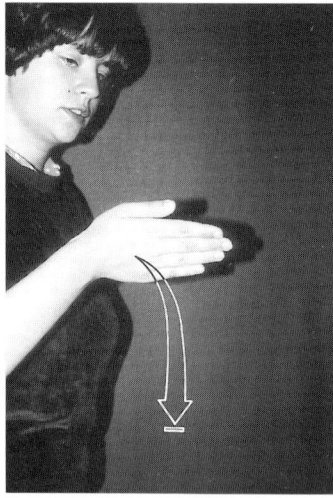

**1.1503 Süden m, südlich, Süd...**
*B-H oder B-H (Hr außen, Hk u) beschreibt Viertelkreis nach u (Hk h): »Süden ist auf dem Globus unten«
(vgl. Norden 1.1075)

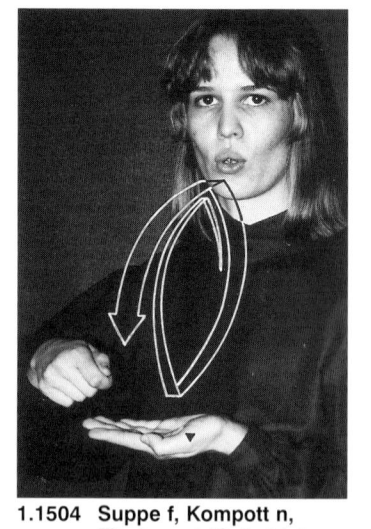

**1.1504 Suppe f, Kompott n, Flocken pl (Getreide)**
r A-H (Hr v) »löffelt 2x Suppe, Kompott, Flocken aus Hand-'Teller' der l B-H« (Ht o)
(vgl. Löffel, löffeln 1.0918)

**1.1505 süß (Gefühl), versüßen (1)**
M der r V-H (Hr v, Hk u) tippt 2x auf Z der l U-H (Hr außen, Hk u)
(vgl. 1.1506)

**1.1506 süß (Geschmack), versüßen (2)**
Z (Hr v, Hk innen) von Unterlippe zum Kinn
(vgl. 1.1505, Honig 1.0694)

**1.1507 Hinweis**

**S**weatshirt n
= FA »**S**«
+ Pullover 1.1166
(vgl. T-Shirt 1.1508)

Tag der deutschen Einheit (1)(2)
= Tag (1)(2) 1.1513/14
+ FA »**R**«
+ deutsch 1.1154
+ Einheit 1.1910

Taktik f, taktisch, taktieren
= denken 1.0271
+ Politik 1.1153

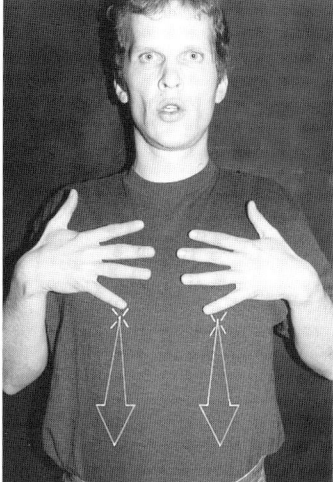

**1.1508 T-Shirt n**
1. Hk der r B-H (Ht o, Hk h) an l Oberarm: »kurzer Ärmel«
2. 5-He **oder** *B-He (Hr v, Hk u) an Brust nach u deuten »Kleidung« an
(vgl. Sweatshirt 1.1507)

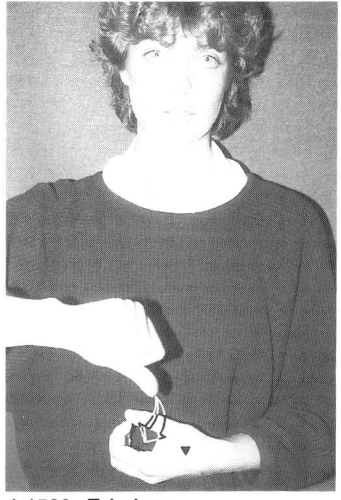

**1.1509 Tabak m**
D der r *A-H (Hk o) 2x in l O-H:
»Pfeife stopfen«
(vgl. Pfeife <Tabak> 1.1132)

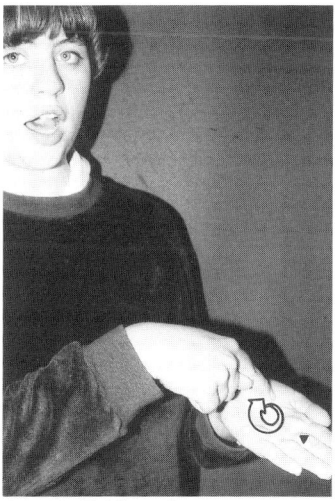

**1.1510 Tablette f**
Z deutet »Tablette auf Handteller« an

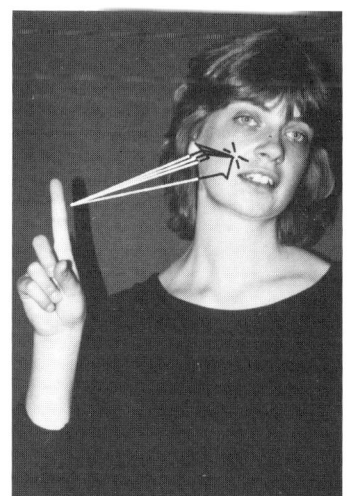

**1.1511 täglich**
Z (Ht v, Hk außen) 2x **oder** 3x
an Wange
(vgl. Tag <1><2> 1.1513/14,
alle Tage 1.1515)

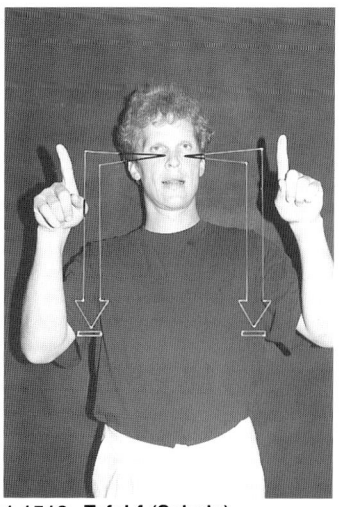

**1.1512 Tafel f (Schule),
Bildschirm m, Monitor m**
Z (Ht v, Hk außen) deuten
»Tafelform, Monitor« an

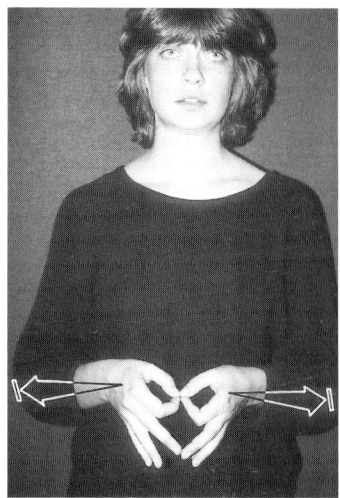

**1.1513 Tag m (1)**
*F-He (Hr außen, Hk u) auseinander*
*(vgl. 1.1514/15/16, täglich 1.1511)*

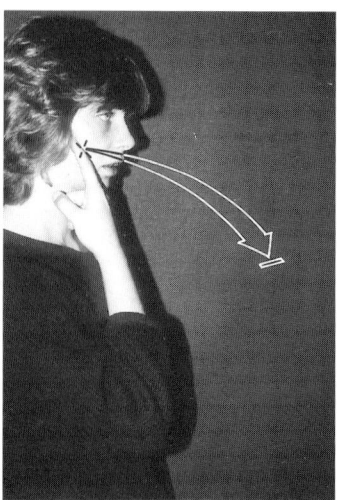

**1.1514 Tag m (2), ein Tag**
*Z (Hr v, Hk innen) von Wange im Bogen nach v u (Hr u)*
*(vgl. 1.1513/15/16, täglich 1.1511)*

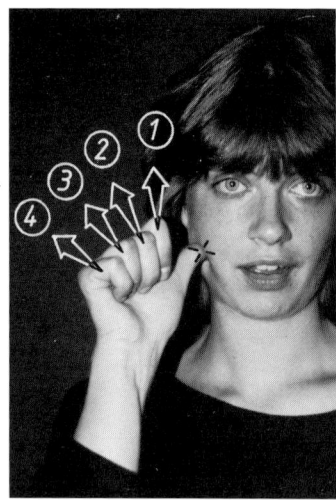

**1.1515 alle Tage**
*1.2. *A-H (Ht v, Hk außen, D an Wange);
ZMRK öffnen sich nacheinander zur 5-H*
*(vgl. 1.1513/14/16, Alltag 1.0035, täglich 1.1511)*

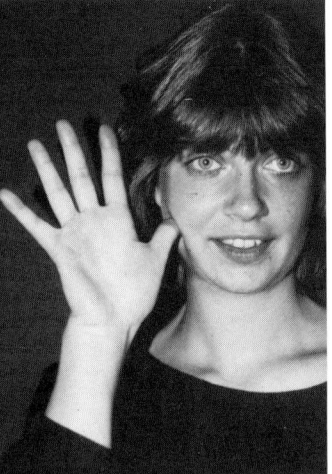

**zwei** Tage = **2-H** (Hr v, Hk innen) von Wange im Bogen nach v u (Hr u)
**drei** Tage = **3-H** ...(siehe **1.1517**)
**vier** Tage = **4-H** (Hr v, Hk innen) von Wange im Bogen nach v u (Hr u)

(Die Zahlen **2 bis 10** und die Gebärde »**Tag**« <2> werden nicht nacheinander gebärdet, sondern **zu einer Gebärde zusammengefasst.**)
(vgl. Tag <2>, **ein** Tag 1.1514)
**Elf** Tage, ... werden **wieder nacheinander** gebärdet:
elf (N)(S) 1.0357/58 + Tag (2) 1.1499, ...

**1.1516 Hinweis**

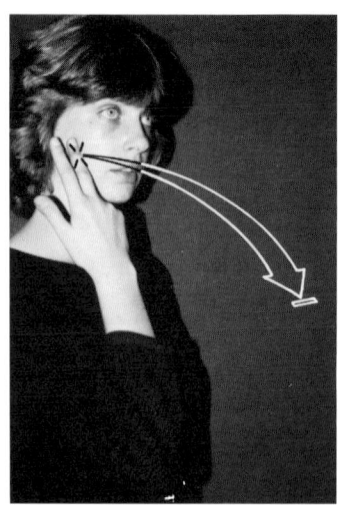

**1.1517 drei Tage**
*3-H (Hr v, Hk innen) von Wange im Bogen nach v u*
*(vgl. 1.1514/16)*

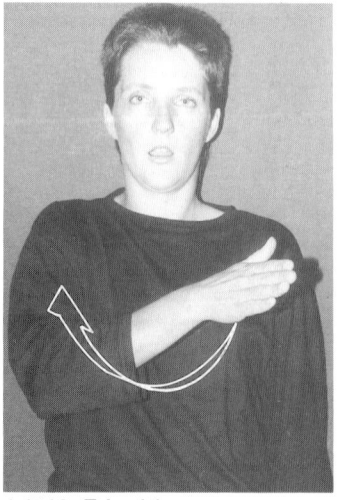

**1.1518 Tal n (1)**
*B-H (Hk u) deutet »Form des Tales« an (Hk o)*
*(vgl. 1.1519)*

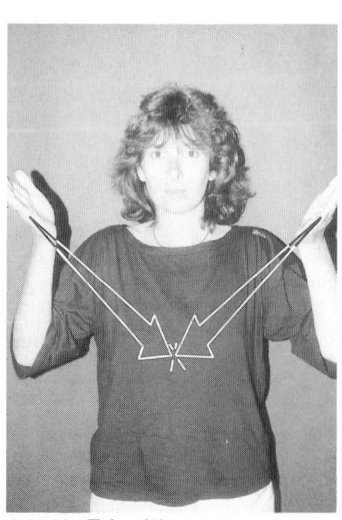

**1.1519 Tal n (2)**
**B-He (Hk u) deuten schräg nach u »Tal« an*
*(vgl. 1.1518)*

**1.1520 tanken**
L-H (Hr v, Hk u) 2x kurz nach innen u:
»Zapfpistole einführen«
(vgl. Benzin, Diesel 1.0154)

**1.1521 Hinweis**

| | |
|---|---|
| Tanker m, Tankschiff n | = Benzin 1.0154 + Schiff 1.1279 |
| Tanksäule f, Zapfsäule f | = tanken 1.1520 + Säule 1.1605 |
| Tankstelle f | = tanken 1.1520 + Stelle (1) 1.1106 |
| Tankwart m | = tanken 1.1520 + ...wart 1.0083 |
| Teddybär m | = Teddy 1.1539 + Bär 1.0114 |

**1.1522 Tanne f, Fichte f, Weihnachten n (2), weihnachtlich (2)**
B-He (Hk v) ahmen »Form der Tanne, Fichte« nach
(vgl. Weihnachten <1> 1.1770)

**1.1523 (Tannen)baum m, (Weihnachts)baum m (1)(2)**
1. »Tanne, Weihnachten <2>« (1.1522) **oder** »Weihnachten <1>« (1.1770)
2. »...baum«: C-He (Hr außen, Hk u) »fahren« nach u »Stamm nach«
(vgl. Baum 1.0131, Stamm 1.1452)

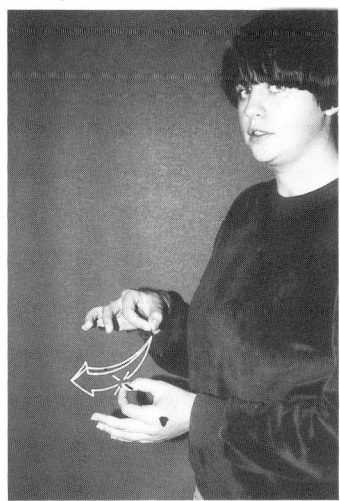

**1.1524 Tante f (1)**
DZ der r F-H 2x über DZ der l F-H (Hr außen, Hk u) nach v: »Nägel lackieren«
(vgl. Tante <2><3> 1.0230/1.1101)

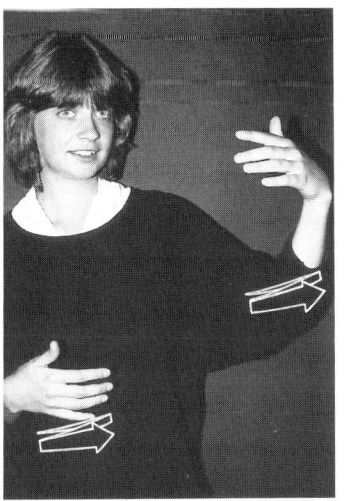

**1.1525 tanzen (1), Tanz m (1)**
5-He »halten Tanzpartner«, Oberkörper dreht etwas nach l und r
(vgl. 1.1526)

**1.1526 tanzen (2), Tanz m (2)**
Z kreist im Uhrzeigersinn: »Drehen beim Tanzen«
(vgl. 1.1525)

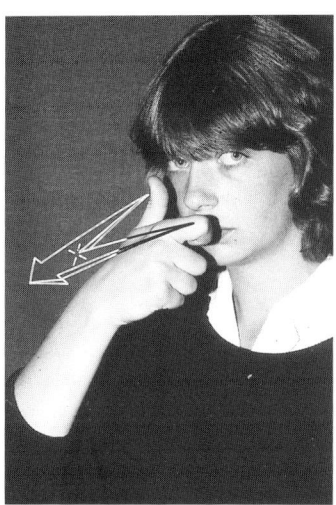

**1.1527 Taschentuch n**
*X-H (Hr v) 2x von Nase nach v zur A-H schließen: »Nase putzen« (vgl. Schnupfen 1.1324)

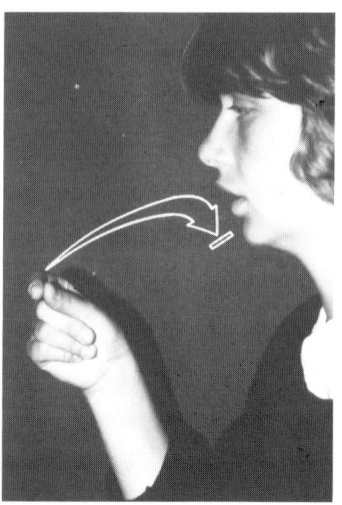

**1.1528 Tasse f**
D und Z der <Q-H (Hr außen, Hk u) »halten Henkel und führen Tasse zum Mund«

**1.1529 Tat f (Berlin), Zutun n (1)**
<C-He (Hr o, Hk außen) schließen 2x vor Brust zu <O-He (vgl. 1.1530, Tat <N> 1.0066)

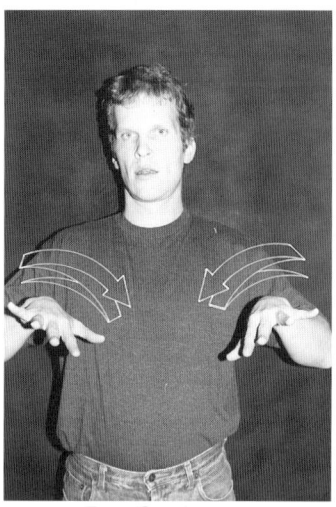

**1.1530 Tat f (S), vibrieren, Vibration f, zappeln (1), zappelig (1), Zappelphilipp* m**
5-He (Hr o, Hk außen) »zittern, zappeln« gleichzeitig (vgl. 1.1529, Tat <N> 1.0066, zappeln <2><3> 3.0805/06)

**1.1531 taub, Taubheit f, Ton m (Klang)(2), tönen (klingen)(2)**
Z (Hr außen, Hk v) zum Ohr deutet »taub« an (vgl. ertaubt 1.0384, Ton <Klang><1> 2.0199 a)

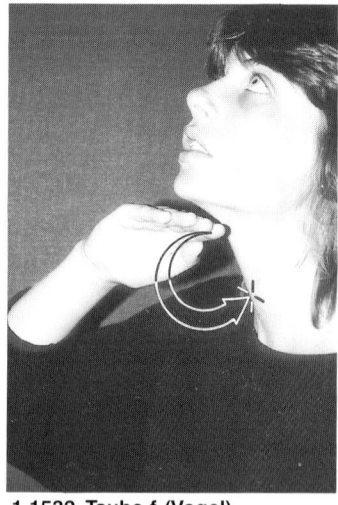

**1.1532 Taube f (Vogel)**
<B-H (Hr außen, Hk v) deutet mit H-gelenkdrehung zur Kehle »Kropf der Taube« an (Hk h)

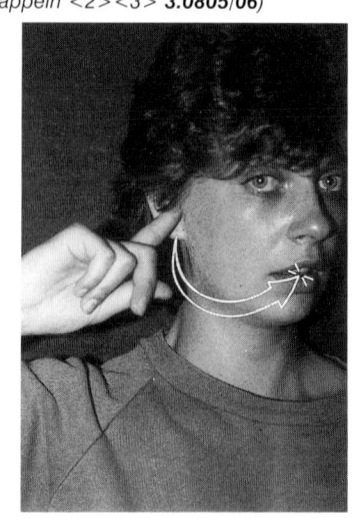

**1.1533 taubstumm, Taubstumme* m ** f, gehörlos (2), Gehörlosigkeit f (2), Gehörlose* m ** f (2)**
Z mit H-gelenkdrehung vom Ohr auf Mund (vgl. gehörlos <1> 1.0555, taub 1.1531, stumm 1.1472)

**1.1534 tauchen, untertauchen (allg.)**
r Z (Hr o, Hk außen) »taucht« unter l *B-H (Hr o, Hk v) (= »Wasseroberfläche«) nach u v

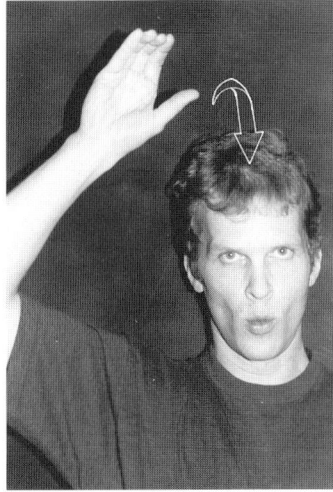

**1.1535 Taufe f (N)(S),
taufen (N)(S)**
**C-H (N) oder F-H (S)** *(Hr v, Hk u)*
*»gießt« mit H-gelenkdrehung
»Taufwasser« auf Kopf (Hr h, Hk o)*

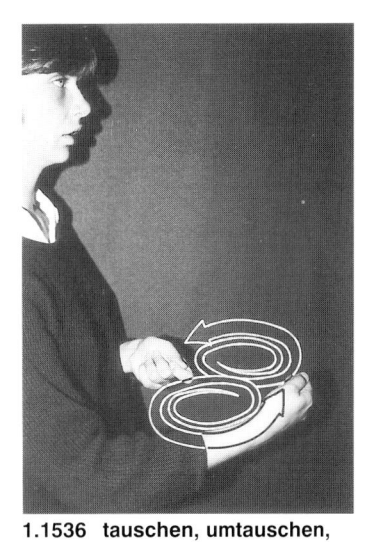

**1.1536 tauschen, umtauschen,
Tausch m, Umtausch m,
wechseln (2), Wechsel m (2)**
*A-He (Hr v, Hk u) kreisen versetzt nach v und zurück,
deuten »Tausch, Wechsel« an
(vgl. wechseln <1> 1.1759)*

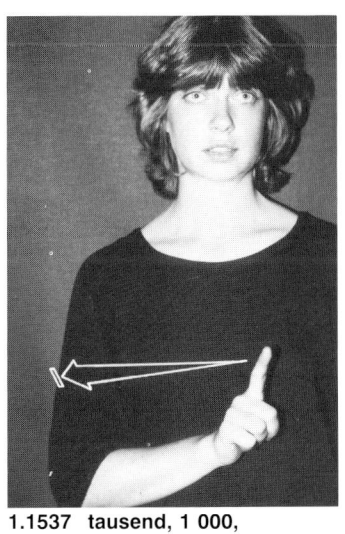

**1.1537 tausend, 1 000,
eintausend**
*Z (Ht v, Hk außen) vor Brust nach r
(**wie** Woche, eine Woche 1.1820,
vgl. **1.1821**!)*

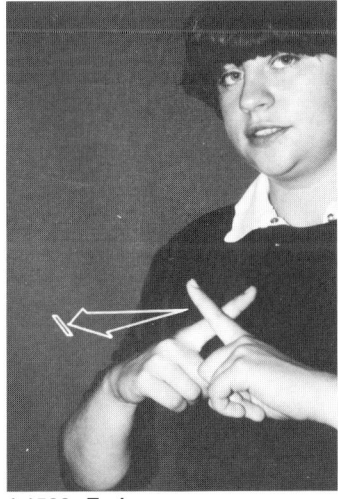

**1.1538 Taxi n**
*Z bilden »**X**« und »fahren« nach v:
»Taxi«*

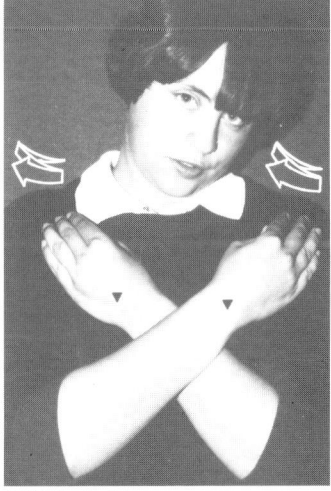

**1.1539 Teddy m**
*gekreuzte B-He (Hr v, Hk u),
Schultern wiegen hin und her:
»Teddy an Brust schmiegen«*

**1.1540 Tee m (1)**
*O-H (K abgespreizt, Hr außen)
»führt« mit H-gelenkdrehung
»Teetasse zum Mund«
(vgl. Tee <2> 1.1559)*

**1.1541 Teich m, Tümpel m,
Weiher m, Pfütze f**
*Z (Hr v, Hk außen) »kreist um Teich,
Pfütze«
(**wie** Insel 1.0723)*

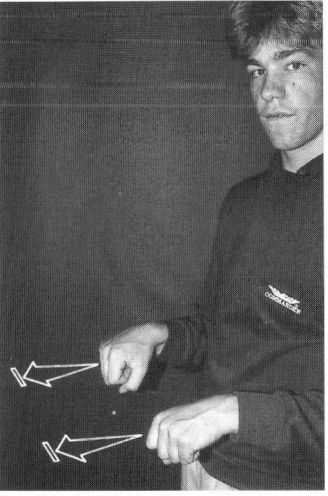

**1.1542 Teig m (1)**
*Fe (Hr o, Hk außen) parallel nach v:
»Teigrolle halten und Teig
ausrollen«
(vgl. Teig <2> 1.0110)*

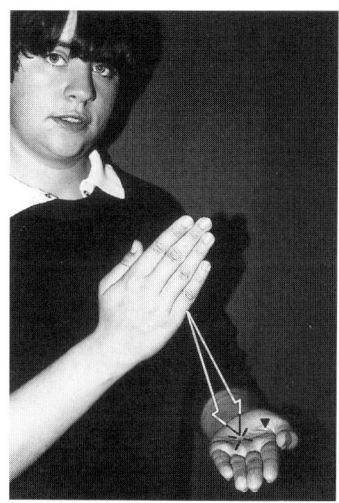

1.1543  teilen (aufteilen)(1),
        Teil m, n (1)
Hk der r B-H **oder** *B-H (Hr außen,
Hk u) auf Ht der l B-H **oder** *B-H:
»2 Teile«
(vgl. 1.1544)

1.1544  teilen (aufteilen)(2), Teil m, n (2),
        verteilen (2), Verteiler m (2), Verteilung f (2)
Hk der r B-H **oder** *B-H (Hr außen, Hk u) auf Ht
der l B-H **oder** *B-H von l nach r: »mehrere Teile«
(vgl. 1.1543, verteilen <1> 1.1683)

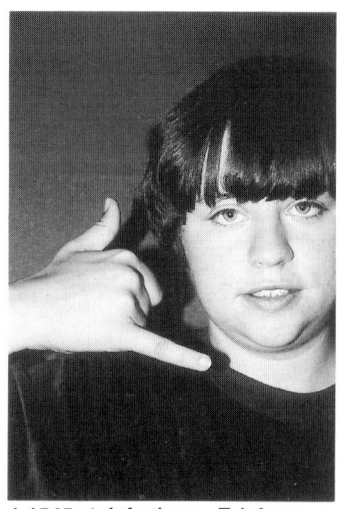

1.1545  telefonieren, Telefon n
Y-H (Hr v, Hk u) deutet
»Telefonhörer« an

1.1546  Teller m, Pizza f
r Z (Hr v, Hk außen) kreist über Ht
der l B-H (Ht o, Hk h): »Tellerrand,
Pizzaform«

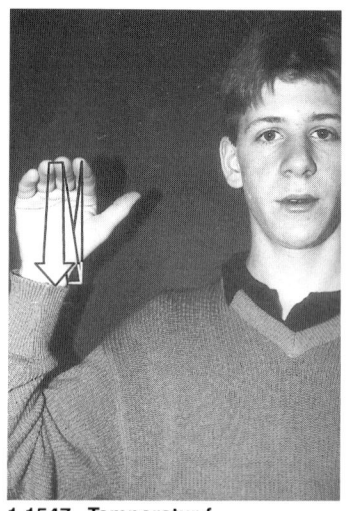

1.1547  Temperatur f
<*B-H (Ht v, Hk außen) auf und ab
deutet »schwankende
Temperaturen« an
(vgl. Thermometer <1><2>
1.0602/03, Grad <3> 1.0604)

1.1548  Tempo n, beschleunigen (1), Beschleunigung f (1),
        rasch, rasen (fahren), Raserei f (fahren), rasant,
        sausen (Geschwindigkeit)(1), zügig
F (Hr o, Hk v) vor Brust 1x **oder** mehrmals »rasch, rasant« nach v
(vgl. schnell 1.1323)

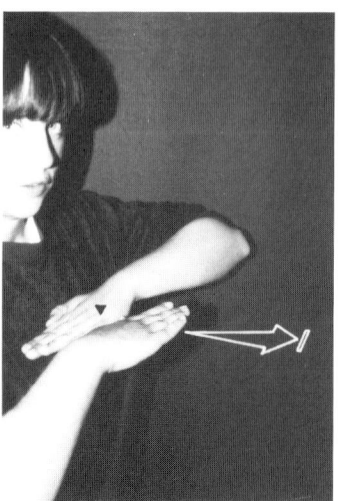

1.1549  Teppich m,
        Teppichboden m
r B-H (Hr o, Hk v) von l B-H (Hr o,
Hk v) nach v: »Fläche des
Teppichs«

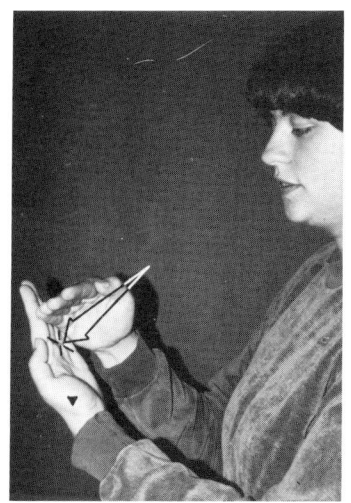

**1.1550 Termin m, Standard m, standardisieren**
Hk der r B-H (Hr o, Hk v) gegen Fi der l *B-H (Hr v, Hk innen): »Termin auf dem Kalender«
(vgl. planen 1.0570, Plan 1.1147)

**1.1551 teuer, Abenteuer n, abenteuerlich, Kapital n (1), Kapitalismus m (1), Kapitalist* m (1), -in** f (1)**
A-H (Hr v, Hk u) dreht im H-gelenk 2x nach u (Hk außen)
(vgl. billig <2> 1.0182, Kapital <2> 1.1197)

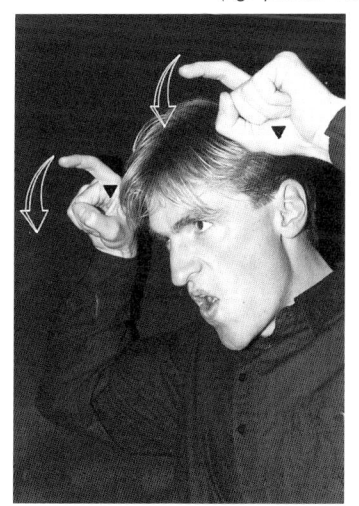

**1.1552 Teufel m, teuflisch, höllisch**
Z (Ht v, Hk außen) krümmen sich 2x zu X-He: »Teufelshörner«
(vgl. Hölle 1.0683)

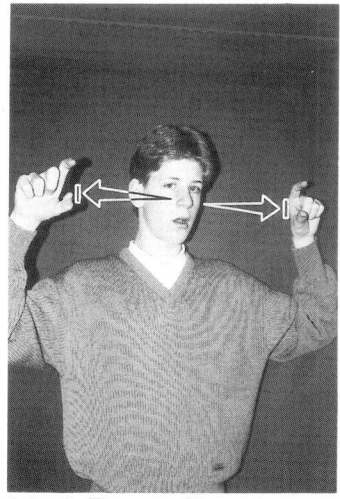

**1.1553 Thema n, These f, Überschrift f (1), Titel m (Überschrift)**
*X-He (Ht v, Hk außen) vor Gesicht auseinander deuten »Überschrift, ...« an
(vgl. Firma 1.0449, Überschrift <2> 1.1603)

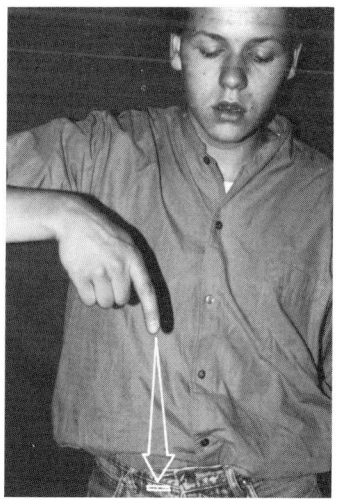

**1.1554 tief, Tiefe f, Keller m, hinunter, unten**
Z 1x **oder** 2x nach u deutet »in die Tiefe, nach unten«
(vgl. 1.1555)

```
Tiefkühlschrank m
  = tief 1.1554
  + Kühlschrank 1.0864

Tiefkühltruhe f
  = tief 1.1554
  + gefrieren 1.1813
  + Truhe 1.1597

Tierarzt m (1)(2),
Tierärztin f (1)(2)
  = Tier (1)(2) 1.1556/57
  + Arzt, Ärztin 1.0071

Tierheim n (1)(2)
  = Tier (1)(2) 1.1556/57
  + Heim 1.0535

Tierpark m (1)(2)
  = Tier (1)(2) 1.1556/57
  + Park 1.1149
```

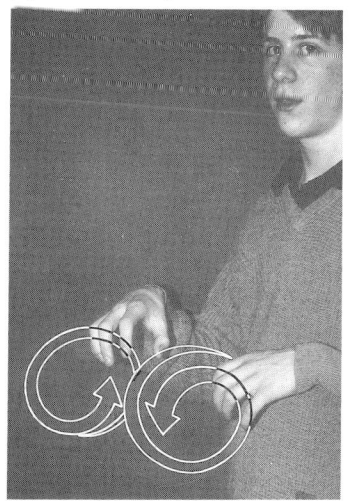

**1.1555 Hinweis**

**1.1556 Tier n (1)**
*5*-He (Hr o, Hk außen) im Wechsel nach v: »Tier läuft«
(vgl. 1.1557)

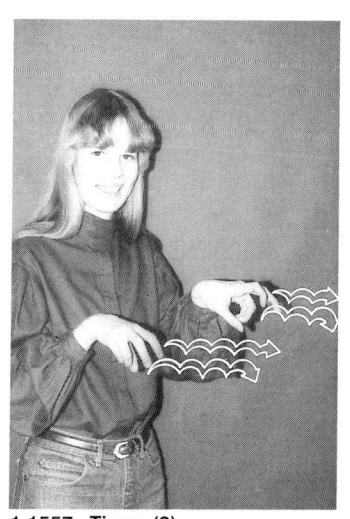

**1.1557 Tier n (2), laufen (Tier)(2)**
Z und M der *V*-He (Hr o, Hk außen) »laufen« parallel nach v
(vgl. 1.1556, laufen <Tier><1> **3.0618**)

257

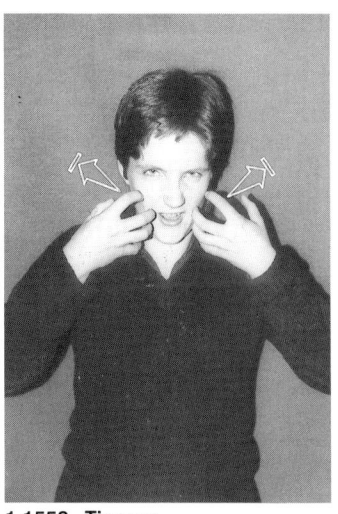

**1.1558 Tiger m**
*5*-He (Hr v, Hk u) von Wangen schräg nach o: »Fauchendes Maul«

**1.1559 Tinte f, Tusche f, Tee m (2)**
F-H (Hr o, Hk außen) kippt 2x kurz nach u: »Federhalter in Tintenfaß / Teebeutel in Tasse eintauchen« (vgl. Tee <1> 1.1540)

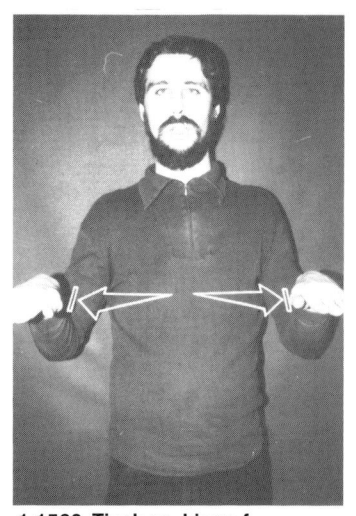

**1.1560 Tisch m, Liege f, Bank f (Sitzmöbel)**
B-He (Hr o, Hk außen) auseinander deuten »Tisch, Liege, Bank« an

**1.1561 Titel m (Person), Adel m (2), ad(e)lig (2), Ad(e)lige\* m \*\* f (2), dekorieren (auszeichnen), Professor m (S), -in\*\* f (S)**
U-H (Hr v, Hk innen) 2x an Brust deutet »Orden an der Brust« an (vgl. Adel <1> 1.0605, Professor <N> 1.0816)

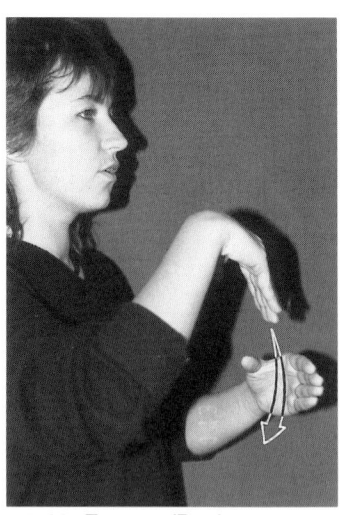

**1.1562 Toast m (Brot), toasten**
Fi der r <*B-H (Hk außen) zwischen D und ZMRK der l <C-H: »Scheibe in Toaster stecken«

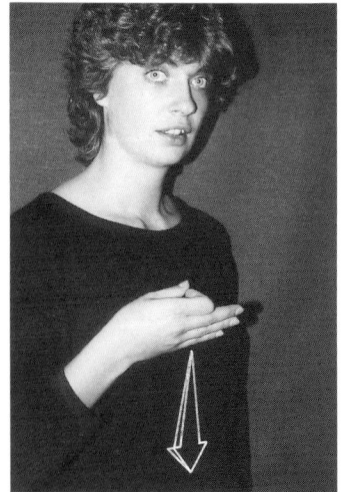

**1.1563 Tochter f, Töchter pl**
*Tochter:* **F-H** (Hr v, Hk u) **2x** nach u : »f« für fille (frz. = »Tochter«)
*Töchter:* **F-H** (Hr v, Hk u) **2x** nach u **und daneben 1x** nach u (vgl. Sohn, Söhne 1.1411)

**1.1564 töten (1), Dolch m, erdolchen, ermorden (1), Ermordung f (1), morden (1), Mord m (1), Mörder\* m (1), -in\*\* f (1)**
F (Hk v, Hr außen) schnell nach v (vgl. 1.1565, töten <3> 1.1575)

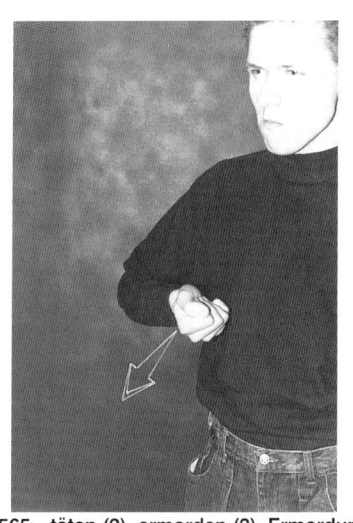

**1.1565 töten (2), ermorden (2), Ermordung f (2), morden (2), Mord m (2), Mörder* m (2), -in** f (2), stechen <Messer>, Stich m <Messer>**
*A-H (Ht o, Hk h) kurz schnell nach v (vgl. 1.1564/1.1575, stechen <allg.> 1.1463)*

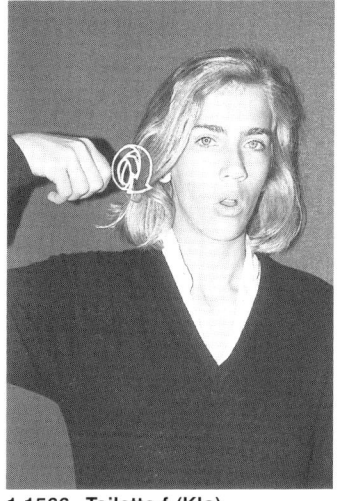

**1.1566 Toilette f (Klo)**
*A-H (Hk außen) kreist mit H-gelenkdrehung 2x neben Ohr (siehe 1.1567, vgl. Klo 1.0814)*

**1.1567 Hinweis**

Diese alte Gebärde ahmt das »Telefonkurbeln« nach. Der »Gang zur Toilette« wurde früher diskret mit dem »Gang zum Telefon« umschrieben.

WC n = FA »**W**« »**C**«

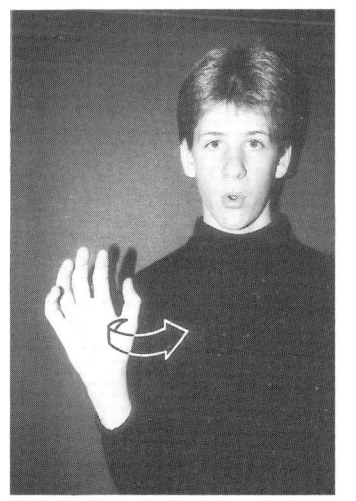

**1.1568 Tomate f**
*\*5\*-H (Ht v, Hk außen) »pflückt« mit H-gelenkdrehung »Tomate« (Hr v, Hk innen)*

**1.1569 Tonne f (Gewicht), t (Abk.)**
*r F (Hr außen, Hk u) drückt Ht der l \*B-H nach u*

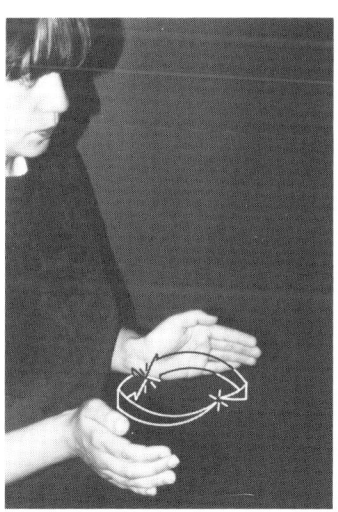

**1.1570 Topf m (allg.)**
*B-He (Hk u) fahren im Halbkreis zur Brust »Rundung des Topfes« nach*

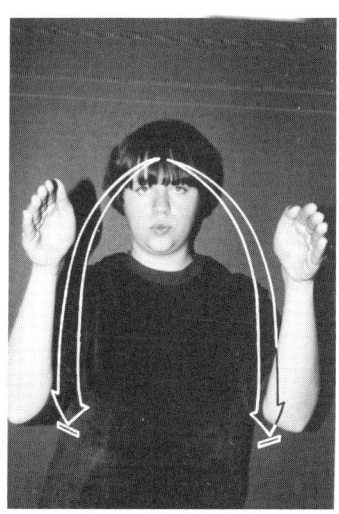

**1.1571 Tor n (Einfahrt)(1)**
*B-He ahmen »Torbogen« nach (vgl. 1.1572)*

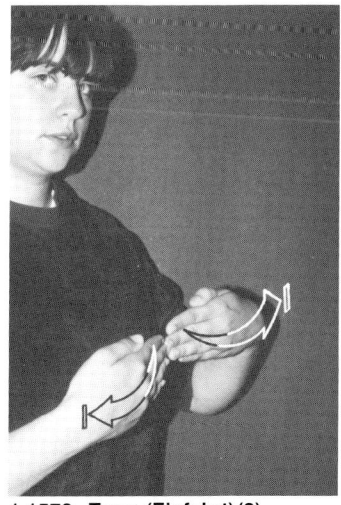

**1.1572 Tor n (Einfahrt)(2)**
*1.2. B-He (Hr v, Hk u) »öffnen sich wie Torflügel nach außen« (Hr außen) (vgl. 1.1571)*

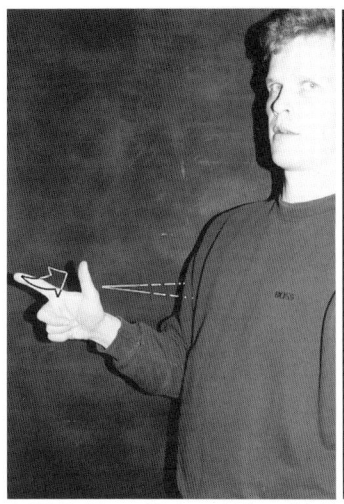

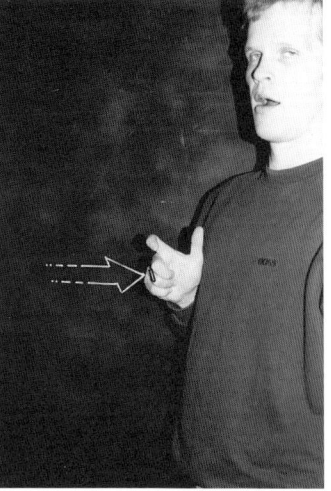

**1.1573 Tor n (Schuss)(1), schießen (allg.), Schuss m (allg.)**
1.2. L-H (Hr außen, Hk u) verkleinert sich nach h zur *X-H
(vgl. Pistole 1.1146, Gewehr, Waffe 1.0579, jagen 1.0728,
Tor <Schuss><2> **4.1852**)

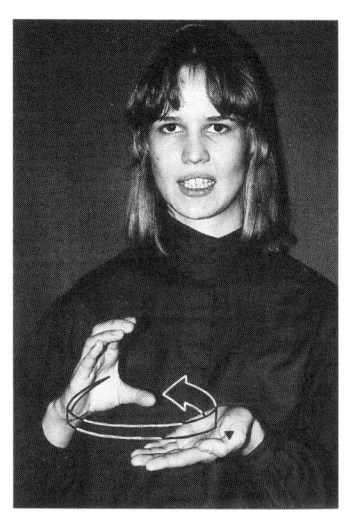

**1.1574 Torte f**
r C-H (Hr außen, Hk v) kreist gegen
den Uhrzeigersinn über Ht der
l B-H
(C-H = »Tortenrand«, B-H =
»Tortenboden«)

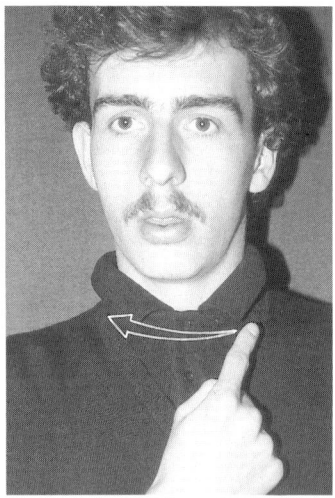

**1.1575 tot (1), töten (3), verlieren (Sport)(2), verloren (Sport)(2), Verlierer* m (Sport)(2), -in** f (Sport)(2), Niederlage f (2)**
Z (Hr v) am Hals vorbei nach r: »Hals abschneiden«
(vgl. 1.1576, Tod, sterben 1.1469, verlieren <Sport><1>, Niederlage <1>
1.1671)

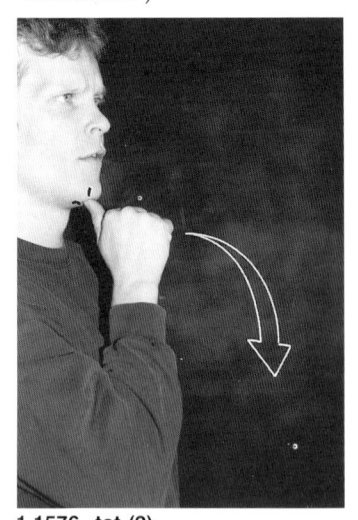

**1.1576 tot (2), verstorben (3)**
D-spitze der *A-H (Hr außen, Hk v)
von Kinnmitte nach v u (Hk u)
(vgl. 1.1575, verstorben <1><2>
1.1469/1.1681)

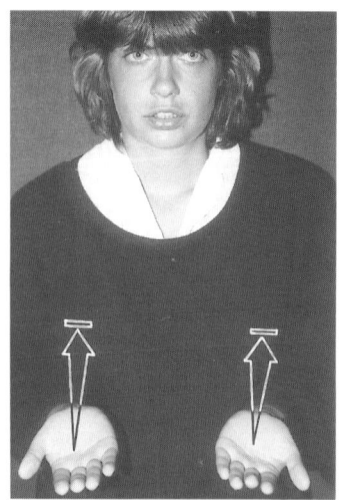

**1.1577 tragen (Last)(1), Last f (1)**
B-He (Ht o, Hk innen) nach o:
»etwas mit den Händen tragen«
(vgl. 1.1578/79/80)

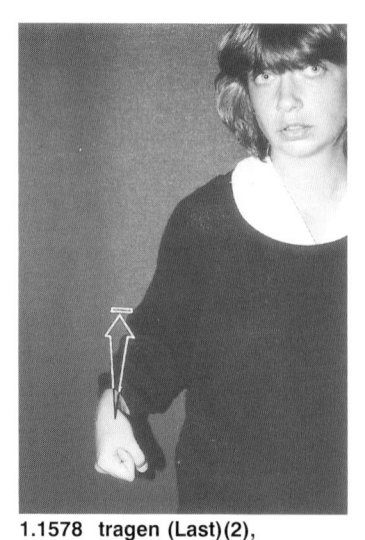

**1.1578 tragen (Last)(2), Last f (2)**
F (Hr außen, Hk h) nach o: »etwas
mit der Faust tragen«
(vgl. 1.1577/79/80, Tasche, Koffer
1.0827)

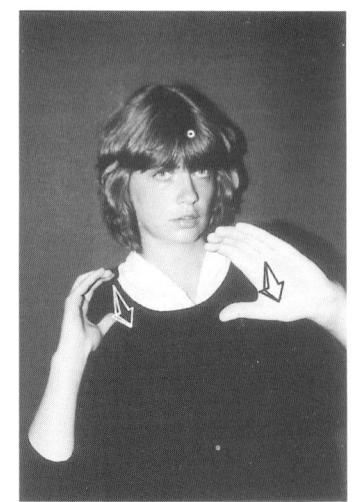

**1.1579 tragen (Last)(3), Last f (3)**
hintereinanderliegende C-He
(Hr außen, Hk v) vor Schulter 2x
kurz nach u: »Last auf der Schulter
tragen« (vgl. 1.1577/78/80)

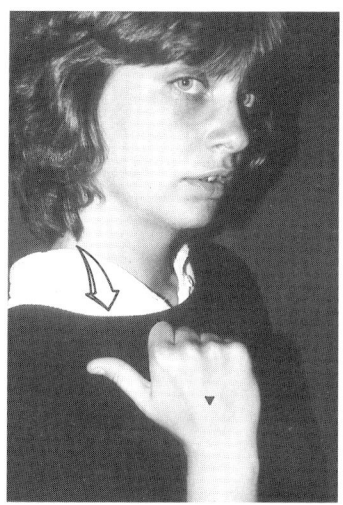

**1.1580 tragen (Verantwortung, Kosten, Kleidung, Früchte), beitragen (Geld)(1), Beitrag m (Geld)(1), belasten (sich), Belastung f (2), ertragen, erträglich, Last f (4), Laster n (Untugend), lasterhaft**
*D-spitze der \*A-H (Hr außen, Hk v) bleibt an Schlüsselbein; Schulter 1x oder 2x nach u (vgl. 1.1577/78/79, Beitrag <Geld><2> 1.0174, Belastung <1> **2.1328**)*

**1.1581 Traktor m, Trecker m, Bulldog m**
*A-He **oder** Fe (Hr u) »steuern waagerechtes Lenkrad« (vgl. Auto 1.0105, Lastwagen 1.0885)*

**1.1582 Traum m, träumen, Illusion f, illusorisch, abstrahieren, abstrakt, Abstraktion f, Rausch m, Theorie f (1), theoretisch (1), Vorstellung f (Gedanke), vorstellen (sich etwas)**
*5-H (Hr außen, Hk v) kreist über r Kopfseite (vgl. Theorie <2> 1.1332)*

**1.1583 traurig, Trauer f, trauern, Tragik f, tragisch, Tragödie f**
*5-H (Hr v, Hk u) kreist auf Herz: »traurig ums Herz« (Mimik!) (vgl. peinlich 1.1125)*

**1.1584 treffen, begegnen, Treffen n, Begegnung f**
*Z (Ht v, Hk außen) »treffen sich« vor Brust*

**1.1585 Trennung f, trennen (sich)**
*<B-He (Hr o, Hk v) »trennen sich« nach außen (vgl. Scheidung 1.1267)*

**1.1586 Treppe f (1), treppauf, hinaufgehen (Treppe), steigen (Treppe)**
Z und M ahmen »Treppe hinaufgehen« nach
(vgl. 1.1587)

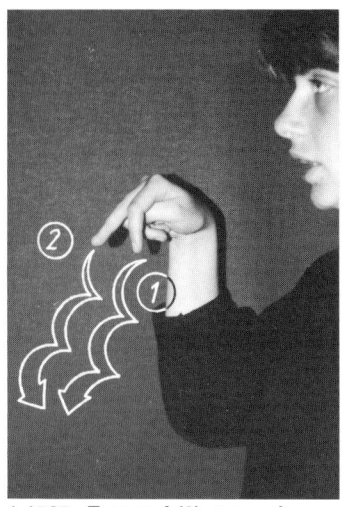

**1.1587 Treppe f (2), treppab, hinuntergehen (Treppe)**
Z und M ahmen »Treppe hinuntergehen« nach
(vgl. 1.1586)

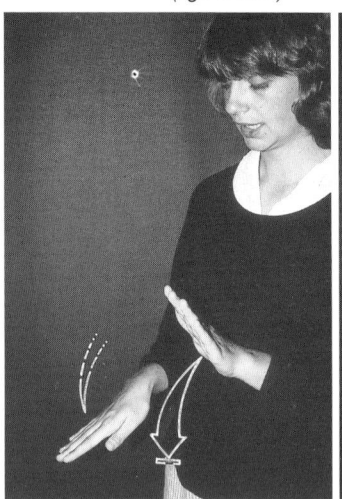

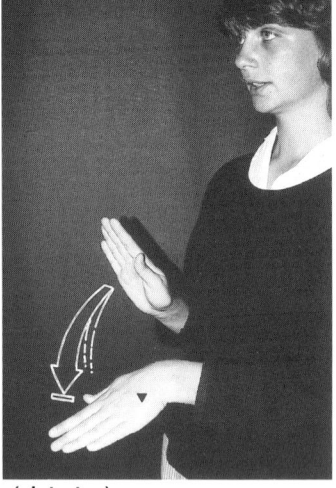

**1.1588 treten (eintreten), betreten (eintreten), schreiten (Person)(2)**
1.2. B-He (Hr o, Hk außen) im Wechsel auf und ab: »Auftreten der Füße«
(vgl. 1.1589, schreiten <Person><1> 1.1337)

**1.1589 treten (stoßen), Tritt m (Stoß), Fußtritt m**
B-H (Ht v, Hk außen) kurz nach v u: »Treten, Fußtritt« (vgl. 1.1588, stoßen <gegen, an> 1.1483, stoßen <jmdn., etwas> 1.1484)

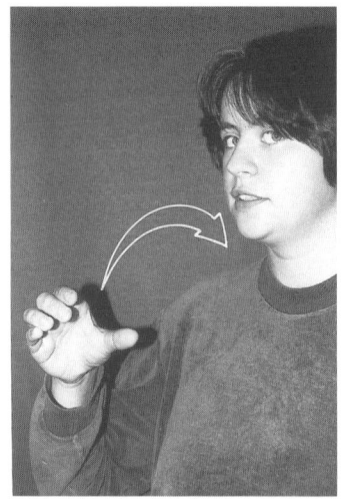

**1.1590 trinken, Getränk n, Cola f, Wirtschaft f (Lokal), Gastwirtschaft f**
C-H (Hr außen, Hk u) »führt Glas zum Mund« (Hk v)
(vgl. Alkohol 1.0027)

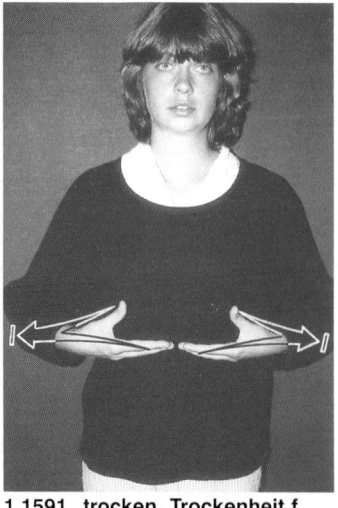

**1.1591 trocken, Trockenheit f, trocknen, vertrocknen, sanft**
*B-He (Ht o, Hk h) schließen nach außen zu <O-He
(**wie** verschwinden, weg, ... 1.1764)

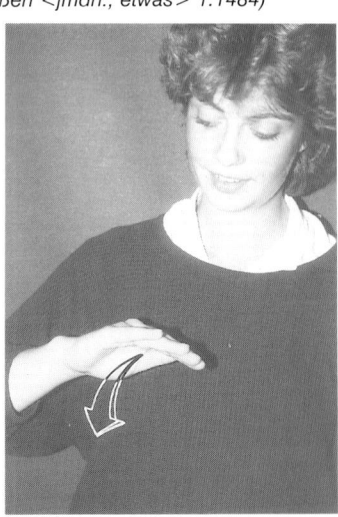

**1.1592 trösten, vertrösten**
B-H (Hr o, Hk außen) »streicht 2x tröstend über den Kopf« (Hk u)
(vgl. Trost 1.1594)

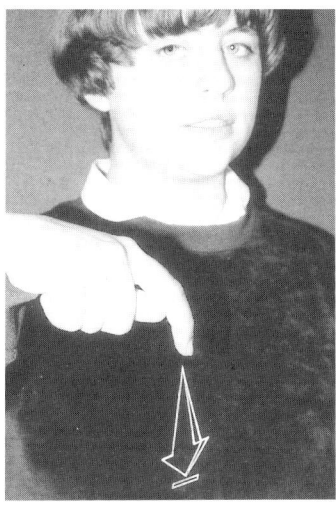

**1.1593 Tropfen m/pl (allg.), tropfen, träufeln, leck**
Z (Hr o, Hk außen) 1x **oder** 2x »wie fallende/r Tropfen« nach u
(vgl. tröpfeln **3.2408**)

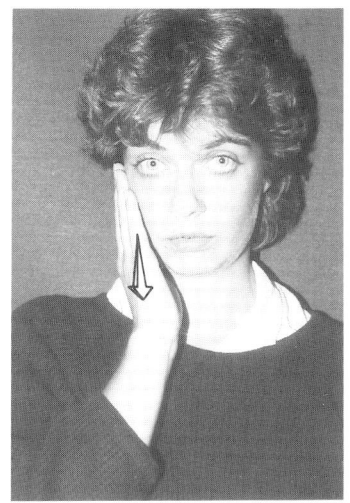

**1.1594 Trost m**
Fi der B-H (Hr außen, Hk v) »streichen 2x zum Trost über Wange«
(vgl. trösten 1.1592, lieb 1.0904, nett 1.1056)

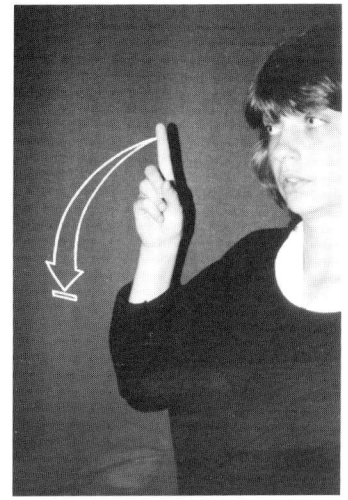

**1.1595 trotzdem (1), trotz (1), sonst**
Z (Hr außen, Hk v) im Bogen nach u (Hk u)
(vgl. 1.1596)

**1.1596 trotzdem (2), trotz (2)**
F (Hr außen, Hk v) schnell im Bogen nach u ( Hk u)
(vgl. 1.1595)

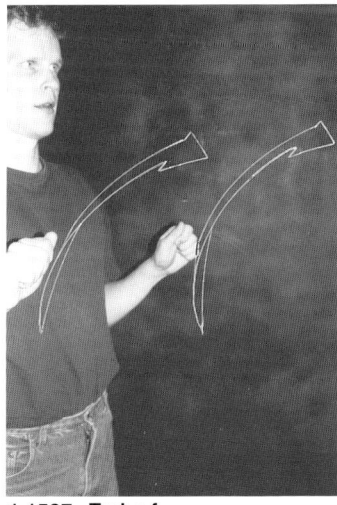

**1.1597 Truhe f**
Fe **oder** A-He (Hr o, Hk außen) im Bogen nach o v: »Deckel der Truhe öffnen«

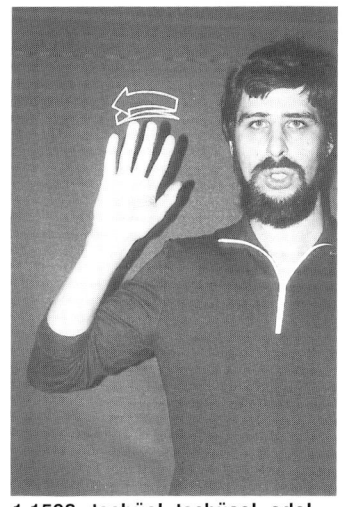

**1.1598 tschüs!, tschüss!, ade!, hallo!, Hallo n**
5-H (Ht v, Hk außen) »winkt« 2x hin und her
(vgl. winken 1.1812)

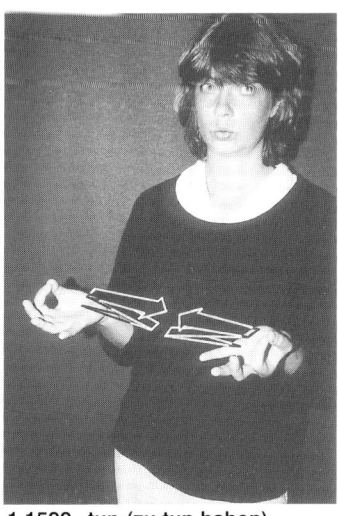

**1.1599 tun (zu tun haben), zu tun haben**
F-He (Ht o, Hk innen) 2x vor Brust gleichzeitig nach innen
(vgl. tun, machen 1.0066, Sache <2> 1.1230)

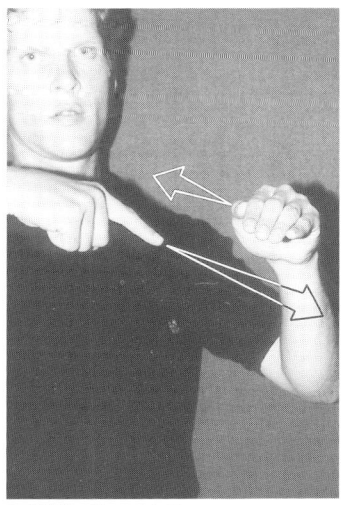

**1.1600 Tunnel m**
r Z (Hr o, Hk außen) »fährt« unter l <B-H (Hr außen, Hk v) nach v »durch Tunnel«

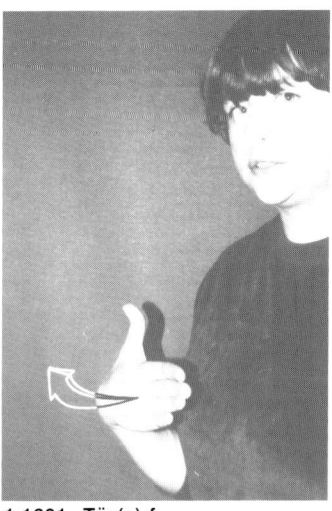

**1.1601 Tür(e) f**
*B-H (Hk u) 2x nach außen klappen: »Tür öffnen, Schwingtür«

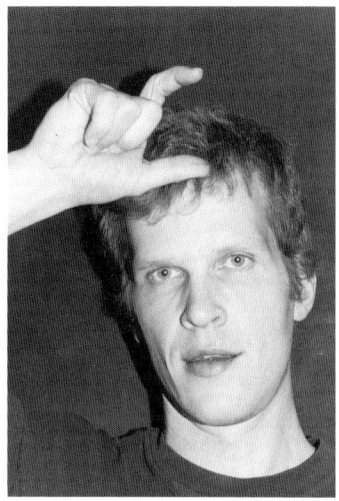

**1.1602 Türkei f, türkisch,
Türke\* m, Türkin\*\* f**
DZ der *X-H **oder** C-H (Hr außen,
Hk v) an Stirn: »türkischer
Halbmond«

**1.1603 Hinweis**

türkis = Türkei 1.1602
+ Farbe (1)(2) 1.0409/10

Überschrift f (2)
= über 1.1612
+ Thema 1.1553
(vgl. Überschrift <1> 1.1553)

Ursprung m, ursprünglich,
Effekt m, effektiv,
Keim m (Erreger),
Symbol n, symbolisch,
Symptom n, symptomatisch
= **wie Pflanze 1.1137**

**1.1604 Turm m (1)**
B-He **oder** *B-He (Hr außen, Hk v)
nach o: »Höhe des Turms«
(vgl. 1.1605, Turm <3><4>
**3.2184/85**)

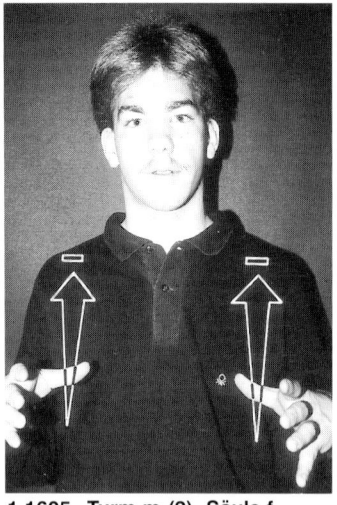

**1.1605 Turm m (2), Säule f,
Silo m,n**
5-He **oder** C-He (Hr außen, Hk u)
»fahren an Turm, Säule, Silo
nach o« (vgl. 1.1604,
Turm <3><4> **3.2184/85**)

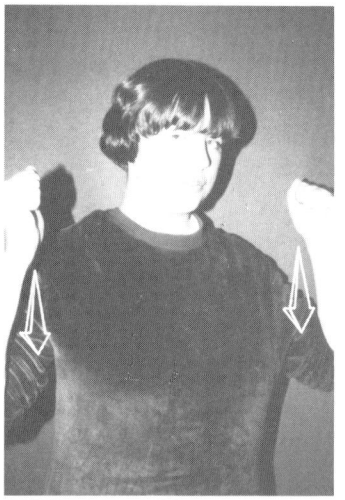

**1.1606 turnen (1),
Turner\* m (1), -in\*\* f (1)**
A-He (Hr außen, Hk v, Arme
angewinkelt) 2x »auf und ab«:
»gymnastische Übungen«
(vgl. 1.1607)

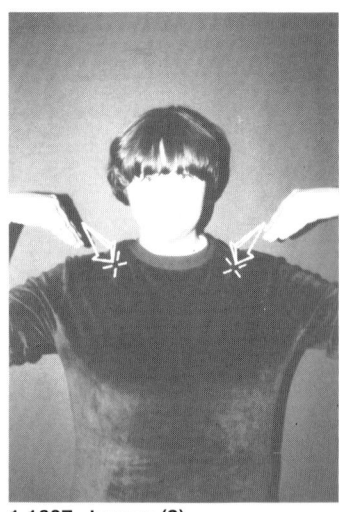

**1.1607 turnen (2),
Turner\* m (2), -in\*\* f (2)**
Fi-spitzen der <B-He tippen 2x auf
Schultern: »Träger des Turnhemds«
(vgl. 1.1606)

**1.1608 tut mir leid!, leidtun,
Heimweh n,
Mitleid n, mitleidig**
5-H (Hr v) streicht »mitfühlend« über
Brust: »Leidgefühl in der Brust«
(vgl. Leid 1.1309, Beileid **2.1119**)

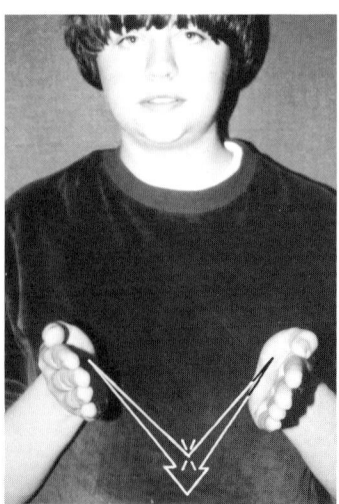

**1.1609 Tüte f (Papier)**
B-He (Hr außen, Hk u) ahmen Form
einer »spitzen Tüte« nach
(vgl. Tüte <Plastik> 1.0827)

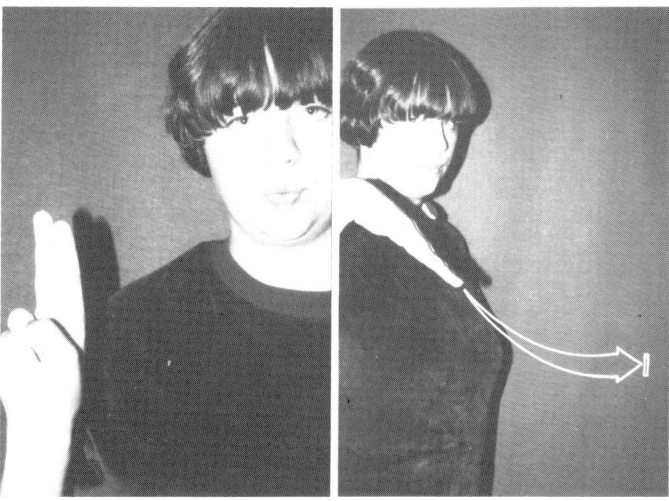

**1.1610 U-Bahn f**
1. FA »U«
2. B-H (Hr o, Hk außen) »fährt im Bogen nach unten«
(vgl. S-Bahn 1.1228, unter 1.1645)

**1.1611 üben, Übung f, trainieren, Training n, eilen, Eile f, eilig, beeilen (sich), bemühen (sich), Bemühung f, beschäftigen, Beschäftigung f, besorgen, Besorgung f, eifrig, Eifer m, fleißig, Fleiß m, leisten, schuften, sputen (sich), Tätigkeit f (1), tätig (1), trimmen (sich)**
Fe (Hr u, Hk innen) kreisen »eilig« entgegengesetzt vor Brust (Hr bleiben u)
(vgl. tätig <2> 1.0066, Trainer 1.0378, schnell 1.1323, Leistung **2.1743**)

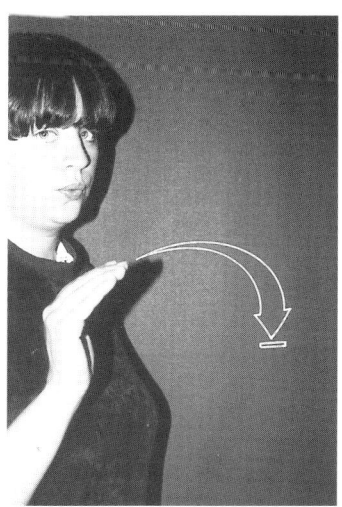

**1.1612 über (örtlich, zeitlich), übrig (N,W)**
**über:** <B-H (Ht v, Hk außen) im Bogen »über etwas« nach v
**übrig (N,W):** <B-H im Bogen nach r u!
(vgl. übrig <O> 1.0884, übrig <S> 1.1207)

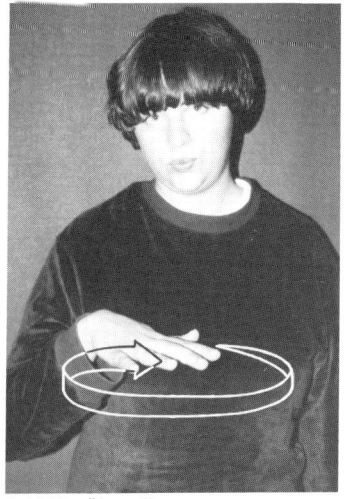

**1.1613 überall**
5-H (Hr o, Hk außen) beschreibt Kreis »über allem«

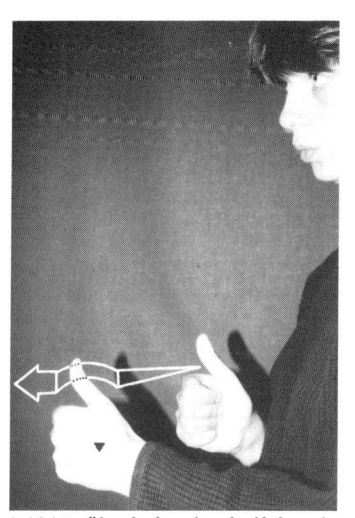

**1.1614 überholen (vorbeifahren), Spurt m, spurten**
r *A-H (Hr außen, Hk u) nach v im Bogen an l *A-H (Hr außen, Hk u) vorbei: »Überholvorgang«

**1.1615 überlegen (denken)(1), Überlegung f (1)**
Z bleibt an Schläfe, H dreht hin und her: »im Kopf bohren«
(vgl. 1.1616)

**1.1616 überlegen (denken)(2), Überlegung f (2), grübeln, rätselhaft**
5-H (Hr v, Hk innen) kreist mit Fispiel vor Stirn: »Gedanken kreisen«
(vgl. 1.1615, Rätsel, ... 1.1179)

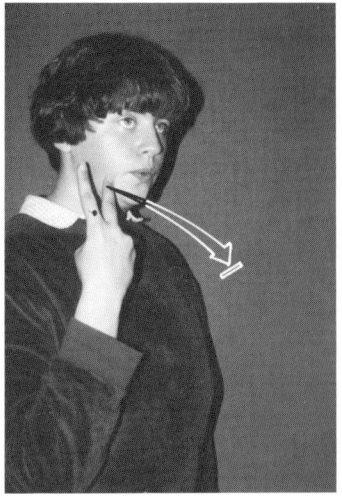

**1.1617 übermorgen (1)**
V-H bzw. **2-H** (Hr v, Hk innen) von Wange im Bogen nach v u (Hr u): »**2** Tage voraus«
(vgl. 1.1618, morgen <1> 1.1009)

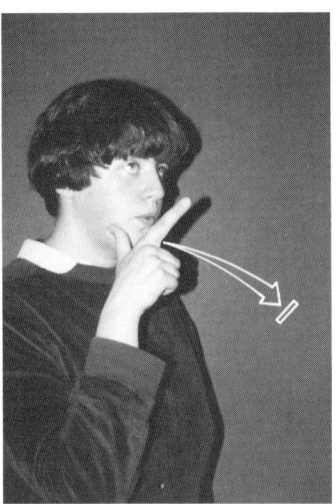

**1.1618 übermorgen (2)**
D der L-H bzw. **2-H** (Hr außen, Hk v) von Wange im Bogen nach v u (Hk u): »**2** Tage voraus«
(vgl. 1.1617, morgen <2> 1.1010)

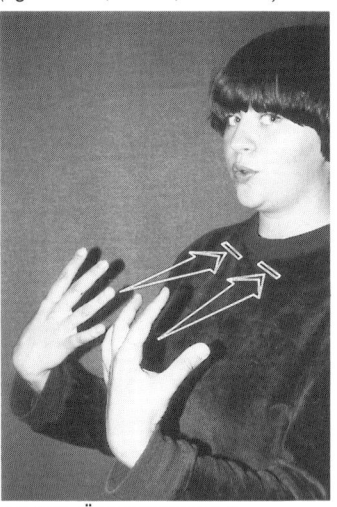

**1.1619 Überraschung f, überraschen, erschrecken, Schreck m, Schock m**
5-He (Hr v) schnell zur Brust (Mimik!)

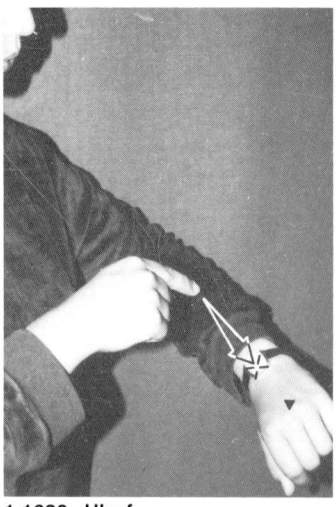

**1.1620 Uhr f**
r Z tippt auf »Armbanduhr«
(vgl. 1.1622, Stunde 1.1499)

**1.1621 um (örtlich), herum..., rum..., Umzug m (Fest), Kirmes f**
Z (Hr v, Hk außen) »kreist herum«
(vgl. 1.1622/26)

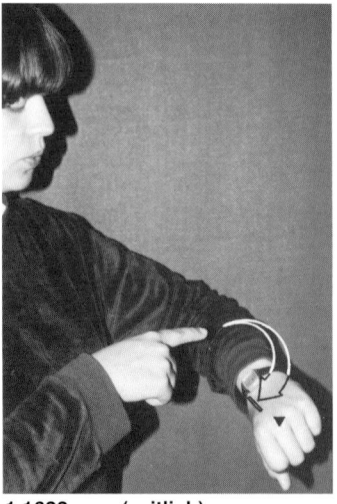

**1.1622 um (zeitlich)**
Z (Hr o, Hk v) beschreibt Halbkreis um »Armbanduhr« (Hk außen)
(vgl. 1.1620/21/26, Stunde 1.1499)

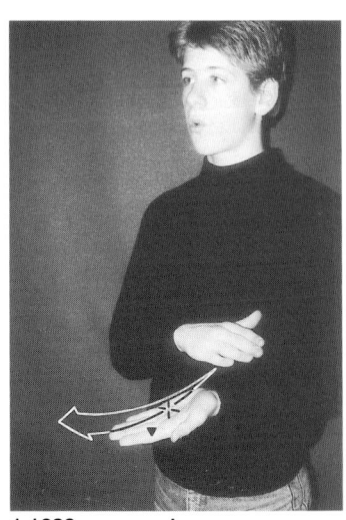

**1.1623 umsonst**
Ht der r *B-H (Hr o, Hk v) über Ht der l *B-H (Ht o, Hk innen) nach v

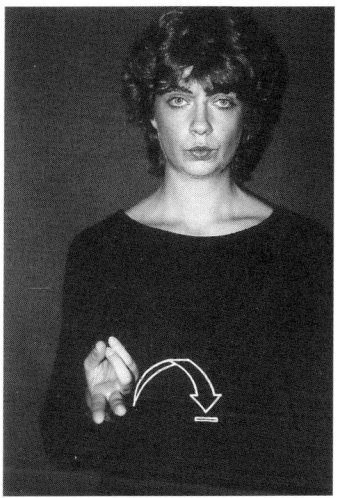

**1.1624 umsteigen**
V-H (Ht o, Hk innen) dreht im
H-gelenk nach innen (Hr o, Hk außen)
(vgl. aussteigen 1.0099, einsteigen
1.0345, wechseln <1> 1.1759)

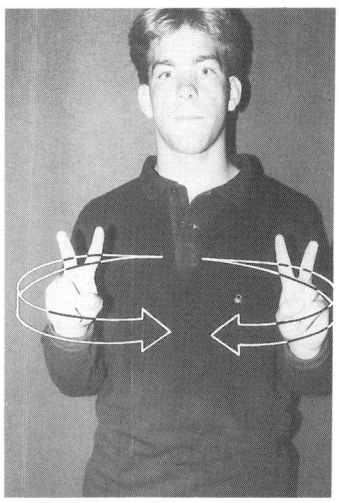

**1.1625 Umwelt f**
V-He (Ht v, Hk außen) beschreiben
Halbkreis nach v »um die Welt«
(Ht h, Hk innen)
(vgl. Welt 1.1781)

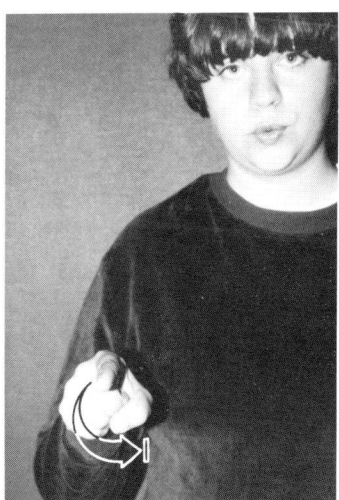

**1.1626 um ... zu**
1. **um:** Z (Hr o, Hk außen) dreht im H-gelenk nach innen (Hr u, Hk innen)
2. **... zu:** Z (Hr o, Hk außen) kurz nach v
(vgl. 1.1621/22)

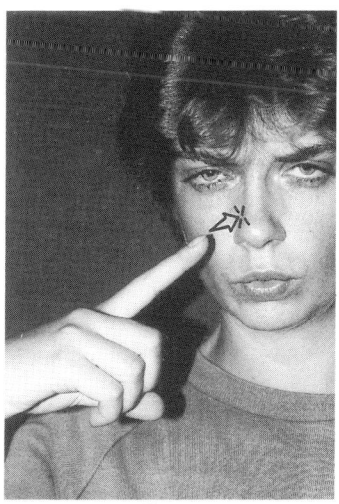

**1.1627 un..., Un...**
**(Verneinung, Gegensatz)**
Z-spitze tippt an Nasenflügel:
Lautgebärde »N« (un...)
(vgl. **1.1628**, Juni <1><N>
1.0749, **nur** 1.1085, we**nn** 1.1785)

**1.1628 Hinweis**

**Zusammengesetzte Wörter mit un..., Un...**
Die Vorsilbe **un...** (1.1627) wird vor dem entsprechenden Wort gebärdet.
**Beispiel:** »unhöflich, Unhöflichkeit«: zuerst »un.../Un...« (1.1627), dann »höflich / Höflichkeit« (1.0681) gebärden.
**Ausnahmen:**
Zusammengesetzte Wörter mit »un.../Un...«, für die es eine eigene Gebärde gibt.
**Beispiel:** »unmöglich« (1.1640), Unordnung (1.1642)

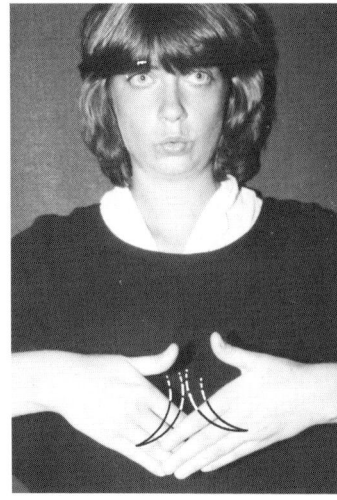

**1.1629 und (N)**
1.2. gekreuzte Fi der *B-He (Hr v, Hk u) drehen mit Kontakt im H-gelenk nach o (Hk innen)
(vgl. 1.1630/31, und <math.> 1.1151)

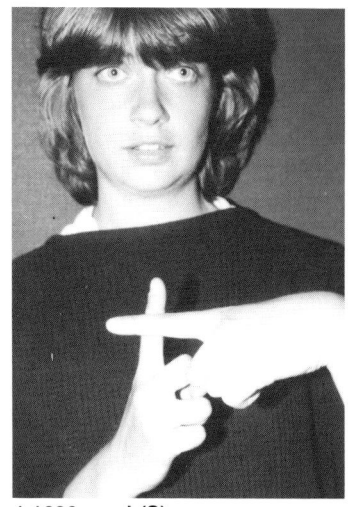

**1.1630 und (S)**
Z bilden Kreuz: »Und-, Pluszeichen«
(**wie** und <math.> 1.1151, vgl. 1.1629/31)

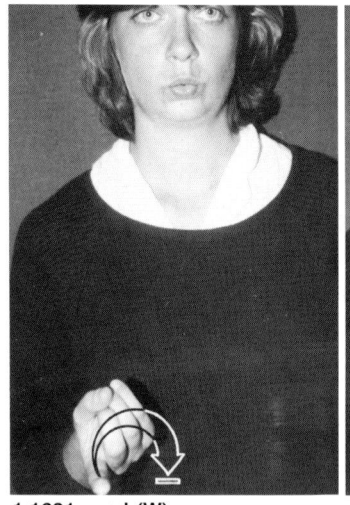

**1.1631 und (W)**
1.2. Z (Ht o, Hk innen) dreht im H-gelenk nach innen (Hr o, Hk außen)
(vgl. 1.1629/30, und <math.> 1.1151)

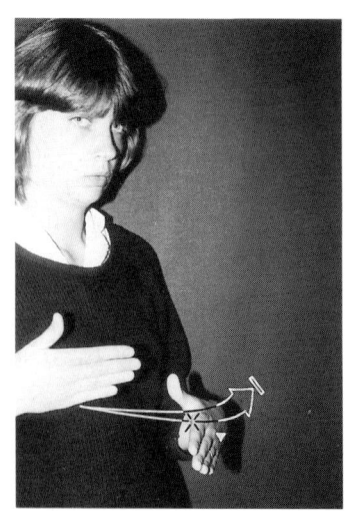

**1.1632 Unfall m (allg.)**
Hk der r *B-H (Hr außen, Hk u) über Z der l *B-H (Hr v, Hk u) nach v o
(vgl. 1.1633, Störung 1.1480)

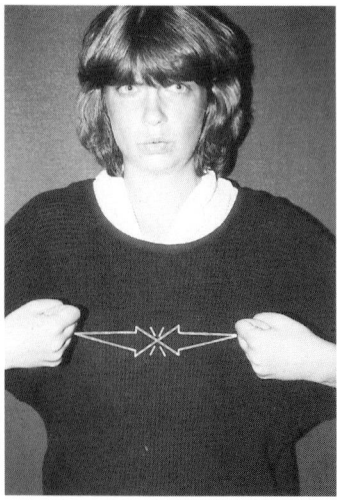

**1.1633 Unfall m (Verkehr), Zusammenstoß m, zusammenstoßen, Prall m, prallen, Zusammenprall m, zusammenprallen**
Fe (Hr v, Hk u) »stoßen« vor Brust »zusammen«
(vgl. 1.1632)

**1.1634 unglaublich (N)**
Z (Hr außen, Hk v) beschreibt mit
H-gelenkdrehung Schleife vom
Nasenflügel nach u (Hr u, Hk innen)
(vgl. 1.1635, glauben 1.0588)

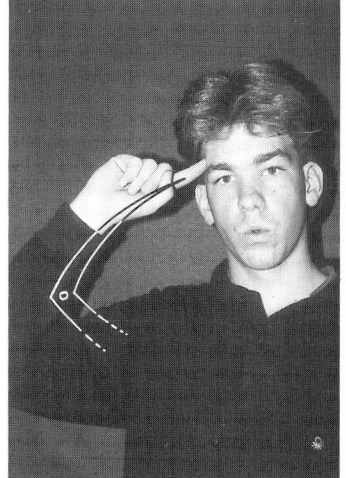

**1.1635 unglaublich (S)**
1. Z (Ht v, Hk außen) von Schläfe im Bogen nach außen zur F schließen,
dann beschreibt
2. F mit H-gelenkdrehung Schleife vor Körper
(vgl. 1.1634, glauben 1.0588)

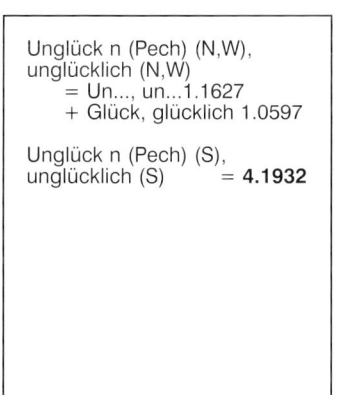

Unglück n (Pech) (N,W),
unglücklich (N,W)
 = Un..., un...1.1627
 + Glück, glücklich 1.0597

Unglück n (Pech) (S),
unglücklich (S)    = **4.1932**

**1.1636 Hinweis**

**1.1637 uni (einfarbig)**
FA »*U*«

**1.1638 Universität f (N),
Uni f (N)**
***U-H*** (Ht v) in Schlangenlinien nach u:
»Anfangsbuchstabe bzw.
früheres Fechten der Studenten«
(vgl. 1.1639)

**1.1639 Universität f (S),
Uni f (S)**
A-H (Hr außen) kreist neben Kopf
(vgl. 1.1638)

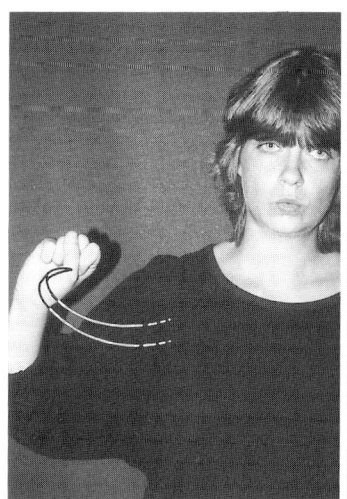

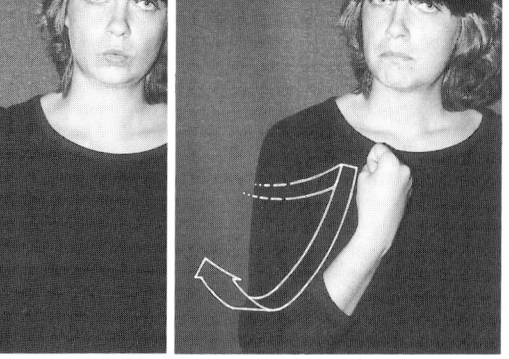

**1.1640 unmöglich, Unmöglichkeit f, ausgeschlossen!,
verwerflich**
1.2. F (Ht v, Hk außen) mit H-gelenkdrehung im Bogen nach l
  (Hr v, Hk innen) und zurück (Ht v, Hk außen)
(vgl. möglich, Möglichkeit 1.0999)

**1.1641 unordentlich (1), schlampig, durcheinander (unordentlich), Schlamperei f, verschlampen, verschludern**
*B-He **oder** 5-He kreisen umeinander (Hr v, Hk u): »Durcheinander«
(vgl. 1.1642, ordentlich 1.1104)

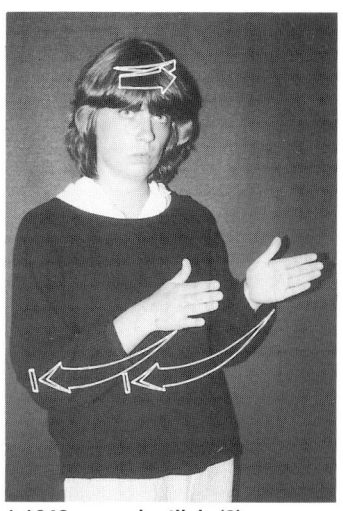

**1.1642 unordentlich (2), Unordnung f**
*B-He (Hr außen, Hk u) schnell parallel von l nach r bei gleichzeitigem Kopfschütteln
(vgl. 1.1641, Ordnung 1.1105)

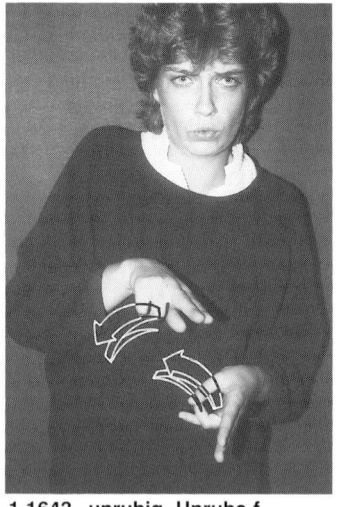

**1.1643 unruhig, Unruhe f, beunruhigen (1), Beunruhigung f (1)**
V-He (Hr o bzw. außen) drehen gleichzeitig »unruhig« im H-gelenk hin und her (vgl. beunruhigen <2> 1.1691)

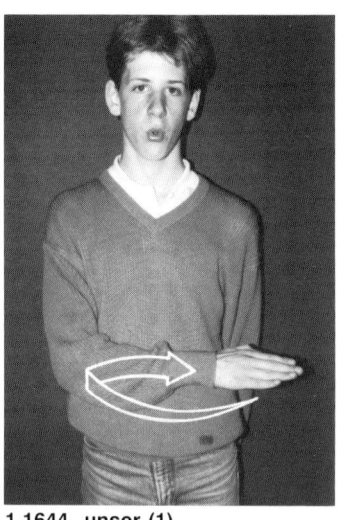

**1.1644 unser (1)**
B-H (Hr o, Hk außen) beschreibt Kreis: »unser Besitz«
(vgl. unser <2>, wir, uns 1.1815)

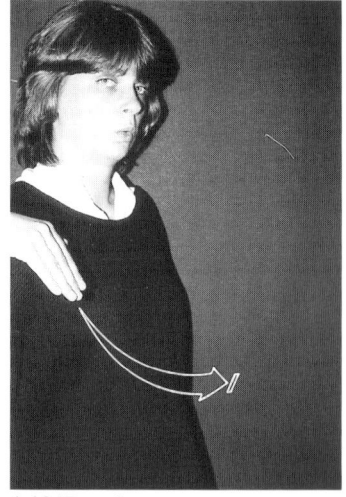

**1.1645 unter**
B-H (Hr o, Hk außen) »fährt« im Bogen »unter etwas« nach u v
(vgl. U-Bahn 1.1610)

**1.1646 unterhalten (sich), Unterhaltung f, plappern (Gehörlose), Geplapper n (Gehörlose), quasseln (Gehörlose), Gequassel n (Gehörlose), Quasselei f (Gehörlose)**
5-He (Hr außen, Hk u) im Wechsel vor Brust schnell auf und ab: »schnelles Gebärden«
(vgl. gebärden 1.0533, plappern, ... <Hörende> 1.1122)

**1.1647 Unter(hemd) n (N)(S)**
1. Z zeigt auf »Unterhemd«
2. »Hemd« (N)(S) 1.0655/56

**1.1648 Unter(hose) f**
1. Z zeigt auf »Unterhose«
2. »Hose« (1.0695)

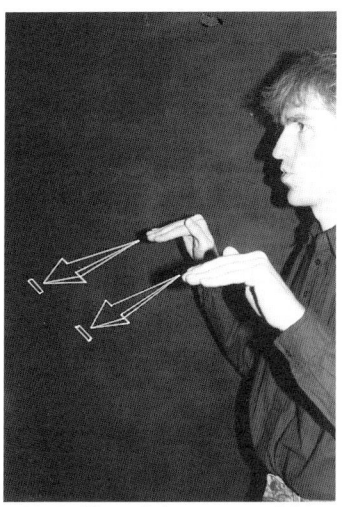

**1.1649 Unterricht m, unterrichten, Unterrichtung f, einweisen (unterrichten), Einweisung f (Unterricht), informieren, Kunde f (Unterricht), Kurs m (Unterricht)(1), Lehre f, lehren, Pädagogik f, pädagogisch, Pädagoge* m, Pädagogin** f, unterweisen, Unterweisung f**
<B-He **oder** <O-He (Hr h, Hk außen) 2x kurz nach v (vgl. melden <etwas><1>, Nachricht <1>, ... 1.0967, Information **2.1923**, Kurs <Unterricht><2> **4.1131**)

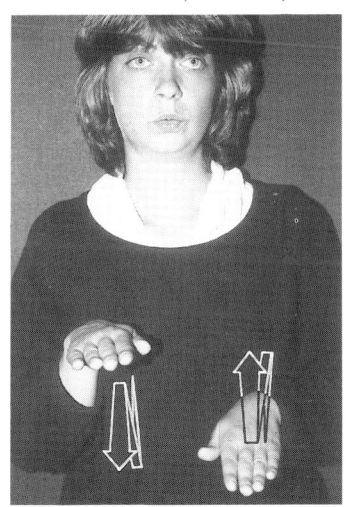

**1.1650 Unterschied m, unterscheiden, unterschiedlich, Verhältnis n (Vergleich)(1), relativ (1)**
B-He (Hr o, Hk außen) im Wechsel auf und ab deuten »unterschiedliches Verhältnis« an
(vgl. verschieden <allg.> 1.1675, Waage, Gewicht 1.1731, Verhältnis <Vergleich><2>, relativ <2> **4.2009**)

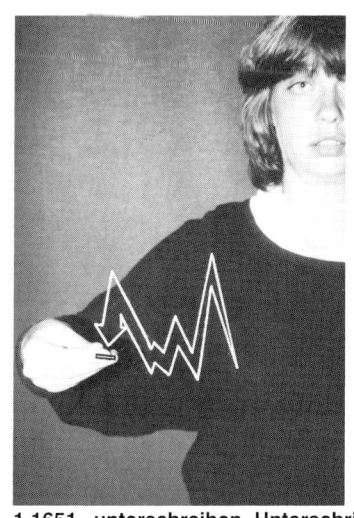

**1.1651 unterschreiben, Unterschrift f, Vertrag m, unterzeichnen, Unterzeichnung f**
<O-H (Hr außen, Hk u) »hält Stift und ahmt Vertragsunterschrift nach«

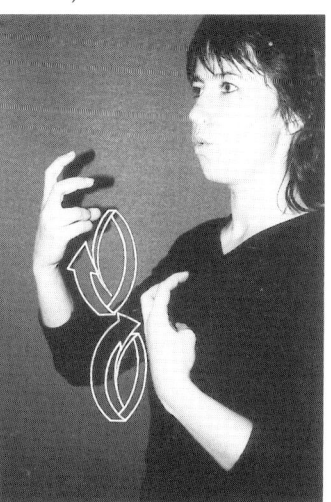

**1.1652 Untersuchung f (allg.)(N,W), untersuchen (allg.)(N,W)**
*V*-He (Hr v, Hk innen) kreisen versetzt vor Brust nach h
(vgl. Untersuchung <O,S> 1.1164)

Untertitel m,
untertiteln    = unter 1.1645
               + ...text 1.1688
(vgl. Videotext 1.1688)

**Ur...** (2),
**ur...** (2)    = FA »**U**«
(vgl. Ur... <1> 1.0903)

**U**rwald m (1)
               = FA »**U**«
               + Wald 1.1739
(vgl. Urwald <2> **3.1887 a**)

**1.1653 Hinweis**

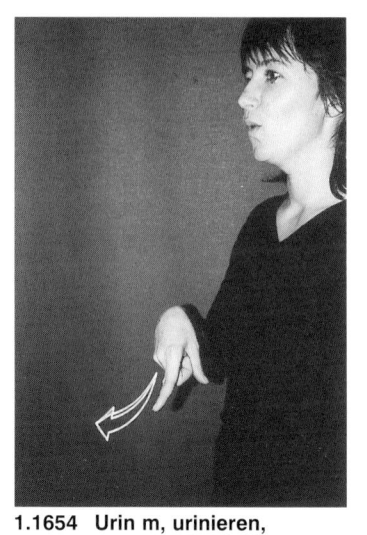

**1.1654 Urin m, urinieren, Harn m**
Z (Hr v, Hk außen) deutet 2x mit H-gelenkdrehung im Bogen nach v (Hr o) »Urinieren« an

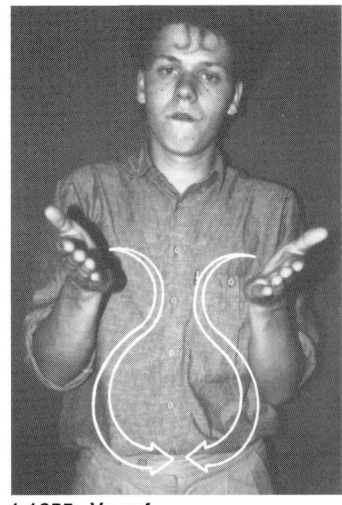

**1.1655 Vase f**
B-He **oder** *B-He ahmen »Form der Vase« nach

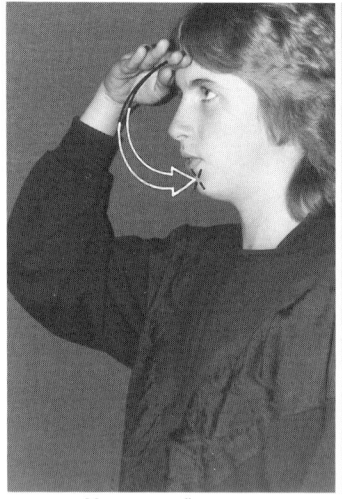

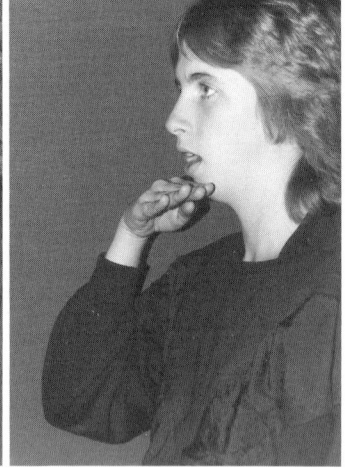

**1.1656 Vater m, väterlich**
1.2. Z der B-H **oder** U-H (Hr o, Hk v) von Stirn an Kinn **oder** von Kinn an Stirn

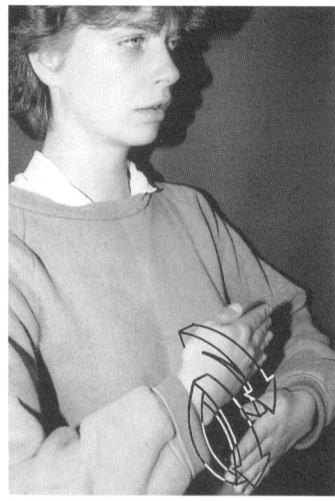

**1.1657 Verband m (med.), verbinden (med.), Umschlag m (med.), Bandage f (1), bandagieren (1), wickeln (Verband), Wickel m**
B-He (Hr v, Hk u) kreisen umeinander: »Verband wickeln«
(vgl. Bandage <2> 1.1338)

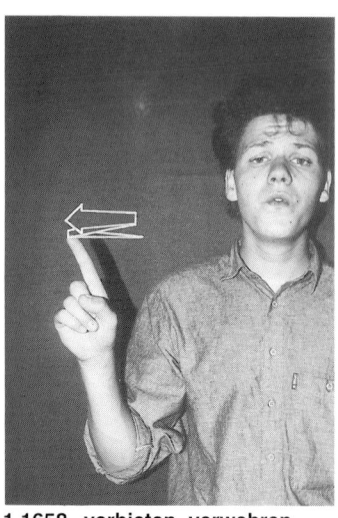

**1.1658 verbieten, verwehren, Verbot n**
Z (Ht v, Hk außen) vor Schulter hin und her
(vgl. verboten, nicht 1.1068, nein 1.1053)

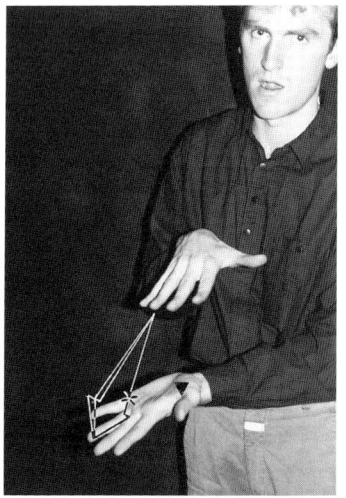

**1.1659** Verbrauch m, verbrauchen, Verbraucher* m, -in** f, abnutzen, Abnutzung f, ausgeben (Geld)(N), Ausgabe f (Geld)(N), Konsum m, Konsument* m, -in** f, konsumieren, vergeuden (Energie), Vergeudung f (Energie), verschwenden (Energie), Verschwendung f (Energie), Verschwender* m (Energie), -in** f (Energie)
*Fi-spitzen der r \*B-H (Hr o, Hk außen) mehrmals über Ht der l \*B-H (Ht o, Hk innen) nach v
(vgl. ausgeben <Geld><S>, vergeuden <Geld>, ... 1.1664)*

**1.1660** verdienen (Lohn), Verdienst m (Lohn), verdienen (Tat)(2), Verdienst m (Tat)(2), ankaufen, Ankauf m, Einkommen n, einnehmen (Geld), Einnahme f (Geld), Umsatz m (Geld), umsetzen (Geld)
*r <\*B-H (Hr außen, Hk u) schließt auf Ht der l \*B-H (Ht o, Hk innen) zur F: »Geld einsammeln«
(vgl. verdienen <Tat><1> 1.1341, sammeln 1.1242)*

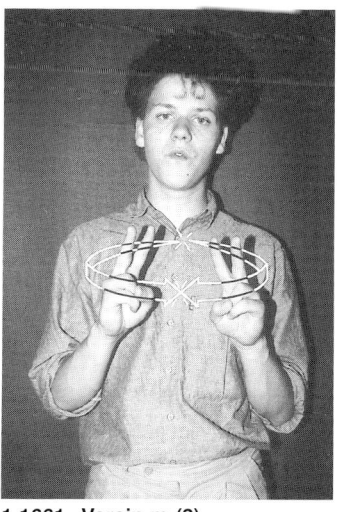

**1.1661 Verein m (2)**
*V-He (Ht v, Hk außen) beschreiben mit H-gelenkdrehung Kreis nach v (Hr v, Hk innen)
(vgl. 1.1662, Verein <1> 1.1889)*

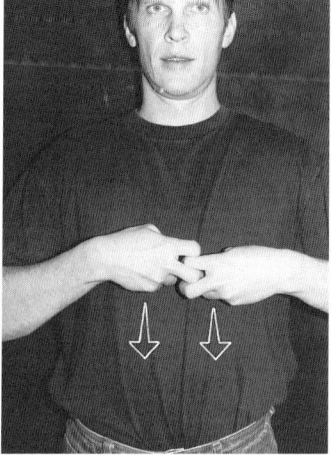

**1.1662 Verein m (3), Club m, Klub m, Physik f, physikalisch, Physiker* m, -in** f**
*1. ZM der \*V\*-He (Hr v, Hk u) greifen ineinander
2. Verhakte \*V\*-He kurz nach u
(vgl. 1.1661, Verein <1> 1.1889)*

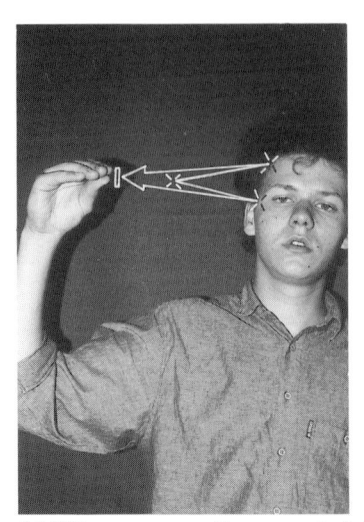

**1.1663 vergessen, Vergessenheit f,
vergesslich, Vergesslichkeit f**
*B-H (Hr außen, Hk u) schließt von Schläfe nach r zur <O-H:
»aus dem Kopf verschwinden«
(vgl. verschwinden 1.1764)

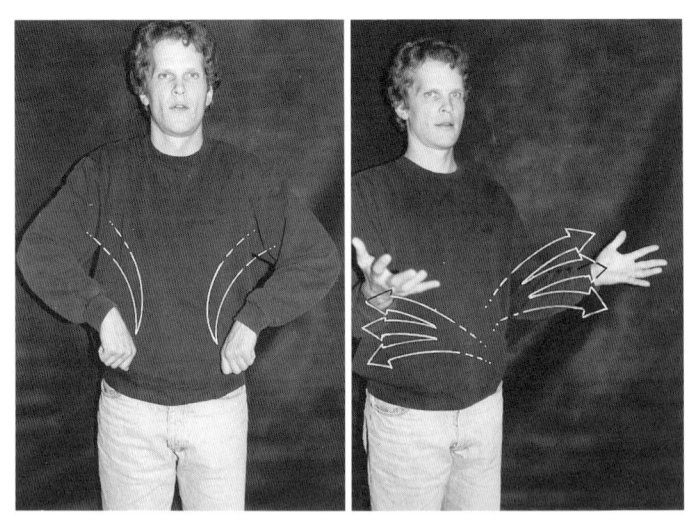

**1.1664 vergeuden (Geld), Vergeudung f (Geld), verjubeln, verplempern, verprassen,
verpulvern, verschleudern, Verschleuderung f, verschwenden (Geld),
Verschwendung f (Geld), Verschwender\* m (Geld), -in\*\* f (Geld), verspielen,
Ausgabe f (Geld)(S), ausgeben (Geld)(S)**
1.2. A-He Hk (Hr innen, Hk v) gleichzeitig **oder** im Wechsel mit H-gelenkdrehung nach v zu 5-He **oder** L-He öffnen
(Ht o, Hk innen): »Geld wegwerfen« (vgl. vergeuden <Energie>, ... 1.1659, ausgeben <spendieren> 1.1667)

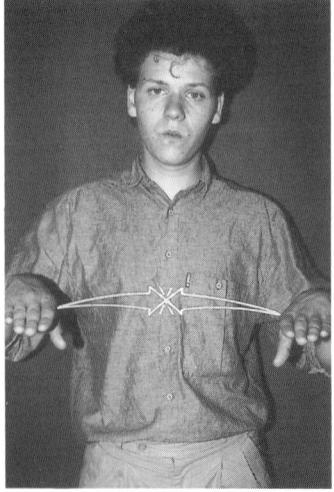

**1.1665 Vergleich m**
B-He (Hr o, Hk außen) vor Brust
zusammen: »beide Seiten kommen
zusammen«
(vgl. vergleichen 1.1666)

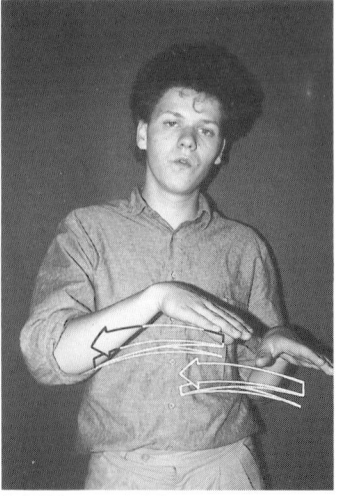

**1.1666 vergleichen,
analog, Analogie f**
*B-He (Hr o, Hk außen) gleichzeitig
hin und her: »beide Seiten
vergleichen«
(vgl. Vergleich 1.1665)

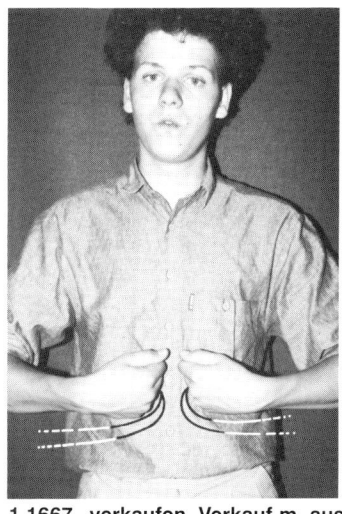

**1.1667 verkaufen, Verkauf m, ausgeben (spendieren), spendieren, veräußern, Veräußerung f**
1.2. A-He (Hr v, Hk u) drehen im H-gelenk nach außen (Ht v):
»Ware veräußern«
(vgl. ausgeben <Geld><N><S> 1.1659/1.1664)

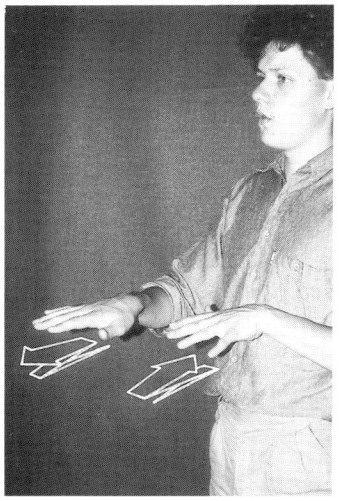

**1.1668 Verkehr m**
5-He (Hr o) im Wechsel 2x vor und zurück: »Hin und Her des Verkehrs«

**1.1669 Verletzung f, verletzt, verletzen**
M der r U-H **oder** V-H (Hr v, Hk u) »schneidet« Z der l U-H **oder** V-H (Hr außen, Hk u) nach r
(vgl. Wunde 1 1838)

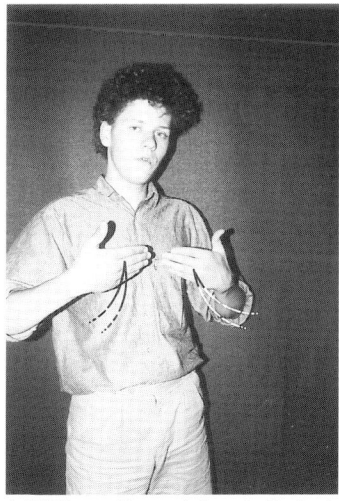

**1.1670 verlieren (etwas), Verlust m, verwirken**
1.2. *B-He (Hr v, Hk u) von Brust mit H-gelenkdrehung nach außen zu 5-He (Hr o, Hk außen) öffnen
(vgl. 1.1671, verlieren <Sport><2> 1.1575)

**1.1671 verlieren (Sport)(1), verloren (Sport)(1), Verlierer* m (Sport)(1), -in** f (Sport)(1), Niederlage f (1), unterliegen**
D der A-H (Hr o, Hk außen) im Bogen nach u (Hr innen, Hk o): bei den Römern bedeutete Daumen nach unten »Niederlage, verloren«
(vgl. 1.1670, verlieren <Sport><2>, Niederlage <2> 1.1575)

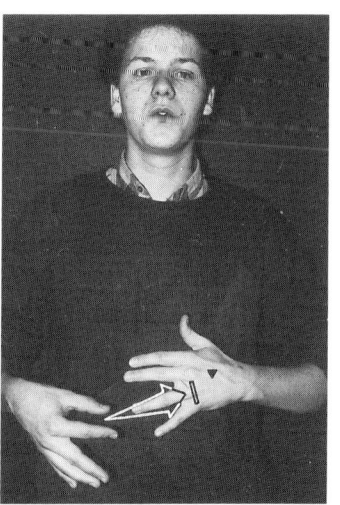

**1.1672 Verlobung f, verloben (sich), verlobt, Verlobte* m ** f, Ring m (Schmuck)**
r D und Z »stecken Verlobungsring auf l R«
(vgl. verheiratet, Ehe 1.0331)

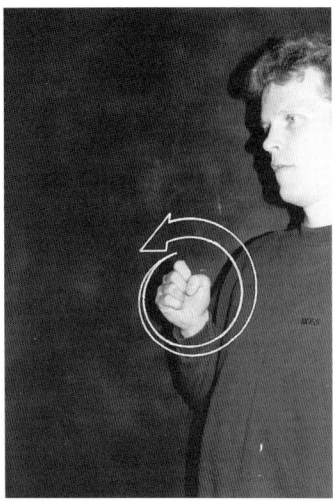

**1.1673 verreisen (1)**
F (Hr außen, Hk u) kreist mehrmals vor r Brustseite:
»Räder drehen sich«
(vgl. verreisen <2> 1.1778, Reise 1.1203, Bahn <Verkehr> 1.0117)

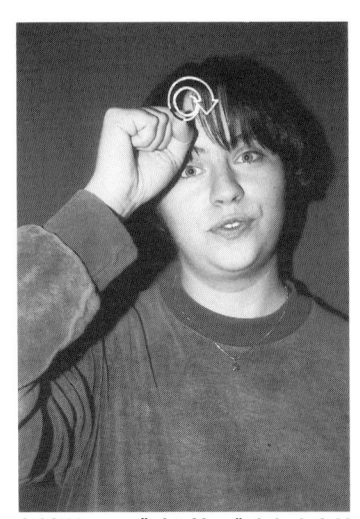

**1.1674 verrückt, Verrücktheit f, Verrückte\* m \*\* f, Unsinn m (S), unsinnig (S), Unfug m (S), Narr m (1), Närrin\*\* f (1), närrisch (1)**
F (Hr außen, Hk v) kreist vor Stirnmitte: »Durcheinander im Kopf«
(vgl. Unsinn <N>, Unfug <N> 1.1174, Narr <2>, närrisch <2> **2.0925**)

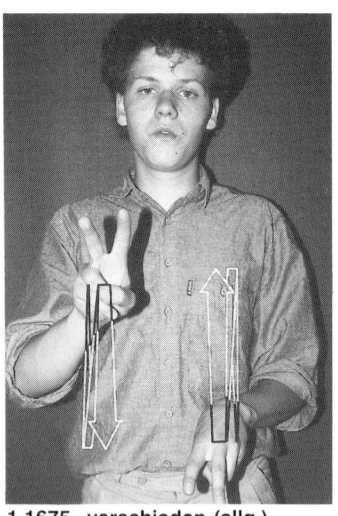

**1.1675 verschieden (allg.)**
V-He (Hr o, Hk außen) 2x im Wechsel auf und ab
(vgl. 1.1676, Unterschied 1.1650)

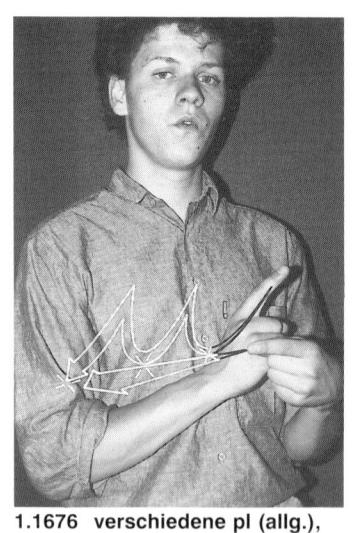

**1.1676 verschiedene pl (allg.), andere pl**
beide Z nach r, dabei kreist r Z (Hr außen, Hk u) 3x mit Kontakt über l Z (Hr o, Hk v)
(vgl. 1.1675, anders 1.0047)

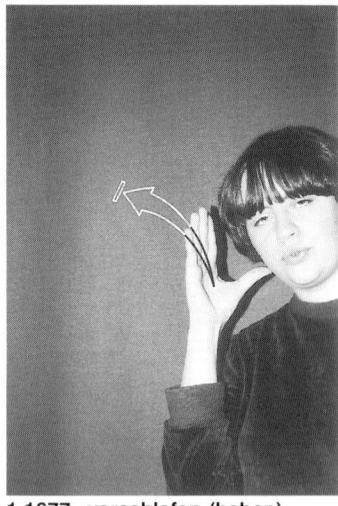

**1.1677 verschlafen (haben)**
\*B-H (D an Wange, Hr außen, Hk v) im Bogen nach o außen
(vgl. schlafen 1.1284)

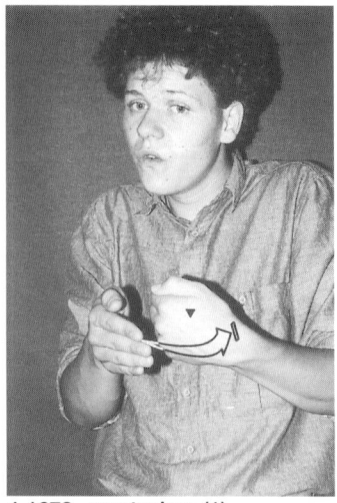

**1.1678 verstecken (1), Versteck n (1), verbergen (1)**
r <B-H (Hk u) umfährt, »versteckt« l <B-H (Hr v, Hk u)
(vgl. 1.1679)

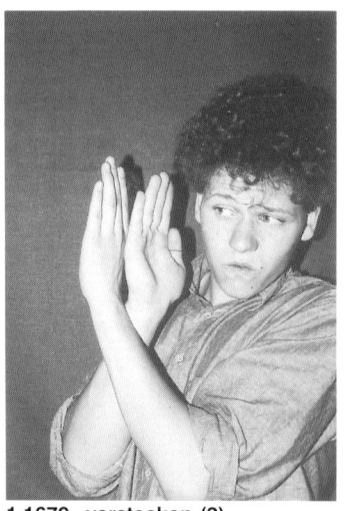

**1.1679 verstecken (2), Versteck n (2), verbergen (2)**
»Kopf versteckt sich« hinter B-He
(vgl. 1.1678)

**1.1680 verstehen, Verständnis n, verständlich**
V-H (Hr v, Hk innen) vor r Stirnseite 2x hin und her
(vgl. Verstand 1.0271)

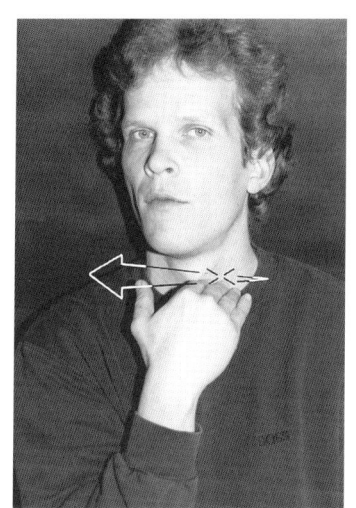

**1.1681 verstorben (2)**
Fi-spitzen der <*B-H (Hr o, Hk innen) an Kehle nach r
(vgl. verstorben <1><3> 1.1469/1.1576, tot <1> 1.1575)

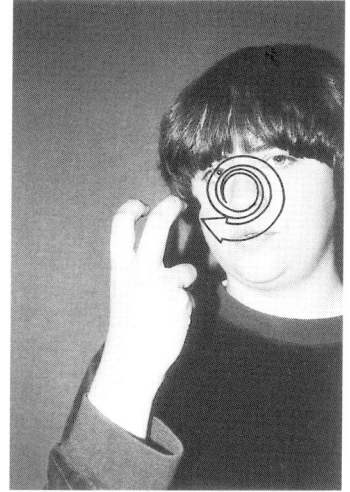

**1.1682 versuchen, Versuch m**
*V*-H (Hr v, Hk innen) kreist vor Nase
(vgl. suchen 1.1502, probieren <versuchen><1><2> 1.1158/59)

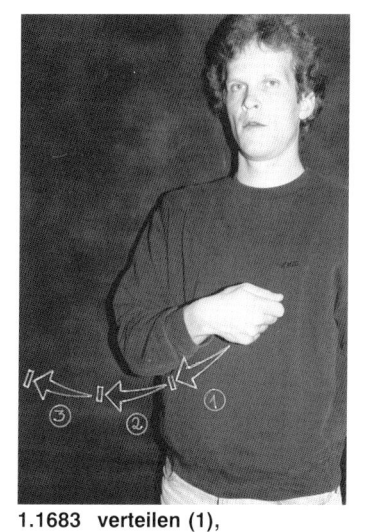

**1.1683 verteilen (1), Verteiler m (1), Verteilung f (1)**
A-H (Hr v, Hk u) »verteilt« 3x mit Unterbrechungen nach v r (Hr außen)
(vgl. verteilen <2> 1.1544)

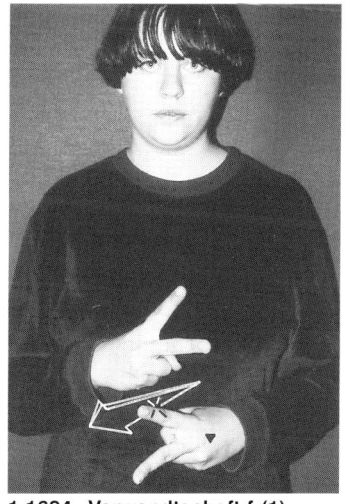

**1.1684 Verwandtschaft f (1), verwandt (1), Verwandte* m ** f (1)**
*r V-H* (Hr außen, Hk u) 2x über Z der *l V-H* (Hr außen, Hk u) nach h
(vgl. 1.1685)

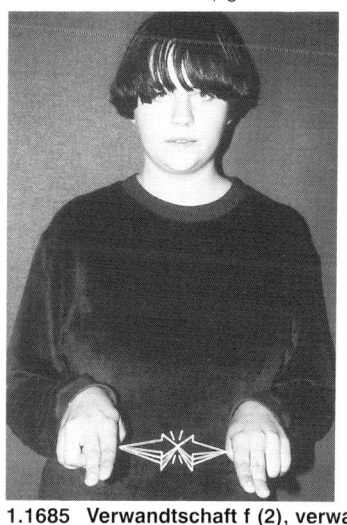

**1.1685 Verwandtschaft f (2), verwandt (2), Verwandte* m ** f (2), Geschwister pl**
Z der U-He (Hr o, Hk außen) 2x **oder** 3x zusammen
(vgl. 1.1684, Bruder, Schwester 1.0230)

```
Vanille f       = FA »V«
vegetarisch,
Vegetarier* m, -in** f
                = FA »V«
                + essen 1.0389
verhungern      = Not (1) 1.1077
                + hungern 1.0704
Vermögen n (Besitz)
                = Geld 1.0558
                + Betrag 1.0540
Video n (1), Video ... (1)
                = FA »V«
(vgl. Video <2> 1.1687)
Viereck n (2), viereckig (2)
                = vier (1) 1.1692
                + Ecke 1.0329
(vgl. Viereck <1> 1.1173)
Vitamin n = FA »V«
                + Nahrung 1.1043
```

**1.1686 Hinweis**

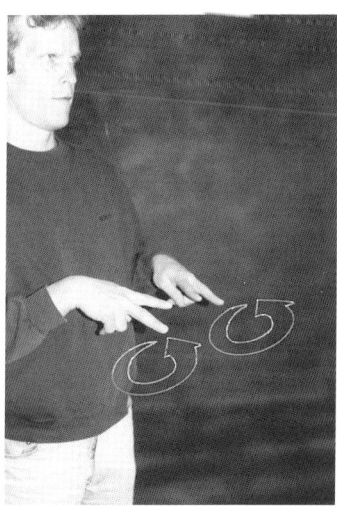

**1.1687 Video n (2), Video ... (2)**
V-He (Hr o, Hk außen) kreisen parallel vor Brust, deuten »Abspulen« an
(vgl. Video <1> 1.1686)

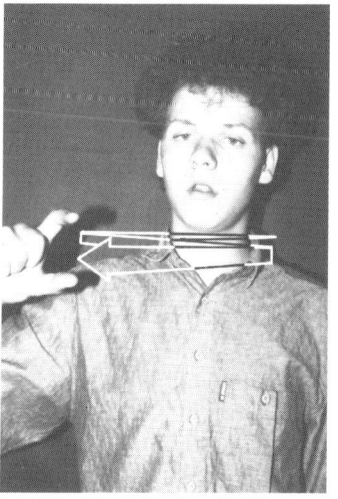

**1.1688 (Video)text m (1)(2)**
1. »Video« (1)(2) 1.1686/87
2. »...text«: *X-H (Ht v, Hk außen) 2x nach außen, deutet »2 Zeilen« an
(vgl. Untertitel 1.1653)

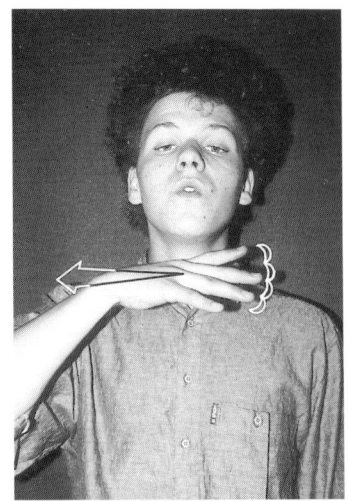

**1.1689 viel (1),
zu viel (allg.)**
4-H (Hr o, Hk v) mit Fi-spiel unter
Kinn von l nach r
(vgl. 1.1690, zu viel <Essen>
1.0641)

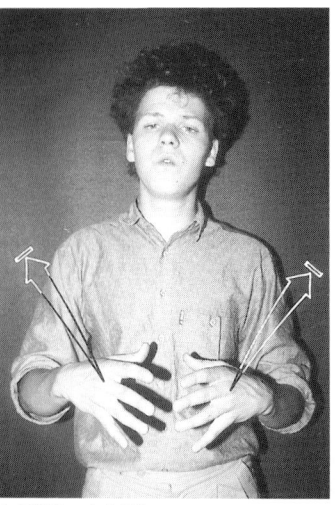

**1.1690 viel (2)**
5-He (Hr o, Hk v) nach außen o
deuten »Menge« an
(vgl. 1.1689)

1.1691 vielleicht, manche, manchmal, ca. (2), circa (2), zirka (2), etwa, eventuell, Anschein m, anscheinend, Beunruhigung f (2),
beunruhigen (2), heikel, kritisch (Lage), Misstrauen n, misstrauen, misstrauisch, Pessimismus m, pessimistisch,
Pessimist* m, -in** f, scheinbar, scheinen (Anschein), Skepsis f, skeptisch, Spekulation f, spekulieren, Spekulant* m, -in**
suspekt, ungefähr, vage, wahrscheinlich, Wahrscheinlichkeit f, womöglich, ziemlich, Zweifel m, zweifelhaft, zweifeln
5-H **oder** 5-He (Hr o, Hk außen) mit H-gelenkdrehung »zweifelnd« vor Brust hin und her
(vgl. Beunruhigung <1> 1.1643, ca. <1> **4.1544**, Spekulation <S> **4.1686**)

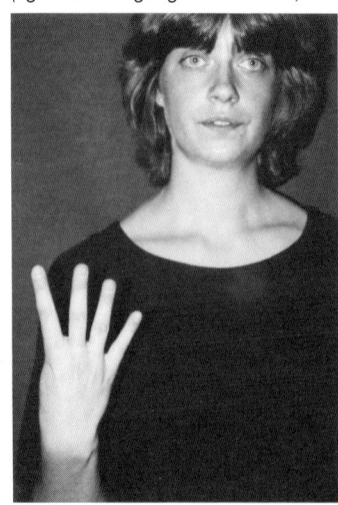

**1.1692 vier (1), 4 (1),
Quartett n (Gruppe)**
*4-H (Hr v, Hk innen): »4 Finger«*
(vgl. 1.1693)

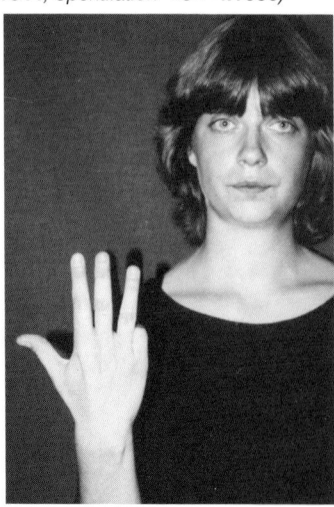

**1.1693 vier (2), 4 (2)**
***DZMR** (Hr v, Hk innen): »4 Finger«*
(vgl. 1.1692)

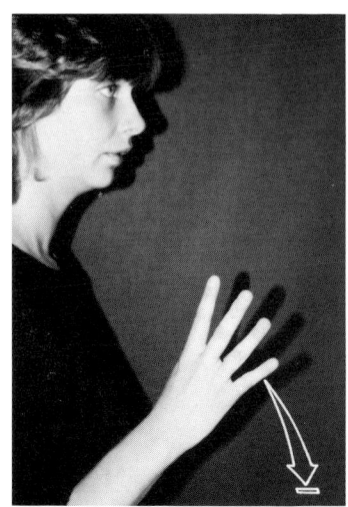

**1.1694 vierhundert, 400**
4-H (Hr außen, Hk v) im Bogen
nach u (Hk u)

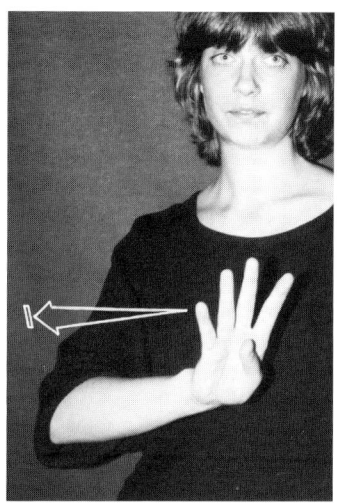

**1.1695 viertausend, 4 000,
vier Wochen**
*4-H (Ht v, Hk außen) vor Brust nach r*

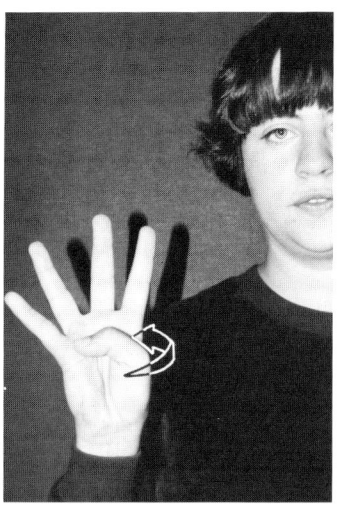

**1.1696 vierte, 4.**
*4-H (Ht v, Hk außen) dreht im
H-gelenk nach innen (Hr v, Hk innen)
(vgl. vierzig <N> 1.1703)*

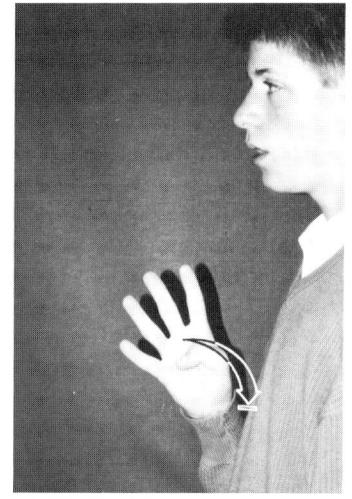

**1.1697 Viertel n,
Quartal n**
*4-H (Hr außen, Hk u) dreht im
H-gelenk vor Brust nach h (Hk v)*

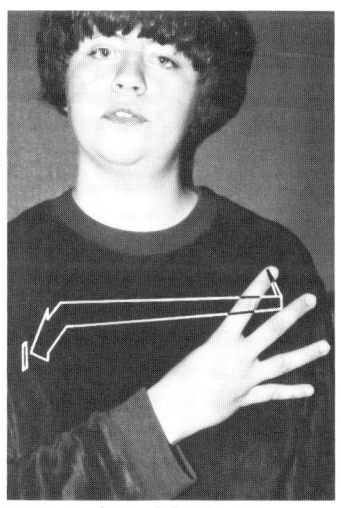

**1.1698 vierundvierzig, 44,
vierundvierzig(ste), 44(.)**
*1. »vierundvierzig«: 4-H (Hr v, Hk u)
von l Schulter nach r
2. »...ste« (1.0702, r. Foto)*

**1.1699 vierundzwanzig, 24,
vierundzwanzig(ste), 24(.)**            (N)
*1. »vier«: 4-H (Hr v, Hk innen)
2. »zwanzig« (N): V-H bzw. 2-H (Hr v, Hk innen) dreht im H-gelenk
    nach außen (Hr h, Hk außen)(vgl. 1.1700)
3. »...ste« (1.0702, r. Foto)*

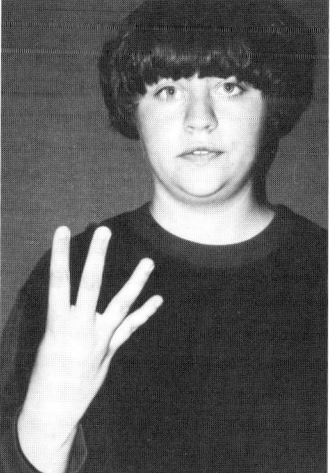

**1.1700 vierundzwanzig, 24,
vierundzwanzig(ste), 24(.)**            (S)
*1. »vier«: 4-H (Hr v, Hk innen)
2. »zwanzig« (S): V-H bzw. 2-H (Hr v, Hk innen) 2x zur \*V\*-H krümmen (vgl. 1.1699)
3. »...ste« (1.0702, r. Foto)*

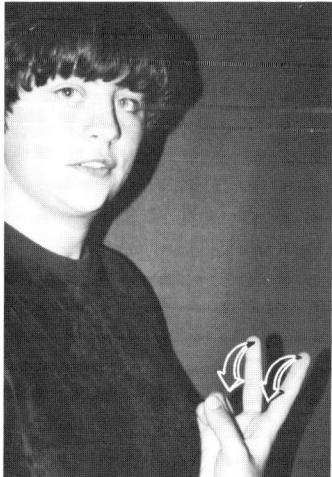

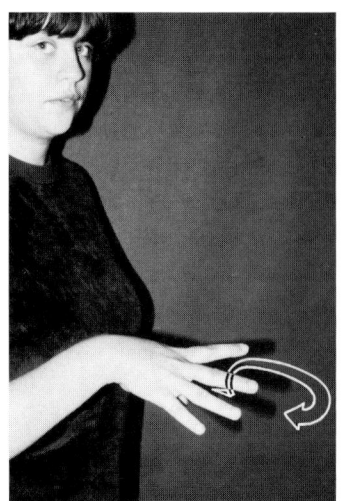

**1.1701 vierzehn, 14,** (N)
**vierzehn(te), 14(.)**
1. »vierzehn« (N): 4-H (Hr o, Hk außen) kreist nach v u (vgl. 1.1702)
2. »...te« (1.0357, r. Foto)

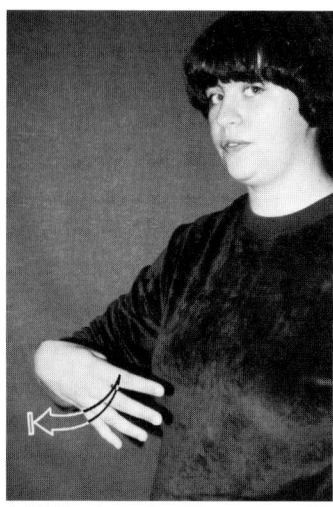

**1.1702 vierzehn, 14,** (S)
**vierzehn(te), 14(.)**
1. »vierzehn« (S): 4-H (Hr v, Hk u) dreht im H-gelenk nach v (Hr o, Hk außen) (vgl. 1.1701)
2. »...te« (1.0357, r. Foto)

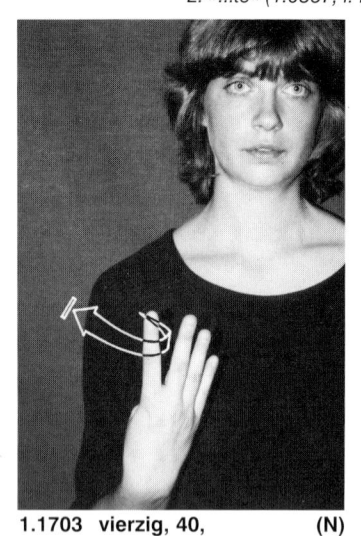

**1.1703 vierzig, 40,** (N)
**vierzig(ste), 40(.)**
1. »vierzig« (N): 4-H (Hr v, Hk innen) dreht im H-gelenk nach außen (Hr h, Hk außen)(vgl. 1.1704, vierte 1.1696)
2. »...ste« (1.0702, r. Foto)

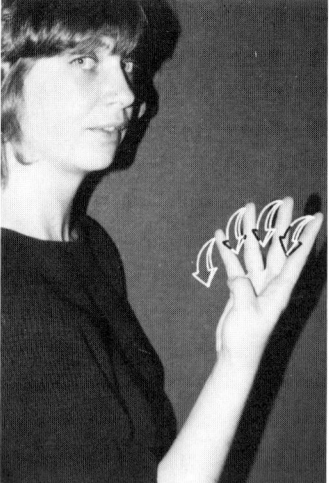

**1.1704 vierzig, 40,** (S)
**vierzig(ste), 40(.)**
1. »vierzig« (S): 4-H (Hr v, Hk innen) 2x zur *4*-H krümmen (vgl. 1.1703)
2. »...ste« (1.0702, r. Foto)

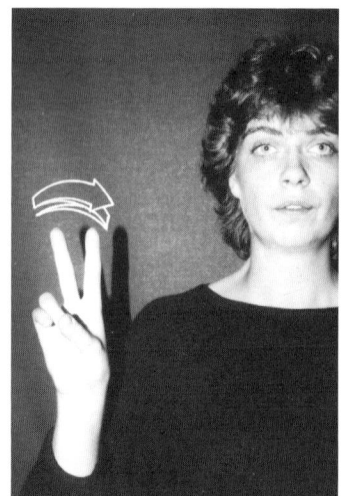

**1.1705 violett**
*V-H (Ht v, Hk außen) vor Schulter hin und her*
(vgl. **l**ila 1.0909, **o**liv 1.1098)

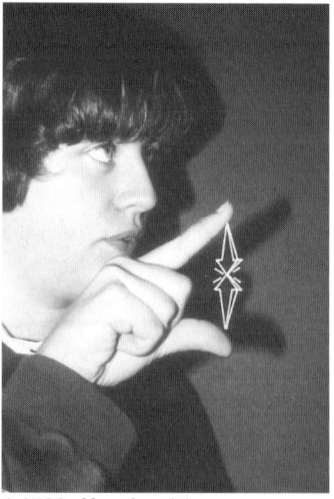

**1.1706 Vogel m (1)**
*L-H (Ht v, Hk außen) schließt neben Mund 2x zur <Q-H: »Schnabel auf und zu«*
(vgl. 1.1707, Schnabel <1> 1.1317)

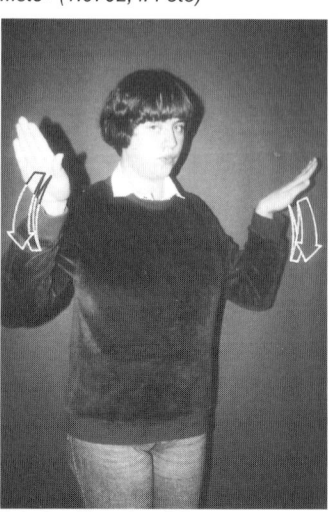

**1.1707 Vogel m (2),**
**Flügel m/pl (Vogel),**
**fliegen (Vogel),**
**Flug m (Vogel), Geflügel n**
*B-He (Hr o, Hk h) ahmen »Fliegen des Vogels« nach*
(vgl. 1.1706)

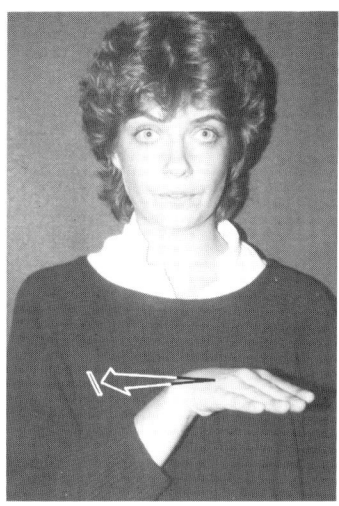

**1.1708 voll (1)**
B-H **oder** 5-H (Hr o, Hk außen) kurz
nach r: »gestrichen voll«
(vgl. 1.1709)

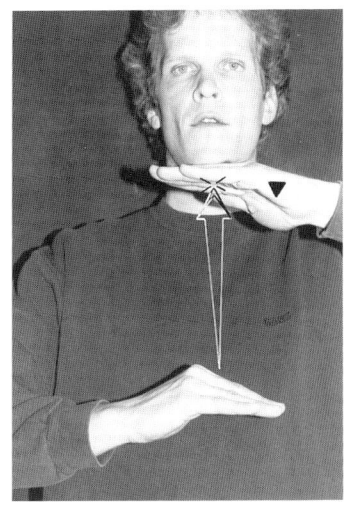

**1.1709 voll (2)**
Fi-rücken der r <B-H (Hr außen,
Hk v) von u gegen Ht der l <B-H
(Hr außen, Hk v): »bis oben voll«
(vgl. 1.1708)

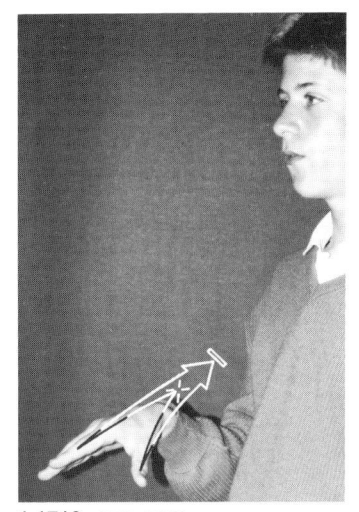

**1.1710 von, vom
(kurze Entfernung)**
*B-H (Hr o, Hk außen) schließt
nach h zur <O-H
(vgl. von, vom <große Entfernung>
1.0832)

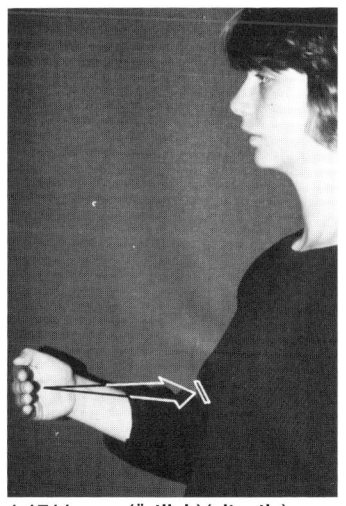

**1.1711 vor (örtlich)(situativ),
vor (zeitlich)(2),
bevor, davor, ehe**
<B-H (Hr außen, Hk u) nach h
»vor« Brust
(vgl. 1.1712)

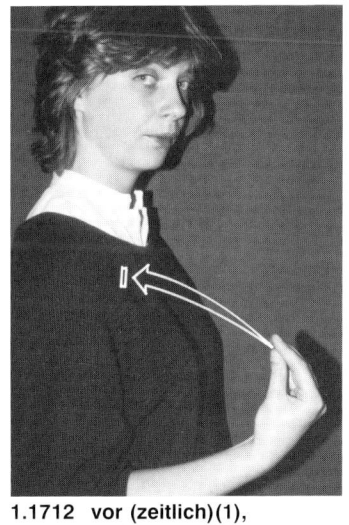

**1.1712 vor (zeitlich)(1),
vorher**
<O-H (Hr u, Hk innen) im Bogen 1x
**oder** 2x »vor« Schulter (Hr v)
(vgl. 1.1711, eben, soeben 1.0328,
vorhin 1.1722)

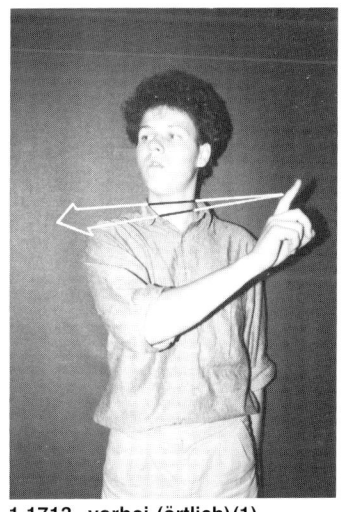

**1.1713 vorbei (örtlich)(1)**
Z (Hr innen, Hk v) von l Schulter
nach r (Ht v, Hk außen): »am
Gesicht vorbei«
(vgl. 1.1714/15/16/17)

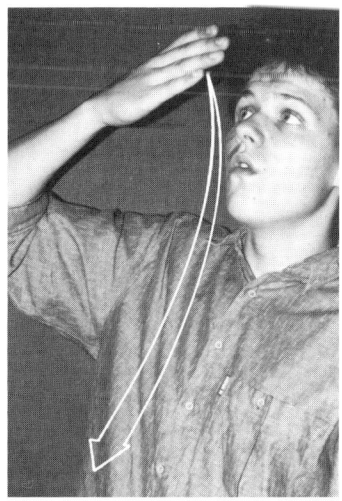

**1.1714 vorbei (örtlich)(2)**
*B-H (Hr v, Hk u) nach u: »am
Körper vorbei«
(vgl. 1.1713/15/16/17)

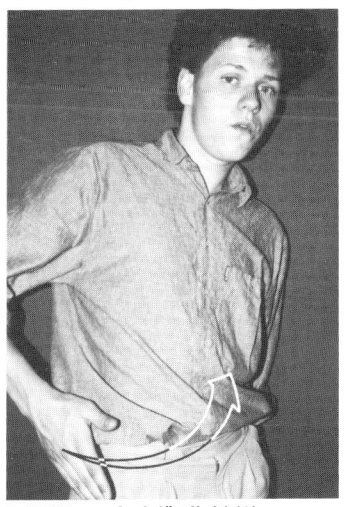

**1.1715 vorbei (örtlich)(3)**
*B-H (Hr außen, Hk h) im Bogen
nach o (Hk u): »an der Seite
vorbei«
(vgl. 1.1713/14/16/17)

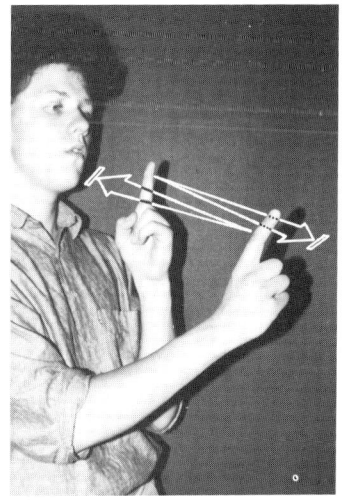

**1.1716 vorbei (örtlich)(4)**
Z (Hr außen, Hk v) im Wechsel vor
und zurück: »aneinander vorbei«
(vgl. 1.1713/14/15/17)

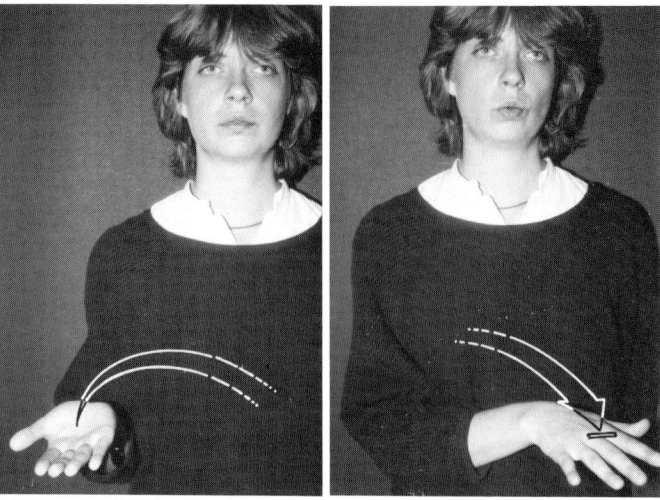

**1.1717 vorbei (zeitlich), vorüber, vorübergehen**
1.2. *B-H (Ht o, Hk innen) mit H-gelenkdrehung im Bogen vor Brust nach l (Hr o, Hk außen): »Zeit ist vorbei«
(vgl. 1.1713/14/15/16)

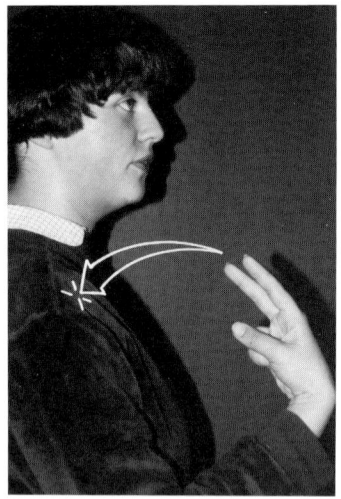

**1.1718 vorgestern (1)**
V-H bzw. **2-H** (Hr v, Hk innen) zur Schulter: »2 Tage zurück«
(vgl. 1.1719/20, gestern <1> 1.0573)

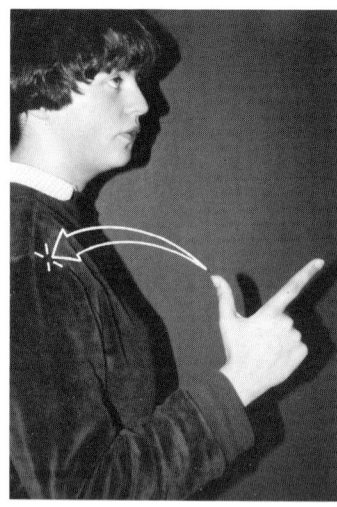

**1.1719 vorgestern (2)**
D der L-H bzw. **2-H** (Hr außen, Hk v) zur Schulter: »2 Tage zurück«
(vgl. 1.1718/20, gestern <2> 1.0574)

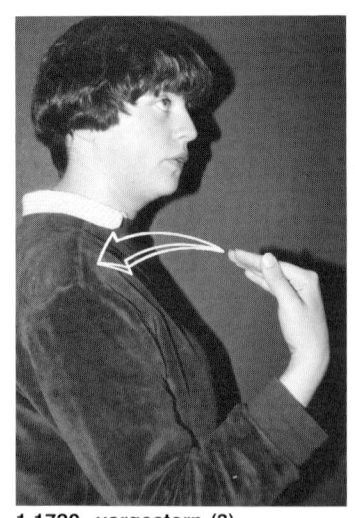

**1.1720 vorgestern (3), kürzlich**
Fi-spitzen der <B-H (Hr v, Hk innen) 2x zur Schulter: »2x gestern«
(vgl. 1.1718/19, gestern <3> 1.0575)

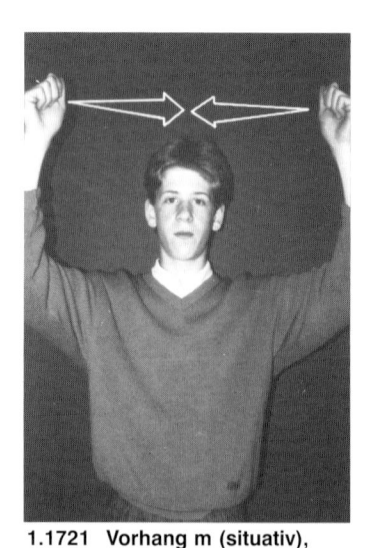

**1.1721 Vorhang m (situativ), aufziehen (Vorhang), zuziehen (Vorhang)**
A-He **oder** A-H »ziehen Vorhänge zu/auf«
(vgl. Gardine 1.0530)

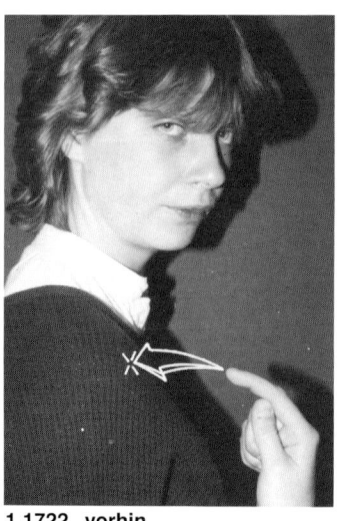

**1.1722 vorhin**
Z-spitze (Hr v, Hk innen) tippt 2x an Schulter
(vgl. eben, soeben 1.0328, vorher 1.1712)

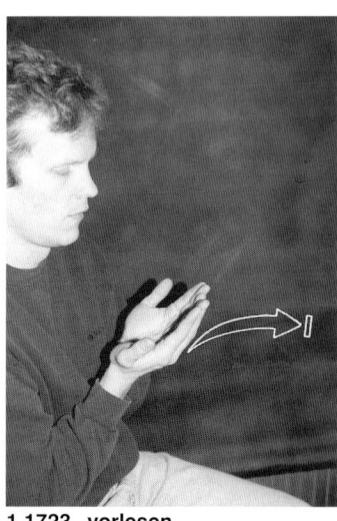

**1.1723 vorlesen**
aneinanderliegende *B-He (Ht o, Hk innen) im Bogen nach v: »Buch in Händen halten, Augen wandern über Text«
(vgl. lesen <3> 1.0901)

Vokal m
= FA »V«
+ Stimme (Ton) 1.1473

Konsonant m
= FA »K«
+ Buchstabe 1.0236

Vormittag m (1)(2),
vormittags (1)(2)
= vor (zeitlich)(2) 1.1711
+ Mittag (1)(2) 1.0985/86

Waschmaschine f **(1)(2)**
= waschen (allg.) 1.1751
+ Maschine (1)(2) 1.0953/54

Waschmaschine f **(3)**
= waschen (allg.) 1.1751
+ spülen (maschinell) 1.1448

**1.1724  Hinweis**

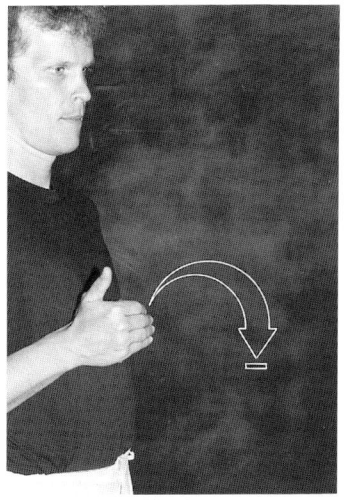

**1.1725  vorn, Vorder...,
bisher (2), weitgehend**
<*B-H (Hr außen, Hk u) im Bogen kurz nach »vorn«
(vgl. bisher <1> 1.0188)

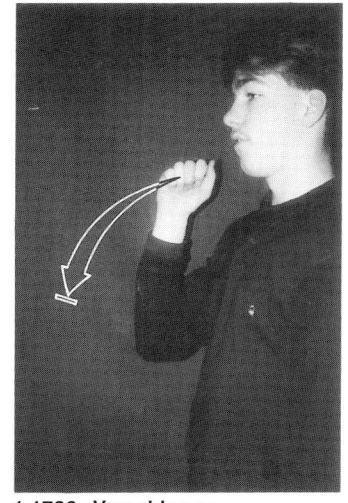

**1.1726  Vorschlag m,
vorschlagen**
A-H (Hr außen, Hk v) »schlägt« von Schulter im Bogen nach »vorn« u (Hk u)
(vgl. Schlag <3> 1.1287)

**1.1727  Vorstand m (3),
vorstehen (3)**
D der r *A-H (Hr außen, Hk u) gegen Ht der l *B-H (Hr o, Hk v)
(vgl. Vorstand <1>, Chef 1.0247, Vorstand <2> 1.1464)

**1.1728  Vortrag m (Gehörlose),
vortragen (Gehörlose)**
5-H (Ht o, Hk v) dreht im H-gelenk 2x **oder** 3x neben Ohr nach v innen (Hk innen)
(vgl. 1.1729)

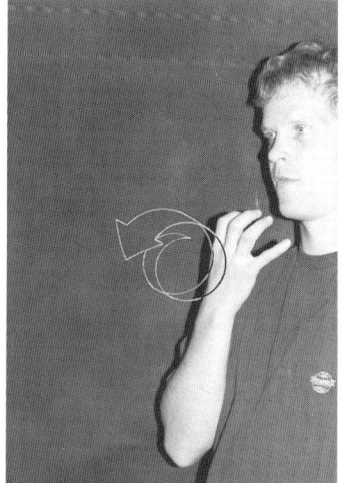

**1.1729  Vortrag m (Hörende), vortragen (Hörende),
Predigt f, predigen, Prediger* m, -in** f,
schildern, Schilderung f**
*5*-H (Hr v, Hk innen) 2x im Bogen vom Mund nach v u: »Wörter aus dem Mund«
(vgl. 1.1728, Bericht, Rede 1.1192)

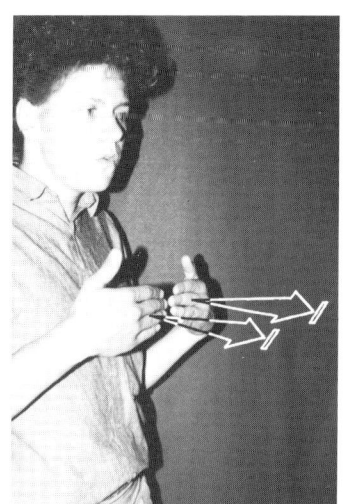

**1.1730  vorwärts**
*B-He (Hr v, Hk u) »vorwärts«
(vgl. rückwärts 1.1221)

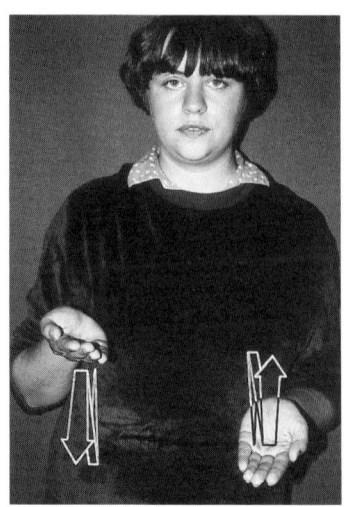

**1.1731 Waage f, wiegen, Pfund n, Gewicht n (Schwere)(1)**
*B-He (Ht o, Hk innen) »pendeln wie eine Waage auf und ab«*
*(vgl. Gramm 1.0606, Kilogramm, Gewicht <Schwere><2> 1.0792, Unterschied 1.1650)*

**1.1732 wach, munter (1), Munterkeit f (1), aufwachen, wachsam, Wachsamkeit f, aufmerksam (1), Aufmerksamkeit f (1)**
*<Q-H (Hr außen, Hk v) öffnet sich neben Auge zur L-H*
*(vgl. müde <1> 1.1016, munter <2> 1.1024, aufmerksam <2> 1.0084)*

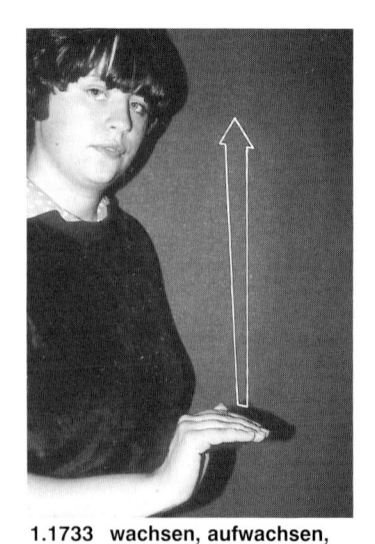

**1.1733 wachsen, aufwachsen, Wachstum n, Wuchs m (Mensch, Tier)(1)**
*<B-H (Ht v, Hk außen) nach o deutet »in die Höhe wachsen« an*
*(vgl. 1.1734/35, groß <Person> 1.0612, erwachsen 1.0385, Wachstum <Pflanze> 3.1495)*

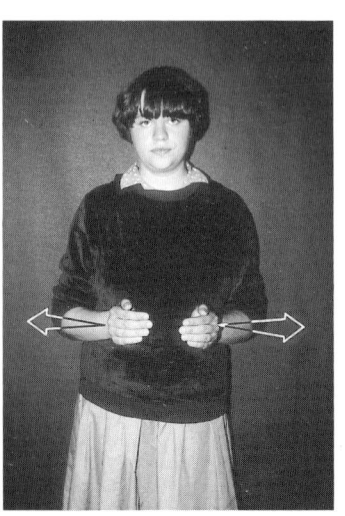

**1.1734 wachsen, (Mensch, Tier)(2) aufwachsen, Wachstum n, Wuchs m**
*<B-He (Hr außen, Hk u) auseinander deuten »seitliches Wachsen« an*
*(vgl. 1.1733/35, Wachstum <Pflanze> 3.1495)*

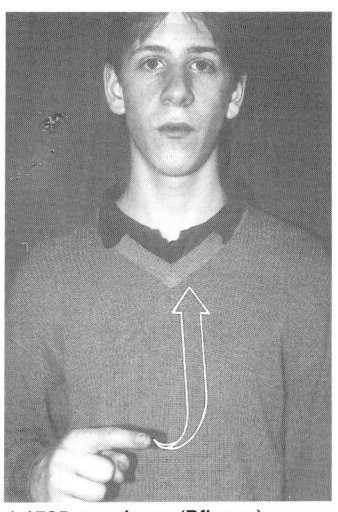

**1.1735 wachsen (Pflanze)**
Z (Hr außen, Hk u)(= »Pflanze«)
»wächst« mit H-gelenkdrehung
nach o (Hr v, Hk innen)
(vgl. 1.1733/34, Wachstum
<Pflanze> **3.1495**)

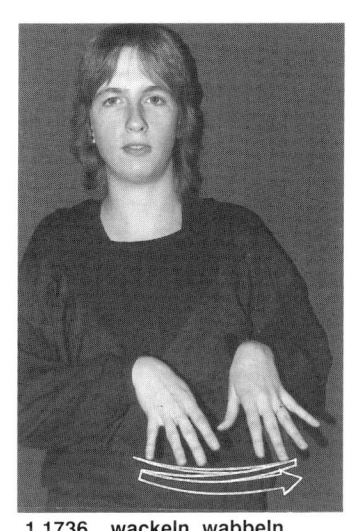

**1.1736 wackeln, wabbeln,
wabb(e)lig**
5-He (Hr o, Hk außen) »wackeln«
parallel vor Brust hin und her

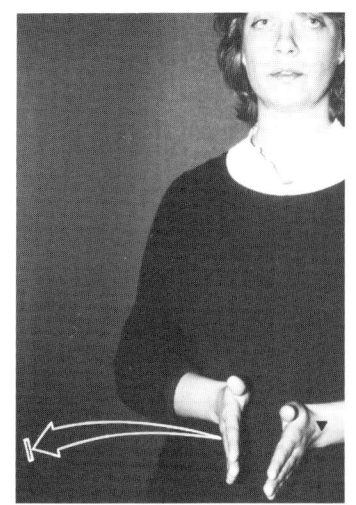

**1.1737 während**
r B-H (Hr außen, Hk u) deutet von
l B-H (Hr außen, Hk u) nach r
»Zeitraum« an
(vgl. Frist 1.0493)

**1.1738 Wagen m (allg.)**
Z (Hr v, Hk u) kreisen »wie Räder«
parallel vor Brust
(vgl. Wagen <Kind> 1.0798,
Rad 1.1176)

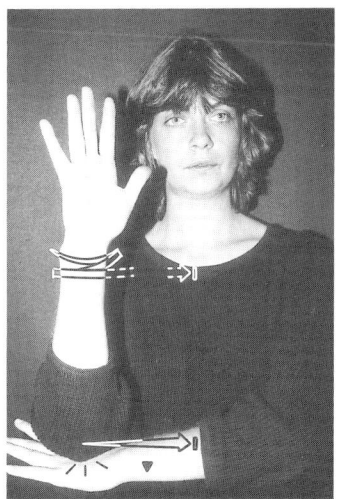

**1.1739 Wald m, Forst m**
Ellbogen der r 5-H auf l Unterarm
nach l, dabei dreht r 5-H im
H-gelenk hin und her
(vgl. Bäume 1.0115)

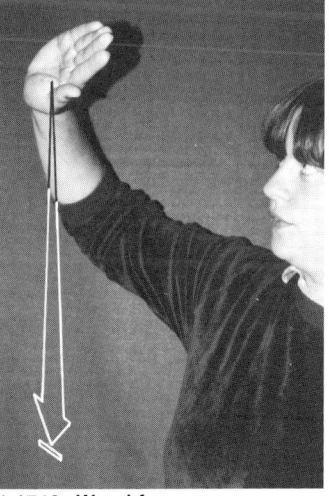

**1.1740 Wand f**
B-H (Ht v, Hk o) »fährt an Wand von o
nach u **oder** von u nach o«
(vgl. Mauer 1.0957)

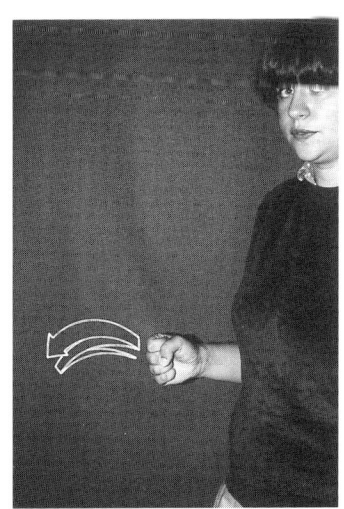

**1.1741 wandern, Wanderung f, Wanderer\* m, -in\*\* f,
Tour f (2), Tourist\* m (2), -in\*\* f (2)**
F **oder** A-H (Hr außen, Hk u) in Bögen vor und zurück:
»Wandern mit dem Wanderstock«
(vgl. Tour <1> 1.1778, Ausflug 1.0096)

**1.1742 wann?**
Fi-spitzen der 5-H (Hr außen, Hk v)
tippen mit Fi-spiel an Wange

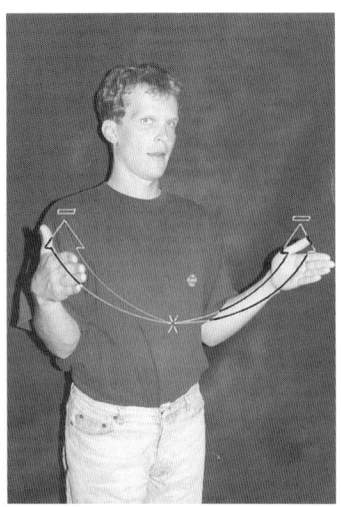

**1.1743 Wanne f (situativ)**
aneinanderliegende *B-He (Hr u, Hk innen) lösen sich im Bogen nach außen o (Hr außen, Hk u): »Form der Wanne«

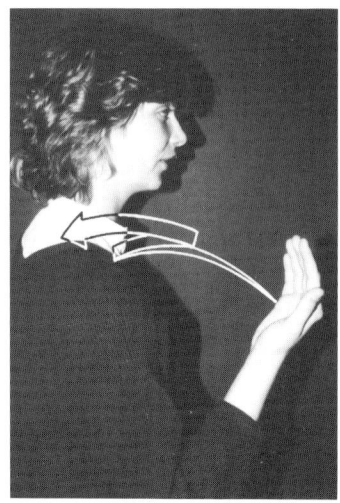

**1.1744 war/en, wurde/n**
<B-H (Hr v, Hk innen) 2x im Bogen über Schulter nach h
**Einzahl** = Gebärde **1x** ausführen
**Mehrzahl und Grundform** = Gebärde **2x** ausführen (vgl. 1.1789)

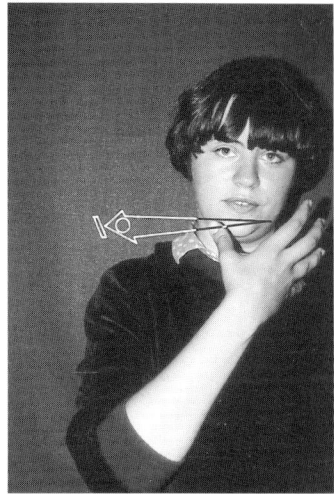

**1.1745 warm, Wärme f, wärmen**
5-H (Hr v, Hk u) schließt am Mund vorbei nach r zur F
(vgl. heiß 1.0648, Sommer 1.1414)

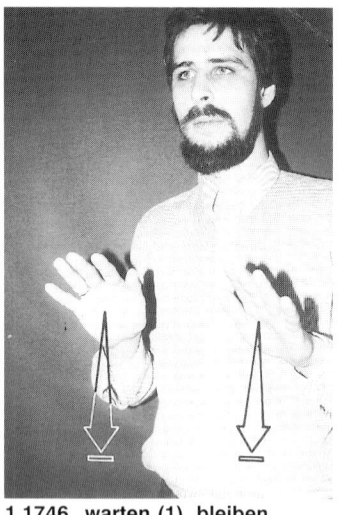

**1.1746 warten (1), bleiben, verweilen**
5-He (Hr o, Hk außen) 1x **oder** 2x nach u : »am Ort warten, bleiben«
(vgl. 1.1747, parken 1.1117)

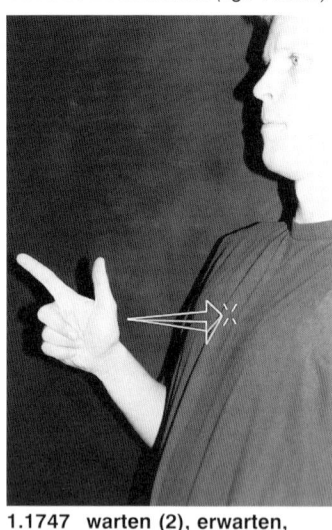

**1.1747 warten (2), erwarten, Erwartung f, privat, Privat...**
D-spitze der L-H **oder** 3-H (Hr außen, Hk v) 2x gegen r Brustseite
(vgl. 1.1746)

**1.1748 warum?, weshalb?**
Z (Hr o, Hk außen) dreht im H-gelenk hin und her: »bohrende Frage«

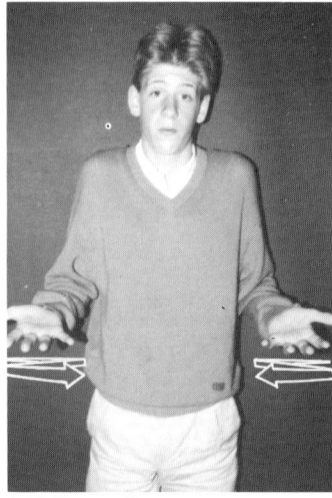

**1.1749 was?**
5-He (Ht o, Hk innen) entgegengesetzt kurz hin und her
(**wie** geschehen, passieren 1.0565, vgl. etwas <2> 1.0391)

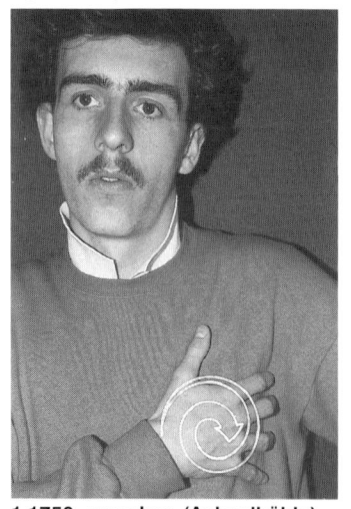

**1.1750 waschen (Achselhöhle)**
»Achselhöhle waschen«
(vgl. 1.1751-55)

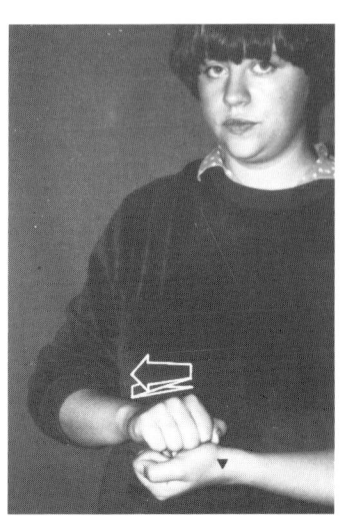

**1.1751 waschen (allg.), Wäsche f (allg. desinfizieren, Desinfektion f**
A-He reiben 2x aufeinander hin und her: »Handwäsche«
(vgl. 1.1750/52-55, bürsten <Hände> 1.0241)

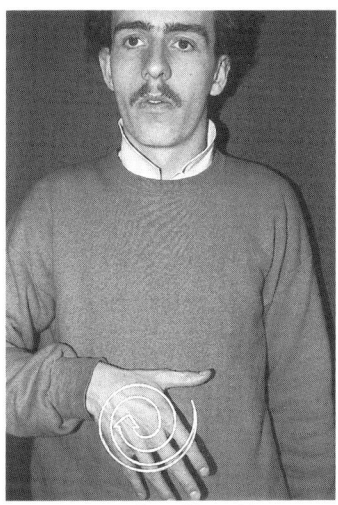

**1.1752 waschen (Bauch)**
»Bauch waschen«
(vgl. 1.1750/51/53-55)

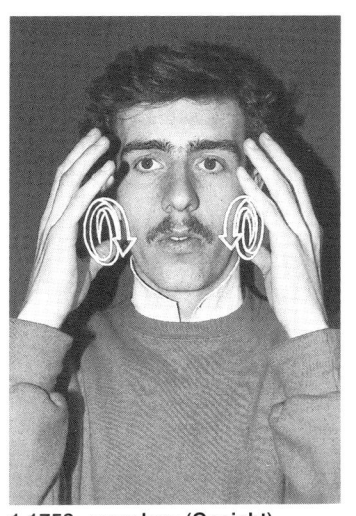

**1.1753 waschen (Gesicht), Gesicht waschen**
»Gesicht waschen«
(vgl. 1.1750-52/54/55)

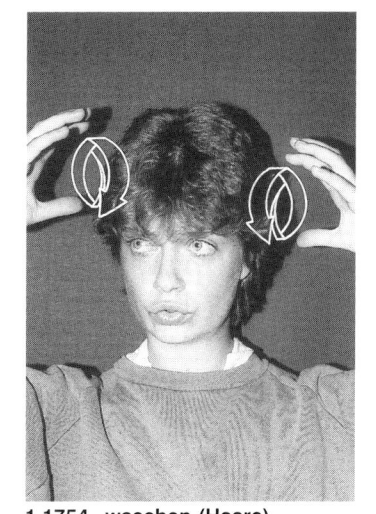

**1.1754 waschen (Haare), Haarwäsche f, Haare waschen**
*5*-He (Hr außen, Hk v) »waschen Haare«
(vgl. 1.1750-53/55)

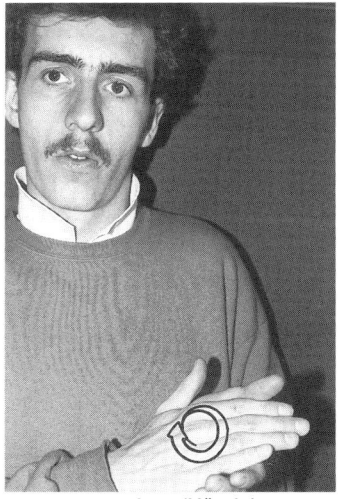

**1.1755 waschen (Hände), Hände waschen**
»Hände waschen«
(vgl. 1.1750-54, Seife 1.1376)

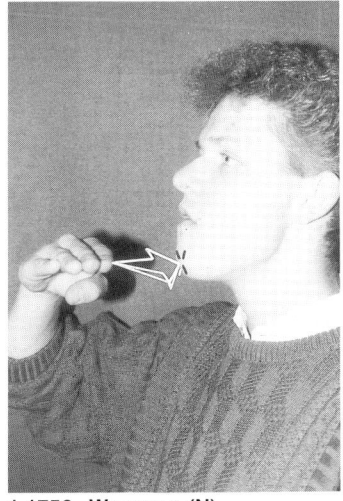

**1.1756 Wasser n (N)**
Z der B-H (Hr o, Hk v) 2x ans Kinn
(vgl. 1.1757)

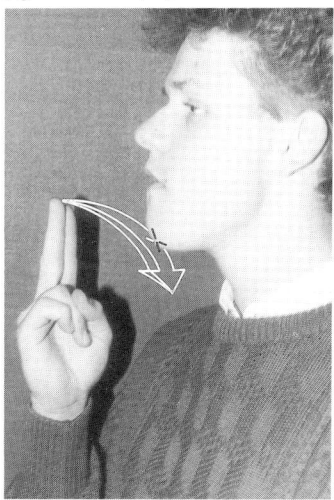

**1.1757 Wasser n (S)**
Fi-spitzen der U-H (Hr v, Hk innen) 2x am Kinn nach u
(vgl. 1.1756)

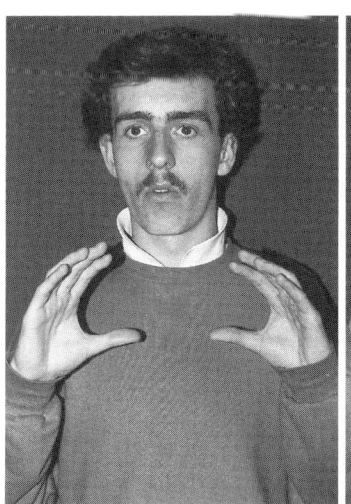

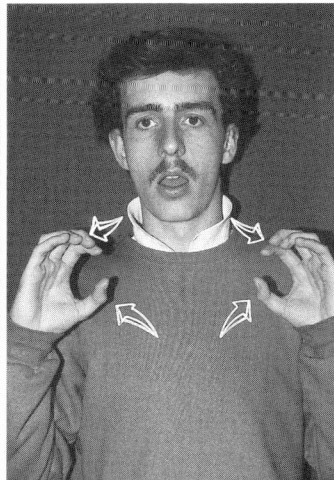

**1.1758 Watte f**
1. C-He (Hk v) »halten Wattebausch«
2. *5*-He »zupfen Watte 2x auseinander«

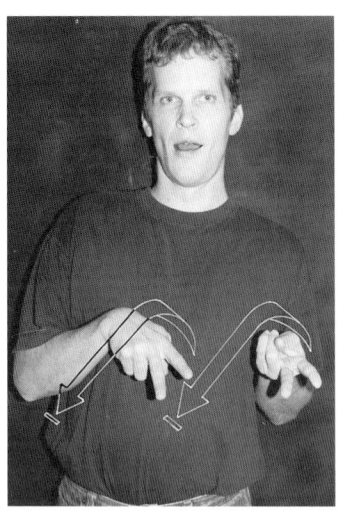

**1.1759 wechseln (1), Wechsel m (1), ändern, Änderung f, alternativ, Alternative f, reformieren, Reform f, Reformation f, Reformator\* m, verfälschen, Verfälschung f**
V-He (r Hr o/l Ht o) drehen nach r (r Hr u / l Ht u)
(vgl. wechseln <2> 1.1536, umsteigen 1.1624)

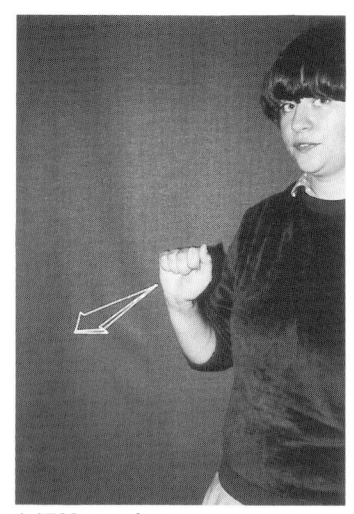

**1.1760 wecken**
A-H (Ht v, Hk außen) 2x kurz nach v: »jemanden wachrütteln«

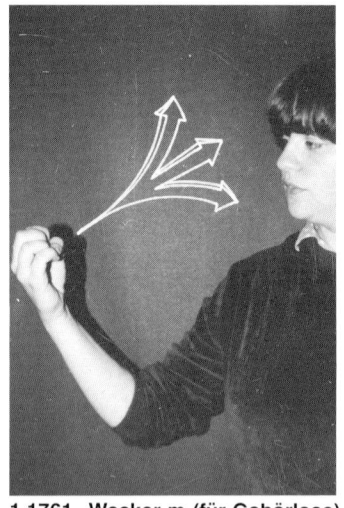

**1.1761 Wecker m (für Gehörlose), Lichtwecker m**
O-H (Hr v, Hk innen) öffnet sich 2x zum Gesicht zur 5-H: »Blinken des Lichtweckers«
(vgl. 1.1762)

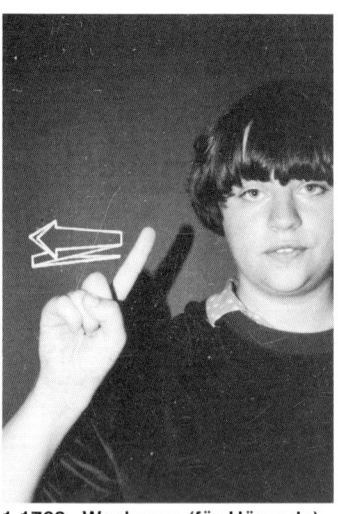

**1.1762 Wecker m (für Hörende)**
Z (Ht v, Hk außen) schnell hin und her: »Anschlagen der Weckerglocke«
(vgl. 1.1761)

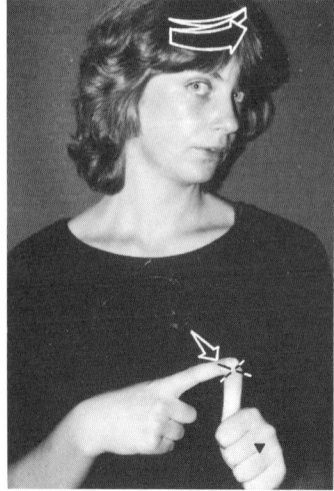

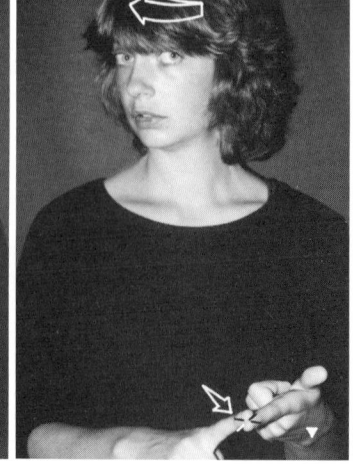

**1.1763 weder ... noch**
1. r Z-spitze tippt an l D bei gleichzeitigem Kopfschütteln
2. r Z-spitze tippt an l Z bei gleichzeitigem Kopfschütteln: »doppelte Verneinung«
(vgl. sowohl ... als auch 1.1422)

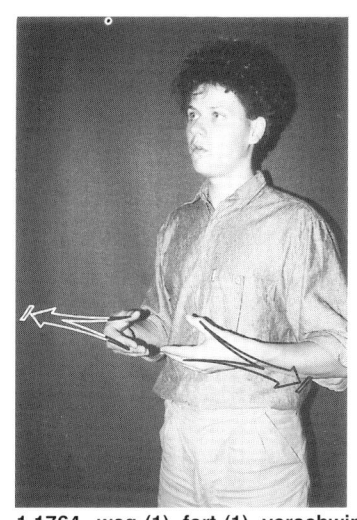

**1.1764 weg (1), fort (1), verschwinden, verschwunden, verschollen, vermisst, vergehen (Schmerz)**
*B-He (Ht o, Hk h) nach außen zu <O-He schließen
(**wie** trocken 1.1591, vgl. 1.1765/66, vergessen 1.1663, vermissen **4.1261**)

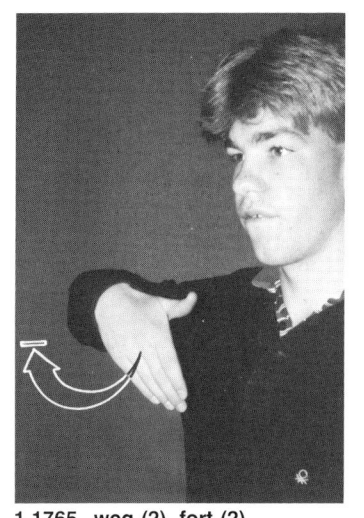

**1.1765 weg (2), fort (2), ausweisen (jmdn.), Ausweisung f**
*B-H (Hr v, Hk außen) mit H-gelenkdrehung im Bogen nach v »weg« (Hr o) (vgl. 1.1764/66)

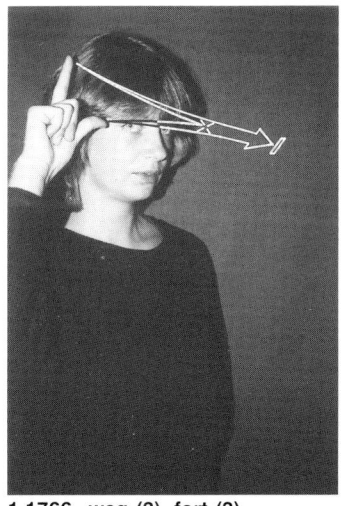

**1.1766 weg (3), fort (3), heim, heimwärts, nach Hause, nachhause**
L-H (Hr außen, Hk v) schließt nach v zur <Q-H
(vgl. 1.1764/65)

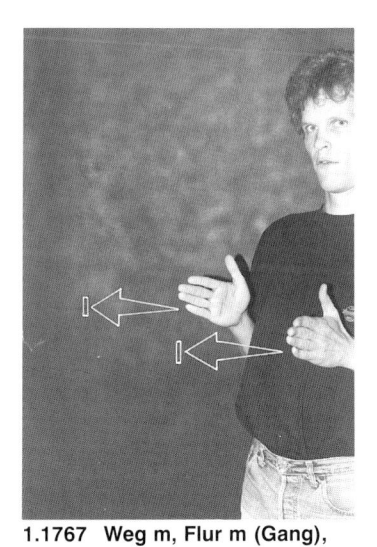

**1.1767 Weg m, Flur m (Gang), Gang m (Flur), Korridor m, parallel, Parallele f**
*B-He (Hr außen, Hk u) kurz, parallel nach v: »Verlauf des Weges«
(vgl. Straße 1.1487)

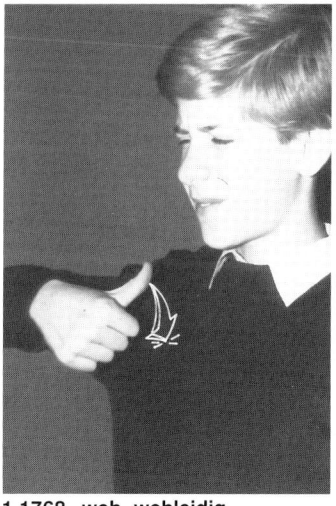

**1.1768 weh, wehleidig**
D der *A-H (Hr v) 2x mit H-gelenkdrehung gegen Brust
(vgl. Schmerzen, leiden 1.1309)

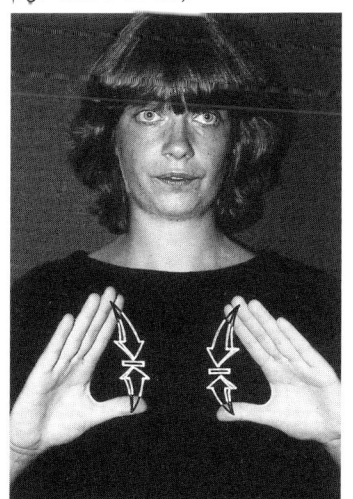

**1.1769 weich, mürbe, Weichheit f, verweichlichen, Verweichlichung f**
*B-He (Hr außen, Hk v) 2x zu <C-He verkleinern: »etwas Weiches zusammendrücken«
(vgl. nass 1.1047, Fett <S> 1.0437)

**1.1770 Weihnachten n (1), weihnachtlich (1)**
Z (Hk v) ahmen »Form der Tanne, Fichte« nach (vgl. 1.1771, Tanne, Weihnachten <2> 1.1522, Dezember <2><S> 1.0276)

**1.1771 Hinweis**

Weihnachtsmann m (1)(2)
= Weihnachten (1)(2)
    1.1770/1.1522
+ Mann (1)(2) 1.0945/46

Weihnachtsmann m (3)(4)
= Weihnachten (1)(2)
    1.1770/1.1522
+ Nikolaus 1.1073, r. Foto!

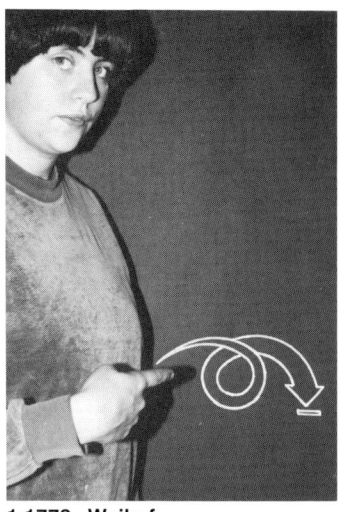

**1.1772 Weile f**
Z (Hr v, Hk u) kreist nach v (vgl. immer 1.0715)

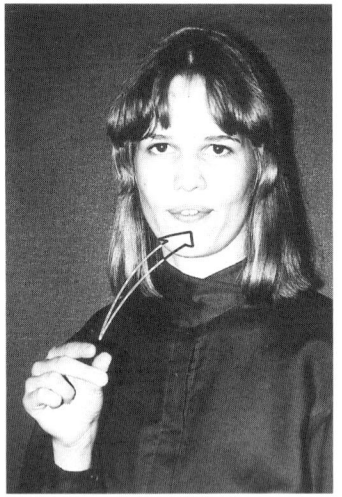

**1.1773 Wein m**
DZM »fassen Stiel des Weinglases an und führen es zum Mund«

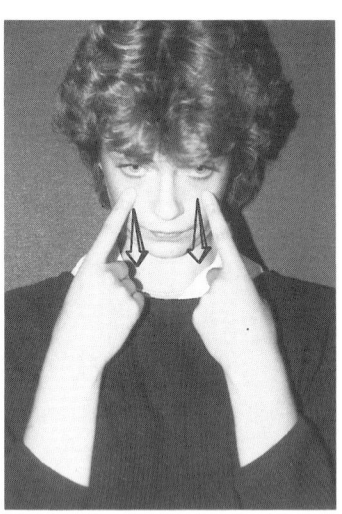

**1.1774 weinen, heulen (weinen), Tränen pl**
Z (Hr v) 1x **oder** mehrmals an Wangen nach u deuten »Weinen« an

**1.1775 Weintraube f (ganze Frucht), Traube f (ganze Frucht)**
1.2. 5-H (Hr u) verjüngt sich nach u 3x zur *5*-H: »Form der Traube« (vgl. Weintraube <Beere>, Traube <Beere> 1.0133)

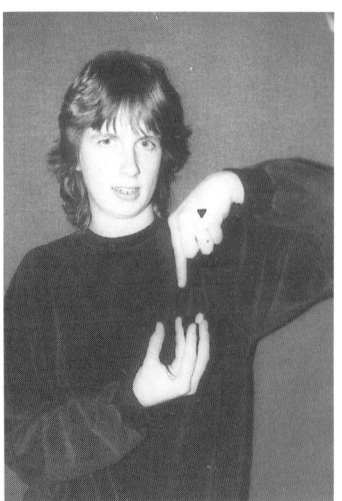

**1.1776 weiß**
Z (Hr o, Hk v) an Unterlippe nach r: »weiße Zähne«

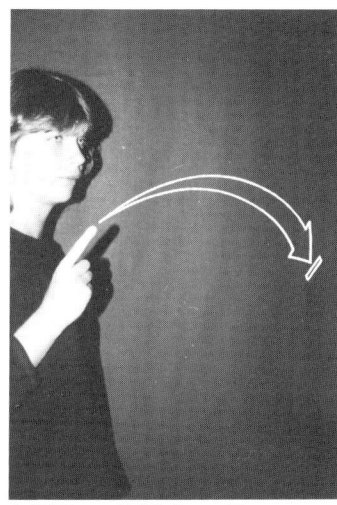

**1.1777 weit (1), fern (1)**
Z (Hr außen, Hk u) in »weitem«
Bogen nach v
(vgl. 1.1778)

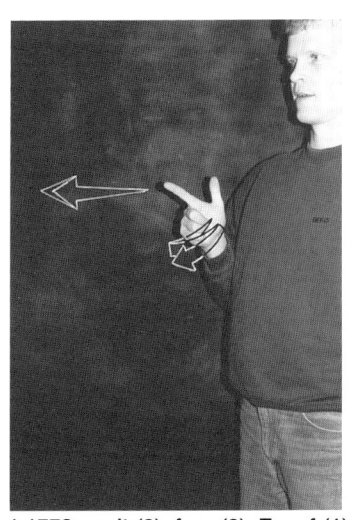

**1.1778 weit (2), fern (2), Tour f (1), Tourist* m (1), -in** f (1), verreisen (2)**
L-H **oder** Y-H (Hr außen, Hk u) »fährt« mit H-gelenkdrehungen schnell »weit nach v«
(vgl. 1.1777, Tour <2> 1.1741, verreisen <1> 1.1673, Reise 1.1203)

**1.1779 welch...?**
Y-H (Ht v, Hk außen) hin und her

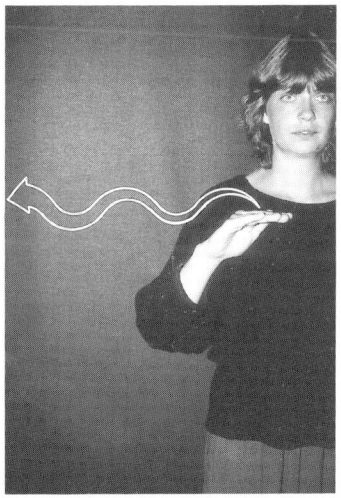

**1.1780 Welle f (Wasser), Wellen pl (Wasser)**
B-H (Hr o, Hk außen) in »Wellen« nach außen

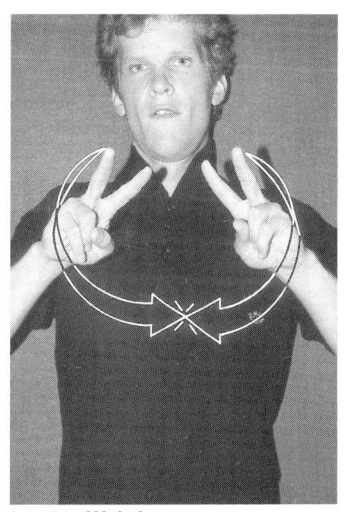

**1.1781 Welt f**
V-He (Hr o, Hk außen, Z aneinander) beschreiben mit H-gelenkdrehung Kreis nach u (Hr u, Hk innen, M aneinander)
(vgl. Umwelt 1.1625)

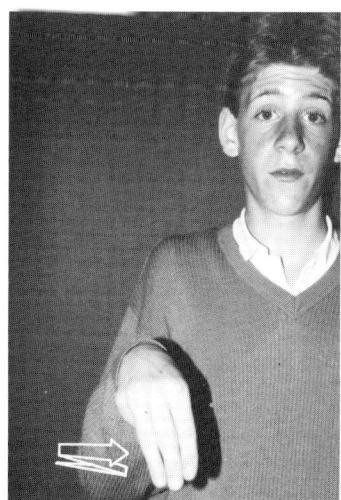

**1.1782 wem?**
FA »**M**« hin und her (we**m**?)
(vgl. 1.1783/86, dem <Artikel>
1.0268, wessen? 1.1795)

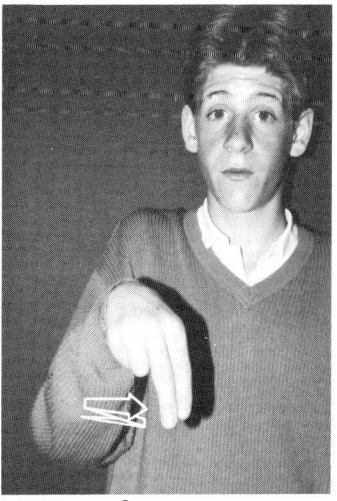

**1.1783 wen?**
FA »**N**« hin und her (we**n**?)
(vgl. 1.1782/86, den <Artikel>
1.0270, wessen? 1.1795)

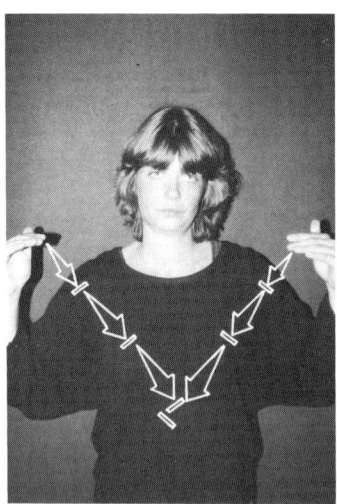

**1.1784 weniger (2), geringer (2), vermindern (1), Verminderung f (1), abrüsten (Militär), Abrüstung (Militär)**
<*B-He (Hr außen, Hk v) von Schultern mit Unterbrechungen nach u innen: »immer weniger«
(vgl. weniger <1>, geringer <1>, vermindern <2> 1.0810)

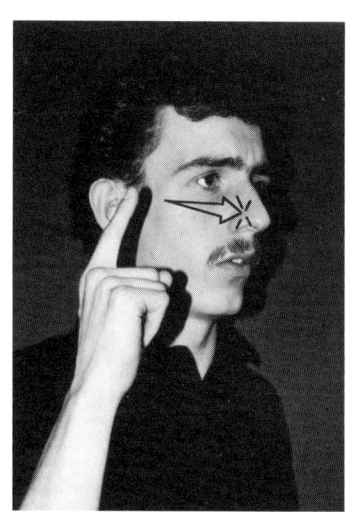

**1.1785 wenn**
Z-spitze tippt an Nasenflügel: Lautgebärde »**N**« (we**nn**)
(vgl. **nur** 1.1085, Juni <1><N> 1.0749, un... 1.1627)

**1.1786 wer? (allg.)**
FA »**R**« hin und her (we**r**?)
(vgl. **1.1787**, wessen? 1.1795, wem? 1.1782, wen? 1.1783, der <Artikel> 1.0273)

**1.1787 Hinweis**

| wer? (N) | = V-H (Ht v) neben Kopf hin und her |
| wer? (S) | = *A-H (Hr außen, Hk u) dreht im H-gelenk hin und her |
| wer? (W) | = Z (Ht v) neben Kopf hin und her (vgl. 1.1786) |

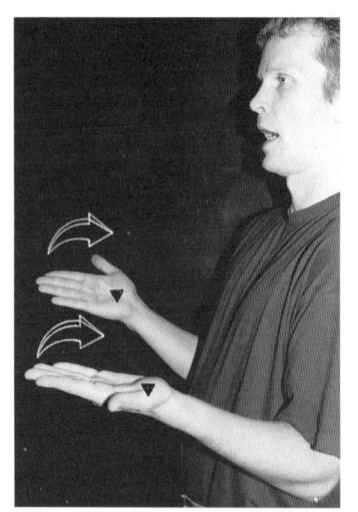

**1.1788 Werbung f, Reklame f, werben, bewerben (sich), Bewerbung f, Bewerber* m, -in** f**
*B-He (Hr v, Hk innen) vor Schultern 2x **oder** 3x nach h zu <*B-He anwinkeln: »Leute heranwinken«

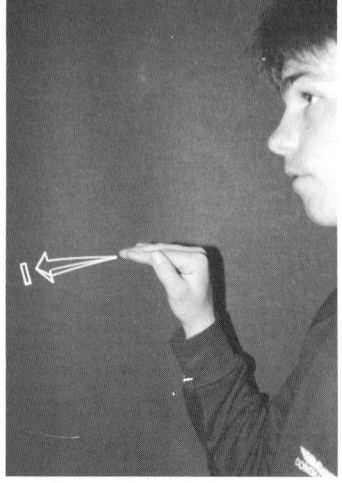

**1.1789 werden, wird**
<B-H (Ht v, Hk außen) 2x kurz nach v
**Einzahl** = Gebärde **1x** ausführen
**Mehrzahl und Grundform** = Gebärde **2x** ausführen
(vgl. wurde/n 1.1744)

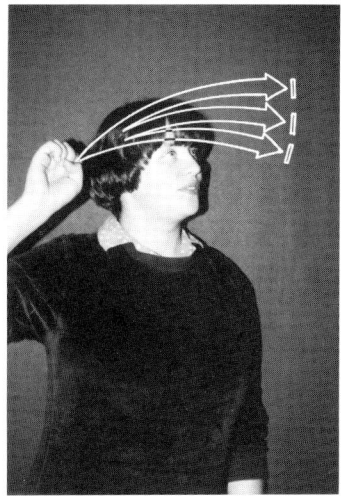

**1.1790 werfen, (Gegenstand) Wurf m, schmeißen, verwerfen, zuwerfen**
F oder O-H (Ht v, Hk außen) öffnet sich nach v zur 5-H, »wirft etwas«

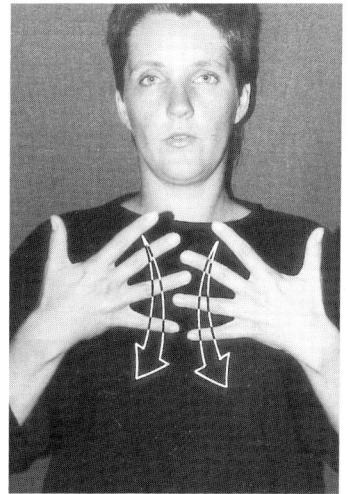

**1.1791 Werk n (Betrieb)**
5-He mit Vierteldrehung im H-gelenk nach u: »Zahnräder greifen ineinander«
(vgl. Maschine <1> 1.0953)

**1.1792 Werkstatt f**
1. »reparieren«: ZM der r U-H (Hr o, Hk v) "feilt" 2x über Z der l U-H (Hr außen, Hk u) nach r
2. B-He (Hr außen, Hk u) deuten »2 Wände der Werkstatt« an

```
Elektrizitätswerk n
  = Elektrizität 1.0356
  + Werk 1.1791

Gaswerk n
  = Gas 1.0532
  + Werk 1.1791

Kraftwerk n
  = Kraft 1.0433
  + Werk 1.1791

Kohlekraftwerk n
  = Kohle 1.0829
  + Kraft 1.0433
  + Werk 1.1791

Wasserwerk n (N)(S)
  = Wasser (N)(S) 1.1756/57
  + Werk 1.1791
```

**1.1793 Hinweis**

**1.1794 Wespe f**
r Z »sticht« kurz in Ht der l *B-H
(vgl. Biene 1.0176)

**1.1795 wessen?**
FA »S« hin und her (wessen?)
(vgl. wem? 1.1782, wen? 1.1783, das <Artikel> 1.0260)

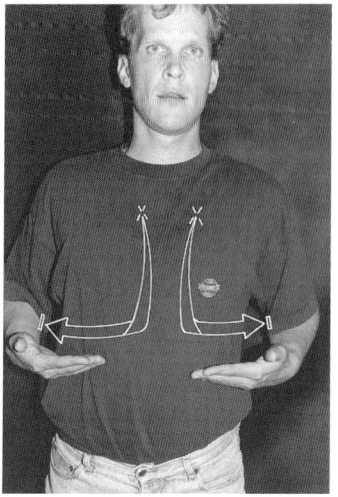

**1.1796 Weste f**
Fi-spitzen der <*B-He (Hr v, Hk u) an Brust im Bogen nach u außen (Hr u, Hk außen): »Form der Weste«

293

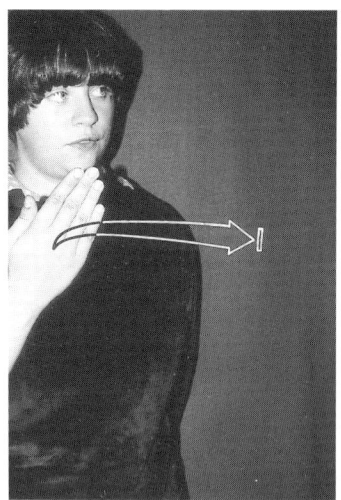

**1.1797 Westen m, westlich, West...**
B-H **oder** *B-H (Hr v, Hk innen) beschreibt Viertelkreis nach l (Hk u): »Westen ist auf dem Globus links« (vgl. Osten 1.1108)

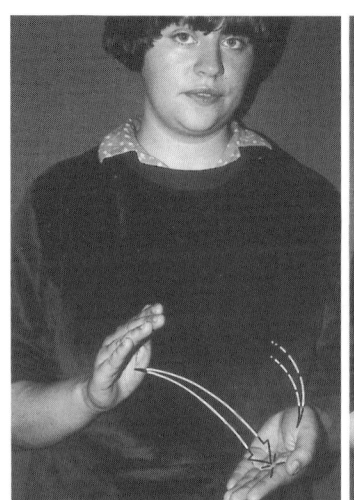

**1.1798 wetten, Wette f, abmachen, Abmachung f, Abkommen n, verabreden, Verabredung f, vereinbaren, Vereinbarung f, Praktikum n, Praktikant* m, -in** f**
1.2. Ht 2x mit H-gelenkdrehung aufeinander: »abgemacht / Wette gilt«

**1.1799 wichtig, Wichtigkeit f, substantiell**
V-He (Hr v, Hk innen) 2x parallel nach v

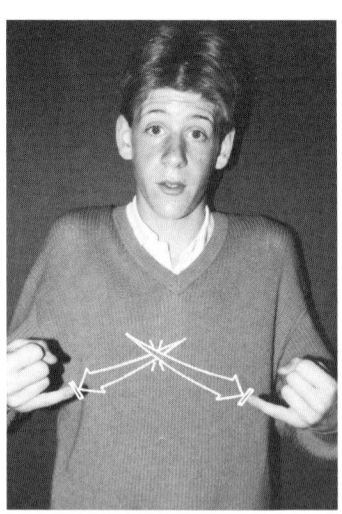

**1.1800 wie?**
gekreuzte I-He (Hr u, Hk innen) auseinander
(vgl. 1.1801/02)

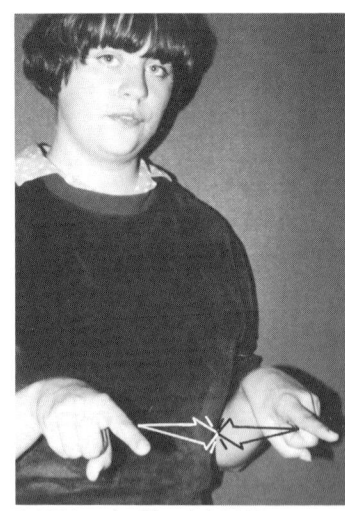

**1.1801 wie (Vergleich)(1)**
Z (Hr o, Hk außen) vor Brust zusammen
(vgl. 1.1800/02, gleich <dasselbe> 1.0589)

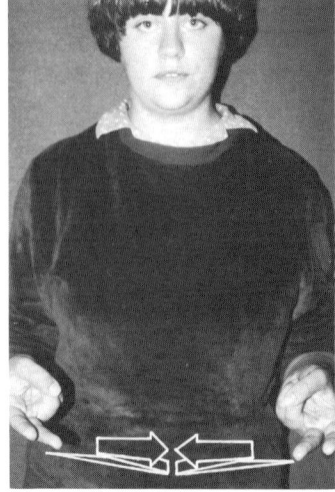

**1.1802 wie (Vergleich)(2), ähnlich, ähneln, Ähnlichkeit f, solch, solche**
V-He (Ht o, Hk innen) nähern sich 2x vor Brust
1.1800/01)

**1.1803 wieder, wiederum, ebenso (1)**
1.2. V-H **oder** U-H (Hr o, Hk außen) dreht im H-gelenk nach innen (Hr u, Hk innen)
(vgl. 1.1804, ebenso <2> 1.0589)

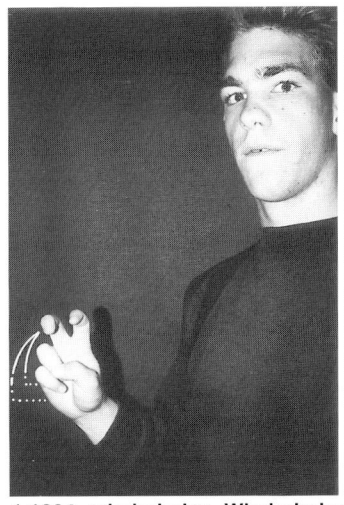

**1.1804 wiederholen, Wiederholung f**
1. »wieder«: *V*-H (Ht v, Hk außen) mit H-gelenkdrehung nach u (Ht innen, Hk u), dann
2. *V*-H zum Körper »holen«
(vgl. 1.1803)

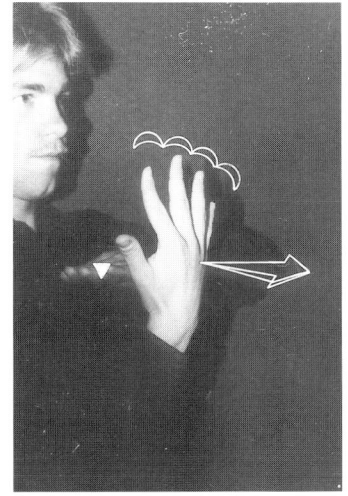

**1.1805 Wiese f**
r 5-H (Hr v, Hk innen) mit Fi-spiel von Hk der l B-H (Hr o, Hk v) nach v und zurück: »Grashalme im Wind«
(vgl. Gras 1.0607, Rasen 1.1181)

**1.1806 wieso?, wesentlich**
F-He (Ht o, Hk h) 2x nach u
(vgl. wofür? 1.1823)

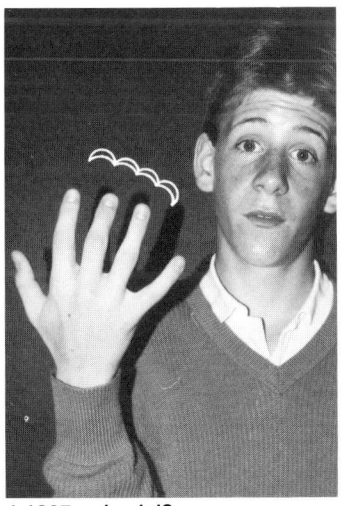

**1.1807 wie viel? wie viele?**
Fi-spiel der 5-H (Hr v, Hk innen)
(vgl. rechnen 1.1187)

**1.1808 wild (N)**
D der *A-He (Hr o, Hk außen) drehen schnell nach o (Hr außen, Hk u)
(vgl. wild <S> 1.0024, frisch <N> 1.0491)

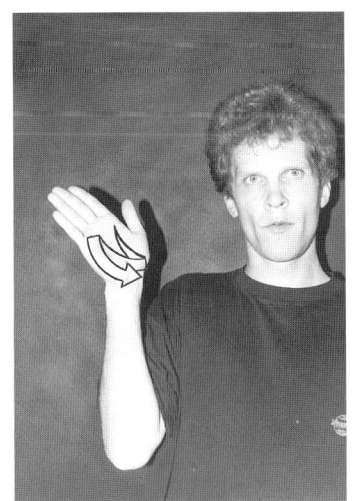

**1.1809 Wind m (1), Wetter n, windig (1), wehen, Fahne f, Flagge f**
B-H (Hk u) »weht wie eine Wetterfahne« mit H-gelenkdrehung »hin und her« (Hr v)
(vgl. 1.1810)

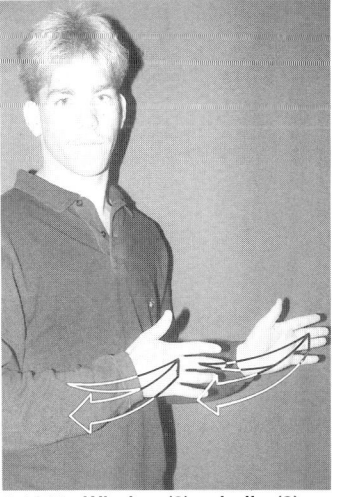

**1.1810 Wind m (2), windig (2)**
5-He oder *B-He parallel vor Brust hin und her: »Zweige wiegen hin und her«
(vgl. 1.1809)

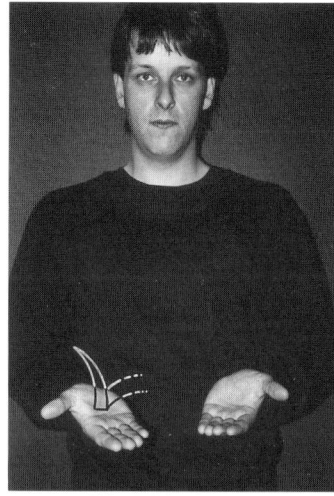

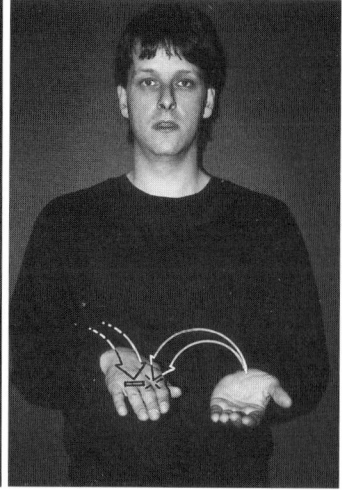

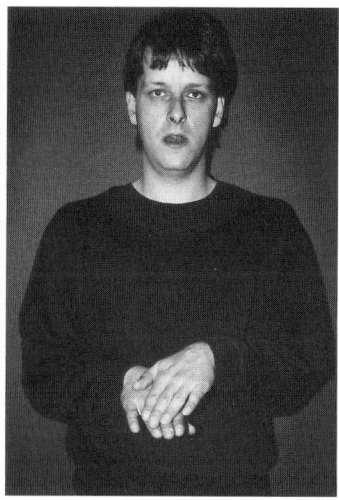

**1.1811 Windel f, windeln, wickeln (Baby)**
1.2. r *B-H dreht nach innen neben l *B-H
2.3. l *B-H dreht nach innen auf r *B-H: »Windel einschlagen«

**1.1812 winken, Wink m**
*B-H (Ht v, Hk außen) »winkt« 3x
(vgl. tschüs! 1.1598)

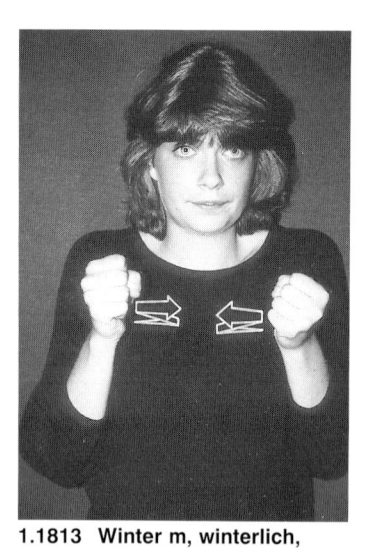

**1.1813 Winter m, winterlich, Kälte f, frieren, gefrieren, heftig, Heftigkeit f**
Fe (Hr außen, Hk u) 2x entgegengesetzt hin und her: »vor Kälte zittern«
(vgl. kalt, Frost 1.0763, zittern 1.1895)

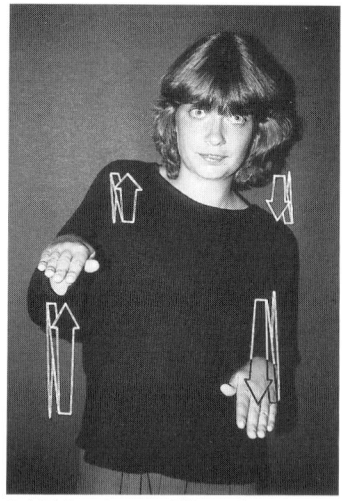

**1.1814 wippen, Wippe f**
B-He (Hr o, Hk außen) und Schultern »wippen«

**1.1815 wir, uns, unser (2)**
Z (Hr o, Hk außen) »umfährt Personenkreis«
(vgl. ihr pl, euch 1.0714, unser <1> 1.1644)

**1.1816 wirklich, Wirklichkeit f, real (1), Realismus m (1), realistisch (1), Realität f (1), Realist* m (1), -in** f (1)**
3-H (Hr o, Hk v) mit H-gelenkdrehung an Herz (Hr v, Hk u)
(vgl. ehrlich <1>, ... 1.0332, real <2> 1.1188)

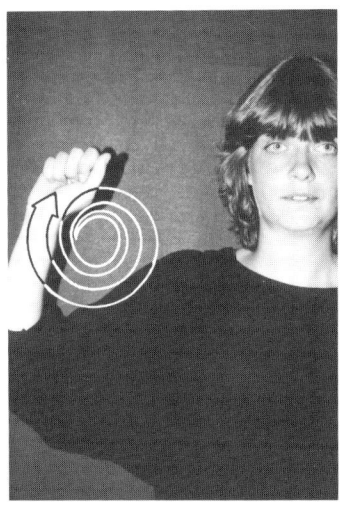

**1.1817 wischen (situativ)**
A-H (Ht v, Hk außen) »wischt«
im Kreis
(vgl. putzen 1.1172, abwischen
1.0012, Lappen, Tuch 1.0882)

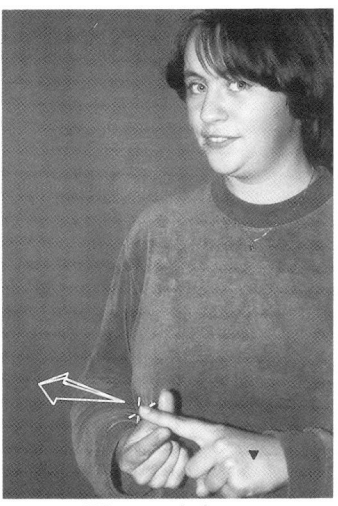

**1.1818 Witz m, witzig**
r Q-H (Hr u, Hk h, l Z zwischen
r DZ) schließt 2x nach v zur <Q-H

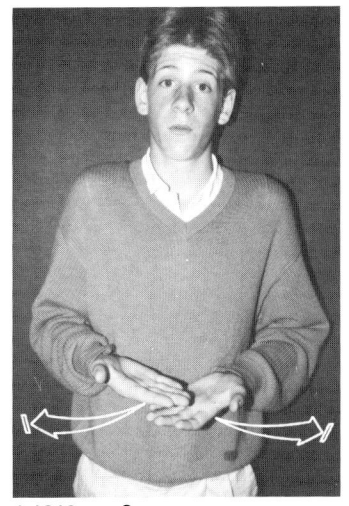

**1.1819 wo?**
*B-He (Ht o, Hk innen) auseinander

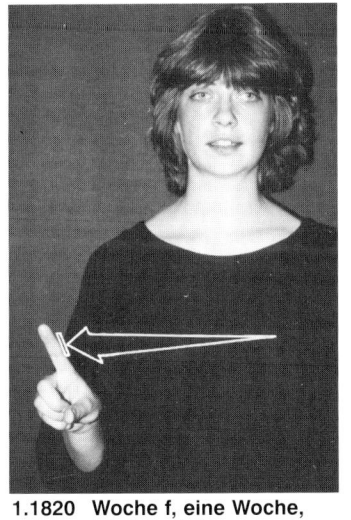

**1.1820 Woche f, eine Woche, wöchentlich**
Z (Ht v, Hk außen) vor Brust nach r
(*wie* tausend, eintausend 1.1537,
vgl. **1.1821!**)

**1.1821 Hinweis**

Wochenende n (1)(?)
 = Woche 1.1820
 + Ende (1)(2) 1.0360/61

**Wochen pl (Anzahl):**
**zwei** Wochen 1.1920
**drei** Wochen 1.0307
**vier** Wochen 1.1695
**fünf** Wochen 1.0509
**sechs** Wochen 1.1364
**sieben** Wochen 1.1395
**acht** Wochen 1.0016
**neun** Wochen 1.1062
**zehn** Wochen 1.1867
**(identische Gebärden für zweitausend bis zehntausend!)**
**elf** Wochen, ...
 = elf (N)(S) 1.0357/58
 + Woche 1.1820, ...

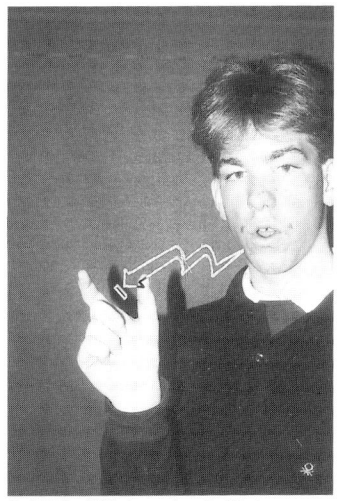

**1.1822 Wörter pl, wörtlich**
*X-H (Ht v, Hk außen) mit
Unterbrechungen neben Mund
nach r: »Wörter nebeneinander«
(vgl. Wort 1.1837)

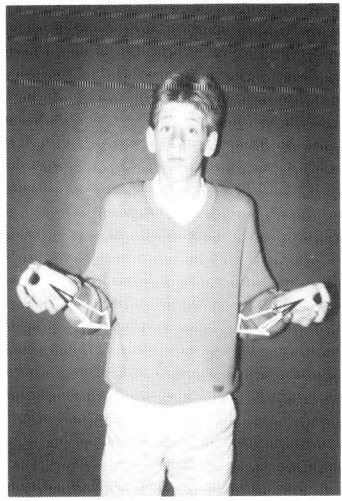

**1.1823 wofür?, wozu?**
F-He (Ht o, Hk innen) 2x
gleichzeitig nach innen
(vgl. wieso? 1.1806)

**1.1824 woher?**
1.2. *B-H (Ht o, Hk innen) im Bogen nach h zur <*B-H krümmen

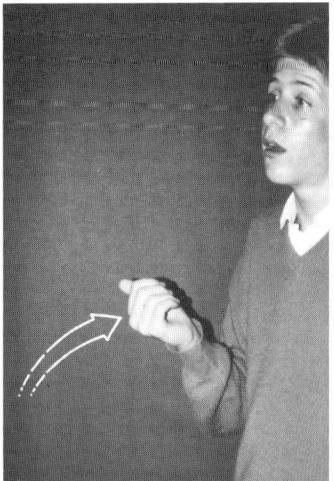

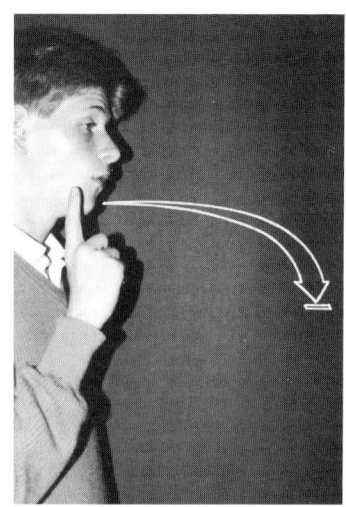

**1.1825 wohin?**
Z (Hr außen, Hk v) vom Kinn im
Bogen nach v u (Hk u)

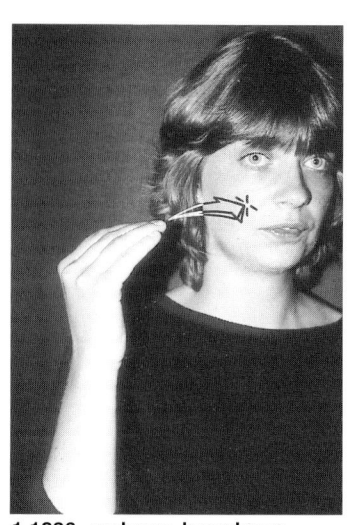

**1.1826 wohnen, bewohnen,
Bewohner\* m, -in\*\* f,
Einwohner\* m (2), -in\*\* f (2)**
Fi-spitzen der <B-H ( Hr außen, Hk v) tippen 2x an
Wange (vgl. 1.1827, Einwohner <1> 1.1126,
Einwohner pl <1><2> 1.0971/1.0348)

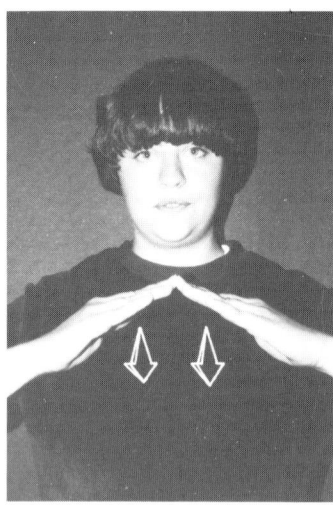

**1.1827 Wohnung f**
B-He (Hr o, Hk v) 2x vor Brust kurz
nach u: »Dachform«
(vgl. 1.1826, Haus 1.0643)

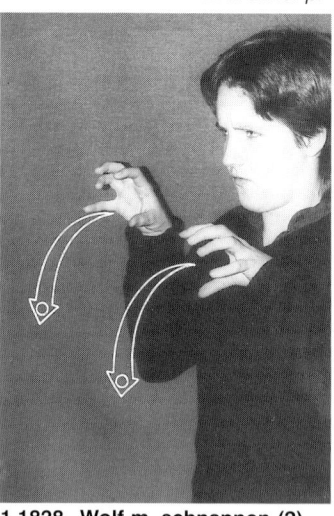

**1.1828 Wolf m, schnappen (2)**
\*5\*-He (Hr o, Hk außen) im Bogen
nach u zu Fe schließen:
»zuschnappen«
(vgl. schnappen <1> **3.0706**)

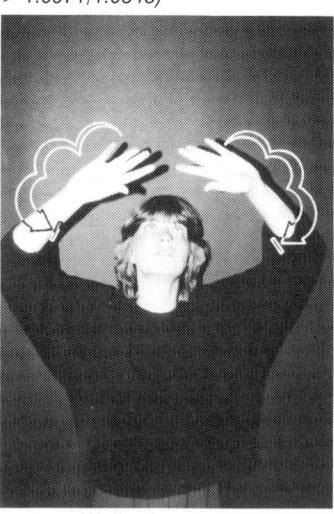

**1.1829 Wolke f, wolkig**
5-He ahmen »Wolkenform« nach

**1.1830 Wolle f**
\*5\*-He (Hr außen) kreisen versetzt:
»Wollknäuel wickeln«

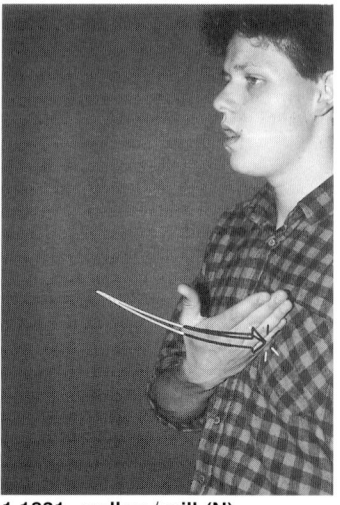

**1.1831 wollen / will (N),
Wille m (N), willig (N),
Schicksal n,
Los n (Schicksal)**
Hk der \*B-H (Ht o, Hk h) 2x gegen
Brust (vgl. 1.1832/**33**-35)

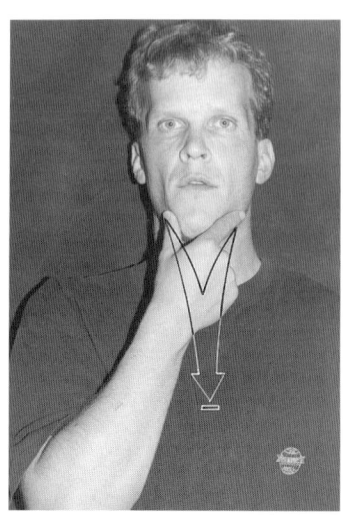

**1.1832 wollen / will (O),
Wille m (O), willig (O)**
L-H (Hr v, Hk u) vom Kinn nach v u
zur <Q-H schließen
(vgl. 1.1831/**33**-35)

wollen (N)(O)(S)(W):
**Einzahl**
    = Gebärde **1x** ausführen
**Mehrzahl und Grundform**
    = Gebärde **2x** ausführen

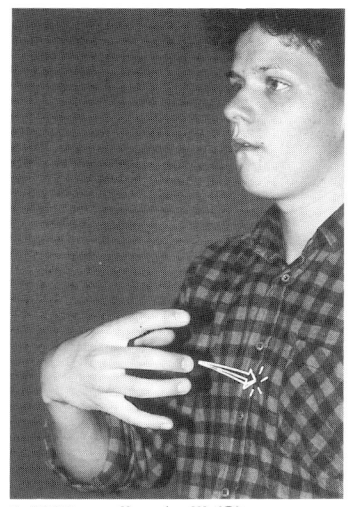

1.1833  Hinweis

1.1834  wollen / will (S),
Wille m (S), willig (S)
*5*-H (Hr v, Hk u) 2x an Brust
(vgl. 1.1831-33/35)

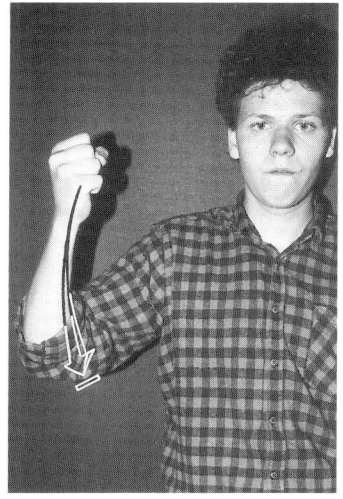

1.1835  wollen / will (W),
Wille m (W), willig (W)
F (Hr außen, Hk u) 2x nach u
(vgl. 1.1831-33/34)

| | |
|---|---|
| womit? | = wo? 1.1819 + mit 1.0984 |
| woran? | = wo? 1.1819 + an 1.0042 |
| worauf? | = wo? 1.1819 + auf (örtlich) 1.0076 |
| woraus? | = wo? 1.1819 + aus (1)(2) 1.0093/94 |
| worüber? | = wo? 1.1819 + über 1.1612 |
| wovon? | = wo? 1.1819 + von 1.0832 |

1.1836  Hinweis

1.1837  Wort n
*X-H (Ht v, Hk u) neben Mund kurz nach v
(vgl. Wörter 1.1822)

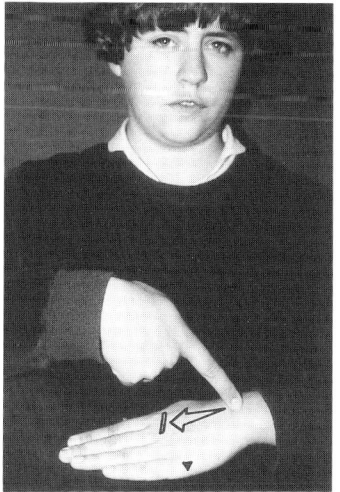

1.1838  Wunde f, Verwundung f,
verwundet, verwunden
r Z-nagel »ritzt Wunde« auf l Hr
(vgl. Verletzung 1.1669)

299

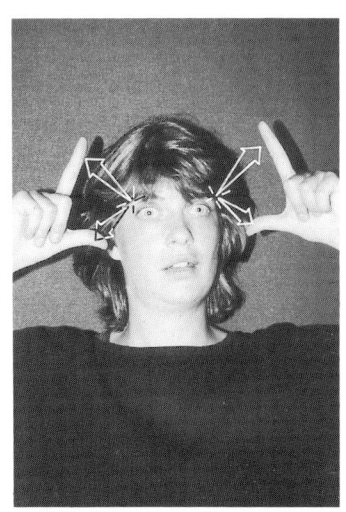

**1.1839 Wunder n (1), wundern (sich)(1), staunen, baff (1), Erstaunen n, erstaunen, erstaunlich, Verblüffung f, verblüffen**
<Q-He (Ht v, Hk außen) öffnen sich neben Augen zu L-He: »Augen aufreißen«
(vgl. 1.1840-43, baff <2> **2.1146**)

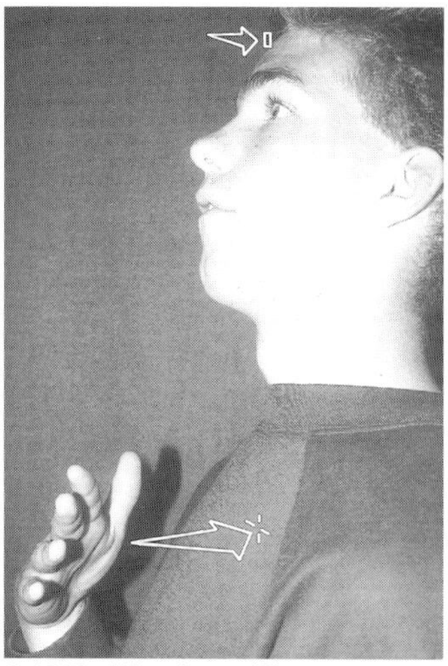

**1.1840 Wunder n (2), wundern (sich)(2)**
5-H (Hr v, Hk u) an Brust, gleichzeitig Kopf und Rumpf nach h: »vor dem Wunder zurückweichen«
(vgl. 1.1839/41-43)

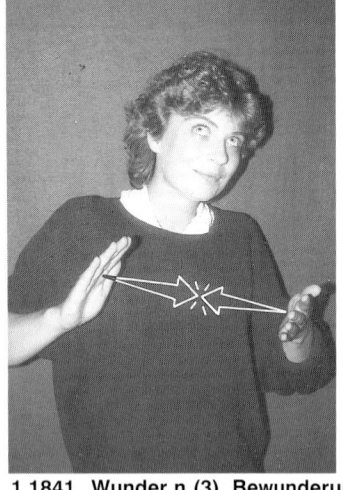

**1.1841 Wunder n (3), Bewunderung f (2), bewundern (etwas)**
B-He »klatschen vor Bewunderung zusammen« (vgl. 1.1839/40/42/43, bewundern <jmdn.>, Bewunderung <1> 1.0173)

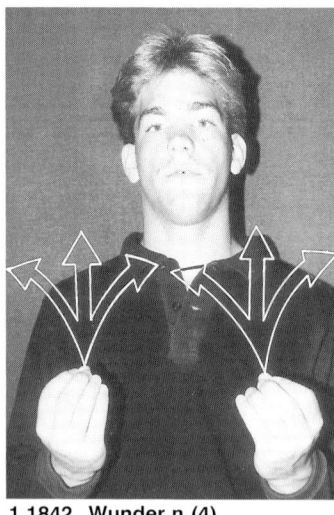

**1.1842 Wunder n (4)**
O-He (Ht o, Hk innen) öffnen sich nach o zu 5-He
(vgl. 1.1839/40/41)

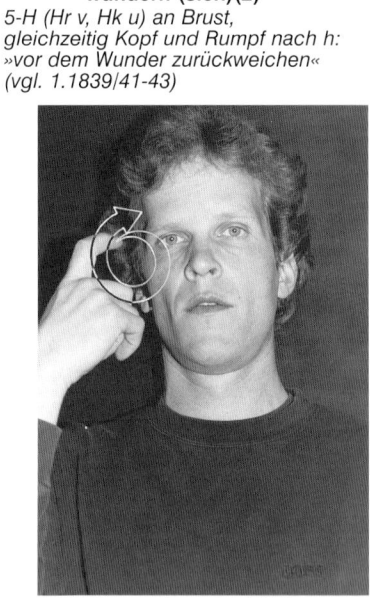

**1.1843 wundern (sich)(3), verwundern, wunderlich, verwunderlich, Verwunderung f**
X-H (Hr v, Hk innen) kreist vor Gesicht (Mimik!): »große Augen«
(vgl. 1.1839/40)

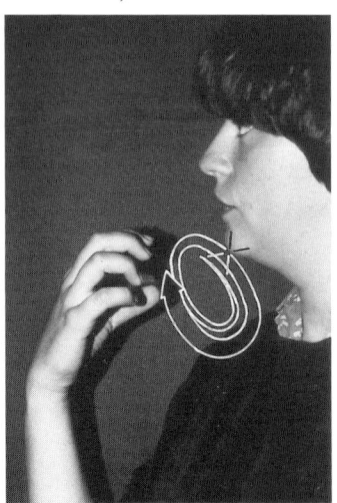

**1.1844 wünschen (N), Wunsch m (N)**
Fi-spitzen der *5*-H (Hr v, Hk innen) 1x **oder** 2x kreisförmig an Kinn vorbei nach u
(vgl. 1.1845)

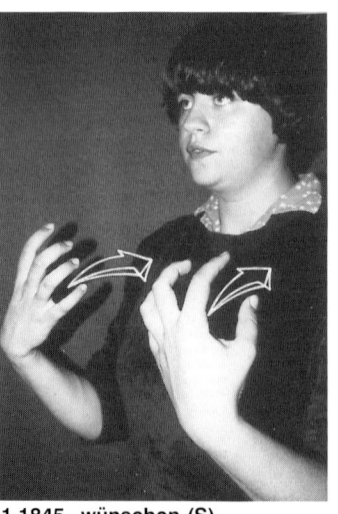

**1.1845 wünschen (S), Wunsch m (S)**
*5*-He (Hr v, Hk innen) 1x **oder** 2x kurz zum Körper
(vgl. 1.1844)

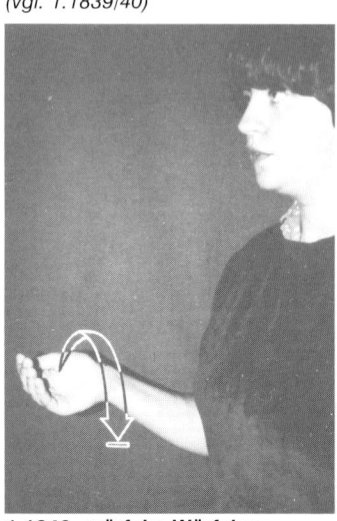

**1.1846 würfeln, Würfel m**
<B-H »hält Würfel und würfelt«

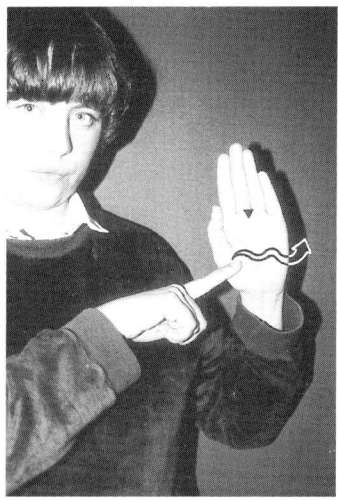

**1.1847 Wurm m (1)**
r Z (Hr o, Hk v) »krümmt sich wie ein Wurm am Ht der l B-H (Ht v, Hk außen) entlang«
(vgl. 1.1848)

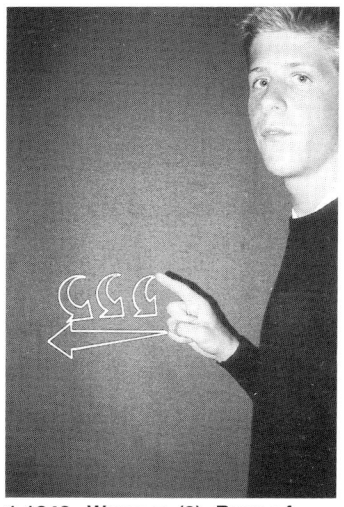

**1.1848 Wurm m (2), Raupe f**
Z (Hr o, Hk außen) »krümmt sich wie ein Wurm, eine Raupe nach v«
(vgl. 1.1847)

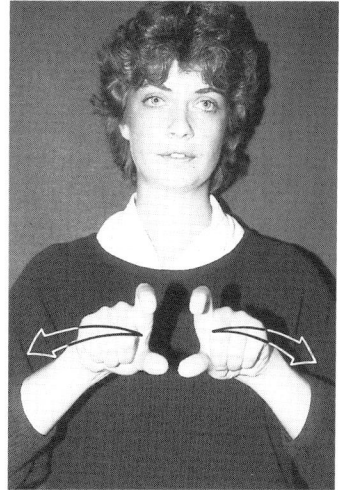

**1.1849 Wurst f**
*X-He (Ht v, Hk außen) im Bogen auseinander deuten »Wurstform« an (Hk u)

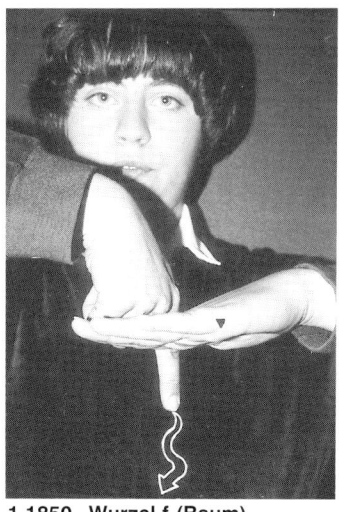

**1.1850 Wurzel f (Baum)**
r Z (Hr v, Hk außen) »bohrt sich wie eine Wurzel« hinter waagerechter l B-H »in die Erde«
(vgl. 1.1851)

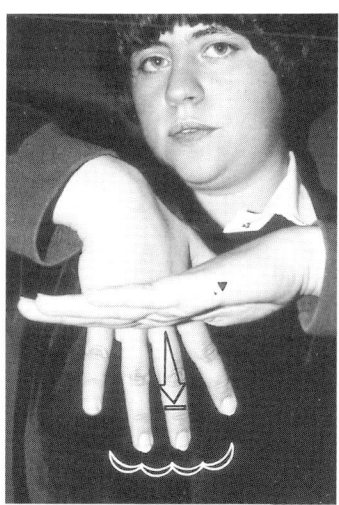

**1.1851 Wurzeln pl (Baum)**
r 5-H (Hr v, Hk außen) mit Fi-spiel hinter waagerechter l B-H (Hr o, Hk v) »in die Erde«
(vgl. 1.1850)

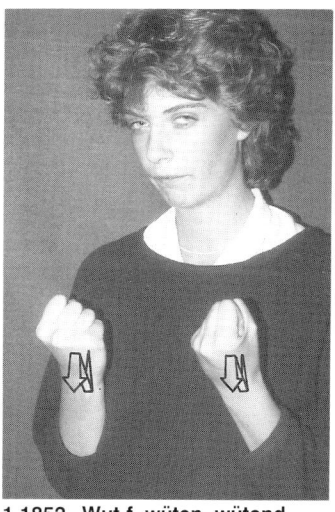

**1.1852 Wut f, wüten, wütend, vehement, Vehemenz f**
Fe (Hr v, Hk innen) gleichzeitig 2x kurz vor Brust nach u: »geballte Wut«

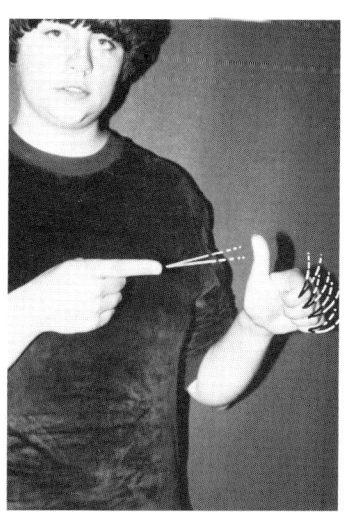

**1.1853 Zählung f (1), zählen (1), abzählen**
1.2. r Z »zählt« an Fi der l 5-H von »1 bis 5«
(vgl. 1.1854-57)

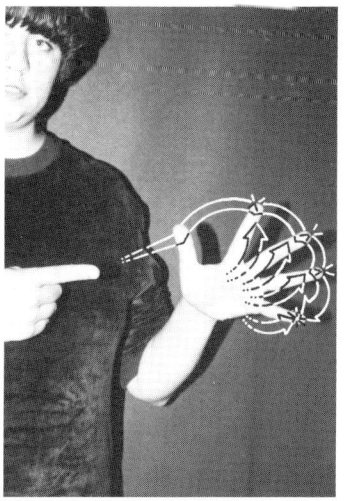

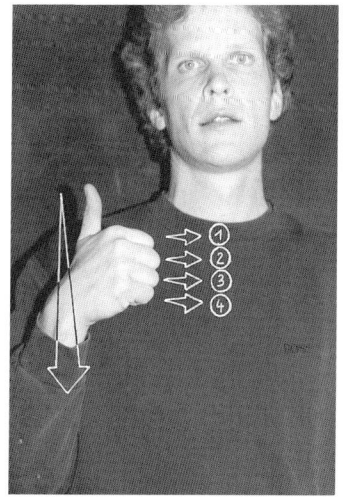

**1.1854 zählen (2), Zählung f (2)**
D, Z, M, R und K strecken sich nacheinander zur 5-H (Hr v, Hk u), »zählen von 1 - 5«, dabei bewegt sich H nach u
(vgl. 1.1853/55-57)

**1.1855 Zahl f (1)**
r Z (Hr o, Hk außen) im Bogen
nach l (Hr v, Hk u), streift D-spitze
der l *A-H (Hr außen, Hk u)
(vgl. 1.1853/54/56/57, Nummer
1.1083)

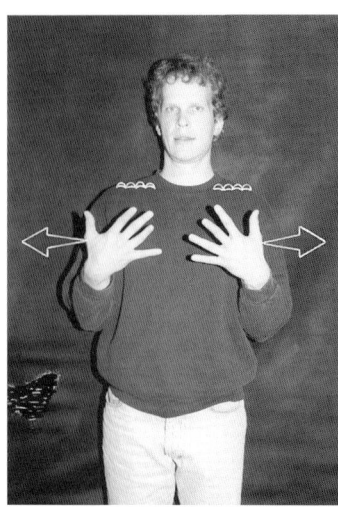

**1.1856 Zahl f (2), Zahlen pl (2)**
5-He (Hr v, Hk innen) mit Fi-spiel
vor Brust auseinander
(vgl. 1.1853-55/57)

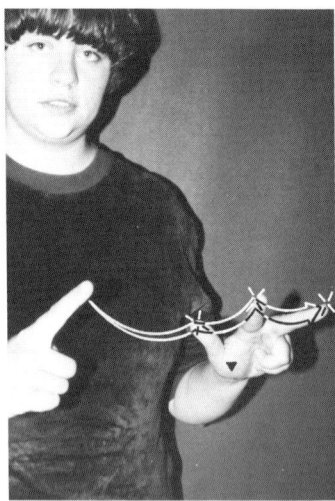

**1.1857 Zahlen pl (1)**
r Z tippt nacheinander an D-, Z-
und M-spitze der l 3 H, deutet
»Zahlen« an
(vgl. 1.1853-56)

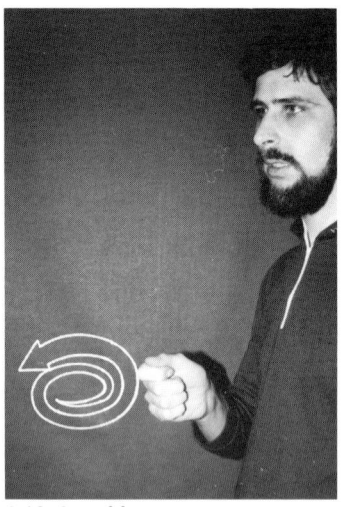

**1.1858 zahlen, versteuern**
A-H (Hr außen, Hk u) kreist nach v
(vgl. bezahlen, Zahlung 1.0174,
einzahlen 1.0444, Steuer <Geld>
1.0468)

**1.1859 Zahn m, Zähne pl**
**Zahn:** Z zeigt auf **einen** »Zahn«
**Zähne:** Z zeigt auf **zwei** »Zähne«

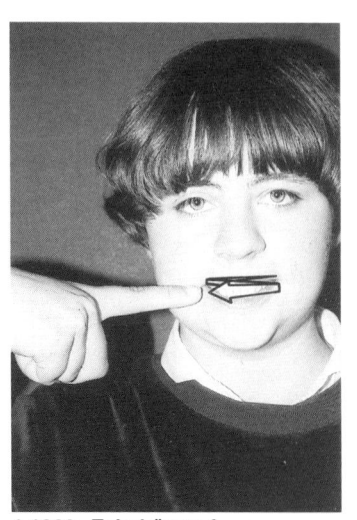

**1.1860 Zahnbürste f,
putzen (Zähne),
Zähne putzen**
Z (Hr o, Hk v) ahmt »Zähne putzen«
nach

**1.1861 Zahncreme f, Zahnpasta f,
Zahnpaste f**
r *X-H (Hr v, Hk u) über l Z
(Hr v, Hk u) nach r: »Zahncreme aus
der Tube auf die Zahnbürste
drücken«

**1.1862 Zange f**
C-H (Hr u, Hk h) verkleinert sich 2x:
»Zange zusammendrücken«

**1.1863 zaubern, Zauber m, Zauberei f, Zauberer\* m, Zauberin\*\* f, verzaubern (N,O,W), Verzauberung f (N,O,W)**
1.2. Fe (Ht v, Hk außen) öffnen sich im Wechsel nach v o zu 5-He: »etwas verschwinden bzw. erscheinen lassen«
(vgl. verzaubern <S> **4.2112**)

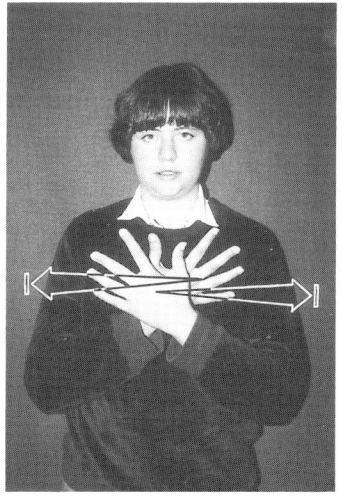

**1.1864 Zaun m, Hecke f**
5-He (Hr v) auseinander deuten
»Begrenzung« an
(**wie** Grenze 1.0610)

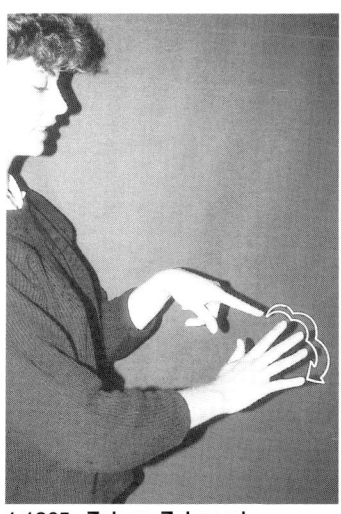

**1.1865 Zeh m, Zehen pl**
l 5-H = »Fuß«;
r Z tippt auf **einen** Finger (= »**Zeh**«)
**oder mehrere** Finger (= »**Zehen**«)
(vgl. Finger 1.0446)

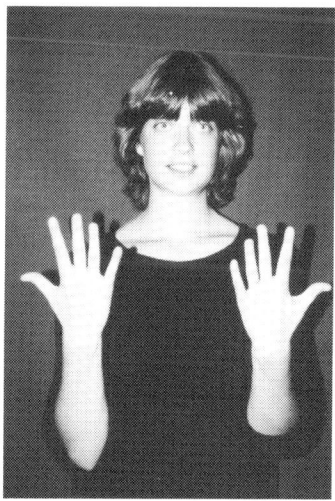

**1.1866 zehn, 10**
5-He (Hr v, Hk innen): »**10** Finger«

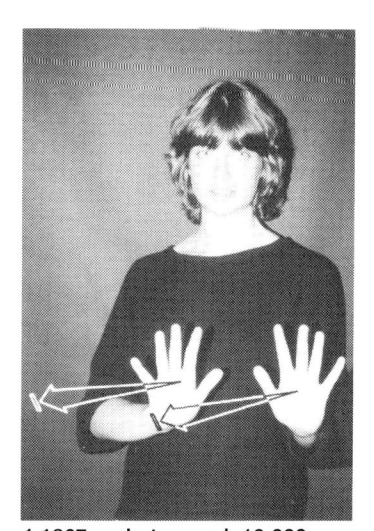

**1.1867 zehntausend, 10 000, zehn Wochen**
5-He (Ht v, Hk außen) vor Brust nach r

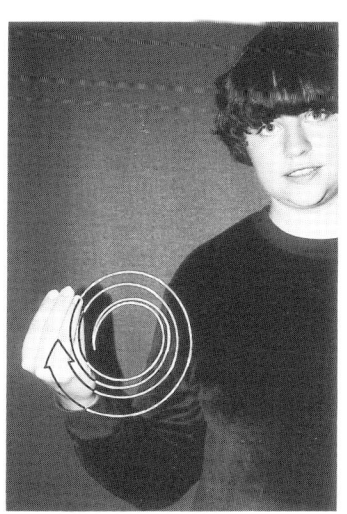

**1.1868 Zeichen n (allg.), zeichnen (2), Zeichnung f (Bild)**
<O-H (Hr u, Hk innen) kreist nach innen (vgl. 1.1869, zeichnen <1>
1.0941)

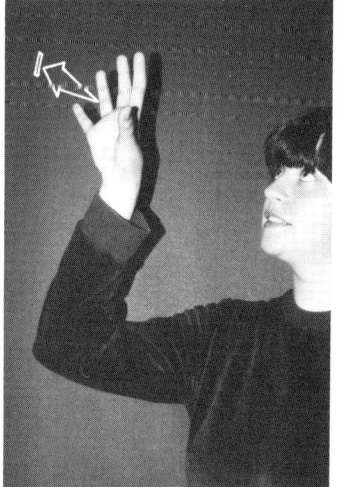

**1.1869 Zeichen n (Verkehr)**
5-H (Ht v, Hk außen) kurz nach v o, deutet »Verkehrszeichen« an
(vgl. 1.1868)

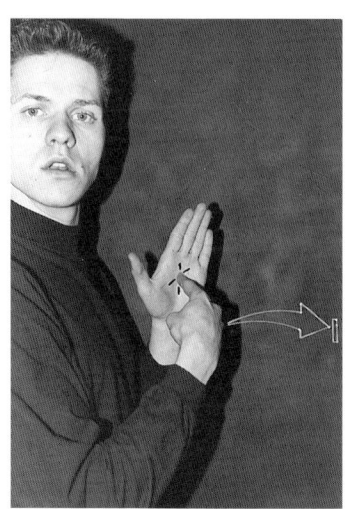

**1.1870** zeigen (etwas), demonstrieren (vorführen), Demonstration f (Vorführung), demonstrativ (2), andeuten (2), Andeutung f (2), anweisen (Gebrauch), Anweisung f (Gebrauch), anzeigen (Polizei)(N), Anzeige f (Polizei)(N), darbieten (darstellen), Darbietung f (Darstellung), darstellen, Darstellung f, Darsteller* m, -in** f, verweisen (Hinweis), Verweis m (Hinweis)
r Z (Hk u, Hr außen) auf Ht der l *B-H (Ht v, Hk außen), dann beide He zusammen nach v: »etwas zeigen, anzeigen« (vgl. zeigen <auf> 1.0253, demonstrativ <1> **4.0433**, andeuten <1> **4.0443**, Anzeige <Polizei><S> **4.0148**)

**1.1871** Zeit f (N,S,W), zeit (N,S,W), zeitlich (N,S,W), zeitig (N,S,W)
Z (Ht v, Hk außen) kreist vor Brust: »Zeitablauf«
(vgl. 1.1872, Jahr <1> 1.0729)

**1.1872** Zeit (O), zeit (O), zeitlich (O), zeitig (O)
Fi-spitzen der *5*-H (Hr v, Hk innen) von Oberlippe im Bogen zum Kinn
(vgl. 1.1871)

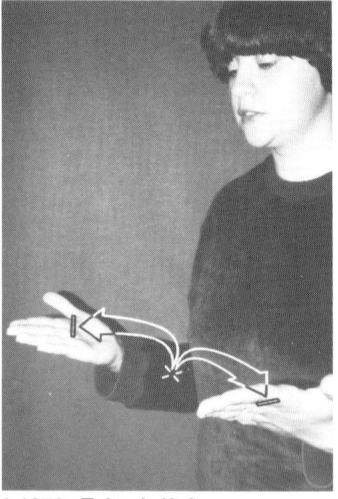

**1.1873** Zeitschrift f
aneinanderliegende *B-He (Hr außen, Hk u) im Bogen auseinander (Hr u, Hk innen): »Zeitschrift aufschlagen«
(vgl. Zeitung 1.1874, Illustrierte 1.0775)

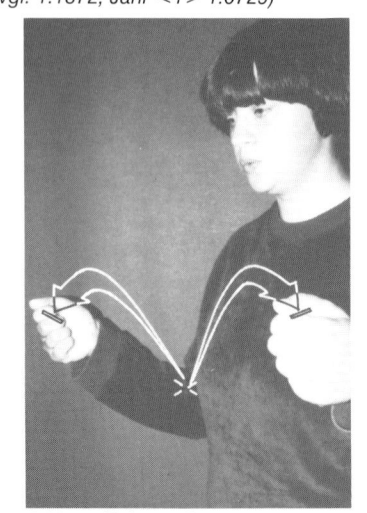

**1.1874** Zeitung f
aneinanderliegende A-He (Hr außen, Hk u) im Bogen auseinander: »Zeitung aufschlagen«
(vgl. Zeitschrift 1.1873)

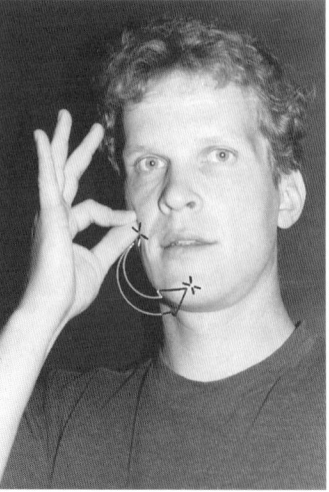

**1.1875** zensieren (bewerten)(3)(O), Note f (Zensur)(3)(O), Zensur f (Note)(3)(O), benoten (3)(O), Benotung f (3)(O), bewerten (O), Bewertung f (O)
DZ-spitzen der F-H (Hr außen, Hk v) von r Wange an r Kinnseite
(vgl. Note f <Zensur><1><2>, benoten <1><2> 1.1078/1.0540)

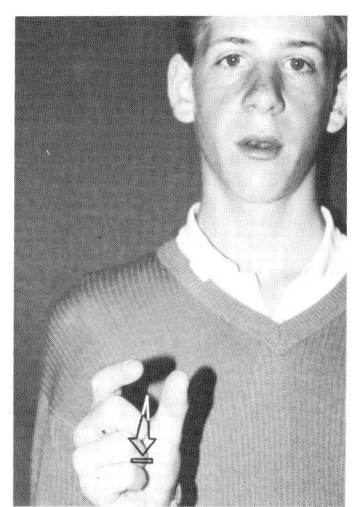

**1.1876 Zentimeter m, cm, Zoll m (Maß)**
Q-H (Ht v, Hk u) kurz nach u: »Zentimeterabstand« zwischen D und Z (vgl. Dezimeter, dm 1.0278, Millimeter, mm 1.0979)

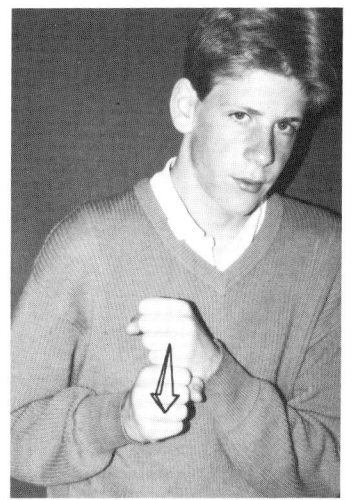

**1.1877 Zentner m**
übereinanderliegende Fe (Hr außen, Hk u) 2x kurz nach u: »Zentnersack tragen« (vgl. Sack 1.1232)

**1.1878 Zentrum n, City f, zentral, Zentrale f, Mittel n (3)(S)**
D-spitze der *A-H 1x **oder** 2x »in Zentrum« des Ht der l *B-H (Ht o, Hk innen) (vgl. Mittel <1> 1.0991, Mitte, Mittel <2> 1.0990)

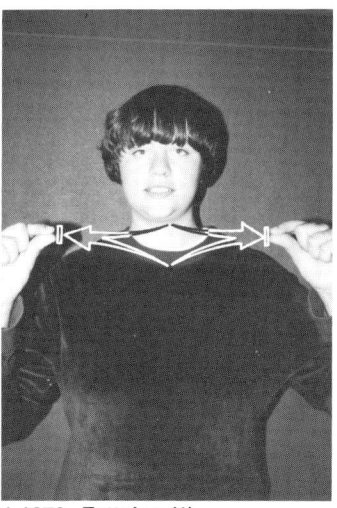

**1.1879 Zettel m (1)**
L-He (Hr außen, Hk v) auseinander zu <Q-He schließen: »Zettelform« (vgl. Zettel <2> 1.1269)

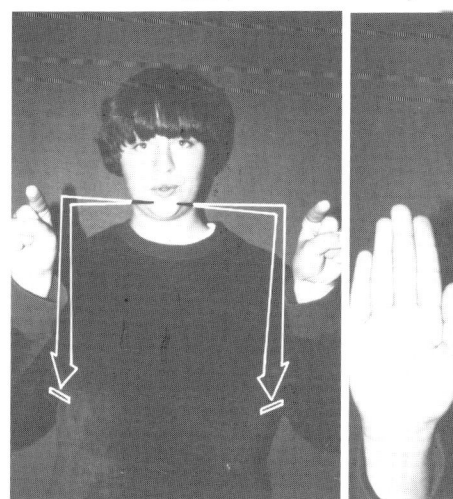

**1.1880 Zeugnis n**
1. Z (Ht v, Hk außen) deuten »Form des Zeugnisblattes« an
2. B-H (Ht v, Hk außen): »Zeugnis zeigen«

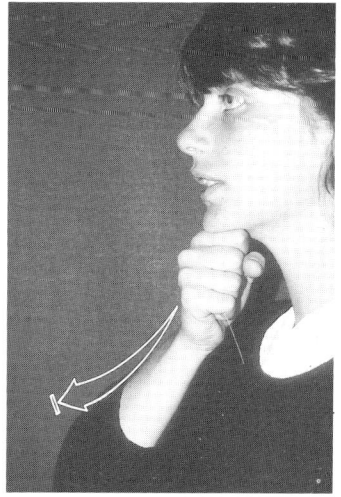

**1.1881 Ziege f, Geiß f**
F (Hr v, Hk u) vom Kinn im Bogen nach u v (Hr o, Hk v): »Ziegenbart« (vgl. Zwerg 1.1924)

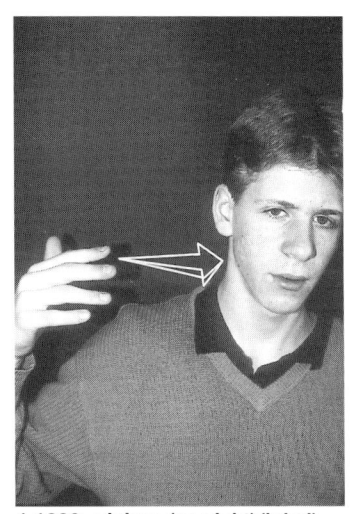

**1.1882 ziehen (es zieht)(lokal), es zieht (lokal)**
Fi-spitzen der <5-H (Hr außen, Hk v) 2x zum Hals
(vgl. 1.1883/84)

**1.1883 ziehen (Last)(situativ)**
A-H **oder** A-He »ziehen« nach h
(vgl. 1.1882/84)

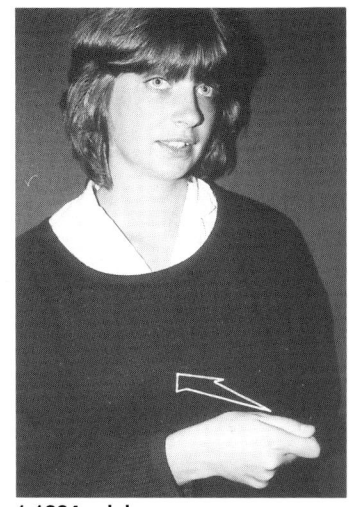

**1.1884 ziehen (herausziehen)(situativ)**
A-H **oder** A-He (Hr außen, Hk u) »ziehen« nach h
(vgl. 1.1882/83)

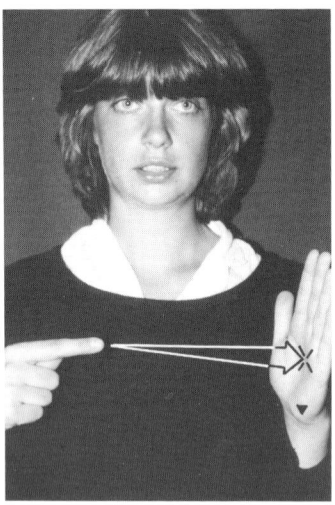

**1.1885 Ziel n**
r Z (Hr außen, Hk v) gegen Ht der l *B-H (Hr außen, Hk v): »Z weist zum Ziel«

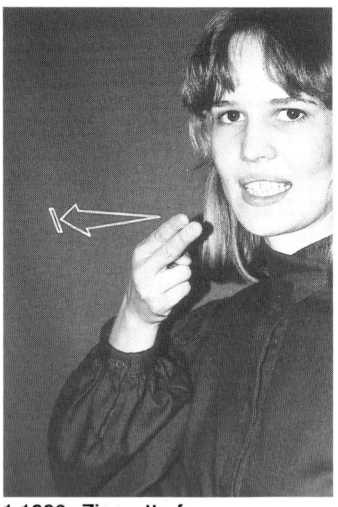

**1.1886 Zigarette f**
U-H (Hr v, Hk u) vom Mund nach v: »Zigarette aus dem Mund nehmen«
(vgl. rauchen <Zigarette> 1.1186)

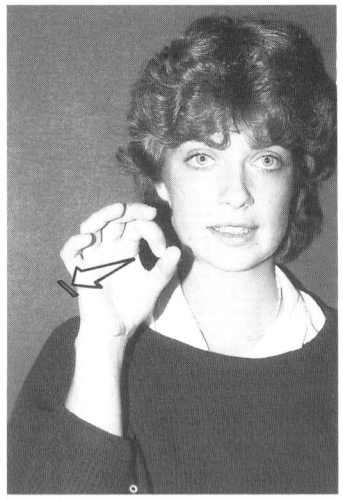

**1.1887 Zigarre f**
*F*-H **oder** O-H (Hr außen, Hk v) vom Mund nach v: »Zigarrenform«

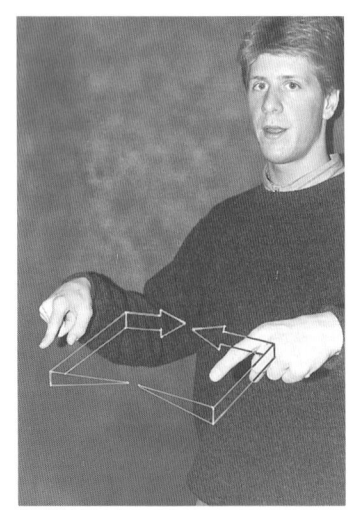

**1.1888 Zimmer n (1), Diele f (Raum), Kabine f (1), Raum m (1), Stube f (1), Studio n (1)**
Z ahmen »Form des Zimmers, ...« nach
(vgl. 1.1889/90)

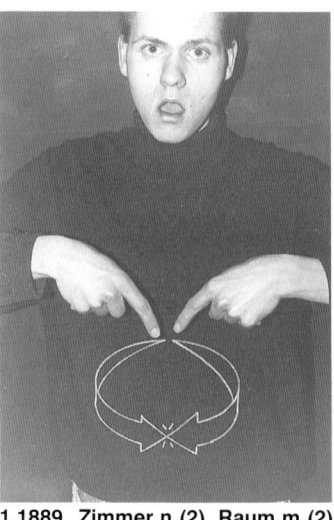

**1.1889 Zimmer n (2), Raum m (2), Ausschuss m (Gruppe), Bezirk m, Gruppe f, Kanzlei f, Kreis m (Gruppe, Landkreis), Sekte f, Stube f (2), Studio n (2), Team n, Verein m (1)**
Z (Hr v, Hk außen) beschreiben Kreis mit H-gelenkdrehung nach v (Hr innen, Hk v) (**wie** Staat <1> 1.1449, vgl. 1.1888/90, Verein <2><3> 1.1661/62, Kreis <Geometrie> 1.0849)

Arbeitszimmer n (1)(2)
= arbeiten 1.0066
+ Zimmer (1)(2) 1.1888/89

Badezimmer n (1)(2)
= baden 1.0113
+ Zimmer (1)(2) 1.1888/89

Esszimmer n (1)(2)
= essen 1.0389
+ Zimmer (1)(2) 1.1888/89

Kinderzimmer n (1)(2)
= Kinder (1)(2) 1.0796/1.0739
+ Zimmer (1)(2) 1.1888/89

Schlafzimmer n (1)(2)
= schlafen 1.1284
+ Zimmer (1)(2) 1.1888/89

Wohnzimmer n (1)(2)
= wohnen 1.1826
+ Zimmer (1)(2) 1.1888/89

**1.1890 Hinweis**

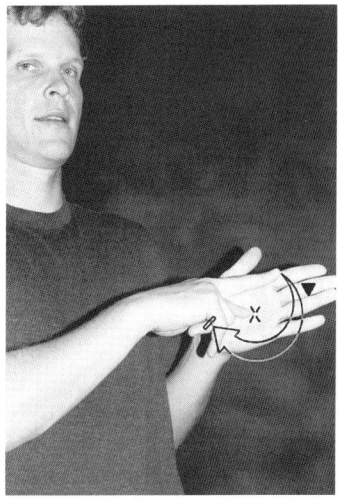

**1.1891 Zirkel m, zirkeln, Geometrie f**
Z-spitze der r V-H (Hr o, Hk v) sticht in Ht der l *B-H (Hr außen, Hk u) und dreht im H-gelenk nach u (Hr v, Hk u): »Zirkel einstechen und drehen«

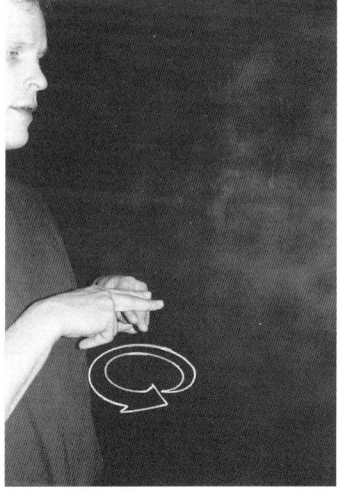

**1.1892 Zirkus m (1), Manege f (1), Dom m (Hamburg), Rummel m (Jahrmarkt)**
Gekreuzte U-He **oder** V-He (Hr o, Hk außen) kreisen vor Brust: »Zirkusrund« (vgl. 1.1893, Manege <2> **4.1204**)

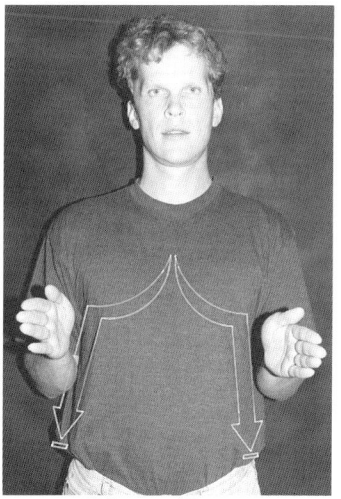

**1.1893 Zirkus m (2)**
B-He (Hr o, Hk außen) »fahren Zirkuszelt nach« (Hr außen, Hk u) (vgl. 1.1892)

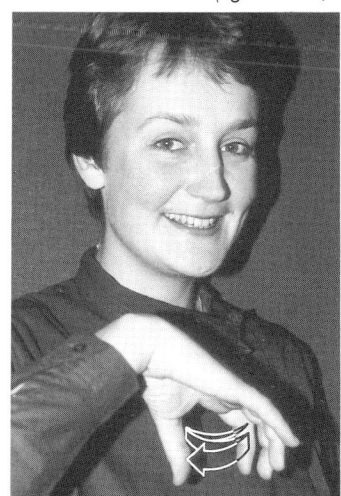

**1.1894 Zitrone f**
*5*-H (Hr o) 2x hin und zurück drehen: »Zitrone auspressen«

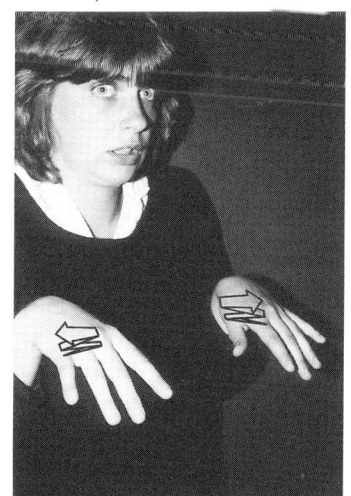

**1.1895 zittern**
5-He (Hr o, Hk außen) »zittern« entgegengesetzt
(vgl. frieren 1.1813, Furcht 1.0522)

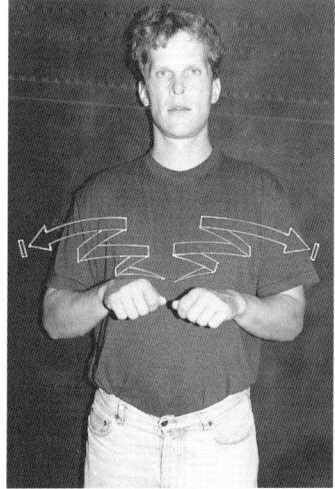

**1.1896 Zollstock m, Metermaß n**
A-He (Hr o, Hk außen) gleichzeitig in Bögen mit H-gelenkdrehungen auseinander (Hr außen, Hk u): »Öffnen des Zollstocks«

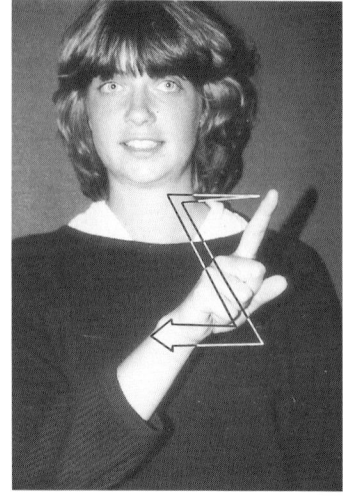

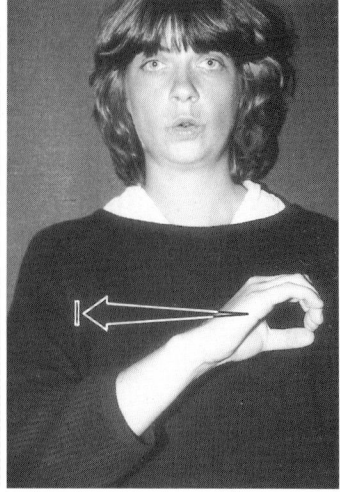

**1.1897 Zoo m**
Das Wort »Zoo« wird gefingert:
1. FA »**Z**«
2. FA »**O**« von l nach r = Verdoppelung des Buchstabens

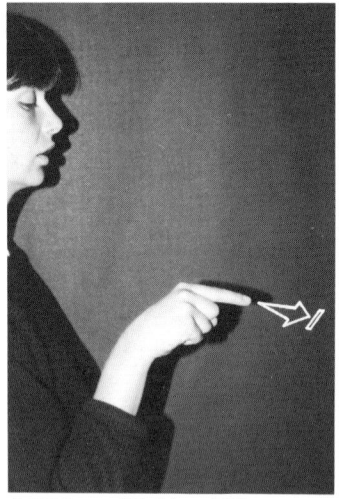

**1.1898 zu (Richtung)(1)**
Z (Hr o, Hk außen) kurz nach v:
»auf etwas zu«
(vgl. 1.1899)

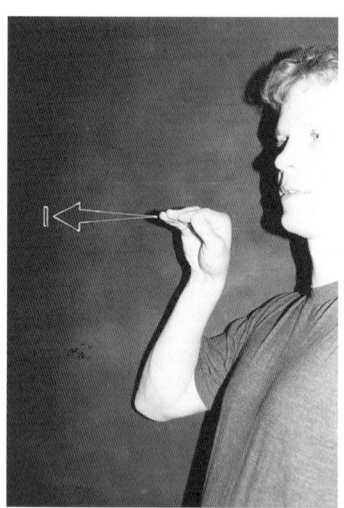

**1.1899 zu (Richtung)(2), zustellen (Post), Zustellung f (Post), Zusteller\* m, -in\*\* f, zuwenden (Geld), Zuwendung f (Geld)**
<O-H (Hr h, Hk außen) vor Schulter nach v u (Hr o)
(vgl. 1.1898)

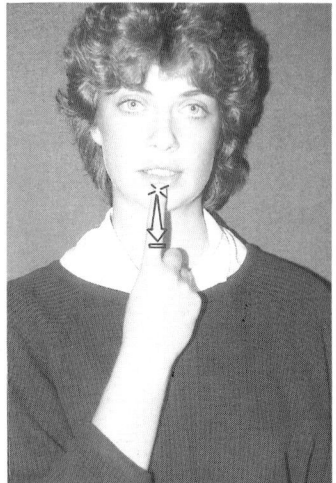

**1.1900 Zucker m, zuckern**
1. »süß«: Z (Hr v, Hk innen) von Unterlippe zum Kinn
2. »Salz«: D und Z der <Q-H (Hr o, Hk außen) reiben aneinander:
»süßes Salz«

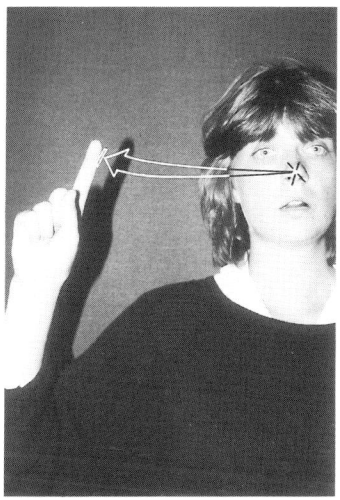

**1.1901 Zufall m (1), zufällig (1)**
Z (Ht v, Hk außen) von Nase nach r
(vgl. 1.1902)

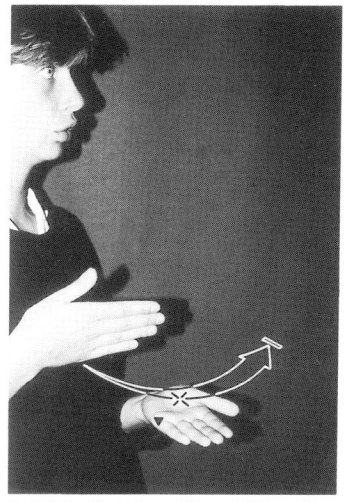

**1.1902 Zufall m (2), zufällig (2)**
Hk der r *B-H (Hr außen, Hk u)
über Ht der l *B-H (Ht o, Hk h)
nach v
(vgl. 1.1901)

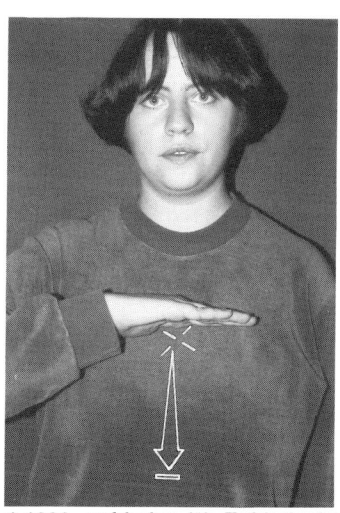

**1.1903 zufrieden (2), Zufriedenheit f (2), aufatmen, befriedigen (2), Befriedigung f (2), stillen (Durst), wohl (2), Wohl n (2)**
B-H (Hr o, Hk v) an Brust nach u
(vgl. zufrieden <1> 1.0696, wohl <1> 1.0564)

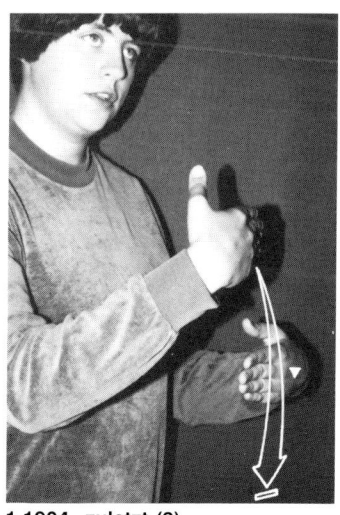

**1.1904 zuletzt (2)**
r *B-H (Hr v, Hk u) vor l *B-H (Hr v, Hk u) nach u deutet »Grenze« an
(vgl. zuletzt <1> 1.0902)

zumachen (Fenster, Tür)
= zu (geschlossen) (2)
1.1295
+ machen 1.0066

**1.1905 Hinweis**

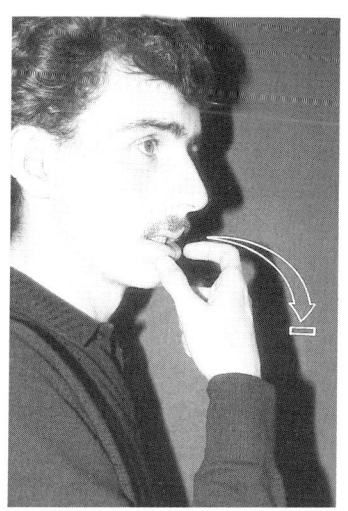

**1.1906 Zunge f**
*X-H (Hr v, Hk u) vom Mund nach v u
deutet »herausgestreckte Zunge« an

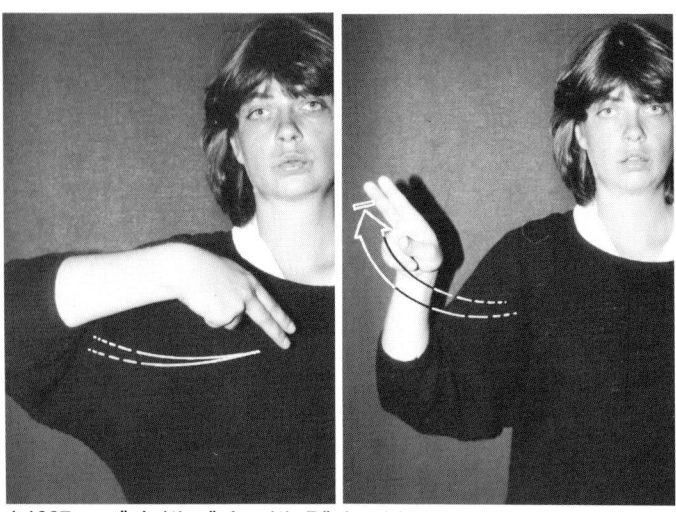

**1.1907 zurück (1), rück... (1), Rück... (1), ausgehen (weggehen)**
*1.2. U-H (Hr v, Hk u) mit H-gelenkdrehung nach r »zurück« (Ht v, Hk u)*
**(richtungsgebunden**, *vgl. antworten 1.0054)*
*(vgl. 1.1908)*

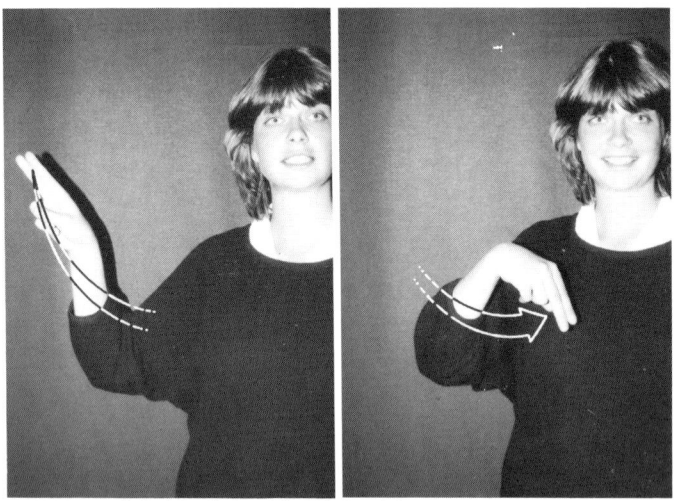

**1.1908 zurück (2), rück... (2), Rück... (2)**
*1.2. U-H (Ht v, Hk außen) mit H-gelenkdrehung zur Brust »zurück« (Hr v, Hk u)*
**(richtungsgebunden**, *vgl. antworten 1.0054)*
*(vgl. 1.1907)*

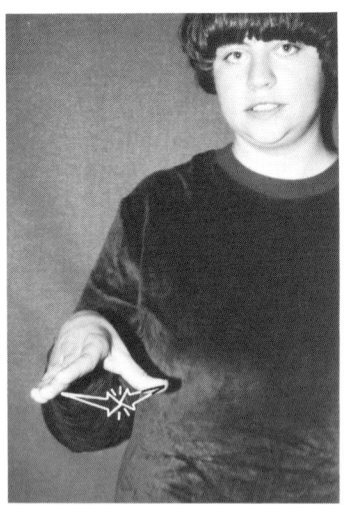

**1.1909 zusammen (1)**
*\*B-H (Hr außen, Hk u) schließt zur <O-H: »Finger zusammen«*
*(**wie** mit 1.0984, vgl. 1.1910)*

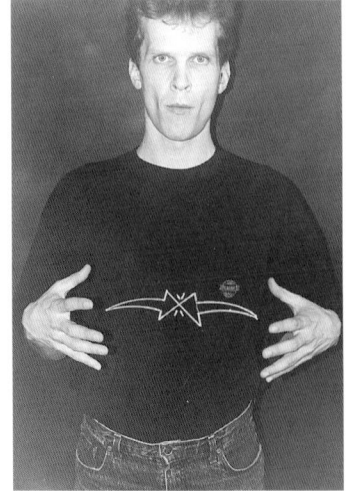

**1.1910 zusammen (2), beisammen, angehören, angehörig, Angehörige\* m \*\* f, Einheit f, Eintracht f, einträchtig, Koalition f, koalieren, Siedlung f, Trupp m, Truppe f, vereinheitlichen (1), Vereinheitlichung f (1), vereinen, vereinigen, Vereinigung f, versammeln, Versammlung f, zusammenschließen (sich), Zusammenschluss m**
*\*5\*-He **oder** C-He (Hr außen, Hk u) nähern sich, »kommen zusammen«*
*(vgl. 1.1909, vereinheitlichen <2> **4.1993**)*

zusammenzählen (1)(2)
= zusammen (1)(2) 1.1909/10
+ zählen (1)(2) 1.1853/54

**1.1911 Hinweis**

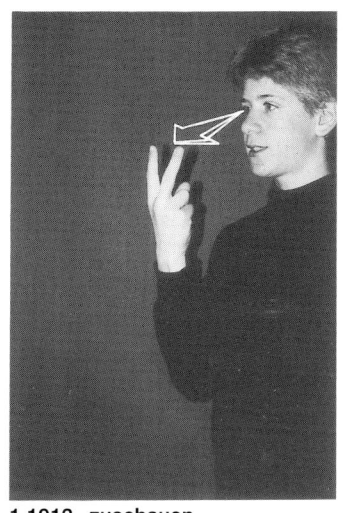

**1.1912 zuschauen,
Zuschauer\* m, -in\*\* f**
V-H (Hr v, Hk innen) 2x von Augen nach v: »wiederholt hinschauen«
(vgl. schauen, sehen 1.1373, Zuschauer pl **2.1150**)

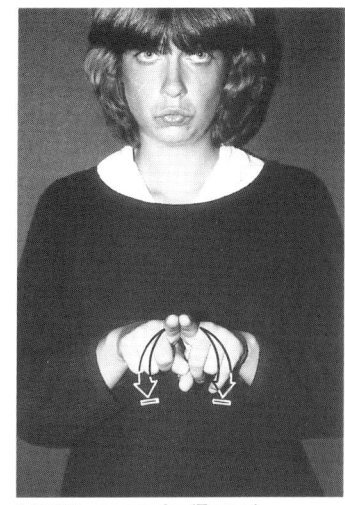

**1.1913 zu wenig (Essen)**
Z (Hr o, Hk außen) mit Viertelkreis nach außen u (Hr außen, Hk u): »geringe Menge«
(vgl. zu wenig <1><2> 1.0810/1.1230)

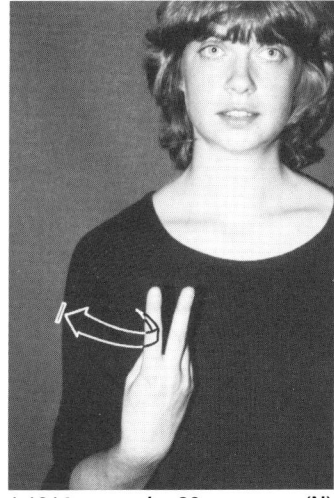

**1.1914 zwanzig, 20, (N)
zwanzig(ste), 20(.)**
1. »zwanzig« (N): V-H bzw. 2-H (Hr v, Hk innen) dreht im H-gelenk nach außen (Hr h, Hk außen)
   (vgl. 1.1915, zweite 1.1922)
2 »...ste« (1.0702, r. Foto)

**1.1915 zwanzig, 20, (S)
zwanzig(ste), 20(.)**
1. »zwanzig« (S): V-H bzw. 2-H (Hr v, Hk innen) 2x zur \*V\*-H krümmen (vgl. 1.1914)
2. »...ste« (1.0702, r. Foto)

**1.1916 zwei (1), 2 (1),
Duo n**
V-H bzw. **2-H** (Hr v, Hk innen):
»**2** Finger«
(vgl. 1.1917)

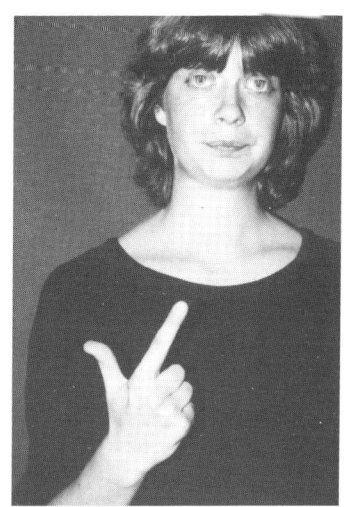

**1.1917 zwei (2), 2 (2)**
L-H bzw. **2-H** (Hr v, Hk innen):
»**2** Finger«
(vgl. 1.1916)

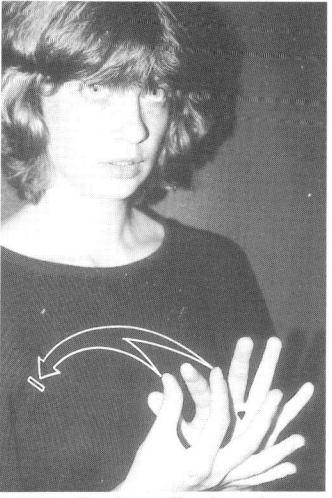

**1.1918 Zweig m, Zweige pl**
D und Z der r 5-H von Z **oder** Z und M der l 5-H nach r zur F-H **oder** <Q-H schließen: »Zweig/e nachfahren«
(vgl. Ast, Äste 1.0073)

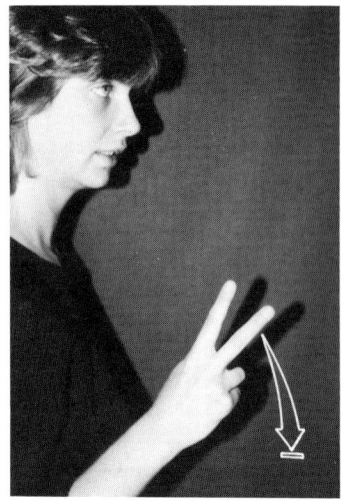

**1.1919 zweihundert, 200**
V-H bzw. 2-H (Hr außen, Hk v) im Bogen nach u (Hk u)

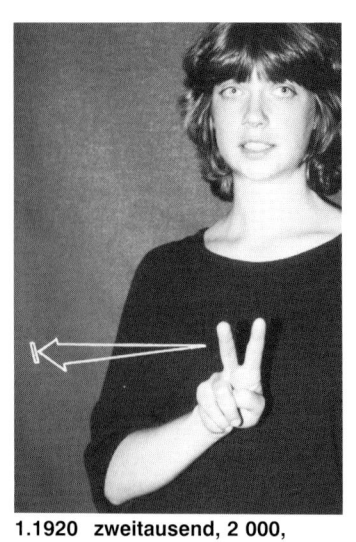

**1.1920 zweitausend, 2 000, zwei Wochen**
V-H bzw. 2-H (Ht v, Hk außen) vor Brust nach r

**1.1921 zweite (1), 2. (1)**
L-H bzw. **2-H** (Ht v, Hk außen) dreht im H-gelenk nach innen (Hr v, Hk innen)
(vgl. 1.1922)

**1.1922 zweite (2), 2. (2), Vize...**
V-H bzw. **2-H** (Ht v, Hk außen) dreht im H-gelenk nach innen (Hr v, Hk innen)
(vgl. 1.1921, zwanzig <N> 1.1914)

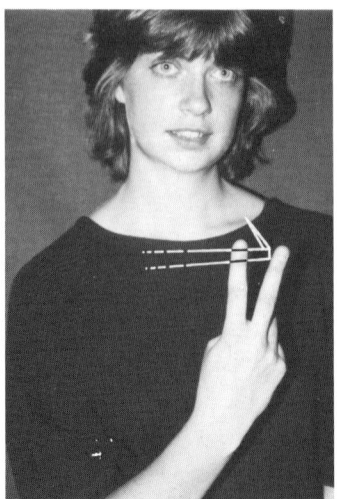

**1.1923 zweiundzwanzig, 22, zweiundzwanzig(ste), 22(.)**
1.2. »zweiundzwanzig«: V-H bzw. 2-H (Hr v, Hk innen) von l Schulter nach r
3. »...ste« (1.0702, r. Foto)

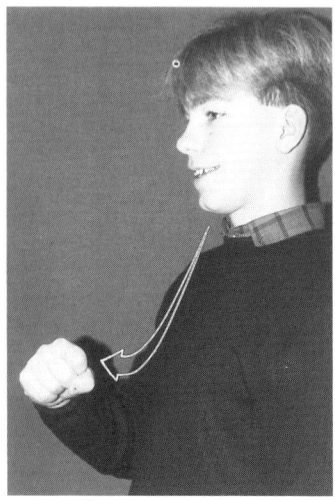

**1.1924 Zwerg m**
F (Hr v, Hk u) vom Kinn im Bogen nach u v (Hr o, Hk v): »Zwergenbart«
(vgl. Ziege 1.1881)

312

| | | | | | |
|---|---|---|---|---|---|
| Ampel | 1.0041 | ans (örtlich) | 1.0042 | Armut | 1.0069 |
| Amt (1) | 1.0138 | anschauen | 1.0052 | Aroma | 1.1210 |
| Amt (2) | 1.0137 | Anschein | 1.1691 | aromatisch | 1.1210 |
| amtlich (1) | 1.0138 | anscheinend | 1.1691 | Arsch | 1.1152 |
| amtlich (2) | 1.0137 | ansehen | 1.0052 | Art | 1.0070 |
| amüsant | 1.0425 | Ansicht (Anblick) | 1.0052 | artig | 1.1056 |
| amüsieren (sich) | 1.0425 | Ansprache | 1.0023 | Arzt | 1.0071 |
| an (örtlich, zeitlich) | 1.0042 | Anstalt | 1.0535 | Ärztin | 1.0071 |
| an... (Licht) | 1.0043 | Anstand | 1.1104 | ärztlich | 1.0071 |
| an... (Schalter)(1) | 1.0044 | anständig | 1.1104 | Asche (allg.) | 1.0373 |
| an... (Schalter)(2) | 1.1258 | Anstoß (allg.) | 1.1483 | Asiate | 1.0072 |
| anal | 1.0676 | anstößig | 1.0639 | Asiatin | 1.0072 |
| analog | 1.1666 | anti... (N) | 1.0547 | asiatisch | 1.0072 |
| Analogie | 1.1666 | anti... (S) | 1.0548 | Asien | 1.0072 |
| Andacht (1) | 1.0045 | Anti... (N) | 1.0547 | Ast | 1.0073 |
| Andacht (2) | 1.0046 | Anti... (S) | 1.0548 | Äste | 1.0073 |
| andächtig | 1.0046 | antik (1) | 1.0036 | atmen | 1.0074 |
| andere | 1.0047 | antik (2) | 1.0037 | Atmung | 1.0074 |
| andere pl. | 1.1676 | Antike (1) | 1.0036 | au! | 1.0075 |
| ändern | 1.1759 | Antike (2) | 1.0037 | auch | 1.0034 |
| anders | 1.0047 | Antwort (1) | 1.0053 | auf (offen) | 1.1092 |
| Änderung | 1.1759 | Antwort (2) | 1.0055 | auf (örtlich) | 1.0076 |
| andeuten (2) | 1.1870 | antworten (1) | 1.0053 | auf (Richtung, zeitlich) | 1.0077 |
| Andeutung (2) | 1.1870 | antworten (2) | 1.0055 | auf einmal (1) | 1.0293 |
| anfahren (liefern) | 1.0225 | anweisen (Gebrauch) | 1.1870 | auf einmal (2) | 1.0642 |
| Anfang | 1.0048 | Anweisung (Gebrauch) | 1.1870 | Auf Wiedersehen! | 1.0087 |
| anfangen | 1.0048 | anwesend | 1.0252 | aufatmen | 1.1903 |
| Anfänger | 1.0048 | Anwesenheit | 1.0252 | Aufbau | 1.0127 |
| Anfängerin | 1.0048 | Anzeige (Polizei)(N) | 1.1870 | aufbauen | 1.0127 |
| anfassen | 1.0049 | anzeigen (Polizei)(N) | 1.1870 | Aufbauten | 1.0127 |
| anfeuern | 1.1024 | anziehen (Hose) | 1.0695 | aufbewahren | 1.0078 |
| Anfeuerung | 1.1024 | anziehen | | Aufbewahrung | 1.0078 |
| anfordern | 1.0468 | (Jacke, Kittel, Mantel) | 1.0727 | aufbrechen (los) | 1.0769 |
| Anforderung | 1.0468 | anziehen (Pullover) | 1.0056 | Aufbruch (los) | 1.0769 |
| Anfrage | 1.0004 | anziehen (Schuhe, Stiefel) | 1.1338 | Aufenthalt | 1.1405 |
| anfragen | 1.0004 | anziehen (Socken, Strümpfe) | 1.1410 | Aufgabe (Auftrag) | 1.0566 |
| Anfuhr (liefern) | 1.0225 | Anzug (1) | 1.0057 | aufgeben (auftragen) | 1.0566 |
| anführen (leiten) | 1.0504 | Anzug (2) | 1.0058 | aufgeschlossen (2) | 1.1092 |
| Anführer | 1.0023 | anzünden | 1.0059 | Aufgeschlossenheit (2) | 1.1092 |
| angehören | 1.1910 | Apfel | 1.0060 | aufhalten (sich) | 1.1405 |
| angehörig | 1.1910 | Apfelsine | 1.0061 | aufhängen (Sache) | 1.0623 |
| Angehörige | 1.1910 | Apparat | 1.0062 | aufheben (aufbewahren) | 1.0078 |
| angenehm | 1.0998 | Appetit | 1.1043 | aufheben (vom Boden) | 1.0079 |
| Angst | 1.0050 | applaudieren (1) | 1.0140 | aufladen (Akku) | 1.0078 |
| ängstigen (sich) | 1.0522 | applaudieren (2) | 1.0141 | aufmachen (Flasche) | 1.0081 |
| ängstlich | 1.0050 | Applaus (1) | 1.0140 | aufmachen (Paket) | 1.0082 |
| anhalten | 1.0628 | Applaus (2) | 1.0141 | aufmachen (Tür, Fenster) | 1.0080 |
| Ankauf | 1.1660 | April (1)(N) | 1.0063 | aufmerksam (1) | 1.1732 |
| ankaufen | 1.1660 | April (2)(S) | 1.0064 | aufmerksam (2) | 1.0084 |
| anklopfen | 1.0815 | April (3) | 1.0065 | Aufmerksamkeit (1) | 1.1732 |
| ankommen | 1.0252 | Arbeit | 1.0066 | Aufmerksamkeit (2) | 1.0084 |
| ankreuzen | 1.0851 | arbeiten | 1.0066 | aufmuntern | 1.1024 |
| Ankunft | 1.0252 | Arbeiter | 1.0066 | Aufmunterung | 1.1024 |
| Anlage (Gerät) | 1.0062 | Arbeiterin | 1.0066 | aufnehmen (vom Boden) | 1.0079 |
| Anlass | 1.0145 | arbeitslos | 1.0925 | aufpassen | |
| anlässlich | 1.0145 | Arbeitstag (1)(2) | 1.0426 | (auf Kinder) | 1.0083 |
| anlügen (1) | 1.0927 | Arbeitszimmer (1)(2) | 1.1890 | aufpassen | |
| anlügen (2) | 1.1384 | Ärger | 1.0024 | (Unterricht, Verkehr) | 1.0084 |
| Anorak | 1.0051 | ärgerlich | 1.0024 | aufräumen | 1.0085 |
| anordnen | 1.0134 | ärgern (sich) | 1.0024 | aufrichtig | 1.0332 |
| Anordnung | 1.0134 | Aristokrat | 1.0605 | Aufrichtigkeit | 1.0332 |
| anpacken | 1.0609 | Aristokratin | 1.0605 | Aufsicht | 1.0083 |
| Anrede | 1.1192 | Arm | 1.0067 | aufstehen | 1.0086 |
| anreden | 1.1192 | arm (Mitleid haben) | 1.0068 | aufwachen | 1.1732 |
| anregen | 1.1024 | arm (nichts haben) | 1.0069 | aufwachsen | |
| Anregung | 1.1024 | Arme (Gliedmaßen) | 1.0067 | (Mensch, Tier)(1) | 1.1733 |

315

| | | | | | |
|---|---|---|---|---|---|
| aufwachsen (Mensch, Tier)(2) | 1.1734 | ausziehen (Socken, Strümpfe) | 1.0104 | Bastler | 1.0126 |
| aufziehen (Kind) | 1.0387 | Auto | 1.0105 | Bastlerin | 1.0126 |
| aufziehen (Vorhang) | 1.1721 | Auto fahren | 1.0399 | Batterie | 1.0356 |
| Auge/n | 1.0088 | Autobahn (1) | 1.0106 | Bau (N) | 1.0127 |
| Augenblick (N) | 1.0089 | Autobahn (2) | 1.0107 | Bau (S) | 1.0128 |
| Augenblick (S) | 1.0090 | Autobus | 1.0242 | Bauch | 1.0129 |
| augenblicklich (N) | 1.0089 | Automat (2) | 1.0044 | Bauch waschen | 1.1752 |
| augenblicklich (S) | 1.0090 | Automat (3) | 1.0953 | bauen (N) | 1.0127 |
| August (1)(N) (2)(S) | 1.0091 | Automat (4) | 1.0954 | bauen (S) | 1.0128 |
| August (3) | 1.0092 | Automation (1) | 1.0953 | Bauer | 1.0130 |
| aus (Richtung, Beschaffenheit)(1) | 1.0093 | Automation (2) | 1.0954 | Bäuerin | 1.0130 |
| aus (Richtung, Beschaffenheit)(2) | 1.0094 | automatisch (1) | 1.0953 | Baum | 1.0131 |
| | | automatisch (2) | 1.0954 | Bäume | 1.0115 |
| aus (Schluss) | 1.1305 | automatisieren (1) | 1.0953 | Beamte (N, O, S) | 1.0138 |
| aus... (Licht) | 1.0095 | automatisieren (2) | 1.0954 | Beamte (W) | 1.0137 |
| aus... (Schalter)(1) | 1.0044 | Autor | 1.1333 | Beamtin (N, O, S) | 1.0138 |
| aus... (Schalter)(2) | 1.1258 | Autorin | 1.1333 | Beamtin (W) | 1.0137 |
| ausbessern | 1.0839 | | | beantworten (1) | 1.0053 |
| Ausbesserung | 1.0839 | **B** | | beantworten (2) | 1.0055 |
| ausbilden | 1.0045 | Baby | 1.0108 | Beantwortung (1) | 1.0053 |
| Ausbilder | 1.0045 | Bach | 1.0109 | Beantwortung (2) | 1.0055 |
| Ausbilderin | 1.0045 | backen | 1.0110 | beaufsichtigen | 1.0083 |
| Ausbildung | 1.0045 | Bäcker | 1.0110 | Beaufsichtigung | 1.0083 |
| Ausdauer | 1.1213 | Bäckerin | 1.0110 | Becher | 1.0585 |
| ausdauernd | 1.1213 | Bad (Körperpflege) | 1.0113 | bedanken (sich)(1) | 1.0257 |
| Ausflug | 1.0096 | Bad (Schwimmbad) | 1.1359 | bedanken (sich)(2) | 1.0486 |
| Ausgabe (Geld)(N) | 1.1659 | Badeanzug | 1.0111 | bedauerlich (S) | 1.1309 |
| Ausgabe (Geld)(S) | 1.1664 | Badehose | 1.0112 | bedauern (S) | 1.1309 |
| Ausgang (hinausgehen)(1) | 1.0345 | Badekappe (1)(2) | 1.0244 | Bedauern (S) | 1.1309 |
| Ausgang (hinausgehen)(2) | 1.0099 | Bademütze (1)(2) | 1.0244 | bedeuten | 1.0132 |
| ausgeben (Geld)(N) | 1.1659 | baden (Körperpflege) | 1.0113 | Bedeutung | 1.0132 |
| ausgeben (Geld)(S) | 1.1664 | baden (schwimmen) | 1.1359 | beeilen (sich) | 1.1611 |
| ausgeben (spendieren) | 1.1667 | Badezimmer (1)(2) | 1.1890 | beeinflussen | 1.0459 |
| ausgehen (weggehen) | 1.1907 | baff (1) | 1.1839 | Beeinflussung | 1.0459 |
| ausgeschlossen! | 1.1640 | Bagger | 1.0116 | beerdigen | 1.0490 |
| aushalten (etwas) | 1.0097 | Bahn (Verkehr) | 1.0117 | Beerdigung | 1.0490 |
| Auskunft (1) | 1.0967 | Bahnhof | 1.0118 | Beere/n | 1.0133 |
| Auskunft (2) | 1.0968 | bald (1) | 1.0119 | befassen (sich)(mit) | 1.1255 |
| Auslegeware | 1.0205 | bald (2) | 1.0120 | Befehl | 1.0134 |
| Ausnahme (S) | 1.0445 | Ball (Spielzeug) | 1.0121 | befehlen | 1.0134 |
| auspacken | 1.0098 | Banane | 1.0122 | befördern (Transport) | 1.0225 |
| ausreichend | 1.0563 | Band (Streifen) | 1.0123 | Beförderung (Transport) | 1.0225 |
| Aussage | 1.1238 | Bandage (1) | 1.1657 | befolgen | 1.0467 |
| aussagen | 1.1238 | Bandage (2) | 1.1338 | befreien | 1.0478 |
| ausschalten | 1.1258 | bandagieren (1) | 1.1657 | Befreiung | 1.0478 |
| Ausschuss (Gruppe) | 1.1889 | bandagieren (2) | 1.1338 | befreundet (1) | 1.0486 |
| äußern (sich) | 1.1238 | Bandit | 1.0769 | befreundet (2) | 1.0487 |
| Äußerung | 1.1238 | bang(e) | 1.0050 | befriedigen (1) | 1.0696 |
| Ausspruch | 1.1238 | bangen | 1.0050 | befriedigen (2) | 1.1903 |
| aussteigen | 1.0099 | Bangen | 1.0050 | Befriedigung (1) | 1.0696 |
| Ausstieg | 1.0099 | Bank (Kreditinstitut) | 1.0124 | Befriedigung (2) | 1.1903 |
| Australien | 1.0100 | Bank (Sitzmöbel) | 1.1560 | befürchten | 1.1297 |
| Australier | 1.0100 | Bär | 1.0114 | Befürchtung | 1.1297 |
| Australierin | 1.0100 | bar | 1.0174 | begabt | 1.1048 |
| australisch | 1.0100 | Barriere | 1.0957 | Begabung | 1.1048 |
| Ausweis | 1.0101 | Bart | 1.0125 | begegnen | 1.1584 |
| ausweisen (jmdn.) | 1.1765 | bärtig | 1.0125 | Begegnung | 1.1584 |
| Ausweisung | 1.1765 | Barzahlung | 1.0174 | begießen | 1.0583 |
| auswendig | 1.0045 | Basar | 1.0951 | Beginn | 1.0048 |
| auszahlen | 1.0174 | Base (Kusine)(1) | 1.1101 | beginnen | 1.0048 |
| Auszahlung | 1.0174 | Base (Kusine)(2) | 1.0230 | begraben | 1.0490 |
| ausziehen (Hose) | 1.0102 | basieren | 1.0205 | Begräbnis | 1.0490 |
| ausziehen (Jacke, Kittel, Mantel) | 1.0103 | Basis | 1.0205 | behalten (Besitz)(1) | 1.0553 |
| | | Bastard | 1.0983 | behalten (Besitz)(2) | 1.0554 |
| | | Bastelei | 1.0126 | behalten (im Gedächtnis) | 1.0135 |
| | | basteln | 1.0126 | behandeln | 1.0633 |

| | | | | | | |
|---|---|---|---|---|---|---|
| Behandlung | 1.0633 | belügen (S) | 1.0928 | beschreiben | 1.1332 | |
| beherrschen (sich) | 1.0097 | bemerken | 1.0972 | Beschreibung | 1.1332 | |
| Beherrschung | 1.0097 | Bemerkung | 1.0972 | beschummeln | 1.1360 | |
| behilflich (1) | 1.0652 | bemühen (sich) | 1.1611 | beschützen | 1.1345 | |
| behilflich (2) | 1.0653 | Bemühung | 1.1611 | Beschützer | 1.1345 | |
| behindern | 1.0136 | benachrichtigen (1) | 1.0967 | Beschützerin | 1.1345 | |
| behindert | 1.0136 | benachrichtigen (2) | 1.0968 | Beschwerde (allg.)(1) | 1.0161 | |
| Behinderte | 1.0136 | Benachrichtigung (1) | 1.0967 | Beschwerde (allg.)(2) | 1.0162 | |
| Behinderung | 1.0136 | Benachrichtigung (2) | 1.0968 | beschweren (sich)(1) | 1.0161 | |
| Behörde (N) | 1.0137 | benoten (1) | 1.1078 | beschweren (sich)(2) | 1.0162 | |
| Behörde (S,W) | 1.0138 | benoten (2)(N, S, W) | 1.0540 | Besen | 1.0163 | |
| behüten | 1.0879 | benoten (3)(O) | 1.1875 | besinnen (sich) | 1.0588 | |
| behutsam | 1.0879 | benötigen (1) | 1.0216 | Besinnung | 1.0588 | |
| Behutsamkeit | 1.0879 | benötigen (2) | 1.0217 | besondere | 1.0642 | |
| bei | 1.0139 | Benotung (1) | 1.1078 | besonders | 1.0642 | |
| beide | 1.1088 | Benotung (2)(N, S, W) | 1.0540 | besorgen | 1.1611 | |
| Beifall (1) | 1.0140 | Benotung (3)(O) | 1.1875 | Besorgung | 1.1611 | |
| Beifall (2) | 1.0141 | Benzin | 1.0154 | besprechen | 1.1441 | |
| beige | 1.0142 | Benzin... | 1.0154 | Besprechung | 1.1441 | |
| Bein (eigenes) | 1.0143 | berechnen | 1.1187 | besser (immer besser) | 1.0164 | |
| Bein (fremdes) | 1.0144 | berechnend | 1.1187 | besser (Steigerung) | 1.0618 | |
| beinahe (1) | 1.0119 | Berechnung | 1.1187 | bessern (sich) | 1.0164 | |
| beinahe (2) | 1.0412 | bereden | 1.1441 | Besserung | 1.0164 | |
| Beine (eigene) | 1.0143 | Bereich | 1.0875 | Bestand | 1.1464 | |
| Beine (fremde) | 1.0144 | Berg | 1.0155 | beste | 1.1157 | |
| beisammen | 1.1910 | Berge | 1.0155 | Besteck | 1.0165 | |
| beisetzen | 1.0490 | Bergsteiger | 1.0812 | besteigen (Berg) | 1.0812 | |
| Beisetzung | 1.0490 | Bergsteigerin | 1.0812 | bestimmen (befehlen) | 1.0134 | |
| Beispiel (N) | 1.0145 | Bericht | 1.1192 | Bestimmung (Schicksal) | 1.0134 | |
| Beispiel (S) | 1.0146 | berichten | 1.1192 | bestrafen | 1.1485 | |
| Beispiel (W) | 1.0147 | berichtigen (1) | 1.0839 | Bestrafung | 1.1485 | |
| beispielhaft (N) | 1.0145 | berichtigen (2) | 1.0840 | Besuch | 1.0166 | |
| beispielhaft (S) | 1.0146 | Berichtigung (1) | 1.0839 | besuchen (1) | 1.0167 | |
| beispielhaft (W) | 1.0147 | Berichtigung (2) | 1.0840 | besuchen (2) | 1.0168 | |
| beispielsweise (N) | 1.0145 | Beruf (N) | 1.0156 | Besucher (1) | 1.0167 | |
| beispielsweise (S) | 1.0146 | Beruf (S) | 1.0157 | Besucher (2) | 1.0168 | |
| beispielsweise (W) | 1.0147 | beruflich (N) | 1.0156 | Besucherin (1) | 1.0167 | |
| beißen | 1.0148 | beruflich (S) | 1.0157 | Besucherin (2) | 1.0168 | |
| Beitrag (Anteil, Aufsatz) | 1.0262 | Berufsschule (N)(S) | 1.0244 | beten (1) | 1.0169 | |
| Beitrag (Geld)(1) | 1.1580 | beruhigen (1) | 1.1225 | beten (2) | 1.0170 | |
| Beitrag (Geld)(2) | 1.0174 | beruhigen (2) | 1.0878 | Beton | 1.1466 | |
| beitragen (Anteil, Aufsatz) | 1.0262 | Beruhigung (1) | 1.1225 | betrachten | 1.0052 | |
| beitragen (Geld)(1) | 1.1580 | Beruhigung (2) | 1.0878 | Betrachtung | 1.0052 | |
| beitragen (Geld)(2) | 1.0174 | berühmt (1) | 1.0158 | Betrag | 1.0540 | |
| bejahen | 1.0736 | berühmt (2) | 1.0159 | betragen (Geld) | 1.0540 | |
| bekannt (berühmt) | 1.0149 | Berühmtheit (1) | 1.0158 | betreiben | 1.0171 | |
| bekannt (kennen) | 1.0150 | Berühmtheit (2) | 1.0159 | betreten (eintreten) | 1.1588 | |
| Bekannte | 1.0150 | beschädigt | 1.1252 | betreuen | 1.1142 | |
| Bekanntheit | 1.0149 | Beschädigung | 1.1252 | Betreuer | 1.1142 | |
| bekanntlich | 1.0150 | beschäftigen | 1.1611 | Betreuerin | 1.1142 | |
| Bekleidung | 1.0809 | Beschäftigung | 1.1611 | Betreuung | 1.1142 | |
| bekommen (1) | 1.0151 | Bescheid (1) | 1.0967 | Betrieb (allg.) | 1.0171 | |
| bekommen (2) | 1.0152 | Bescheid (2) | 1.0968 | Bett | 1.0172 | |
| bekommen (3) | 1.0153 | bescheiden (1) | 1.0160 | Bettdecke | 1.0263 | |
| beladen | 1.0225 | bescheiden (2) | 1.0543 | beunruhigen (1) | 1.1643 | |
| belasten (sich) | 1.1580 | Bescheidenheit (1) | 1.0160 | beunruhigen (2) | 1.1691 | |
| belästigen (1) | 1.0873 | Bescheidenheit (2) | 1.0543 | Beunruhigung (1) | 1.1643 | |
| belästigen (2) | 1.1480 | bescheinigen | 1.1332 | Beunruhigung (2) | 1.1691 | |
| Belästigung (1) | 1.0873 | Bescheinigung | 1.1268 | bevor | 1.1711 | |
| Belästigung (2) | 1.1480 | beschenken (1) | 1.0566 | bewachen | 1.0083 | |
| Belastung (2) | 1.1580 | beschenken (2) | 1.1270 | Bewachung | 1.0083 | |
| belohnen (1) | 1.0921 | bescheren | 1.0566 | Beweis | 1.0145 | |
| belohnen (2) | 1.0915 | Bescherung | 1.0892 | beweisen | 1.0145 | |
| Belohnung (1) | 1.0921 | beschissen! (Ausruf) | 1.0814 | bewerben (sich) | 1.1788 | |
| Belohnung (2) | 1.0915 | beschleunigen (1) | 1.1548 | Bewerber | 1.1788 | |
| belügen (N) | 1.0927 | Beschleunigung (1) | 1.1548 | Bewerberin | 1.1788 | |

| | | | | | |
|---|---|---|---|---|---|
| Bewerbung | 1.1788 | blasen | 1.0192 | Brei | 1.1226 |
| bewerten (N, S, W) | 1.0540 | blass | 1.0193 | breit | 1.0611 |
| bewerten (O) | 1.1875 | Blässe | 1.0193 | Breite | 1.0611 |
| Bewertung (N, S, W) | 1.0540 | Blatt (Papier) | 1.0194 | brennen | 1.0220 |
| Bewertung (O) | 1.1875 | Blatt (Pflanze) | 1.0195 | Brett | 1.0221 |
| bewohnen | 1.1826 | blau | 1.0196 | Brief | 1.0222 |
| Bewohner | 1.1826 | Blech | 1.0955 | Briefmarke | 1.0223 |
| Bewohnerin | 1.1826 | bleiben | 1.1746 | Brille | 1.0224 |
| bewundern (etwas) | 1.1841 | bleich | 1.0193 | bringen | 1.0225 |
| bewundern (jmdn.) | 1.0173 | Bleistift | 1.1331 | Brise | 1.0926 |
| Bewunderung (1) | 1.0173 | blind (1) | 1.0197 | Bronze | 1.0244 |
| Bewunderung (2) | 1.1841 | blind (2) | 1.0198 | Brot | 1.0227 |
| bezahlen | 1.0174 | Blinde (1) | 1.0197 | Brötchen | 1.0226 |
| Bezahlung | 1.0174 | Blinde (2) | 1.0198 | Bruch | 1.0769 |
| Bezirk | 1.1889 | Blindheit (1) | 1.0197 | Brücke (1) | 1.0228 |
| BH | 1.0175 | Blindheit (2) | 1.0198 | Brücke (2) | 1.0229 |
| Bibel | 1.0645 | Blitz (Foto, Radar) | 1.0200 | Bruder | 1.0230 |
| Biene | 1.0176 | Blitz (Wetter) | 1.0199 | Brühe | |
| Bier | 1.0177 | blitzen (Foto, Radar) | 1.0200 | (schmutzige Flüssigkeit) | 1.0459 |
| bieten (etwas, sich) | 1.0536 | blitzen (Wetter) | 1.0199 | Brust (allg.) | 1.0231 |
| Bikini | 1.0178 | blühen | 1.0201 | Brust (weibl.) | 1.0232 |
| Bild (1) | 1.0179 | Blume/n (1) | 1.0202 | brutal | 1.0233 |
| Bild (2) | 1.0180 | Blume/n (2) | 1.1137 | Brutalität | 1.0233 |
| bilden | 1.0180 | Bluse | 1.0656 | brutto | 1.0529 |
| Bildschirm | 1.1512 | Blut | 1.0203 | Brutto... | 1.0529 |
| Bildung | 1.0180 | Blüte/n (Pflanze) | 1.0201 | Bub | 1.0234 |
| billig (1) | 1.0181 | bluten | 1.0203 | Buch | 1.0235 |
| billig (2) | 1.0182 | blutig | 1.0203 | Büchse (Dose)(1) | 1.0296 |
| billigen (2) | 1.0379 | Blutung | 1.0203 | Büchse (Dose)(2) | 1.0297 |
| Billigung (2) | 1.0379 | Boden (Dachboden) | 1.0204 | Büchse (Gewehr) | 1.0579 |
| bin | 1.0710 | Boden (Erd-, Fußboden) | 1.0205 | Buchstabe/n | 1.0236 |
| binden | 1.0183 | Bogen (Papier) | 1.0194 | Bude | 1.1327 |
| Bio... | 1.0889 | Bögen (Blatt) | 1.0195 | Bügeleisen | 1.0237 |
| bio... | 1.0889 | Bohne (dick) | 1.0208 | bügeln | 1.0237 |
| Biografie | 1.0244 | Bohne (grün) | 1.0209 | Bühne (Dachboden) | 1.0204 |
| biografisch | 1.0244 | bohren | 1.0210 | Bühne (Theater) | 1.0238 |
| Biographie | 1.0244 | Bohrmaschine | 1.0211 | Bulldog (Zugmaschine) | 1.1581 |
| biographisch | 1.0244 | Bonbon | 1.0212 | Bummel | 1.1430 |
| Biologe | 1.0889 | Boot | 1.0213 | bummeln | 1.1430 |
| Biologie | 1.0889 | borgen | 1.0214 | Bund (Schlüssel, Pflanzen) | 1.0529 |
| Biologin | 1.0889 | böse (1) | 1.0206 | bunt | 1.0239 |
| biologisch | 1.0889 | böse (2) | 1.0207 | Buntstift | 1.0244 |
| Birne (Frucht) | 1.0184 | boshaft (2) | 1.0233 | Bürger (1) | 1.1126 |
| Birne (Glühbirne) | 1.0185 | Boshaftigkeit (2) | 1.0233 | Bürger (2) | 1.1127 |
| bis (örtlich, zeitlich) | 1.0186 | Bote | 1.1273 | Bürgerin (1) | 1.1126 |
| Bischof | 1.0187 | Botin | 1.1273 | Bürgerin (2) | 1.1127 |
| Bischöfin | 1.0187 | Botschaft (Nachricht) | 1.1274 | bürgerlich (1) | 1.1126 |
| bisher (1) | 1.0188 | Boutique | 1.0996 | bürgerlich (2) | 1.1127 |
| bisher (2) | 1.1725 | Boykott | 1.1345 | Bürgermeister | 1.0966 |
| Biss | 1.0148 | boykottieren | 1.1345 | Bürgermeisterin | 1.0966 |
| bisschen | 1.0810 | Brand | 1.0439 | Büro | 1.0250 |
| bist | 1.0315 | Braten | 1.0215 | Bursche | 1.0748 |
| bitte! (1) | 1.0189 | braten | 1.0215 | Bürste (Haar) | 1.0240 |
| bitte! (2) | 1.1056 | brauchen (1) | 1.0216 | Bürste (Hand) | 1.0241 |
| bitte (Antwort) | 1.0379 | brauchen (2) | 1.0217 | bürsten (Haare) | 1.0240 |
| bitte schön | 1.0379 | braun | 1.0218 | bürsten (Hände) | 1.0241 |
| bitte sehr | 1.0379 | Bräune | 1.0218 | Bus | 1.0242 |
| Bitte (1) | 1.0189 | Brause (Dusche) | 1.0327 | Busch | 1.0243 |
| Bitte (2) | 1.1056 | Brause (Getränk) | 1.0219 | Büsche | 1.0243 |
| bitten | 1.0190 | Braut (1) | 1.0487 | Busen | 1.0232 |
| bitter | 1.0191 | Bräutigam | 1.0487 | Buß- und Bettag (1)(2) | 1.0244 |
| Blähung | 1.0814 | brav | 1.1056 | Buße | 1.0050 |
| blamabel | 1.1125 | bravo! (1) | 1.0140 | büßen | 1.0050 |
| Blamage | 1.1125 | bravo! (2) | 1.0141 | Büstenhalter | 1.0175 |
| blamieren (sich) | 1.1125 | brechen (kaputt) | 1.0769 | Butike | 1.0996 |
| blank (glänzend) | 1.0377 | brechen (sich übergeben) | 1.1447 | Butter | 1.0245 |

## C

| | |
|---|---|
| ca. (2) | 1.1691 |
| Café | 1.0759 |
| campen | 1.0246 |
| Camping | 1.0246 |
| Campingplatz | 1.0249 |
| Cassette (Kasten) | 1.1112 |
| Cassette (Video, Ton) | 1.0774 |
| CD (Compact Disc) | 1.0249 |
| Celsius | 1.0249 |
| Cent (Währung)(1) | 1.0249 |
| Cent (Währung)(2) | 1.1133 |
| Chauffeur | 1.0105 |
| chauffieren (Auto) | 1.0399 |
| Chaussee | 1.1487 |
| Chef | 1.0247 |
| Chefin | 1.0247 |
| China | 1.0072 |
| Chinese | 1.0072 |
| Chinesin | 1.0072 |
| chinesisch | 1.0072 |
| Christ | 1.0248 |
| Christin | 1.0248 |
| Christkind | 1.0249 |
| christlich | 1.0248 |
| Christus | 1.0248 |
| chronisch | 1.1213 |
| circa (2) | 1.1691 |
| City | 1.1878 |
| Clementine | 1.0944 |
| Club | 1.1662 |
| cm (Zentimeter) | 1.1876 |
| Cola | 1.1590 |
| Compact Disc (CD) | 1.0249 |
| Computer (1) | 1.0249 |
| Computer (2) | 1.0250 |
| contra (1) | 1.0547 |
| contra (2) | 1.1483 |
| Couch | 1.1389 |
| Cousin (1) | 1.1101 |
| Cousin (2) | 1.0230 |
| Cousine (1) | 1.1101 |
| Cousine (2) | 1.0230 |
| Creme (Salbe) | 1.0251 |

## D

| | |
|---|---|
| da (anwesend) | 1.0252 |
| da (hinweisend) | 1.0253 |
| dabei | 1.0254 |
| Dach | 1.0255 |
| daher | 1.0256 |
| damals | 1.0497 |
| damit | 1.0034 |
| danach | 1.1426 |
| Dank | 1.0257 |
| dankbar | 1.0257 |
| Dankbarkeit | 1.0257 |
| danke! | 1.0257 |
| danke schön | 1.0257 |
| danke sehr | 1.0257 |
| danken | 1.0257 |
| Dankeschön | 1.0257 |
| dann (1) | 1.0258 |
| dann (2) | 1.0259 |
| darauf (zeitlich) | 1.0722 |
| darbieten (darstellen) | 1.1870 |
| Darbietung (Darstellung) | 1.1870 |
| Darlehen | 1.0214 |
| darstellen | 1.1870 |
| Darsteller | 1.1870 |
| Darstellerin | 1.1870 |
| Darstellung | 1.1870 |
| darum | 1.0256 |
| das (Artikel) | 1.0260 |
| dass | 1.0034 |
| dasselbe | 1.0589 |
| Datum | 1.0261 |
| Dauer | 1.1213 |
| dauern | 1.1213 |
| dauernd | 1.1213 |
| davor | 1.1711 |
| dazu | 1.0262 |
| Decke (Bett) | 1.0263 |
| Decke (Tisch) | 1.0264 |
| Decke (Zimmer) | 1.0265 |
| decken (Tisch) | 1.0266 |
| Deckung (Schutz) | 1.0957 |
| defekt (reparabel) | 1.0769 |
| Defekt (reparabel) | 1.0769 |
| dein / Dein | 1.0267 |
| dekorieren (auszeichnen) | 1.1561 |
| dem (Artikel) | 1.0268 |
| demnächst | 1.0269 |
| Demokrat (2) | 1.0478 |
| Demokratie (2) | 1.0478 |
| Demokratin (2) | 1.0478 |
| demokratisch (2) | 1.0478 |
| Demonstration (Vorführung) | 1.1870 |
| demonstrativ (2) | 1.1870 |
| demonstrieren (vorführen) | 1.1870 |
| den (Artikel) | 1.0270 |
| denken | 1.0271 |
| denn | 1.0272 |
| dennoch | 1.0034 |
| der (Artikel) | 1.0273 |
| derb | 1.0233 |
| Derbheit | 1.0233 |
| derselbe | 1.0589 |
| deshalb | 1.0256 |
| Desinfektion | 1.1751 |
| desinfizieren | 1.1751 |
| Dessert | 1.1035 |
| deswegen | 1.0256 |
| deuten (auf) | 1.0253 |
| deutlich | 1.0274 |
| Deutlichkeit | 1.0274 |
| deutsch | 1.1154 |
| Deutsche | 1.1154 |
| Deutschland | 1.1154 |
| Dezember (1)(N) | 1.0275 |
| Dezember (2)(S) | 1.0276 |
| Dezember (3) | 1.0277 |
| Dezimeter | 1.0278 |
| Diagnose | 1.1164 |
| diagnostizieren | 1.1164 |
| dich / Dich | 1.0315 |
| Dichter | 1.1332 |
| Dichterin | 1.1332 |
| dick (Baum) | 1.0279 |
| dick (Buch) | 1.0280 |
| dick (Person) | 1.0281 |
| die (Artikel) | 1.0282 |
| die pl (Artikel) | 1.0283 |
| Dieb | 1.1465 |
| Diebin | 1.1465 |
| Diebstahl | 1.1465 |
| Diele (Brett) | 1.0221 |
| Diele (Raum) | 1.1888 |
| Dienstag (1)(N) | 1.0284 |
| Dienstag (2)(S) | 1.0285 |
| Dienstag (3) | 1.0286 |
| diese | 1.0287 |
| Diesel | 1.0154 |
| Diesel... | 1.0154 |
| dieselbe | 1.0589 |
| Digit Versatile Disc (DVD) | 1.0249 |
| Diktat (Befehl) | 1.0134 |
| Diktat (Nachschrift)(1) | 1.1332 |
| diktieren (befehlen) | 1.0134 |
| Ding | 1.0288 |
| dir / Dir | 1.0315 |
| direkt (nahe bei) | 1.1051 |
| Direktor | 1.0247 |
| Direktorin | 1.0247 |
| Dirigent (Musik) | 1.1026 |
| Dirigentin (Musik) | 1.1026 |
| dirigieren (Musik) | 1.1026 |
| Diskette | 1.0774 |
| diskret | 1.1472 |
| Diskretion | 1.1472 |
| dividieren | 1.0322 |
| Division (math.) | 1.0322 |
| dm (Dezimeter) | 1.0278 |
| doch | 1.0034 |
| Doktor | 1.0071 |
| Doktorin | 1.0071 |
| Dolch | 1.1564 |
| doll | 1.1157 |
| Dom (Jahrmarkt Hamburg) | 1.1892 |
| Dom (Kirche) | 1.0800 |
| Donner | 1.0289 |
| donnern | 1.0289 |
| Donnerstag (1)(N) | 1.0290 |
| Donnerstag (2)(S) | 1.0291 |
| Donnerstag (3) | 1.0292 |
| Doppel | 1.0293 |
| Doppel... | 1.0293 |
| doppel... | 1.0293 |
| doppelt | 1.0293 |
| Dorf (1) | 1.0294 |
| Dorf (2) | 1.0295 |
| dörflich (1) | 1.0294 |
| dörflich (2) | 1.0295 |
| dort (hinweisend) | 1.0253 |
| Dose (1) | 1.0296 |
| Dose (2) | 1.0297 |
| Draht | 1.0397 |
| drängen (fordern) | 1.0468 |
| draußen | 1.0298 |
| Dreck | 1.0299 |
| dreckig | 1.0299 |
| drehen (1) | 1.0301 |
| drehen (2) | 1.1213 |
| drehen (sich) | 1.0300 |
| drehen (Wind) | 1.0300 |
| Drehung | 1.0300 |
| drei | 1.0302 |
| drei Jahre | 1.0731 |

| | | | | | |
|---|---|---|---|---|---|
| drei Monate | 1.1003 | Echtheit | 1.1188 | Einladung | 1.0340 |
| drei Stunden | 1.1500 | Ecke | 1.0329 | einmal | 1.0341 |
| drei Tage | 1.1517 | eckig | 1.0329 | einmal (auf einmal)(1) | 1.0293 |
| drei Wochen | 1.0307 | Edelmann (1) | 1.0605 | einmal (auf einmal)(2) | 1.0642 |
| dreihundert | 1.0303 | Edelmann (2)(3) | 1.0613 | einmal (noch einmal) | 1.0642 |
| Dreirad | 1.0304 | Effekt | 1.1603 | Einnahme (Geld) | 1.1660 |
| dreißig (N) | 1.0305 | effektiv | 1.1603 | einnehmen (Geld) | 1.1660 |
| dreißig (S) | 1.0306 | egal | 1.0330 | einpacken | 1.0342 |
| dreißigste (N) | 1.0305 | Ego | 1.1384 | einreiben | 1.0251 |
| dreißigste (S) | 1.0306 | Ehe | 1.0331 | eins (1) | 1.0336 |
| dreitausend | 1.0307 | ehe (bevor) | 1.1711 | eins (2) | 1.0337 |
| dreiunddreißig | 1.0308 | ehelich | 1.0331 | einsam | 1.0343 |
| dreiunddreißigste | 1.0308 | ehemals | 1.0497 | Einsamkeit | 1.0343 |
| dreiundzwanzig (N) | 1.0309 | ehrlich (1) | 1.0332 | einschalten | 1.1258 |
| dreiundzwanzig (S) | 1.0310 | ehrlich (2) | 1.0333 | einschicken | 1.1273 |
| dreiundzwanzigste (N) | 1.0309 | Ehrlichkeit (1) | 1.0332 | einschlafen | 1.0344 |
| dreiundzwanzigste (S) | 1.0310 | Ehrlichkeit (2) | 1.0333 | einsenden | 1.1274 |
| dreizehn (N) | 1.0311 | Ei | 1.0334 | einst | 1.0903 |
| dreizehn (S) | 1.0312 | Eifer | 1.1611 | einsteigen | 1.0345 |
| dreizehnte (N) | 1.0311 | eifrig | 1.1611 | Einstieg | 1.0345 |
| dreizehnte (S) | 1.0312 | eigen | 1.1384 | einstweilen | 1.1213 |
| drinnen | 1.0721 | Eigenart | 1.0348 | eintausend | 1.1537 |
| dritte | 1.0313 | Eigensinn | 1.1486 | Eintracht | 1.1910 |
| Drittel | 1.0314 | eigensinnig | 1.1486 | einträchtig | 1.1910 |
| drohen (1) | 1.1282 | Eigentum (1)(2) | 1.0348 | einundzwanzig (N) | 1.0346 |
| Drohung (1) | 1.1282 | Eigentümer | 1.1384 | einundzwanzig (S) | 1.0347 |
| Dromedar | 1.0764 | Eigentümerin | 1.1384 | einundzwanzigste (N) | 1.0346 |
| drüben | 1.0298 | Eile | 1.1611 | einundzwanzigste (S) | 1.0347 |
| drücken | 1.0813 | eilen | 1.1611 | einwandfrei | 1.1250 |
| du / Du | 1.0315 | eilig | 1.1611 | einweisen (Heim) | 1.1273 |
| Duft | 1.1210 | Eimer | 1.0335 | einweisen (unterrichten) | 1.1649 |
| duften | 1.1210 | ein (1) | 1.0336 | Einweisung (Heim) | 1.1273 |
| dumm (1) | 1.0316 | ein (2) | 1.0337 | Einweisung (Unterricht) | 1.1649 |
| dumm (2) | 1.0317 | ein Jahr | 1.0729 | einwirken | 1.0459 |
| Dummheit (1) | 1.0316 | ein Monat | 1.1002 | Einwirkung | 1.0459 |
| Dummheit (2) | 1.0317 | ein Tag | 1.1514 | Einwohner (1) | 1.1126 |
| dunkel | 1.1034 | einbrechen (rauben) | 1.1465 | Einwohner (2) | 1.1826 |
| Dunkelheit | 1.1034 | Einbrecher | 1.1465 | Einwohner pl (1) | 1.0971 |
| dünn (Buch) | 1.0810 | Einbrecherin | 1.1465 | Einwohner pl (2) | 1.0348 |
| dünn (Papier) | 1.0318 | Einbruch (Raub) | 1.1465 | Einwohnerin (1) | 1.1126 |
| dünn (Person) | 1.0319 | eincremen | 1.0251 | Einwohnerin (2) | 1.1826 |
| Duo | 1.1916 | eindeutig (1) | 1.1188 | Einzahl (1)(2) | 1.0348 |
| Duplikat | 1.0293 | eine Milliarde | 1.0977 | einzahlen | 1.0444 |
| duplizieren | 1.0293 | eine Million | 1.0980 | Einzahlung | 1.0444 |
| durch (Grund) | 1.0320 | eine Stunde | 1.1499 | Einzel... (1) | 1.1126 |
| durch (hindurch) | 1.0321 | eine Woche | 1.1820 | Einzel... (2) | 1.0943 |
| durch (math.) | 1.0322 | einfach (Aufgabe)(1) | 1.0338 | einzeln (1) | 1.1126 |
| durcheinander (im Kopf) | 1.0405 | einfach (Aufgabe)(2) | 1.0896 | einzeln (2) | 1.0943 |
| durcheinander (unordentlich) | 1.1641 | Einfall (Gedanke) | 1.0711 | einzelne pl (1) | 1.0971 |
| dürfen (N) | 1.0323 | einfallen (Gedanke) | 1.0711 | einzelne pl (2) | 1.0349 |
| dürfen (S) | 1.0324 | Einfluss | 1.0459 | Eis (Speise) | 1.0350 |
| dürfen (W) | 1.0325 | Eingang (1) | 1.0345 | Eis (Zustand)(1) | 1.0351 |
| Durst | 1.0326 | Eingang (2) | 1.0099 | Eis (Zustand)(2) | 1.0352 |
| durstig | 1.0326 | einheimisch | 1.1405 | Eisen | 1.0353 |
| Dusche | 1.0327 | Einheimische | 1.1405 | Eisenbahn | 1.0117 |
| duschen | 1.0327 | Einheit | 1.1910 | eisig (1) | 1.0351 |
| düster | 1.1049 | einhundert | 1.0702 | eisig (2) | 1.0352 |
| DVD (Digit Versatile Disc) | 1.0249 | einhundertste | 1.0702 | Elefant | 1.0354 |
| | | einhunderttausend | 1.0703 | elegant | 1.0355 |
| **E** | | einige | 1.0339 | Eleganz | 1.0355 |
| eben (flach) | 1.0452 | Einkauf | 1.0781 | elektrisch | 1.0356 |
| eben (soeben) | 1.0328 | einkaufen | 1.0781 | Elektrizität | 1.0356 |
| Ebene | 1.0452 | Einkäufer | 1.0781 | Elektrizitätswerk | 1.1793 |
| ebenso (1) | 1.1803 | Einkäuferin | 1.0781 | Elektro... | 1.0356 |
| ebenso (2) | 1.0589 | Einkommen | 1.1660 | elf (N) | 1.0357 |
| echt | 1.1188 | einladen (empfangen) | 1.0340 | elf (S) | 1.0358 |

| | | | | | |
|---|---|---|---|---|---|
| elfte (N) | 1.0357 | Erhalt (Empfang)(2) | 1.0152 | es gibt ... nicht | 1.0538 |
| elfte (S) | 1.0358 | Erhalt (Empfang)(3) | 1.0153 | es zieht | 1.1882 |
| Eltern | 1.0359 | erhalten (bekommen)(1) | 1.0151 | Esel | 1.0388 |
| Emotion (2) | 1.0503 | erhalten (bekommen)(2) | 1.0152 | Essen | 1.0389 |
| emotional (2) | 1.0503 | erhalten (bekommen)(3) | 1.0153 | essen | 1.0389 |
| Empfänger (1) | 1.0151 | erholen (sich) | 1.0926 | essen (gehen) | 1.1432 |
| Empfänger (2) | 1.0152 | erholsam | 1.0926 | Essig | 1.0390 |
| Empfänger (3) | 1.0153 | Erholung | 1.0926 | Esszimmer (1)(2) | 1.1890 |
| Empfängerin (1) | 1.0151 | erkennen | 1.0786 | etliche | 1.0339 |
| Empfängerin (2) | 1.0152 | Erkenntnis | 1.0786 | etwa | 1.1691 |
| Empfängerin (3) | 1.0153 | erklären | 1.0378 | etwas (1) | 1.0119 |
| Empfang (Einladung) | 1.0340 | Erklärung | 1.0378 | etwas (2) | 1.0391 |
| Empfang (Erhalt)(1) | 1.0151 | erlauben (N) | 1.0379 | etwas (3) | 1.0810 |
| Empfang (Erhalt)(2) | 1.0152 | erlauben (S) | 1.0380 | euch / Euch | 1.0714 |
| Empfang (Erhalt)(3) | 1.0153 | Erlaubnis (N) | 1.0379 | euer / Euer | 1.0392 |
| empfangen (einladen) | 1.0340 | Erlaubnis (S) | 1.0380 | Eule | 1.0393 |
| empfangen (erhalten)(1) | 1.0151 | ermahnen | 1.1282 | eure / Eure | 1.0392 |
| empfangen (erhalten)(2) | 1.0152 | Ermahnung | 1.1282 | Euro (Währung) | 1.0590 |
| empfangen (erhalten)(3) | 1.0153 | ermorden (1) | 1.1564 | Euro... | 1.0394 |
| Ende (1) | 1.0360 | ermorden (2) | 1.1565 | Europa | 1.0394 |
| Ende (2) | 1.0361 | Ermordung (1) | 1.1564 | Europäer | 1.0394 |
| enden (1) | 1.0360 | Ermordung (2) | 1.1565 | Europäerin | 1.0394 |
| enden (2) | 1.0361 | ermuntern | 1.1024 | europäisch | 1.0394 |
| endlich | 1.0362 | Ermunterung | 1.1024 | evangelisch | 1.0170 |
| endlos (1)(2) | 1.0925 | ernähren (sich) | 1.1043 | eventuell | 1.1691 |
| eng | 1.0811 | Ernährung | 1.1043 | ewig | 1.0395 |
| Enge | 1.0811 | Ernst | 1.0193 | Ewigkeit | 1.0395 |
| Engel | 1.0363 | ernst | 1.0193 | exakt (1) | 1.0562 |
| Enkel | 1.0363 | Ernte | 1.0381 | Exaktheit (1) | 1.0562 |
| Enkelin | 1.0363 | ernten | 1.0381 | Exemplar | 1.0145 |
| Ente | 1.0364 | erschlagen (jmdn.) | 1.1287 | exemplarisch | 1.0145 |
| entscheiden | 1.0365 | erschöpft | 1.1290 | | |
| Entscheidung | 1.0365 | Erschöpfung | 1.1290 | **F** | |
| entschuldigen | 1.0366 | erschrecken | 1.1619 | fabelhaft | 1.1157 |
| Entschuldigen | 1.0366 | erst (1) | 1.0247 | Fabrik | 1.0396 |
| Entschuldigung | 1.0366 | erst (2) | 1.0642 | Fabrikation | 1.0225 |
| entweder ... oder | 1.0367 | erstaunen | 1.1839 | fabrizieren | 1.0225 |
| entwickeln (sich)(1) | 1.1213 | Erstaunen | 1.1839 | Faden | 1.0397 |
| entwickeln (sich)(2) | 1.0368 | erstaunlich | 1.1839 | fahl | 1.0193 |
| Entwicklung (1) | 1.1213 | erste (1) | 1.0382 | Fahne | 1.1809 |
| Entwicklung (2) | 1.0368 | erste (2) | 1.0383 | fahren (allg.) | 1.0398 |
| entzünden (sich) | 1.0059 | ertaubt | 1.0384 | fahren (Auto) | 1.0399 |
| entzündet | 1.0059 | Ertaubte | 1.0384 | Fahrer | 1.0105 |
| Entzündung | 1.0059 | Ertaubung | 1.0384 | Fahrerin | 1.0105 |
| er (anwesend) | 1.0369 | ertragen | 1.1580 | Fahrrad | 1.0400 |
| er (nicht anwesend) | 1.0370 | erträglich | 1.1580 | Fahrt | 1.0398 |
| erbrechen | 1.1447 | erwachsen | 1.0385 | Fahrzeug | 1.0105 |
| Erbsen | 1.0371 | Erwachsene | 1.0385 | Fall (allg.) | 1.0402 |
| Erdball | 1.0375 | erwarten | 1.1747 | Fall (Laub) | 1.1319 |
| Erdbeere/n (1)(2) | 1.0372 | Erwartung | 1.1747 | fallen (Gegenstand) | 1.0401 |
| Erdboden (1)(2)(3) | 1.0372 | erwidern (1) | 1.0053 | fallen (hinfallen, Person) | 1.0402 |
| Erde (1) | 1.0373 | erwidern (2) | 1.0055 | fallen (Laub) | 1.1319 |
| Erde (2) | 1.0374 | Erwiderung (1) | 1.0053 | fallen (umfallen, Person) | 1.0403 |
| Erde (3) | 1.0375 | Erwiderung (2) | 1.0055 | falsch (1) | 1.0404 |
| Erdkunde | 1.0372 | erwischen | 1.0609 | falsch (2) | 1.0405 |
| erdolchen | 1.1564 | Erz | 1.1466 | Falter | 1.1310 |
| Erdreich (1)(2)(3) | 1.0372 | erzählen | 1.0386 | familiär | 1.0406 |
| ereignen (sich)(2) | 1.0830 | Erzählung | 1.0386 | Familie | 1.0406 |
| Ereignis (2) | 1.0830 | erziehen | 1.0387 | Fang (1) | 1.0407 |
| Erfolg (1) | 1.0376 | Erzieher | 1.0387 | Fang (2) | 1.0408 |
| Erfolg (2) | 1.0377 | Erzieherin | 1.0387 | fangen (1) | 1.0407 |
| erfolgreich (1) | 1.0376 | Erziehung | 1.0387 | fangen (2) | 1.0408 |
| erfolgreich (2) | 1.0377 | es (anwesend) | 1.0369 | Farbe (1) | 1.0409 |
| erforderlich | 1.0468 | es (nicht anwesend) | 1.0370 | Farbe (2) | 1.0410 |
| erfordern | 1.0468 | es (unpersönlich) | 1.0537 | ...farben)(1) | 1.0409 |
| ergreifen (jmdn., etwas) | 1.0609 | es gibt | 1.0537 | ...farben)(2) | 1.0410 |
| Erhalt (Empfang)(1) | 1.0151 | | | | |

| | | | | | |
|---|---|---|---|---|---|
| färben (sich) | 1.0409 | fett (N) | 1.0436 | Flucht | 1.0461 |
| farbig (1) | 1.0409 | fett (S) | 1.0437 | flüchten | 1.0461 |
| farbig (2) | 1.0410 | fettig | 1.1481 | Flüchtling | 1.0461 |
| Färbung | 1.0409 | feucht | 1.0438 | Flug (Flugzeug) | 1.0465 |
| Farm | 1.0428 | Feuchtigkeit | 1.0438 | Flug (Vogel) | 1.1707 |
| Farmer | 1.0428 | Feuer | 1.0439 | Flügel (Vogel) | 1.1707 |
| Farmerin | 1.0428 | Feuerwehr | 1.0440 | Flughafen | 1.0462 |
| Fasching | 1.0411 | Feuerwerk | 1.1403 | Flugplatz | 1.0463 |
| Faselei | 1.1174 | Feuerzeug | 1.0862 | Flugzeug (1) | 1.0464 |
| faseln | 1.1174 | Fichte | 1.1522 | Flugzeug (2) | 1.0465 |
| fassen (ergreifen) | 1.0609 | Fieber (1) | 1.0441 | Flur (Gang) | 1.1767 |
| fast (1) | 1.0119 | fiebern (1) | 1.0441 | Flur (Landschaft) | 1.0428 |
| fast (2) | 1.0412 | fiebrig (1) | 1.0441 | Fluss | 1.0466 |
| fasten | 1.1077 | Figur (1) | 1.0469 | flüssig | 1.0459 |
| Fastnacht | 1.0411 | Figur (2) | 1.0470 | Flüssigkeit | 1.0459 |
| faul (nicht fleißig)(N) | 1.0413 | Filiale | 1.1106 | Folge | 1.0467 |
| faul (nicht fleißig(S) | 1.0414 | Film (Foto) | 1.0442 | folgen | 1.0467 |
| Faulheit (N) | 1.0413 | Film (Kino) | 1.0443 | fordern | 1.0468 |
| Faulheit (S) | 1.0414 | filmen | 1.0765 | fördern | 1.1024 |
| Fax | 1.0415 | Final... | 1.0360 | Forderung | 1.0468 |
| Faxgerät | 1.0426 | Finale | 1.0360 | Förderung | 1.1024 |
| Februar (1)(N) | 1.0416 | Finanz... | 1.0558 | Form (1) | 1.0469 |
| Februar (2)(S) | 1.0417 | Finanzen | 1.0558 | Form (2) | 1.0470 |
| Februar (3) | 1.0418 | finanzieren | 1.0444 | Formel | 1.0449 |
| Feder (Vogel) | 1.0419 | Finanzierung | 1.0444 | Formular | 1.0194 |
| Federn (Vogel) | 1.0420 | finden | 1.0445 | formulieren (1) | 1.0469 |
| fegen | 1.0163 | Finder | 1.0445 | formulieren (2) | 1.0470 |
| fehlen | 1.0421 | Finderin | 1.0445 | Formulierung (1) | 1.0469 |
| Fehler (1) | 1.0422 | Finger | 1.0446 | Formulierung (2) | 1.0470 |
| Fehler (2) | 1.0423 | Finger pl | 1.0446 | Forst | 1.1739 |
| Feier (1) | 1.0424 | Fingeralphabet | 1.0447 | Förster | 1.0728 |
| Feier (2) | 1.0425 | fingern | 1.0447 | Försterin | 1.0728 |
| feierlich (1) | 1.0424 | Fingernagel | 1.0448 | fort (1) | 1.1764 |
| feierlich (2) | 1.0425 | Finne | 1.0288 | fort (2) | 1.1765 |
| feiern (1) | 1.0424 | Finnin | 1.0288 | fort (3) | 1.1766 |
| feiern (2) | 1.0425 | finnisch | 1.0288 | fortlaufend | 1.0715 |
| Feiertag (1)(2) | 1.0426 | Finnland | 1.0288 | fortwährend | 1.0715 |
| fein | 1.1325 | finster | 1.1034 | Foto (Bild) | 1.0472 |
| Feind | 1.0427 | Finsternis | 1.1034 | Foto (Fotoapparat) | 1.0471 |
| Feindin | 1.0427 | Firma | 1.0449 | Fotoapparat | 1.0471 |
| feindlich | 1.0427 | firmen | 1.0450 | fotografieren | 1.0471 |
| Feindschaft | 1.0427 | Firmling | 1.0450 | Frachter | 1.0483 |
| feindschaftlich | 1.0427 | Firmung | 1.0450 | Frage | 1.0473 |
| Feinheit | 1.1325 | Fisch | 1.0451 | fragen | 1.0473 |
| Feld | 1.0428 | flach | 1.0452 | frankieren | 1.0223 |
| Fell | 1.0429 | Fläche | 1.0875 | Frau (1) | 1.0474 |
| Fenster | 1.0430 | Flagge | 1.1809 | Frau (2) | 1.0475 |
| Ferien | 1.0479 | Flasche | 1.0453 | Frau (3) | 1.1029 |
| fern (1) | 1.1777 | flau | 1.1346 | fraulich (1) | 1.0474 |
| fern (2) | 1.1778 | Fleck (Klecks)(1) | 1.0454 | fraulich (2) | 1.0475 |
| Fernbedienung | 1.0432 | Fleck (Klecks)(2) | 1.0455 | frech (N) | 1.0476 |
| Fernsehapparat (1)(2) | 1.0426 | Fleck (Klecks)(3) | 1.1106 | frech (S) | 1.0477 |
| fernsehen (1) | 1.0431 | Fleck(en) (Landschaft) | 1.1106 | Frechheit (N) | 1.0476 |
| fernsehen (2) | 1.0432 | Fleisch | 1.0456 | Frechheit (S) | 1.0477 |
| Fernsehen (1) | 1.0431 | Fleiß | 1.1611 | frei (1) | 1.0478 |
| Fernsehen (2) | 1.0432 | fleißig | 1.1611 | frei (2) | 1.0479 |
| Fernseher (1)(2) | 1.0426 | Fliege (Insekt)(1) | 1.0457 | Freiheit | 1.0478 |
| Fernsehgerät (1)(2) | 1.0426 | Fliege (Insekt)(2) | 1.0458 | Freitag (1)(N) | 1.0480 |
| fertig | 1.0360 | fliegen (Flugzeug) | 1.0465 | Freitag (2)(S) | 1.0481 |
| Fest | 1.0434 | fliegen (Insekt)(1) | 1.0457 | Freitag (3) | 1.0482 |
| fest | 1.0433 | fliegen (Insekt)(2) | 1.0458 | freiwillig (N) | 1.0479 |
| festhalten | 1.0435 | fliegen (Vogel) | 1.1707 | freiwillig (O)(S)(W) | 1.0483 |
| Festigkeit | 1.0433 | fliehen | 1.0461 | fremd | 1.0047 |
| Festtag (1)(2) | 1.0426 | fließen | 1.0459 | Fresse | 1.0958 |
| Fett (N) | 1.0436 | Flocke (Schnee) | 1.0460 | fressen | 1.0484 |
| Fett (S) | 1.0437 | Flocken (Getreide) | 1.1504 | Freude | 1.0485 |

| | | | | | |
|---|---|---|---|---|---|
| freuen (sich) | 1.0485 | fünfte | 1.0510 | geben | 1.0536 |
| Freund (Bekannter) | 1.0486 | Fünftel | 1.0511 | geben (gibt es, es gibt) | 1.0537 |
| Freund (Liebesbeziehung) | 1.0487 | fünfundfünfzig | 1.0512 | geben (gibt es nicht, | |
| Freundin (Bekannte) | 1.0486 | fünfundfünfzigste | 1.0512 | es gibt ... nicht) | 1.0538 |
| Freundin (Liebesbeziehung) | 1.0487 | fünfundzwanzig (N) | 1.0513 | Gebet (1) | 1.0169 |
| freundlich (1) | 1.0696 | fünfundzwanzig (S) | 1.0514 | Gebet (2) | 1.0170 |
| freundlich (2) | 1.0488 | fünfundzwanzigste (N) | 1.0513 | Gebiet | 1.0875 |
| Freundlichkeit (1) | 1.0696 | fünfundzwanzigste (S) | 1.0514 | gebieten | 1.0134 |
| Freundlichkeit (2) | 1.0488 | fünfzehn (N) | 1.0515 | Gebirge | 1.0539 |
| Freundschaft | 1.0486 | fünfzehn (S) | 1.0516 | gebirgig | 1.0539 |
| freundschaftlich | 1.0486 | fünfzehnte (N) | 1.0515 | geboren | 1.0541 |
| Friede(n) (1) | 1.1225 | fünfzehnte (S) | 1.0516 | Gebot (N) | 1.0570 |
| Friede(n) (2) | 1.0489 | fünfzig (N) | 1.0517 | Gebühr (N, S) | 1.0540 |
| Friedhof | 1.0490 | fünfzig (S) | 1.0518 | Gebühr (W, Berlin) | 1.1018 |
| friedlich (1) | 1.1225 | fünfzigste (N) | 1.0517 | Geburt | 1.0541 |
| friedlich (2) | 1.0489 | fünfzigste (S) | 1.0518 | Geburtstag | 1.0542 |
| frieren | 1.1813 | funktionieren (2) | 1.0953 | Gedächtnis | 1.0588 |
| frisch (N) | 1.0491 | für (allg.) | 1.0519 | Gedanke | 1.0271 |
| frisch (S) | 1.0492 | für dich | 1.0520 | Geduld | 1.0543 |
| Frische (N) | 1.0491 | für mich | 1.0521 | gedulden (sich) | 1.0543 |
| Frische (S) | 1.0492 | Furcht | 1.0522 | geduldig | 1.0543 |
| Friseur | 1.0620 | fürchten (sich) | 1.0522 | Gefahr | 1.0545 |
| Friseurin | 1.0620 | fürchterlich | 1.1297 | gefährlich | 1.0545 |
| Friseuse | 1.0620 | furchtsam | 1.0522 | gefallen (mögen) | 1.0679 |
| Frisör | 1.0620 | Fürsorge | 1.0500 | Gefängnis | 1.0544 |
| Frisörin | 1.0620 | fürsorglich | 1.0500 | Geflügel | 1.1707 |
| Frisöse | 1.0620 | Furz | 1.0814 | gefrieren | 1.1813 |
| Frist | 1.0493 | furzen | 1.0814 | Gefrierschrank | 1.0864 |
| fristlos | 1.0925 | Fuß | 1.0523 | Gefriertruhe | 1.0546 |
| froh | 1.0485 | Fußball | 1.0524 | Gefühl (1) | 1.0502 |
| fröhlich | 1.0485 | Fußballer | 1.0524 | Gefühl (2) | 1.0503 |
| Fröhlichkeit | 1.0485 | Fußballerin | 1.0524 | gegen (N) | 1.0547 |
| fromm | 1.0169 | Füße | 1.0523 | gegen (S) | 1.0548 |
| Frömmigkeit | 1.0169 | Fußtritt | 1.1589 | gegen... (N) | 1.0547 |
| Frosch | 1.0494 | Futter (Tier) | 1.0526 | gegen... (S) | 1.0548 |
| Frost | 1.0763 | füttern (Baby) | 1.0525 | Gegen... (N) | 1.0547 |
| frostig | 1.0763 | füttern (Tier) | 1.0526 | Gegen... (S) | 1.0548 |
| Frucht | 1.0495 | Fütterung (Tier) | 1.0526 | Gegenwart | 1.0549 |
| fruchtbar (1) | 1.0495 | | | gegenwärtig | 1.0549 |
| fruchtbar (2) | 1.1048 | **G** | | Gehalt (Lohn) | 1.0921 |
| Früchte (1) | 1.0495 | Gabe | 1.0536 | geheim (1) | 1.0550 |
| Früchte (2) | 1.1048 | Gabel | 1.0527 | geheim (2) | 1.0551 |
| früh | 1.0496 | gähnen | 1.0881 | Geheimnis (1) | 1.0550 |
| Frühe | 1.0496 | gammeln (nicht arbeiten) | 1.1121 | Geheimnis (2) | 1.0551 |
| früher | 1.0497 | Gang (Flur) | 1.1707 | gehen | 1.0552 |
| Frühjahr | 1.0498 | Gang (Schritt) | 1.0552 | gehorchen | 1.0543 |
| Frühling | 1.0498 | Gans | 1.0528 | gehören (dir) | 1.0553 |
| Frühstück (1) | 1.0499 | ganz | 1.0529 | gehören (mir) | 1.0554 |
| Frühstück (2) | 1.0500 | Ganze | 1.0529 | gehörlos (1) | 1.0555 |
| frühstücken (1) | 1.0499 | Garderobe (Kleidung) | 1.0809 | gehörlos (2) | 1.1533 |
| frühstücken (2) | 1.0500 | Gardine | 1.0530 | Gehörlose (1) | 1.0555 |
| Fuchs | 1.0501 | Garten | 1.0531 | Gehörlose (2) | 1.1533 |
| fühlen (Gefühl)(1) | 1.0502 | Gärtner | 1.0531 | Gehörlosigkeit (1) | 1.0555 |
| fühlen (Gefühl)(2) | 1.0503 | Gärtnerin | 1.0531 | Gehörlosigkeit (2) | 1.1533 |
| fühlen (Material) | 1.1481 | Gas | 1.0532 | Gehörn | 1.1196 |
| führen | 1.0504 | Gast | 1.0340 | Gehorsam | 1.0543 |
| Führer | 1.0504 | Gasthaus | 1.1432 | gehorsam | 1.0543 |
| Führerin | 1.0504 | gastieren | 1.0166 | geiseln | 1.1287 |
| Führung | 1.0504 | gastlich | 1.0340 | Geiß | 1.1881 |
| füllen | 1.0505 | Gaststätte | 1.1432 | Geist (Denken) | 1.0804 |
| Füller | 1.0506 | Gastwirtschaft | 1.1590 | Geist (Gespenst) | 1.0556 |
| Fund | 1.0445 | Gaswerk | 1.1793 | geistig (Denken)(1) | 1.0804 |
| fünf | 1.0507 | Gebärde | 1.0533 | geistig (Denken)(2) | 1.0588 |
| fünf Wochen | 1.0509 | gebärden | 1.0533 | Gelächter (1) | 1.0872 |
| fünfhundert | 1.0508 | gebären | 1.0541 | gelassen | 1.0878 |
| fünftausend | 1.0509 | Gebäude | 1.0535 / 1.1327 | Gelassenheit | 1.0878 |

| | | | | | |
|---|---|---|---|---|---|
| gelb | 1.0557 | Gesicht | 1.0571 | Glocke (Handglocke) | 1.0594 |
| gelbe Rübe | 1.0561 | Gesicht waschen | 1.1753 | Glocke (Kirche) | 1.0595 |
| Geld | 1.0558 | gesinnt | 1.0588 | Glöckchen | 1.0596 |
| Gelenk | 1.0559 | Gesinnung | 1.0588 | Glück | 1.0597 |
| gelenkig | 1.0559 | gespannt | 1.1427 | glücklich | 1.0597 |
| gelingen (1) | 1.0377 | Gespenst | 1.0572 | Glühbirne | 1.0185 |
| gemach | 1.0879 | Gespräch | 1.1441 | glühen | 1.0598 |
| gemächlich | 1.0879 | Gestalt (1) | 1.0469 | Glühlampe | 1.0185 |
| Gemahl | 1.0487 | Gestalt (2) | 1.0470 | Glut | 1.0598 |
| Gemahlin | 1.0487 | gestalten (1) | 1.0469 | Gold | 1.0599 |
| gemeinsam | 1.0560 | gestalten (2) | 1.0470 | Gold... | 1.0599 |
| Gemeinschaft | 1.0560 | Gestaltung (1) | 1.0469 | gold... | 1.0599 |
| Gemüse | 1.0561 | Gestaltung (2) | 1.0470 | golden | 1.0599 |
| genau | 1.0562 | Gestank (1) | 1.1477 | Gondelbahn | 1.0908 |
| Genauigkeit | 1.0562 | Gestank (2) | 1.1478 | Gott | 1.0600 |
| genehm | 1.0998 | gestatten (N) | 1.0379 | Götterspeise | 1.0601 |
| generell | 1.0529 | gestatten (S) | 1.0380 | Gottesdienst | 1.0601 |
| genug | 1.0563 | gestern (1) | 1.0573 | Gotteshaus (1)(2) | 1.0601 |
| Geometrie | 1.1891 | gestern (2) | 1.0574 | göttlich | 1.0600 |
| Gepäck | 1.0827 | gestern (3) | 1.0575 | Grab | 1.0490 |
| gepflegt (Aussehen) | 1.1141 | gesund (N) | 1.0576 | graben | 1.0531 |
| Geplapper (Gehörlose) | 1.1646 | gesund (S) | 1.0577 | Grad (Temperatur)(1) | 1.0602 |
| Geplapper (Hörende) | 1.1122 | Gesundheit (N) | 1.0576 | Grad (Temperatur)(2) | 1.0603 |
| Gequassel (Gehörlose) | 1.1646 | Gesundheit (S) | 1.0577 | Grad (Temperatur)(3) | 1.0604 |
| Gequassel (Hörende) | 1.1122 | Gesundheit! (Wunsch) | 1.0576 | Graf | 1.0605 |
| gerade (soeben) | 1.1000 | geteilt durch | 1.0322 | Gräfin | 1.0605 |
| Gerät | 1.0062 | Getränk | 1.1590 | Grafschaft | 1.0613 |
| gerecht | 1.1188 | Getreide | 1.0578 | Gramm | 1.0606 |
| Gerechtigkeit | 1.1188 | Gewächs | 1.1137 | Granit | 1.1466 |
| gering | 1.0810 | Gewehr | 1.0579 | Gras | 1.0607 |
| geringer (1) | 1.0810 | Geweih | 1.1196 | Gräser | 1.0607 |
| geringer (2) | 1.1784 | Gewerbe | 1.0632 | Gräten | 1.0420 |
| geringste | 1.0810 | gewerblich | 1.0632 | Gratulation | 1.0486 |
| gern | 1.0564 | gewesen (1) | 1.0360 | gratulieren | 1.0486 |
| Geruch | 1.1210 | gewesen (2) | 1.0361 | grau | 1.0608 |
| Gerümpel | 1.0884 | Gewicht (Schwere)(1) | 1.1731 | greifen (1) | 1.0609 |
| gesamt | 1.0529 | Gewicht (Schwere)(2) | 1.0792 | Grenze | 1.0610 |
| Gesamtheit | 1.0529 | Gewinn | 1.0580 | grob | 1.0233 |
| Gesäß | 1.1152 | gewinnen | 1.0580 | Grobheit | 1.0233 |
| gesättigt | 1.1248 | Gewinner | 1.0580 | groß (Gegenstand) | 1.0611 |
| geschädigt | 1.1252 | Gewinnerin | 1.0580 | groß (Person) | 1.0612 |
| geschafft! | 1.1255 | Gewitter | 1.0581 | Größe (Gegenstand) | 1.0611 |
| Geschäft (allg.) | 1.0632 | gewittern | 1.0581 | Größe (Person) | 1.0612 |
| geschäftlich | 1.0632 | gewittrig | 1.0581 | Großeltern | 1.0613 |
| geschehen | 1.0565 | geworden (1) | 1.0360 | Großmaul | 1.0958 |
| Geschehen | 1.0565 | geworden (2) | 1.0361 | Großmutter (N)(S) | 1.0613 |
| gescheit | 1.0816 | Gewürz | 1.0582 | Großvater | 1.0613 |
| Geschenk | 1.0566 | gibt es | 1.0537 | Grotte | 1.0682 |
| Geschichte (Erzählung)(1) | 1.0386 | gibt es nicht | 1.0538 | grübeln | 1.1616 |
| Geschichte (Erzählung)(2) | 1.0567 | gießen | 1.0583 | grün | 1.0614 |
| geschieden | 1.1267 | Gift | 1.0584 | Grund (Boden) | 1.0205 |
| Geschimpfe (1) | 1.1281 | giftig | 1.0584 | Grundlage | 1.0205 |
| Geschimpfe (2) | 1.1282 | Girlande | 1.1314 | grundlegend | 1.0205 |
| Geschirr (Ess-) | 1.0568 | Glas (Gefäß) | 1.0585 | grünen | 1.0614 |
| Geschirrspüler | 1.1448 | Glas (Material) | 1.0586 | Gruppe | 1.1889 |
| Geschmack | 1.0569 | glatt | 1.0587 | Grusel... | 1.0572 |
| Geschwätz (Hörende) | 1.1122 | Glätte | 1.0587 | Gruß | 1.0257 |
| geschwätzig (Hörende) | 1.1122 | Glaube | 1.0588 | grüßen | 1.0257 |
| geschwind | 1.1323 | glauben | 1.0588 | gültig | 1.0562 |
| Geschwindigkeit | 1.1323 | gleich (dasselbe) | 1.0589 | Gültigkeit | 1.0562 |
| Geschwister | 1.1685 | gleich (math.) | 1.0590 | Gummi | 1.0615 |
| gesellen (sich) | 1.0546 | gleich (zugleich) | 1.0591 | Gunst | 1.0376 |
| gesellig | 1.0546 | gleichgültig | 1.0330 | günstig | 1.0618 |
| Gesellschaft | 1.0546 | Gleichgültigkeit | 1.0330 | Gurke | 1.0616 |
| Gesetz | 1.0570 | Gleis | 1.0592 | Gürtel | 1.0617 |
| gesetzlich | 1.0570 | Glied (Penis) | 1.0593 | Guss (allg.) | 1.0583 |

| | | | | | | |
|---|---|---|---|---|---|---|
| gut | 1.0618 | Haupt (Kopf) | 1.0836 | Herzklopfen | 1.0665 |
| Gut (Besitz, Wert) | 1.0618 | Haupt... | 1.0642 | herzlich | 1.0663 |
| Güter (Besitz, Wert) | 1.0618 | Hauptbahnhof | 1.0624 | Herzlichkeit | 1.0663 |
| | | Häuptling | 1.0642 | Herzog | 1.0613 |
| **H** | | Hauptmann (1)(2) | 1.0624 | Herzogtum | 1.0613 |
| Haar/e | 1.0619 | Hauptschule (N)(S) | 1.0624 | Herzschlag (Puls) | 1.0665 |
| Haare schneiden | 1.0620 | Hauptstadt (1)(2) | 1.0624 | Heu | 1.0666 |
| Haare waschen | 1.1754 | Haus | 1.0643 | heulen (weinen) | 1.1774 |
| Haarschnitt | 1.0620 | Haut | 1.0644 | heute | 1.0667 |
| Haarwäsche | 1.1754 | Hecke | 1.1864 | heutig | 1.0667 |
| haben | 1.0621 | Heft | 1.0645 | hier | 1.0667 |
| Hafen | 1.0624 | heftig | 1.1813 | Hilfe (1) | 1.0652 |
| ...haft | 1.0433 | Heftigkeit | 1.1813 | Hilfe (2) | 1.0653 |
| Hagel | 1.0625 | Heide (Landschaft) | 1.0875 | Himmel (1) | 1.0668 |
| hageln | 1.0625 | heikel | 1.1691 | Himmel (2) | 1.0669 |
| Hahn (Tier) | 1.0626 | heil | 1.0529 | Himmelfahrt (Feiertag) | 1.0670 |
| Haken | 1.0623 | Heil | 1.1250 | hin (hinweisend) | 1.0253 |
| halb | 1.0622 | heilbar | 1.1491 | hinauf | 1.0668 |
| Halde/n | 1.0155 | heilen | 1.1491 | hinaufgehen (Treppe) | 1.1586 |
| Hälfte | 1.0622 | heilig | 1.0850 | hinaus (1) | 1.0298 |
| Halle | 1.0535 | Heilige | 1.0850 | hinaus (2) | 1.0671 |
| Hallo | 1.1598 | Heilige Drei Könige | 1.0646 | hinein | 1.0672 |
| hallo! | 1.1598 | Heilung | 1.1491 | hinken | 1.0673 |
| Hals | 1.0627 | heim | 1.1766 | hinlegen (etwas)(1) | 1.0891 |
| Halskette | 1.0791 | Heim | 1.0535 | hinlegen (etwas)(2) | 1.0892 |
| Halt | 1.0628 | Heim... | 1.1405 | hinten (1) | 1.0674 |
| Halt! | 1.0628 | Heimat | 1.0646 | hinten (2) | 1.0675 |
| halten (etwas, jmdn.) | 1.0629 | heimatlich | 1.0646 | hinter (1) | 1.0676 |
| halten (stoppen) | 1.0628 | heimisch | 1.1405 | hinter (2) | 1.0677 |
| Hammer | 1.0630 | heimlich | 1.0551 | Hintern | 1.1152 |
| hämmern | 1.0630 | Heimlichkeit | 1.0551 | hinunter | 1.1554 |
| Hand | 1.0631 | heimwärts | 1.1766 | hinuntergehen (Treppe) | 1.1587 |
| Hände | 1.0631 | Heimweh | 1.1608 | hinzu... | 1.0262 |
| Hände schütteln | 1.0008 / 1.0486 | Heirat | 1.0647 | Hirsch | 1.0678 |
| Hände waschen | 1.1755 | heiraten | 1.0647 | Hitze | 1.0648 |
| Handel (1) | 1.0632 | heiß | 1.0648 | Hobby | 1.0679 |
| Handel (2) | 1.0633 | heißen | 1.0649 | hoch (1) | 1.0668 |
| handeln (1) | 1.0632 | heiter | 1.1024 | hoch (2) | 1.0612 |
| handeln (2) | 1.0633 | heizen | 1.0650 | höchst... | 1.0966 |
| Händler (1) | 1.0632 | Heizung | 1.0651 | Höchst... | 1.0966 |
| Händler (2) | 1.0633 | helfen (1) | 1.0652 | höchstens | 1.0966 |
| Händlerin (1) | 1.0632 | helfen (2) | 1.0653 | Hochzeit | 1.0680 |
| Händlerin (2) | 1.0633 | Helfer (1) | 1.0652 | Hocker (Schemel) | 1.1405 |
| Handlung (Geschäft)(1) | 1.0632 | Helfer (2) | 1.0653 | Höcker | 1.0764 |
| Handlung (Geschäft)(2) | 1.0633 | Helferin (1) | 1.0652 | Hof (1) | 1.1106 |
| Handlung (Tat) | 1.0634 | Helferin (2) | 1.0653 | Hof (2) | 1.0688 |
| Handschuh/e | 1.0635 | hell | 1.0654 | hoffen | 1.0689 |
| Handtuch | 1.0636 | Helligkeit | 1.0654 | hoffentlich | 1.0689 |
| hängen (Sache) | 1.0623 | Hemd (N) | 1.0655 | höflich | 1.0681 |
| Harke | 1.0637 | Hemd (S) | 1.0656 | Höflichkeit | 1.0681 |
| harken | 1.0637 | her | 1.0832 | Hoffnung | 1.0689 |
| harmlos | 1.0896 | herauf | 1.0657 | Höhe (1) | 1.0668 |
| Harmlosigkeit | 1.0896 | heraus (1) | 1.0093 | Höhe (2) | 1.0612 |
| Harn | 1.1654 | heraus (2) | 1.0094 | hohl | 1.0690 |
| hart (1) | 1.1466 | Herbst | 1.0658 | Höhle | 1.0682 |
| hart (2) | 1.1467 | herbstlich | 1.0658 | holen | 1.0691 |
| Hase | 1.0638 | Herd | 1.0659 | Hölle | 1.0683 |
| Hass (1) | 1.0639 | herein | 1.0660 | höllisch | 1.1552 |
| Hass (2) | 1.0640 | Hergang | 1.1213 | Holz (1) | 1.0692 |
| hassen (1) | 1.0639 | Herr | 1.0661 | Holz (2) | 1.0693 |
| hassen (2) | 1.0640 | herstellen (2) | 1.0066 | Honig | 1.0694 |
| hat | 1.0621 | Herstellung (2) | 1.0066 | Honorar | 1.0174 |
| Haube (Kopfbedeckung) | 1.1031 | herum... | 1.1621 | honorieren | 1.0174 |
| hauen (jmdn.)(1) | 1.1285 | herunter | 1.0662 | Hörapparat | 1.0687 |
| Haufen | 1.0641 | Herz (Gefühl) | 1.0663 | horchen | 1.0685 |
| häufig | 1.0738 | Herz (Organ) | 1.0664 | hören (1) | 1.0684 |

| | | | | | |
|---|---|---|---|---|---|
| hören (2) | 1.0685 | Illustrierte | 1.0775 | Januar (1)(N) | 1.0733 |
| hörend | 1.0686 | im (örtlich) | 1.0721 | Januar (2)(S) | 1.0734 |
| Hörende | 1.0686 | im (zeitlich) | 1.0258 | Januar (3) | 1.0735 |
| Hörgerät | 1.0687 | im Stich lassen | 1.0884 | jawohl! | 1.0736 |
| Hörner (Tier) | 1.0863 | Imbiss | 1.1043 | Jazz | 1.0737 |
| Horst (Nest) | 1.1055 | immer | 1.0715 | Jeans | 1.0737 |
| Hose | 1.0695 | impfen | 1.0716 | Jeans-Hemd (N)(S) | 1.0737 |
| Hospital | 1.0850 | Impfung | 1.0716 | Jeans-Jacke | 1.0737 |
| Hotel | 1.0683 | in (örtlich) | 1.0721 | jede (allg.) | 1.0738 |
| hübsch | 1.0696 | in (zeitlich) | 1.0258 | jede (Person) | 1.0739 |
| Huf | 1.1134 | in Kürze | 1.0120 | jemand | 1.0740 |
| Huhn | 1.0697 | in Ordnung | 1.1105 | jene (1) | 1.0741 |
| Hummel | 1.0698 | ... in (allg.) | | jene (2) | 1.0742 |
| Humor | 1.0425 | (Endung für weibl. Person) | 1.0474 | Jesus | 1.0248 |
| humorig | 1.0425 | ... in (N) | | Jesuskind | 1.0249 |
| Humorist | 1.0425 | (Endung für weibl. Person) | 1.0717 | jetzig | 1.0667 |
| Humoristin | 1.0425 | ... in (O) | | jetzt (1) | 1.0667 |
| Hund (1) | 1.0699 | (Endung für weibl. Person) | 1.0718 | jetzt (2) | 1.1084 |
| Hund (2)(N) | 1.0700 | ... in (S) | | Job | 1.0737 |
| Hund (3)(S) | 1.0701 | (Endung für weibl. Person) | 1.0719 | jobben | 1.0737 |
| hundert | 1.0702 | ... in (W) | | joggen | 1.0886 |
| hundertste | 1.0702 | (Endung für weibl. Person) | 1.0720 | Jogging | 1.0886 |
| hunderttausend | 1.0703 | indem | 1.0722 | Joghurt | 1.0743 |
| Hunger | 1.0704 | informieren | 1.1649 | Jogurt | 1.0743 |
| hungern | 1.0704 | Inhaber | 1.0621 | Journalist | 1.1332 |
| hungrig | 1.0704 | Inhaberin | 1.0621 | Journalistin | 1.1332 |
| Hupe | 1.0813 | ins (örtlich) | 1.0721 | Jugend | 1.0746 |
| hupen | 1.0813 | Insasse | 1.1405 | jugendlich | 1.0746 |
| hüpfen | 1.0705 | Insassin | 1.1405 | Jugendliche | 1.0746 |
| Hürde | 1.1443 | Insekt | 1.0752 | Juli (1)(N) (2)(S) | 1.0744 |
| husten (1) | 1.0706 | Insel | 1.0723 | Juli (3) | 1.0745 |
| husten (2) | 1.0707 | Inspekteur | 1.0247 | jung (1) | 1.0746 |
| Husten (1) | 1.0706 | Inspektion | 1.1164 | jung (2) | 1.0747 |
| Husten (2) | 1.0707 | Inspektor | 1.0247 | Junge | 1.0748 |
| Hut (1) | 1.0708 | Inspektorin | 1.0247 | Juni (1)(N) | 1.0749 |
| Hut (2) | 1.0709 | inspizieren | 1.1164 | Juni (2)(S) | 1.0750 |
| Hygiene | 1.1250 | intelligent | 1.0816 | Juni (3) | 1.0751 |
| hygienisch | 1.1250 | Intelligenz | 1.0816 | Junior (1) | 1.0746 |
| | | interessant | 1.0724 | Junior (2) | 1.0747 |
| **I** | | Interesse | 1.0724 | Juniorin (1) | 1.0746 |
| ich | 1.0710 | Interessent | 1.0724 | Juniorin (2) | 1.0747 |
| ich bin | 1.0710 | Interessentin | 1.0724 | Jux | 1.1429 |
| ideal | 1.0712 | interessieren (sich) | 1.0724 | | |
| Ideal | 1.0712 | Internat | 1.0535 | **K** | |
| Idealismus | 1.0712 | inzwischen | 1.0360 | Kabine (1) | 1.1888 |
| Idealist | 1.0712 | irdisch | 1.0375 | Käfer | 1.0752 |
| Idealistin | 1.0712 | Irritation (1) | 1.0405 | Kaffee (1) | 1.0758 |
| Idee (1) | 1.0711 | irritieren (1) | 1.0405 | Kaffee (2) | 1.0759 |
| Idee (2) | 1.0712 | ist | 1.0725 | Käfig (1) | 1.0753 |
| Identifikation | 1.0589 | ist (math.) | 1.0590 | Käfig (2) | 1.0754 |
| identisch | 1.0589 | | | Kahn (1) | 1.1222 |
| Igel | 1.0713 | **J** | | Kahn (2) | 1.1279 |
| ihm (anwesend) | 1.0369 | ja | 1.0726 | Kaiser | 1.0823 |
| ihm (nicht anwesend) | 1.0370 | Jacke | 1.0727 | Kaiserin | 1.0823 |
| ihn (anwesend) | 1.0369 | Jagd | 1.0728 | Kakao | 1.0760 |
| ihn (nicht anwesend) | 1.0370 | jagen | 1.0728 | Kalender (1) | 1.0761 |
| Ihnen (höfl. Anrede) | 1.0315 | Jäger | 1.0728 | Kalender (2) | 1.0762 |
| ihnen | 1.0714 | Jägerin | 1.0728 | kalt | 1.0763 |
| ihr / Ihr | 1.0267 | jäh | 1.1150 | Kälte | 1.1813 |
| ihr (anwesend) | 1.0369 | Jahr (1) | 1.0729 | Kamel | 1.0764 |
| ihr (Besitz) | 1.1378 | Jahr (2) | 1.0730 | Kamera (Film, Video) | 1.0765 |
| ihr (nicht anwesend) | 1.0370 | Jahre (Anzahl) | 1.0731 | Kamera (Fotoapparat) | 1.0471 |
| ihr pl (anwesend) | 1.0714 | Jahre (zwei Jahre) | 1.0732 | Kamm (Haar) | 1.0766 |
| ihr/e  /  Ihr/e pl (Besitz) | 1.0392 | jährlich (1) | 1.0729 | kämmen | 1.0766 |
| Illusion | 1.1582 | jährlich (2) | 1.0730 | Kampf | 1.0755 |
| illusorisch | 1.1582 | Jahrmarkt (1)(2) | 1.0737 | kämpfen | 1.0755 |

| | | | | | |
|---|---|---|---|---|---|
| Kämpfer | 1.0755 | Keller | 1.1554 | Knie (1) | 1.0817 |
| Kämpferin | 1.0755 | kennen | 1.0786 | Knie (2) | 1.0818 |
| Kaninchen | 1.0767 | Kenntnis | 1.0786 | knien (1) | 1.0817 |
| Kanne | 1.0768 | Kerl | 1.1126 | knipsen (Foto) | 1.0471 |
| Kantine | 1.0389 | Kern (1) | 1.0787 | Knochen | 1.0819 |
| Kanzlei | 1.1889 | Kern (2) | 1.0838 | Knödel | 1.0820 |
| Kanzler | 1.0247 | Kerze | 1.0788 | Knopf | 1.0821 |
| Kanzlerin | 1.0247 | Ketchup | 1.0789 | Knöpfe | 1.0821 |
| Kapital (1) | 1.1551 | Ketschup | 1.0789 | Knoten | 1.0183 |
| Kapital (2) | 1.1197 | Kette (Eisen) | 1.0790 | knüpfen (Knoten) | 1.0183 |
| Kapitalismus (1) | 1.1551 | Kette (Schmuck) | 1.0791 | koalieren | 1.1910 |
| Kapitalismus (2) | 1.1197 | kg (Kilogramm) | 1.0792 | Koalition | 1.1910 |
| Kapitalist (1) | 1.1551 | Kilogramm | 1.0792 | kochen (Essen) | 1.0858 |
| Kapitalist (2) | 1.1197 | Kilometer | 1.0793 | kochen (sieden) | 1.0822 |
| Kapitalistin (1) | 1.1551 | Kind (1) | 1.0794 | Koffer | 1.0827 |
| Kapitalistin (2) | 1.1197 | Kind (2) | 1.0795 | Kohl | 1.0828 |
| Kapitel | 1.1380 | Kinder pl (1) | 1.0796 | Kohle | 1.0829 |
| Kappe (Kopfbedeckung) | 1.1031 | Kinder pl (2) | 1.0739 | Kohlekraftwerk | 1.1793 |
| kaputt (entzwei) | 1.0769 | Kindergarten | 1.0797 | Kolonie (besetzter Staat) | 1.1106 |
| kaputt (erschöpft) | 1.0770 | Kinderwagen | 1.0798 | Kolonie (Siedlung) | 1.0875 |
| Karneval | 1.0425 | Kinderzimmer (1)(2) | 1.1890 | Komfort | 1.0355 |
| Karotte | 1.0561 | kindlich (1) | 1.0794 | komfortabel | 1.0355 |
| Karre (Kind) | 1.1276 | kindlich (2) | 1.0795 | komisch | 1.0830 |
| Karte (Landkarte) | 1.0194 | Kino | 1.0799 | Komma | 1.0831 |
| Karte (Postkarte) | 1.0222 | Kiosk | 1.0535 / 1.1327 | Kommandant | 1.0134 |
| Kartei | 1.1201 | Kirche | 1.0800 | Kommandantin | 1.0134 |
| Kartoffel | 1.0771 | Kirmes | 1.1621 | kommandieren | 1.0134 |
| Karton (Behälter) | 1.1112 | Kirsche | 1.0801 | Kommando | 1.0134 |
| Karussell | 1.0772 | Kissen | 1.0802 | kommen | 1.0832 |
| Käse (1)(Schnittkäse) | 1.0756 | Kiste | 1.1113 | Kommentar | 1.1195 |
| Käse (2)(Weichkäse) | 1.0757 | Kittel | 1.0727 | Kommentator (1) | 1.1192 |
| Kasse (Geld) | 1.0773 | Klaps | 1.1285 | Kommentator (2) | 1.1332 |
| Kasse (Versicherung) | 1.0444 | klar (durchsichtig) | 1.0803 | Kommentatorin (1) | 1.1192 |
| Kassette (Kasten) | 1.1112 | klar (verstanden) | 1.0804 | Kommentatorin (2) | 1.1332 |
| Kassette (Video, Ton) | 1.0774 | Klarheit (Denken) | 1.0804 | kommentieren | 1.1195 |
| kassieren | 1.0773 | Klasse (allg.)(1) | 1.0805 | kommissarisch | 1.1213 |
| Kassierer | 1.0773 | Klasse (allg.)(2) | 1.0806 | Kommunikant | 1.0834 |
| Kassiererin | 1.0773 | klatschen (Beifall)(1) | 1.0140 | Kommunikantin | 1.0834 |
| Kasten (groß)(1) | 1.1113 | klatschen (Beifall)(2) | 1.0141 | Kommunikation | 1.0833 |
| Kasten (klein) | 1.1112 | kleben | 1.0807 | Kommunion | 1.0834 |
| Katalog (1) | 1.0775 | Kleber | 1.0410 | kommunizieren | 1.0833 |
| katastrophal (1) | 1.0776 | Kleid | 1.0808 | Komödiant | 1.0425 |
| katastrophal (2) | 1.0777 | Kleidung | 1.0809 | Komödiantin | 1.0425 |
| Katastrophe (1) | 1.0776 | klein (Gegenstand)(1) | 1.0810 | Komödie | 1.0425 |
| Katastrophe (2) | 1.0777 | klein (Gegenstand)(2) | 1.0811 | Komplikation | 1.1161 |
| Katholik (1) | 1.0778 | klein (Person) | 1.0795 | komplizieren | 1.1161 |
| Katholik (2) | 1.0169 | klettern (1)(allg.) | 1.0812 | kompliziert | 1.1161 |
| Katholikin (1) | 1.0778 | Klima | 1.0926 | Kompliziertheit | 1.1161 |
| Katholikin (2) | 1.0169 | Klingel | 1.0813 | Komplizierung | 1.1161 |
| katholisch (1) | 1.0778 | klingeln | 1.0813 | Kompott | 1.1504 |
| katholisch (2) | 1.0169 | Klinik | 1.0850 | Konditor (2) | 1.0110 |
| Katze | 1.0779 | Klo | 1.0814 | Konditorin (2) | 1.0110 |
| kauen | 1.0780 | klopfen (anklopfen) | 1.0815 | Konfirmand | 1.0835 |
| Kauf | 1.0781 | klopfen (Herz) | 1.0050 | Konfirmandin | 1.0835 |
| kaufen | 1.0781 | Klops | 1.0820 | Konfirmation | 1.0835 |
| Käufer | 1.0781 | Kloß | 1.0820 | konfirmieren | 1.0835 |
| Käuferin | 1.0781 | Kloster (N, W) | 1.0169 | Kongress (2) | 1.1450 |
| Kaugummi | 1.0782 | Klub | 1.1662 | König | 1.0823 |
| kaum | 1.0119 | klug | 1.0816 | Königin | 1.0823 |
| Kautschuk | 1.0615 | Klugheit | 1.0816 | konkret (1) | 1.0145 |
| Kauz (Vogel) | 1.0393 | km (Kilometer) | 1.0793 | konkret (2) | 1.0562 |
| kehren (fegen) | 1.0163 | knacken (allg.) | 1.0769 | konkretisieren (1) | 1.0145 |
| Keim (Erreger) | 1.1603 | knacken (Nuss) | 1.1086 | konkretisieren (2) | 1.0562 |
| kein (N) | 1.0783 | kneten (allg.) | 1.1321 | Konkretisierung (1) | 1.0145 |
| kein (S) | 1.0784 | kneten (Teig) | 1.0110 | Konkretisierung (2) | 1.0562 |
| Keks | 1.0785 | knicken (brechen) | 1.0769 | können (N) | 1.0824 |

| | | | | | |
|---|---|---|---|---|---|
| können (S) | 1.0825 | Kreide (allg.) | 1.0848 | Kusine (1) | 1.1101 |
| Konserve (1) | 1.0296 | Kreis (Geometrie) | 1.0849 | Kusine (2) | 1.0230 |
| Konserve (2) | 1.0297 | Kreis (Gruppe, Landkreis) | 1.1889 | Kuss | 1.0869 |
| Konsonant | 1.1724 | Kreuz (Kirche) | 1.0850 | küssen | 1.0870 |
| konstruieren (1) | 1.0126 | Kreuz (Wahl, Schein) | 1.0851 | | |
| konstruieren (2) | 1.1153 | Krieg (1) | 1.0852 | **L** | |
| Konstrukteur (1) | 1.0126 | Krieg (2) | 1.0853 | l (Liter) | 1.0914 |
| Konstrukteur (2) | 1.1153 | kriegen (1) | 1.0151 | lachen (1) | 1.0871 |
| Konstrukteurin (1) | 1.0126 | kriegen (2) | 1.0152 | lachen (2) | 1.0872 |
| Konstrukteurin (2) | 1.1153 | kriegen (3) | 1.0153 | Lack | 1.0410 |
| Konstruktion (1) | 1.0126 | Krieger (1) | 1.0852 | lackieren (1) | 1.0410 |
| Konstruktion (2) | 1.1153 | Krieger (2) | 1.0853 | Lackierer (1) | 1.0410 |
| Konsum | 1.1659 | Kriegerin (1) | 1.0852 | Lackiererei | 1.0894 |
| Konsument | 1.1659 | Kriegerin (2) | 1.0853 | Laden (Geschäft) | 1.0632 |
| Konsumentin | 1.1659 | kriegerisch (1) | 1.0852 | laden (beladen) | 1.0225 |
| konsumieren | 1.1659 | kriegerisch (2) | 1.0853 | laden (vorladen) | 1.0340 |
| kontra (1) | 1.0547 | kriminell (2) | 1.0769 | Ladung (Masse) | 1.0641 |
| kontra (2) | 1.1483 | Krippe | 1.0854 | Ladung (Vorladung) | 1.0340 |
| Kontrahent (1) | 1.0547 | kritisch (Lage) | 1.1691 | Lage (Situation) | 1.0892 |
| Kontrahent (2) | 1.1483 | Krokodil | 1.0855 | Laie | 1.0894 |
| Kontrahentin (1) | 1.0547 | Krone (Herrscher) | 1.0856 | laienhaft | 1.0894 |
| Kontrahentin (2) | 1.1483 | Kubik... | 1.0857 | Lampe | 1.0874 |
| Kontrolle | 1.1164 | Küche | 1.0858 | Land | 1.0875 |
| kontrollieren | 1.1164 | Kuchen | 1.0859 | lang (örtlich) | 1.0611 |
| Konzert | 1.1026 | Kugel (groß) | 1.0860 | lang (zeitlich) | 1.0876 |
| Kopf | 1.0836 | Kugel (klein) | 1.0861 | Länge (örtlich) | 1.0611 |
| Kopfnicken | 1.1070 | Kugelschreiber | 1.0862 | Länge (zeitlich) | 1.0876 |
| Kopfschütteln | 1.1344 | Kuh | 1.0863 | Langeweile (1) | 1.0880 |
| Korb | 1.0837 | kühl (frisch) | 1.0926 | Langeweile (2) | 1.0881 |
| Korn (1)(Samen) | 1.0838 | Kühle (Frische) | 1.0926 | Langlauf (Schi) | 1.0877 |
| Körper | 1.0826 | Kühlschrank | 1.0864 | Langläufer (Schi) | 1.0877 |
| körperlich | 1.0826 | kühn (1) | 1.0433 | Langläuferin (Schi) | 1.0877 |
| korrekt | 1.0562 | Kühnheit (1) | 1.0433 | langsam (1) | 1.0878 |
| Korrektheit | 1.0562 | Kultur | 1.1048 | langsam (2) | 1.0879 |
| Korrektur (1) | 1.0839 | kulturell | 1.1048 | Langsamkeit (1) | 1.0878 |
| Korrektur (2) | 1.0840 | Kummer | 1.1420 | Langsamkeit (2) | 1.0879 |
| Korridor | 1.1767 | kümmern (sich) | 1.1420 | langweilen (sich)(1) | 1.0880 |
| korrigieren (1) | 1.0839 | kümmern (sich um) | 1.0234 | langweilen (sich)(2) | 1.0881 |
| korrigieren (2) | 1.0840 | Kunde (Person)(N) | 1.0150 | langweilig (1) | 1.0880 |
| kosen | 1.0904 | Kunde (Person)(S) | 1.0824 | langweilig (2) | 1.0881 |
| Kost | 1.1043 | Kunde (Person)(W) | 1.1126 | Lappen | 1.0882 |
| Kosten | 1.0540 | Kunde (Unterricht) | 1.1649 | lassen (bleiben lassen) | 1.0883 |
| kosten (abschmecken) | 1.0841 | kündigen (1) | 1.0967 | lassen (im Stich lassen) | 1.0884 |
| kosten (Geld) | 1.0540 | kündigen (2) | 1.0968 | Last (1) | 1.1577 |
| köstlich (1) | 1.0569 | Kündigung (1) | 1.0967 | Last (2) | 1.1578 |
| köstlich (2) | 1.1157 | Kündigung (2) | 1.0968 | Last (3) | 1.1579 |
| Kostüm (Frau) | 1.0058 | Kundin (N) | 1.0150 | Last (4) | 1.1580 |
| Kot | 1.0814 | Kundin (S) | 1.0824 | Laster (Fahrzeug) | 1.0885 |
| kotzen | 1.1447 | Kundin (W) | 1.1126 | Laster (Untugend) | 1.1580 |
| Krabbe (groß) | 1.0847 | Kundschaft (N)(S)(W) | 1.0683 | lasterhaft | 1.1580 |
| krabbeln (Baby) | 1.0842 | künftig | 1.1426 | lästig | 1.0873 |
| krabbeln (Insekt) | 1.0752 | Kunst | 1.1048 | Lastwagen | 1.0885 |
| Kraft | 1.0433 | künstlich (1) | 1.1048 | Laterne (allg.) | 1.0595 |
| Kraftwerk | 1.1793 | künstlich (2) | 1.0865 | Laub | 1.0195 |
| kräftig | 1.0433 | Kunststoff | 1.0955 | Laube | 1.1327 |
| Kran | 1.0843 | Kunstwerk | 1.0683 | Lauf (Bein) | 1.1134 |
| krank | 1.0844 | Kur | 1.0926 | Lauf (Fluss) | 1.0459 |
| Kranke | 1.0844 | Kurs (Unterricht)(1) | 1.1649 | Lauf (rennen) | 1.0886 |
| Krankenhaus | 1.0845 | Kurven (Frau)(1) | 1.0469 | laufen (Mensch)(1) | 1.0886 |
| Krankheit | 1.0844 | Kurven (Frau)(2) | 1.0470 | laufen (Mensch)(2) | 1.0552 |
| Kranz | 1.0846 | kurz (allg.) | 1.0811 | laufen (Tier)(2) | 1.1557 |
| krass | 1.0047 | kurz (Ärmel) | 1.0866 | lauschen | 1.0685 |
| Kraut (kleine Pflanze)(1) | 1.1137 | kurz (Haare) | 1.0867 | laut (1) | 1.0887 |
| Kraut (Kohl) | 1.0828 | Kürze (allg.) | 1.0811 | laut (2) | 1.0888 |
| Krebs (Tier) | 1.0847 | kürzlich | 1.1720 | läuten (klingeln) | 1.0813 |
| Kredit | 1.0214 | kuscheln | 1.0868 | leben | 1.0889 |

| | | | | | |
|---|---|---|---|---|---|
| Leben | 1.0889 | Lieferantin | 1.0225 | Mädel (N) | 1.0929 |
| lebendig | 1.0889 | liefern | 1.0225 | Mädel (S) | 1.0930 |
| leck | 1.1593 | Lieferung | 1.0225 | mag | 1.0998 |
| lecker | 1.1893 | Lieferwagen | 1.0894 | Magen | 1.0934 |
| Leder | 1.0955 | Liege | 1.1560 | mähen | 1.0381 |
| ledig | 1.0479 | liegen (Gegenstand) | 1.0906 | Mahl | 1.0389 |
| leer (1) | 1.0890 | liegen (Person) | 1.0907 | mahlen (allg.) | 1.0935 |
| leer (2) | 1.0029 | Lift (Schi) | 1.0908 | Mähne (2) | 1.0920 |
| Leere (1) | 1.0890 | lila | 1.0909 | mahnen | 1.1282 |
| Leere (2) | 1.0029 | Limit | 1.0610 | Mahnung | 1.1282 |
| legal | 1.0570 | Limonade | 1.0219 | Mai (1)(N) | 1.0936 |
| Legalität | 1.0570 | Lineal | 1.0910 | Mai (2)(S) | 1.0937 |
| legen (1) | 1.0891 | linke (Körperteil) | 1.0911 | Mai (3) | 1.0938 |
| legen (2) | 1.0892 | linke (politisch) | 1.0912 | Majonäse | 1.0961 |
| Lehre | 1.1649 | linke (Richtung) | 1.0913 | Makel (N) | 1.0422 |
| lehren | 1.1649 | links (Körperteil) | 1.0911 | Makel (S) | 1.0423 |
| Lehrer (1)(2) | 1.0893 | links (politisch) | 1.0912 | makeln | 1.0633 |
| Lehrerin (1)(2) | 1.0893 | links (Richtung) | 1.0913 | Makler | 1.0633 |
| Leib | 1.0826 | Lippen | 1.1022 | Maklerin | 1.0633 |
| leiblich | 1.0826 | Liste | 1.0570 | mal (math.) | 1.0939 |
| Leiche (1) | 1.0894 | Liter | 1.0914 | malen (Pinsel) | 1.0940 |
| Leiche (2) | 1.0907 | Lkw | 1.0885 | malen (Stift) | 1.0941 |
| leicht (Aufgabe)(1) | 1.0895 | Lob | 1.0915 | malnehmen | 1.0939 |
| leicht (Aufgabe)(2) | 1.0896 | loben | 1.0915 | Mama | 1.0942 |
| leicht (Gewicht) | 1.0895 | Loch (1) | 1.0916 | man | 1.0943 |
| Leichtigkeit (Aufgabe)(1) | 1.0895 | locker | 1.0917 | managen (2) | 1.0633 |
| Leichtigkeit (Aufgabe)(2) | 1.0896 | lockern | 1.0917 | Manager (2) | 1.0633 |
| Leid | 1.1309 | Löffel (Essgerät) | 1.0918 | Managerin (2) | 1.0633 |
| leiden | 1.1309 | löffeln | 1.0918 | manche | 1.1691 |
| Leiden | 1.1309 | Lohn | 1.0921 | manchmal | 1.1691 |
| Leidenschaft | 1.1309 | lohnen (sich) | 1.0376 | Mandarine | 1.0944 |
| leidenschaftlich | 1.1309 | Lok | 1.0117 | Manege (1) | 1.1892 |
| leidtun | 1.1608 | Lokomotive | 1.0117 | Mann (1) | 1.0945 |
| leihen | 1.0214 | los! | 1.0922 | Mann (2) | 1.0946 |
| Leim | 1.0410 | los... (ab...) | 1.0001 | Männchen | 1.0945 |
| leimen | 1.0410 | ...los (ohne ...) | 1.0924 | männlich (1) | 1.0945 |
| Leinen | 1.0894 | Los (Lotterie) | 1.0923 | männlich (2) | 1.0946 |
| leise | 1.1472 | Los (Schicksal) | 1.1831 | Mannschaft | 1.0947 |
| leisten (etwas) | 1.1611 | lose (locker) | 1.0917 | Mantel | 1.0727 |
| leiten | 1.0897 | löschen (Brand) | 1.0440 | Mappe | 1.0827 |
| Leiter (Chef) | 1.0897 | Lotse | 1.0504 | Märchen | 1.0386 |
| Leiter (Gerät) | 1.0812 | lotsen | 1.0504 | Margarine | 1.0948 |
| Leiterin | 1.0897 | Lotto | 1.1474 | Maria | 1.0949 |
| lenken (allg.) | 1.0105 | Löwe (1) | 1.0919 | Mark (Währung) | 1.0950 |
| Lenker (am Fahrzeug) | 1.0105 | Löwe (2) | 1.0020 | Markt | 1.0951 |
| Lenker (Fahrer) | 1.0105 | Luft | 1.0926 | Marmelade | 1.0952 |
| Lenkerin | 1.0105 | luftig | 1.0926 | Marter | 1.1287 |
| Lenkung | 1.0105 | Lüge (N) | 1.0927 | martern | 1.1287 |
| lernen | 1.0898 | Lüge (S) | 1.0928 | März (1)(N) | 1.0931 |
| lesen (1) | 1.0899 | lügen (N) | 1.0927 | März (2)(S) | 1.0932 |
| lesen (2) | 1.0900 | lügen (S) | 1.0928 | März (3) | 1.0933 |
| lesen (3) | 1.0901 | Lügner (N) | 1.0927 | Maschine (1) | 1.0953 |
| letzte (1) | 1.0902 | Lügner (S) | 1.0928 | Maschine (2) | 1.0954 |
| letzte (2) | 1.0903 | Lügnerin (N) | 1.0927 | Maß | 1.0973 |
| Leuchte | 1.0874 | Lügnerin (S) | 1.0928 | Masse (physik.) | 1.0641 |
| leuchten | 1.0874 | lustig | 1.0425 | Material (1) | 1.0955 |
| Leute | 1.0971 | luxuriös | 1.0355 | Material (2) | 1.0956 |
| Licht | 1.0874 | Luxus | 1.0355 | Mathematik | 1.1187 |
| Lichtwecker | 1.1761 | | | Mathematiker | 1.1187 |
| lieb | 1.0904 | **M** | | Mathematikerin | 1.1187 |
| Liebe | 1.0905 | m (Meter) | 1.0973 | mathematisch | 1.1187 |
| lieben | 1.0905 | machen | 1.0066 | matt (glanzlos) | 1.1402 |
| lieber (Steigerung) | 1.0679 | Macht | 1.0433 | matt (schwach) | 1.1346 |
| liebste | 1.0905 | mächtig | 1.0433 | Mattheit (Schwäche) | 1.1346 |
| Lied | 1.1026 | Mädchen (N) | 1.0929 | Mattigkeit | 1.1346 |
| Lieferant | 1.0225 | Mädchen (S) | 1.0930 | Mauer | 1.0957 |

| | | | | | |
|---|---|---|---|---|---|
| Maul (1) | 1.1022 | Millionär | 1.0980 | Moneten | 1.0174 |
| Maul (2) | 1.0958 | Millionärin | 1.0980 | Monitor | 1.1512 |
| Maulwurf | 1.0959 | minder... | 1.0810 | mono (einzeln) | 1.0343 |
| Maus (Tier) | 1.0960 | Minderheit (1) | 1.0810 | Monster | 1.0572 |
| Mayonnaise | 1.0961 | mindestens | 1.0810 | Montag (1)(N) | 1.1005 |
| Mechaniker | 1.0839 | minimal | 1.0810 | Montag (2)(S) | 1.1006 |
| Mechanikerin | 1.0839 | Minimum | 1.0810 | Montag (3) | 1.1007 |
| Medizin (Fach) | 1.0071 | minus | 1.0981 | Montage (auf Montage) | 1.1203 |
| Meer | 1.0962 | Minute | 1.0982 | Montage (Zusammenbau) | 1.0126 |
| Mehl | 1.0963 | mir | 1.0710 | Monteur | 1.0126 |
| mehr (Steigerung) | 1.0964 | mischen | 1.0983 | Monteurin | 1.0126 |
| Mehrheit (1) | 1.0964 | Mischling | 1.0983 | montieren | 1.0126 |
| mehrheitlich (1) | 1.0964 | Mischung | 1.0983 | Moped | 1.1008 |
| Mehrzahl (1)(2) | 1.0348 | misstrauen | 1.1691 | Mord (1) | 1.1564 |
| Meile (Längenmaß) | 1.0987 | Misstrauen | 1.1691 | Mord (2) | 1.1565 |
| mein | 1.0965 | misstrauisch | 1.1691 | morden (1) | 1.1564 |
| meinen | 1.0588 | mit | 1.0984 | morden (2) | 1.1565 |
| Meinung | 1.0588 | mitbestimmen | 1.0987 | Mörder (1) | 1.1564 |
| meist | 1.0642 | Mitbestimmung | 1.0987 | Mörder (2) | 1.1565 |
| meiste | 1.0642 | mitfahren (Auto) | 1.0345 | Mörderin (1) | 1.1564 |
| meistens | 1.0642 | Mitleid | 1.1608 | Mörderin (2) | 1.1565 |
| Meister | 1.0966 | mitleidig | 1.1608 | Morgen (1) | 1.1011 |
| Meisterin | 1.0966 | Mittag (1) | 1.0985 | Morgen (2) | 1.1012 |
| melden (etwas)(1) | 1.0967 | Mittag (2) | 1.0986 | morgen (1) | 1.1009 |
| melden (etwas)(2) | 1.0968 | Mittagessen (1) | 1.0987 | morgen (2) | 1.1010 |
| melden (sich) | 1.0969 | Mittagessen (2) | 1.0988 | morgens | 1.1012 |
| Meldung (Anwesenheit) | 1.0969 | mittags (1) | 1.0985 | Motor | 1.1013 |
| Meldung (Mitteilung)(1) | 1.0967 | mittags (2) | 1.0986 | Motorrad | 1.1014 |
| Meldung (Mitteilung)(2) | 1.0968 | Mitte (1) | 1.0989 | Mountainbike | 1.1021 |
| melken | 1.0976 | Mitte (2) | 1.0990 | Mücke | 1.1015 |
| Menge | 1.0641 | Mittel (1) | 1.0991 | müde (1) | 1.1016 |
| Mensch | 1.0970 | Mittel (2)(N) | 1.0990 | müde (2) | 1.1017 |
| Menschen | 1.0971 | Mittel (3)(S) | 1.1878 | Müdigkeit (1) | 1.1016 |
| menschlich | 1.0970 | Mittel... (1) | 1.0989 | Müdigkeit (2) | 1.1017 |
| Menü | 1.0987 | Mittel... (2) | 1.0990 | Mühe | 1.1018 |
| merken | 1.0972 | mittel... (1) | 1.0989 | Mühsal | 1.1018 |
| merkwürdig | 1.0830 | mittel... (2) | 1.0990 | mühsam | 1.1018 |
| messen | 1.0973 | Mitternacht | 1.0987 | mühselig | 1.1018 |
| Messer | 1.0974 | mitternächtlich | 1.0987 | Müll (1) | 1.1019 |
| Messung | 1.0973 | Mittwoch (1)(N) | 1.0992 | Müll (2) | 1.1020 |
| Metall | 1.0353 | Mittwoch (2)(S) | 1.0993 | Mülleimer | 1.1021 |
| Meter | 1.0973 | Mittwoch (3) | 1.0994 | Multiplikation | 1.0939 |
| Metermaß | 1.1896 | Mix... (allg.) | 1.0983 | multiplizieren | 1.0939 |
| Methode | 1.1153 | mixen | 1.0983 | Mund (1) | 1.1022 |
| methodisch | 1.1153 | mm (Millimeter) | 1.0979 | Mund (2) | 1.1023 |
| mich | 1.0710 | Möbel | 1.0997 | mündlich (1) | 1.1022 |
| Mief | 1.1477 | möchte/n | 1.0998 | mündlich (2) | 1.1023 |
| miefen | 1.1477 | Mode | 1.0995 | Münster (Kirche) | 1.0800 |
| Miete (Geld)(1) | 1.0444 | Modell (1) | 1.0469 | munter (1) | 1.1732 |
| Miete (Geld)(2) | 1.0975 | Modell (2) | 1.0470 | munter (2) | 1.1024 |
| mieten (etwas)(1) | 1.0444 | modern | 1.0996 | Munterkeit (1) | 1.1732 |
| mieten (etwas)(2) | 1.0975 | modisch | 1.0996 | Munterkeit (2) | 1.1024 |
| Mieter (1) | 1.0444 | Mofa | 1.1008 | mürbe | 1.1769 |
| Mieter (2) | 1.0975 | Mogelei | 1.1360 | mürrisch | 1.0207 |
| Mieterin (1) | 1.0444 | mogeln | 1.1360 | Mus | 1.1226 |
| Mieterin (2) | 1.0975 | mögen | 1.0998 | Muschel | 1.1025 |
| Milch (Getränk) | 1.0976 | möglich | 1.0999 | Musik | 1.1026 |
| mild (allg.) | 1.1308 | Möglichkeit | 1.0999 | Muskel | 1.1455 |
| Militär | 1.1412 | Möhre | 1.0561 | muskulös | 1.1455 |
| militärisch | 1.1412 | Moment (im Moment) | 1.1000 | Muße | 1.0879 |
| Milliardär | 1.0977 | Moment (warten) | 1.1001 | müssen | 1.1027 |
| Milliardärin | 1.0977 | momentan | 1.1000 | müßig | 1.0879 |
| Milliarde | 1.0977 | Monat | 1.1002 | Muster (1) | 1.0180 |
| Milligramm | 1.0978 | monatlich | 1.1002 | Mut | 1.1028 |
| Millimeter | 1.0979 | Monate (Anzahl) | 1.1003 | mutig | 1.1028 |
| Million | 1.0980 | Mond | 1.1004 | Mutter (N) | 1.1029 |

| | | | | | | |
|---|---|---|---|---|---|---|
| Mutter (S) | 1.1030 | Nebensache | 1.1051 | November (1)(N) (2)(S) | 1.1079 |
| Mutter (Schraube)(N)(S) | 1.1021 | nebensächlich | 1.1051 | November (3) | 1.1080 |
| mütterlich (N) | 1.1029 | neblig | 1.1049 | Nudeln | 1.1081 |
| mütterlich (S) | 1.1030 | Neffe (1) | 1.1101 | Null (1) | 1.1082 |
| Mütze | 1.1031 | Neffe (2) | 1.0230 | Null (2) | 1.1054 |
| | | negativ | 1.0981 | null (1) | 1.1082 |
| **N** | | nehmen | 1.1052 | null (2) | 1.1054 |
| nach (örtlich, zeitlich) | 1.1032 | nein | 1.1053 | Nummer | 1.1083 |
| nach Hause | 1.1766 | Nektarine | 1.1054 | nun | 1.1084 |
| Nachbar | 1.1051 | nennen (N) | 1.1044 | nur | 1.1085 |
| Nachbarin | 1.1051 | nennen (S) | 1.1045 | Nuss | 1.1086 |
| Nachbarschaft | 1.1051 | nennen (W) | 1.0649 | | |
| nachbarschaftlich | 1.1051 | neo... | 1.1057 | **O** | |
| nachdem | 1.1426 | Neo... | 1.1057 | ob | 1.0034 |
| nachdenken | 1.1033 | Nest | 1.1055 | oben | 1.0668 |
| nachdenklich | 1.1033 | nett | 1.1056 | Ober... (2) | 1.0247 |
| nacheinander | 1.1201 | neu | 1.1057 | obligatorisch | 1.0134 |
| nachhause | 1.1766 | Neugier | 1.1058 | Obst | 1.1087 |
| nachher | 1.1426 | Neugierde | 1.1058 | obwohl | 1.0034 |
| Nachhilfe (1)(2) | 1.1033 | neugierig | 1.1058 | oder | 1.1088 |
| Nachmittag (1)(2) | 1.1033 | Neuheit | 1.1057 | Ofen | 1.1091 |
| nachmittags (1)(2) | 1.1033 | Neujahr (1)(2) | 1.1054 | offen | 1.1092 |
| Nachricht (1) | 1.0967 | neun (1) | 1.1059 | Offenheit (2) | 1.1092 |
| Nachricht (2) | 1.0968 | neun (2) | 1.1060 | öffentlich | 1.1092 |
| nachrichtlich (1) | 1.0967 | neun Wochen | 1.1062 | Öffentlichkeit | 1.1092 |
| nachrichtlich (2) | 1.0968 | neunhundert | 1.1061 | offiziell (N) | 1.0449 |
| nächste | 1.0259 | neuntausend | 1.1062 | offiziell (S) | 1.0562 |
| nächstens | 1.0269 | neunundneunzig | 1.1063 | öffnen (1)(allg.) | 1.1092 |
| Nacht | 1.1034 | neunundneunzigste | 1.1063 | öffnen (2)(Flasche) | 1.0081 |
| Nachtisch | 1.1035 | neunzehn (N) | 1.1064 | öffnen (3)(Paket) | 1.0082 |
| nächtlich | 1.1034 | neunzehn (S) | 1.1065 | öffnen (4)(Schranke) | 1.1328 |
| nachträglich | 1.1033 | neunzehnte (N) | 1.1064 | öffnen (sich)(Blüte) | 1.0201 |
| Nachweis | 1.0145 | neunzehnte (S) | 1.1065 | Öffnung | 1.1092 |
| nachweisen | 1.0145 | neunzig (N) | 1.1066 | oft | 1.1093 |
| nackt | 1.1036 | neunzig (S) | 1.1067 | öfter | 1.1093 |
| Nadel (Werkzeug) | 1.1038 | neunzigste (N) | 1.1066 | ohne | 1.1305 |
| Nadel/n (Baum) | 1.1037 | neunzigste (S) | 1.1067 | Ohr | 1.1094 |
| Nagel (Finger, Zeh) | 1.0448 | nicht | 1.1068 | Oktober (1)(N) | 1.1095 |
| Nagel (Material) | 1.1042 | nicht mehr | 1.1305 | Oktober (2)(S) | 1.1096 |
| nageln | 1.1042 | Nichte (1) | 1.1101 | Oktober (3) | 1.1097 |
| nah | 1.1039 | Nichte (2) | 1.0230 | Öl (Motoröl, Heizöl, Speiseöl [2]) | 1.1089 |
| Nähe | 1.1039 | nichts | 1.1069 | Öl (Speiseöl)(1) | 1.1090 |
| nähen | 1.1040 | nicken | 1.1070 | oliv | 1.1098 |
| näher | 1.1041 | nie | 1.1068 | Oma | 1.1099 |
| nähern (sich) | 1.1041 | Niederlage (1) | 1.1671 | Omnibus | 1.0242 |
| Nahrung | 1.1043 | Niederlage (2) | 1.1575 | Onkel (1) | 1.1100 |
| naiv | 1.1016 | niedrig | 1.1071 | Onkel (2) | 1.0230 |
| Naivität | 1.1016 | niemals | 1.1068 | Onkel (3) | 1.1101 |
| Name (1) | 1.1044 | niemand | 1.1072 | Opa | 1.1102 |
| Name (2) | 1.1045 | nieseln | 1.1319 | Oper | 1.1026 |
| Napf | 1.1343 | Nieselregen | 1.1319 | Operette | 1.1026 |
| Narr (1) | 1.1674 | Nikolaus | 1.1073 | Opfer (Gabe)(1) | 1.1270 |
| Närrin (1) | 1.1674 | Nikotin | 1.1054 | Opfer (Gabe)(2) | 1.0566 |
| närrisch (1) | 1.1674 | noch (N) | 1.1093 | opfern (1) | 1.1270 |
| Nase | 1.1046 | noch (S) | 1.1074 | opfern (2) | 1.0566 |
| nass | 1.1047 | noch einmal | 1.0642 | opponieren | 1.1483 |
| Nässe | 1.1047 | Nord... | 1.1075 | Opposition | 1.1483 |
| Nation | 1.0875 | Norden | 1.1075 | oppositionell | 1.1483 |
| Natur | 1.1048 | nördlich | 1.1075 | Optimismus | 1.0247 |
| natürlich | 1.1048 | normal | 1.1076 | Optimist | 1.0247 |
| Natürlichkeit | 1.1048 | Not (1) | 1.1077 | Optimistin | 1.0247 |
| Nebel | 1.1049 | Not (2) | 1.1309 | optimistisch | 1.0247 |
| nebelig | 1.1049 | Note (Zensur)(1) | 1.1078 | orange | 1.1103 |
| neben (1) | 1.1050 | Note (Zensur)(2) | 1.0540 | Orange | 1.0061 |
| neben (2) | 1.1051 | Note (Zensur)(3)(0) | 1.1875 | ordentlich | 1.1104 |
| nebeneinander | 1.1050 | notieren | 1.1332 | | |

| | | | | | |
|---|---|---|---|---|---|
| ordnen | 1.1104 | Pein | 1.1309 | planschen | 1.1148 |
| Ordnung | 1.1105 | peinigen | 1.1287 | plantschen | 1.1148 |
| Organisation | 1.0633 | Peiniger | 1.1287 | plappern (Gehörlose) | 1.1646 |
| Organisator | 1.0633 | peinlich | 1.1125 | plappern (Hörende) | 1.1122 |
| Organisatorin | 1.0633 | Peinlichkeit | 1.1125 | Plastik (Kunststoff) | 1.0955 |
| organisieren | 1.0633 | Penis | 1.0593 | platt | 1.0587 |
| Organisierung | 1.0633 | Pension (Rente) | 1.0444 | Platz (1) | 1.1149 |
| Original | 1.1188 | Pensionär | 1.0444 | Platz (2) | 1.1106 |
| original | 1.1188 | Pensionärin | 1.0444 | Platz (3) | 1.0875 |
| originell | 1.0830 | pensionieren | 1.0444 | Plätzchen (Keks) | 1.0785 |
| Ort (1) | 1.1106 | perlen (tropfen) | 1.1319 | plaudern (gebärden) | 1.0533 |
| Ort (2) | 1.1107 | Person (1) | 1.1126 | plötzlich | 1.1150 |
| örtlich (1) | 1.1106 | Person (2) | 1.1127 | Plunder (1) | 1.0006 |
| örtlich (2) | 1.1107 | Personen | 1.0971 | Plural | 1.0339 |
| Ost... | 1.1108 | persönlich (1) | 1.1126 | plus | 1.1151 |
| Osten | 1.1108 | persönlich (2) | 1.1127 | Po | 1.1152 |
| Ostern | 1.1109 | Perücke | 1.1031 | Politik | 1.1153 |
| östlich | 1.1108 | Pessimismus | 1.1691 | Politiker | 1.1153 |
| | | Pessimist | 1.1691 | Politikerin | 1.1153 |
| **P** | | Pessimistin | 1.1691 | politisch | 1.1153 |
| paar | 1.1110 | pessimistisch | 1.1691 | Polizei | 1.1154 |
| Paar (Lebewesen) | 1.1111 | Pfanne | 1.1128 | Polizist | 1.1154 |
| Paar (Sachen) | 1.1088 | Pfarrer (ev.) | 1.1129 | Polizistin | 1.1154 |
| paaren (sich) | 1.1111 | Pfarrer (kath.) | 1.1130 | Pommes frites | 1.1155 |
| Paarung | 1.1111 | Pfarrerin (ev.) | 1.1129 | Portion (Essen) | 1.1106 |
| Pacht | 1.0975 | Pfeffer (1) | 1.1131 | Portion (Kaffee) | 1.0810 |
| pachten | 1.0975 | Pfeffer (2) | 1.0582 | Porto | 1.0223 |
| Pächter | 1.0975 | Pfeife (Tabak) | 1.1132 | Porzellan | 1.0353 |
| Pächterin | 1.0975 | Pfennig | 1.1133 | Position | 1.1106 |
| Päckchen | 1.1112 | Pferd (1) | 1.1134 | positiv | 1.1151 |
| packen (greifen) | 1.0609 | Pferd (2) | 1.1204 | Post | 1.1156 |
| Pädagoge | 1.1649 | Pfingsten | 1.1135 | Posten (Wache) | 1.0083 |
| Pädagogik | 1.1649 | Pfirsich | 1.1136 | Posten (Waren) | 1.0641 |
| Pädagogin | 1.1649 | Pflanze | 1.1137 | Praktikant | 1.1798 |
| pädagogisch | 1.1649 | pflanzen | 1.1138 | Praktikantin | 1.1798 |
| paddeln (Landtier) | 1.1358 | Pflaster (med.) | 1.1139 | Praktikum | 1.1798 |
| Paket | 1.1113 | Pflaume | 1.1140 | Prall | 1.1633 |
| Panik | 1.0522 | Pflege (1) | 1.1141 | prallen | 1.1633 |
| panisch | 1.0522 | Pflege (2) | 1.1142 | Präsident | 1.0594 |
| Panzer (Tier) | 1.0641 | pflegen (1) | 1.1141 | Präsidentin | 1.0594 |
| Papa | 1.1114 | pflegen (2) | 1.1142 | prasseln (Hagel, Regen) | 1.0625 |
| Papier | 1.1115 | Pfleger (1) | 1.1141 | predigen | 1.1729 |
| Pappe | 1.1170 | Pfleger (2) | 1.1142 | Prediger | 1.1729 |
| Papst (1) | 1.1116 | Pflegerin (1) | 1.1141 | Predigerin | 1.1729 |
| Papst (2) | 1.0169 | Pflegerin (2) | 1.1142 | Predigt | 1.1729 |
| Paradies | 1.1170 | pflücken (Blume) | 1.1143 | Preis (Geld) | 1.0558 |
| paradiesisch | 1.1170 | pflücken (Obst) | 1.1144 | prellen (stoßen) | 1.1483 |
| parallel | 1.1767 | Pfund (Gewicht) | 1.1731 | Priester (kath.) | 1.1130 |
| Parallele | 1.1767 | Pfütze | 1.1541 | prima | 1.1157 |
| Park | 1.1149 | Physik | 1.1662 | primitiv (2) | 1.0006 |
| parken | 1.1117 | physikalisch | 1.1662 | Prinz | 1.0823 |
| Parkplatz | 1.1118 | Physiker | 1.1662 | Prinzessin | 1.0823 |
| Party | 1.0425 | Physikerin | 1.1662 | Prinzip | 1.0205 |
| Pass (Ausweis) | 1.0101 | Physis | 1.0826 | prinzipiell | 1.0205 |
| passieren (geschehen) | 1.0565 | physisch | 1.0826 | privat | 1.1747 |
| Passiv (2) | 1.1405 | picken | 1.0697 | Privat... | 1.1747 |
| pastellfarben (1)(2) | 1.1119 | Pilz | 1.1145 | pro | 1.0519 |
| Pastor (ev.) | 1.1129 | Pinsel | 1.0940 | Probe (Versuch)(1) | 1.1158 |
| Pastorin (ev.) | 1.1129 | pirschen | 1.1293 | Probe (Versuch)(2) | 1.1159 |
| pauken (lernen)(N) | 1.0898 | Pistole | 1.1146 | probieren (abschmecken) | 1.0841 |
| pauken (lernen)(S) | 1.1170 | Pizza | 1.1546 | probieren (versuchen)(1) | 1.1158 |
| Pause (Ruhe)(1) | 1.1120 | Pkw | 1.1170 | probieren (versuchen)(2) | 1.1159 |
| Pause (Ruhe)(2) | 1.1121 | Plage (Leiden) | 1.1309 | Problem (1) | 1.1160 |
| Pause (Ruhe)(3) | 1.1122 | plagen (Leiden) | 1.1309 | Problem (2) | 1.1161 |
| Pech (1) | 1.1123 | Plan | 1.1147 | problematisch (1) | 1.1160 |
| Pech (2) | 1.1124 | planen | 1.0570 | problematisch (2) | 1.1161 |

| | | | | | | |
|---|---|---|---|---|---|---|
| Profession (N) | 1.0156 | quasseln (Gehörlose) | 1.1646 | realistisch (2) | 1.1188 |
| Profession (S) | 1.0157 | quasseln (Hörende) | 1.1122 | Realität (1) | 1.1816 |
| Professor (N) | 1.0816 | Quatsch | 1.1174 | Realität (2) | 1.1188 |
| Professor (S) | 1.1561 | Quelle | 1.1175 | rechen | 1.0637 |
| Professorin (N) | 1.0816 | quitt | 1.1305 | Rechen | 1.0637 |
| Professorin (S) | 1.1561 | Quittung | 1.1268 | rechnen | 1.1187 |
| Profi (Geld) | 1.0174 | | | Rechnung (allg.) | 1.1187 |
| Profit | 1.0376 | **R** | | Recht | 1.1188 |
| profitieren | 1.0376 | Rad (am Fahrzeug) | 1.1176 | recht | 1.1188 |
| Programm | 1.0570 | Rad (Fahrrad) | 1.0400 | rechte (Körperteil) | 1.1189 |
| Promille | 1.1162 | Radar (Polizei) | 1.0200 | rechte (politisch) | 1.1190 |
| prompt | 1.0591 | radieren | 1.1177 | rechte (Richtung) | 1.1191 |
| Protestant | 1.0170 | Radiergummi | 1.1177 | rechts (Körperteil) | 1.1189 |
| Protestantin | 1.0170 | Radio | 1.1178 | rechts (politisch) | 1.1190 |
| protestantisch | 1.0170 | Rakete (Raumschiff) | 1.1180 | rechts (Richtung) | 1.1191 |
| Protokoll (Niederschrift) | 1.1332 | rammen (stoßen) | 1.1483 | Recorder | 1.1112 |
| Protokoll (Regeln) | 1.0570 | Ranzen | 1.1219 | Rede | 1.1192 |
| Protokollant | 1.1332 | rar | 1.0119 | reden | 1.1192 |
| Protokollantin | 1.1332 | Rarität | 1.0119 | redlich (1) | 1.0332 |
| protokollarisch | 1.0570 | rasant | 1.1548 | redlich (2) | 1.0333 |
| protokollieren | 1.1332 | rasch | 1.1548 | Redlichkeit (1) | 1.0332 |
| Proviant | 1.1043 | Rasen | 1.1181 | Redlichkeit (2) | 1.0333 |
| Prozent | 1.1163 | rasen (fahren) | 1.1548 | Redner | 1.1192 |
| Prozess (Vorgang) | 1.1213 | Raserei (fahren) | 1.1548 | Rednerin | 1.1192 |
| prüfen | 1.1164 | rasieren (elektrisch) | 1.1182 | Referendar | 1.1192 |
| Prüfung | 1.1164 | rasieren (nass) | 1.1183 | Referendarin | 1.1192 |
| Pudding | 1.1165 | Rasse | 1.0193 | Reform | 1.1759 |
| Puder (Baby) | 1.1168 | Rast | 1.1121 | Reformation | 1.1759 |
| pudern (Baby) | 1.1168 | rasten | 1.1121 | Reformator | 1.1759 |
| Pullover | 1.1166 | Raststätte | 1.1195 | reformieren | 1.1759 |
| Pulver (1) | 1.1167 | Rasur (elektrisch) | 1.1182 | Regel (Gebot) | 1.0570 |
| Pulver (2) | 1.0582 | Rasur (nass) | 1.1183 | Regen | 1.1193 |
| Punkt | 1.1169 | Rat | 1.0588 | Regenbogen | 1.1194 |
| pünktlich | 1.0274 | Rate (Geld) | 1.0444 | Regenschirm | 1.1195 |
| Pünktlichkeit | 1.0274 | raten (rätseln) | 1.1179 | regnen | 1.1193 |
| Puppe (Spielzeug) | 1.0108 | Rätsel | 1.1179 | regnerisch | 1.1193 |
| Puppe (Tier) | 1.0108 | rätselhaft | 1.1616 | Reh | 1.1196 |
| Puppenwagen | 1.1170 | rätseln | 1.1179 | Reich | 1.1198 |
| Pups | 1.0814 | Ratte | 1.1184 | reich (Geld) | 1.1197 |
| pupsen | 1.0814 | Raub | 1.1465 | reichen (geben) | 1.0536 |
| Pupser | 1.0814 | rauben | 1.1465 | reichen (genügen) | 1.0563 |
| purzeln | 1.1213 | Räuber | 1.1465 | reichen (Nahrung)(Erwachsene) | 1.0525 |
| pusten | 1.0192 | Räuberin | 1.1465 | Reichtum | 1.1197 |
| Pute | 1.1171 | Rauch (allg.) | 1.1185 | reif (Frucht) | 1.1199 |
| Puter | 1.1171 | rauchen (Schornstein) | 1.1185 | Reifen | 1.1200 |
| Putz (Hausputz) | 1.1172 | rauchen (Zigarette) | 1.1186 | Reihe | 1.1201 |
| putzen (saubermachen) | 1.1172 | Raucher | 1.1186 | Reihenfolge | 1.1201 |
| putzen (Zähne) | 1.1860 | Raucherin | 1.1186 | rein | 1.1250 |
| | | Raufe (Futterkrippe) | 1.0854 | Reinheit | 1.1250 |
| **Q** | | Raum (1) | 1.1888 | Reis (1) | 1.1202 |
| Quadrat | 1.1173 | Raum (2) | 1.1889 | Reis (2) | 1.0838 |
| Quadrat... | 1.1173 | Raum (Gebiet)(1) | 1.0875 | Reise | 1.1203 |
| quadratisch | 1.1173 | Raum (Gebiet)(3) | 1.1149 | reisen | 1.1203 |
| Qualität (1) | 1.1481 | räumlich (Gebiet)(1) | 1.0875 | reiten | 1.1204 |
| Qualität (2) | 1.0955 | räumlich (Gebiet)(3) | 1.1149 | Reiter | 1.1204 |
| qualitativ (1) | 1.1481 | Raupe | 1.1848 | Reiterin | 1.1204 |
| qualitativ (2) | 1.0955 | Rausch | 1.1582 | Reklame | 1.1788 |
| Qualm | 1.1185 | real (1) | 1.1816 | Rekorder | 1.1112 |
| qualmen | 1.1185 | real (2) | 1.1188 | rektal | 1.0676 |
| Quantität | 1.0641 | Realismus (1) | 1.1816 | Rektor | 1.0247 |
| quantitativ | 1.0641 | Realismus (2) | 1.1188 | Rektorin | 1.0247 |
| Quark | 1.1047 | Realist (1) | 1.1816 | relativ (1) | 1.1650 |
| Quartal | 1.1697 | Realist (2) | 1.1188 | Religion | 1.0248 |
| Quartett (Gruppe) | 1.1692 | Realistin (1) | 1.1816 | religiös | 1.0169 |
| Quasselei (Gehörlose) | 1.1646 | Realistin (2) | 1.1188 | rennen | 1.0886 |
| Quasselei (Hörende) | 1.1122 | realistisch (1) | 1.1816 | | |

333

| | | | | | |
|---|---|---|---|---|---|
| renovieren | 1.0839 | rum... | 1.1621 | Schale (Hülle) (1) | 1.1257 |
| Renovierung | 1.0839 | Rummel (Gerümpel) | 1.0884 | Schale (Schüssel) | 1.1343 |
| Rente | 1.0444 | Rummel (Jahrmarkt) | 1.1892 | schälen (allg.) | 1.1253 |
| Rentner | 1.1205 | rümpfen (Nase) | 1.0047 | schalten (allg.) | 1.1258 |
| Rentnerin | 1.1205 | rund | 1.0849 | Schalter (Raum) | 1.0535 / 1.1327 |
| Reparatur | 1.0839 | Rüssel | 1.0354 | Schalter (Strom) | 1.1258 |
| reparieren | 1.0839 | Rutsche | 1.1227 | Schaltjahr (1)(2) | 1.1259 |
| Reportage (1) | 1.1332 | rutschen | 1.1227 | Schaltung (allg.) | 1.1258 |
| Reporter (1) | 1.1332 | | | scharf (allg.) | 1.1260 |
| Reporterin (1) | 1.1332 | **S** | | schärfen (Klinge) | 1.1260 |
| Republik | 1.0875 | s. (siehe) | 1.1373 | Scharfsinn | 1.1486 |
| Rest (N) | 1.1206 | S-Bahn | 1.1228 | scharfsinnig | 1.1486 |
| Rest (S) | 1.1207 | Sache (1) | 1.1229 | scharren (Pferd) | 1.1134 |
| Restaurant | 1.1432 | Sache (2) | 1.1230 | Schatten | 1.1261 |
| retten | 1.1208 | Sache (3) | 1.1231 | schattig | 1.1261 |
| Retter | 1.1208 | Sack | 1.1232 | Schatz (Geld) | 1.0641 |
| Retterin | 1.1208 | Saft | 1.1237 | schauen | 1.1373 |
| Rettung | 1.1208 | saftig | 1.1237 | Schaufel (groß)(Werkzeug) | 1.1262 |
| Revier | 1.0875 | Säge | 1.1233 | Schaufel (klein)(Werkzeug) | 1.1263 |
| Revolver | 1.1146 | sagen | 1.1238 | schaufeln (1) | 1.1262 |
| richtig | 1.1209 | sägen | 1.1234 | schaufeln (2) | 1.1263 |
| riechen | 1.1210 | Sahne | 1.1239 | Schaukel | 1.1264 |
| Riege | 1.0947 | Saite (Schläger) | 1.0397 | schaukeln | 1.1264 |
| Riese | 1.1211 | Salami | 1.0616 | Schaum | 1.1265 |
| riesengroß | 1.1211 | Salat | 1.1240 | Scheide | 1.1266 |
| riesig | 1.1211 | Salbe | 1.0251 | scheiden lassen (sich) | 1.1267 |
| Rind | 1.0863 | Salz | 1.1241 | Scheidung | 1.1267 |
| Ring (Schmuck) | 1.1672 | salzen | 1.1241 | Schein (Licht) | 1.0874 |
| Risiko (1) | 1.0545 | salzig | 1.1241 | Schein (Papier)(1) | 1.1268 |
| Risiko (2) | 1.1297 | sammeln | 1.1242 | Schein (Papier)(2) | 1.1269 |
| riskant (1) | 1.0545 | Sammler | 1.1242 | scheinbar | 1.1691 |
| riskant (2) | 1.1297 | Sammlerin | 1.1242 | scheinen (Anschein) | 1.1691 |
| Ritt | 1.1204 | Sammlung | 1.1242 | scheinen (Licht) | 1.0874 |
| Rock (Kleidung) | 1.1212 | Samstag (1)(N) | 1.1243 | Scheiße (Kot) | 1.0814 |
| rodeln | 1.1301 | Samstag (2)(S) | 1.1244 | Scheiße! (Ausruf) | 1.0814 |
| roh (Nahrung) | 1.1199 | Samstag (3) | 1.1245 | scheißen | 1.0814 |
| Röhre (3) | 1.1479 | samt (1) | 1.0984 | Schelle (Glocke)(1) | 1.0594 |
| Rolle (allg.) | 1.1213 | samt (2) | 1.0529 | Schelle (Glocke)(2) | 1.0596 |
| rollen (allg.) | 1.1213 | Sand | 1.1246 | Schelte (1) | 1.1281 |
| Roller (Kind) | 1.1214 | sandig | 1.1246 | Schelte (2) | 1.1282 |
| Rollschuh/e | 1.1215 | Sandkiste | 1.1247 | schelten (1) | 1.1281 |
| rosa | 1.1216 | sanft | 1.1591 | schelten (2) | 1.1282 |
| Rost (Schicht) | 1.1217 | sanieren | 1.0839 | schenken | 1.1270 |
| rosten | 1.1217 | Sanierung | 1.0839 | Schere | 1.1271 |
| rösten | 1.0215 | satt | 1.1248 | Scheune | 1.0535 |
| rostig | 1.1217 | Satz (Grammatik) | 1.1249 | scheußlich | 1.1292 |
| rot | 1.1218 | sauber | 1.1250 | Schi (Abfahrt) | 1.1272 |
| Rübe | 1.0828 | Sauberkeit | 1.1250 | Schi fahren | 1.1280 |
| rück... (1) | 1.1907 | säubern | 1.1250 | Schi laufen | 1.1280 |
| rück... (2) | 1.1908 | Sauce | 1.1421 | schicken (Person) | 1.1273 |
| Rück... (1) | 1.1907 | sauer (allg.) | 1.1251 | schicken (Sache) | 1.1274 |
| Rück... (2) | 1.1908 | säugen | 1.1235 | Schicksal | 1.1831 |
| Rücken | 1.1220 | Säugetier (1)(2) | 1.1236 | schieben (drücken) | 1.1275 |
| Rucksack | 1.1219 | Säugling | 1.1236 | Schiebkarre | 1.1276 |
| rückwärts | 1.1221 | Säule | 1.1605 | schief | 1.1277 |
| rudern | 1.1222 | Säure | 1.1251 | Schienen (Bahn) | 1.1278 |
| Ruf (1) | 1.1223 | sausen (Geschwindigkeit)(1) | 1.1548 | Schienenstrang | 1.1278 |
| Ruf (2) | 1.1224 | schade! | 1.1252 | schießen (allg.) | 1.1573 |
| rufen (1) | 1.1223 | schaden | 1.1252 | Schifahrer | 1.1280 |
| rufen (2) | 1.1224 | Schaden | 1.1252 | Schifahrerin | 1.1280 |
| Rüge | 1.1282 | Schädigung | 1.1252 | Schiff | 1.1279 |
| rügen | 1.1282 | schädlich | 1.1252 | Schilanglauf | 1.0872 |
| Ruhe | 1.1225 | Schädling | 1.1252 | Schilauf | 1.1280 |
| ruhen | 1.1225 | Schaf | 1.1254 | Schiläufer | 1.1280 |
| ruhig | 1.1225 | schaffen | 1.1255 | Schiläuferin | 1.1280 |
| rühren | 1.1226 | Schal | 1.1256 | Schild (Tafel)(1) | 1.0179 |

| | | | | | |
|---|---|---|---|---|---|
| Schild (Tafel)(2) | 1.0222 | schmieren (Brot) | 1.1311 | Schrift (2) | 1.1336 |
| schildern | 1.1729 | schmierig | 1.1315 | schriftlich | 1.1333 |
| Schilderung | 1.1729 | schmökern | 1.0901 | Schriftsteller | 1.1332 |
| Schimpfe (1) | 1.1281 | schmoren | 1.0215 | Schriftstellerin | 1.1332 |
| Schimpfe (2) | 1.1282 | Schmuck (Person) | 1.1312 | Schritt (Person) | 1.1337 |
| schimpfen (1) | 1.1281 | Schmuck (Raum) | 1.1313 | schroff (Verhalten) | 1.0233 |
| schimpfen (2) | 1.1282 | schmücken (etwas) | 1.1314 | Schroffheit (Verhalten) | 1.0233 |
| Schippe | 1.1262 | schmunzeln | 1.0488 | Schrot (Körner) | 1.0935 |
| schippen | 1.1262 | schmusen | 1.0869 | schroten | 1.0935 |
| Schirm | 1.1283 | Schmutz (N) | 1.1315 | Schrott | 1.1020 |
| Schlaf | 1.1284 | Schmutz (S) | 1.1316 | Schubkarre | 1.1276 |
| schlafen | 1.1284 | schmutzig (N) | 1.1315 | Schubs | 1.1484 |
| Schlafzimmer (1)(2) | 1.1890 | schmutzig (S) | 1.1316 | schubsen | 1.1484 |
| Schlag (1) | 1.1285 | Schnabel (1) | 1.1317 | schuften | 1.1611 |
| Schlag (2) | 1.1286 | Schnabel (2) | 1.0528 | Schuh/e | 1.1338 |
| Schlag (3) | 1.1287 | schnappen (2) | 1.1828 | Schule (N) | 1.1339 |
| Schlag (Herz) | 1.0050 | Schnauze (Schimpfwort) | 1.0958 | Schule (S) | 1.1340 |
| schlagen (1) | 1.1285 | Schnecke | 1.1318 | Schüler (N) | 1.1339 |
| schlagen (2) | 1.1286 | Schnee (1) | 1.1319 | Schüler (S) | 1.1340 |
| schlagen (3) | 1.1287 | Schnee (2) | 1.1320 | Schülerin (N) | 1.1339 |
| schlagen (Herz) | 1.0050 | Schneeball | 1.1321 | Schülerin (S) | 1.1340 |
| Schlamperei | 1.1641 | Schneebrett (1)(2) | 1.1334 | Schulter | 1.1341 |
| schlampig | 1.1641 | Schneeschmelze (1)(2) | 1.1334 | Schummelei | 1.1360 |
| Schlange (1) | 1.1288 | schneiden (Haare) | 1.0620 | schummeln | 1.1360 |
| Schlange (2) | 1.1289 | schneiden (Messer) | 1.0974 | Schummler | 1.1360 |
| schlängeln (sich)(1) | 1.1288 | schneiden (Scheiben) | 1.1322 | Schummlerin | 1.1360 |
| schlapp | 1.1290 | schneiden (Schere) | 1.1271 | Schund | 1.0006 |
| schlau | 1.0588 | Schneider | 1.1040 | Schüppe | 1.1262 |
| Schlauch | 1.1291 | Schneiderin | 1.1040 | schüppen | 1.1262 |
| Schlauheit | 1.0588 | schneien | 1.1319 | Schups | 1.1484 |
| schlecht | 1.1292 | schnell | 1.1323 | schupsen | 1.1484 |
| schleichen | 1.1293 | Schnelligkeit | 1.1323 | Schürze | 1.1342 |
| schlendern | 1.1430 | Schnüffelei | 1.1058 | Schuss (allg.) | 1.1573 |
| schlicht | 1.0338 | schnüffeln (spionieren) | 1.1058 | Schüssel | 1.1343 |
| Schlichtheit | 1.0338 | Schnupfen | 1.1324 | schütteln (Hände) | 1.0008 / 1.0486 |
| schließen (1)(Schloss) | 1.1294 | Schober | 1.0535 | schütteln (Kopf) | 1.1344 |
| schließen (2)(Tür) | 1.1295 | Schock (Erschütterung) | 1.1619 | Schutz | 1.1345 |
| schließen (3)(Augen) | 1.1296 | Schofför | 1.0105 | Schütze (Waffe) | 1.0579 |
| schließen (4)(Schranke) | 1.1328 | Schokolade | 1.1326 | schützen | 1.1345 |
| schlimm (1) | 1.0545 | schon (1) | 1.0360 | schwach | 1.1346 |
| schlimm (2)(N) | 1.1297 | schon (2) | 1.0361 | Schwäche | 1.1346 |
| schlimm (3)(S) | 1.1298 | schön | 1.1325 | schwächlich | 1.1346 |
| Schlingel | 1.1282 | schon fertig | 1.0360 | Schwächling | 1.1346 |
| Schlitten (N) | 1.1299 | schonen | 1.0878 | Schwager | 1.1100 |
| Schlitten (S) | 1.1300 | Schönheit | 1.1325 | Schwägerin | 1.1100 |
| Schlitten fahren | 1.1301 | Schonung (allg.) | 1.0878 | Schwamm | 1.1347 |
| Schlittschuh/e | 1.1302 | schräg | 1.1277 | Schwan | 1.1348 |
| Schloss (Gebäude) | 1.1303 | Schräge | 1.1277 | schwanger | 1.1349 |
| Schloss (Tür) | 1.1294 | Schrank | 1.1327 | Schwangerschaft | 1.1349 |
| Schlosser | 1.0839 | Schranke | 1.1328 | Schwanz (Säugetier) | 1.1350 |
| schlucken | 1.1304 | Schraube (Material) | 1.1329 | schwarz | 1.1351 |
| Schluss (Ende) | 1.1305 | schrauben | 1.1329 | schwatzen (Hörende) | 1.1122 |
| Schlüssel | 1.1294 | Schraubendreher | 1.1330 | schwätzen (Hörende) | 1.1122 |
| schmal | 1.1306 | Schraubenzieher | 1.1330 | schwatzhaft (Hörende) | 1.1122 |
| Schmalz | 1.1311 | Schreck | 1.1619 | schweigen | 1.1472 |
| schmecken (genießen) | 1.1307 | Schrei | 1.1335 | Schwein (Tier) | 1.1352 |
| schmecken (probieren) | 1.0841 | schreiben (1) | 1.1331 | Schweiz | 1.0850 |
| schmeckt (gut) | 1.1307 | schreiben (2) | 1.1332 | Schweizer | 1.0850 |
| schmeißen (Gegenstand) | 1.1790 | schreiben (3) | 1.1333 | Schweizerin | 1.0850 |
| Schmelze | 1.1308 | Schreibmaschine | 1.0250 | schwelen (Feuer) | 1.0598 |
| schmelzen | 1.1308 | Schreibtelefon | 1.1334 | Schwelle | 1.0221 |
| Schmerz | 1.1309 | schreibtelefonieren | 1.1334 | schwer (Aufgabe) | 1.1356 |
| Schmerzen | 1.1309 | schreien | 1.1335 | schwer (Gewicht) | 1.1353 |
| schmerzen | 1.1309 | schreiten (Person)(1) | 1.1337 | schwerhörig | 1.1354 |
| Schmetterling | 1.1310 | schreiten (Person)(2) | 1.1588 | Schwerhörige | 1.1354 |
| Schmiere | 1.1315 | Schrift (1) | 1.1331 | Schwerhörigkeit | 1.1354 |

| | | | | | |
|---|---|---|---|---|---|
| Schwert | 1.1355 | Senior (2) | 1.0037 | Sitz (allg.) | 1.1405 |
| Schwester | 1.0230 | Seniorin (1) | 1.0036 | sitzen | 1.1405 |
| Schwieger... | 1.1100 | Seniorin (2) | 1.0037 | Skateboard | 1.1406 |
| schwierig | 1.1356 | September (1)(N) | 1.1386 | Skepsis | 1.1691 |
| Schwierigkeit | 1.1356 | September (2)(S) | 1.1387 | skeptisch | 1.1691 |
| Schwimmbad | 1.1359 | September (3) | 1.1388 | Ski (Abfahrt) | 1.1272 |
| schwimmen (Fisch) | 1.0451 | Serie | 1.0738 | Ski fahren | 1.1280 |
| schwimmen (Gegenstand) | 1.1357 | Sessel | 1.1389 | Ski laufen | 1.1280 |
| schwimmen (Landtier) | 1.1358 | setzen (sich) | 1.1405 | Skifahrer | 1.1280 |
| schwimmen (Mensch) | 1.1359 | sexy (1) | 1.0469 | Skifahrerin | 1.1280 |
| Schwimmer | 1.1359 | Shop (2) | 1.0632 | Skilanglauf | 1.0877 |
| Schwimmerin | 1.1359 | Shorts | 1.1390 | Skilauf | 1.1280 |
| Schwindel (Lüge) | 1.1360 | sich (N) | 1.1384 | Skiläufer | 1.1280 |
| schwindeln (lügen) | 1.1360 | sich (S) | 1.1391 | Skiläuferin | 1.1280 |
| Schwindler | 1.1360 | sicher (1) | 1.0689 | Skrupel | 1.1354 |
| Schwindlerin | 1.1360 | sicher (2) | 1.1076 | skrupellos | 1.0330 |
| schwitzen | 1.1361 | sicherlich (1) | 1.0689 | Slip | 1.1407 |
| sechs | 1.1362 | sicherlich (2) | 1.1076 | Snowboard | 1.1406 |
| sechs Wochen | 1.1364 | Sicherheit (1) | 1.0689 | so (1) | 1.1408 |
| sechshundert | 1.1363 | Sicherheit (2) | 1.1076 | so (2) | 1.0379 / 1.1409 |
| sechstausend | 1.1364 | Sicht | 1.1373 | Socke/n | 1.1410 |
| sechste | 1.1365 | sichten (sehen) | 1.1373 | soeben | 1.0328 |
| sechsundsechzig | 1.1366 | Sie (höfl. Anrede) | 1.0315 | Sofa | 1.1389 |
| sechsundsechzigste | 1.1366 | sie (anwesend) | 1.0369 | sofort | 1.0134 |
| sechzehn (N) | 1.1367 | sie (nicht anwesend) | 1.0370 | Sohn | 1.1411 |
| sechzehn (S) | 1.1368 | sie pl / Sie pl | 1.0714 | Söhne | 1.1411 |
| sechzehnte (N) | 1.1367 | Sieb | 1.1392 | solch | 1.1802 |
| sechzehnte (S) | 1.1368 | sieben (durchsieben) | 1.1392 | solche | 1.1802 |
| sechzig (N) | 1.1369 | sieben (Zahlwort) | 1.1393 | Sold | 1.1431 |
| sechzig (S) | 1.1370 | sieben Wochen | 1.1395 | Soldat (1) | 1.1412 |
| sechzigste (N) | 1.1369 | siebenhundert | 1.1394 | Soldat (2) | 1.1413 |
| sechzigste (S) | 1.1370 | siebentausend | 1.1395 | Soldatin (1) | 1.1412 |
| See (Gewässer) | 1.1371 | siebenundsiebzig | 1.1396 | Soldatin (2) | 1.1413 |
| See (Meer) | 1.0962 | siebenundsiebzigste | 1.1396 | Sole (N)(S) | 1.1431 |
| Segel | 1.1372 | Siebtel | 1.1397 | solide (Arbeit) | 1.0433 |
| segeln (Boot, Schiff) | 1.1372 | siebzehn (N) | 1.1398 | Solidität (Arbeit) | 1.0433 |
| sehen | 1.1373 | siebzehn (S) | 1.1399 | Solist | 1.0343 |
| sehr (N) | 1.1374 | siebzehnte (N) | 1.1398 | Solistin | 1.0343 |
| sehr (S) | 1.1375 | siebzehnte (S) | 1.1399 | sollen | 1.1027 |
| seid | 1.1404 | siebzig (N) | 1.1400 | solo | 1.0343 |
| Seife | 1.1376 | siebzig (S) | 1.1401 | Solo | 1.0343 |
| Seil | 1.1377 | siebzigste (N) | 1.1400 | Sommer | 1.1414 |
| Seilbahn | 1.0908 | siebzigste (S) | 1.1401 | sommerlich | 1.1414 |
| sein (Besitz) | 1.1378 | sieden | 1.0822 | Sonder... | 1.1415 |
| sein (Hilfsverb) | 1.1379 | Siedlung | 1.1910 | sondern | 1.1415 |
| seit | 1.0186 | Sieg | 1.0580 | Sonnabend (1)(N) | 1.1243 |
| seitdem | 1.0188 | siegen | 1.0580 | Sonnabend (2)(S) | 1.1244 |
| Seite (Blatt) | 1.1380 | Sieger | 1.0580 | Sonnabend (3) | 1.1245 |
| Seite (Gegenstand) | 1.1381 | Siegerin | 1.0580 | Sonne | 1.1416 |
| Seite (Körper) | 1.1382 | siehe | 1.1373 | Sonnenschirm | 1.1431 |
| Sekretär (Möbel) | 1.1354 | Silber | 1.1402 | sonnig | 1.1416 |
| Sekretär (Person) | 1.0250 | Silber... | 1.1402 | Sonntag (1)(N) | 1.1417 |
| Sekretariat (1)(2) | 1.1354 | silberig | 1.1402 | Sonntag (2)(S) | 1.1418 |
| Sekretärin | 1.0250 | silbern | 1.1402 | Sonntag (3) | 1.1419 |
| Sekte | 1.1889 | silbrig | 1.1402 | sonst | 1.1595 |
| Sekunde | 1.1383 | Silo | 1.1605 | Sorge | 1.1420 |
| selber | 1.1384 | Silvester | 1.1403 | sorgen (sich) | 1.1420 |
| selbst | 1.1384 | sind | 1.1404 | Sorte | 1.0070 |
| selten | 1.0119 | sind (math.) | 1.0590 | Soße | 1.1421 |
| Seltenheit | 1.0119 | singen | 1.1026 | sowieso (S) | 1.1230 |
| Selters | 1.0219 | Single | 1.0343 | sowohl ... als auch | 1.1422 |
| seltsam | 1.0830 | Singular | 1.0336 | spannend | 1.1427 |
| senden (schicken) | 1.1274 | Sinn | 1.0588 | Spannung | 1.1427 |
| Sendung (schicken) | 1.1274 | sinnig | 1.0588 | sparen | 1.0773 |
| Senf | 1.1385 | ... sinnig | 1.0588 | Sparer | 1.0773 |
| Senior (1) | 1.0036 | situativ (2) | 1.1450 | Sparerin | 1.0773 |

| | | | | | |
|---|---|---|---|---|---|
| Sparkasse | 1.0773 | spüren (fühlen)(2) | 1.1481 | Stelle (1) | 1.1106 |
| sparsam | 1.1428 | Spurt | 1.1614 | Stelle (2) | 1.1464 |
| Sparsamkeit | 1.1428 | spurten | 1.1614 | stellen (Gegenstand) | 1.1468 |
| Spaß | 1.1429 | sputen (sich) | 1.1611 | stellen (sich) | 1.1464 |
| spaßen | 1.1429 | Staat (1) | 1.1449 | Stempel | 1.0138 |
| spaßig | 1.1429 | Staat (2) | 1.1450 | stempeln | 1.0138 |
| spät (1) | 1.1423 | staatlich (1) | 1.1449 | Steppdecke | 1.1461 |
| spät (2) | 1.1424 | staatlich (2) | 1.1450 | sterben | 1.1469 |
| spät (3) | 1.1425 | Stab (Gruppe) | 1.0947 | steril (keimfrei) | 1.1250 |
| später | 1.1426 | Stab (Stock) | 1.1479 | sterilisieren | |
| spazieren | 1.1430 | stabil | 1.0433 | (keimfrei machen) | 1.1250 |
| spazieren gehen | 1.1431 | stabilisieren | 1.0433 | Sterilität (keimfrei) | 1.1250 |
| Spaziergang | 1.1431 | Stabilität | 1.0433 | Stern/e (am Himmel) | 1.1470 |
| Speicher (Computer) | 1.0078 | Stachel (allg.) | 1.0176 | Stern/e (Form) | 1.1471 |
| speichern (allg.) | 1.0078 | stachelig | 1.0176 | stets | 1.0715 |
| Speicherung | 1.0078 | Stadt (1) | 1.1106 | Steuer (Geld) | 1.0468 |
| speien (erbrechen) | 1.1447 | Stadt (2) | 1.1107 | Steuer (Lenkung) | 1.0105 |
| speien (ausspucken) | 1.1446 | städtisch (1) | 1.1106 | steuern (allg.) | 1.0105 |
| Speise | 1.0918 | städtisch (2) | 1.1107 | Steuerrad | 1.0105 |
| speisen | 1.1432 | Stahl | 1.0353 | Steuerung | 1.0105 |
| Spekulant (N) | 1.1691 | Stall | 1.1451 | Stich (allg.) | 1.1463 |
| Spekulantin (N) | 1.1691 | Stamm (Baum) | 1.1452 | Stich (Insekt) | 1.0176 |
| Spekulation (N) | 1.1691 | Stamm (Gruppe) | 1.1453 | Stief... | 1.0387 |
| spekulieren (N) | 1.1691 | Stamm... (Gruppe) | 1.1453 | Stiefel | 1.1338 |
| spendieren | 1.1667 | ...stamm (Baum) | 1.1452 | Stift (2) | 1.1331 |
| Spiegel | 1.1433 | ...stamm (Gruppe) | 1.1453 | Stil (1) | 1.0469 |
| spiegeln (sich) | 1.1433 | Stand | 1.1464 | Stil (2) | 1.0470 |
| Spiel | 1.1434 | ständig | 1.0715 | still | 1.1472 |
| spielen (Spiel machen) | 1.1434 | Standard | 1.1550 | Stille | 1.1472 |
| spielen (Theater) | 1.1435 | standardisieren | 1.1550 | stillen (Durst) | 1.1903 |
| Spielsachen (1)(2)(3) | 1.1431 | stark (1) | 1.1454 | Stimme (Ton) | 1.1473 |
| Spielzeug | 1.1434 | stark (2) | 1.1455 | Stimme (Wahl)(1) | 1.1474 |
| Spinne | 1.1436 | Stärke (1) | 1.1454 | Stimme (Wahl)(2) | 1.1473 |
| spitz | 1.1437 | Stärke (2) | 1.1455 | stimmt! | 1.1475 |
| Spitze | 1.1437 | Start (Sport) | 1.1456 | stimmt nicht! | 1.1476 |
| Sport | 1.1438 | starten (Sport) | 1.1456 | Stimmung (Laune) | 1.1473 |
| Sportler | 1.1438 | Station (allg.) | 1.1457 | stink... (1) | 1.1477 |
| Sportlerin | 1.1438 | Statt | 1.1106 | stink... (2) | 1.1478 |
| sportlich | 1.1438 | Stätte | 1.1106 | stinken (1) | 1.1477 |
| Sportwagen (Kind) | 1.0798 | stattfinden | 1.1461 | stinken (2) | 1.1478 |
| Sprache | 1.1439 | stattgeben (1) | 1.0379 | Stock (Stab) | 1.1479 |
| ...sprachig | 1.1439 | Statur (1) | 1.0469 | Stoff | 1.1481 |
| ...sprachlich | 1.1439 | Statur (2) | 1.0470 | stop! | 1.0628 |
| sprachlich | 1.1439 | Stau (Verkehr) | 1.1458 | stopp! | 1.0628 |
| Spray (1) | 1.1440 | Staub (Schmutz)(1) | 1.1459 | Stopp | 1.0628 |
| sprayen | 1.1440 | Staub (Schmutz)(2) | 1.1460 | stoppen | 1.0628 |
| sprechen | 1.1441 | Staub saugen | 1.1462 | Storch | 1.1482 |
| sprengen (Wasser) | 1.1444 | stauben | 1.1460 | stören | 1.1480 |
| springen (1) | 1.1442 | staubig (1) | 1.1459 | Störung | 1.1480 |
| springen (2) | 1.1443 | staubig (2) | 1.1460 | Stoß (1) | 1.1484 |
| Sprit (Treibstoff) | 1.0154 | Staublappen | 1.1461 | Stoß (2) | 1.1483 |
| spritzen (mit dem Schlauch) | 1.1444 | staubsaugen | 1.1462 | stoßen (gegen, an) | 1.1483 |
| spritzen (mit Wasser) | 1.1445 | Staubsauger | 1.1462 | stoßen (jmdn., etwas) | 1.1484 |
| Sprudel | 1.0219 | Staubtuch | 1.1461 | Strafe | 1.1485 |
| sprühen | 1.1440 | stauen (sich)(Verkehr) | 1.1458 | strafen | 1.1485 |
| Sprung (1) | 1.1442 | staunen | 1.1839 | straff | 1.1427 |
| Sprung (2) | 1.1443 | stechen (allg.) | 1.1463 | straffen | 1.1427 |
| Spucke | 1.1446 | stechen (Insekt) | 1.0176 | stramm (1) | 1.1427 |
| spucken (ausspucken) | 1.1446 | Steckenpferd | 1.0679 | stramm (2) | 1.0433 |
| spucken (sich übergeben) | 1.1447 | stehen | 1.1464 | Strand | 1.1486 |
| Spuk | 1.0556 | stehlen | 1.1465 | strapazieren | 1.1427 |
| spuken | 1.0556 | steigen (Treppe) | 1.1586 | Straße | 1.1487 |
| spülen (maschinell) | 1.1448 | Stein (1) | 1.1466 | Straßenbahn | 1.1488 |
| spülen (mit der Hand) | 1.0011 | Stein (2) | 1.1467 | Strauch | 1.1489 |
| Spülmaschine | 1.1448 | steinig (1) | 1.1466 | Strauß (Blumen) | 1.1490 |
| spüren (fühlen)(1) | 1.0502 | steinig (2) | 1.1467 | Streich (Schlag) | 1.1285 |

| | | | | | | |
|---|---|---|---|---|---|---|
| streicheln (lokal) | 1.1491 | Sünderin | 1.0665 | Tasse | 1.1528 | |
| streichen (Brot) | 1.1311 | sündhaft | 1.0665 | Tastatur (1) | 1.0250 | |
| Streichholz | 1.0059 | sündigen | 1.0665 | Tat (Berlin) | 1.1529 | |
| Streit | 1.1492 | Suppe | 1.1504 | Tat (N) | 1.0066 | |
| streiten | 1.1492 | suspekt | 1.1691 | Tat (S) | 1.1530 | |
| streunen | 1.1430 | süß (Gefühl) | 1.1505 | tätig (1) | 1.1611 | |
| Strick… | 1.1493 | süß (Geschmack) | 1.1506 | tätig (2) | 1.0066 | |
| stricken | 1.1493 | Sweatshirt | 1.1507 | Tätigkeit (1) | 1.1611 | |
| strikt | 1.0134 | Symbol | 1.1603 | Tätigkeit (2) | 1.0066 | |
| Stroh | 1.1494 | symbolisch | 1.1603 | Tau (Seil) | 1.1377 | |
| Strohhalm (Trinkhalm) | 1.1494 | Sympathie | 1.0998 | taub | 1.1531 | |
| strolchen | 1.1430 | Sympathisant | 1.0998 | Taube (Vogel) | 1.1532 | |
| Strom (elektr.) | 1.0356 | Sympathisantin | 1.0998 | Taubheit | 1.1531 | |
| strömen | 1.0459 | sympathisch | 1.0998 | taubstumm | 1.1533 | |
| Strömung | 1.0459 | sympathisieren | 1.0998 | Taubstumme | 1.1533 | |
| Struktur | 1.0127 | Symposion | 1.1450 | tauchen | 1.1534 | |
| strukturieren | 1.0127 | Symposium | 1.1450 | tauen | 1.1308 | |
| Strumpf | 1.1410 | Symptom | 1.1603 | Taufe (N)(S) | 1.1535 | |
| Strümpfe | 1.1410 | symptomatisch | 1.1603 | taufen (N)(S) | 1.1535 | |
| Stube (1) | 1.1888 | System | 1.0570 | Tausch | 1.1536 | |
| Stube (2) | 1.1889 | | | tauschen | 1.1536 | |
| Stück (Anzahl) | 1.1495 | **T** | | tausend | 1.1537 | |
| Stück (Teil vom Ganzen) | 1.1496 | t (Tonne) | 1.1569 | Taxe (Gebühr) | 1.0540 | |
| Student (N) | 1.1497 | T-Shirt | 1.1508 | Taxi | 1.1538 | |
| Student (S) | 1.0972 | Tabak | 1.1509 | Team | 1.1889 | |
| Studentin (N) | 1.1497 | tabellarisch | 1.0570 | Technik | 1.1153 | |
| Studentin (S) | 1.0972 | Tabelle | 1.0570 | Techniker | 1.1153 | |
| studieren (N) | 1.1497 | Tablette | 1.1510 | Technikerin | 1.1153 | |
| studieren (S) | 1.0972 | Tadel | 1.1282 | technisch | 1.1153 | |
| Studio (1) | 1.1888 | tadeln | 1.1282 | Teddy | 1.1539 | |
| Studio (2) | 1.1889 | Tafel (Schule) | 1.1512 | Teddybär | 1.1521 | |
| Studium (N) | 1.1497 | Tag (1) | 1.1513 | Tee (1) | 1.1540 | |
| Studium (S) | 1.0972 | Tag (2) | 1.1514 | Tee (2) | 1.1559 | |
| Stuhl | 1.1405 | Tag der deutschen Einheit (1)(2) | | teeren | 1.0410 | |
| stumm | 1.1472 | | 1.1507 | Teich | 1.1541 | |
| Stummel | 1.1496 | Tage (alle Tage) | 1.1515 | Teig (1) | 1.1542 | |
| Stummel… | 1.1496 | Tage (Anzahl) | 1.1516 | Teig (2) | 1.0110 | |
| Stummheit | 1.1472 | Tage (drei Tage) | 1.1517 | Teil (1) | 1.1543 | |
| stumpf | 1.1498 | täglich | 1.1511 | Teil (2) | 1.1544 | |
| Stumpfsinn | 1.1486 | taktieren | 1.1507 | teilen (aufteilen)(1) | 1.1543 | |
| stumpfsinnig | 1.1486 | Taktik | 1.1507 | teilen (aufteilen)(2) | 1.1544 | |
| Stunde | 1.1499 | taktisch | 1.1507 | teilen (math.) | 1.0322 | |
| Stunden (Anzahl) | 1.1500 | Tal (1) | 1.1518 | Telefax | 1.0415 | |
| stündlich | 1.1499 | Tal (2) | 1.1519 | Telefon | 1.1545 | |
| Stunk (1) | 1.1477 | Talent | 1.1048 | telefonieren | 1.1545 | |
| Stunk (2) | 1.1478 | talentiert | 1.1048 | Teller | 1.1546 | |
| Sturm (Wind) | 1.1501 | tanken | 1.1520 | Temperatur | 1.1547 | |
| stürmen | 1.1501 | Tanker | 1.1521 | Tempo | 1.1548 | |
| Stürmer | 1.1501 | Tankschiff | 1.1521 | Teppich | 1.1549 | |
| Stürmerin | 1.1501 | Tankstelle | 1.1521 | Teppichboden | 1.1549 | |
| stürmisch | 1.1501 | Tankwart | 1.1521 | Termin | 1.1550 | |
| Sturz (1) | 1.0403 | Tanne | 1.1522 | Terminal | 1.1327 | |
| stürzen (1) | 1.0403 | Tannenbaum | 1.1523 | Terrain | 1.0428 | |
| Stuss (N) | 1.1174 | Tante (1) | 1.1524 | Test | 1.1164 | |
| subjektiv | 1.1384 | Tante (2) | 1.0230 | Testament | 1.1332 | |
| Subjektivität | 1.1384 | Tante (3) | 1.1101 | testamentarisch | 1.1332 | |
| substantiell | 1.1799 | Tanz (1) | 1.1525 | testen | 1.1164 | |
| subtrahieren | 1.0981 | Tanz (2) | 1.1526 | teuer | 1.1551 | |
| Subtraktion | 1.0981 | tanzen (1) | 1.1525 | Teufel | 1.1552 | |
| Suche | 1.1502 | tanzen (2) | 1.1526 | teuflisch | 1.1552 | |
| suchen | 1.1502 | tapfer | 1.0433 | Theater | 1.1435 | |
| Süd… | 1.1503 | Tapferkeit | 1.0433 | Thema | 1.1553 | |
| Süden | 1.1503 | Tarif | 1.0570 | theoretisch (1) | 1.1582 | |
| südlich | 1.1503 | tariflich | 1.0570 | theoretisch (2) | 1.1332 | |
| Sünde | 1.0665 | Tasche | 1.0827 | Theorie (1) | 1.1582 | |
| Sünder | 1.0665 | Taschentuch | 1.1527 | Theorie (2) | 1.1332 | |

| | | | | | |
|---|---|---|---|---|---|
| Therapeut | 1.1491 | Trainer | 1.0378 | tun | 1.0066 |
| Therapeutin | 1.1491 | Trainerin | 1.0378 | tun (zu tun haben) | 1.1599 |
| therapeutisch | 1.1491 | trainieren | 1.1611 | Tuner (Verstärker) | 1.1454 |
| Therapie | 1.1491 | Training | 1.1611 | Tunnel | 1.1600 |
| therapieren | 1.1491 | Traktor | 1.1581 | Tür | 1.1601 |
| Thermometer (1) | 1.0602 | Tränen | 1.1774 | Türe | 1.1601 |
| Thermometer (2) | 1.0603 | Transport | 1.0225 | Türke | 1.1602 |
| These | 1.1553 | Transporter | 1.0894 | Türkei | 1.1602 |
| Ticket | 1.1269 | transportieren | 1.0225 | Türkin | 1.1602 |
| tief | 1.1554 | Traube (Beere) | 1.0133 | türkis | 1.1603 |
| Tiefe | 1.1554 | Traube (ganze Frucht) | 1.1775 | türkisch | 1.1602 |
| Tiefkühlschrank | 1.1555 | Trauer | 1.1583 | Turm (1) | 1.1604 |
| Tiefkühltruhe | 1.1555 | trauern | 1.1583 | Turm (2) | 1.1605 |
| Tier (1) | 1.1556 | träufeln | 1.1593 | turnen (1) | 1.1606 |
| Tier (2) | 1.1557 | Traum | 1.1582 | turnen (2) | 1.1607 |
| Tierarzt (1)(2) | 1.1555 | träumen | 1.1582 | Turner (1) | 1.1606 |
| Tierärztin (1)(2) | 1.1555 | traurig | 1.1583 | Turner (2) | 1.1607 |
| Tierheim (1)(2) | 1.1555 | Trecker | 1.1581 | Turnerin (1) | 1.1606 |
| Tierpark (1)(2) | 1.1555 | treffen | 1.1584 | Turnerin (2) | 1.1607 |
| Tiger | 1.1558 | Treffen | 1.1584 | Tusche | 1.1559 |
| Tinte | 1.1559 | treiben (auf dem Wasser) | 1.1357 | tut mir leid! | 1.1608 |
| Tisch | 1.1560 | trennen (sich) | 1.1585 | Tüte (Papier) | 1.1609 |
| Tischdecke | 1.0264 | Trennung | 1.1585 | Tüte (Plastik) | 1.0827 |
| Titel (Person) | 1.1561 | treppab | 1.1587 | | |
| Titel (Überschrift) | 1.1553 | treppauf | 1.1586 | **U** | |
| Toast (Brot) | 1.1562 | Treppe (1) | 1.1586 | U-Bahn | 1.1610 |
| toasten | 1.1562 | Treppe (2) | 1.1587 | üben | 1.1611 |
| toben (Unwetter) | 1.1501 | treten (eintreten) | 1.1588 | über (örtlich, zeitlich) | 1.1612 |
| Tochter | 1.1563 | treten (stoßen) | 1.1589 | überall | 1.1613 |
| Töchter | 1.1563 | treu (N, O, S) | 1.0332 | übergeben (sich) | 1.1447 |
| Tod | 1.1469 | Treue (N, O, S) | 1.0332 | überholen (vorbeifahren) | 1.1614 |
| tödlich | 1.1469 | Tribüne (Rednerbühne) | 1.0238 | überlegen (denken)(1) | 1.1615 |
| Toilette (Klo) | 1.1566 | Trick (3) | 1.1153 | überlegen (denken)(2) | 1.1616 |
| toll (prima) | 1.1157 | triftig | 1.0145 | Überlegung (1) | 1.1615 |
| Tomate | 1.1568 | trimmen (sich) | 1.1611 | Überlegung (2) | 1.1616 |
| Ton (Klang)(2) | 1.1531 | trinken | 1.1590 | übermorgen (1) | 1.1617 |
| tönen (klingen)(2) | 1.1531 | Trio | 1.0302 | übermorgen (2) | 1.1618 |
| Tonne (Gewicht) | 1.1569 | Tritt (Stoß) | 1.1589 | überraschen | 1.1619 |
| Topf (allg.) | 1.1570 | trocken | 1.1591 | Überraschung | 1.1619 |
| Tor (Einfahrt)(1) | 1.1571 | Trockenheit | 1.1591 | Überschrift (1) | 1.1553 |
| Tor (Einfahrt)(2) | 1.1572 | trocknen | 1.1591 | Überschrift (2) | 1.1603 |
| Tor (Schuss)(1) | 1.1573 | tropfen | 1.1593 | überwiegend | 1.0642 |
| torkeln | 1.1430 | Tropfen (allg.) | 1.1593 | üblich | 1.1076 |
| Tornister | 1.1219 | Trost | 1.1594 | übrig (N,W) | 1.1612 |
| Torte | 1.1574 | trösten | 1.1592 | übrig (O) | 1.0884 |
| tot (1) | 1.1575 | trotz (1) | 1.1595 | übrig (S) | 1.1207 |
| tot (2) | 1.1576 | trotz (2) | 1.1596 | Übung | 1.1611 |
| total (1) | 1.0529 | trotzdem (1) | 1.1595 | Uhr | 1.1620 |
| total (2) | 1.1305 | trotzdem (2) | 1.1596 | Uhu | 1.0393 |
| töten (1) | 1.1564 | trüb | 1.1049 | Ulk (N) | 1.1429 |
| töten (2) | 1.1565 | trübe | 1.1049 | Ulk (S) | 1.0425 |
| töten (3) | 1.1575 | Trug (2) | 1.0405 | ulkig (N) | 1.1429 |
| Tour (1) | 1.1778 | trügen (2) | 1.0405 | ulkig (S) | 1.0425 |
| Tour (2) | 1.1741 | trügerisch | 1.0405 | um (örtlich) | 1.1621 |
| Tourist (1) | 1.1778 | Truhe | 1.1597 | um (zeitlich) | 1.1622 |
| Tourist (2) | 1.1741 | Trupp | 1.1910 | um ... zu | 1.1626 |
| Touristin (1) | 1.1778 | Truppe | 1.1910 | umdrehen (sich) | 1.0300 |
| Touristin (2) | 1.1741 | tschüs! | 1.1598 | Umdrehung (1) | 1.0301 |
| tragen (Last)(1) | 1.1577 | tschüss! | 1.1598 | Umdrehung (2) | 1.1213 |
| tragen (Last)(2) | 1.1578 | T-Shirt | 1.1508 | Umfang (allg.) | 1.0529 |
| tragen (Last)(3) | 1.1579 | Tuch | 1.0882 | umfangreich | 1.0529 |
| tragen (Verantwortung, Kosten, Kleidung, Früchte) | 1.1580 | Tüftelei | 1.0126 | umgraben | 1.0531 |
| | | tüfteln | 1.0126 | umhängen (Kleidung) | 1.0727 |
| Tragik | 1.1583 | Tüftler | 1.0126 | umkommen | 1.1469 |
| tragisch | 1.1583 | Tüftlerin | 1.0126 | Umriss (1) | 1.0469 |
| Tragödie | 1.1583 | Tümpel | 1.1541 | Umriss (2) | 1.0470 |

| | | | | | |
|---|---|---|---|---|---|
| Umsatz (Geld) | 1.1660 | Unterschied | 1.1650 | verbessern (1) | 1.0839 |
| umschalten | 1.1258 | unterschiedlich | 1.1650 | verbessern (2) | 1.0164 |
| Umschlag (med.) | 1.1657 | unterschreiben | 1.1651 | Verbesserung (1) | 1.0839 |
| umsetzen (Geld) | 1.1660 | Unterschrift | 1.1651 | Verbesserung (2) | 1.0164 |
| umsonst | 1.1623 | unterstützen (N) | 1.1024 | verbieten | 1.1658 |
| Umstand (2) | 1.1153 | unterstützen (S) | 1.1141 | verbinden (med.) | 1.1657 |
| umständlich (2) | 1.1153 | Unterstützung (N) | 1.1024 | verblüffen | 1.1839 |
| umsteigen | 1.1624 | Unterstützung (S) | 1.1141 | Verblüffung | 1.1839 |
| Umtausch | 1.1536 | untersuchen (allg.)(N, W) | 1.1652 | Verbot | 1.1658 |
| umtauschen | 1.1536 | untersuchen (allg.)(O, S) | 1.1164 | verboten | 1.1068 |
| Umwelt | 1.1625 | Untersuchung (allg.)(N, W) | 1.1652 | Verbrauch | 1.1659 |
| Umzug (Fest) | 1.1621 | Untersuchung (allg.)(O, S) | 1.1164 | verbrauchen | 1.1659 |
| un... | | untertauchen (allg.) | 1.1534 | Verbraucher | 1.1659 |
|    (Verneinung, Gegensatz) | 1.1627 | Untertitel | 1.1653 | Verbraucherin | 1.1659 |
| Un... | | untertiteln | 1.1653 | verbrechen | 1.0769 |
|    (Verneinung, Gegensatz) | 1.1627 | unterweisen | 1.1649 | Verbrechen | 1.0769 |
| und (math.) | 1.1151 | Unterweisung | 1.1649 | Verbrecher | 1.0769 |
| und (N) | 1.1629 | unterzeichnen | 1.1651 | Verbrecherin | 1.0769 |
| und (S) | 1.1630 | Unterzeichnung | 1.1651 | verbrecherisch | 1.0769 |
| und (W) | 1.1631 | Ur... (1) | 1.0903 | verbrennen (etwas, sich) | 1.0439 |
| Unding (N) | 1.1174 | Ur... (2) | 1.1653 | Verbrennung (allg.) | 1.0439 |
| Unfall (allg.) | 1.1632 | ur... (1) | 1.0903 | verbringen (allg.) | 1.0225 |
| Unfall (Verkehr) | 1.1633 | ur... (2) | 1.1653 | verdienen (Lohn) | 1.1660 |
| Unfug (N) | 1.1174 | Urin | 1.1654 | verdienen (Tat)(1) | 1.1341 |
| Unfug (S) | 1.1674 | urinieren | 1.1654 | verdienen (Tat)(2) | 1.1660 |
| ungefähr | 1.1691 | Urlaub | 1.0478 | Verdienst (Lohn) | 1.1660 |
| unglaublich (N) | 1.1634 | Ursache (1) | 1.1175 | Verdienst (Tat)(1) | 1.1341 |
| unglaublich (S) | 1.1635 | Ursprung | 1.1603 | Verdienst (Tat)(2) | 1.1660 |
| Unglück (Pech)(N, W) (S) | 1.1636 | ursprünglich | 1.1603 | verdient machen (sich) | 1.1341 |
| Unglück (Unfall)(1) | 1.1483 | Urteil | 1.0134 | Verdoppelung | 1.0293 |
| Unglück (Unfall)(2) | 1.0403 | urteilen | 1.0134 | verdoppeln | 1.0293 |
| unglücklich (N, W) (S) | 1.1636 | Urwald (1) | 1.1653 | Verdopplung | 1.0293 |
| unhöflich | 1.1628 | USA | 1.0040 | verdorben (1) | 1.1292 |
| Unhöflichkeit | 1.1628 | | | verdrießen (1) | 1.0024 |
| uni (einfarbig) | 1.1637 | **V** | | verdrießen (2) | 1.0207 |
| Uni (N) | 1.1638 | Vagabund | 1.1430 | verdrücken (sich)(1) | 1.0461 |
| Uni (S) | 1.1639 | vagabundieren | 1.1430 | Verdruss (1) | 1.0024 |
| universal | 1.0529 | Vagabundin | 1.1430 | Verdruss (2) | 1.0207 |
| Universität (N) | 1.1638 | vage | 1.1691 | Verein (1) | 1.1889 |
| Universität (S) | 1.1639 | Vagina | 1.1266 | Verein (2) | 1.1661 |
| unmöglich | 1.1640 | Vanille | 1.1686 | Verein (3) | 1.1662 |
| Unmöglichkeit | 1.1640 | Vase | 1.1655 | vereinbaren | 1.1798 |
| unordentlich (1) | 1.1641 | Vater | 1.1656 | Vereinbarung | 1.1798 |
| unordentlich (2) | 1.1642 | väterlich | 1.1656 | vereinen | 1.1910 |
| Unordnung | 1.1642 | Vegetarier | 1.1686 | vereinheitlichen (1) | 1.1910 |
| Unruhe | 1.1643 | Vegetarierin | 1.1686 | Vereinheitlichung (1) | 1.1910 |
| unruhig | 1.1643 | vegetarisch | 1.1686 | vereinigen | 1.1910 |
| uns | 1.1815 | vehement | 1.1852 | Vereinigung | 1.1910 |
| unser (1) | 1.1644 | Vehemenz | 1.1852 | Verfahren (Gericht) | 1.1213 |
| unser (2) | 1.1815 | verabreden | 1.1798 | Verfahren (Handeln) | 1.0066 |
| Unsinn (N) | 1.1174 | Verabredung | 1.1798 | verfahren (handeln) | 1.0066 |
| Unsinn (S) | 1.1674 | verabscheuen | 1.0639 | verfälschen | 1.1759 |
| unsinnig (N) | 1.1174 | verabschieden (sich) | 1.0008 /1.0486 | Verfälschung | 1.1759 |
| unsinnig (S) | 1.1674 | Verabschiedung | 1.0008 /1.0486 | verfärben (sich) | 1.0409 |
| unten | 1.1554 | veranlassen | 1.1273 | Verfärbung | 1.0409 |
| unter | 1.1645 | Veranlassung | 1.1273 | verfassen (1) | 1.1332 |
| Unterhalt | 1.0444 | veranschlagen | 1.0145 | Verfasser (1) | 1.1332 |
| unterhalten (sich) | 1.1646 | Veranschlagung | 1.0145 | Verfasserin (1) | 1.1332 |
| Unterhaltung | 1.1646 | veranstalten | 1.0425 | verfinstern (sich) | 1.1034 |
| Unterhemd (N)(S) | 1.1647 | Veranstaltung | 1.0425 | verfliegen (1) | 1.0461 |
| Unterhose | 1.1648 | veräußern | 1.1667 | verflüchtigen (sich)(1) | 1.0461 |
| unterliegen | 1.1671 | Veräußerung | 1.1667 | verfolgen | 1.0467 |
| Unterricht | 1.1649 | verbal | 1.1022 | Verfolger | 1.0467 |
| unterrichten | 1.1649 | Verband (med.) | 1.1657 | Verfolgerin | 1.0467 |
| Unterrichtung | 1.1649 | verbergen (1) | 1.1678 | Verfolgung | 1.0467 |
| unterscheiden | 1.1650 | verbergen (2) | 1.1679 | verfügen (anordnen) | 1.0134 |

| | | | | | | |
|---|---|---|---|---|---|---|
| Verfügung (Anordnung) | 1.0134 | Verlobung | 1.1672 | verschmutzen (S) | 1.1316 |
| vergangen | 1.0903 | verlogen (S) | 1.0928 | Verschmutzung (N) | 1.1315 |
| Vergangenheit | 1.0497 | Verlogenheit (S) | 1.0928 | Verschmutzung (S) | 1.1316 |
| vergasen (töten) | 1.0532 | verloren (Sport)(1) | 1.1671 | verschnupft | 1.1324 |
| Vergasung (töten) | 1.0532 | verloren (Sport)(2) | 1.1575 | verschnüren | 1.0183 |
| vergehen (Schmerz) | 1.1764 | Verlust | 1.1670 | Verschnürung | 1.0183 |
| vergessen | 1.1663 | vermählen | 1.0647 | verschollen | 1.1764 |
| Vergessenheit | 1.1663 | Vermählung | 1.0647 | verschonen | 1.0878 |
| vergesslich | 1.1663 | vermakeln | 1.0633 | verschönen | 1.0164 |
| Vergesslichkeit | 1.1663 | vermasseln | 1.1466 | verschönern | 1.0164 |
| vergeuden (Energie) | 1.1659 | vermieten (1) | 1.0444 | Verschönerung | 1.0164 |
| vergeuden (Geld) | 1.1664 | vermieten (2) | 1.0975 | Verschonung | 1.0878 |
| Vergeudung (Energie) | 1.1659 | Vermieter (1) | 1.0444 | verschrotten | 1.1020 |
| Vergeudung (Geld) | 1.1664 | Vermieter (2) | 1.0975 | verschweigen | 1.0550 |
| Vergleich | 1.1665 | Vermieterin (1) | 1.0444 | verschwenden (Energie) | 1.1659 |
| vergleichen | 1.1666 | Vermieterin (2) | 1.0975 | verschwenden (Geld) | 1.1664 |
| Vergnügen | 1.0425 | Vermietung (1) | 1.0444 | Verschwender (Energie) | 1.1659 |
| vergnügen (sich) | 1.0425 | Vermietung (2) | 1.0975 | Verschwender (Geld) | 1.1664 |
| vergnügt | 1.0425 | vermindern (1) | 1.1784 | Verschwenderin (Energie) | 1.1659 |
| vergolden | 1.0599 | vermindern (2) | 1.0810 | Verschwenderin (Geld) | 1.1664 |
| Vergoldung | 1.0599 | Verminderung (1) | 1.1784 | Verschwendung (Energie) | 1.1659 |
| vergriffen (verkauft) | 1.0029 | Verminderung (2) | 1.0810 | Verschwendung (Geld) | 1.1664 |
| vergüten (1) | 1.0444 | vermisst | 1.1764 | Verschwiegenheit | 1.0550 |
| vergüten (2) | 1.0174 | vermögen | 1.0824 | verschwimmen | 1.1049 |
| Vergütung (1) | 1.0444 | Vermögen (Besitz) | 1.1686 | verschwinden | 1.1764 |
| Vergütung (2) | 1.0174 | Vermögen (Können) | 1.0824 | verschwommen | 1.1049 |
| Verhältnis (Vergleich)(1) | 1.1650 | vermögend | 1.1197 | verschwunden | 1.1764 |
| verhasst | 1.0640 | Vernunft | 1.0816 | versichern (Auto, ...) | 1.0444 |
| verheilen | 1.1491 | vernünftig | 1.0816 | Versicherung (Auto, ...) | 1.0444 |
| verheimlichen | 1.0551 | verpachten | 1.0975 | versöhnen (sich) | 1.0486 |
| Verheimlichung | 1.0551 | verpatzen | 1.1466 | versöhnlich | 1.0486 |
| verheiratet | 1.0331 | verpetzen | 1.1122 | verspäten (sich) | 1.1424 |
| verhelfen (1) | 1.0652 | verpflegen | 1.1043 | verspätet | 1.1424 |
| verhelfen (2) | 1.0653 | Verpflegung | 1.1043 | Verspätung | 1.1424 |
| verhungern | 1.1686 | verplempern (Geld) | 1.1664 | verspielen (Geld) | 1.1664 |
| verjubeln (Geld) | 1.1664 | verprassen (Geld) | 1.1664 | Versprechen | 1.0486 |
| Verkauf | 1.1667 | verpulvern (Geld) | 1.1664 | versprechen (etwas) | 1.0486 |
| verkaufen | 1.1667 | verqualmen | 1.1185 | Versprechung | 1.0486 |
| Verkäufer | 1.0632 | verräuchern | 1.1185 | verspüren (1) | 1.0502 |
| Verkäuferin | 1.0632 | verregnen | 1.1193 | verspüren (2) | 1.1481 |
| Verkehr | 1.1668 | verreiben | 1.0251 | verstaatlichen (N, O, W) | 1.1450 |
| verknoten | 1.0183 | verreisen (1) | 1.1673 | verstaatlichen (S) | 1.1449 |
| verkürzen | 1.0811 | verreisen (2) | 1.1778 | Verstaatlichung (N, O, W) | 1.1450 |
| verladen | 1.0225 | verringern | 1.0810 | Verstaatlichung (S) | 1.1449 |
| Verladung | 1.0225 | Verringerung | 1.0810 | Verstand | 1.0271 |
| verlangen | 1.0468 | verrückt | 1.1674 | verständlich | 1.1680 |
| verlängern | 1.0611 | Verrückte | 1.1674 | Verständnis | 1.1680 |
| Verlängerung | 1.0611 | Verrücktheit | 1.1674 | Verstärker | 1.1454 |
| verlassen (einsam) | 1.0884 | verrutschen | 1.1227 | Versteck (1) | 1.1678 |
| Verlauf (1) | 1.1213 | versammeln | 1.1910 | Versteck (2) | 1.1679 |
| Verlauf (2) | 1.0368 | Versammlung | 1.1910 | verstecken (1) | 1.1678 |
| verlaufen (ablaufen)(1) | 1.1213 | verschaffen | 1.1255 | verstecken (2) | 1.1679 |
| verlaufen (ablaufen)(2) | 1.0368 | verschärfen | 1.1260 | verstehen | 1.1680 |
| verletzen | 1.1669 | Verschärfung | 1.1260 | versteuern | 1.1858 |
| verletzt | 1.1669 | verschenken (Geschenk) | 1.1270 | verstimmt (Gefühl) | 1.0207 |
| Verletzung | 1.1669 | verschieden (allg.) | 1.1675 | verstorben (1) | 1.1469 |
| verlieren (etwas) | 1.1670 | verschiedene pl (allg.) | 1.1676 | verstorben (2) | 1.1681 |
| verlieren (Sport)(1) | 1.1671 | verschlafen (haben) | 1.1677 | verstorben (3) | 1.1576 |
| verlieren (Sport)(2) | 1.1575 | verschlampen | 1.1641 | Versuch | 1.1682 |
| Verlierer (Sport)(1) | 1.1671 | verschleudern (Geld) | 1.1664 | versuchen | 1.1682 |
| Verlierer (Sport)(2) | 1.1575 | Verschleuderung (Geld) | 1.1664 | versündigen (sich) | 1.0665 |
| Verliererin (Sport)(1) | 1.1671 | verschludern | 1.1641 | Versündigung | 1.0665 |
| Verliererin (Sport)(2) | 1.1575 | verschmerzen | 1.0097 | versüßen (1) | 1.1505 |
| verloben (sich) | 1.1672 | verschmieren | 1.1315 | versüßen (2) | 1.1506 |
| verlobt | 1.1672 | verschmiert | 1.1315 | verteilen (1) | 1.1683 |
| Verlobte | 1.1672 | verschmutzen (N) | 1.1315 | verteilen (2) | 1.1544 |

| | | | | | |
|---|---|---|---|---|---|
| Verteiler (1) | 1.1683 | Vesper (2) | 1.1043 | vorbauen (vorbeugen) | 1.1345 |
| Verteiler (2) | 1.1544 | vespern (1) | 1.0389 | vorbei (örtlich)(1) | 1.1713 |
| Verteilung (1) | 1.1683 | vespern (2) | 1.1043 | vorbei (örtlich)(2) | 1.1714 |
| Verteilung (2) | 1.1544 | Veteran | 1.1121 | vorbei (örtlich)(3) | 1.1715 |
| Vertrag | 1.1651 | Vetter (1) | 1.1101 | vorbei (örtlich)(4) | 1.1716 |
| vertragen (sich) | 1.0486 | Vetter (2) | 1.0230 | vorbei (Schluss) | 1.1305 |
| vertreiben (verkaufen) | 1.0171 | Vibration | 1.1530 | vorbei (zeitlich) | 1.1717 |
| Vertrieb | 1.0171 | vibrieren | 1.1530 | vorbereiten | 1.1153 |
| vertrocknen | 1.1591 | Video (1) | 1.1686 | Vorbereitung | 1.1153 |
| vertrösten | 1.1592 | Video (2) | 1.1687 | vorbeugen (verhüten) | 1.1345 |
| verüben | 1.0066 | Video... (1) | 1.1686 | Vorbeugung | 1.1345 |
| verunglücken (1) | 1.1483 | Video... (2) | 1.1687 | Vorder... | 1.1725 |
| verunglücken (2) | 1.0403 | Videotext (1)(2) | 1.1688 | vorerst | 1.0642 |
| verunreinigen (N) | 1.1315 | viel (1) | 1.1689 | Vorgang | 1.1213 |
| verunreinigen (S) | 1.1316 | viel (2) | 1.1690 | vorgehen (ablaufen) | 1.1213 |
| Verunreinigung (N) | 1.1315 | vielleicht | 1.1691 | Vorgesetzte | 1.0247 |
| Verunreinigung (S) | 1.1316 | vier (1) | 1.1692 | vorgestern (1) | 1.1718 |
| vervollkommnen | 1.0529 | vier (2) | 1.1693 | vorgestern (2) | 1.1719 |
| Vervollkommnung | 1.0529 | vier Jahre | 1.0731 | vorgestern (3) | 1.1720 |
| vervollständigen | 1.0529 | vier Tage | 1.1516 | vorhanden | 1.0252 |
| Vervollständigung | 1.0529 | vier Wochen | 1.1695 | Vorhandensein | 1.0252 |
| verwahren (etwas) | 1.0078 | Viereck (1) | 1.1173 | Vorhang | 1.1721 |
| Verwahrung | 1.0078 | Viereck (2) | 1.1686 | vorher | 1.1712 |
| verwaist | 1.0343 | viereckig (1) | 1.1173 | vorhin | 1.1722 |
| verwandt (1) | 1.1684 | viereckig (2) | 1.1686 | vorige (1) | 1.0902 |
| verwandt (2) | 1.1685 | vierhundert | 1.1694 | vorige (2) | 1.0903 |
| Verwandte (1) | 1.1684 | viertausend | 1.1695 | vorladen | 1.0340 |
| Verwandte (2) | 1.1685 | vierte | 1.1696 | Vorladung | 1.0340 |
| Verwandtschaft (1) | 1.1684 | Viertel | 1.1697 | vorläufig (N,S,W) | 1.1213 |
| Verwandtschaft (2) | 1.1685 | vierundvierzig | 1.1698 | vorlaut | 1.0958 |
| verwarnen | 1.1282 | vierundvierzigste | 1.1698 | vorlesen | 1.1723 |
| Verwarnung | 1.1282 | vierundzwanzig (N) | 1.1699 | Vorliebe | 1.0905 |
| verwehren | 1.1658 | vierundzwanzig (S) | 1.1700 | vormerken (im Kopf) | 1.0972 |
| verweichlichen | 1.1769 | vierundzwanzigste (N) | 1.1699 | vormerken (schriftlich) | 1.0262 |
| Verweichlichung | 1.1769 | vierundzwanzigste (S) | 1.1700 | Vormerkung (im Kopf) | 1.0972 |
| verweilen | 1.1746 | vierzehn (N) | 1.1701 | Vormerkung (schriftlich) | 1.0262 |
| Verweis (Hinweis) | 1.1870 | vierzehn (S) | 1.1702 | Vormittag (1)(2) | 1.1724 |
| Verweis (Strafe) | 1.1273 | vierzehnte (N) | 1.1701 | vormittags (1)(2) | 1.1724 |
| verweisen (hinweisen) | 1.1870 | vierzehnte (S) | 1.1702 | vorn | 1.1725 |
| verweisen (wegschicken) | 1.1273 | vierzig (N) | 1.1703 | vornehm | 1.0355 |
| verwenden (N) | 1.0216 | vierzig (S) | 1.1704 | Vornehmheit | 1.0355 |
| Verwendung (N) | 1.0216 | vierzigste (N) | 1.1703 | Vorschlag | 1.1726 |
| verwerfen (falsch werfen) | 1.1790 | vierzigste (S) | 1.1704 | vorschlagen | 1.1726 |
| verwerflich | 1.1640 | violett | 1.1705 | Vorschrift (N) | 1.0570 |
| verwickeln | 1.0983 | Vitamin | 1.1686 | vorsehen (sich) | 1.0084 |
| Verwicklung | 1.0983 | Vitrine | 1.1327 | Vorsicht | 1.0084 |
| verwirken | 1.1670 | Vize... | 1.1922 | vorsichtig | 1.0084 |
| verwirklichen | 1.1188 | Vogel (1) | 1.1706 | Vorsitz | 1.1405 |
| Verwirklichung | 1.1188 | Vogel (2) | 1.1707 | Vorsitzende | 1.1405 |
| verwunden | 1.1838 | Vokal | 1.1724 | Vorsitzer | 1.1405 |
| verwunderlich | 1.1843 | Volk | 1.0875 | Vorsitzerin | 1.1405 |
| verwundern | 1.1843 | voll (1) | 1.1708 | Vorstand (1) | 1.0247 |
| Verwunderung | 1.1843 | voll (2) | 1.1709 | Vorstand (2) | 1.1464 |
| verwundet | 1.1838 | vollkommen | 1.0529 | Vorstand (3) | 1.1727 |
| Verwundung | 1.1838 | Vollkommenheit | 1.0529 | vorstehen (1) | 1.0247 |
| verzaubern (N,O,W) | 1.1863 | vollsinnig | 1.1486 | vorstehen (2) | 1.1464 |
| Verzauberung (N,O,W) | 1.1863 | Volumen | 1.0529 | vorstehen (3) | 1.1727 |
| Verzehr (1) | 1.0389 | vom (große Entfernung) | 1.0832 | vorstellen (sich etwas) | 1.1582 |
| Verzehr (2) | 1.1043 | vom (kurze Entfernung) | 1.1710 | Vorstellung (Gedanke) | 1.1582 |
| verzehren (1) | 1.0389 | von (große Entfernung) | 1.0832 | Vorteil | 1.0376 |
| verzehren (2) | 1.1043 | von (kurze Entfernung) | 1.1710 | vorteilhaft | 1.0376 |
| Verzeichnis | 1.1147 | vor (örtlich) | 1.1711 | Vortrag (Gehörlose) | 1.1728 |
| verzeihen | 1.0366 | vor (zeitlich)(1) | 1.1712 | Vortrag (Hörende) | 1.1729 |
| Verzeihung | 1.0366 | vor (zeitlich)(2) | 1.1711 | vortragen (Gehörlose) | 1.1728 |
| Verzug | 1.1424 | voraussetzen (2) | 1.0570 | vortragen (Hörende) | 1.1729 |
| Vesper (1) | 1.0389 | Voraussetzung (2) | 1.0570 | vorüber | 1.1717 |

| | | | | | |
|---|---|---|---|---|---|
| vorübergehen | 1.1717 | waschen (Gesicht) | 1.1753 | wer? (N)(S)(W) | 1.1787 |
| vorwärts | 1.1730 | waschen (Haare) | 1.1754 | werben | 1.1788 |
| vorwerfen | 1.1281 | waschen (Hände) | 1.1755 | Werbung | 1.1788 |
| vorwiegend | 1.0642 | Waschmaschine (1)(2)(3) | 1.1724 | werden | 1.1789 |
| Vorwurf | 1.1281 | Wasser (N) | 1.1756 | werfen (Gegenstand) | 1.1790 |
| | | Wasser (S) | 1.1757 | Werft | 1.0839 |
| **W** | | Wasserwerk (N)(S) | 1.1793 | Werk (Betrieb) | 1.1791 |
| Waage | 1.1731 | watscheln | 1.0364 | Werkstatt | 1.1792 |
| wabb(e)lig | 1.1736 | Watte | 1.1758 | Werktag (1)(2) | 1.0426 |
| wabbeln | 1.1736 | WC | 1.1567 | Werkzeug | 1.0839 |
| wach | 1.1732 | Wechsel (1) | 1.1759 | Wert | 1.0540 |
| Wache | 1.0083 | Wechsel (2) | 1.1536 | wertvoll | 1.0540 |
| wachen (aufpassen) | 1.0083 | wechseln (1) | 1.1759 | Wesen (1) | 1.1126 |
| Wachposten | 1.0083 | wechseln (2) | 1.1536 | Wesen (2) | 1.0070 |
| wachsam | 1.1732 | wecken | 1.1760 | wesentlich | 1.1806 |
| Wachsamkeit | 1.1732 | Wecker (für Gehörlose) | 1.1761 | weshalb? | 1.1748 |
| wachsen (Mensch, Tier)(1) | 1.1733 | Wecker (für Hörende) | 1.1762 | Wespe | 1.1794 |
| wachsen (Mensch, Tier)(2) | 1.1734 | weder ... noch | 1.1763 | wessen? | 1.1795 |
| wachsen (Pflanze) | 1.1735 | Weg | 1.1767 | West... | 1.1797 |
| Wachstum (Mensch, Tier)(1) | 1.1733 | weg (1) | 1.1764 | Weste | 1.1796 |
| Wachstum (Mensch, Tier)(2) | 1.1734 | weg (2) | 1.1765 | Westen | 1.1797 |
| Wächter | 1.0083 | weg (3) | 1.1766 | westlich | 1.1797 |
| Wächterin | 1.0083 | wegen | 1.0256 | wett... | 1.1438 |
| Wachtposten | 1.0083 | weglaufen | 1.0461 | Wett... | 1.1438 |
| wackeln | 1.1736 | weh | 1.1768 | Wette | 1.1798 |
| Waffe | 1.0579 | wehen | 1.1809 | wetten | 1.1798 |
| Wagen (allg.) | 1.1738 | wehleidig | 1.1768 | Wetter | 1.1809 |
| Wagen (Kind) | 1.0798 | wehren (sich) | 1.1345 | wichtig | 1.1799 |
| Wahl (Abstimmung) | 1.1474 | Weibchen | 1.0475 | Wichtigkeit | 1.1799 |
| Wahl (Auswahl) | 1.0923 | weiblich (1) | 1.0474 | Wickel | 1.1657 |
| wählen (abstimmen) | 1.1474 | weiblich (2) | 1.0475 | wickeln (Baby) | 1.1811 |
| wählen (auswählen) | 1.0923 | weich | 1.1769 | wickeln (Verband) | 1.1657 |
| wahr | 1.0332 | Weichheit | 1.1769 | wider | 1.0547 |
| während | 1.1737 | Weiher | 1.1541 | widerlich | 1.0639 |
| Wahrheit | 1.0332 | Weihnachten (1) | 1.1770 | Widerling | 1.0639 |
| wahrscheinlich | 1.1691 | Weihnachten (2) | 1.1522 | Widersacher | 1.0427 |
| Wahrscheinlichkeit | 1.1691 | weihnachtlich (1) | 1.1770 | Widersacherin | 1.0427 |
| Währung (Geld) | 1.0540 | weihnachtlich (2) | 1.1522 | widersetzen (sich) | 1.1345 |
| Wald | 1.1739 | Weihnachtsbaum (1)(2) | 1.1523 | Widerstand | 1.1345 |
| Wand | 1.1740 | Weihnachtsmann (1)(2)(3)(4) | | widerstehen | 1.1345 |
| wandeln (gehen) | 1.1430 | | 1.1771 | widerwärtig | 1.0639 |
| Wanderer | 1.1741 | weil | 1.0034 | widrig | 1.0547 |
| Wanderin | 1.1741 | Weile | 1.1772 | wie? | 1.1800 |
| wandern | 1.1741 | Wein | 1.1773 | wie viel? | 1.1807 |
| Wanderung | 1.1741 | weinen | 1.1774 | wie viele? | 1.1807 |
| wann? | 1.1742 | Weintraube (Beere) | 1.0133 | wie (Vergleich)(1) | 1.1801 |
| Wanne | 1.1743 | Weintraube (ganze Frucht) | 1.1775 | wie (Vergleich)(2) | 1.1802 |
| war | 1.1744 | weiß | 1.1776 | wieder | 1.1803 |
| Ware/n | 1.0951 | Weisung | 1.0134 | wiederholen | 1.1804 |
| waren | 1.1744 | weit (1) | 1.1777 | Wiederholung | 1.1804 |
| warm | 1.1745 | weit (2) | 1.1778 | Wiedersehen | 1.0087 |
| Wärme | 1.1745 | weiter... | 1.0738 | wiederum | 1.1803 |
| wärmen | 1.1745 | weitgehend | 1.1725 | wiegen | 1.1731 |
| warnen | 1.1282 | welch... ? | 1.1779 | Wiese | 1.1805 |
| Warnung | 1.1282 | Welle/n (Wasser) | 1.1780 | wieso? | 1.1806 |
| ... wart | 1.0083 | Welt | 1.1781 | wild (N) | 1.1808 |
| warten (1) | 1.1746 | wem? | 1.1782 | wild (S) | 1.0024 |
| warten (2) | 1.1747 | wen? | 1.1783 | will (N) | 1.1831 |
| Wärter | 1.0083 | wenig (1) | 1.0810 | will (O) | 1.1832 |
| Wärterin | 1.0083 | wenig (2) | 1.1230 | will (S) | 1.1834 |
| warum? | 1.1748 | weniger (1) | 1.0810 | will (W) | 1.1835 |
| was? | 1.1749 | weniger (2) | 1.1784 | Wille (N) | 1.1831 |
| Wäsche (allg.) | 1.1751 | wenigste | 1.0810 | Wille (O) | 1.1832 |
| waschen (Achselhöhle) | 1.1750 | wenigstens | 1.0810 | Wille (S) | 1.1834 |
| waschen (allg.) | 1.1751 | wenn | 1.1785 | Wille (W) | 1.1835 |
| waschen (Bauch) | 1.1752 | wer? (allg.) | 1.1786 | willig (N) | 1.1831 |

| | | | | | |
|---|---|---|---|---|---|
| willig (0) | 1.1832 | woraus? | 1.1836 | Zähne putzen | 1.1860 |
| willig (S) | 1.1834 | Wort | 1.1837 | Zahnpasta | 1.1861 |
| willig (W) | 1.1835 | Wörter | 1.1822 | Zange | 1.1862 |
| willkommen | 1.0340 | wörtlich | 1.1822 | Zank | 1.0852 |
| Willkommen | 1.0340 | worüber? | 1.1836 | zanken | 1.0852 |
| Wind (1) | 1.1809 | wovon? | 1.1836 | Zapfsäule | 1.1521 |
| Wind (2) | 1.1810 | wozu? | 1.1823 | zappelig (1) | 1.1530 |
| Windel | 1.1811 | Wrack | 1.0769 | zappeln (1) | 1.1530 |
| windeln | 1.1811 | wrack | 1.0769 | Zappelphilipp | 1.1530 |
| windig (1) | 1.1809 | Wuchs (Mensch, Tier)(1) | 1.1733 | zapplig (1) | 1.1530 |
| windig (2) | 1.1810 | Wuchs (Mensch, Tier)(2) | 1.1734 | zart (Gefühl) | 1.1056 |
| Wink | 1.1812 | Wucht | 1.1323 | zart (Körper) | 1.1481 |
| winken | 1.1812 | wuchtig | 1.1323 | Zartheit (Gefühl) | 1.1056 |
| Winter | 1.1813 | Wunde | 1.1838 | Zartheit (Körper) | 1.1481 |
| winterlich | 1.1813 | Wunder (1) | 1.1839 | Zauber | 1.1863 |
| winzig | 1.0810 | Wunder (2) | 1.1840 | Zauberei | 1.1863 |
| Winzigkeit | 1.0810 | Wunder (3) | 1.1841 | Zauberer | 1.1863 |
| Wippe | 1.1814 | Wunder (4) | 1.1842 | Zauberin | 1.1863 |
| wippen | 1.1814 | wunderbar | 1.1157 | zaubern | 1.1863 |
| wir | 1.1815 | wunderlich | 1.1843 | Zaun | 1.1864 |
| wird | 1.1789 | wundern (sich)(1) | 1.1839 | Zeche (Geld) | 1.1187 |
| wirklich | 1.1816 | wundern (sich)(2) | 1.1840 | Zeh | 1.1865 |
| Wirklichkeit | 1.1816 | wundern (sich)(3) | 1.1843 | Zehen | 1.1865 |
| Wirtschaft (Handel) | 1.0632 | wundervoll | 1.1157 | zehn | 1.1866 |
| Wirtschaft (Lokal) | 1.1590 | Wunsch (N) | 1.1844 | zehn Wochen | 1.1867 |
| wirtschaften | 1.0633 | Wunsch (S) | 1.1845 | zehntausend | 1.1867 |
| wirtschaftlich | 1.0632 | wünschen (N) | 1.1844 | Zeichen (allg.) | 1.1868 |
| wischen | 1.1817 | wünschen (S) | 1.1845 | Zeichen (Verkehr) | 1.1869 |
| Wischlappen | 1.0882 | wurde/n | 1.1744 | zeichnen (1) | 1.0941 |
| Wischtuch | 1.0882 | Wurf (Gegenstand) | 1.1790 | zeichnen (2) | 1.1868 |
| wissen | 1.0588 | Würfel (Spiel) | 1.1846 | Zeichnung (Bild) | 1.1868 |
| Wissenschaft | 1.0816 | würfeln | 1.1846 | zeigen (auf) | 1.0253 |
| Wissenschaftler | 1.0816 | Wurm (1) | 1.1847 | zeigen (etwas) | 1.1870 |
| Wissenschaftlerin | 1.0816 | Wurm (2) | 1.1848 | Zeit (N,S,W) | 1.1871 |
| wissenschaftlich | 1.0816 | Wurst | 1.1849 | Zeit (0) | 1.1872 |
| wissentlich | 1.0588 | Wurstelei | 1.0126 | zeit (N,S,W) | 1.1871 |
| Witz | 1.1818 | wursteln | 1.0126 | zeit (0) | 1.1872 |
| witzig | 1.1818 | Wurzel (Baum) | 1.1850 | zeitig (N,S,W) | 1.1871 |
| wo? | 1.1819 | Wurzel (Möhre) | 1.0561 | zeitig (0) | 1.1872 |
| Woche | 1.1820 | Wurzeln (Baum) | 1.1851 | zeitlich (N,S,W) | 1.1871 |
| Wochenende (1)(2) | 1.1821 | würzen (1) | 1.1167 | zeitlich (0) | 1.1872 |
| wöchentlich | 1.1820 | würzen (2) | 1.0582 | Zeitschrift | 1.1873 |
| wofür? | 1.1823 | Wut | 1.1852 | Zeitung | 1.1874 |
| woher? | 1.1824 | wüten | 1.1852 | Zelt | 1.0246 |
| wohin? | 1.1825 | wütend | 1.1852 | zelten | 1.0246 |
| Wohl (1) | 1.0564 | | | Zeltplatz | 1.0249 |
| Wohl (2) | 1.1903 | **Z** | | zensieren (bewerten)(1) | 1.1078 |
| wohl (1) | 1.0564 | z. B. (N) | 1.0145 | zensieren (bewerten)(2)(N,S,W) | 1.0540 |
| wohl (2) | 1.1903 | z. B. (S) | 1.0146 | zensieren (bewerten)(3)(0) | 1.1875 |
| wohnen | 1.1826 | z. B. (W) | 1.0147 | Zensur (Note)(1) | 1.1078 |
| Wohnung | 1.1827 | Zahl (1) | 1.1855 | Zensur (Note)(2)(N,S,W) | 1.0540 |
| Wohnzimmer (1)(2) | 1.1890 | Zahl (2) | 1.1856 | Zensur (Note)(3)(0) | 1.1875 |
| Wolf | 1.1828 | zahlbar | 1.0174 | Zentimeter | 1.1876 |
| Wolke | 1.1829 | zahlen | 1.1858 | Zentner | 1.1877 |
| wolkig | 1.1829 | Zahlen (1) | 1.1857 | zentral | 1.1878 |
| Wolle | 1.1830 | Zahlen (2) | 1.1856 | Zentrale | 1.1878 |
| wollen (N) | 1.1831 | zählen (1) | 1.1853 | Zentrum | 1.1878 |
| wollen (0) | 1.1832 | zählen (2) | 1.1854 | Zettel (1) | 1.1879 |
| wollen (S) | 1.1834 | Zahlung | 1.0174 | Zettel (2) | 1.1269 |
| wollen (W) | 1.1835 | Zählung (1) | 1.1853 | zeugen (aussagen) | 1.1238 |
| womit? | 1.1836 | Zählung (2) | 1.1854 | Zeugnis | 1.1880 |
| womöglich | 1.1691 | zahm | 1.0904 | Ziege | 1.1881 |
| Wonne | 1.0485 | Zahn | 1.1859 | ziehen (es zieht) | 1.1882 |
| wonnig | 1.0485 | Zahnbürste | 1.1860 | ziehen (herausziehen) | 1.1884 |
| woran? | 1.1836 | Zahncreme | 1.1861 | ziehen (Last) | 1.1883 |
| worauf? | 1.1836 | Zähne | 1.1859 | | |

| | | | | | |
|---|---|---|---|---|---|
| Ziel | 1.1885 | zumachen (Fenster, Tür) | 1.1905 | Zweig/e | 1.1918 |
| ziemlich | 1.1691 | zumindest | 1.0810 | zweihundert | 1.1919 |
| Zigarette | 1.1886 | zunächst | 1.0642 | zweitausend | 1.1920 |
| Zigarre | 1.1887 | zünden | 1.0059 | zweite (1) | 1.1921 |
| Zimmer (1) | 1.1888 | Zündholz | 1.0059 | zweite (2) | 1.1922 |
| Zimmer (2) | 1.1889 | Zündung | 1.0059 | zweiundzwanzig | 1.1923 |
| zirka (2) | 1.1691 | Zunge | 1.1906 | zweiundzwanzigste | 1.1923 |
| Zirkel | 1.1891 | zupacken | 1.0609 | Zwerg | 1.1924 |
| zirkeln | 1.1891 | zurecht... | 1.1188 | Zwiebel (Speise-)(1) | 1.1925 |
| Zirkus (1) | 1.1892 | zurück (1) | 1.1907 | Zwiebel (Speise-)(2) | 1.1926 |
| Zirkus (2) | 1.1893 | zurück (2) | 1.1908 | zwischen | 1.1927 |
| Zitrone | 1.1894 | zusammen (1) | 1.1909 | zwölf (N) | 1.1928 |
| zittern | 1.1895 | zusammen (2) | 1.1910 | zwölf (S) | 1.1929 |
| zivil | 1.0058 | Zusammenprall | 1.1633 | zwölfte (N) | 1.1928 |
| Zivil | 1.0058 | zusammenprallen | 1.1633 | zwölfte (S) | 1.1929 |
| Zivil... | 1.0058 | zusammenschließen (sich) | 1.1910 | zyklisch | 1.0849 |
| Zoll (Maß) | 1.1876 | Zusammenschluss | 1.1910 | Zyklus | 1.0849 |
| Zollstock | 1.1896 | Zusammenstoß | 1.1633 | | |
| Zoo | 1.1897 | zusammenstoßen | 1.1633 | | |
| zu (geschlossen)(1) | 1.1294 | zusammenzählen (1)(2) | 1.1911 | | |
| zu (geschlossen)(2) | 1.1295 | Zusatz | 1.0262 | | |
| zu (geschlossen)(3) | 1.1296 | zusätzlich | 1.0262 | | |
| zu (Richtung)(1) | 1.1898 | zuschauen | 1.1912 | | |
| zu (Richtung)(2) | 1.1899 | Zuschauer | 1.1912 | | |
| zu tun haben | 1.1599 | Zuschauerin | 1.1912 | | |
| zu viel (allg.) | 1.1689 | zuschießen | 1.0444 | | |
| zu viel (Essen) | 1.0641 | Zuschuss | 1.0444 | | |
| zu wenig (allg.)(1) | 1.0810 | zusenden | 1.1274 | | |
| zu wenig (allg.)(2) | 1.1230 | zusprechen | 1.1238 | | |
| zu wenig (Essen) | 1.1913 | Zuspruch | 1.1238 | | |
| zubeißen | 1.0148 | zusteigen | 1.0345 | | |
| Zucker | 1.1900 | zustellen (Post) | 1.1899 | | |
| zuckern | 1.1900 | Zusteller | 1.1899 | | |
| zudrücken (Auge) | 1.1016 | Zustellerin | 1.1899 | | |
| zuerst | 1.0642 | Zustellung (Post) | 1.1899 | | |
| Zufall (1) | 1.1901 | Zutun (1) | 1.1529 | | |
| Zufall (2) | 1.1902 | Zutun (2) | 1.1231 | | |
| zufällig (1) | 1.1901 | Zuversicht | 1.0247 | | |
| zufällig (2) | 1.1902 | zuversichtlich | 1.0247 | | |
| Zuflucht | 1.0461 | zu viel (allg.) | 1.1689 | | |
| zufrieden (1) | 1.0696 | zu viel (Essen) | 1.0641 | | |
| zufrieden (2) | 1.1903 | zuvorkommend | 1.0681 | | |
| Zufriedenheit (1) | 1.0696 | Zuvorkommenheit | 1.0681 | | |
| Zufriedenheit (2) | 1.1903 | zuwenden (Geld) | 1.1899 | | |
| zufügen | 1.0262 | Zuwondung (Geld) | 1.1899 | | |
| Zug (Bahn) | 1.0117 | zu wenig (allg.)(1) | 1.0810 | | |
| zügig | 1.1548 | zu wenig (allg.)(2) | 1.1230 | | |
| zugleich | 1.0591 | zu wenig (Essen) | 1.1913 | | |
| zugreifen | 1.0609 | zuwerfen (Gegenstand) | 1.1790 | | |
| Zugriff | 1.0609 | zuziehen (Vorhang) | 1.1721 | | |
| zuhören | 1.0685 | zwanzig (N) | 1.1914 | | |
| Zuhörer | 1.0685 | zwanzig (S) | 1.1915 | | |
| Zuhörerin | 1.0685 | zwanzigste (N) | 1.1914 | | |
| Zukunft | 1.1426 | zwanzigste (S) | 1.1915 | | |
| zukünftig | 1.1426 | zwar | 1.0379 | | |
| zulassen (N) | 1.0379 | zwei (1) | 1.1916 | | |
| zulassen (S) | 1.0380 | zwei (2) | 1.1917 | | |
| Zulassung (N) | 1.0379 | zwei Jahre | 1.0732 | | |
| Zulassung (S) | 1.0380 | zwei Monate | 1.1003 | | |
| zuletzt (1) | 1.0902 | zwei Stunden | 1.1500 | | |
| zuletzt (2) | 1.1904 | zwei Tage | 1.1516 | | |
| zum (Richtung)(1) | 1.1898 | zwei Wochen | 1.1920 | | |
| zum (Richtung)(2) | 1.1899 | Zweifel | 1.1691 | | |
| zum Beispiel (N) | 1.0145 | zweifelhaft | 1.1691 | | |
| zum Beispiel (S) | 1.0146 | zweifellos | 1.0925 | | |
| zum Beispiel (W) | 1.0147 | zweifeln | 1.1691 | | |

# 6. Literaturverzeichnis

**Baker, C./Cokely, D.:** American Sign Language: A teacher's Resource Text an Grammar and Culture, Silver Spring 1980

**Bouwmeester, A. (HG):** Groninger Gebarenwoordenboek, Koninklijk instituut voor doven »h.g. guyot«, 2. Aufl. Haren 1985

**Bundesarbeitsgemeinschaft der Elternvertreter und Förderer Deutscher Gehörlosenschulen e.V.:** Kommunikation mit Gehörlosen in Lautsprache und Gebärde, München 1982

**Donath, P.:** Ein Ja zu Gehörlosen ist ein Ja zur Gebärde!, in: Das Zeichen 1/87, Hamburg 1987

**Europäisches Parlament (HG.):** Entschließungsantrag zur Zeichensprache für Gehörlose, in: Das Zeichen 5/88, Hamburg 1988

**Fachausschuß Religiöse Gebärden (HG):** Religiöse Gebärden – Gebärdenkartei -, Heilbronn 1992

**Gehörlosen- und Schwerhörigenverband der DDR (HG.):** Lehr- und Übungsbuch der Gebärden Gehörloser, Berlin 1985

**Günther, K.-B.:** 10 Jahre Gebärdenhandbuch, in: Hörgeschädigtenpädagogik 3/1987

**Günther, K.-B.:** Rezension Gebärden-Lexikon 2: Mensch, in: Hörgeschädigtenpädagogik 5/1988

**Günther, K.-B.:** Rezension Gebärden-Lexikon 3: Natur, in: Hörgeschädigtenpädagogik 5/1990

**Günther, K.-B.:** Überlegungen zu Stand und Perspektiven von Gebärdenlexika anläßlich des Erscheinens von »Gebärdenlexikon Band IV: Aufbaugebärden«, in: hörgeschädigte kinder 3/1995

**Istvan, K.:** Grundwortschatz der deutschen Sprache, Budapest-Berlin 1980

**Kröhnert, O. und Stiftung zur Förderung körperbehinderter Hochbegabter (HG.):** Begabtenförderung jugendlicher und erwachsener Gehörloser im Spannungsfeld von Lautsprache und Gebärden, Triesen 1987

**Mackensen, L.:** Großes Deutsches Wörterbuch, Bensheim 1977

**Maier, L./Rosenberg, H.:** Die Sprache der Hände, Bd. 1, Graz 1985, Bd. 2, Graz 1986

**Maisch, G./Wisch, F.-H./Prillwitz, S.:** Lautsprachbegleitender Gebärdenkurs, Hamburg 1984

**Maisch, G./Wisch, F.-H.:** Gebärden-Lexikon Band 1 – Grundgebärden –, Hamburg 1987

**Maisch, G./Wisch, F.-H.:** Gebärden-Lexikon Band 2 – Mensch –, Hamburg 1988

**Maisch, G./Wisch, F.-H.:** Gebärden-Lexikon Band 3 – Natur – Hamburg 1989

**Maisch, G./Wisch, F.-H.:** Gebärden-Lexikon Band 4 – Aufbaugebärden – Hamburg 1994

**Maisch, G./Wisch, F.-H.:** Gebärden-Video (6 Stunden), 2.000 Grundgebärden, Signum-Film, Hamburg 1991

**Maisch, G./Wisch, F.-H.:** Elterngebärdenkurs (Video, 5 Stunden), Signum-Film, Hamburg 1991

**Nederlandse Stichting voor het Dove en Slechthorende Kind (HG.):** Basis-Gebarenschat, Amsterdam 1989

**Oehler, H.:** Grund- und Aufbauwortschatz Deutsch, Stuttgart 1980

**Prillwitz, S.** in Zusammenarbeit mit Leven, R./v. Meyenn, A./Zienert, H./Schmidt, W.: Skizzen zu einer Grammatik der deutschen Gebärdensprache, Forschungsstelle Deutsche Gebärdensprache (HG.), Hamburg 1985

**Prillwitz, S. (HG.):** Die Gebärde in Erziehung und Bildung Gehörloser, Tagungsbericht IC Hamburg 1985, Hamburg 1986

**Prillwitz, S.:** Schulische Kommunikation Gehörloser unter Einbeziehen der Gebärde, in: Hörgeschädigtenpädagogik/Beiheft 21: Orientierungen der Hörgeschädigtenpädagogik, Heidelberg 1987

**Prillwitz, S./Wudtke, H.:** Gebärden in der vorschulischen Erziehung gehörloser Kinder, Hamburg 1988

**Prillwitz, S./Schulmeister, R./Schäpsmeier, K.:** Entwicklung eines Computer-Gebärdenlexikons mit bewegten Bildern für das Fachgebiet: Computertechnologie, in: Abstracts zum 3. Europäischer Kongreß zur Gebärdensprachforschung, Hamburg 26.-29. Juli 1989, Zentrum für Deutsche Gebärdensprache ... (HG.). Hamburg 1989

**Prillwitz, S./u.a.:** HamNOSys, Version 2.0 – Hamburger Notationssystem für Gebärdensprachen, Eine Einführung, Hamburg 1989

**Prillwitz, S./Wisch, F./Wudtke, H.:** Zeig mir deine Sprache, Elternbuch 1, Früherziehung gehörloser Kinder in Lautsprache und Gebärden, Hamburg 1991

**Prillwitz, S., (HG.):** Zeig mir beide Sprache, Elternbuch 2, Vorschulische Erziehung gehörloser Kinder in Laut- und Gebärdensprache, Hamburg 1991

**Rammel, G.:** Untersuchungen zur Zeichensystematik der Gebärden und der Gebärdensprachen, Hörgeschädigtenpädagogik/Beiheft 7, Heidelberg 1981

**Rammel, G.:** Das lautsprachbegleitende Gebärdenverfahren, in: Hörgeschädigtenpädagogik 5/1987, S. 292 ff, 324 ff

**Ringli, G.:** Bericht über das Züricher Gebärdenprojekt, in: Die Gebärde in Erziehung und Bildung Gehörloser, Hamburg 1986

**Starcke, H./Maisch, G.:** Die Gebärden der Gehörlosen, Ein Hand-, Lehr-- und Übungsbuch, 2. Aufl., Hamburg 1981

**Stoevesand, B.:** Tausend Taubstummengebärden, Berlin 1970

**Strombergen, M./Schermer, T.:** Das niederländische Gebärden-Lexikon Projekt: Ein Entwicklungsbericht. Aus: Stokoe, W./Voltera, V. (HG.): SLR '83 – Proceedings of the III. International Symposium an Sign Language Research, Rom 1983, Silver Spring 1985, Übersetzung R. Leven

**The British Deaf Organisation (HG.):** Gestuno: International Sign Language of the Deaf, Carlisle 1975

**Timmermann, D./Mann, H.:** Im Blick: Das erste Lexikon der Gebärdensprache der Niederlande, in: Abstracts zum 3. Europäischen Kongreß zur Gebärdensprachforschung, Hamburg 26.-29. Juli 1989, Zentrum für Deutsche Gebärdensprache ... (HG). Hamburg 1989

**Wahrig, G.:** Deutsches Wörterbuch, München 1986/87

**Wahrig, G.:** dtv-Wörterbuch der deutschen Sprache, München 1985

**Wehrle, H./Eggers, H.:** Deutscher Wortschatz, Stuttgart 1961

**Wisch, F.-H.:** Lautsprache und Gebärdensprache, Hamburg 1990

**Wisch, F.-H.:** Wert und Unwert des Gebärdenlexikons. Eine kritische Bestandsaufnahme aus Autorensicht, in: Das Zeichen 27/1994

## Alle Gebärden-Lexika auf einen Blick

Band 1
**Grundgebärden**
5.700 Begriffe
ISBN 978-3-924055-06-6

Band 2
**Mensch**
6.300 Begriffe
ISBN 978-3-924055-32-5

Band 3
**Natur**
5.000 Begriffe
ISBN 978-3-924055-33-2

Band 4
**Aufbaugebärden**
6.700 Begriffe
ISBN 978-3-924055-19-6

## Gebärden lernen am Computer - zwei CD-ROMs zu Band 1

**Grundgebärden 1 - für Einsteiger**
428 Gebärdenvideos mit Übungsprogramm
ISBN 978-3-924055-27-1

**Grundgebärden 2**
474 Gebärdenvideos mit Übungsprogramm
ISBN 978-3-924055-31-8

**Mehr Informationen unter: www.verlag-hk.de**